情念・感情・顔

「コミュニケーション」のメタヒストリー

Passions, Sentiments, Face: A Metahistory of Communication from Sixteenth- to Nineteenth-Century Modernity

遠藤知巳

Tomomi Endo

以文社

情念・感情・顔——「コミュニケーション」のメタヒストリー　目次

目次

装画：宇佐美圭司「気圏をめぐるNo 2」一九九二年（部分）
装幀：難波園子

凡例

＊引用文中で、省略した部分は「……」で示した。
＊引用者による補足説明は［　］で括って示した。
＊参照した文献の初期発行年の挙示が可能で、それが必要な場合は、↓を用いることで原著発行年と復刻年を示した。翻訳を参照した場合には＝で表記した。
＊和訳文献の引用については、基本的に訳書によったが、部分的に改訳したところがある。

情念・感情・顔——「コミュニケーション」のメタヒストリー

序　〈近代〉の深さへ

＊

逆説的かもしれないが、地平としての近代《モダニティ》の広がりを考えるとき、一種の迷宮めいた感覚に襲われる。

近代の地平とは何か。それは何よりもまず、政治的、経済的、法的な諸制度の大規模な連関だろう。そうした連関を連続的に産出することで、地球上の多くの社会群を程度の差こそあれ否応なく巻き込んでいく。同時に、そうしたハードな諸制度の内部、あるいはその少し外で、反復的にもしくは偶発的に生じる出来事や行為の連鎖や、それらを横断しつつ営まれる個々人の生をめぐって、それらと近代（の諸制度）との折り合いをつける、何らかの意味づけ（意味の「喪失」や「崩壊」、端的な「無意味」という意味づけも含めて）が順調に継起しつづける。制度群を構成している個々の要素は社会ごとに微妙にちがうだろうし、時間のなかで変形し、しばしば消滅しさえする。特定の社会における内的変調はいくつもあったし、これからもあるだろうが、事実的連関というありよう自体は、より正確には、そうした連関をもたらすと同時に、連関によって維持再生されつづける論理のマトリクスのようなものは変わらない。行為／観察主体による解釈の自由度を許しながら、意味づけの連鎖は不思議なほど特定の様式をなぞりつづける――近代に対する「懐疑」や「批判」や「反発」もまた近代の産物である、というぐあいに。

諸制度の複層的で事実的な連関と、それらをくるんでいる、柔軟で強固な意味空間。人文・社会科学の多くの領域で、現在をも包含するそうした近代の広がりは、とりあえずの共通認識となったと言ってよいだろう。私たちの生活の基盤《インフラ》を提供している、あるいは大きな影響を与えている制度や社会慣行や、私たちにとって自然に見える考え方や意味的枠組みのかなりの部分が、「近代」に起源をもつこと。繰り込みの深度はさまざまだが、こうした認識を議論の出発点あるいは到達点に置くやり方が、ある時期以降急速に標準化した（たとえば、少し前にもてはやされた、『想像の共同体』のようなタイプの立論を思い浮かべればよい）。たぶんその背後には、二つの時代的文脈がある。第一に、近代社会の全体を外から俯瞰できる視点を疑問なく仮構する社会科学の諸モデルが、複数の地点で理論的に破綻した。より直接的には、近代の終極地点を予想できるとする立場取り、とりわけ客観科学としての身分を主張したマルクス主義が、思想的にも現実的にも有効性を喪失したことが大きい。それと連動するように、ポストモダンの召喚可能性をめぐる多分に遊戯的な夢想がモダンの言説であることも、露わになってしまった。第二に、それよりは少し小さい文脈として、「近代化」が大文字の社会的課題となる段階――そこでは、キャッチアップすべき「より正しい近代」の諸相が、その都度客観的終極点を代補する――を、日本近代が脱したことも介在しているのだろう。

この二つが蒸発したあとで、近代の事実的な「終わらなさ」が残されることになる。そこでは、これまで自然的存在とされてきたさまざまな社会的しくみも価値や信念の体系も、いわば「近代」に向かって、たやすく相対化されていく。そのように反省する、知自身の身分も含めて。超越的な命題を天下りさせる権威主義的もしくは神秘主義的なやり方が横行していた時代に比べれば、たしかに記述はずいぶんすっきりするようになった。けれども、人文・社会科学におけるこうした見え方の制度化は、近代の機制を鋭く解剖しているようでありながら（いやたしかに、部分的にはそうしてもいるのだが）、どこかであの強固で柔軟な意味空間に奉仕してしまっているのではないか。これこれの現象が「近代」に「誕生」したと言っておけば、そして、そう解析する○○学の出自も「近代」にあることを認めれば、それで免責されるかのように、近代それ自体は、じつはあまり思考されていない。その意味では、地平という言い方自体が、どこか誤表象なのではないだろうか。近代の「終わり」をもちこむとまちがえるが、「終わらない」ことの先取りによって近代を内部化するとき、「終わらなさ」それ自体が、近代をあたかも外部から見ているような視点として振る舞い始めるかのように。客観視点を素朴にもちこむ態度を疑うようでいて、じつは留保というスタイルの標準化のもとで、あるいはそうした標準化として、引きのばされて回帰しているのかもしれない。

たぶん、この水準において（も）、近代は、私たちがそこに内閉されている超‐内部なのだと思う。「終わらなさ」という制度（再帰性の公的承認といっても同じことだが）によって、くっきりと見えるようになったものがあると同時に、何かが透明に遮蔽されるといえばいいだろうか。そう考えたとき、地平の明朗な広がりに、かえって迷宮を彷徨っているような目眩を感じるのである。

*

内部にあることと、内部にあって外部を想像することとが多層的な入れ子になる。観察視点が散乱しつつ多重化することを強いられると言っても、たぶん同じことだ。それは、近代が諸制度の連関と同時に、ある種の意味空間として成立していることとも、本質的な繋がりをもっている。意味とは、内部の何かを外部に「つなぐ」地点で発生する何かだからだ。

こうしたことがらを、社会の内部観察の問題として理論的に考察すること、あるいはまた、何かの具体的な制度（の組み合わせ）と意味の相関において観察することには、もちろん大きな意義がある。しかし本書では、内部にあることの意味を考えるために、内部にある／であることを西欧がどう考えてきたか、つまり、伝統的に「心(mind)」や「魂(soul)」と呼ばれてきた、人間主体の内部で働くさまざまな作用をめぐって、彼らが積み重ねてきた思考の歴史を呼び出してみよう。「近代的個人」や「近代的内面性」の形成をなぞりたいのではない。ましてや、そうした「内面」が、上述の超-内部性のきれいな雛型になっていると主張するつもりもない。「心」的なものやそのなかで働くさまざまな動きについての何らかの概念をもたない社会はたぶんないだろうが、この内部領域に対する西欧の観察的思考は、独特の不安な輪郭をもっている。主体内で働く諸作用を統御する、あるいは少なくとも計算可能な対象とするべく、あたかも主体の外にある物質であるかのように、即物的に解剖していく。その一方で、これらの作用を主観性の城壁として確保することで「個性」を肥大化させ、ときには居直りめいたやりかたで、そこに立てこもろうとさえする。二律背反的な運動が衝突する大渦《メールシュトレーム》めいたこの思考には、何か途方もない執拗さが刻印されている。

それは同時に、もともと境界が不明確な、茫洋とした領域をめぐる思考でもある。フーコーのいう「人間諸科学」や、さらにクリアカットな社会諸科学のような、制度化された、そして／あるいは方法のモジュール化のドライブが強くかかった知の系譜と、それこそ多型的に接触しているが、にもかかわらず、これらには決して十分には回収できない。それゆえ、この思考の系譜が描けるとしたら、これらとはかなり異なる軌跡を描くことになるだろう。茫洋としたものをめぐる、思考の特異な過剰さ。たぶんそれは、見た目の平明さと強い伝染力の背後で、近代が抱え込んできた恐るべき深度に通じている。

本書の主題は、西欧近代におけるこうした思考の歴史、より正確には、それらが埋め込まれてきた言説の布置をめぐる一つの歴史である。もちろんそれは、膨大な資料群をいずれにせよ部分的に、そしてまた恣意的であることを逃れきれないかたちで切り取った、歴史の断片にすぎないだろう（すべての歴史的記述がそうであるように）。けれども、そうした可能的な歴史においていい、遂行される、近代の社会学的考察となることを、これから紡がれていく記述は目指そうとしている。

＊

この思考の歴史の素材となるもののいくつかは、すでにある程度知られている。デカルトが『情念論』（一六四九）を書いたおかげか、初期近代の人びとが情念《パッション》＝受動に注目していたことは、哲学史や倫理学の周辺で散発的な関心を引いてきた。しばしばロマン主義の通俗的イメージを介してではあるが、一八世紀が「感情」の時代であるという漠然とした理解――一八世紀のそれは、あるときは「センティメント」であり、あるときは「フィーリングス」であり、またあるときは「エモーション」であったりするのだが――も行われている。顔から人間の性格を読み解く観相学が一九世紀に流行したことについては、おそらく、ベンヤミンの遊歩者（flâneur）概念が脚光を浴びたことを主要な契機として、一定の社会文化史的研究が蓄積している。

以上は代表的な事例を挙げたにすぎないけれども、主体内部の作用という主題、あるいは西欧におけるその主題化は、西欧近代の何らかの特質に関連するものとして、それなりに注目され、論じられてきている。それもまた、先ほど述べた多型的接触の、一つの現れなのだろう。しかし、多くの場合、これらは特定の学問領域の関心ごとに分断的に扱われている。同時に、その傍らでは、諸形象の連続性を暗黙裏に措定する方法的態度が瀰漫しており、現代の思考に働きつづけている根深い慣性の所在を告げている。たとえば対象の細分化と分析の精緻化が、

「情念」と「感情」とを同じ何かを指す別名と見なすという、素朴だが根強い態度を維持したうえで行われていることが少なくない。このような読み方をするとき、その「同じもの」は、ほぼ自動的に、現代の書き手や読者が感情と捉えているもの（その内実が具体的にどんなものかは別として）と等値であるか、そのようなものへと変換されている。西欧を含めた複数の文化における心的概念を横断的に検討することで、歴史貫通的な「こころ」の本態を探究する人間学的プログラムも、より複雑化した形態においてではあれ、結局はこれと相同的な操作を基底に置いている。こうしたやり方は定義上、現在の何かの機制の内部にある。その機制それ自体は、人間学の視野には決して入ってこない。

さらに、心的諸作用の台座としての「心」を先取るという操作が、しばしばそれに随伴することも見逃せない。たとえば、社会学や関連領域でよく見られる、感情抑制の進化という図式がその典型である。一言でいえば、こうした議論は、合理化の進行に着目する近代化論の裏ヴァージョンになっている。ロマン主義的抗近代性の取り込みをはじめとして、さまざまな前提の自明視がこのような構図を支えているが、このタイプの議論の代表格であるエリアスの「文明化」概念があからさまに示しているように、根元にあるのは、感情の合理的抑制がそこにおいて歴史貫通的に測定できるような、ある普遍的な心的平面のもちこみである。たぶんこれは、社会学における標準的な行為／行為者モデルが隠しもっている想定でもあるのだろうが。

もっと大きくいえば、ここには、心理（学）的なものが成立して以降の、ある種のものの見え方が介在している。「心理」や「心理学」が通常科学化していく一九世紀後半以降の意味空間では、「心」の全域性をあてにして語る流儀が、当たり前に流通するのだ（一八世紀の「精神 (mind)」概念にもその萌芽が見られるが）。むしろ、「心」的な何かが全域を呼び出せることをあてにした語りが、と言った方がよいかもしれない。だから、そのような言説が心理学の教説にしたがっているかは、さしあたり関係がない。心的諸作用の台座を先取ることで、それを何かの充実した原理として読み替える、あるいは原理をそこに充填する（できる）かのような思考の慣性が働く。たとえば、かつての「マルクス主義的主体性」や「実存主義的投企《プロジェ》」、あるいはまた、現在もなお執拗に回帰しつづける、創造的な表現主体としてのロマン主義的な主観性のイメージ。さらには、原理への到達不可能性をそのまま「原理」として代入するラカン派精神分析理論のような、手の込んだやり方――カント主義が創始したものだろうが――もある。このような事例は、他にもいろいろ想起することができるだろう。

その意味では、ベンヤミンがその繊細なブルジョワ文化＝社会論のなかで魅力的に描き出した内面性（interiority）のイメージや、フーコーの根底的な近代批判の核心にあった主体であること／主体になること（subjecthood/subjection）というしくみ、および、それらの効果である主体性＝主観性（subjectivity）ですら、不十分なところがある。これらは、「心的なもの」が言説の編制の効果として社会的に形成されたことを強調する概念だが、今となっては、どこか「心」の実質的な言い換えであり、内的「原理」でありさえするかのようなものとして流通している側面があることを否定できないからだ。これらを安易な停止点にせず、さらにその先に進まなければならない。

＊

そのとき、記述はいかなる実定的水準に照準することになるのか。本論に入る前に、この点をめぐって、理論的な視点からもう少しだけ近似しておこう。

心的全体性の如何にかかわらず、ともかくも主体の内部にさまざまな作用が生起消滅していること――。たとえば一七世紀の人びとは、それを「内的運動（inner motion）」と呼んでいるが、私たちが対象とする思考は、この運動の事実性に対する気づきを決定的な契機としている。そしてこの気づきが、「情念」や「感情」、読み取られるべき場所としての「顔」といった一種の総称的カテゴリーを（そしてまた、それらのカテゴリーがその都度代補する主題や形象を）呼び込んでいく。全域的な「心」に充実した「原理」を充填するという現代的な振る舞いも、その意味ではたしかに、こうした総称性の延長線上で生じたものだ。しかし、内的運動は本性上無定型であり、多方向に散乱する。内部にある何かを先に措定することが、最終的にはつねに「かのような」ものでしかありえないのもそのためだ。これから見ていくのは、そのような内的運動の出来事化から始まる、言説の多型的展開である。

そこで鍵となるのが、主体の内部にある作用への意識が、同時に、主体の内部にあるのではない作用を弁別するということだ。つまり、内部性の出現は、作用をめぐる内部／外部という区分の把持それ自体を出来事化する。内的運動の複数的散乱から出発している以上、もちろんそれは、「心」や「魂」の内／外という素朴な事実の再確認ではありえない。一方で、内部／外部の区分は、定義上、主体の内部で生じる把持形式である。しかし同時に、複数的な作用がまず存在すると捉えること、つまり内的運動もまた「運動」あるとするとき、運動が帰属するその「内部」を、あらかじめ決めておくことはできない。それゆえ、内部とは、内部／外部という区分の把持がそこで生じる、もしくはそれが結果的に作り出す、空虚な場所のことだとしかいえなくなる。その点でも、境界作用に先行する内部原理は存在しないのである。これまで「主体」という語で表現してきたものは、境界によって構成され、境界作用がそこで生じる、こうした空虚な場所のことにほかならない。

この二重の意味において、「内部」とは内部／外部の境界作用のことである。たぶんこれが、前に述べた西欧における相剋的な二つのベクトルの根底にある。正確には、境界という出来事に愚直なまでにぶつかりながら、諸作用をめぐる思考が堆積していくことで、あのダイナミックで不安定な渦巻きが形成されていくのだ。たとえば情念の段階では、それがそもそもどこまで「内部」的であるか自体が問題となるだろう。あるいはまた、内部／外部の把持が内部よりなされるということは、内的運動に対する気づきそれ自体が内的運動の一部になるという厄介な問題を孕んでいるが、これが「問題」として出現したとき、むしろ「問題」の出現を許容するように境界自体が変更されている。同時に、それに伴って、内部作用（この段階では、それを「運動」と等値することもできにくくなっている）の意味づけが、大規模に、そして複数的なかたちで組み替えられるだろう。時代がさらに進むと、「原理」の仮想的代入という形式も登場するが、それもまた、連続的で重層的な境界の更新の一つの相である。あの相剋的なベクトルは、こうした過程の果てに、はじめて明示的に交錯するようになったのである。

「心」や「魂」という台座を確保したうえで、それらに対する比較的安定した解釈の歴史、あるいは意味づけの一定の揺れを描くのではなく、内的運動を構成する要素の本質性を「情動」や「心的エネルギー」として先取るのでもない。むしろ、こうした台座の想定や要素の名指しも、内部／外部という境界の作用において産出されるのであり、したがって変容し、消滅することがありうる。そのような境界の、そしてそれをめぐる思考の歴史を捉えなくてはならない。

＊

もちろん、境界の働きはこれだけではない。それはまた、外部性の水準をも出来事化するのであり、そのことによって開かれる主題系は、意外なほどの広がりを見せる。ごく概括的に要約しつつ予告しておくと、この本は以下のような問題群を視野に入れている。

(1)まず、もっとも基本的な水準にあるのは、主体の外にある何かの運動が、主体の内に別の運動を生じさせるという、因果的もしくは写像関係的な構図を仮構したうえで、二つの運動の相同性と差異の関係を問題とする存在論的関心である。

(2)同時に、両者の差異や落差は、空所としての主体性＝主観性を、その都度暫定的に担保するものでもある。ただしこの論理は、やがては当初の外／内の写像関係の想定自体を空洞化させていくものにもなるだろう。

(3)また、主体の内部に生じた運動が、主体をして何らかの運動を行わせるというベクトルに注目したとき、この構図は行為やその連鎖をめぐって近代が形成していくだろう種々の理論と密接に関わってくる。

(4)前三者のすべてに関わるが、内的運動と外的運動の対置は、不可視性と可視性の関係をめぐる思考としても展開する。内的運動は目に見えず、外部に表出されることで見えるものとなるからだ。このようにして、内的運動を表示する、何らかの外的な表徴《しるし》の探索および、それらの読解可能性の追究が、必然的かつ重要な課題となる。

(5)外的表徴の読解という課題は、不可視な内的作用の実体性に強く拘束を受けながら（そこが現代とは大きくちがっている）、何らかの記号の概念を要請するようになる。真正のしるしと偽装との区分という問題意識の出現がその強力な要因の一つになったが、それと同程度に、記号概念がそうした問題意識を前景化するともいえる。

(6)一方でこれは、表徴の操作不能な事実性に、外観に対する主体の側の一定の操作能力――それをどこまで認めるかも変異しうる――を侵入させていく過程である。裏返せば、内面性《インテリオリティ》は、主体に内属し、そこから創発していく独個的な圏域であるというよりも、見えないものを見えるようにする記号の性能のもとで構成される、あるいは少なくとも、その性能に強く浸潤されている。

(7)そしてまた、記号の概念は、記号作用《シグニフィケーション》＝意味の生成や、それらの伝達《コミュニケーション》という事態の問題化と直結する。この水準では、これまで挙げてきたすべての要素は、複数の人間のあいだで生じる出来事として捉え直される（たとえば、偽装が主体による操作能力の表れであると同時に、主体同士の関係において成立し、また見抜かれるものでもある、というように）。そして、こうした把握が再び各要素へと投げ返されていく。〈近代〉における「社会」（もしくはその未在をも含めた、「社会」の近似的形態）は、こうした往還の具体性とほとんど同型的なものとして生成していく何かである。

こうした一連の過程を、さしあたり「コミュニケーション」と呼ぶことも不可能ではないだろう。ただし、もちろん現在的なコミュニケーションとの同一性を投射するのではなく、むしろ語の当時の意味においてであるが。別の角度から言えば、心理（学）的なものと社会（学）的なものの使い分けと共犯が示唆しているように、現代においても、内部／外部の境界が働いている。そもそも、「内にあるものを外につなぐ」、「内にあるから外につながる（そして、それが「社会」である）」というのは、現代がもっとも好む、あえていえば予定調和的な「社会学的想像力」の一つではないか。現代における境界作用の諸前提の安易なもちこみに警戒しながら、それと異なる境界の形式やその働き、いや、複数の境界の具体的な厚みを記述する必要がある――仮想化し、同時にそのことを透明化するという厄介な仕組みを伴っている、現在的な境界作用は、その果てに出現するのである。

*

内部性をの特定の形態――あるいは、それを指し示す言葉の集合――の周囲には、複数的で膨大な言説の磁場が取り巻いている。そしてまた、そこから別の形態がせりだしていくとき、その磁場は複数的なかたちで組み替えられていく。この本の中心的関心は、内部性の概念を取り巻く、こうした言説の磁場とその組み替えを描くことである。人間主体の内部で発生するさまざまな働きをめぐる鍵語の変遷をたどるけれども、ある意味で「内部」は、あくまでも一つの足がかりにすぎない。

それは、「情念」や「感情」や「顔」（むしろ、「表面」と「内面（人格）」とのある種の連結と言った方が正確かもしれないが）を、何らかの実体に帰着させず、それぞれの言説的布置の効果として考えていく、というだけのことではない。「記号」にしても「内面性」にしても、あるいは「社交／社会」であれ、布置の要素となりうる項目の多くは、無媒介に用いると現在的に理解されてしまう。フレデリック・ジェイムソンに倣えば、これらもまた

「つねに歴史化されねばならない」。それらを固有の輪郭をもって変異していく（下位）言説として、いったんは歴史に投げ込んだうえで、「情念」、「感情」、「顔」の布置へと送り返す。もちろん、「コミュニケーション」もまた。記述が成り立つ負荷限界（および、筆者の能力限界）ぎりぎりのところまで、そうしたジグザグ的屈曲を繰り返しつつ、記述を紡いでいこう。

　結局のところそれは、筆者が、「情念」、「感情」、「顔」そのものというよりも、その向こうにある世界の見え方のようなものを捉えたいからだろう。特定の時代において、情念を、感情を、顔を、「このようなやり方で」語る人びとに映る世界は、それぞれがどことなく現在とはちがう、あえていえば異世界的な相貌を孕んでいる。それらと対峙するとき、現在の世界が浮かべているはずの表情までもが、何やら急によそよそしい、あるいはひどく人工的なものに見えてくる――当時の言葉遣いに感染して語ってもよいならば、それこそが意味《シグニフィケーション》の伝達《コミュニケーション》であるようにして。

　主体の内部作用という薄明の領域に足を踏み入れながら、こうした異世界性を触知するという目標に、この本の全記述は賭けられている。言説分析をめぐる方法論のことごとしい議論はあえてしなかったが、少なくとも筆者にとっては、それが「系譜学」であるからだ。

第一章　情念の体制

……われわれが今停泊している港から、愛の情念が身体と魂のうちに引き起こす嵐の諸相を考察してみよう。

（Chambre[1661:25]）

一　情念へのまなざし

初期近代、とりわけ一七世紀は、情念＝受動(passion)という主題に取り憑かれた時代である。デカルトの『情念論』やホッブズの『リヴァイアサン』、あるいはスピノザの『エチカ』……。さまざまな立場から、情念＝受動の哲学的体系化が構想される。彼ら大思想家だけではない。モラリストや言語体系の探究者たち、「新科学《ニュー・サイエンス》」の視線を人間主体内部の暗がりに振り向けようとする人びとや、現代的に表現すれば「文学者」のカテゴリーに属する書き手、そしてまた宮廷社会の力学を生き抜く貴族たち――多くの人びとが、多様な角度からこの主題を論じている。情念の起源に関する、さまざまな角度からの考察、過不足ない分類の提案、情念の観察と制御を重要な項目に据えた統治のマニュアルや、一六世紀に端を発する、宗教的熱狂に対する批判的関心の急浮上……。情念＝受動は、初期近代が抱え込んだいくつもの問題関心や主題設定が流れ込む結節点だった。初期近代の言説空間には、情念という現象に対する特異な関心の所在が認められるのだ。

この主題が、なぜ初期近代の思考をかくも魅了したのか。序文でも示唆したが、たとえば、近代社会のある時期以降、安定したかたちで言説化され、現代の私たちも「感情」と考えている様態の、最初の不十分な表現形式が情念であると捉えてすますのは、まったく不十分だ。情念は二重の意味で受動である。第一に、それは主体の外から到来する。特定の対象を契機として（一八世紀以前は、原則として、対象をもたない情念は存在しない）発生する何らかの能動的な力に差し込まれることで、主体は自動的に受動の立場に置かれる。物理現象と類同的な能動／受動の構図のもとで語られるこの力(force)は、相当程度文字通りのものだ。そのとき、主体の内なる心というフィールドはいまだ十分に存在していないか、少なくとも特権化していない。[*1]「魂の受動(passions of the soul)」という、当時よく用いられていた表現が示唆しているように、情念＝受動は、必ずしも人間主体の心理領域だけに閉じこめられてはいなかった。あるいは、「魂」に帰属しない受動の領域との通底性のもとで、「魂」が観察されていた。

しかし同時に、情念は主体において発現するものでもある。それは主体の合理的顧慮に先んじて、あるいはその外部で、合理的には説明しがたい作用をもたらす。情念とは、「どこか知らないところからやってきて、どのようにして去ったかが分からない、何か知らないもの」である(Chambre[1661:36])。デカルトは、ある女性になぜか惹かれたとき、彼女が初恋の少女と眇目《すがめ》という共通点をもっていたことを知る。このような「理性的」分析によって、自分はその女性の理不尽な引力から脱することができたと彼は述べるのだが、少年時代にどうして斜視の少女に誘引されたのか、その理由はついに説明されない。情念とは、その具体的な作動を詳細に記述できるとしても、そもそもなぜそのような動きが生じたのか、つまりその起源を言うことが、多くの場合きわめて困難な何かだ。その意味でも、情念は受動なのである。

とはいえ、情念のこの謎めいた運動は、いずれにせよ身体と精神のあいだのどこかで生じている。一七世紀以降、新たに生成しつつある認識論的哲学が精神作用へと切り込んでいく。そのすぐ傍らで、医学＝生理学の視線を大胆に飛翔させながら、いずれ征服されるべき人間主体の広大な内部領域の地形図を素描する企ても試みられつつあった。これらの言説領域において、情念という主題は主要な足がかりまたは土台となる。身体と精神作用の両者を繋ぐ蝶番の働きに、興味深げな注視が向けられるようになる。フランシス・ベーコンはこう述べる。

魂と身体の同盟関係に関する教説の第二の部門（私はそれを作用／印象と名付けている）……についても、……倒置反復あるいは相互作用的関係が認められる。というのも、考えられるべきことがらが二つあるのである。すなわち、まず第一に、いかに、そしてどの程度、身体内の体液や気質が精神を変容させるように働きかけるかであり、そしてまた第二に、精神の情念あるいは不安が身体に作用し、変容させるかである（Bacon[1623a＝1870:377]）。

他方で、情念の観察は、共同体＝市民社会（civitas）の構築可能性に対する理論的考察という、初期近代の大きなテーマとも結びつく。社会科学のはるかな萌芽段階といえるかもしれない探究のなかで、この形象は初期近代的な行為分析の可能的拠点の探索とともに出現している。ここでも情念は、複数の人間主体のあいだで成立する不可思議な誘引と反発の作用力として——個的身体に帰属しながら、同時に身体と身体の中間地点に顕現する何かとして——見いだされる。つまり、身体と精神のあいだであれ、複数の人間主体／身体間であれ、情念＝受動の特徴は、それが中間的形象であること、何かと何かのあいだに立つ、一種の架橋地点であることだ。

しかし、考えてみれば、愛なら愛の起源を人が知りえないこと自体は、今も変わらない。それゆえ、むしろ「知りえなさ」を処理する様式の水準に差異があるというべきだろう。その由来を知りえない情念を、それでもなお何かと何かの中間的形象として問おうとすること。初期近代はそれによって、何をしようとしたのだろうか。あるいは、この時代にあって、「あいだに」あることは、いかなる特殊な存在様態として了解されていたのか。これらの問いを解きほぐしていかなくてはならない。身体と精神という、それ自体が自存的で歴史貫通的な二つの実体がまずあって、いわば両者の相互外在的な関係が、身体と精神の「あいだに」情念という現象を成立させていると考えてはならない。一方の側に「身体」が、他方に「精神」が存在することを確信していられるのであれば、両者の「あいだ」に成立する出来事は、両者の関数として描けてしまうだろう。しかし、魂と精神の「相互作用」や「同盟関係」はいかにも不安定であり、相互の領土確定の努力にもかかわらず、際限のない小競り合いはやむことはない。だからこそ、この二つの領域を横断しつつ発現する分散的な作用が出来事化される。形象としての情念を主題化する、一種強迫的な振る舞い自体が、心的運動の関数的把握という透明性への夢を裏切りつづけることになる。ある意味で、実在していたのは、情念を精神と身体の「あいだ」に置こうとする運動だけなのだ。

だから、初期近代の言説空間を思考するにあたって、デカルト主義的心身二元論のイメージ（それはデカルトその人の言説とは必ずしも一致しない）を性急に呼び出して批判する、「ポスト・モダン」の怠惰な常套手段に従うことはできない。ポール・ロワイヤル論理学に代表されるように、たしかにデカルトの議論は同時代に小さくない反響をもたらしている。だが、新時代を画したという著者の自負にもかかわらず、彼の議論は必ずしも、伝統的用語系から完全に脱却しきっているとはいえない。一七世紀を代表する範型であるというより、デカルトもまた、身体と精神を架橋する試みのひとつの形態を提供したにすぎないのであり、それ自体の偏差を有するものとして、情念の言説空間のなかに配置される。身体と精神、人間と人間の「あいだ」という二つの軸は、いわゆる「二元論的」「合理主義」による整序を溢出していくかたちで、はるかに複雑な錯綜の図柄を描く。中間性への注目は、それによって接続される二つの領域を、たしかに一方でつよく実体化するかたちで呼び出しながら、しかし同時に、まさに架橋という形式のなかで、両者の様態をかえって問題化《プロブレマタイズ》するのである。

だとすれば、問題化の諸形式とその複数的な効果こそが重要だということになるだろう。ベーコンが認めたように、情念に関する考察は、「いまだ一つの技法へとまとめあげられたことはなく、他の領域の論考のなかでときに散乱したかたちで現れているにすぎない」(Bacon[1623a=1870:375])。かといって一七世紀の言説空間が、この散乱的事象に「近代」的な理論的筋道をつけ、明快に整序しえたというわけでもないのだ。そこで繰り返されたのはむしろ、実質的には相も変わらぬ怪しげな「解答」にほかならない。にもかかわらず、さまざまな疑似解決とその失敗のありようにこそ、近代でしかありえなかった何かが込められている。いってみれば、何枚もの書き損じの設計図しかない言説空間への想像力が要請されるのである。全体像のこうした不在もしくは不発のもと、情念は、いくつもの関連した主題や問題群を巻き込んでいく。そのことで、初期近代性の姿の雛形となるような意味深い星座《コンステレーション》として結晶している。

このような言説の布置を、「情念の体制(the Regime of the Passions)」と呼ぼう。情念の体制を観察することで、初期近代の言説空間のかたちを描き出してみたい。*2

二　先取りの停止(1)——社会科学的記述平面の不在

初期近代の情念に着目する従来の研究は、情念論の「社会理論」的側面を、ごく素直に社会(科)学の平面上に投影してきた。そうした研究は、もっぱら個人的な利己心の社会的効果に関する社会工学的=政治学的問題関心に着目し、その展開を描こうとする。興味の焦点は、私利と公益との困難な調停可能性、つまり自己愛や自己利害の原理がいかにして内在的あるいは外在的に抑制／馴致しうる（と考えられてきた）かにあった。[*3] そこでは情念は、(1)個人に帰属しており、(2)したがってそれ自体はそれ以上説明不能な、(3)少なくとも潜在的には、抗秩序的もしくは反秩序的な過剰な力もしくは力の過剰として把握されている。

言説史的に見た場合、このような前提のもちこみは無視できない記述の歪みをもたらす。たとえば社会科学の領域でよく知られている、アルバート・ハーシュマンの『情念の政治経済学』は、中世的な貪欲（Avarice）の否定から一八世紀における私利の肯定へと情念の位置が変動したと論じている（Hirschman[1977＝1985]）。けれども、一六・一七世紀の情念の言説を調べてみると、貪欲が重要視されている形跡は認められない。これを主要な情念として扱っている事例自体が、ほとんど見あたらないのである。この時代の情念論がもっとも重要視したのは明らかに愛である。貪欲を富への不健全な愛と解するとしても、愛の病理的現象としてもっぱら注目されていたのは、恍惚／熱狂、憂鬱、気力の不活性などだった。情念の社会理論に近いものを当時に探るとすれば、――なるほど富もその一部に含むだろうが、それよりはるかに幅広い――栄光（名誉）への愛／虚栄心（love of glory/vainglory）の危険さにいかに対処するかという問題関心を挙げる方が、はるかに適切だっただろう。

要するに、自己愛が一六世紀から次第に問題化されていくとしても、それは経済動機とは無関係だった。一八世紀以降なら、話はちがってくるが。この時期になると、『スペクテイター』誌が「偏見のない目で自然を見つめ、人間の情念や利害に関わらないこと」の重要性を掲げ（Addison, Steel et. al.[1967:vol.1, 14]）、マンデヴィルやヒュームやルソーが、さまざまなかたちで自己愛の社会的効果を主題とするだろう。好意的に見れば、ハーシュマンは、一八世紀にある種のやり方で作られ、一九世紀以降の社会科学の一部に、さらにある種のやり方で引き継がれていった問題設定にそのまま乗ったうえで、自由主義的な経済・社会理論の地平から見えるものだけを問題にしている。彼は利害関心《インタレスト》の成立過程というハーバーマス的課題設定を、政治／経済理論の展開過程に写像したのだろう。だが、少なくとも初期近代の言説群を具体的に観察しようとするときには、この構図はほとんど役に立たない。

社会学でいうなら、かかる問題関心のありようは、個人の行為から社会結合を導出する可能性をめぐる、いわゆるホッブズ問題を前提として思考する態度のなかに見いだせる。ホッブズ自身の言説がどのような文脈で生起したかをあっさり見過ごしたうえで「ホッブズ問題」を語れてしまう現代的視点から、「前史」が事後的に再構成されている。もちろん、この「問題」に対する理論社会学的検討は、パーソンズの段階からだいぶん進んでいるが、[*4]「ホッブズ問題（の非／解決）」はやはり社会学内部の問いであり、ホッブズ自身が考えていたことや、彼の思考が住まわっていた意味の地層は、それとは異なる。ホッブズは、主体の内部で発生し、彼／女を完全に受動的＝自動的に行動させる作用力を、そっくりそのまま、そこにおいて主体の能動的＝自発的な意志が発動する動因として読み替えようとした。受動性が意志へと転換される（不可能な）場所において、ホッブズ的な「社会秩序」は構想されていたのである。学知が社会（科）学と心理学とに分化してしまった現代の目からみれば、行為者の内部で働く作用に対する言及は、不可解で冗長《リダンダント》なものに映る。おそらく現代の社会理論は、個人の「行為」に着目することで、「社会」との接続あるいは接続の不調が問えることを前提としている。情念を冗長なものとするかわりに、「社会」がつねにすでに密輸入されている。

いうまでもなくこの「社会」は、何らかの特定の社会体制や社会構造のことではない。むしろ「個人」を行為者として析出できる／析出するという前提が、私たちにとっての社会を再帰的に再生産している。その意味で、「社会」とは「社会」の意味論(Semantik)のことである。[*5] これを自明視したとき、情念が「外部世界」に対する特定の意味づけ形式と、それに応じた、何らかの「心的世界／経験」の意味論との複合として成立していることが無視される。行為（者）への着目によって、行為の外部にある「説明不能な動因」への言及を方法論的に消去できる。

だからといって、不可解で不可視な動因が、人間の世界から消えてしまったわけではないのだが。

社会科学的議論の関連では、大著『マキャヴェリアン・モーメント』（一九七五）を中心としたJ・G・A・ポーコックの政治思想史研究も落とすことはできない。彼においては、近代性の成立の解明に向けた方法論的情熱が、ハーシュマンよりはるかに厳密なやり方で豊富な歴史資料群にアクセスする手法と結びつく。その重要な結節点の一つとして、情念についての考察が行われている（Pocock[1975:esp.462-505]）。複雑な分析視角のもとでさまざまな事例が論じられているが、粗っぽく近似すれば、自給自足的で自己完結的な政治主体（それは、土地所有制に基づく封建社会を不在の参照点としている）が「公共的《シヴィック》」な徳によって情念を人格的に抑制し、公共に奉仕するという共和主義的《リパブリック》な理念から、アダム・スミスがいうところの「商業社会」における情念の社会的・分業的コントロール――そこでは、徳の理念は、奢侈等による「堕落」との必然的な緊張関係に入る――の主題化へ、という大きな移行が構想されている。

大きくいえば、ポーコックは、歴史的な制度それ自体というより、制度をめぐる構想、あるいは現実の社会・政治状況（と当時の人が考えたもの）に対する論評の言説を、扱っている。彼が情念に注目するのも、そうした構想や論評のなかで、これがどう位置づけられているかが無視できないからだ。したがって、情念をめぐる考察の有意義性も、要するにこの構想／論評の言説史がどれだけ説得的であるかによる。ハーシュマンが少数の史料をもとに、一六・一七世紀の情念理論の本質を、貪欲の非難という消極的・否定的性格において一般化したのに対し、ポーコックは大量の文献に当たることで、一六世紀のマキャヴェリから始まる、政治的・公共的善をめぐる積極的理念の所在を主張している。とはいえ、なるほどハーシュマンより格段に手が込んでおり、史料的にも詳しいが、それを除けば、マンデヴィルからスミスにかけての政治経済学を先取り的に本質化したうえで、徳なり情念なりの一八世紀における変質を見るという大きな構図の取り方は共通している。その結果として、ポーコックの書物のなかでも、一八世紀以前の情念は、結局は徳による陶冶の対象以上の積極的な扱いを受けていない。

　徳の歴史をテーマにする彼が、情念をその従属変数として扱うこと自体は問題ではない。一六世紀以来の徳の変化を充実したかたちで書けていればよい。しかしその水準においても、ある種の抽象性を感じるところがある。「シヴィック・ヒューマニズム」という鍵語（この用語は彼の発明によるものではないが）自体が、その指標となる。ポーコックの考えるシヴィック・ヒューマニズムや、それが支えていたとされる古典的「共和主義《リパブリカニズム》」とは、いったい何なのだろうか。その指示対象《リファレント》が正確にいってどこにあるのか、率直にいえば非常に摑みづらい。マキャヴェリのフィレンツェ共和国は長持ちしなかったし、イングランドの共和国時代はクロムウェルの七年だけである。アメリカやフランスが中心的な分析対象になるのなら理解できるのだが、この本の主題は明らかに、一七・八世紀のイギリス[*6]である。共和主義を自治都市的なものと解するとしても、あてはめるのは難しい。いや、これはさすがに揚げ足取りで、この「共和主義」は具体的な政体というよりも、何らかの政体もしくは社会秩序のイメージであろう。そして、それを参照点として、商業社会におけるある種の政治・社会システム（の構想）を整序している。しかし、いったいそのような参照点が本当に必要なのか、なぜそれを「共和主義」という用語で表現しなければならないかが、やはりよく分からない[*7]。「シヴィック・ヒューマニズム」の脈々とした思想潮流があったというが、考えてみれば、そもそも civic という用語は、一七・一八世紀にはあまり用いられていないのである[*8]。

　政治思想史の門外漢が、誤解を恐れずにざっくりといってしまえば、たぶんこの「共和主義」は、何らかの現実の社会体制なり制度なりに対応しているというよりも、近代的な全体社会（の成立）に対するマルクス主義的理解と、一九世紀以降加速する国民国家の形成によってそれを理解する立場の二つを方法論的に消去した結果として――あるいはむしろ、そのような消去として――出現している。この場合、彼は、経済／社会の必然的な歴史法則という巨大命題の主張や、国民国家的な恒常的社会運営の制度性と事実性の外で、近代の自生的論理を構想できるはずだと考えていることになる。そうだとすれば、この方法的消去の意義はそれなりに理解できるし、ある意味では素直にイギリス研究者的な歴史の見え方だとも思う。自生的近代の論理を想定するというのは、まさに一八世紀中葉以降の市民社会(civil society)の理論だからだ。

もう少し踏み込むと、一八世紀イギリスの社会理論は、正確には市民社会というより「文明化された社会(civilized society)」として、自らを規定していた。この用語は、ポーコックが問題視する「腐敗」や「堕落」を(この身振りもハーバーマスの頽落図式を思わせるが)、繁栄の事実性において追認してしまう。周知のように、スミスのいう「商業社会」=「文明化された社会」は、文明の発展の最終段階だったのだから[*9]、最終的には、自らを批判的に解体する内在的契機をもちえない。「シヴィック」な徳に対する「ホイッグ」的強調も、それを無軌道なリバタリアニズムを隠蔽する偽善にすぎないとする「トーリー」的攻撃も、この追認のうえで作動していた。「市民社会」という標語が出現するのは、世紀も終わりに近づいてからだが、一八世紀のイギリス「商業社会」=「文明化された社会」を否定的に把握する語としてこれを用いたのは、ヘーゲル以降の一九世紀ドイツである(『法哲学』を参照せよ)。そして、「市民社会」を否定的媒介とする理論の潮流が、マルクスまで流れ込んでいく[*10]。

それに対して、マルクス主義と国民国家論を嫌うポーコックは、「商業社会」を超越する原理を外部に求めるのではなく、むしろ「シヴィック」という耳慣れぬ言葉によって、いわば未在の、公共化された「正しい商業社会(文明化された社会)」を指し示そうとしているのではないか。そして、この未在の「正しい社会」(の原理?)の起源を一六世紀に求めつつ、一八世紀のイギリス「商業」社会の現実との落差を測っている。その意味では、ヘーゲル=マルクス的な「市民社会」批判を裏返しにしているようなところがあるのかもしれない。

議論の細部に対する評価は別にして、あるいはその問題設定にリアリティを感じるかをひとまず措くとすれば、このように考えると、彼が全体として何をやりたかったのかは、少なくとも筆者なりには納得がいく。しかし、だからといって「共和主義」が、ただちに近代性に対する実定的な規定になる保証はない。また、立論の背後にあるこうした機制の検討を抜きにして、彼の語る情念の「歴史」をそのまま承認するのは危険だろう。

三　先取りの停止(2)――「感情」の進化モデルと「情熱」の歴史被拘束性

現代的な視点を先取りする、よく見られるパターンがもう一つある。一六・一七世紀の情念を扱うに際して、一八世紀中葉以降に成立した情熱《パッション》の解釈枠組みの混入に警戒する必要がある。初期近代の情念は、「情熱」や「激情」とは同一ではない。情念＝情熱および、その近傍にあるものとしての激情の形象は、(1)感情の適切な制御という社会的ルールの外部へと逸脱する非社会的な衝動であり、通常よりもはるかに「激しい」、感情の過剰として了解される（一九世紀の英語圏で、passion がしばしば「激怒」の意味で用いられていたように）。同時に、(2)通常は主体の内部に眠っている、社会性の「外部」へと至る危険なエネルギーであり、(3)そうしたものとして、何らかの意味で日常性を逸脱していると了解された「危険な」領域のなかに、意味論的に囲い込まれる。その代表は、一八世紀半ばに成立した「恋愛」と一九世紀中葉以降の「犯罪」であろう。[*11]

このような情熱／激情の形象は、感情 (sentiment/feeling) が内面世界を指示する基本的な語彙として成立した地点でかたちをむすんでいる。この言説体制のもとでは、それらは感情の種差として語られる。情熱の特異な能動性、熱気を帯びたその非日常性を名指すことで、日常的な感情の所在が逆照されるが、しかし同時に、その情熱は、日常的感情の――ときに人間の本質を直示する、ときにまた、病理的形態へと固着するところの――ひとつの極限として、感情に源泉を有する。そのようなかたちで情熱と感情とが相互循環する意味論が構成される。情熱の「外部」性は、あくまで主体内で生起し、把持される感情の「内部」性との関連において定義されている。情念／情熱に対する通常の社会学的視線もまた、たとえば「ロマンティック・ラブ」への注目がその典型であるように、何というかもっと現代を自明視する地点から、こうした言説空間をなぞっている。

感情／情念をめぐる歴史的考察の多くが、こうした図柄を過去に逆照射するかたちで遂行されている。たとえばエーリッヒ・アウエルバッハは、情念の観念史をめぐる興味深い論考のなかで、次のように論じている。(1)「パッシオン(Passion)＝情熱《ライデンシャフト》(Leidenschaft)という近代の観念は本質的に能動的《アクティーフ》であ」り、他方パッシオンの原初的形態においては、それは受苦であり受動であった。(2)その要因を、「思考および意欲と同等の権利をもつ内的活動の領域である感情(Gefühl)の範疇」の不在に求める論者がいるが、「たんにその意味が遊離したとか、「感情」という内容を差し引いたというだけでそのようなことが起こったということはありえない」。そうではなくて、近代的な能動性としての情熱が、受動＝受苦の概念に段階的に導入されていく過程を考えなくてはならない(Auerbach[1967＝1998:214-235])。

アウエルバッハの人文学的教養には深い敬意をもっているけれども、この議論は論点先取を犯している。一八世紀後半以降の情熱《ライデンシャフト》が特殊近代的な能動性を帯びた感情として了解されているからといって、能動性が次第に書き込まれていくことになる（本来は受動的な）基盤が、「感情」としての同一性を有しているということにはならない。受動＝受苦から情熱の能動性への転換を指摘するというのは、標準的な図式の一つだが、この種の説明は、受動性から能動性への転換を記述するに際して、歴史的常数としての「感情」を密輸入することが多い。あたかも、「情熱」が能動的だからこそ、残余カテゴリーとしての受動は安定して「感情」と呼びうるとでも言うかのように。*12 だが、そもそも情動(emotion)や感じ／感情(feeling)や情操(sentiment)といった感情の用語系自体が、情念の後の歴史的時代のなかで言説的に編制されたものなのである。*13

さらに、「受動性から能動性へ」という軸に、情念や感情の対立項として自由意志／理性の歴史的常数性を前提するという操作が加わることで、情念の近代史の標準的な記述形式ができあがっている。*14 情念／理性という対立項は、正統と異端、抑圧と反抗、合理性と侵犯といったイメージとも結びつく。*15 なるほど、神の似姿としての理性は受動性の反対物だが、人間が必ずしも理性的にふるまわないという現実を前にして理性の定義を確認しても、とくに何かを言ったことにはなるまい。意志となるとさらに厄介である。中世においては、意志と情念とは必ずしもつねに対立的な関係にあると考えられてきたわけではなかった。一七世紀に至るまで、意志を情念の一類型とする考え方は珍しくない。両者のあいだに制御／被制御の関係が想定されていたとしても、それが具体的にいかなる事態であり、制御が及ぶ／及ばないということによって何が考えられていたのかを問わないかぎり、かかる漠然とした規定はほとんど意味をもたないだろう。にもかかわらず、それによってある普遍的な関係様式が示唆されているかのように思えるとすれば、情念を含めた「感情」の領域を一般化もしくは拡大したうえで、その領域と意志／理性を明瞭に対立原理として語る（いうまでもなくそれは、感情や情熱の「コントロールしがたさ」を、ある種のやり方で許容するために他ならないが）、ロマン主義的な精神の意味論の成立以降の地平を自明視しているためにすぎない。要するに、これらの軸によって考えるとき、一八世紀後半以降から一九世紀全般にわたって文化的に定着する情念／感情の分節に、思考はあまりにも無自覚に寄り添ってきたのだ。*16

現在の研究は、ここで取り上げた古典的著作より精緻化している。とくに二〇〇〇年以降、情念はちょっとした注目テーマとなっているようであり、いくつかの注目すべき研究が現れている。なかでも顕著なのは、ポーコックを起爆剤とした欧米圏の政治思想史だろう（その意味で、彼の功績はやはり大きい）。社会史と言説史の知見や方法論を取り込みながら、近代的な政治体制あるいはその構想の成立過程や、市民と国家の双方に複数の水準でかかわる契約概念の重層性を、かつてよりはるかに詳細に追うようになった。情念への現在的関心も、こうした流れのなかで必然的に出現するものの一つなのだろう。たとえばヴィクトリア・カーン（現在の情念研究ルネサンス（？）の中心人物の一人である）の仕事をはじめとして、筆者自身も教えられたことは少なくない。*17

それを踏まえたうえで、しかし、現在の研究の多くが、右で紹介した古典的研究に認められる思考パターンを大きく脱しているといえるのか、あるいはそもそも、脱する必要を感じているのかについては、いささか疑問を禁じ得ない。そこでは、何らかの近代的な政治体制のモデルや契約概念を近代社会の成立の分水嶺と捉えるという作法は、ひどく安定している。構図自体は意外に保守的なまま、いくつかの対立項がそのうえに重ね焼きされているように映る。情念に対する分析も、多くは「徳から富へ」のような図式にのっとって遂行されており、近代的政治体制の構成要素をどのように規定するか、そしてまた、その決定的契機をどの時期に認めるかについての見解も、この図式上で争われている。結局のところ、こうした写像の操作は、何を近代である／ない（あるいは社会である／ない）と感じるかについて、現在の私たちがもっている暗黙の基準を、反復強化している。そしてそのとき、情念である／ないをめぐる、言い換えれば理性（的）である／ないをめぐる現代の基準が、しばしばもちこまれている。*18

だが、近代のメルクマールをどこに置くにせよ、すでに立ち上がっている近代の「誕生」や「成立」の過程を探究するというのは、最終的な「解答」が予め与えられたゲームをプレーすることに、どこか似ている。だからといって、近代批判に走ればよいというわけでもないが。それでは、「ひっくり返してみる」という一手をこのゲームに付け加えるだけの話だろう。

四　「自己」・「反省」・「社会」——不発の複合的交錯

初期近代における情念＝受動の概念を、私たちの考える感情の直接的連続として把握したり、動機の語彙としての情念《パッション》の政治・社会的編成の歴史的位相を探究するだけでは、初期近代における受動＝情念の観念にかかっていた特異な負荷や、その言説の布置の非常に大きな部分を見落とすことになる。情念＝受動とは、主体の内部に封じられている(contained)感情の、抑制を外れた溢出ではない。非合理的感情の理性による制御という問題系を安易にもちこめば、現在の視点に向かって情念の輪郭が潰されてしまう。初期近代において情念の「過剰さ」が語られるとしても、それらは一八世紀以降とは異なった振る舞いとして出現し、異なった帰結をもつことになる。そこに存在しているのは、過剰さや非社会性をめぐる別種の理論であるはずだ。

それゆえ、これから試みるのは、ある特異な意味空間をいわば本気に取ることである。そこでは、感情の言説が帰属し、かつ審級することで構成する内部性が未だ十分に構成されるにいたっていないが、にもかかわらず内界に生起する出来事を何らかのかたちで指し示すという問題系が発見されている。情念はまさに、そのようなものとして語られている。このような視角を取ったとき、複数の水準で発生する不発《ミスファイア》の交錯として、初期近代的な言説の錯綜した布置が浮上してくる。

情念は近代的な自己観察の系譜の開始点に位置づけられるものではあった。しかし、そこで語られているのは「私の（書き手の）」情念ではない。「自己」観察とはいっても、それは奇妙に自己（self）への言及を欠いたかたちで遂行されている。ユニークな特性や、奇矯な習慣を刻印された精神の特異な振る舞いや、それらの背後にある個人的な偏差の所在が、心身の中間地帯に蠢く受動《パッション》的運動の複数的様相への関心を引き寄せているにもかかわらず、それらは、いわば、決して完結することのない、人称なき一覧表を参照するようにして扱われつづける。権利上私が私に対してのみ遂行できるはずの反省という営みが、諸情念を主語に置く三人称的な記述によってあたかも遮蔽されているかのようにすら見える。正確には、反省という用語を明示的にもちこんだのはそれより少し後の時代であり、おそらくこの段階では、まさにこの遮蔽効果が、反省をある種のかたちで代行していたのだ。あるいは、このように表現した方がよいかもしれない：自己観察がいずれにせよ、観察する者／される者の関係形式として成立とすれば、ここでは観察という行為によって、二つの領域が分けられる、そのことだけが生じているのだ、と。だとすれば、この区分／線引きの特異な様相とその効果とが問われなくてはならないことになるだろう。

それは同時に、身体から身体へと憑依しながら転移していく情念の強烈な作用力への注目と連動している。人間に否応なく取り憑き、そしてまた、その周囲にいる他者たちの身体的反応を誘発する、恐怖や熱狂、愛や憎悪、さまざまな対象へと向かう欲望の諸形態、それらもまた、どこか第三者的な、乾いた視線で切り取られる。「愛はただ単にすべての情念の源泉であるだけではなく、人間に生じるすべての良きことと悪しきことの源である。愛がなければ、世界に科学はなかっただろう。徳は追随者をもたなかっただろう。そして市民社会は想像上の善にすぎなかっただろう。……しかし、火がいかに清らかなものであれ、腐ったものに燃えうつるときに、有害で臭い匂いを放つように、「愛という」この神聖な炎が、人間の本性を堕落させる数々の悪徳のうちに育まれたとき、汚らわしい欲望のみを生みだし、邪悪な意図のみを形づくること、そして、愛が人類にもたらすべき良きもののかわりに、災難や、不安や、不幸の原因となることに驚く者はいない」(la Chambre[1650:vol.1, 20-22])。

情念が「社会」と結びつくのはこの水準である。社交集団をめぐる思考の交錯のなかから、たしかにより抽象的な水準で、「社会」の意味論が構成されはじめる。だが、ホッブズがもっとも極限的なかたちで開示してしまったこの「社会」には、社交集団の歴史的展開のもとで理解することをためらわせる何かが刻み込まれている。身体群を貫いて作動する情念の作用を、ひどく具体的であると同時に、どこか抽象的に把握する視線が、社交集団の具体性から浮きあがるようにしてせり出してくる「社会」の意味論と、重ね焼きになるといえばいいだろうか。そしてまた、複数の身体を貫通していく情念のあまりの素早さと直接性が、自発的意志や欲望を有した人間主体とその社会的な集合状態とを、相互に独立的に把握することができるような――つまり、そもそも社会秩序の合成問題を構想するうえで不可欠な――、解釈の自由度を不発に終わらせる。

それゆえ、情念が力の過剰として現象するとしても、その「過剰」の言説的身分を問わなくてはならない。一六世紀ごろから、過剰さが情念と近接したかたちで名指されはじめる。けれどもそれは、安全化された社会の領野から奇矯で危険な「個人的」情念が突出するようになったというのとはちがう。むしろ、非社会性をはらんだ個別的様態の複数的連関をそのまま「社会」へと読みかえる、現代の便利な思考様式をまったく欠いた意味空間のなかで、危険な情念とともにある人間的生の様態を「秩序」へと読みかえていくような運動があった。一八世紀中葉以降の人びとが考えたものとは別種の「過剰な」情念が、スコラ哲学的な秩序観を内側から食い破って変形していくような思考の運動のなかで、編成される。そうした「過剰さ」(を語ること)がどのような機能をもっていたかを考えてみる必要がある。

初期近代の情念の言説は、近代がその後明示的なかたちで展開させていくことになる「自己」「反省」「社会」といった問題系に近いものを、ほとんど身体的なかたちで指し示している。だがその指し示しは、私たちが「自己」「反省」「社会」と考えているものからどこかで決定的にずれている。この点にこそ、その意味深さがある。情念は、初期近代の/における、一つの顕著な徴候 (symptom) なのである。いまだ「未成熟」な近代の「萌芽」状態として位置づけるのではなく、むしろ、現在からながめるそうした直立的遠近法を揺るがせ、どのような制度的・認知的・手続き的要素の組み合わせによって、私たちがどのようなものを複合的に自明視しているかを逆照するために、そのずれを押し広げてやること。そのようにして、初期近代の徴候論的読解を試みなくてはならない。

言い換えれば、情念をその全体性において復元すること、当時の人びとにとって情念が「何であったのか」、彼らの経験が「心理学的に」どうマッピングされうるかを問うことは、私たちの課題ではない。さまざまな主題が扱われるが、言及していないことが一つある。それは「情念とはじっさいのところ何だったのか」、「それは現在の（あるいは一八世紀や一九世紀の）感情や情熱と、その内包においてどう異なり、どこで共通しているのか」といった問題設定である。情念の本態なるものは、本書の対象ではない。私たちが感情として了解しているものですら、その外延はかなり曖昧であり、少し反省してみるだけですぐに揺らぐのだが、そのように揺らぎつづける「感情」の本態は「何か」というのも、本書の問いではない。[*19] 一七世紀の情念理論を心理学の前史あるいは哲学史上の一挿話としてあつかったり、何らかの方法論に照らして情念論の理論的「正しさ」を測定するといったことは、これから行う議論とは無関係である。[*20] 情念（や感情）の本態への問いがその内部で正当化されうる知の枠組みは存在しているだろうが、この本はかかる領域と直接には関わらない――部分的には、そうした枠組みの生成過程に触れている部分があるかもしれないが。

あるものと別のあるものとの「あいだ」にある、つまり、二つの領域を横切るようにして出現する情念《パッション》＝受動は、初期近代に特徴的な何かを、遂行的に《パフォーマティヴ》――つまりその都度断片的なかたちで――指し示している。じっさい、情念そのものが横断の運動なのであり、外部空間の指し示しと切り離せないものとして初期近代の思考者たちを刺激しつづけたさまを、私たちは目にすることになろう。重要なのは、情念＝受動という概念から整序される、言説空間におけるひとつの全体性ではなく、むしろこの指示作用の必然的な断片性であり、――徴候とそれをめぐる散発的な身体反応（それ自身もまた徴候に含まれる）が未知の病の所在を暗示するように――情念という運動の周囲に編成される諸形象へと注がれる初期近代の視線が、結果として初期近代という全体性の指し示しの失敗として集積していくさまである。指し示しの身振りとその失敗によって貫かれている情念＝受動の武骨な姿は、いわば二重化されることで、この苛烈な言説空間の寓意《アレゴリー》となる。

そして同時に、一種の「徴候の理論」とでも表現したくなるようなものが、情念＝受動の言説のところどころに現れている。近代社会科学の淵源としての一七世紀政治学や道徳哲学は、いかにも初期近代的な、半ば無自覚的な様相を帯びたこの「メタ言説」性とともにある、あるいは、そのなかで胚胎している。徴候の可動域を注意深く観察するだけではなくて、徴候という非‐概念自体のなかに存在しているある懸隔の存在が、同時に思考されねばならないのだ。

情念の体制とは、徴候と徴候に対する盲目の言及との二重の様態が織りなす、言説の平板な起伏である。

五　初期近代と歴史の遠近法

さらにいえば、初期近代における徴候（理論）の徴候論的読解は、旧時代対新時代《エンシェンツ・アンド・モダンズ》というこの時代の標語が暗示する、特有の可能性の条件に拘束されている。*21 それによって徴候性が三重化されるといってもよい。ある意味で徴候性は、初期近代がいずれにせよこのような二項対立を媒介させて自己規定するに至った言説空間であったことの必然的効果である。自然学の領域においてアリストテレス主義が急速に没落していったからといって、すべての知の領域で均一的に、新科学の広大な大陸が一気に開けたのではない（彼ら自身がしばしば、自然学以外の諸領域で「新しいニュートン」たることを目指したにもかかわらず）。科学革命のイ、メ、ー、ジ、は、しばしば安逸な微睡みを包み込むヴェールである。あたかも、伝統の圧倒的な重みを軽やかに脱ぎ捨てて、新しい何かが一気に開始したかのように、そして「科学」の積極的外在性、つまり実証という手続きを保証する外部観察者の方法論的担保と、それが可能にした文体が、明らかな歴史的切断の所在ときれいに二重写しになってくれるかのように――。けれども、じっさいのところ、過去からつづく伝統の圧倒的厚みに抗して唱えられる新しさの主張は、過去から継承した圧倒的な遺産の息苦しさの組み替えのただなかで、そしてまた、組み替えとしてしか行われなかった。「伝統」とは、それを切断しようとする視線の効果に他ならない。水のなかに泳ぐ魚に水が見えないように、伝統に内在している人には「伝統」は見えない。旧時代対新時代という図式に、この時代の言説群は魅惑され、――そして同時に、それによって自らを呪縛している。

この言説空間には、旧時代へと通じるワームホールがいくつも開いている。それらはさまざまな時期のさまざまな言説へと、ずいぶん勝手なかたちで通じている。彼らがアクセスしたつもりの過去が、じつは単なる誤解に基づくものだったということもある。一つの穴を通ってみたら、別の穴から戻ってくるということも珍しくない。ロをきわめて旧時代の言説を攻撃しながら、そのじつ裏口から発想の多くを招き入れるようにして、さまざまな分類体系が模索されていく。スコラ哲学批判のすぐ傍らで、アクィナス的カテゴリーと「生理学」的知見とを無邪気に接続する更新《アップデート》の試みが顔を覗かせる。中世的な知の体系から脱出するために、それ以降文献的に知られるようになった古代の権威があちこちで呼び出されるが、よく見れば、それ自体もまた、しばしば歪曲させられている……。あたかも、一つの混乱から別の混乱へと移し替えただけであるかのようにして、情念という境界的現象を整序するための提案が繰り返し挫折していく。そしてこれらの営みの集積が、境界という出来事の姿をおぼろに出現させる。人間主体の内的領域を記述する客観言語の探究が、旧言語に対する欲求不満と固着とをかえって構造化しながら、自己観察という不在の問題系をほとんど盲目的に指し示しているのである。旧時代《エンシャント》の術語世界を用いて他ならぬ旧時代を内破していく運動として、近代《モダン》は自らをしつらえていった。

こうした時代を対象にするとき、私たち自身が、自分なりのやり方で「旧時代人対新時代人」を再演せざるをえなくなる。組み替えと接続の連続は、その試行自体の身分を断片に近づけるが、現在からの視座の安易なもちこみを方法論的になるべく封じるとすれば、そのいずれかを正統＝成功として先取りし、多くの「失敗」から弁別することができなくなる。近代以前の言説諸領域を、近代のそれと等距離から眺められるような視座の構築は、著者の乏しい力量の限界を越える要求である。また、言説空間の見渡せなさを積極的に浮上させるという文体＝方法論上の要請からしても、そのような視座を偽装することはできないが、近代内部を横断していくにあたって、まず近代以前の意味空間の膨大な広がりに、何らかのかたちで対峙することを迫られる。

情念に言及するいくつかの伝統的領域、たとえば(1)魂をめぐる形而上学的考察、(2)修辞学／雄弁術、(3)医学的診断学、およびそこから発展していく古代‐中世的な記号理論といったものの輪郭を、無理を承知で特定したうえで（近代以前において、これらの言説ジャンルは、相互に独立した領域であるというより、しばしばあちこちで重なり合っているのだが）、こうした領域の断片的流用と改変の試みが、どのような言説の相貌をかたちづくったのかを考える必要がある。一六世紀以降、古代と中世における情念の諸理論が新しい角度から光を当てられる。あるいは、伝統の連続線を断ち切るかのようなデフォルメと部分的採用を施され、新たなかたちで撚り直されていく。言説の素材という観点から考えれば、初期近代の言説のかなりの部分が、そのようにしてできあがっている。こうした流用や改変の過程を分析していかねばならない。多孔空間のすべてをあつかうことは不可能だが、それら多数的な屈折と変容とがかたちづくる複合を、私たちなりに描いてみたい。

そして、そのなかから、(1)人間の諸情念を体系的に考察しようとする議論（情念論）、(2)特定の対象をめぐる何らかの典型的情念（とりわけ愛）の奇妙で微細な働きの詳細な記述とその考察（情念の運動記述）、(3)諸情念の馴致・変容・昇華の可能性の模索（情念の倫理学）と要約できるような、初期近代の三つの潮流が成立する。それ自体で相互に密接に絡まり合ったこれらの潮流を、細かな交叉や潮目にときに翻弄されつつ、辿っていこう。

六　航路を見渡す

具体的には、二章から九章までが情念の体制の分析に宛てられる。

第二章と第三章は、一六世紀のいくつかの言説群を主題にしており、一七世紀的情念（論）の地平への接続とずれとを観察することを目的としている。その後、第四章から第八章までを用いて、一七世紀を中心的に扱う。第二章は、貴紳層の社交理論あるいは礼儀の意味論の成立と、一六世紀末にかけてのその変容を論じながら、相互行為と情念的現象がどのような連関のもとに置かれていたかを考察する。さらにその連関の様態が、この時期における「社会」の不発と循環しているさまを描く。第三章では、礼儀の意味論がそこに依拠しており、またその一部を構成してもいた修辞学的知を取り上げて、言葉と情念との関係をめぐる思考の別の様態を論じている。

第四章から第六章は、一七世紀における情念論の言説を中心とした分析であり、まず行為理論における意味論的組み替えを観察したあと（第四章）、秩序と過剰の初期近代的文法の鍵語としての情念を考察し（第五章）、さらに独自の運動概念として成立した情念が、内界と外界の相関であるところの、より大規模な世界像と相互循環しているさまを描き出す（第六章）。あわせて、これら三つの章の流れのなかで、一七世紀以降の社会の意味論の解読と主体効果の位置づけを、現在的な個人‐社会の意味論的循環のもちこみをなるべく避けつつ考察している。第七章から第九章にかけては、情念‐運動‐世界のこうした特定の構造化が、特殊な記号概念をせり出させているさまに着目し、複数の視座から詳細な分析を加えている。第七章はおもに一七世紀の記号理論の外延を考察しており、第八章は、記号と修辞学との結節点が「コミュニケーション」を予感しながらその手前で挫折するさまを論じている。第九章は、特異な記号概念が次第に「個性」や「人格」へと漸近していきながら、ついにそれらと一致しないさまを追尾しながら、情念の体制の終焉の、ひとつの様相を見ようとしている。

以上は、可能的な読解の一つを、ほとんど要約ともいえないかたちで祖述したにすぎない。これ以外にも取り上げた論点は多く、それらの連関を追うなかで考えたことも、かなり多岐にわたっている。たとえば、自己／愛の転形の連続的過程。あるいは、記述者＝観察者の視点のテクスト効果の出現と、その最終的な不発を意味論的に繰り延べていく処理の諸形式。自然の境位の出現と機械論のヴァリエーション、そのなかで像を結ぶ感覚の理論。動物観相学の書き換えと身体記号の読解理論の地平……。これらの箇所に着目すれば、他の複数の粗筋が可能だろう。不親切な言い方に聞こえるかもしれない。だが、もし安定した一つの要約に収まるのなら、分散して出現するさまざまなメタ＝徴候に対する徴候論的読解という、記述が自らに課したポジションを裏切っていることになる。

現象／言説の散乱の出来事性を押しつぶしてはならないが、理解のためには、ある程度の線状性を与えないと、端的な意味の欠如と区別しにくくなる。両者のあいだをうまく通り抜けるよう、できるかぎりの努力はした。しかし、旧時代への開かれをもっている時代を扱うがゆえに、情念の体制を扱った各章に関してはとくに、章の内部と各章の連結の両面で、議論にクロノロジカルな整序を与えつづけるのは不可能であることを断っておきたい。もともと初期近代の情念の言説に単一の起源など存在せず、また、さまざまなかたちで連結される複数の要因や資源が単線的な経路上に並ぶはずもない以上、それは避けがたいことだった。

【補論一】日本語の「情念」について

次章以降で詳しく見ていくように、passio/passion は、近代へと引き継がれていった重要な用語ではあるにもかかわらず、何らかの特定の知的領域《ディシプリン》に帰属していない。一八世紀以降の sentiment や feeling や emotion が、より安定した審級（心理学、生理学、美学、小説……）をもちえたのに比べれば、passio/passion の語義の広がりがはるかに大きく、ジャンル的にも散乱したかたちで出現する。

日本語の伝統的意味世界には、これに相応するような発想がなかった。だから、ぴったりと対応する語彙も当然不在だった。近代に入って、この西欧的用語系＝発想が紹介されたとき、対応する語として「情念」が最終的に選ばれたわけだが、じつはこの言葉自体は、散発的ではあれ、かなり昔から用いられている。このことが、訳語／術語としての「情念」の振る舞いに、一定の影響を与えているように見える。この漢語が孕んでいる不思議な含蓄と陰翳によって、日本語としての「情念」もまた、独特のぶれを見せるのである。ごく粗く概観することしかできないけれども、西欧の言説史を辿る前に、こうした過程を検討しておくことには一定の意義はあるだろう。日本語を用いて考察する以上、西欧語における概念の広がりと日本語におけるそれとの異同を、できるだけ統制しておく必要があるからだ。*1

情念という漢語の由来ははっきりしない。『佩文韻府』、『諸橋大漢和辞典』、白川静『字通』等を参照すると、漢籍の事例は出てこない。どうやらもともとは仏教語だったようだ。仏教語の「情念」は、思慮分別の「思い」やそれを動かす方面を意味している（中村元『佛教語大辞典』）。ただ、思慮分別を指し示す仏教語としては、「意業（道）」

等が正統的であり、仏典における情念の使用はそれほど多くない（『佛所行讃』や『法句譬喩経』などに、いくつか事例が見られる）。この語をより多く見いだせるのは、中国の高僧言行録のたぐいである。とりわけ、『大慧普覺禪師語録』、『景徳傳燈録』、『續傳燈録』、『緇門警訓』など、唐宋の禅宗系統とその周辺で比較的用いられている。[*2]

①「世間の情念起くる時、必ずしも力もて排遣するを用いず。前日已に曾て上聞するに、但だ只僧趙州に狗子還《ま》た佛性有りや無しやを問うを擧ぐ。州云く「無し」と。……世間の情念自《おのずか》ら怗怗地なり」（『大慧普覺禪師語録』）。

②「狂亂は情念に随いて臨終に業に牽かる。悟理の智揀擇《かんたく》を是非せざるを以て、猶お狂人の如し。故に臨終の時に於いて業道をなす。惺悟は情に由らず、臨終に能く業を轉ず」（『景徳傳燈録』）。

この「情念」は、悟りを妨げる凡夫の妄念という意味合いが濃い。日常生活を修行ととらえる禅仏教独自のベクトルのもとで、行住坐臥のなかで連続的に動きつづける意識の観察に対応する言葉が必要とされた。あるいは、凡夫の揺れ動く「こころ」や「思い」をより日常語に近いところで捉えようとする指向性があった。このことは、②が「情念に随いて」と「情に由らず」とを結びつけているところに伺われる。日本においても、道元『典座教訓』（一二三七）、紹瑾『傳光録』（一三〇〇ごろ）、白隠『遠羅天釜』（一七四九～五一）など、禅僧の書いたもののなかにこの語が多く現れる。日本語としての「情念」の直接的な起源はこのあたりだろう。

③「此の理必ず然あるも、猶お未だ明了ならざれば、卒《つい》に思議紛飛することそれ野馬のごとく、情念奔馳すること林猿に同じきなり」（『典座教訓』）。

④「タダ汝等チ情念惑執セズ、見聞ミダリニ分布セザルトキ、カノ幽識明明トシテ暗カラズ」（『傳光録』）。

⑤「一切ノ情念思想ヲ抛下シ、單々ニ參窮センニ、大疑現前セザルハ半箇モ無ケン」（『遠羅天釜』）。

おそらく、禅が日本にもちこまれたとき、微妙な屈折が生じている。中国の禅仏教が、俗語の清新な感覚をもちこんで悟りを目指したことは、道元のように留学した人には分かっている。そして道元がこういう言葉を使うとき、その清新さの感覚は日本語でも少し伝わるのだろう。だが、中国語を解しない人間には、その言葉が普通にコミュニケーションされる現場からブロックされているので、結果的に権威として固定されることになる（たとえば「公案」は、まさにそのように受容されていったのではないか）。同時に、③に代表されるように、日本の禅宗は、行住坐臥を修行と捉えるという禅特有のベクトルを、何というかさらに倫理化している。これが日本的な「清新さ」として了解されたのかもしれない。とりわけ近代以降、そうした平面上で、必ずしも仏教信者でない読者を引きつけることになった。

また、「情念」が説話文学を通して日本語の世界に入り込むという流れもあった。たとえば②は『沙石集』（一二八三）に引用されている。江戸期になると、執着の人間的悲しさのようなものとして「情念」を味わうような書き方が現れる。「浮き世」といいながらも、「情愛」や「情欲」の業から離れるべきであるという教説を断固として拒絶するでもなく、しかし、そこからの離れがたさという人間的自然をそれこそ「情」的に追認することで骨抜きにしていく、と表現すればよいのだろうか。ここまでくると、「情念」そのものというよりも、「人情」「情が厚い／薄い」「情けない」など、江戸期以降に編成されることになる「情」の意味論の問題になってくる。[*3]『日本国語大辞典』によると、為永春水『貞操婦女八賢誌』（一八三四〜一八四八）には、こういう文例がある。

⑥「お袖が必死の覚悟の趣、詳かに解き付けて、若し情念を晴らせずば、縁者の因ある乙女を、殺して本意と思わるは、いとど情けなき事ぞと」……。

とはいえ、このような用法の散発的存在にもかかわらず、明治以前の漢文脈において、情念が術語化されていたとは、やはりいいがたい（「術語」という感覚自体が、かなりの程度まで近代とともにこの社会にもちこまれたものだが）。基本的には、明治期の造語／翻訳語と考えるのが妥当だろう。概括的にいえば、江戸期に結晶した「情」の意味論をもちこすようにして、一九世紀の後半期に西欧で制度化されつつあった心理学／生理科学／哲学の用語群に「情」系列の言葉が定着していった。たとえば井上哲次郎編『哲学字彙』（一八八一）は、feeling の訳語に「感応」という用語を当てている。これは本来、衆生が仏の慈悲心を感じ、仏力がそれに応じることを意味する、由緒正しい仏教語で、朱子学にも流れ込んだ。仏教語から転用した哲学用語として後代に残ったものもいくつかあるわけだが（「観念」がその典型）、ここではそうはならず、江戸期以前にも用法のある「感情」や「情緒」と、明治期の造語群である「情動」や「情操」とが入り混ざりながら提案されていった。

「情念」もこうした流れと無関係ではないが、そこへと至る過程はそれなりに込み入っている。『和英語林集成』第三版（一八八六）では、passion の対応語として「情、意地、気、情合、苦しみ、苦痛、難儀、執心、執着」が挙げられており、別記して「七情」が the seven passions と紹介されているものの、[*4]「情念」はみえない。この時期における言葉の用法を見ると、たとえば、菊亭香水『滲風悲雨　世路日記』（一八八二〜八五）がある。

⑦「此ニ深ク顧テ遠ク将来ヲ豫想スル時ハ到底共ニ志望ヲ達シテ互ニ情念ヲ遂グルコト難シカルベシ」。

成就を禁じられた、あるいは、断ち切るべきなのに、なかなか断ち切れない激しい恋情。この「情念」は、「思い」の言い換えとしての「情」と「念」が重ねられたようなものであり、じっさい、「思い」と読んでもほとんど支障はない（情念を「遂げる」と表現されている）。⑥との連続性を感じさせるとともに、後述する、術語化された「情念」の地平とも接触しつつある。もう一つ、矢野龍渓『経国美談』（一八八三〜四）から、

⑧「無數ノ會民ハ、ペピダロスガ爽快ナル雄辨ト巧妙ナル論理ノ組立トヲ以テ、昔日スパルタノ為メニ、加ヘラレタル國辱ヲ、枚《かぞ》ヘ擧ゲラレシカバ、奮激ノ情念、一時ニ溢湧《いつよう》シ、セーベノ不幸ヲ、憫《あわれ》ムノ感情、益ヽ深キヲ加ヘ」……。

を挙げることができる。自由民権運動と重ね焼きになった、政治的「奮激」としての「情念」という語り方である。また、「激しい怒り」は passion の一九世紀的定義の一つであり、テクストの成立経緯から見て、英語の passion を

直接下敷きにしている可能性もある。その点、『和英語林集成』の感覚に近いともいえる。

術語としての「情念」が成立するのは、これらの少しあとになる。北村透谷がpassionate loveを「情熱」と訳したのはよく知られている。またそれが、⑧のような政治的「奮激」からの挫折・退隠を背景としていたことも常識に属するが、佐藤亨編『幕末・明治初期漢語辞典』、上田万年編『大字典』等を通覧してみると、passionate loveの訳語として、他にも「情意」——これは漢籍に見られる語である——も提案されていたし、それこそ「情念」を当てようとする動きすらあった。passionate loveを「情念」とするとき、「情」をめぐる「愛」や「欲」や「念」を離れるべき執着とする仏教的概念の「浮き世」的改釈という、⑥や⑦の底流となっていた思考様式が影響していた可能性もある。あるいはむしろ、まさにそれゆえに、新しい概念として紹介されたpassionate loveの訳語から脱落していったのかもしれない。たとえば⑦は、恋愛的熱情を予兆しつつ、断ち切るべき執着として「情念」を語った好例と解釈することもできそうだ。いずれにせよ、透谷以降、近代的恋愛とつよく結びついたpassionの訳語として「情熱」が正統化し、その結果、「情念」が「情熱」の余剰部分を指す用語として、「情意」その他を緩やかに排除しながら、次第に固定されていったと思われる。

この他にも、戦前において「情念」という語が用いられていた大きな文脈がある。哲学の翻訳紹介を中心とする学術領域である。一九世紀以前のpassionがロマン主義的なそれとはちがう意味を有していることを、近代日本がそれなりに認識するほぼ唯一の回路が哲学（史）だったということなのだろう。ただし、それには一定の時間がかかった。『哲学字彙』では、passiveに「受動的」を当てているのに対し、passionの訳語が「欲情」となっている。哲学的文脈においても、「情念」という語が使われはじめるのはおそらく一九〇〇年前後であり、完全に定着するのは戦後になってからだ。たとえばデカルトのTraité des passion de l'âmeが『情念論』という表題に落ち着くのは一九四五年以降である（石塚・柴田（編）[2003:48-49]）。

もう一つ、情念という日本語はしばしば、言葉の届かない、心のほの暗い深部に蟠る臆念や怨念といったニュアンスを負わされてきた。こうした語感は、江戸期の⑥や明治前期の⑦にも潜在しているが、この意味がくっきりしてくるのは、やはり情熱／情念が分離して以降だろう。

⑨「わが世は／驕慢の路、／情念の棲家、／ひしと打たるゝ苦しみの／その笞《しもと》ゆゑ……」……（三木露風『廃園』（一九〇九））。

こうした、言葉にならない深い「思い」あるいは、一種穏和化された怨念としての「情念」は、旧制高校文化におけるロゴス／パトスの対置や、昭和初期の私小説へと流れ込んでいく。嘉村礒多『崖の下』（一九二八）は、そこまで言わなくてもいいだろうと思うほど、いくつもの修飾語をかぶせて、自己の「情念」の浅ましさを描き出す。

⑩「千登世と駆け落ちして来てから満一年半の歳月を、様々な懊悩を累ね、無愧な卑屈な侮らるべき下劣な情念を押包みつつ、この暗い六畳を臥所として執念深く暮らして来たのである」。

もっとも、かかる語法が頻出するようになったのは、戦後の、おそらく一九六〇年代以降、つまり、「政治」への「情熱」とその挫折が再来した季節においてではないか。寺田透や中村雄二郎をはじめとして、「情念」を論じたり、表題に冠する著作が現れるのがその指標となる。より正確には、私的で性的な「情愛」からの離接として語られるようなものとして、この時期に大規模に出現したというべきかもしれない。哲学と並んでここでも、情念の語義が真に確定したのは戦後だということになる。

だとすれば、これもまた、恋愛／情熱の正統化のもとで周縁化された領域に、情念という語が充当されるという構造の一ヴァージョンになっている。すなわち、一方で恋愛の近傍に発見される反／抗恋愛的な肉体のリアリティと、それを中心に編成される肉体言語論があり、他方、激情へと突出する手前で鬱屈する情緒や思いがある、というように。だが、いうまでもなく、このような、一種湿った臆念あるいは激発しきらない怨念といった含意は、欧語のpassio/passionのなかにはまったく存在していない。あくまでも日本語の意味世界の内部事象である。

　このように、訳語としての情熱/情念は、多分に偶然的な事情を介して、恋愛と関連する一九世紀的なpassionとしての「情熱」/その余剰としての「情念」に配分された。この配分作用は、意外と複数的なはたらきを行うものであった。哲学を中心とする学術系の領域では、「情念」が一八世紀以前の意味でのpassio/passionをある程度指し示せる語となっただけでなく、情緒の語彙の一つとして、独特の日本的コノテーションが与えられてもいったのである。あるいは、近代日本語の論理のもとでは、「情念」は「情熱」の周辺にあるが、「情熱」ではない何か」でありつづけている、というべきだろうか。情熱に対する対抗言語としての位置をもつかぎりにおいて、「でない」という差異性の感覚は把持されているが、それ自体を実定的《ポジティブ》に規定することは難しい。そして、まさにそれゆえに、さまざまな周縁的含意を吸着もしくは創出していくことができる。近代日本語において、情念はそのような「概念」になっている。日本語における分節の論理を西欧の語源にきちんと合わせることはできないし、その必要もないが、語をめぐるこうした作用は注目に値する。*5

　大きくとれば、これもまた〈近代〉の一つの軌跡であると考えることもできる。情熱/情念のどこか前概念的でもある使い分けは、初期近代的な情念と一八世紀後半以降の情熱とのずれと連続という、この章で概観してきた構図の、それなりに特異な変異体《ヴァリアント》を構成しているからだ。とはいえ、これから語ることが、こうした日本語の運動のさらにいくつか「外」にあることはいうまでもない。西欧の初期近代のpassio/passionを考えるときには、仏教語に端を発し、近代へともちこまれていった「情念」という日本語の複層的な含意を、意識して遮断する必要がある。初期近代の意味空間は、日本語の論理にすんなり従ってなどくれない。だからこそ、意味深いのである。

第二章　社交の起源

一　階層社会の解体過程、あるいは「社会」の不発としての「社交」

情念の地平を、その複数的な言説的資源に向かって開いてやること。それによって、初期近代の言説領域の複数性を、すなわちそれらのあいだに働いている引力や斥力、重合やずれの諸関係を浮上させること。私たちにとってそれは、初期近代の／における意味論的複合を分析することと同義である。

この章ではまず、ひとつの局所的なずれの現場として、社交をめぐる言説＝実践の領域の、一六世紀から一七世紀にかけての立ち上がりのさまを追ってみよう。それは、人‐人関係のなかに出現する情念の論理の観察やその制御可能性といった課題が語られる最初期の言説群の一つである。初期近代のはじまりの地点において、情念を生きる経験がどのようなものであったかを直観するうえでも入りやすい主題だろう。

歴史社会学的な用語系でいえば、これは通常、「階層社会」の解体の過程として把握される。記述のエコノミーのために本章でもこの用語を用いるが、歴史貫通的な「社会」に身分的固定性その他の特徴が加わったものが「階層社会」であるかのようにイメージさせるとすれば、この括り方それ自体がどこかミスリーディングになる。[*1] これからの議論のなかで触れることになるように、この意味空間が何らかのかたちで「社会」に対応する、あるいは、ある意味では「社会」の語源に当たるかもしれないような語彙をもたなかったわけではない。しかしそれは、私たちの考える社会とはかなり異なっている。

その意味で、階層社会的秩序の解体というより、本章の主題はむしろ、一六世紀における「社会」の不発を描くことにこそあるというべきだろう。社交やそれをめぐる諸事象（この「社交」も、一八世紀以降の社交のはるかな淵源にあるが、これから見ていくように、用語系と内実の両面においてかなり異なっている）を賭金として、この時代に語られているさまざまなことがらは、そうした不発の厚みとして立ち現れるのである。

二　名誉と記号

階層社会と呼ばれているものの大きな特徴は、乗り越え不可能な身分や階梯を成り立たせる本質的差異を、人間のあいだに想定することにある。中世の道徳劇や教訓譚におけるアレゴリー論理のなかで、典型的なかたちで表現されているように。限定されたかたちで価値転倒の一定のモメントが組み込まれてはいたが、このような転倒自体が、身分の固定的表象と道徳的能力の優劣とが等号で結ばれる意味空間に根ざしていた。だがこうした安定的な意味空間は、ルネサンス期に入ると揺らぎはじめる。

身分的本質性の解体に関しては、各国語に訳され広く読まれた『廷臣の学校』（一五八五）においてアンニーバレ・ロメイが提出している、自然的（生来の）名誉（natural honour）と完成された（獲得された）名誉（perfected honour）という分節が非常に興味深い。

それゆえ私は、自然的名誉とは、［この］名誉を受ける者が正義においても勇気においても誤ることはないという一般の意見であると申し上げる。私がそれを生来の名誉と呼ぶのは、人がそれをもって母親の子宮から生まれてくるからであり、嘆かわしい損害や疑わしい行動がないかぎり、彼がこの良い意見を失うことがないからである（Romei[1598→1969:80]、強調は引用者）。

自然的名誉の概念は、血筋において、他の身分の人間から截然と区別される特質（正義と勇気）を貴族が有していることを前提としている。ただし、それは「一般の意見 (common opinion)」によって支えられている。「私たちはある人物が正直であるという意見をもつことがあるが、多くのことを理解しないかぎり、それを確証することはできない。なぜなら彼は外見上は善人だが、秘められた内心では悪人かもしれないからだ[*2]」(ibid:82)。一方、獲得された名誉は、「善き行いがなされたことを明らかにする報い以外の何物でもない」。それは、「その外的な行為によって［人びとに］知られる」。この両者は、徳の潜性態《ポテンシャリティ》と現実態《アクチュアリティ》というアリストテレス的対比によって説明されている。言い換えれば、自然的名誉は完成された名誉を身につけるための必要条件だが、十分条件ではない。自然的名誉は、絶え間のない訓練を通して、完成された名誉へと昇華されねばならない。

貴族らしさや名誉をめぐるこうした言説は、いうまでもなく身分制社会を正当化するイデオロギーだが、にもかかわらずそれらは、結果として、徳をその記号効果において把握する視線を開く。貴族の貴族性が、身分・血筋によって自動的に保証されるものではなくなる――少なくとも、それだけでは十分ではなくなる。その所在は何らかの文化的価値として確証されねばならない。古典古代を媒介とした徳 (virtue) 概念の再発見はさまざまな帰結を伴っているが、その小さくない意義の一つは、徳という説明概念を挿入するという手続きによって、身分表象と人間学的な本質的差異との自同律に隙間が生まれるということだ。紳士／貴族の身分的本質が、彼が有する（あるいは、有しているべきである）独自の徳によって根拠づけられるようになるとき、徳は貴族らしさ (nobility) という外的特徴の領域と解釈学的な循環関係に入ることになるのである。

この二つの名誉は、それぞれに対応した記号の領域と結びつく。自然的名誉が「慈悲深いという意見のしるし＝記号」として人びとが与えるものであるのに対し、完成された名誉は、「徳のしるし＝記号 (sign of virtue)」として自らが獲得するものである。これらの二種類の記号は、以下のように対照されている。

名誉に関しては、あるものは永遠であり、あるものはそうではない。永続する名誉とは、われわれが名誉を「その人に」与えたあとで、名誉を受けた人にとって変わらない名誉として残るものであって、彫像や肖像、寺院、祭壇、聖墓、王冠、公的恩給、讃歌といったものがそれにあたる。それらは人間に名誉を与えるだけではなくて、彼らを栄光ある者にするのであって、神々や、偉大なる公の利益をもたらした英雄的人間以外にしか与えられない。

名誉を与える行為が行われたあとで、その行為は残らないものを、われわれは永続的でない名誉と名付ける。そしてこれらは哲学者［＝アリストテレス］によって野蛮な慣習と呼ばれており、われわれにとって、場所を譲る、お辞儀をする、手、服の縁、膝、足といったところに口づけをする、帽子を取る、といったものとしてお馴染みのものである。そしてこれらの名誉は、慈悲深い行為をした人にだけでなく、彼らの有する富もしくは徳のために、利益をもたらす力をもっている人にも差し出される (ibid.[83])。

この対比は興味深い。身振り(gesture)を(一過的)記号として分析する指向性がこのようなかたちで始まっている。その実質についていわば好意的に推定され、あてにされている自然的名誉は(ロメイの話者はここで、その内実を疑うことができるとさえ言ってしまっているようにみえる)、その周囲で編成されるさまざまな尊敬の身体作法をもつが、それらの行為はあくまで一時的なものとして、その都度消去されていくものでしかない。他方、獲得された名誉は、物質に転移し固定されて永続的な記号＝表象の身分を与えられる。古代弁論術が担っていた公的顕彰の機能が、変形されつつ召喚されているかのようだ。

似たような記述は、トマス・エリオットの『為政者と呼ばれる書』(一五三一)のなかにも見いだせる。彼は自然的名誉／獲得された名誉という区分を明示的には用いていないが、名誉／徳／記号の強固な結びつきを、よりあからさまに語っている。「われわれは人間であって天使ではない。それゆえわれわれは、外見から窺える表示＝意味作用(outward signification)によらずしては何も知ることができない。名誉——崇敬の念はそれと関連しているのだが——は(すでに述べたように)徳の報いであるが、この名誉は人びとの評価にすぎない。がしかし、この評価なるものは、それが賞賛すべき知らせであろうが衣装の華麗さであろうが、その他何らかの外見上のものであろうが、何らかの外的記号(exterior sign)によらないかぎり、どこでも認識されない。けれども、知らせは衣服ほどはよく用いられているしるしではない。というのも昔は王は金の王冠を被り、騎士は鎖しか身につけなかったからだ……」(Elyot[1531→1962:163])。

先天的であれ後天的であれ、世間の意見に依拠する名誉という概念が、記号への注目をもたらす。あるいは、本質的差異が、記号の原因でありかつ記号の効果であるものへと転化して把握されていく。*3 王権の記号理論が存在しているというべきだろうか。だが、王権的権威を追認するエリオットの口吻には何か苦々しげな様子が潜んでいる。「神々や、偉大なる公の利益をもたらした英雄的人間」がいて、彼らに捧げられる「彫像や肖像、寺院、祭壇、聖墓、王冠、公的恩給、讃歌」がある。こうした名誉の理想的円環は、神話的時代にのみ許された不在の記憶にすぎない。記号の修辞的水準において、名誉の自然的基盤が掘り崩されていく。そんな事態が静かに進行している。

このようにして本質性の記号は、階層社会の身分的秩序を再生産する、あるいはなぞり直す。こうした議論は、本有的な身分秩序との連関で記号の機能を理論化しているが、同時に、記号による媒介に浸食されるほどに、本質性がゆらぎだしはじめているさまを刻印してもいるのである。明らかにそれは、階層社会がそれなりのやりかたで自己を観察する形式をもちはじめたという事態と連動している。社会的事実を理論的に確証するという手続きが入り込んでくること、それは明らかに、階層社会の終わりの始まりの兆しである。

三　宮廷論というジャンル

ロメイの『廷臣の学校』もその一例だが、階層社会における／階層社会的な社会関係の観察の展開は、宮廷という場と緊密に結びついている。

宮廷の歴史社会学は、宮廷生活もしくは宮廷的な社会関係の再構成を目的としている。こうしたアプローチからは、当時の言説は適切な行動の諸規則を取り出すための資料としてあつかわれる。だが、宮廷をめぐる言説を宮廷生活の記録あるいはマニュアルと解釈するときに、現代の視線が密輸入されている可能性は決して低くない。たとえば、宮廷社会に関するノルベルト・エリアスの議論（Elias[1939→1969=1977]、Elias[1975=1981]）。宮廷に注目した最初の歴史社会学としての古典的位置を否定するつもりはないけれども、単一の社会関係形式の展開が宮廷という社会集団を成立させ、宮廷社会から絶対王政社会への進化をもたらしていくというその論理構成は、あまりにも社会の実体化が強すぎる。とりわけ、暴力衝動の抑制と二次化／昇華（これが文明化である）という精神分析的な心理機制を超歴史的に設定し、この心理機制の発達と社会編成の発展とあいだに相関関係を前提したうえで、それを単線的な進化のベクトルと把握している点で、彼の議論は本書とは対極にあるとすらいえる。

　宮廷生活を社会史的に再構成することではなく[*4]、本章が焦点を当てるのは、バルダザール・カスティリオーネの『廷臣論』（一五二八）を嚆矢とする一六・一七世紀の宮廷論である。『廷臣論』は、宮廷人たちが仲間の一人の屋敷に集まり、宴のあとで女主人に仕切られながら、何晩か連続して（滞在日数は巻数に等しい）談話(conversazioni)を楽しむ姿の記録という体裁を取っている。この談話は、単なるおしゃべりではない。どのような愛の形態がもっとも理想的か、廷臣にとって最良の趣味＝暇つぶしは何か、文芸と武芸のいずれが貴族にふさわしい技倆であるのか……。談話とは、宮廷人の理想像をこれらの定型《トピカ》＝主題を通して「言葉によって描き出すゲーム」である。比喩ではなく、文字通りの意味において。すなわち、ゲームの性質とルールとを定める審判を選ぶこと（ジャンル的約束事として、ほとんどの場合、屋敷の女主人が勤めることになる）、「論争」の主題を選択すること、競技者および対抗者の指名、抗弁の承認や却下、脱線の修正に関する審判の権限、こうしたことがらが、ゲームの開始以前にさかんに論じられる。これらの検討が、当該の「論争」のゲーム以前にすでにゲームを構成しており、個別の論争の競技となめらかにつながることで、テクスト全体が言葉のゲームの平面を形成している。君主が不在の空間のなかで、宮廷人たち自身が打ち興ずるこの語りのゲーム——あるいはゲームの連続体としての語りといった方がよいかもしれない——では、いうまでもなく君主に対する正しい振る舞いが、とりわけ重要な論題となるだろう。

　つまり、宮廷論とは、「今現在宮廷に、あるいは君主の面前にいない貴族たちが、宮廷／君主をめぐって語り合う」という言説形式なのである。こうした言説は、宮廷生活のルールを単に叙述した規則書やマニュアルと、ときに重なり合うにしても、ただちには同一ではない。宮廷（生活）の歴史自体は、中世以前まで遡らせることができようが、このような言説形式は一六世紀に入るまで見られない。それゆえ、なぜこの時期にこのような様式が成立したのかを考える必要がある。たとえば、宮廷論が一つの言説ジャンルだとしても、それはひどく逆説的な性格をもっている。少なくともカスティリオーネとその周辺の読者共同体にとっては、『廷臣論』は宮廷生活のマニュアルなどではありえなかった。熟達した廷臣である彼らはそのようなものを必要としていなかったし、何よりも、ウルビーノ公国の宮廷における廷臣たちの典雅な会話の記録は、この空間が今やもう存在しないことへの哀惜を背景として輝いていたのだった。宮廷生活における駆け引きの技法をあけすけに語り合う言葉の饗宴は、最終巻になって突然調子を変え、ピエトロ・ベンボによる天上的愛の称揚へと至る。それは、かつて機知の火花を煌めかせながら語っていた人びとの一人ひとりが鬼籍に入ったことを告げ知らせる、この巻の序論部(proem)と呼応している。[*5]結局のところ、終わってしまった過去の世界への郷愁と追憶を契機として開始されたテクストの世界は、いわば歴史的時間のなかに刻まれた喪失に追いつかれることによって、閉じられるのである。

もちろん、社会的成功の手引書として『廷臣論』を読んだ人もいただろう。しかし、機知の楽しみと追憶のはかなさとがないまぜとなった複雑な喜びを受け取らない読者など、招かれざる、野暮な客人であろう。裏返せば、本来は完結していたはずの『廷臣論』の世界が後発の言説群によって接続されたことで、宮廷論がジャンルとして成立した(成立してしまった)。廷臣の理想像が、宮廷の外部で参照されるものになったとき、言説の性格が変更されていく。[*6]

しかしそれでも、宮廷論は、私たちの考える「マニュアル」からどこかずれる。それはおそらく、私たちと彼らとのあいだにある、「有効な」社会的行為の定義あるいは定義の条件それ自体の差異から生じている。宮廷論は、社交空間における具体的な権力関係を前提としつつも、ある特異なやり方で、権力作用に対する考察を行っている。そして、こうした折り返しが、社交という出来事に対する近代的視線のある部分に継承されていったのである。だからこそ、宮廷論という言説ジャンルと一七世紀の人間学や「社会」の諸言説とが、言説効果の水準で有している錯綜した連続と切断の位相を観察することが必要となってくる。

四 「助言」の政治学

宮廷論の言説は、階層社会の現実性に随順しながら、それを意味／意義の水準に移し替える。そこでは独特の様式で、具体と一般との置き換えが発生している。概形的に述べれば、第一に、宮廷論が考察の対象とするのは、社会作用としての「権力」というよりも、主権者＝統治者の具体的形象に貼りついた、与える／奪う力 (sovereignty) である。第二に、なるほど実体的で具体的な権力者の存在を背景としているが、にもかかわらずそれは、現実の権力関係に規定され、権力への随順を追認する単なる処世術とはちがう。つまり宮廷論は、権力者が行使しうるきわめて具体的な権能のまわりを旋回しつづけながら、その向こうに、ある神秘的な力の次元を見いだそうとする。[*7] 宮廷論は、ある種のやり方で、権力の抽象化された水準を思考している。あるいは、権力現象に対する一種のメタ・コメントを行っているのである。

権力の意味論的転換をつかむには、貴族／宮廷人の徳《ヴィルチュー》／権能をめぐる新しい定義の出現を見るのがよい。宮廷人の政治的存在意義は、君主に働きかけうること、君主の資質や行動様式の指針をめぐってさまざまな助言 (Counsel) を行う彼の能力に存するのである。支配者への忠告を志向する言説としては、「君主の鏡 (speculum principum)」というジャンルが一〇世紀カロリング朝以来存在している。この「君主の鏡」という様式は、聖俗二重権力説に基づいており、聖職者による世俗権力への「上からの」精神的指導という構図を前提としていた。[*8] それに対して助言は、個別具体的状況下における君主の行動の「下からの」方向付けを目指すものである。上位者と下位者のあいだには、各人の本質的差異に根ざした権力関係が働いているが、下位者は下位者としての身分にふさわしい振る舞いを遵守することで、上位者の意思を――極限においては――変更しうる。つまり助言の登場は、身分的階層の固定性を前提としつつも、そのうえで操作可能性が出現するといった事態を意味している。マキャベリの『君主論』が典型的なかたちで示しているように、これはこの時期に語られはじめた、新しい政治哲学的理念である。

　助言者の形象は、具体的な政治プログラム以外の領域にも利用されている。トマス・エリオットは、助言者としての能力を涵養することを、貴紳の子弟にとって不可欠な教程とする。「弁論家は他の教えを完全に身につけることによって、どのような［時事的］問題や学問上の話題においても、その都度の状況に応じて雄弁に、推薦しあるいは貶し、説いて勧めあるいは思いとどまらせ、告発しあるいは弁護することができる。それゆえ彼は、あらゆる学識を蓄えておくことを要求される（そうした学識は、ある者には科学の世界と呼ばれ、他の者には教条の全系統と呼ばれているが、ギリシャ語でいえば万能＝博識（encyclopedia）のことである）」（Elyot[op.cit:46]）。大宇宙と小宇宙とが照応しているように、貴紳の田園の邸宅《カントリー・ハウス》は、それ自体が小さな国家《レス・プブリカ》というべきものであり、家長もまた「為政者」と相同的な存在である。君主の良き助言者たることは、貴族的教養の理念としての弁論家の形象に重ね焼きにされ、子弟の教育プログラムにも転用される。だがエリオットは、田園の邸宅に住む貴紳が都市／宮廷における政治活動からむしろ隠棲するべきとも主張している。助言の能力への期待はむしろ、臣下＝主体の自律的倫理に転化している。

　ところで助言は、言葉と実体的権力とを交換する行為である。交換は、それに関わる当事者たちの同位性を、少なくとも同位性の擬制を、要請する。このようにして、助言と友情とのあいだに連結の線分が引かれる。君主と臣下とのあいだに平等な関係を偽装することで、助言の贈与が可能となるが、対等性を剥き出しにすることはできない。このようにして助言は、友情を差し出すこと／受け取ることをめぐる厳密な規則のうえを動く。もちろん、臣下の「友情あふれる」贈与を受け取るかどうかは、君主の恣意に委ねられている。彼の勘気に触れて、残酷なしっぺ返しを食らう危険すらある。それゆえ、友情にあふれた言葉の贈与という様式（もしくは理念）の採用は、その宛先である君主のなかで働く意志や、その結果として出現する権力／決定の所在を、結局のところかえって神秘化する。このようにして助言は、権力を前にした誘惑の戦略、いやむしろ、権力に対する特異な想像力の様式となる。助言がしばしば政治的実効性を離れ、自律的倫理へと昇華した理由もそこにあるのだろう。それは、君主の意思を変更するという目標の不安定さに対する意味論的対処でもあった。

この論理は逆方向にも働きうる。「助言を与える／請うことができる」ということが友人の定義になっている以上、それは同位者のあいだでも交わされるが、そのとき助言は水平的関係のなかに、かえって垂直的距離を創出する。差し出された助言が相手にどう受け取られるかをコントロールすることはできない。だからこそ、助言者自身が到達も説明もできない外部としての受容／拒絶の意志の所在と、危うい均衡を保つようにして、相手の徳性に対する配慮と賞賛の麗句が次々と重ねられ、増殖していく。徳＝力《ヴィルチュー》とは、意志のかかる外在性に対して与えられた表現であろう。[*9] 君主の神秘的権力を模倣するかのように、拒絶／受け入れの意思の力が同位者間の関係のうえを転移していく、あるいは伝染する。それが助言のもうひとつの相貌である。

君主が現前しない場所で論じあうという、宮廷論の形式的構造自体がそれを暗示していた。言葉を用いた君主への適切な働きかけは、彼らの現実的な生活の営みの彼岸に存在する、しばしばきわめて実現しがたい政治的目標にとどまる。助言に資することを建前とした言葉の技法は、むしろ同位者同士の遊戯的社交関係へと転用されていく。あたかも、上位者＝君主の権力が神秘化されると同時に消去されているかのように――。修辞を修辞に向かって折り返すようにして遊戯的論争が構成される。そのとき、古代の弁論者にとっては不可欠だった説得という要素は、同位者間の名誉の尊重と確認のゲームを維持するという至上の目的の前で注意深く取り除かれている。修辞の闘争は、むしろ決して決定的なかたちでは説得しないことに向けられているかのようだ。しかし同時に、君主を不在の差し向け先としつつ、同位者同士のあいだで行われる遊戯的論争の背後には、秘やかな緊張や闘争が籠められてもいる。もしかしたら、そのことを隠しつつ露わにするために、「ゲーム」という形態が採用されているのかもしれない。

このようにして、権力を説明不可能な徳＝力《ヴィルチュー》として神秘化する身振りと、権力関係に応じて多重化しつつ、それを（擬似的な）同位関係へと開くこととが、複雑に反響しながらお互いを支え合う。こうした意味環境のもとで、礼儀的行為への配慮が大規模に編成されていった。

五　礼儀の意味論

周知のように、一六世紀から一七世紀にかけて、行為における適宜性、あるいは礼儀を意味する一連の用語系（bienseance、honnêteté、urbanité、civilité、politesse（仏）、courtesy/courtliness、decorum、urbanity、civility、politeness（英）など）の汎濫が認められる。礼儀の言説史・文化史にとって、語義の資源のこうした複数性は一定の問題性をはらんでいる。これらの語彙には、語源の差異からくる一定のニュアンスのちがいがある。courtesyやcourtlinssが宮廷（court）という場の文化的権威に訴えかける語であるのに対し、decorumは行為そのものの状況適合性や形式的なふさわしさ、身分秩序に一致していること＝見栄えのよさ(comeliness)に焦点を当てている、といったように。それらのなかでも、鍵語としてもっとも重要なのはcivilityとpolitenessだろう。一六世紀から一七世紀の前半にかけては、「礼儀」とその周辺の諸現象を指し示す語としてcivilityがもっとも頻繁に用いられた。一方、「洗練された」を意味するpolitesse/politenessは、一七世紀後半以降civilite/civilityよりも優勢になり、一八世紀の言説群に継承されていく。

ポライトネスについては後に譲り、ここではまず、シヴィリティについて整理しておこう。この語は政治社会(civilis)および、これとかなり重なる都市(=国家)(civitas)を語根としており、さらに、公民権を有する市民/都市民という概念につながる(Riedel[1984][1979=1990])。その含意はかなり微妙だが――「社会」の起源に見える広がりを帯びているように映るかもしれない――、宮廷論が成立した言説空間において、宮廷に直結している courtesy/courtliness 系列の言葉よりも、むしろシヴィリティが多く用いられていること自体、注目に値する。civilité も civility も、ともに一四世紀に成立しているが、礼儀や礼節を意味するようになったのは一六世紀に入ってからなのである。さしあたりは、宮廷を語源とする語彙――それらは、宮廷生活につよく結びつけられて生起する個々の局所的な行為を指し示している――から独立したかたちで、礼儀的行為一般を指し示す、もしくは説明するものとして、シヴィリティ系列の言葉が要請されたということができるだろう。

この概念の定着をめぐって習俗/文化規範の歴史社会学がもっとも注目してきたのが、エラスムスの『少年礼儀作法論(De civiltate morum puerilium libellus)』(一五三〇)である。この書物に記載された「規則」は、多くが古典古代のテクストからの抜き書きだが、その出版を境として、作法書のモードが転換していったことが指摘されている。たしかにこの書物は大きな反響を呼び、一六世紀だけで八〇版(ラテン語版)を数えた。『少年礼儀作法書』を契機として、さまざまな性格をもった書物が出版され、いわゆる作法やマナーのみならず、衣装、立ち居振る舞い(Carriage)、身のこなし(Gesture)、歩き方(Gaits)、表情(Facial Expressions)といった領域が拠点化されていった。[*10] 彼以前の作法書が、不作法な身体作法を端的に禁止していたのに対し、エラスムスは、合理的な根拠づけにより禁止の理由を説明している。振る舞いの適切性の基準が、少なくとも理念的には、個別的状況下に置かれた各人がその都度推論・判断できるものであるとされる。また、違反の外的禁止から、より繊細な内的配慮/洗練に基づいた「良き」振る舞いの推奨へと、強調点が移行している。

ただし、エラスムスの主題があくまでも青少年教育にあったことには留意しておかねばならない。じっさい、『少年礼儀作法論』は学校教育のなかで長く正典化することになったが、それは同時に、見た目の快さを各人が合理的に推論し、判断するというエラスムス的解釈学が（再）規律化されていく過程だった。それは礼儀に関連した諸領域の一連の固定したコードとして、宮廷人より下の階層の人びとに押しつけられていった。[11]『少年礼儀作法書』の「規則」を学校において遵守する／させる態度は、それこそ一九世紀半ばまで残存している。「エチケット」の進展や「マナー」の内面化を語る歴史社会学は、とりわけ礼儀のこの側面に注目してきた。規律機関の存在が、身体作法の同一平面を社会学的に設定することを可能にしてくれる。いいかえれば、個々の解釈行為が事実的な社会規範の強制へと吸着されること（に対する社会的期待）を前提できる。たしかに、これもまたシヴィリティの一側面ではあるだろう。貴族層においても、礼儀の規則が存在することが期待されているし、じっさい、特定の局面においてそれは、文字通りプロトコルとして析出されていった。

しかし、多くの場合において、礼儀は人が安心して依拠できる、安定したコードなどではなかった。そこには、階層社会特有の解釈学的循環が働いている。礼儀正しさは、名誉ある人において自然な性向《ディスポジション》として備わっているものであり、かつ同時に、身分と相関して秩序づけられた《ディスポジション》行為の適合性を意味している。（ディスポジションが同時に、修辞学的な語の排列をも意味する語であることにも留意しよう）[12]。その意味で礼儀的行為は、行為者に外在するよそよそしい約束事ではありえないが——だから礼儀的行為は私たちが考える「エチケット」とはちがう（この語が定着したのは一八世紀後半である）——、にもかかわらず、そうした身分的性向を有し、適合的に行為することができるとされている人びとのあいだで、判定されつづける。エラスムスをもじっていうならば、人は自他の振る舞いに対する判断の合理的根拠を求めつづけるが、そこに到達することができない。だからこそ宮廷論は、礼儀をめぐる（メタ）考察を必然的に随伴するのである。[13]

こうした循環のなかで、身体／行為と発話をめぐる不在の規則が探索されていく。重要なのは、礼儀の体系への欲望の背景にある、社交という出来事自体に対する意味づけの位相である。

六　ゲームとしての礼儀――権力の出現と否認

助言がそうであったように、礼儀もまた相互尊重の原則からなっている。敬意や尊重は、下位者から上位者に一方的に捧げられるものではなく、君主も含めた上位者の側からも差し出される。少なくとも、そう期待されている。[*14]たとえば一六世紀末期に書かれたある宮廷論のテクストには、こんな例が書かれている。

ヴェスパシアーノ［ヴェスパシアン］大公の姿を目にして、一同はただちにテーブルから立ち上がり、彼に名誉ある［最上の］席につくように勧めたが、大公は皆に座るように命じられた。これがなされると、一同は長いあいだ黙り込み、ヴェスパシアーノ大公が発言なさる機会を待った。何かについていろいろ綺想を巡らして論じ合われておられてもおかしくないような人びとの座に出くわしたと思ったのだが、今はまたずいぶんと寂しく黙り込んだ場所に私は来てしまったようだ、と大公はおっしゃった。
　この言葉を耳にすると、一同は顔を見合わせ、何も言えないでいたが、大公は立ち去るために立ち上がり、居並ぶ貴族や淑女たちに宮廷式の礼節ある別れの会釈をして、皆さんに戸外［のような雰囲気］で自由にやっていただくために私は失礼しよう、私が居合わせることで皆さんの邪魔をして、お話を滞らせてはいけないから、とおっしゃった(Guazzo[1586 → 1925:vol.2 119])。

晩餐会《バンケット》に招かれて、賑やかにおしゃべりをしている貴族・貴婦人らの席に、彼らのなかでもっとも位の高い人物が入ってくる。じつは彼は、あらかじめ「人目につかない個室」に籠もって、人びとが集まるのを待ち受けていたのだが。下位者たちが一斉に立ち上がって上席を勧めるのを無視するようにして、大公は座ることを命じる。それに続く人びとの沈黙は、明らかに大公に対する敬意の表明だが、彼は自分の登場が場に水を差したと述べ、退出の意思を表明する。つまり大公は、敬意の沈黙を、自分を仲間に入れないで楽しんでいたことの徴だと故意に曲解し、非難するふりをしているのである。

格下の人間との同席に関してさまざまな政治力学が働いていたことは、他のテクストからも窺える。サイモン・ロブソンの『礼節の宮廷』（一五七七）では、「自分より格下だが身分の高い者の集まりにいることに気づいたら、優美な微笑みとともに謙譲な大胆さをもって「しかし一体、それはどんな態度なのだろうか！」、そして他の者がよく聞き取れるように、大きすぎず囁くようにでもない声で、礼儀正しく演説をしてから席を立つこと。好まれているのは「身分の高い」人間そのものではなくて、その人が有している徳なのであり、徳は羊のような単純さによってではなく、礼儀正しい性向（curteous disposition）によって差し出されるものだから」と勧めている。[*15] 一方、「自分の身分より下の者のあいだに席を割り振られたら、割り振られた席よりさらに二、三つ下の席に座ること。主人が元の席に戻そうとしたら、「すばらしい食事をいただけるのなら、席など気にかけない」と述べよ」という指南もある。[*16] 一見正反対の指示だが、おそらく、主人役と彼との力関係が、謙虚な拒絶と卑下の過剰な演出とのあいだの分かれ目になっているのだろう。

大公の彼の振る舞いは、これらの事例よりはるかにあからさまに、己の上位性を誇示している。しかし重要なのは、それでも彼が、「宮廷式の丁寧な別れの会釈を」することで、自らの上位性を否認してみせていることだ。礼儀は下位者から上位者へと一方的に捧げられるのではなく、むしろ両者のあいだで交換されるものとして機能しているのである。もちろん大公は、権力の二重拘束《ダブルバインド》を仕掛けるために、礼儀の演技を行っている。だが、この意地の悪い力の誇示は、あくまでも礼儀の平面上で遂行され、当惑する（ことの表明を義務づけられている）下位者の側に、儀式的な引き留めと謙遜の「礼儀正しい」身振りを引き出していく。権力と礼儀とが相互励起する仕組みが働くのである。立ち上がること、席を勧めること、上位者が口を開くまで沈黙を守ること、会釈すること——。礼儀の体系は、敬意の身体的所作を相互作用へと念入りに編み上げることで、権力と平等のシーソーゲームをしつらえている。礼儀の諸規則とは、そのようなかたちで、ロメイが「自然的名誉」の推定に対して与えられる「永続的でない記号」と呼んだ領域を構造化するものなのである。

七　宮廷論的不安の形式

もう一つ、宮廷論という言説から読みとれることがある。

自然的名誉が「推定」されるという議論の背後には、貴族や廷臣を出生だけでは判別できなくなっているという事情が介在している。まさにそれが、多くの宮廷論が出版され、読まれた理由でもあった。いったん書物という媒体に開かれてしまえば、本質的名誉を主張できない人びとにとっての模倣可能性が開かれる。そこに書かれた規則の遵守の度合いによって、礼儀のゲームに参加する真正な資格者と野心的な模倣者とを区別するのは、それだけ困難になる。それは必ずしも、階層間の侵犯という実体的な事実の反映ではない。実際問題としては、郷紳層の一部が貴族身分と近接していったといっても、宮廷／貴族的社交圏の感覚を揺るがせるほど参入可能性が開かれたわけではなかった。名誉のゲームの参加者の資格が問題となるのは、局所的で、比較的稀な事例だっただろう。それはむしろ、名誉のゲームに参加する人びと自身にとっての不安の形式だった。興味深いのは、この一般化された不安の水準である。彼らは自己と他者の双方に対して、自分たちが真正な名誉ある人であって、自己の利害関心のために名誉の外形を掠めとる詐欺者ではないと確証することを強いられる。不安の表現であるからこそ、名誉ある人と詐欺者 (Imposter) とを区分したいという欲望は、その不発とともに現象せざるをえなくなる。それらは、いわば内在的な困難の連続体として、人間学の平面上に写像されていく。

名誉の概念が勇敢さという戦闘者的起源の周りで旋回しつづけたのも、一つにはそのためである。*17 自己の体面に挑戦を受けたとき、それを見逃すのは寛仁とは見なされない。「降りる」ことそれ自体が不名誉の決定的刻印となる。「それにふさわしい勇敢さをもっているのに、侮辱 (injurie) を気にとめるそぶりを見せない人は、不名誉な人である」と、ロメイも語っている (Romei[1598→1969:115])。

名誉ある人は、自分の名誉を守るために不正な争いをするべきではないという人もいる。彼らの言ったことはキリスト教徒の精神に即している。キリスト教徒は、神がお怒りになるような行為を決してすべきでないのである。だが、にもかかわらず、この世の名誉を重んずる人びとにとっては、それでは心が収まらない。なぜならこのような人びとは、正しい行為によってであれ悪い行為によってであれ、[名誉という] この世評と、彼らが生まれながらにもっているこの推定とを失うまいとつとめねばならないが、疑いもなく、正義や勇気を見せられなかったのを世間に知られることで、名誉はしばしば失われるからである (ibid.[99-100])。

「名誉ある人」であるかぎりは、名誉を追求しなくてはならないし、その内実が善であれ悪であれ、名誉ある人であるように振る舞いつづけなくてはならない。けれどもこの定義は、名誉ある人を内在的基準によって判別することをめぐる、あの困難を回避できない。わずかな功績 (merit) を最大限に利用する詐欺者／偽装者もそうするだろうからだ。外面的提示を直接的に否定することが礼儀にとって禁忌とされている状況下では、これでは判別不能性をなぞり直しているに等しい。詐欺者への繰り返される非難にもかかわらず、名誉ある人と詐欺者とは、「礼儀正しい」共存を続けざるをえない。

廷臣たちが、現代と異なる原理にしたがって行為していることを直観するために、社会学の用語上で近似してみよう。上記のジレンマを、真正なメンバーと詐称者／無資格者とを区分することへの欲求（それはどの社会のどの集団でも起こりうる）に還元して考えてはならない。いや、そういう欲求もあったのだろうが、もしこれが本当に問題だったのなら、何らかのかたちでメンバーシップの同定規則を設定すればすむはずだ。ところがここでは、メンバーを全域的に同定する規則自体が――少なくとも、全員にアクセスできるものとしては――不在であり、さらにいえば、そのことが放置されている。なるほど、実際問題としては、たとえば君主の承認なり、出生なり、伝統に基づく相互認知なり、特別の戦功なり、同定規則の部分的な等価物として機能したものがいくつかあった。ある意味では、多すぎたとさえいえる。けれども、それらは奇妙なパッチワークをつくるだけで、全体としては開かれてしまっている。より正確には、開かれていることを了解するための客観的基準が不在であるように見える。一回性をもった集まりのなかでその都度綱渡りを強いられるという意味において、一六世紀的な社交は、それを全域的に観察できる視点を本質的に欠いた出来事だった。「公的業務は岩礁であり、私的な社交＝会話は渦潮と流砂である。うまくやりすぎるのもしくじるのも同様に危険なのだ」とウォルター・ローリーは述べている。社交の規則を探索する「マニュアル」が求められたとしても、それはあくまでこの不安定さの基盤上でのことだった。[*18]

同じことになるが、名誉の追求を利害関心に基づく合理的行為とのみ解釈すれば、誤りになる。そのような想定は、名誉の追求が、限定された資源をめぐってゼロ和状況の競争であるかのように想像させてしまう。それでは、現代の私たちにとっての行為者／主体像を無反省にもちこむことになる。自己の「名誉ある」功績を君主にアピールする廷臣が、利害関心をもっていないわけではないだろう。しかし彼は、特定の礼儀的行動（の蓄積）が必ず自己の目的に逢着することを確信できない。予期の予期を働かせる君主の側が、好意（favor）の神秘性を積極的に演出するということを含めて、動機と行動との連結およびそれに対する合理的計算は、多重的に脱臼する。そして、そのことを受け入れざるをえないからこそ、名誉のゲームが編成されるのである。（背後に利害関心を潜ませているかもしれない）意思と名誉とが拮抗するというのは、その意味においてに他ならない。

つまり、宮廷世界の行為者たちの振る舞いを、過度に戦略論的に理解してはならないのだ。はっきりいえば、ゴフマンを使って「説明」するのは方法論的に倒錯している――宮廷論を扱っている優れた歴史家たちの多くが、おそらくテクストに書かれたさまざまな自己提示の技法に敏感であるためにかえって、この罠にあっさり嵌っているのだが。[*19]『儀礼としての相互行為』がこうした世界のはるかな末裔であるとはいえるだろうが、それは一六・一七世紀の「真理」を告げてくれるものではない。

権力的事象に対してある種率直な承認を与えるという、しばしば見られた態度は、おそらくこのことと関連している。フィリベール・ド・ヴィエンヌはその宮廷批判の書『宮廷哲学』（一五四五）において、ある登場人物に「騙し方を知っている廷臣は賢く、ひとを喜ばせようと積極的な廷臣は節度がある」と語らせているが、重要なのは、宮廷に対して批判的でない考察のなかでも、こうした言明は少しも珍しくないということだ。批判と追随とが似たようなことを語ってしまう。それは、出現しつつある社会の観察が、現代の目から見て社会理論の要件を欠いていることと対応している。真正／模倣あるいは遊び／仕事の区分が原理的に困難になる意味空間のなかでは、社会はそのような分散としてしか自らを表現できない。

八　いくつかの一六世紀的対応策

では、行為者は何らかの指針や戦略をまったくもたなかったのだろうか。合理主義的戦略理論は成り立たないものの、そこではそれなりの意味論的処理形式が作動していた。一六世紀においては、このような事態に対して、相互に連関した二つの方向から対処が試みられる。第一に、礼儀の機械的遵守と「真正な」礼儀とを区分する基準を創出すること。礼儀の近傍で語られている優美さ(grace)の主題系がそれに該当するだろう。第二の方向は、区分しがたさそれ自体を受け入れるために、地上／天上の意味論を呼び出すことだ。

デラ・カーサの『ガラテーオ』(一五五八)によれば、「優美さがなければ善ですら美しくなく、美は魅力をもたない」(Della Casa[1558=1958:93])。適切な行為(＝「善」)の機械的模倣のみによっては到達できないある本質的美質が存在すると主張することで、優美さは、名誉のゲームの参加者を制限するものとして機能する。礼儀の機械的遵守は気取り(Affectation)や虚栄心(Vainglory)をもたらす。ベッドフォード伯爵ウィリアム・ラッセルは息子に忠告する。「気取りと風変わりに気をつけよ。さもないとお前は貴族であるのでなく、貴族を演じていることになる」[*20]。そのような振る舞いは「優美ではない」。あの身分的本質性の概念が礼儀の記号の組織化の平面上に移し替えられたとき、こうした優美さの概念がもたらされたといってもよい。

しかし、この戦略は失敗を運命づけられている。自己提示は訓練の賜物であり、それゆえ人為(Artifice)の産物であるという事実が、至るところで区別の試みを呑み込んでしまう。気取りや虚栄心が礼儀の過剰であるとしても、礼儀もまたどこか過度に装飾的であるために、礼儀の本質から切り離しえない。「ある種の人びとにとって、虚栄心はふさわしいだけではなく優美ですらある。弁解や譲歩、よく統制のとれた慎ましやかさは、誇示の技法(Art of Ostentation）にすぎないからである」（Bacon[1625→1985:218]）。これらは結局、礼儀の外形的体系の機械的遵守とは異なる美的本質性をどれだけ確保しようとしても、それが礼儀とともにしか出現できないことの現れである。[*21]

別の角度からいえば、優美さという概念は独特の中間的性格を有している。それは礼儀の単なる機械的遵守とは異なる何かだが、にもかかわらず、礼儀の体系から独立した原理、たとえば「優雅な」主体が発揮しかつ操作できる能力といったものではない。それはいわば、主体から発する自発的な能力たることを否認された能力なのである。[*22]このようにして優美さは、礼儀の冗長性《リダンダンシー》として、その構造的不満のありかを告げている。したがって、優美さをあえて言語化しようとすれば、それ自体がすでに特定の定型《トポス》として成立している礼儀の微分として、いわば配置《アレンジメント》そのものの美的配置であるとしか言いようがなくなる。「美は比率からなるが、比率そのものは言語的に記述できない」（della Casa[op.cit.:91]）。礼儀をめぐる困難は、これによっては中途半端にしか先送りされないだろう。

第二のやり方は、区分不可能性を現世の向こうに押しやってしまうことである。

ある意味で、人びとがあれほど誠実（honestas）や友情を渇望したのは、地上においてそれがほとんど実現不可能なものだったからだ。「野心にあふれ、地位を渇望する人が友情において信頼に足ることを見いだすのは、疑いもなく、驚くほど困難である。というのも［そのような人びとのうち、］」（とタリウス［・キケロ］は述べている）、名誉や高い地位、支配、権威、富といったものを友情に優先させない人を、どこで見いだせるだろう？　名誉を獲得することに没頭し、国家の仕事に従事している人びとのあいだで友情を見つけるのは難しい」（Elyot[op.cit.:151]）。だから、一五八〇年に書かれた手紙のなかで、リチャード・ハットン卿が息子にこう訓戒するのも無理はない。「あなたが信用している人間にこそ気をつけよ。多くの者は、彼らが見せかけている以外の目的で、あなたに付き従っているにちがいないからだ。彼らの金はあなたの安全になるものではなく、彼ら自身の商品である。信用があるところでのみ裏切りは行われるのであり、偽りはつねに友情と親交のなかにある」(Nicolas[1847:165])。名誉と誠実は、徳という本質において一致しているが、対他的提示たることから逃れられない名誉の追求を前にして、自己充足的(Self-same)な誠実さをその本態において実現するのは、この世界では到達不能な目標なのである。[*23]

一六世紀前半までの宮廷論は、これを地上／天上(肉体性／精神性)の二元論に帰着させて解決を図った。三節で触れたように、カスティリオーネの『廷臣論』は、地上性を超えた「美」の領域への憧憬を謳いあげることで、宮廷人たちの世俗生活を昇華できた。しかし世紀が進行するにつれ、解決はより苦々しいものとなる。ネオ・プラトニズムから新ストア派へ——。虚偽が織りなす社交関係への参入を要件としているがゆえに、有徳者もまた虚偽から逃れることができない。

このようにして、善良で誠実な廷臣は、君主のお覚えめでたきことを世襲の権利だなどとあてにしない者として、お覚えのよさにつねに値する存在ではあるが、君主には心変わりがありうることに心を留める者として、そしてまた、宮廷の向こう側にははるかに大きな世界が広がっており、その大きな世界の向こうには天国があることを知っている者として、生きていく(Hall[1608→1948:203])。

徳の超出性は、最終的には内的な「心の平安(Tranquillitie of Mind)」、すなわち情念からの自由の領域においてしか結実しえない。このような消極的＝否定的なかたちで、私秘的な心の領域が析出されていく。

九　決闘という終止点

これらのやり方によっても困難の処理に成功しない場合にはどうなるか。処理の失敗を処理する最終手段として――より正確には、そのような最終的選択肢が存在することを前提とした意味論として――、名誉ある私闘状況としての決闘 (duel) が登場する。この方式は、一六世紀後半から一七世紀にかけて英仏で定着し、中世以来の自国の騎士道の伝統に基づくという錯覚をしばしば伴っていることさえあったが、明らかにイタリア宮廷論の伝播の効果である（『ロミオとジュリエット』の舞台がイタリアに設定されているのを想起しよう）。決闘とは、当事者間の合意に基づくものとして規則化された物理的暴力の行使である。あるいは、規則に則って暴力を出現させる実践であると表現することもできるだろう（たとえば、フェンシングの起源は決闘における戦闘技術／作法にある）。他方でそれは、言葉と暴力との複雑な交換規則という様相を呈することにもなる。ロメイの『廷臣の学校』などにも該当した記述があるが (Romei[op.cit.:140-151])、ここではマーク・ペルトーネンの卓抜な決闘の文化史研究 (Peltonen[2003]) を参考にしつつ、その規則の構造を紹介してみよう。

一六世紀後半の教本をみれば、侮辱→挑戦／決闘申し込み《チャレンジ》→決闘という過程がいかに精緻にコード化されていたかが見てとれる。挑戦は自己の名誉を傷つけられたことの公的宣言であるから、それ自体が名誉の回復の手段である。それゆえ、情念の激発に任せるのではなく、あくまで丁寧な言葉によって挑戦を申し出ることが絶対条件となる。逆にいえば、挑戦を受けた側は、相手の名誉を不当に傷つけたという「不名誉な」推定を甘受することになる。ただし、ここで当事者の判断を複雑にする要素が介在する。決闘はあくまでも私的戦闘であり、公的には禁止されていたから、もし法的に責任を問われる事態になった場合は、状況が逆転してしまう。挑戦者が罪に問われ、被挑戦者は無実とされるのである。決闘を仕掛けるか、相手が挑戦するよう仕向けるか、それとも、あえてやりすごす（やりすごさせる）か――一触即発の状況下において、名誉と利害関心とを秤にかけた複雑な計算を、瞬時にしなくてはならないのだ。

侮辱は「言葉によるものと行為によるもの」に分類される。このうち、挑戦の決定的な契機になるのは、あくまでも言葉である。ここでは二次化された解釈学が作用している。名誉を汚す意図的もしくは不用意な言葉は、「誤り」ではなく「嘘（Lie）」であると定義されていた。本質的名誉を有する人の名誉を疑うということ自体が本来「ありえない」ことなのだから、「嘘」というしかなかったのだろう。同時に、彼らが生きていたのは、身分とその顕示を前提としたうえでの、高度に遊戯化され儀礼化された冗談関係《ジョーキング・リレーションシップ》のようなものだったので、「嘘」がどのような状況で、どのような意図のもとで発せられたかを判定する複雑な解釈範型――「確実な嘘」「条件的に発生する嘘」「一般的嘘」「特殊的嘘」「ばかげた嘘」といった分類が行われている――が要請されることにもなる。ところが、これほど（他者の）嘘に敏感であるのに、あるいはむしろ敏感であるからこそ、誰かの発言を「それは嘘です」とあからさまに否定することが、礼儀にとって最大の禁忌となる。名誉ある人の誠実《ホネスタス》を否定することになるからだ。それにしても、不思議な「誠実さ」である。それは、私たちにとっての誠実／正直とは同じ意味ではない。誠実は、礼節のコードを遵守する忠実さとして循環的に定義されているのである。*24

結局、決闘の規則は、直接に相手の発言を「嘘」と名指すことができないという条件に繋留されている。侮辱の発言が本当に嘘であるかどうかとは関係なく、それを「嘘である」と公然と指摘すること自体が、決闘を挑む正当な理由と見なされる。じっさい、もっぱらそれが、挑戦の引き金になったようだ。言葉による侮辱と行為による侮辱とは、その点において大いにちがってくる。一六世紀末の決闘教本によれば、言葉による侮辱の場合、それを咎める側が、その発言は「嘘」であるという告発を行うことになるから、当初の侮辱を行った人が、その告発を侮辱だとして決闘を挑むことが多い。行為による侮辱に関しては、すでに行為はなされており、それを咎める側は「嘘」を吐いているわけではないから、告発はただちに決闘の申し込みへと移行する。

同一の条件は逆向きにも、つまり決闘しないという選択にあたっても作用する。自己の生命を危険に曝して決闘を挑むという選択肢はあくまでも最終的なものであり、相手の侮辱を「嘘」として直接告発せずにほのめかす、さまざまな言い回しや技法が、その手前で開発されることになるのである。たとえばサイモン・ロブソンは、挑発的な発話に対して、「私はこれ以上申し上げませんが、私にとってはそれが真実かもしれません。ありえないように見えるが本当だと分かることは多いものです」といった「きわめて丁寧な」言葉によってやんわり語るにとどめ、「顔で明瞭に本心を示す」といった方策を勧めている。礼儀の言語コードに外在する情念の領野として、「顔」が出現しつつあるのが興味深い。「顔が胸の内を示すことができるから、言葉はこのように優美に口にできるのである。しかし言葉によって人は争いに入らないでいられるのだ[*25]」。

決闘をめぐる複雑な規則は、礼儀とその外部との関係づけの様式を、極端なやり方でなぞっている。情念の激発によって礼節ある関係は終結してしまうが、しかしそうした切断の意志もまた、礼儀のコードの拘束を受けたかたちでしか出現することができない。少なくとも、そう期待されている。遊戯と闘争、あるいは、礼儀の儀礼的遂行と外在的・実体的意思の出現――。宮廷論が所属している意味世界は、向かい合わせになるこの二つの斜面によって構成されている。拮抗する二つの面の一方は、鋭い稜線を経由しながら、必ず他方へとつながっている。あたかも、どちらかだけでは倒れてしまうかのように。このような情念の意味論――情念の宮廷論的モデルと呼べばよいだろうか――は、一七世紀の情念論の言説より少し前の地層に属するものだが、一七世紀の情念論のあちこちに断片化されて残存し、複雑な陰翳を落とすことになるだろう。

一〇　社交《シヴィル・カンヴァセーション》＝会話の地平

一六世紀後半から一七世紀にかけて、礼儀（とその困難）の意味論が高度化していくのと軌を一にするように、社交の言説も拡散の様相を呈しはじめる。

今まで「社交」という語で表現してきたが、これを一六世紀後半から一七世紀に流通した用語でいえば、civilis conversatio/civile conversation である。そのものずばり、『礼儀正しい社交＝会話について (La Civil Conversatione)』（一五七四）という表題を冠した書物のなかで、ステファーノ・グァッゾはカンヴァセーションを会話に限定して理解されることに対して、明らかな抵抗を示している。

シヴィル・カンヴァセーションにおいては主に二つのことがらが必要である。つまりわれわれの言葉と振る舞いとである。……話すときの礼儀やわれわれの生活状況の質によって、われわれは他者の友情や好意を勝ち取る。シヴィル・カンヴァセーションとは……そのようなマナーや振る舞いのことであって、われわれの言葉や発言もそこに含まれる (Guazzo[1574＝1581-86 → 1925:vol.1,119])。

別の箇所で彼は、「シヴィル・カンヴァセーションとは、正直で賞賛しうる、有徳に世間のなかで生きていく生き方である」(vol.1, 56) とも述べている。発話と身体的行為の各領域がおのおの分離的に把握されていたのではなく、むしろ両者の総和が構成するだろうある曖昧な全体性、すなわち、親交／社交関係それ自体と、この関係内で生起する（適切な）行動様式や行状をも包含する広い領域が、「カンヴァセーション」と考えられていた。[*26] カスティリオーネが描き出した宮廷人たちの談話ゲーム《コンヴェルサチオーニ》が、宴の集まりなど、閉じられた非公式なサークルにおける自由な談話（正確には、「非公式」で「自由」なものとして形式化された談話）であったとすれば、civilis conversatio/civile conversation は、談話ゲームに接続しつつ、それを「シヴィル」な地平へと開いたものだということになる。「シヴィル・カンヴァセーション」に適切な訳語を与えるのは難しいけれども、「社交＝会話」と表記しておく。

だが、社交＝会話を分析する前に、談話が開かれていった先の「シヴィル」とは何かということを検討しておく必要がある。五節で触れたように、civilis に端を発するこの語の浮上の背景にある力学は、かなり錯綜としている。「シヴィル」がポリス的都市の概念に源をもつことは、この時期さかんになった古典テクスト群の再評価のなかで、かなり意識されている。けれどもそれが、「田舎に比して都会の文化やそこに住まう人間はよりあか抜け、洗練されている」というような了解を、ただちにもたらしたわけではない。たぶん、ポリス的都市の語源的響きに気づくからこそ、「シヴィル」は都市的な習俗形態から、少なくともいったんは切断して把握されざるをえない。一つの世界として自己完結するポリスとちがって、ヨーロッパの都市は、都市の外部と関係をもちつづけるからだ。

この点に関しては、civile よりもむしろ urbanity 系列の語彙を見た方が分かりやすいかもしれない。その語源はラテン語の urbanitas である。ウルバーニタースは「（とりわけ、語りに伴う）典雅さ」と「都会性」とを同時に指し示すが、この場合の「都市性」は、周囲に比べて多くの人の集住する場所と同時に、あるいはよりいっそう、「ローマ式であること」を意味していた。この語義は、ローマ帝国の属領経営において、支配の拠点が必ずローマに倣った住居・都市形態をもつように作られており、ローマから派遣される支配者たちが、――言語を含めて――完全にラテン的な生活様式をそこで維持しつづけたという事態を反映している。だが、ローマ性と都市性のこの独自の重なりは、帝国の解体とともに空洞化していく。その跡地に、国土（やがて国土になっていくものというべきだが）という広域に含まれる特定の箇所を普遍的に名指すものとしての「都市」概念が残される。このようにして、

urbanitas は（そして、civilis も）、ギリシャ（語）的ポリスの単独性を中途半端に普遍化し、事実的に広域化していく概念として、ヨーロッパ語に受け継がれる。フランス語（urbain/urbanité）が一三〜一四世紀に、英語（urban/urbanity）では一六〜一七世紀に成立した。だが、英仏いずれの言語においても、形容詞形の urbain や urban の第一義が「都市の」であり、一方、名詞形のそれが「礼儀」や「礼節」だった。初期近代までは、都市性と礼節のあいだに、無視しがたいずれが存在しつづけたのである。

じっさい、グァッゾは、「すべての都市民が都市的《シヴィル》であるわけではない」、「都市に居住しない人にも都市的《シヴィル》な教養の持ち主は存在する」という趣旨の議論を展開している。「シヴィル」性はさしあたりは都市とは別の基準、つまり人が適切な礼儀的関係にどれほど近しいかによって測られている。その結果、都市性から独立したところで「シヴィル」／粗野という二項対立がかえって普遍化する。たとえば、文明の反転物としての動物性という表象の成立がその表れだろう。「中世において作法について書いた人びとが、粗雑さや抑制の欠落を記述するときに動物のイメージを喚起することは滅多になかった。一六世紀および一七世紀初頭の書き手たちが、個人の振る舞いの欠点を動物性（bestiality）の特定の性質に執拗に結びつけたのは、新しい現象なのである」（Bryson[1998:108]）。都市の文化的優越をめぐるエスノコンセプトは当時にあってもある程度存在していたはずだが、都市性がただちに文化的洗練を意味するとは了解しにくかった。[*27] 裏返せば、だからこそ、都市とつながっているようないないような礼儀《シヴィリティ》の理念が、特定の社会空間とさしあたり無関連なかたちで、上流層に備わっているべき美質を証示し、転移させることを可能にする記号となりえた。

他方でしかし、この二項対立は、現に都市／田舎として編成されている社会的布置へと、事後的に再投射されざるをえない。「洗練された」人びとや彼／女らの振る舞いがより多く集積する、社会的に有利な場所があることを否定できないからだ。それは、都市に集う宮廷人と、在郷の紳士・ジェントリー層とのあいだに潜んでいた政治的緊張関係にもつながっている。エリオットのように、宮廷への出仕に消極的な書き手すらが、「弁論者」を教育モデルとして採用した背景には、このような緊張が潜んでいる（→本章四節）。「シヴィル」は、こうした曖昧な様態において、都市性を昇華させたある種の公民性と、社交上の礼儀正しさ《シヴィリティ》とが結合する領域を指し示す。現代へとつながる都会／田舎の文化的落差の感覚は、むしろこうした組み替えの果てに出現するのである。

「シヴィル」のもちこみが宮廷を開いていくかのような、言説の律動が生じつつある。グァッゾの『礼儀正しい社交＝会話について』のようなテクストの読みどころは、かかる屈曲のさまが現れている点にある。たとえば彼は、宮廷論の系譜のなかでおそらくはじめて、一種の内閉する主観性の領域を描きだした。この書物は、宮廷生活が肌に合わずメランコリーに陥り、孤独を愛好するようになった人物（著者グァッゾの弟グリエルモ［ウィリアム］）と、近隣の医者にして友人のアニバルとのあいだに交わされた、社交＝会話《シヴィル・カンヴァセーション》をめぐる対話の採録という形式を採用している。アニバルがグリエルモに対して、メランコリーの唯一の治療薬は社交であることを論証し、次にその望ましいあり方について総合的に論じていく。孤独はそれ自体が憂鬱の症状であるだけでなく、憂鬱を昂進するのであって、放置すれば、最終的には外部対象への関心の喪失に、それゆえ完全なる不活性状態《イナーシア》――まったき受動＝情念の不在であり、したがって能動＝活動の不在――に至る。憂鬱はいわば、情念の零度なのである。孤独の害と比較考量することで、反対療法としての社交＝会話にあえてコミットすることが、この病の治療法（はなはだ困難であるが）として提案される。[*28]

つまりここでは、社交＝会話に、孤独＝憂鬱の反対物という基底的な定義が与えられている。社交状態の向こう側には、死に至る孤独の奈落が黒々と口を開けているが、それをのぞき込むことで、必ずしもつき合いたくない人間との交流を許容する醒めた現実主義が可能となるのである。「私たちは不名誉な人間と世に知られた悪人との交際のみを避けるべきであり、ここで論じてきたような悪人たち［おべっか使い、嘘つき、野心家など］は我慢すべきだと、あなた［＝アニバル］はおっしゃる。そのことによってあなたは、この社交というものに付けた手綱を、少し緩めすぎているように思うのですが」(Guazzo[op.cit.:vol.1, 101-102])。個人的主観性をリミットとして出現させることで、社交領域を確証しようというやり方だけを取れば、「社会」を思わせるところがあるが、そこに働いている感覚はやはりどこかちがう。孤独／社交という対比のなかで示されているのは、「我慢しなければならない」程度の「悪人」との社交からの逃れがたさであるが、そのこと自体が孤独の誘因へと再び循環していくことも、おそらく避けがたいだろう。

幸いなことに、このテクストのなかでは、アニバルはそのような悪循環を断ち切ることに成功したようだ。二人のあいだに交わされる会話は、医者の患者に対する治療の過程でもあり、そのなかでグリエルモは、メランコリックな孤独から社交の領域へと次第に連れ出されていく。閉じられた空間内で二人の人物が会話をめぐる会話を交わすという自己言及的な構造は、そうした言説効果（への願望）を畳み込んでいる。

一一　権力と枠物語

グァッゾを読んでいると、宮廷論が一五七〇年代のこの時点では完全にジャンル化されており、ある意味で変質しはじめてさえいることを感じさせられる。この書物は、カスティリオーネが作り出した宮廷論の結構に対する読者論的な期待の地平をあてにしつつ、同時に、何というか、それを大胆に改築するようなことを行っている。ある種の主観性を出現させたこと自体がその一つの現れだが、こうした組み替えは、他のところにも現れている。

じつをいうと、礼儀の相互尊重の実例として六節で紹介したヴェスパシアーノ大公の逸話は、グァッゾのものである。サビオネッタ公爵ヴェスパシアーノ・ゴンザガは、『礼儀正しい社交＝会話について』の執筆時に、グァッゾの主人だった人である。[*29] この事例は、大勢の人間同士の社交――それが社交理論の最終目的なのだが――が扱われている最終巻のなかで、アニバルが自らの数ある社交経験から選りすぐりの模範例として紹介したものなのだ。アニバルとの会話《カンヴァセーション》によって憂鬱から次第に連れ出され、治癒される意思を取り戻していくグリエルモに、複数の人間による社交《シヴィル・カンヴァセーション》のさまが報告される。『廷臣論』での全体を構成していた社交の記録は、ここでは一種の枠物語の構造のなかに落とし込められている。テクストは、室内で交わされる対話を社交の図柄をめぐる描写へと接続する。さらに、そこで描き出された人びとの身体的振る舞いを、カスティリオーネ的な談話ゲームへと接続し直していく。

先に引用していた箇所では、賑わう一同を一瞬のうちに沈黙させ、大公は出て行くふりをしていた。個室に身を潜ませたあと、やおら出現する大公の身振りは、孤独から社交関係への移動という、書物全体の構成を遊戯的になぞり直しており、この身振りが動因となって、現実の社交が展開していく。女主人をはじめとして、人びとが口々に引き留めるが大公は納得しない。予定外の闖入者である自分が晩餐会に参加すると、列席者が九人を越えてはならないという「規則」に反する。この規則は、調和した小世界をかたちづくっている社交の円環の象徴（「しっかりと編みあげられた花冠」）であると大公は言う。

当時の宮廷社交本をいくつか見るかぎり、列席者が九人を越えてはならないとする規則がじっさいにあったとは考えにくい。だから、社交の輪から退くふりをする大公が人びとに要求しているのは、単に特定の社交の場における適切な行為ではなく、むしろ社交そのものをめぐる一種の寓意《アレゴリー》を提示することである。あるいは、彼らの「解答」のさま自体が、つまり、権力の差し込みによって、陽気な談話《ディスコース》を一端中断させられ、集団で敬意の身体作法の図柄を形成し、大公を説得する会話を経て、より構造化された語りの遊戯へと辿り着くという過程全体が、寓意となることなのだ。

まず、一番身分が軽く、道化役を割り振られている人物（ジョヴァンニ・カッニ卿）が、「余分な人間が排除されなくてはならないのでしたら、閣下にお残りいただくために、無益な犬めがご一同のお供を遠慮しましょう」と出て行くそぶりを見せる（ちなみにこれは、カッニという家族名がイタリア語で「犬」を意味するカーネの複数形カーニに似ていることを利用した洒落であろう）。大公は彼を押しとどめて、皆さんのなかに凶暴に噛みつく犬がいるのなら追い出してしかるべきだが、「あなたのような愉快で忠実な犬《カーネ》は［！］」宴席に参加するだけでなく「私たちの礼儀と好意を受けるに値する」。「礼儀正しい」スフィンクスたる大公は、以下のような謎をかけているわけだ：人びとはもちろん全力を尽くして大公をとどめねばならず、他の者が退席することで数合わせをすることは許されない。以上の前提で、列席者数は九人という条件を満足させよ。

人びとは次いで、大公を加えて十人になることが、この条件に違反しないことの疑似論証（たとえば、新婚の二人を「プラトンの『饗宴』の神話に倣って一人と数えれば、全部で九人と解釈できる」といった）を試みる。それらが大公によって次々と却下されたあとで、一人の人物が「通常の場合、晩餐会が女神《ムーサ》たちの人数によって暗示されるのだとしますと、もう一人のお客様をお招きするのには理由があります。その方にいわばアポロの座に座り、われわれの陛下となられて、そして皆のためによき命令と法律とを定めていただきたい」(ibid.[vol.2, 121]) という提案を行う。[*30] この提案によって、大公の実体的権力ははじめて安全にゲームの空間に委譲されるのだ。審判役に屋敷の女主人が選ばれたあとは、格言や警句、詩の一節を引用して、孤独と社交を対比するというゲームが繰り広げられていく。その基本ルールは、審判役が合格点を与える解答を出さないかぎり、その人は「孤独に閉じこめられたままであり、皆の輪に復帰できない」というものになるだろう。

謎かけをした大公の念頭に、ムーサの神話を「正解」とすることが最初からあったのかは分からないが、いずれにせよこの難問は、審判役を競技者の外に出すという、意外と穏当で、予定調和的であるとすらいえる答案によって解決されている。論争のゲームを行う前に、ゲームの内容や規則を決めるための論争のゲームが行われること、判定者／支配者役に女性が選ばれること。もちろん、大公自身は審判役のさらに上位の裁定者として振る舞いつづけるのだが、『廷臣論』が作り出した構造を、彼は（あるいはグァッゾは）結局は踏襲している。だが、別の角度から見れば、宮廷論の約束事をなぞるために、大公を含めて十人という、調和の取れた人数を故意にかき乱し、そこに「調和した小世界」を見いだせという意地の悪い要求を、わざわざ突きつけているともいえる。ある種の過剰さと定型的な静態性とが危うく均衡しているかのようなのだ（アニバルがこの逸話を社交の模範例としているのも、そのためだろう）。

　おそらく、その最大の理由は、居並ぶ人びとに比して大公の身分があまりに高く、実質的に君主に等しいという端的な事実である。つまり、『廷臣論』以来空所であるべきだった君主という位置が、この書物では埋められているのである。じっさい、権力の所在を念押ししつづけるかのような大公の振る舞いは、他の宮廷論や礼儀書と比較してもかなり嗜虐的だが、それを大公本人の性格的特徴や、この事例の偶然的な性質として理解するだけでは不十分だろう。重要なのは、それがもたらした構造的効果である。権力を行使する君主の出現により、権力と社交的調和とを調和させることが主題となる。同時に、社交的調和が理想化される度合いに応じて、大公が振るう権力の作用が、それだけますます明確に登記される。

　裏返せば、このテクストは、通常の宮廷論において、談話《コンヴェルサチオーニ》のゲームが「談話のゲームを成立させるというゲーム」を随伴していたのはなぜかを説明しているところがある。おそらくそれは、礼儀的行為が独特のかたちで全域への視線を欠いた相互作用として出現することと対応していたのだ。身分高き人びとの集まりのなかでの現実の社交が、礼儀的行為を遊戯的に遂行することと区別しにくくなる。現実の社交と社交のゲームとが陸続きになるといってもよい。もともと、ゲームの境界を設定することが難しいからこそ、「ルールや主題を決める」プレ・ゲームが必須になるのだ。プレ・ゲームとゲームとの境界を定め、ゲームの規則を設定する権力者としてヴェスパシアーノ大公が出現するとき、こうした構造は脱臼してしまう。しかし、その構造のなかで、この「君主」は一体どんな位置を占めているのだろうか。たしかに大公は、審判役の判定すら含めて、すべてに圧倒的な裁断を下す特権を恣にしているのだが、それでもゲームとともにいることをやめようとしない。小部屋に隠れて人びとを覗くという身振りが示していたように、彼はいわば談話競技《コンヴェルサチオーニ》の縁を旋回しつつ、それを観察＝監視しつづける。

この奇妙に不徹底な「超越性」は、局所的な社交＝会話をひとまとまりの模範的逸話として差し出す語り手／書き手という、もう一つの外部視点と明らかに反響し合う。枠物語形式の採用により、上位者の権力が編成するさまざまな身体的／言語的反応や、それに続く談話ゲームは、外から観察され、描写される対象に転化している。無為の喜びのための談話の収録（『廷臣論』的宮廷論）によっても、もう少し実践的で戦略的な、礼儀に適った行為の指南（礼儀書的宮廷論）によっても完結せず、むしろ両者が曖昧に混じり合う記述の平面が開かれている。沈黙に縁取られながら身体的に遂行される敬意の上演と言語遊戯、そして、それらを逸話として語ることで行われる治療＝会話の記録。これらを等距離から眺める視点がしつらえられつつあるのである。このような視点の出現は、もっぱら身体間の所作の連鎖と照応の図柄として観察される社交と、そのなかで行われる会話とが、長い時間をかけて次第に分化していく開始点であるといってもよい。しかしここではまだ、観察／語りの外部性が維持されつづけることはない。それは何度でも社交＝会話の内部に戻ることができるし、戻ってしまう。また、そうでないと、理想的な社交＝会話の逸話の紹介が憂鬱の治療法たりえないだろう。もしかしたら、観察／語りの境界のこの弱さこそが、枠物語性の最終的な含意なのかもしれない。

一二　一七世紀における宮廷論の変質

このようにして、一六世紀の終わり頃から、社交《シヴィル・カンヴァセーション》＝会話が複層化しはじめる。社交と会話とを不可分なかたちで等式化していた宮廷の圏域が破砕しつつ拡散し、両者が微妙にずれあいながら交錯するような関係に入っていく。

この背景には、宮廷そのものの変質、そして／あるいは、言説的に構成されたモデルとしての「宮廷社会」の屈折がある。たとえば、一六〇七年に刊行されたジェームズ・クレランドの『若き貴族の教程』。六巻構成のこの書物は、第一巻が「両親が子供に対して果たすべき義務」、第二巻は「教師が生徒に対して果たすべき義務」と題されており、以下、「貴族が神に対して果たすべき義務」、「貴族が両親および教師に対して果たすべき義務」、「社交《シヴィル・カンヴァセーション》＝会話における若き貴族の義務」と続き、最後の第六巻「若い貴族たちが旅行時に気をつけるべきことがらに対する指南」で閉じられる。巻の構成が貴族の子弟の教育＝成長の道程をなぞっているのである。彼は、家庭／学校という閉じられた圏域内の権力／権威のヒエラルキーのなかで成長していき（一〜四巻）、それが完了してはじめて社交＝会話に、つまり礼儀のゲームに従うことを期待できる、一人前の貴族同士の対等な関係に入る（五巻）。そして、その向こうには（六巻）、異質な身分の人間たちと混淆することを強いられる世間《ワールド》＝世界が待ち受けている（Cleland[1612]）。クレランドにおいては、宮廷という円環はとうに破砕している、あるいは少なくとも破線化しており、社交的現実はそこから漏れ出すかたちで断片化しながら、雑多な境遇や身分の人間たちとの遭遇を強いられる交流の領野へとまき散らされるのである。

もっとも典型的なのは、フランスの事例だろう。宮廷論の発祥の地である一六世紀イタリアは、複数の都市国家もしくは領邦国家的形態のモザイクの様相を呈していた。したがって、宮廷とそれをめぐる経験もまた、つねに局所的かつ複数的なかたちでしか想像されない。[*31] そうした言説形式が、王の宮廷を圧倒的中心とする、いわゆる絶対王政の社会形式のうえに転写される。さらに、その強力な宮廷および宮廷生活は、時代が下がるにつれますます、パリを中心に展開するようになっていった。かつての武勇ある戦士の末裔である伝統貴族層の権威が、戦闘行為の大規模集団化のもとで急速に空洞化しつつあり、そのことに対する彼らの不安が、それを自然に遂行することが貴族の徴となるような、より一般化された礼節のコード化を期待させたという事情もあっただろう。これらによって、「宮廷社会」という全域もしくは全域的モデルがあると見えなくもないかたちで、社交の論理が再定式化されていったのである。[*32] 本来は宮廷ごとのローカルな差異を含み込んでいた行動様式が、（良き）都市的な行動様式の普遍的な規則のごときものとして思念されるようになる。外交プロトコルの析出も含めて、それは絶対王政の宮廷が、中央集権的権力機構に近づいていくうえで大きな役割を果たした。同時に、宮廷の集権化は新興集団（いわゆる法服貴族）の参入を、より正確には、それが公然化することの渋々ながらの承認を必須とする。[*33] このことにより、言説の受容＝期待の地平も変容していく。

　たとえば、宮廷社交に加わる野心をもつ人びとを第一の読者層として念頭に置いているという意味で、掛け値なしに「マニュアル」を指向した宮廷論が書かれるようになった。一六三〇年に出版され、一七世紀のあいだに一四版を重ねた『オネットムあるいは宮廷で人を喜ばせる技法』は、そうした宮廷論の代表例である。著者ニコラ・ファレは、地方のアルチザンの息子であるが、宮廷に入るきっかけをつかんで王の随行員に抜擢され、ロイヤル・アカデミー会員まで登りつめた。彼が強調するのは、貴族という出生をもった者以外でも、宮廷にふさわしい紳士《オネットム》たりうるということだった。彼のいう誠実 (honnêteté) は、潜性態において本質的名誉と合致しており、現実態においてはつねに礼節と循環的なかたちで出現するとされた、一六世紀のあのホネスタス（↓本章八・九節）からかなりずれだしている。キケロやクィンティリアヌスが描き出した弁論者の姿を範に取るものの、ファレはそれを、自己の言葉と身体所作を優雅に組織し、人びとの心を逆なですることなく説得する能力へと読み替えてしまう。誠実さとは「人を喜ばせる」能力のことなのである。不正義は「倫理的に悪だから」ではなく、「人の気分を害するから」こそ非難の対象となる。宮廷生活における政治の美学化といえばよいだろうか。この新たな基準のなかで、社交＝会話という美的生活の称揚は、「宮廷への扉を開ける」衣装や身振り、立ち居振る舞いの伝授へと変質していく。*34 このとき、廷臣はもはや君主に対して対等な友人として振る舞う助言者などではなく、むしろ君主の意を汲んで喜ばせる「カメレオン」となるだろう。

ここには、礼儀の意味論に生じた大きな変化が現れている。つまり、礼儀のコード化に対する貴族社会の期待にもかかわらず――あるいはむしろ、それゆえにというべきかもしれない――、あれこれの振る舞いの適否を判定するためのコードの一段向こうに、礼儀の本質が措定される。それはむしろ、振る舞いのある種の滑らかな洗練ぶり、あるいは行為する主体の何らかの独特の構え《アティテュード》に言及するものとなっている。すぐわかるように、こうした主体の構えや質は、一六世紀が優美さとして表現したものの自然な展開型だともいえるが、この時期になると、行為から主体の質を切り離して語れるようになっており、優美さの次元がより自律している。もしくはそれがコード化を期待される対象になったといってもよい*35（→本章八節）。

一七世紀後半以降、civilité/civility に替わって politesse/politeness が優越するようになったこと――これらの語源は、「磨かれた」「滑らかな」を意味する poli（仏）/polish（英）である――が、その証左である。ポライトネスは、とりわけ英語圏において概念的に組み替えられて、一八世紀以降も広く用いられるようになるが、この時期の人びとの考える滑らかな礼儀正しさとは、大小の波風が止むことのない人間関係のミクロ・ポリティクスを読み続け、角を立てずに渡り歩くための必要条件であり、裏返せば、本心をつかませない狡猾さのことでもあった。「宮廷とは大理石のようなものである。というのは、きわめて硬質＝酷薄（dur）できわめて滑らか＝礼儀正しい（poli）人びとで構成されている、という意味である」（Bruyere[1688-1696＝1952-1953:（中）10]、ただし一部改訳）。

　ポライトネスの地平のもとでは、その他の新しい語彙も登場する。たとえば、一六四〇年代以降の（都市的）洗練《ユルバニテ》概念の展開。urbanity系列の語彙については一〇節で少し触れたけれども、キケロ（とくに『弁論家について』）やクィンティリアヌスが理想的弁論者のもつ典雅さとして語ったものを、社交人に備わっているべき洗練に読み替えて概念化したのは、ゲ・ド・バルザックをはじめとする一六四〇年代のフランス人だった。人慣れした無頓着さ《ノンシャランス》を育む厚みとしての都市性が、一六世紀よりも強いかたちで押し出されつつある。都市的《ユルバン》であることと洗練《ユルバニテ》とは、まだ完全には一致していないが、宮廷文化と首都生活とが緊密に結びつくという条件のもとで、宮廷が良き都市性の範型となると同時に、宮廷ではない都市性がそこから排除されるような事態が進行している。

　男性の女性に対する、一種のエロス化された社交性としての洒脱さ《ギャラントリ》に対するフランス特有の強調が登場したのもこの時期である。制度的婚姻と（精神的？）恋愛とを切り離す文化のもとで、「野心と恋愛沙汰《ギャラントリ》は宮廷生活の真髄のごときものであって、男も女もただただその囚われ人になっていた。数多くの異なる利害の対立と異なる党派があり、女がつねにそれに重要な役割を占めるので、いつも世事に恋愛が、恋愛に世事がからまるという始末だった」（『クレーヴの奥方』）[*36]。もう一つ、政治的単位としての女性の析出は、ギャラントリ的宮廷社交の近傍でサロンという様式を成立させている。女主人が一時的に審判を務める遊戯的会話《コンヴェルサチオーネ》が栄えたイタリアにおいても、こうした様式の原型ができていたようだが、フランスではそれが、教養と文化的洗練とを有する女性が恒常的に主催する社交集団／社交形式へと改変されて結晶した[*37]。そして、サロン的社交形式とそれが培う文化が、宮廷生活と微妙な離接関係に入ることになる。

　このようにして、新たな礼節の用語が、それぞれが独自の文脈のもとで浮上する。しかし、もっとも意味深いのは、語彙の増殖それ自体だろう。ユルバニテを論じるある著者は、「このurbaniteは、礼儀（civilite）、洒脱さ(galanterie)、洗練(politesse)といった語がごく不十分にその意味を表現しているが、われわれのフランス語はそれに対する十分に適切な語をまだ見いだしていない」と述べている(Stanton[1980:15-16])。もちろんこれを、ユルバニテという語の語用論的不安定さの証言と解釈することもできる。しかし、まさに行為の適否のコードから行為者の何らかの特異な質へと強調点が移行したことによって、その質が明確な語で名指しにくいという感覚が出現したのではないか。だから、新しい語彙が生まれ続け、循環的に相互参照しあう。

同じことはしかし、逆の角度から読むこともできる。「マニュアル」として振る舞おうとする宮廷論の登場は、当然のことながら、こうした動きに対する反発を生み出す。社会的上昇に対する野心が公然化するからこそ、「偽者」と真正な宮廷人たる自分（たち）とを区分したいというあの欲求は、ますます強くなるのである。いうまでもなく、こうした欲求自体は、ぎこちない機械的遵守や自然さの気取りと真に優美な挙措とを、礼儀的振る舞いの人工性のうえで分節するという、あの論理にしたがっている（↓本章七、八節）。気取りとその非難とが同一の論理に従っている――反対者たちにとっても、相互に喜ばせ合う能力が、社交人のメルクマールだった――のも同じだが、この時期になると、自家撞着はあからさまなものとなっている。先ほどの語彙の増殖と循環は、その兆候でもある。名誉や高貴さの本質論的根拠があやしくなるなかで、最初から（なぜか）宮廷人の共同体に属している「自分たち」と「彼ら」との差異について、誰もその所在を確言できない。最終的には「ちがうからちがう」、としかいえなくなる。だからこそ、次々と新しい用語が提案され、その用語をいわば「内側から」体感できることを、暫定的に「自分たち」の符牒にするゲームが繰り返される。宮廷的な社交共同体が開かれつつあるからこそ、ある意味でより自足的に、あるいはますます自閉的になっており、階級的排除の論理に近づいている。ここまでくれば、社交＝会話の意味世界自体の解体まで、あと一歩だろう。*38

「マニュアル」的であるとないとを問わず、この時期の宮廷論から読みとれる、社交＝会話の論理の大きな屈折がもう一つある。助言者からカメレオンへの転身は、「神秘的」権力との駆け引き関係に入り、君主の好意をコントロールせんとする能力を断念することと同義である。それを補償するかのように、「ちがうからちがう」に自足する社交ゲームが繰り広げられたともいえる。じっさい、この時期の絶対王政の宮廷社会において、貴族の誰かに対して王が意図的に屈辱的な決定を行ったあと、夜会の席で当の貴族に何食わぬ顔をしていつもの「礼節」ある態度で接し、丁寧な言葉を返す裏腹に彼／女の顔に浮かぶさまざまの情念の観察を大いに楽しんだという事例が、いくつも報告されている。[*39]

その意味では、利害の合理計算の外皮であるかのような「誠実《オネッテ》」は、やはり同時に独特の倫理化の論理でもあった。宮廷人たらんとする人間が手段的に振る舞っていること自体を否認するかのように、ファレから始まるオネットムの論者たちは、人びとを「喜ばせる」演技の背後でたゆまなく行われている自己陶冶の領域をのぞき込む。誠実な人間のみが、宮廷の堕落のなかを、そこに染まらずに生きることができる。[*40] これは、宮廷のなかで生きざるをえない苦痛を内面的な心の平安によって昇華しようとする新ストア派的思考（→本章八節）の、一七世紀における継承の一ヴァージョンであろう。だが、宮廷の堕落が逃れがたいものであるにせよ、人は立身出世という途を自発的に選びとったのである。たとえば、サロンの機能もそうしたものだろう。それは、「誠実な人間」が一時的に退隠できる、「宮廷の堕落」の外部にある私秘的で排他的な共同体であると同時に、高名なサロンに属することが宮廷でのステータスを高めると期待されていた。サロンが開発する文化規範は、宮廷（人）全般の振る舞いを洗練させるからだ。[*41]

不安な宮廷生活を自発的に野望の対象とするというこの微妙な自由度が、「内面」への信頼に影を落としている。それによって、不安や苦痛がある種平板に引き延ばされるといってもよいだろう。一六世紀には不在だったこの陰翳こそが、一七世紀的な内的倫理を構成していくというべきかもしれない。*42

一三　フランシス・ベーコンと人間観察のプログラム

宮廷を軸として展開する礼儀や社交の成立と展開は、初期近代という言説空間の褶曲のある部分をトレースする雛型である。この章では、ほかならぬその褶曲によって、礼儀や社交をめぐる一連の意味論が終わろうとする地点まで、急ぎ足で追いかけた。人間の観察／解釈可能性をめぐる初期近代的な問いかけの様式と解答の模索が、このような意味論のなかで、もしくはそれとともに育まれている。情念はこの領域と、本質的なかたちで連関している。たとえば、ジョージ・パトナムはこう述べている。「しかし、（こう申し上げて陛下がお喜びになるのでしたら）廷臣は……二十もの新流行の衣服を着て自らの身体を偽装し、同じだけの顔つき《カウンテナンス》によって顔《フェイス》を偽装するやり方を……あるいはむしろ、顔つき《カウンテナンス》同様考えを装い、思っていることを決して言わず、言っているようには決して考えないようにできること……を学ぶだけで十分に見えはしないでしょうか」(Puttenham[1589→1970:305])。ここでは、対他関係を前提として、顔つき (countenance) と顔 (face) とが使い分けられている。顔つき《カウンテナンス》が、自己の真意を内包／隠蔽 (contain) したうえで他者に向かって見せるものという意味が強いのに対し、顔《フェイス》は即物的な身体的な部位を指している。対他的顧慮を脱落させた、情念と動物精気の運動が刻印される場所としてのそれは、ときに社交関係の外で出現してしまう〈素顔〉なのである。

自己の真実を「隠し、覆いをかける」三つの技法、すなわち、他者の観察の及ばないところに自分を取りのいておく秘密、「自分がそうであるものをそうでないように見せる」消極的隠蔽としての偽装 (dissimulation)、そして「自分がそうでないものをそうであるように偽る」積極的隠蔽である見せかけ (simulation) を区分し、「偽装とは最小限度の政治にすぎない」と喝破したベーコンの言説(Bacon[1625→1985:76-77])は、まさにこうした問題関心の交点上で結晶している。

> 身体の輪郭は、精神の一般的な傾性や気質を露わにする。しかし顔つき《カウンテナンス》の輪郭はただそれだけではなく、さらに進んで、現在の気分や意志自体の顕現やその頃合い、徴候を明らかにする。それゆえ年を経た、鋭敏で狡知に長けた多くの人びとが、人びとの顔や流儀に目をやって、熱心に研究し、自分たちの能力や叡智の主なる部分として、それを自らに有利なものにするのである。そしてまた、まことに、顔や身振りは他人の見せかけ《シミュレーション》［を見抜くうえで］の驚くべき徴となるものであり、［身分の高い］人に話しかける適切な時と好機を選ぶに際して(これは社会《シヴィル》=政治的公人の知恵のなかで、決して小さくない要素である)卓越した指針となることも否定できない。それは(私の考えでは)市民的配慮のもっとも卑しいものとはいえない。だが、こうした巧みさは、ある特定の人びとに関してのみおそらく役立つだけで、何らかの規則のもとに理解されることはできないと考えてはならない。われわれは皆、だいたい同じようなやり方で、笑ったり、泣いたり、赤面したりするからだ。そして、その他のより微妙な動きにおいても、だいたいは同じなのである(Bacon[1622→1870:376])。

『随想集』は序文において、顔つきから臣下の本心を見抜きながら、自らの本心は決して顔に表さない賢人=君主の姿を描いている。副題が示しているように、この書物は、彼がジェームズI世に差し出した「公民的、道徳的助言」なのである。ジェームズもまたそれに応え、賢者の謙譲をもって助言を求める旨の議会演説を、繰り返し行うことになるだろう(Stillman[1995])。臣下の解釈を操作する能力と臣下からの解釈不能性の双方において、王(の身体)は極限値であるべきである。相互的人間観察の容赦のない闘争、他者の読解/他者からの読解の遮蔽という一般的課題は、王のかかる権能を虚焦点にして成立している。廷臣が偽りだらけの存在であることを公言することが「陛下」を喜ばせると考えたパトナム（彼の君主はエリザベスだった）とあわせて、よく考えると不思議な構図だ。偽ることや隠すことそれ自体は偽られも隠されもせず、権力のゲームが続いていく。[*43]

そしてそのとき、言語／発話と身体的表徴とが、解釈の対象であると同時に資源であるものとして、相互に外在的に併置される。言葉の秩序は身分秩序をなぞり、反コミュニケーション的ですらあるようにして、実質的にはいわば「何も言わない」。空虚な言葉の向こうに、真意を読みとるための手がかりが求められる。言葉と顔とが相互補完的な関係を結び、外からは見通せないという意味において「内面的」な記号の領域に対する解釈学をかたちづくる。そのときにあてにされるのが、それらの記号が何らかの自然的基盤のうえで生起することへの信頼（「われわれは皆、だいたい同じようなやり方で、笑ったり、泣いたり、赤面したりする……何らかの規則」）である。

だが、この「自然」とは何なのか。記号とその解釈との一致と違和の地点を測定しようとする際限のない試みの成立と、それはいかなる関係を切り結ぶのだろうか。それを見るためには、もう一度時間を巻き戻し、一七世紀へと至る言説平面の多重的屈曲を、慎重に辿っていく必要がある。

第三章　修辞学と情念——一五三〇〜一六〇〇

一　一六世紀における修辞学の位置

一五八〇年代から一六〇〇年にかけて生じた大きな屈折が、一七世紀の言説空間へと接続されていく経路はいくつかあるが、重要な結節点となったものの一つが修辞学である。カスティリオーネの『廷臣論』における、複数の人間が参加する会話の収録というスタイルの採用は、おそらくキケロに触発されたものだし、ある部分は、『弁論者』をほぼそのまま援用している。[*1] その他にも、貴族や紳士の教育／教養理念としての助言者の像、宮廷的社交をかたちづくっていた言葉の疑似的論争、礼儀的好意に不可分なものとしての演説や語り、オネットムと弁論家の自己陶冶など、前章で論じた礼儀の意味論のそこかしこに、修辞学的要素が顔を出していた。

いや、そもそも修辞は礼儀正しさ《シヴィリティ》の定義の一つですらあった。たとえば『修辞の技法』においてトマス・ウィルソンは、譬喩を用いない「粗野 (Vulger)」な「通常の語法／話法 (Common Speech)」に対して「修辞をもちいて話すこと」を、「礼節ある話法(Civile Speech)」と呼んでいる(Wilson[1560→1940])。パトナムの『英国詩技法論』は、粗野な／礼節ある話法という分節を、社交それ自体を比喩として用いながら説明する。詩作の技法の中心は、「ある種の新奇さと［意味の］風変わりな伝え方で、通常のありふれたものを少なからずめかしこませ《ディスガイズ》ながらも、それによって［もとのものを］より見苦しく、醜くすることなく、むしろわざと中心をはずして礼節ある人びとの耳と知性により心地よいものにし、それによって聞き手の耳と同様精神を楽しませ、惹きつける」ことにある。「風采その他が見栄えよくも美しくもない貴婦人」でも、「絹やら金糸銀糸の織り込まれた薄絹やら宮廷風の刺繍品やら、自分のもっているもっとも贅沢な衣装でめかしこんでいるときなら、ただの布地その他の質素で素朴な衣服を着ているときよりも、誰の目にもより好ましく見えていると考えるかもしれない」ように(Puttenham[1589→1970:149-150])。

礼節のなかに、修辞学は幾重にも織り込まれている。あるいは、礼節をめぐるさまざまな言葉や行為の配置自体が、修辞学のひとつの変異体《ヴァリアント》なのである。言い換えれば、初期近代において修辞学的知は、そのような取り入れが可能となるように、その輪郭を変形させている。では、一六世紀や一七世紀には、修辞行為や修辞学の言説に何が生じていたのだろうか。そして、修辞学のシステムに生じた屈折が、一七世紀以降の言説群にどのような起伏を準備したのか。情念という主題にとって、この問題は非常に重要である。伝統的な知の体系としての修辞学も、複数の接点で情念とつよく関連づけられてきたからだ。そうした接点のうちのいくつかがたどった変動の位相を、ごく大まかなかたちで素描してみよう。[*2]

ところで、一六世紀後半から一七世紀にかけて修辞学的知に何らかの屈折が生じたという言明は、どこに根拠をもつのだろうか。まさに弁論者(orator)の形象の頻出が、その指標となる。

これらの［古代の］弁論家たちの著作を読むことで貴紳が手にする利益は、彼がたまたま、筋道立てて助言を行う機会があったり、大勢の人を前にして、あるいは権勢ある君主の大使役を務める見知らぬ人びとに向かって話しかけるときに、つっかえながら混乱した話し方を強いられることなく、適切にそしてふさわしい順序で言葉を配列できるようになることである（Elyot[1531→1962:35]）。

利益という実践的な理由を隠していない点で、エリオットの記述はあからさまですらあるが、このように語るとき、彼はただ単に伝統的教養の重要性を再確認しているのではない。長きにわたって、西欧にとっての修辞学は、圧倒的に、キケロの『発想論』と、同じ著者によるものと考えられた『ヘレンニウス宛修辞書』を範型とした、書記の体系を意味していた。キケロとクィンティリアヌスに代表される「弁論家たちの著作」が言及されるようになったのは、じつは比較的新しいことなのだ。

修辞学のテクスト受容の歴史はかなり複雑であり、アリストテレスの『弁論術』は一四世紀に、キケロの『弁論家について（de oratore）』およびクィンティリアヌスの『弁論術教程（Institutio oratore）』は、ようやく一五世紀になってから再発見された。これらのテクストがたまたま西欧の伝統には継承されなかったという事情も手伝って、『発想論』も『ヘレンニウス修辞書』も、文書における修辞の規則を記した一種の規範集と受け取られていた。修辞学自体の起源は弁論にあるが、西欧修辞学は、弁論性を脱色したところで成り立ってきた。弁論を内在させた社会を営んでこなかった以上、それも無理はない。ところがエリオットらの時代には、弁論と修辞とが暗黙裏に対立項に置かれ、そこから「弁論」が選び取られているのだ。「すべての力に勝る力、おお雄弁よ／それは堂々たる言葉の手綱を固く引き絞り／人間の情念（affections）の卓越せる部分を、彼らのあらゆる剣にもまして／あしらい、導き、支配する。／われわれが汝の美点に／われわれの機知が与えうる最大の富を捧げないことがあろうか？」（サミュエル・ダニエル『ムソフィルス』）。[*3] とはいえ、もちろん、古代的な弁論の実践が復活したわけではない。一六世紀のエリオットらが「弁論」を用いたとしても、語る主体が時空を越えた同一の身分を有しているはずがない。むしろここには、中世的な伝統の厚みを飛び越えて弁論者の形象を無理矢理召喚する行為が構成する、一種の倒立した遠近法の構図がある。

もちろん、中世以降の知のシステムに限定しても、修辞学の機能や用法は――その周縁的な位置に相応するように――、かなり分散したかたちで出現しているわけだが、この章の主題は修辞学史の再構成より、はるかにつつましいものだ。初期近代に成立した、アナモルフォーズめいたこの視座《パースペクティヴ》から出発し、そこから映る像をいわば逆方向になぞりながら、弁論者の召喚が象徴している屈折と、その効果の射程とを考えてみたい。倒立した遠近法の言説的効果を辿っていったとき、いわば意味づけをめぐる意味づけの文脈の、初期近代における組み替え――少なくともその蠢動――が見えてくる。意味づけの文脈変更としての初期近代を読みとること。修辞学の言説を検討の対象とするのは、あくまでもそれとの関連においてである。

二　古代修辞学《レトリケー》の構造

口頭による弁論を対象にして編み上げられた古典古代の弁論術／修辞学は、知／技術の一種の二重体だった。つまりそれは、具体的な技法の経験知的集積であると同時に、そのような技法の成立を可能にするための、言葉の諸機能をめぐる普遍理論をも志向していた。ある論者はこのことを、「修辞学（弁論術）とは修辞学であり同時にメタ修辞学である」と表現している。[*4] 以下、この意味における修辞的知や実践をレトリケーと表記する。レトリケーは、時間的にも空間的にも一回性を運命づけられた言葉の組織化である。演説の性質と目的にしたがって、通常、法廷弁論 (judiciale)・審議弁論 (deliberativum)・顕彰演説 (demonstorativum) の三つのジャンル (materia artis) に分類されるが、いずれも本質的に反復不能であり、その成功/失敗は最終的に聴衆の反応によって決定される。この実践的性格により、レトリケーは二律背反のただなかで生起する出来事としての不安定さを運命づけられている。それは一方で(1)効率のよい説得のための(部分的)定型化/定式化の諸技術であり、他方で(2)限定された時空内における言葉の効果を支えるもの(人の心を動かす原理)に対する探究と結びついていた。

興味深いことに、レトリケーはこの両者を、人格 (ethos) と情念 (pathos) の関係として構造化している。(1')演説家の三つの任務とは「教えること、動かす=感動させること、そして楽しませること」だから (Quintilian[1755→1805:vol.1, 150])、レトリケーはまず、具体的な聴衆の情念に働きかけるために、言葉の巧みな組み立てを容易に構想するための総合的技術として定義される。『発想論』以後、発想・排列(構成)・措辞(表現)・記憶・講演法という五つの構成要素が定式化されるのが、その典型的な指標となる(これについては次節で論じる)。しかし、(2')言葉と情念とが噛みあうためには、演説者および弁護(告発)の対象となる人物の人格《エトス》が適切に提示されること、いわば、人格が言葉を「包み込む」ことが必要である。これは肖像=人物描写 (prosographia) あるいはエトスの描写 (ethopeia/notatio) と呼ばれる。とはいえエトスとパトスは、語りの外部にある相互対立的な両極であるというよりも、むしろなだらかな連続体をなしている。パトスが情念の激しい揺動であるとすれば、エトスとは、それと対比される、より穏やかな感情 (adffectus) の状態として(も)定義されているからだ。弁論の言葉は、その連続的な斜面に沿って以下のように構造化される。

弁論は導入 (exordium)—陳述 (narratio)—論証 (argumentatio)—結論 (peroratio) という一連の結構を有している。それは、好意を得ることから始まり感動させることに終わる、情念への一連の働きかけの過程として定式化される。導入の「全体の意図は、われわれの訴えのすべてにより好意をもって耳を傾けてもらえるように、聞く者をして準備させることである。多くの著者の言葉にも現れているように、これを成し遂げるための主要な手段は三つある。すなわち、聞き手を親切にし、注意をひきたて、そして従順に「可塑的に」することである」([Quintilian[1755→180:1971])」。「尊大な態度を見せ、大げさで荘重な語りによって始める」のではなく、譬喩を多用せず、謙虚で簡潔なスタイルで説き起こす必要がある。聴衆を議題へと繋げておくためには、演説者の人格《エトス》に対して反感を抱かせないことが唯一の方策である。弁論者は身体のあらゆる資源と技法を用いて、自己の語りが信頼に足ることを示さなくてはならない。

聴衆の「従順さ」を勝ち得たあとにつづく論証は、論理学を基盤とした一種の決疑論からなる。都合の悪い論点を微妙に隠しながら、相手の失とこちらの得とを冷静に筋道立てて論じることが必要である。そして、そして結論においてはじめて、荘重体(grand style)を用いることが勧められる。論及されている人物に対して、演説者が感情を込めた――間投詞を伴う――呼びかけ(「おお、フラヴィウスよ…」)を行い、さらには彼/女自身に成り代わってその心的状態を代弁する(「おお、友と信じていた者に刃をつきつけられた彼の憤激はいかなるものであったろうか」)。あらゆる修辞=雄弁を用いて聴衆の同情または憤慨を喚起することが目指される。「われわれは、裁判官にもたせたいと望んでいた傾向を、彼にもってもらうことで終わらなくてはならない。もうわれわれに言うべき言葉はなく、彼を説得するさらなるチャンスはない。それゆえ彼を自分の側につくように懐柔し、相手側に嫌悪感をもたせることが、両陣営の仕事になる。つまり[一方の側は]彼の情念を沸き立たせ、そして[他方の側は]鎮めなくてはならない」(ibid:vol.1, 382])。

特定の修辞法に情念を繋ぎ止め、言葉の踊り場《トポス》のうえでエトスとパトスとを交錯させること――。レトリケーとは、その複雑な反響を首尾良く調節するための技法だったのである。

三　ローマ修辞学から西欧修辞学へ

ところで、レトリケーが理論的に精緻化され、一つの体系として整理されたのは、ギリシャのポリス社会ではなくローマにおいてであることには注意しておく必要がある。

現存する古代ギリシャのレトリケー論のなかでもっとも体系的なのは、周知のようにアリストテレスの『弁論術』である。このテクストは、レトリケーの実践的技法を集中的に扱っているというよりも、ひとつの特殊な知（命題）の様式としてのその特質を、論理学との関連で多岐にわたって考察している。ただしこれは、イソクラテスが行っていた弁論技術の実践的教育に対する対抗戦略だった。つまり『弁論術』は、古代ギリシャのレトリケーのきれいな標準型であるというよりは、当時の弁論術の流行に対するアリストテレス自身の批判的スタンス（その幾分かはプラトンから継承したのだろう）の表れである。[*5] だがいずれにせよ、論理学／哲学／レトリケーを同一平面上に載せて総合的に考察したこのテクストは、レトリケーがローマに伝播・定着するにあたって断片化し、結局は直接受け継がれることなく終わった。[*6] この不在が西欧修辞学の歴史にもたらした帰結は小さくない。

ローマ修辞学の体系性は、アリストテレスとはかなり異なるものだった。ギリシャのポリス社会においては、弁論／審判の全過程が市民集団によって担われていた。告発も弁護も当事者のみが遂行できるという強固な原則があった（ただし、弁論の原稿を書く代書人(logographer)の存在は認められていた）。それに対して、周知のようにローマでは、パトロネージ制度のもと専門的弁論者が生まれ、共和制末期から帝政期にかけて、弁論が働きかけられる政治的《ポリ》＝公民的領域《ス》はますます限定されていった。弁論の能力は優れた教養人＝権力層（とそれを目指す人びと）に独占される。弁論の本質的一回性自体は変わらないとしても、技法性＝反復可能性がより強く意識されるようになる。クィンティリアヌスによる弁論の構造化は、そうしたローマ的体系化の一つの帰結であろう。

とりわけ重要なのは、弁論全体を発想（inventio）・排列（構成）（dispositio）・措辞（表現）（elocutio）・記憶（memoria）・講演法（actio/pronuntio）に整理・分類するという様式の出現である。ごく簡単に各要素を説明すれば、最初に置かれる「発想」は、実際の演説あるいは著述に先だって、語るべきことを把持することに関わっており、さらには、推論形式、文飾、文体などの複数の水準における定型《トポス》を呼び出すことで適切な語り方を生みだすための技術でもある。「排列」は、語・文＝命題から始まって弁論全体へと至る各要素の構成法をあつかう。「措辞」は文法解析から始まる文章表現論であって、文彩論《トロープ》として展開していく。「記憶」および「講演法」は、弁論の実演に関わる具体的技法を扱う。以下、これらの要素による分類方式を「五分法」と称することにする。現存する史料のなかでは、キケロの『発想論』が五分法をまとまったかたちで扱った最古のテクストである。

この五分法を、通常の意味での近代的分類原理[*7]のようなものと考えてはならない。古代の修辞学書の多くは、「発想」を論じた最初の巻がもっとも長く、ときには全体の半分前後を占める。「排列」がそれに次ぐが、「措辞」以降の項目の扱いは非常に小さいのが普通である。導入—陳述—論証—結論という演説の結構にしても、発想もしくは排列に配分されている。演説に先立つ段階を扱うこの箇所において、演説全体の構造（とその適切な表現方式）の分節がすでに先取られており、その後の分析は同じことの反復になってしまう。発想や排列や措辞のなかに、言葉をコントロールする演説者の（身体）技法をめぐる考察がすでに入り込んでいるし、同時に、講演法の一部である記憶術の核心部分には、発想や排列と同一の、要素の説話的秩序化が畳み込まれている。こうした相互貫入や冗長さが至るところで認められるのである。これらの五要素は、どこから始めても同一の図形を生成する、フラクタクル的な図柄を構成していると考えた方がよいのかもしれない。[*8]

とはいえ、共和制時代と帝政期では、弁論の位置自体が異なっているわけで、キケロらが五分法として整備したときに弁論が有していた意味や機能と、彼らの権威を引き継ぎつつ語るクィンティリアヌスの時代におけるそれとは同一ではない。それでも、ローマにおける五分法の整備は、レトリケーを屈折させた一連のポジティブ・フィードバックの内部にあるということができるのではないか。粗大な概括であることを承知のうえでいえば、(1)実践的働きかけとしての弁論の実質的縮小とともに、レトリケーがますます教育/学問の領域へと転移していく。それは(2)五分法に代表されるようなレトリケーの学問化をもたらし、(3)そのことによって、哲学/修辞学/文法学という区分が成立する。[*9] さらに、(4)教育プログラムへの転化は、「弁論家」の回路の開きと閉じと連動する。レトリケーは、一方で有力階級への上昇の条件となる(少なくともそのように信憑される)。他方、弁論の特権化により、弁論者のエトスは有徳さという恒常的質として理念化される。(5)また、レトリケーが教育に変形するなかで、疑似化された弁論形式が定着し、教本/模倣/作文といった文書的平面へと微妙に接続しはじめる。[*10] ここでは、われわれの議論にとってとくに重要になってくる最後の二つの点について補足しておこう。

(A) まずエトスの理念化=常態化について。キケロの頃から、演説の再録——再編集や加筆が大量に含まれているが——を公刊する慣習が定着している。クィンティリアヌスの時代になると、弁論家の育成は生活全体を包括する過程であり、その他すべての知や技術を従属させるものになってさえいる。人格《エトス》への信頼があってはじめて、つねに一回的なものとして投企される弁論の言葉を励起させることができる。おそらくエトスの理念化と五分法による技法の体系化とは、互いを支えながら、弁論の実践を両端から押さえ込んでいる。この両者を、弁論という実践につきまとっている本質的一回性に対峙させることで、一回性の回収できなさ自体を意味論的に回収する。共和制の末期、自己の出処進退に悩むキケロは、可能な選択肢のそれぞれを弁護する弁論を一人で繰り返しながら自分の途を探っていたと書簡で報告しているが、この逸話はそうした事態をよく表している。

(B) 有徳な人格《エトス》は、演説する者の背後にあると信頼されたものであると同時に、まさに演説のなかで描き出されるものでもある。この後者が肖像＝人物描写《プロソグラフィア》に当たる。何十年ぶりかに邂逅したかつての学友についてセネカが以下のように語るとき、それ自体がそうしたプロソグラフィアの一例であると同時に、プロソグラフィアの背後にある、一種独特の身体／精神の全一性の感覚を告げている。「クララヌスは……謹厳で、熱意と活気があり、年少の級友に勝ろうといつも努力する人だった。このように偉大な魂をこんなに慎ましやかな家に住まわせたのだから、もっとも偉大で幸福な機知の才能が、よりによってもっともみすぼらしい外見の下に隠されていることもあるということを示すつもりでもなければ、自然は彼を少し不親切に扱ったものだと私は思う。［再会する］それまでのあいだに彼は、あらゆる障害を乗り越え、まず自分に打ち克つことで、外見以外のすべてのものに勝利していたのだ。……じっさい、彼が精神においてと同様身体においても、立派で堂々としているように私には見えた。……私の考えでは、クララヌスは、魂は身体の奇形からいかなる汚泥を引き受けることなく、その反対に、身体は美しく高潔な魂によってより美しくなることを示すために生まれてきたのだと思う」(Seneca[Epistle LXVI])。

ここでは、身体の醜さと精神の気高さとが対比されており、後者が前者に変化を与えたことが語られているが、にもかかわらず両者はむしろ一つの連続体をなしているように見える。このことは、五分法が語りとその外部の身体性とをいわば相互貫入させていることと同型的である。弁論術が列挙する技法のなかには、発声法や身振りだけでなく、判事・聴衆の前での上演、機知に富んだ言い返し、突発的反応に対する対処法、さらには美貌までもが含まれる。クィンティリアヌスは、法廷弁論がどれほど演劇的な演出やらせすれすれの駆け引きを用いているかを、生き生きと語っている。彼は、弁論者を志す者は役者について修行することが必須であると勧める。この「演劇」性は、単なる虚偽や詐術とはちがう。古代弁論術は、私たちが従っているような意味での身体の内／外という区分をおそらくもっていない。私たちにとっての古代弁論術の摑みにくさは、たぶんかなりここに起因している。裏返せば、ローマ期における有徳な人格《エトス》の議論を再発見することで、一六世紀における「弁論者」の形象が構成されたとすれば、この「弁論者」がどこまでエトスを継承しているといえるのかが、重要な問題となるのである。

（C）弁論が教育の対象となり、さらには教育プログラムの形式となる過程については、一種のディベート技術の訓練としての、模擬裁判的弁証（diclamationes）の定着がとりわけ意味深い。これは議論を、論証→それに対して想定される反駁→反駁に対する再反論というかたちで定式化するものであり、レトリケーが論理学や弁証術と踵を接する地点であるといえる。この形式はいくつかの派生物を生みだしたが、その一つが、思慮／説得（deliberativa/suasoria）と呼ばれるものである。これは、歴史上の人物を対象として、特定の時点での行為の選択に当たっての彼／彼女の内的状態を模倣的に遂行しつつ、その行為を評価するというものであった。これは擬人法や荘重体で結ばれる演説形式の、教育における末裔である。偉大な人物の行為を顕彰するために用いられた弁論の諸形式が、過去の偉大な人物たちの事績を題材とした文章作成／語りの反復的訓練へと固定される。それは定型表現の文書＝教科書化とも連動することになるだろう。[*11]

ディクラメーションや思慮／説得は、西欧修辞学の伏流として長く継承されていく。大学においてディクラメーションは、公開審査や討論の場で用いられる論証形式として制度化され、これは一七世紀に至るまで続いていくことになる。[*12] 偉大な人物の行為を評価し、その「感情」に想像的に憑依する思慮／説得の形式は、文法学校／修辞学校における初等教育の一環をなしていた。それは西欧において、人物描写《プロソグラフィア》のモデルを提供し、「感情」描写に対する関心を備給する、秘かな源泉でありつづけた。

四　擬人法／活喩《プロソポペイア》の位置

（D）この関連で、とりわけ注目されるのが、レトリケーにおける擬人法（prosopopoeiae：prosopon（顔）＋

poein（作る））の組織化である。それは、「擬人法」という術語の表層的理解だけでは捉えきれない広がりをもっている。プロソポペイアに対する、現存する最古の言及は、紀元前三世紀から一世紀半ばに書かれたと推定されるデメトリオスの『文体論』であるとされている。「力強さを生み出すために使われる内容の文彩には、擬人法と呼ばれるものもある。たとえば……プラトンも弔辞でこの技法を用いて、『子供たちよ、諸君たちが優れた父をもったということは……』と述べている。彼は自分自身の口から話すのではなく、父親になりきって話している。つまり、擬人化することでいっそう生き生きといっそう力強くなっているのであり、いやまさに劇になっているのである」(Demetrius[1927=2004:494])。つまり、擬人法とは、まず何よりも、死者（祖先）になり替わって語ることだったのだ。これは明らかに、古代家父長社会の権威の構造を背景としているし、さらにいえば、一種の宗教的／祭祀《レリギオ》的な憑依の感覚が働いている。古代において、生命なきものを生命があるかのように語ることは、現代の私たちが考えるよりはるかに物深いものだった。それは文字通り、死者を召喚する行為へと繋がるのである。同時に、享受の対象と語りの劇的な構造転換の梃子であるという二重の意味において、それは「まさに劇になっている」。

このように、さまざまな譬喩のなかでも、擬人法はある種の特別な位置を占めていたが、これが大規模に組織化されたのは、ローマにおいてであるようだ。標準的な定義は、『ヘレンニウス宛修辞書』が示している。「擬人法とは、不在の人間が現前しているように描くこと、あるいは物言わぬ事物や明確なかたちをもたないものに喋らせ、その性質にふさわしい特定の行動を表すはっきりした形態や言葉を与えることからなる。……擬人法は、言葉をもたないものや生命のないものといった、さまざまな事物に適用できる。これは敷衍に分類される項目のなかでも、また憐れみの感情(commiseratione)へと訴えかけるうえでも、もっとも有用である」(Rhetorica ad Herennium[1954:399-401])。ここから、いくつかのことが読みとれる。まず、擬人法の対象領域もしくは機能が拡張されている。それは死者の召喚や都市の人格化に加えて（「しかし、もしこの恐るべき都市が声を出して話せるとしたら、彼女は以下のように語らないだろうか……」）、自然の事物、正義や愛といった抽象概念、さらには想像上の存在へと適用される。前項で述べた模擬裁判的弁証《ディクラメーション》という教育的プログラムもまた、こうした領域拡大と大いに関連している。

よりくわしく観察すれば、この機能拡張はおおよそ三つのベクトルからなる。第一に、無生物が生命をもっているかのように語る活喩（energeia）一般と擬人法とが接合されている。その意味は小さくない。弁論術においては、想像力に働きかける文彩の水準が問題になるが、アリストテレス以来、活喩は物体の運動記述の根幹（＝活動《エネルゲイア》／実現態）と結びついているからだ。これは、物体に働く力と人間主体に働く力の交錯として出現する情念＝受動の問題系が、観察／記述と修辞の離接を巻き込みながら出現することの、はるかな起源となっている。

第二に、不在の権威の召喚としてよりも、事物に声を与える語り手の能力の側に、より力点が置かれつつある。注目すべきことに、話者の能力を前景化することで、声を与えることが事物に呼びかける行為と了解されるようになる。そして、語りの連辞的《サンタグマティック》な鎖列として見れば、呼びかけることは、それまでの叙述を突然中断することと同値である。このようにして、擬人法と頓呼法（頓絶法）（āposiōpēsis）とのあいだに連結の線分が引かれる。[*13] 前節で触れたように、演説の極点としての荘重体は、かかる擬人法／頓呼法の周囲で編成される。裏返せば、それ以外の箇所では、呼びかけは禁止される。擬人法の濫用は「演説を馬鹿げたものにする」とキケロは警告している。裏返せば、古代において、感興を籠めた呼びかけは、まだ「間投詞」として自律していない（じっさい、文法理論においても、六世紀のプリキアヌスが登場するまで、間投詞は副詞に従属している）。

第三に、そして、ある意味でもっとも重要なことに、擬人法はエトスそのものを覆っている。ローマの人びとが「不在の人間」が「現前しているかのように描く」というとき、それは単に死者や神話的英雄について言及することだけではなく、現在の演説において主題あるいは対象となっている人物を「生き生きと描き出す」ことが含まれるのである。私たちにはそれが「擬人法」とは思えないだろうが、弁論そのものの性質の変化、つまり、弁論者が他の誰かの代弁者として専門化するという条件のもとでは、「不在の人間」をこのように拡張的に把握することは必然的だったのだろう。

擬人法のこの位相を理論的にもっとも展開し、魅力的な記述を与えたのはクィンティリアヌスである。「こうした場合には擬人法が非常に役立つ。それは弁論者の側に属する誰か、もしくは彼のクライアントの誰かの口から出たと考えられるような語りである。生命をもたない事物もまた、弁論者がそれに呼びかけたり、あるいは彼がそれらを語らしめるとき、同様の効果をもつ。［聞き手の］情念はわれわれが演じる人格《エトス》によって動かされる」(Quintilian[1755→1805:vol.1, 387])。弁論者の本質的な演劇性という理念もそれと直結している。老人であれ子供であれ、男であれ女であれ、金持ちでも貧しくても、彼／女が置かれた状況とそのなかでの行為の適宜性とを、その人になりかわって活写すること。その意味で擬人法は、肖像＝人物描写《プロソグラフィア》の本態であり、その成功の鍵なのである。

ある意味で、初期近代における情念現象の観察＝記述と、修辞学との複雑な離接関係は、古代的擬人法のこうした多重的機能を分解するようにして出現したといえるかもしれない。たとえば、リチャード・シェリー『文彩論』（一五五〇）はこう述べる。「活喩《エネルゲイア》、すなわち証拠あるいは明確さは修辞的記述とも呼ばれるが、それは読者もしくは聞き手が事物が行為をなしているさまを見ていると彼らに思えるように、事物が記述されるときに生ずる。これには多くの種類がある。……第四のものは人物を想像的に描く(feinying)ことであり、これは人物描写《プロソグラフィア》と呼ばれるが、これには二種類ある。一つ目はウェルギリウスが『アエネイス』の第六巻でシビルが激怒していると想像し、人びとが地獄にいると想像したように、想像上の人物を記述する。もう一つの形態は、人間あるいは動物の人となり(person)や会話(comunicacion)や感情／情念(affecte)を、物言わぬ事物や身体をもたないものや死者に対して仮構するときのものである。ハーピーや妖精、悪魔、眠り、飢え、嫉妬、名声、美徳、正義といったものに対して、詩人たちが人となりや会話を想像したように。この二番目のやり方を、詩人たちは擬人法 (prosopopey) と呼んでいる」(Sherry[1550→1977:66-67]、強調は引用者)。

古代の修辞理論から見た場合、シェリーの記述はかなり混乱している。ここでは、人物描写《プロソグラフィア》と擬人法はともに活喩に従属している。詩的な想像作用に人物描写が、そして、「人間や動物の人となりや会話や感情／情念」を事物に投射することに擬人法が割り振られている。通常は、この後者が活喩の定義だったのだが。迷信的偶像と抽象概念とが、人であるかのように語られる対象という身分において、ともに「擬人法」という同一平面上に載せられ、事物の描写と事物へと仮想的に転化された概念の描写とが、比喩の水準で陸続きになる。シェリーにおけるカテゴリーの散乱は、全体として、そのような事態が進んでいくさまを暗示しているように見える。さらに、人間と並んで「動物」が付加されていることが注目される。この「動物」は、礼節の反対物として析出された粗野な動物性とも関連しているが(→二章一〇節)、人となりや会話より強く、「感情／情念」に関わっている。事物と抽象概念とを同一身分であつかってしまう語り／言葉の平面から、情念という運動の観察が分出していく。シェリーの言説は、以後の何章かで論じることになるそうした諸過程を先取っているかのようなのだ。*14

五　西欧的伝統とその屈折

西洋修辞学は、弁論術／修辞学のローマ的変容に対する継承と切断の複層的な地層として成立した。西欧は、とりわけキケロの『発想論』および、同じ著者によると誤って想定された『ヘレンニウス宛修辞書』を正典として受け継ぎ、五分法のなかでも、もっぱら発想と構成／排列を規範化した。ローマの理論的傾向をなぞりつつ、後にある精神がかなり異なる。弁論を構築する方法としての実践的側面はほぼ完全に消去された——口頭による語りかけの技法は、説教術(ars praedicandi)というかたちでごく限定的に主題化されるのみだった。措辞つまり語句法や譬喩は、類推《アナロギア》をめぐる神学的議論にも援用されたが、文法学の領域においては、四世紀のドナートゥスが行った文彩の術語的定義の一覧表が長く継承されていくことになった。[*15] このようにして、文彩を文法的な屈折現象と同一視して処理する中世的歴史の厚みが形成されていく。[*16] 記憶と講演法は歴史の表層から消え、イメージ保持の神秘的能力や言語のイメージへの転換をめぐる神学的議論のなかに伏流化する。[*17]

　こうしてレトリケーは「修辞学」へと転態し、論理学と論証術を補助する文書解釈技術として周縁化していった。「中世精神の特徴として私たちの目にも鮮やかなのは、「書かれた言葉」、文書に対する未曾有の崇敬の念であろう。……中世の諸学――神学・法律学・医学――は、それぞれが典拠とすべき文書の解釈から出発した。その解釈の技術として、法律学や医学の典拠とする文書には、論理学(弁証)と文法が、そして神学的文書には、それがいわゆる字義的解釈にとどまらず、レトリカルな解釈こそ最もつよく要請されることから、修辞学が前二者とともに求められることになる。したがって、予備学としての自由学科のうち、文書解釈の点で有効な力をもつ言語的諸学科(artes sermocinales)としての〈trivium〉がとりわけ求められ、したがって学として大きく発展することになるのも容易に理解することができるだろう」(廣川[1985:339-340])。かくして、中世的な三学《トリウィウム》の枠組みができあがる。とはいえ、文書を崇敬する中世は、同時に、誰も文書の全体を知ることはないし、それを気にしなかった時代でもあった。希少な書物が、各地の修道院にばらばらに所蔵されており、それらの総覧表などどこにもない。個人的な信頼関係に基づく写本のネットワークが、それらを緩やかにつないでいたにすぎない。[*18] 裏返せば、文書の存在が書かれた内容より重要だった。希少な文書に言及しておきさえすれば、相当の付加や解釈の自由度が許された、穴だらけの意味空間なのである。実践的技術としてのレトリケーが抱え込んでいたあの不安定性は、文書化された修辞学のなかで消去されたというよりも、むしろこうした文書の位相をめぐる、修辞学・論理学・文法学のあいだの終わりのない相互調整の過程へと転態していった。

だが一六世紀になると、こうした中世的体系に決定的な変質が生じている。その典型的な徴候がラムス主義だろう。ラムスは発想と排列を修辞学から切り離して論理学へと押しやり、修辞学の領域をもっぱら措辞のみに封じ込めてしまう。彼は弁証学の（再）称揚によって、論理学的諸命題を断片化されたフレーズへと還元し、三学の秩序を、彼が理解したかぎりでの弁証学の単一的言語平面へと拡散的に解体した。[*19] 論理命題のある種のアトム化であるともいえるが、一見したところ反修辞学的にも映るラムス主義は、文書解釈技術として論理学に従属していた修辞学が自律を主張しはじめたことの、ひとつの逆立的な事例ではあった。この時期に、パトナムの『英国詩技法論』（一五八九）やフィリップ・シドニーの『詩の弁護』（一五八三）のような著作が書かれていることも注目される。これらは修辞学から分離することで詩学 (Poetics) の領域を確保することを主張している。詩学の独立が十分に成功したとはいえないが、こうした新カテゴリーの提案も、三区分の枠外で修辞学を再定義する試みの一つであった。[*20]

六　「文体修辞学」を再考する

何より注目されるのは、修辞書の端的な増大である。英国に関しては、レオナード・コックス『修辞の技法と力業』（一五三〇）が、この種の書物の最初であり、[*21] 一六世紀中葉以降、修辞書の公刊がとくに目立つようになっていく。代表的なところでは、リチャード・シェリー『文彩論』（一五五〇）、トマス・ウィルソン『修辞学の技法』（一五五三）、リチャード・レイノルド『修辞の泉と呼ばれる書』（一五六三）、ヘンリー・ピーチャム（父）『雄弁の園』（一五七七）、エンジェル・デイ『英国の秘書』（一五八六）、ジョン・ホスキンズ『語りとスタイルのための指針』（一五九九）といった作品が挙げられる。[*22] シドニーやパトナムらの詩学も、ここに加えることができよう。

これらは修辞をどのようなかたちで扱っているのだろうか。この時期の修辞書は、そのかなりの部分を、古典、とりわけキケロおよびクィンティリアヌスの修辞理論に依っている。また同時期の書き手では、エラスムスやメランヒトン、ヨハネス・スーゼンブロートゥスらがラテン語で著したテクストがさかんに参照されている。[*23] しかし、一六世紀修辞学がとりわけ力を入れているのは、同一の意味内容を言い換える技法、すなわち敷衍(amplification)のカテゴリーを洗練、増大させることである。実践的な水準でいえば、弁論／語りを「長くかつ立派なものにする」ために、論旨の巧みな言い換えによって全体の結構を構造化する技術に対する高い需要が、その理由だった。一六世紀においては、それは(1)論理学的な命題転換技術、(2)古典を中心とした典拠から適切な言い回しや名句を収集することという、二つのことを同時に意味していた。この第一の側面は、修辞学と論理学とをとくに区別することなく同一平面上に乗せている。これは古代／中世の理論をそのまま引き継いだ結果である(一七世紀以降には、このような傾向は明らかに影を潜めていくだろう)。ラムス主義もまた、その一つの表れと考えることができる。後者の側面は、定型表現《セット・フレーズ》(topica)の重要性に対してキケロらが与えていた強調の再発見から来ているが、さまざまな状況下で応用できそうな文や語句――コピア(copia)と呼ばれる――を発見し、収集しようという関心のありようは、一六世紀に生まれた現象である。エラスムスの『コピア論』([Erasmus:1511=1978:279-659])の影響が、こうした語句への関心を引き起こすうえで大きな役割を果たした。英語圏では、コピアはトポスの場所性と響き合うコモンプレイス(commonplace)という訳語を与えられ、広く流通した。人びとは、さまざまな表現や逸話、自己の見聞したことがらを、自分なりの基準で分類し、「コモンプレイス・ブック」と呼ばれる、いわば私家版の語彙集とでもいうべきものを作成したのである。[*24]

基本的にはローマ的構図を踏襲しつつ、一六世紀の思考は新たな論点をつけ加えている。『修辞と技法と力業』のコックスにとっては、言葉を規則正しく配列することが重要だった。キケロの『発想論』を下敷きにしたこのテクストは、実質的には発想を記述するところで終わっているものの、その背後にあったのは、「分かりやすく話すこと(plain speaking)」という理念の強調である。つまり彼は、論理的に筋道を立てて議論を構築する能力を向上させるためのモデルを求めて、古代修辞学に赴いたのだ。ウィルソンの『修辞学の技法』もまた、比較的素直に五分法にしたがって叙述しているけれども、このテクストが、冒頭部分で「修辞学の目的は感情/情念を動かすことである」(Wilson[1560→1940:2-4])とはっきり謳っており、それに関する章を設けていることは見逃せない([130-156])。とはいえ、全体的な傾向としては、五〇年代以降の修辞書はもっぱら修辞語法の分類と体系化に関心を集中させているように見える。言い換えれば、言葉の悪い意味における「修辞」、それ自体は空疎な装飾的言語の技法集であるかのような様相を呈してくる。[*25] ラムスも含めて、修辞学を措辞へと切りつめる傾向が弱い。

修辞学史の標準的記述では、これらは「文体修辞学 stylistic rhetoric」と一括されている。この命名には修辞の形骸化という、しばしば否定的な評価のニュアンスが伴っている。[*26] だがそこには、単なる形式主義の勃興というだけでは説明がつかない過剰さがある。さまざまな比喩(trope)や文彩(figure/scheme)が、論者ごとに気ままに分類され命名されている。そこに何らかの共通の文脈を析出したり、各分類を過不足なく整理するのは不可能だとして、修辞学史の専門家たちが匙を投げているほどだ。ある書物のなかで提案されているだけで、他にはまったく継承されなかった術語が大量にある。ほぼ同じ意味内容をもっていると思える文彩がわざわざ細分されて、書物ごとにちがう名称が与えられていることも珍しくない。かと思えば、複数の修辞書に記載された同一の術語が、同じものを指しているとはかぎらない。修辞の語彙辞典《グロッサリー》の増大のさまは、それ自体がほとんどバロック的ですらある。[*27]

サミュエル・バトラーが「修辞学者の規則のすべては/彼の道具の名付け方を教えるだけ」と皮肉った、用語のこの増殖ぶりは、明らかに修辞学のヴァナキュラー化という背景と関連している。たとえばウィリアム・クレインは、ヘンリー・ピーチャムの『雄弁の園』のテクスト校訂のなかで、次のように述べている。

[ピーチャムの定義した]これらの文彩の多くは、通常使われない語彙のリストのなかでさえ滅多に現れないものだ。ピーチャムは、彼自身の読書体験か、もしくは、希羅辞典のたぐいのなかで——たとえばカロルス・ラッバエウスが編纂し、アンリ・エスティエンヌが自分の『ギリシャ語語彙索引』とともに一五七九年に出版した辞典などが考えられる——、これらの語を見つけたのかもしれない(Crane in Pecham[1593→1954:22])。

ラテン語という共通語によってではなく、英語なら英語で、優美に、説得的に語ることに対する要請自体が、見慣れぬ術語によって語法を細分化することへの異様な情熱をもたらした。じっさい、ラテン語ベースで修辞理論を考えていた知識人たちの方が、その点ではむしろ柔軟な態度を示しており、それほど定義や規則を増やしてはいない。[*28] ギリシャ・ラテン語から英語へと自動的に移し替えられたのではなく、むしろ移し替えという操作のなかで外国語が術語化し、そのことにより用法が「発見」されたのである。それらが安定を欠いたまま増殖したのも不思議ではない。その意味では、これらの術語は「定義」とは少しちがう。そもそも、これらの書物がコピアあるいは敷衍/拡充に力を入れているのも、古今の「使える」名言や警句をヴァナキュラー化してストックしておくための材料を提供するという目的があったからだろう。こうしたことを含めて、文脈を自由化するかたちで古代の典拠が大量に引用されるとき、それは引用を断片化し、いわば個々の引用を——多分にその場限りの——術語に転化する。こうした振る舞いの出現自体、「新しい」ことだった。一五世紀までの書物においては、特定の文彩の例文は、書き手が適宜作成するのが普通であり、そこに「伝統」があるとしても、昔の修辞学教師が作成したものを使い回す(ドナトゥスのものがとくに長く用いられたようだが)ことで形成されるものでしかなかったのである。[*29]

古典への依拠のなかで遂行される断片的な発見、あるいは発見による断片化。いわゆるルネサンス期の修辞学は、そんな身振りに深く浸潤されているのだ。[*30]

七　措辞としての情念

だから、一見したところ措辞の過剰な重視に見えるものを、修辞の単なる装飾化や形骸化の表れと解するだけでは不十分だ。一例として、一七世紀に入ってもよく参照されていたピーチャムの『雄弁の園』を見てみよう。この書物の初版は一五七七年刊行だが、一五九三年に第二版が出されている。改訂にあたって、取り上げられた文彩(figure)の数が大幅に変動しているだけでなく、分類体系もかなり変更されている。より複雑化した第二版における文彩の見取り図を、次ページに紹介しておく。文彩はまず内容的文彩《トロープ》（転義）と形式的文彩《スキーム》（詞姿）に大別され、さらに、単語レベルで構成される修辞法と文を単位とする修辞法とに再区分される。四つに分岐したそれぞれは、さらに以下のように細分されている。なお括弧内は、そこに挙げられた文彩の名称の総数である。

内容的文彩はあわせて一八、形式的文彩は一二九で、総計一四七の名称が記載されている。ピーチャムによれば、内容的文彩とは「語句あるいは文章を、本来の自然な意味から、本来的ではないがそれに近い、ありそうなものへと人工的に変更すること」である。現代の修辞理論が主な対象としている譬喩は、「語よる内容的文彩」に分類されている。数が比較的少ないから列挙すると、隠喩、声喩《オノマトペイア》、濫喩《カタクレシス》、提喩、換喩、提喩、換称《アウトノマシア》（固有名詞による一般概念の表示。提喩の一種）、転喩《メタレプシス》（換喩の一種）、反用《アンティフラシス》（反語の一種）である。直喩(simile)は登場しない。「文による内容的文彩」とは、語による文彩が一つ以上の文章を用いて展開されるものを指し、アレゴリー、エニグマ、誇張法等が挙げられている。当時の平均的な理解では、アレゴリーは複数の文章によって隠喩の意味内容を展開したものなのだ。

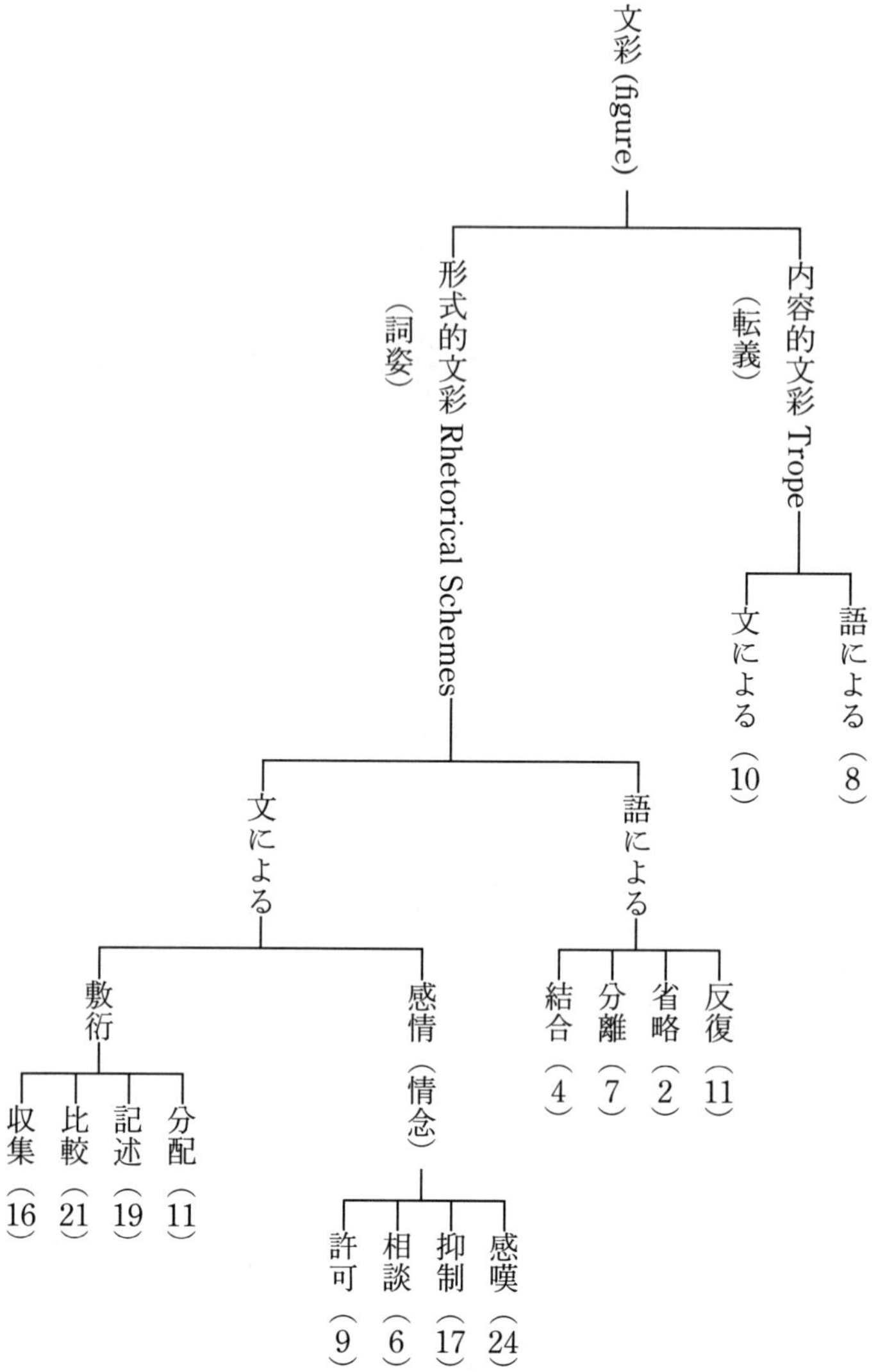
文彩 (figure)
内容的文彩 Trope（転義）
語による（8）
文による（10）
形式的文彩 Rhetorical Schemes（詞姿）
語による
反復（11）
省略（2）
分離（7）
結合（4）
文による
感情（情念）
感嘆（24）
抑制（17）
相談（6）
許可（9）
敷衍
分配（11）
記述（19）
比較（21）
収集（16）

一方、形式的文彩は「私たちの通常の話法の退屈さを取り去るための、そして自分の意味しようとするものを表現するさいに、喜ばしく、鋭敏で、明確なやり方を作りだす (fashion) ための文彩や話し方」と定義されている (ibid.[41])。名称の数からいっても、この形式的文彩に力点が置かれているのは明らかだろう。とりわけ注目されるのは、「文による形式的文彩」に「感情／情念 (affection)」という下位項目が存在することだ。数も五六と多いが、じつはピーチャムは、第二版へと改訂するさい、この項目を大量に増やしている。*31 このカテゴリーについて、彼はこのように説明している。

> 文による文彩は、われわれの感情《アフェクション》／情念を優雅に表現する、あるいはものごとを力強く崇高化するものである。文による文彩と語による文彩とのちがいはたいへん大きく、その差異は形態と効果の両面において見いだせる。というのも、語による文彩はいわば女性的で音楽的であり、文による文彩は男性的で勇ましい。語が形成する文彩は、いってみれば色彩と美であり、文から成り立つ文彩は生命と感情 (affection) である。……この文彩は、弁論を喜ばしく信じられるものにするだけではなく、非常に鋭く激烈にするものでもあり、それによって精神の多様な感情や情念が、適切にそして優雅に表されるのである (Peacham[1593→1954:61-62])。

彼は、情念が文章単位で作用すると述べている。二章で述べた礼節／決闘の意味論が何に支えられているかが、より鮮やかに理解できるだろう。詞姿が優雅で装飾的、つまり「女性的」であるのに対し、一六世紀までは、情念は「男性的に」文のなかで意図を完結させることによってのみ表現されるのである。

著者はこれらの転義や詞姿に、さまざまな名称を与えている。先ほど述べたように、その大部分は新奇なものである。後代に継承されたものは少なく、現代の修辞学用語に適切な訳語や対応概念が存在しないことさえ珍しくない。その定義の導入のしかたを見てみると、多くは意味内容や機能から区分しているだけであって、形式的な分析を施しているわけではない。たとえば「荘重な約束や誓いを差し出す」言辞がeucheと呼ばれ、「弁論者が嫌悪を露わにし、人あるいは物に呪いを投げかける」詞姿はaraと名付けられる、という具合に。[*32] どのように記載されているのか、一例を紹介しよう。

threnos

threnosはラテン語ではlamentatioおよびluctusというが、一人あるいは複数の人びとが被っている不幸や、自分自身の災難を嘆くときに弁論者が用いる文彩である。『エリヤ書』から例を引くと、「おお、虐殺されたわが同胞の娘のために昼も夜も泣けるよう、わが頭が涙で一杯であり、わが眼が涙の泉であればよいのに」。エリヤの嘆きの相当部分がこの詞姿から形作られている。……

この文彩の使用法

この文彩の使用は不幸を感じることから来ているので、聞く者の哀れみや同情を呼び起こすのにもっとも力があり、強力である。

注意

この語り方はもっとも情念に満ちたものであるから、最大限に真面目で、虚構や虚偽のないものでなくてはならない。偽りの嘆きが同情の念を動かすことはほとんどない。というのもそれは嘆きの原因あるいは嘆いている人物によって偽りと知れるからである。すなわち原因によってとは、悲劇［の上演］において作られた嘆き［のような事例］である。人物によって偽りを知る場合は、彼の状況によってか、作為の徴（signs of his affectation）によってである。このうち状況によってとは、普通の乞食の嘆き［のような場合］であって、乞食の嘆きはたいていまがい物である。また作為の徴によってとは、冷静な、あるいは無頓着な感情とともに、話し手が嘆くべきことがらを表現しているようなときである。また原因が些細なときの嘆きを大げさに受け取るべきではないし、原因が大きいときの嘆きを軽く考えてはいけない。前者は子供がちょっとした損失を嘆くときに見いだされるし、後者はストア的な気質の人びとや無頓着な人間のなかで見いだせる (ibid.[66-67])。

ピーチャムは、各文彩を実例／使用法／注意に分けて説明している。文彩の説明や注意点の指摘は、キケロやクィンティリアヌスの教説のあちらこちらから引かれている。違反の対照的ケースとして乞食と子供と「ストア派」とが無造作に併置されていていること、作為の記号の読解術の萌芽が認められる点など、古典テクストという「典拠」の断片的依拠のなかで、初期近代的な主題と手つきが分散的にかたちをとりはじめていることが窺える。

ピーチャムの分析が、特定の実体的情念およびそれが作動する蓋然的状況から、天下り的に特定の文彩を「定義」しているのに対し、ジョン・ホスキンズの『発話とスタイルのための指針』は、これとは少しちがった角度から措辞と情念の関係を分析している。このテクストは書物としては公刊されることはなかったが（一五九九年ごろに書かれたというのが定説である）、手稿やその筆写が文人サークルのあいだでさかんに回覧され、かなりの影響を与えたことが知られている。

たとえば畳語法 (epizeuxis) は「ああどうか、どうか、あなたから私に破滅がもたらされることがないようにしてください」のように、他の語を挟むことなく同一語を反復する技法だが、この修辞法は「人の耳は多様な言葉を貯え交換することを喜ぶだけでなく、同一物の反復にも大いなる喜びを感じる」ことに根拠が置かれている。それゆえ畳語法は「必ず情念とともに用いられるべきである」。前辞反復 (anadiplosis) は「エローナを見殺しにするのか？　エローナを見殺しに？　おお神よ、云々」のごとく、一文の最後と次の文の最初を反復することであり、

「何らかの激しさや不幸の思いがないかぎり、一つの物事に思い囚われる人がいないように、語りにおいても、重要性のないところで反復は起こらない」。あるいはまた首句反復(anaophora)とは、

多くの句が似たような始まりをもつことである。

「徳によって幸福な君主になった者の誰が、破滅を避ける管理能力をもたないことがあろうか。わが選択によって私の安全の守り神にしたあなたがた、自然が安らぎへの道標となる星にしているあなたがたが、難破を誘う岩礁にはなるまい」

のように。この文彩は、ひとつの物事を打ち続けることで聴衆の感情(feeling)を高め、眠そうな人や頭の鈍い人を揺り起こす。

(Hoskins[1935:11-13])

ホスキンズは、実体的な情念の措定によって詞姿を区分するのではなく、より微細な言語作用と同型的に情念の作用を見いだそうとしている。ついでにいえば、このような努力のなかで、特定の修辞法の「流行」が、おそらくはじめて書き込まれていることも興味深い。「濫喩《カタクレシス》(英語でいう[意識的]濫用(abuse))はいまや流行している——濫用にふさわしく。これは暗喩よりいくぶん乱暴なものである。それはあることがらを、それには適合しない、ときにはまったく反対のことがらによって名指すことであり、たとえば、「私は、こういった慈善行為に私と同じくらい向いた召使いの何人かに命じて、奴を森に連れ出して殺すように命じた」において、慈善行為(charity)が残虐さ(cruelty)の代わりに用いられているような場合である」。

このテクストにおいても、文章によって完結する情念が語られていることは変わらない。ただしホスキンズの場合、文章の下部組織として単語という単位が出現しており、その単位の組み合わせや重合等によって——いささか

あやしげなかたちで――修辞効果を測定しようとする結果、情念が文章の内部において析出されている。そこに一定の理論的進展を認めることができるかもしれない。

八　弁論的テクスト――『アーケイディア』

それゆえ、この時期の人びとにとって、文彩の細分化や術語の氾濫は、むしろそれなりのかたちで情念《パトス》の表現形式だったのである。自己の意図を文のなかに完結させる「男性性」を称揚すると同時に、情念の措辞は「女性的」な詠嘆の領域を解放するものでもあった。古代においては擬人法／活喩の頂点においてのみ許された、感嘆をこめた呼びかけが、一六世紀末になると大っぴらに増殖している。情念を動かすことを重視するという意味において、一六世紀修辞学は、たしかに「弁論家 orator」や「雄弁 eloquence」という形象の周りで組織されていたのである。しかし、重要なことには、情念は文彩＝修辞に富んだ文章に帰着するのであって、導入―陳述―論証―結論というあの弁論の結構は消去されている。あるいは少なくとも、必ずしもそれを参照せずとも言及できるものとされている。その意味で修辞の語彙表は、一六世紀的な「弁論」の構造がいわば文章への断片化であることを表している。そのかぎりで、これはやはり、「措辞／文体」を突出させた修辞学ではあったのだ。だとすれば、にもかかわらず繰り返し語られるこの「弁論家」とは誰であり、「雄弁」とは一体何なのか。

こう考えてみてはどうだろうか。一六世紀の措辞／文体の修辞学は、レトリケーにおけるパトスの概念を、文における、あるいは文のなかにある情念《パッション》へと接続した。あるいは書き換えていった。一方、パトスに対応すべきエトスという語は、直接的なかたちでは引き継がれていない。たぶん、弁論の一回性をその都度支えるエトスは、近代的な視線からは不安定すぎたのだろう。ペトラルカ以来繰り返されつづけている、キケロの「優柔不断さ」や「節操なく意見を変えるさま」への疑念や批判がその何よりの証左である。*33 パトスの継承とエトスの消滅。この不均衡の意味については今は指摘するだけにしておくが、エトスの空位のなかで、「弁論者」は奇妙に抽象的なポジションとして、自らをしつらえた……。それが意味するものを考えるためには、措辞の分類にこだわる視線が、どのような文体を定着させているのかを見るのがよい。

「秀でたるムシドロスよ、あなたの話のはじめで、私に与えてくださった賞賛のなかに、あなたが私に抱いている好意の強さはたやすく見て取れる。なぜなら、極度の愛があなたの目を幾分か迷わせなかったなら、あなたは私のことをそれほどよく思ってはくださらないだろうし、また、私についてそれほどの高い、しかし私にはふさわしくない評価を喜んで与えようとされなかったなら、あなたは私をそれほどに愛してはくださらなかっただろうから。しかしそれでもなお、まったく自らの弱さによって私が陥っている、そしてあなたが日々精神を高めることによって、以前には気がつかれなかったが、最近私のなかに見いだしたその不完全さについて、私は言わねばならない。あなたが言われる私のその変化は、私が惰弱になったことによってではなく、あなたが向上されたことによって、露わになったのであると。だが、私より優れたあなたの判断力にお許しねがって、従兄よ、これだけのことは言わせてほしい。あなたが私の精神を向上させるものと呼ばれる知識に、絶えず熱烈に従わないからといって、それほど非難されるべきだとも思われないのだ。なぜなら精神にしても他のものにしても同様に、ときには緊張を解かれねばならぬ、さもないと、それは弱くなるか壊れてしまう。そして、それらの知識は、有益ではあるのと同じくらい、すべての精神が手を伸ばしてよいものではない。私がわが精神をより高い思考によって養っていないと、誰に言えようか。たしかに私は、個々のことがらのすべては知らないが、にもかかわらず、それらの知識すべての限界は見える。だが、思うに、精神の働きは、自分を見失ったままで考えをさまよわせる人たちの目に捉えられたり、想像できたりするものよりも、はるかに精妙なのだ。そして、このような沈思のなかで、あるいは私の考えではより優れた思考のなかで、私は孤独を楽しんでいる。そして、ひょっとしたらわが孤独が、これらの沈思を養っているのかもしれない。私たちは知っているではないか、鷲は独りで空を飛んでいることを。つねに群れているのは羊どもにすぎぬ。だから、私の精神がときに自ら楽しんでいることを非難しないでほしい。精神の涵養にもっとも適した機会を利用していないと咎めたもうな。」

ここでピロクレスは、その機知《ウィット》がひとを満足させるのに十分であったのに自らは満足しない人のように、突然言葉を止めた。そして、自分が話すのを聞くことなく、自らの心を知りたいかのような顔つき(countenance)をしたが、己の内なる悪しき心のいくらかなりとも吐き出すために話そうと思い、ふたたび新たなる血潮を顔(face)に上せると、このように話し続けた。

……

…こうして彼は深い溜息とともに話し終わり、抗弁より同情を望む面持ちで、憂わしげにムシドロスに目をやった。だがムシドロスの目は、この間ずっとピロクレスの顔(countenance)を凝視し、また、［顔に向けていたのと］同じ愛情に満ちた注意力によって、彼の言葉がどのように彼から発しているかを注意していた。そしてこの両方の点で彼は、いつもとちがう、きわめて見慣れぬ調子を見て取ったので、ピロクレスの顔も言葉も、何らかの判断をくだす根拠をムシドロスに与えるというよりは、むしろ新たな疑いを増させるだけであった。というのも、瞳がときに涙で大きく潤み、顔色が頻繁に変わり、まるで震えているかのように身体中が落ち着かない様子に加えて、ピロクレスの顔つきに、恐怖と入り交じった決意を見いだしたかもしれないし、また、彼のうちに、よく咀嚼されたというよりも入り乱れたさまざまな思いを見いだしたかもしれない。言葉は一文一文の足かせとして働く溜息で、ひっきりなしに中断され、話す声の調子は（いつもの手慣れた言い回しではあったが）、ひとつの目標を狙い定めて整えられておらず、内に籠もる情念の激しさが優勢になるにつれ、ばらばらにほどけていたからである…(Sidney[1590 → 1994:13-15])。

これは『詩の弁護』の著者でもあったフィリップ・シドニーの長編物語《ロマンス》『アーケイディア(旧版)』(一五九〇)の冒頭部からの引用である。マケドニアの王子ピロクレスとその従兄のムシドロスが、長い冒険の果てに異国の地アルカディアに滞在することになる。ピロクレスが、この地の王女の姿を遠目に見て恋に落ちる。この二人のあいだには、お定まりの障壁(王女が高貴な人物と結ばれるとアルカディアに不幸が訪れる(と王が解釈した)デルフォイの神託)が存在しており、そのことで、長大な物語が展開していくことになる。ピロクレスの尋常ならぬ様子を見て、それが恋によるとは知らない年長の友人ムシドロスが助言を与える。それに対するピロクロスの返答のくだりである。

シドニーが時の修辞学書を念頭に置いて、このテクストを書いたことは、よく知られている。[*34] 修辞学に対する関心の深さは、一読して明らかだ。比較や譬喩、仮定を複雑に組み合わせた語句法と構文、そしてまた、精神が弛緩しているのではないかという友人の非難のまえで説得的に自己弁明するという、語り全体の動機づけ……。明らかにピロクロスの語りは、会話というよりは、修辞/弁論以外の何物でもないものとして展開している。情念が修辞的な文章を単位として出現する意味世界においては、これが会話《カンヴァセイション》の理想化された形態だったのだろう。

しかし、テクストに書かれているのはそれだけではない。弁舌を振るう話者の身体表徴の水準にも情念が登記されていることに、私たちは気づかされる。突然紅潮し、また青ざめる顔、「足かせ」のごとく「一文一文」を中断する溜息、激情によって乱され、弁論の一貫性を千々に乱してしまう声のひきつれ——。演説の絶頂を飾っていた詠嘆や呼びかけが、はるかに頻繁に語りに随伴するというまさにそのことによって、語りの中断やひきつれが身体表徴の水準へと移行している。流麗な言葉としての雄弁と、それを裏切る表徴とが、顔つき《カウンテナンス》と顔《フェイス》の分裂として表れていることも注目される（→二章一三節）。修辞学的雄弁と身体表徴というこの二つの水準は、人物の会話の収録とそれに対する聞き手の観察（もしくは解釈）とに、それぞれきれいに対応している。そしてこの両者は、お互いを途中で介入したり、中断させることなく、言述の単位として完結し、規則正しく継起している。

この連継の仕組みは、表徴を弁論へと転換しつづけよという強固な要請が存在していることを暗示している。語る人の身体に表れたさまざまなしるしが、形式的に構造化された言葉の背後に秘められた真意を読みとる手がかりとして、聞き手の前に差し出される。ところが、これらの身体的表徴を聞き手がどう解釈したかは、地の文のなかでは確定しない。それは必ず、聞き手＝解釈者の側が話者として語り出す発話のなかで言語的に表現されるのである。解釈者はいわば応答の義務に拘束されている（それが、公民的社交《シヴィル・カンヴァセーション》＝会話の空間における倫理なのだ）。それゆえ沈黙は、最終的不合意の表象としてのみ出現することになるだろう。長々とした弁明のあと、ピロクレスとムシドロスが、結局「苦々しい思いのなかで黙り込んだ」ように。

この継起の仕組みに、言語的コミュニケーション／メタレベルで付随する非言語的《ノンバーバル》コミュニケーションという区分を読み込んではならない。この時代においてはまだ、「コミュニケーション」は重要な術語として用いられてはいない。では、コミュニケーションの替わりに何があったのか。その不在を埋めていたのは、やはり修辞学という審級だったというべきだろう。トマス・ウィルソンの『修辞の技法』が言うように、「身振りとは、顔つき（countenance）および他の人間身体の部位を適切に抑制し、話されている物事にふさわしいように相応させることである」（Wilson[1560→1940:220-221]）。語りとその外部にある身体表現とのあいだに密接な連関を想定すること、語りと身体とがお互いの領域を尊重しあうかのように、規則正しく連鎖して継起すること。こうした振る舞いは、少くとも私たちのコミュニケーションの意味空間には属していない。

同時に、『アーケイディア』における語りの提示は、レトリケーとも決定的にちがう。古代の弁論がエトスとパトスの全一的連続体の組織化を前提としている――あるいはむしろ、連続体と同型である――のに対し、ここでは、語りと身体表徴とが相互に外在している。身体表徴が発話に対するメタ・コメントになっているようにさえ見える。情念は文単位で出現するが、にもかかわらず（あるいは、だからこそ）、文の外部としての身体的な振る舞いが書き込まれる。それは、まさに発話が修辞学的説得として失敗していることが登記される場所なのだ。その意味でこれは、むしろ社交《シヴィル・カンヴァセーション》＝会話の後期的形態――つまり、「会話」が発話的遂行へと緩やかに限局されていくなかで、発話的遂行／非発話的遂行という区分が成立し、その全体が「社交」として想念されはじめるという事態（→二章一節）――に対応しているのかもしれない。言葉と身体表徴とのこの分裂、雄弁に語られる言葉とともに現前しながら、かえってその挫折を「一文一文」の合間に徴づける過剰な身体性が、「弁論」全体に散乱している。レトリケーにおいては、こうした分裂は、たとえあったとしても、端的に無意味な失敗として消去されただろう。五分法を破砕するかのようなこの描法は、まさにそのことで、書かれたもの《エクリチュール》の位相へとずれ込んでいる。

説話論的観点から考えたとき、この書き方は特異な効果を発生させている。つまり、地の文のなかで記述されている身体表徴は、誰の目に映っているのだろうか。表徴に対する観察が、テクスト自体の描写（＝読者に与えられる情報）と聞き手の目撃という二つの水準のいずれに帰属しているのかが、未決定となっている。[*35] 語りと身体の、この微妙な二重化作用の位相をどう解釈するべきかは難しい。この時代における「書かれたもの」の身分が、現代でいう文芸「テクスト」とどの程度同一視できるかという問題が関わってくる。もしかしたら、一種の修辞学／弁論術化された読者論を構想する必要があるのかもしれない。虚構作品による弁論形式の流用が、読者が弁論の現場に直接立ち会っているかのような効果をもたらしており、語られた内容に関する判断が、擬似的聴衆としての読者に委ねられている、というように。[*36] そのことも含めて、ここに書き込まれているのはいまだ十分に「コミュニケーション」ではない。語り（の主体）の身分は、声（と私たちが想定しているもの）とはちがう何かである。[*37] そのようなかたちで、声とも文字ともつかぬ何かが、文字と身体の両方のうえで出現しはじめている。

その意味でも、一六世紀の「文体修辞学」が、修辞学を措辞へと押し込めることで形骸化したという理解は単純にすぎよう。文書と修辞学との特定の固定的な関係づけを再編する試みが、修辞学の名のもとで行われている。引き延ばしと解体との同時進行的な内部生成としかいいようがない事態が生じているのである。そのための梃子として、一見したところ措辞の煩瑣な分類の対極にあるような、弁論者の――つまり雄弁に語る身体の――仮想的形象が呼び出されたのも、理由のないことではない。

九　修辞／「弁論」から観察へ――修辞学の一七世紀的変容

それでもまだ、一五八〇年代のこの段階では、発話と身体表徴を文構造の分節に添って配置することが可能だった。けれども、両者のあいだの分裂が、このようなかたちで処理しうる範囲を越えて進行するのは時間の問題である。一七世紀以降のより大規模な屈曲のなかで、一六世紀の言説が「弁論者」の形象に付与していた勁い輪郭は、急速にほどけていくだろう。情念論は、修辞学に開いたこの間隙に自らをしつらえる。

一六世紀の終わりが近づくにつれて、修辞学的言説は、世紀半ばのトマス・ウィルソンが「情念を動かすこと」「教え、楽しませ、説得する術」と定義していた実践的関心から漏れだしていく。トマス・ライトの『精神の情念一般について』（一六〇一）においては、情念はもはや修辞学に包括されない。情念一般を分析するというプログラムのもとに、情念をめぐるきわめて重要な知の一領域としての修辞学を扱う部門が従属するという構えをとっている（第五巻「情念を動かす手段」）。一七世紀の中葉になると、修辞学は、情念への働きかけを直接的に扱うこと自体を断念してしまう。ベルナール・ラミの『話法の技術』（一六七六）はこう述べる。「［感動させるという］この主題をあつかうためには、私は情念の本性を詳細に論じ、それぞれの情念について個別に説明する必要があろう。つまり、情念のもついくつかの対象とは何であり、何が情念を刺激し、また鎮めるかといったことがらを。しかしそれは、［説得術という］この技法に自然哲学と道徳哲学とを詰め込むことになり、混乱を引き起こさずにはいられないだろう」(Lamy[1676 → 1986:364])。ここに至って、情念という現象の客観的観察と、情念を動かす技法としての説得術とは、もはや後戻りのきかないかたちで分離してしまっている。裏返せば、修辞学から自立することで情念論という言説ジャンルがもたらされた——これもまた、一七世紀的な情念論に対する一つの定義たりうる。

ところで、ラミのこのテクストにはこんな一節がある。

われわれの意志の運動や思考を意味表示するために、慣習と技法がわれわれに与えてくれる適切な表現や比喩的な表現の他に、情念もまた、われわれの談話《ディスコース》＝語りのなかに表れる特異な特徴《キャラクター》を有している。……われわれの言葉はわれわれの思考に応答する。情念に動かされている人の談話は、均質なものではありえない。それはときに豊富に言葉数を用いて、われわれの情念の対象である物事を正確に描写する。ときにそれは短くなる。彼の表現はぶっきらぼうなものとなり、一度に二十もの物事が言われるのだ。つまり二十の問いかけ、二十の詠嘆、二十の脱線が一緒になって［短い言葉のなかに込められている］。彼は百もの小さな特異性と自己の精神を表示するさまざまなやり方によって変えられる。そのやり方たるや、彼のいつもの流儀とはまったく異なるものである。怒っている人の顔が、平静な気分のときの顔とまったくちがうように(Lamy[1676 → 1986:223-224])。

一六世紀的な措辞の修辞学が完全に解体したことを、これほど雄弁に証明した文章も珍しいだろう。情念はもはや、完結した文章構造のなかに埋め込まれ、文章によって十全に表現されるものではない。むしろそれは、対象をめぐる主体の語りを引き延ばし、「正確な描写」へと駆り立てるのと同じくらい、文を「二十の問いかけ、二十の詠嘆、二十の脱線」へと切り裂き、「百もの小さな特異性」を露わにする。だからこそ、文構造の分析では尽くせない外部として、情念それ自体の観察というプログラムが要請されたのだ。情念はむしろ、怒ったり平静だったりする「顔《フェイス》」を介して表現《エクスプレション》＝表出されるものになる。文の効果と可視的記号とが同一平面上で出現してしまうということも含めて、「情念が断片化した言説をもたらす」という乾いた言葉で書き付けられるほかはなくなっている。「弁論者」から「観察者」へ――。あえていえば、そのように規定することができるかもしれない。*38

　とはいえ、もちろん、重要なのは、この「観察」や「観察者」がどんな位相に住まわっているかである。文に外在すると思念されるこの情念は、どのようなかたちで言説的に構成されることになるのか。あるいはまた、情念との関連において、文や語りの機能がいかに分析されるか。言説の褶曲のなかで、新たな問題群が浮上してくる。人が文を作ったり語ったりすることをやめたわけではない以上、修辞学的知は終焉したのではなく、むしろ情念論的な観察行為を巻き込むかたちで転態したと考えることもできる――ただし、それを「修辞学」と名指せるかどうか自体が、もはや微妙になるが。じっさい、修辞学の流動化あるいは内破の果てに、コミュニケーションを語る初期近代的な言説――もちろんそれは、「コミュニケーション」をめぐる現代的な思考とは似ても似つかぬものだ――が、姿を現すことになる。それは、一種の空位のうちに弁論者を理念化するのとは異なるやり方で、講演法《アクチオ》の領域を再編成する過程として与えられたのだが。これについては八章で論じよう。しばらくは修辞学から離れ、情念の観察という文体世界の複数的な立ち上がりのさまを観察することが、これから続く何章かの主題となる。

第四章　情念論の形成

一　自然の二重化

一六世紀後半以降、複数の地点で発生していた言説の多重的屈折は、さらなる増幅と拡大とを進行させ、一七世紀の初頭には、典型的に初期近代的な様相を成立させる。情念はより頻繁に言及され、ときに、主題的な論述の対象になりさえする。不安定であるがゆえに多産な言説のマトリクスがしつらえられ、そのことで情念は、さまざまな言説のなかに横断的に姿を現す。

このマトリクスは、ある不思議な観察がその上で行われ、同時に、観察によって産出されつづける台座でもある。「物体の共感と反感に関する自然史」と題されたエッセイのなかで、フランシス・ベーコンは、事物間に働く「普遍的受動＝運動（Universal Passions）」や「普遍的共感／引力（Universal Sympathy）」の探索を主張している。

自然界における闘争と友情が、さまざまな運動の動因（spur）であり作用の鍵である。ここから、物体の合一と離反や、部分の混合や分離、深く密接な徳＝力（virtue）の働きかけ（impression）、そして能動的なものと受動的なものとの接合と呼ばれるものが生じてくる。……しかし、物体のあいだの共感＝引力(sympathy)と反感＝斥力（antipathy）に関する、自然魔術とも呼ばれる哲学の部門の現状は、まことに嘆かわしいものであり、まともな努力はほとんど払われていないのに、あまりにも大きな希望が抱かれてきた（Bacon[1623b＝1870:203]、強調は引用者）。

このような言説の位置を考えるときには、その両側から近似しなければならない。事物間の「共感」や「反感」というのは、私たちには異様に見える表現だが、これはベーコン自身が軽蔑的に語っているジャン・バティスタ・デラ・ポルタらの自然魔術の語法を引き継いでいる。[*1] こうした発想の起源は、さらに時代を遡る。典型的には、トマス・アクィナスを見てみよう。「受動 passiones とは、能動者 agens が受動者 patiens のうちにはたらきかけた果である。ところで、自然的能動者は受動者のうちに二通りの果 affectus を導入するのであって、一つには、形相 forma を、そして、いま一つには、その形相に随う運動 motus を、付与する。例えば、物体を生むものはその物体に重さと、重さに随う運動とを、付与するのである。そして、この重さそのものは、その物体が自らの本性に合った場所に向かおうとする運動の根源なのであるから、ある意味において「自然本性的な愛 amor naturalis」ということができる」(Aquinas[1995:59])。

ベーコン自身はアクィナスを読んでいなかったと推測されるが、彼ら二人とも、そして両者のあいだにいる自然魔術の人びとも、事物間の作用に「共感」や「愛」を見いだしている。おそらくアクィナスにとってもベーコンにとっても、事物同士の「愛」や「共感」というのは、どこか異様な、侵犯に近い感覚を発生させる表現だったただろう。だからこそ、彼ら二人とも、それを「発見」として語ることができたのである。だが、情念と受動とが同じ言葉（passio/passion）で指し示される意味空間においては、そうした語り方を、何というか止めることができない。ベーコンらの言説が異様に見えるのは、私たちが決定的に情念の体制の外部にいるからでもある。

しかしそれでは、この二人が語っていることは同じなのだろうか。アクィナスは神が世界に遍在することを前提としている。世界の唯一の創造者であり、世界内のすべての運動の原因となる神という第一動因を、彼は思考の中心に据える。そこにアリストテレス自然学の補助線を加えることで、このスコラ哲学者は、物体の運動も人間の行為も、ひとしなみに普遍的な「愛」のもとに語ることができた。そして、そのことによって、観察対象としての「自然」を出現させ、すべての事象をそのうえでひとまずは一元化するという操作が形成された。それに対して、ベーコンの段階では、もはや第一動因を明示的な出発点に置けなくなっている。人間を含むあらゆる存在者が、この操作のもとで普遍的な運動／受動の相に置かれる。そこから、「人間哲学」や「公共哲学」、「身体や魂の哲学」を重要な部門とする「諸学の分節」が立ち上がっていく（Bacon[1623a=1870:372-404]）。

けれども、実証的客観科学の制度化の前史としての自然学に帰着させて理解するのは、事態を矮小化して把握することになろう。いったん自然の一元化という操作が成立した地点からは、スコラ哲学がそもそも何らかの意味で自然を「観察」しているとは見なせなくなる。[*2] しかし同時に、まさにこのことにより、人間のうちに働く「共感」と事物間の「共感」とが、再び区分しがたくなってしまう。それに反応するかのように、ベーコンの語りには、ある微妙な言説効果がたくしこまれる。彼はつづけて書いている。「希望が人間の精神にもたらす効果は、ある種の眠り薬のそれに似ており、眠りをもたらすだけではなくて、眠りを喜ばしき夢で満たす。というのも、それはまず最初に、特殊な性質の発揮と、天から遣わされた秘密の効力とによって人間精神を眠らせる。それ以来、人間は目を見開いて現実の原因を探索しようとせず、怠惰のなかに休らうことで満足してしまう」。物体間の作用が「友情」や「共感／反感」として語られる一方で、人間の内部で働く情念は物質的作用に近似されているのである。

自然界に見いだされる物質の「共感」や「反感」は、人間主体内部の情念の作用と連続していると同時に、どこかで異なっている。差異への直観が交叉配列状の記述をもたらすが、そのようにしか表現できないかぎりにおいて、どこで決定的に異なるかをいうことは難しい。[*3] 一七世紀的な主観性《サブジェクティヴィティ》は、観察平面の一元化のうえで生じるこの二重化のなかに埋め込まれている。あるいはむしろ、この時代における「主観性」とは、そうした二重化の効果として生み出されるものなのかもしれない。交叉そのものの内部には参入しない／できないまま、そのように「書いている」ベーコンその人が、記述のいわば縁に外在することになるからだ。たしかに、われわれの考えるような私秘性(privacy)の概念、あるいは「秘せられ、隠された」、「他者の侵入を許さない」、自律的で自己完結的な内面性はここでは未在である。しかし同時に、本人の意図にかかわらず物理的に他者の眼から隠れてしまうような、一種の暗箱《カメラ・オブスキュラ》としての内界の領域がぼんやりと浮上しはじめている……。

この意味世界では、自然という出来事が発見されはじめている。しかしその「自然」自体が、客観科学による支配の即物的対象というには、あまりにも茫漠とした何かを抱え込んでいる。自然という客体性《オブジェクトフッド》——客観性《オブジェクティヴィティ》ではなく——の想定と言説性との微妙な複合体を指し示したこと。まさにその意味で、ベーコンは一七世紀的な言説の運動を開始した人なのである。おそらく一七世紀の人びとにとって、心が自然と異なる位相にあること自体が驚きだったのだろう。この連続性の地盤上で、精神の諸作用を分出させることが可能になる。

二　アクィナス的体系から離脱する

「自然」のこの茫洋たる同位的展開のなかで、情念を体系的に把握する試みが重ねられていく。ベーコン以降、情念論という言説形式が隆盛するのはそのようにしてである。さまざまな局面において人は、愛や怒り、悲しみといった情念に見舞われる。それらは、資質の異なる人間が特定の状況下で遭遇するという意味においてつよく個体性に拘束されると同時に、交換不可能性のもとにあるというにはあまりにも素早く生起しては消滅しつづける。情念論とは、そうした局所的現象態の向こうに、すべての情念に共通する一般的性質を見いだそうとする、メタ理論的考察である。

とはいえ、情念の一般理論への関心自体は、それ以前にも存在していた。前章で論じた、修辞学におけるパトス概念も、――初期近代の情念理論へと直線的に展開しはしなかったものの――潜在的にはそうしたものでありえた。何よりも、スコラ哲学が情念の分析を行っている。なかでももっとも体系的であり、初期近代に大きな影響を与えたのが、前述のアクィナスの『神学大全』である。

中世における情念の理論は、

(1) 能動／受動という力の作用関係を設定すること

(2) それらの能動／受動の関係を魂の諸能力として分節し、複雑な一覧表に位置づけること

(3) 相互に独立した特質をもった、限定された数の受動のパターンを分節すること

という、相互に関連した前提条件をもつ。(1)の側面は前節で示唆されているので、(2)、(3)に関する彼の議論を参照しておこう。まず、(2)について。神という第一動因が存在者に分有されるが、その階梯が下るにつれて受動性を増していく。被造物のなかでもっとも能動的な人間の魂も、神にもっとも近く、それゆえもっとも能動的な理性的魂から、生体維持機能をもつだけの植物的魂へと至る、一連のスペクトルを描く。その中間には可感的魂があり、そ

れは生体機能と理性とを接続する複数の働きごとに分節されている。大まかな見取り図を描くと、以下のようになる。

1　植物的魂
（a）栄養吸収（b）成長（c）生命の再生産

2　可感的魂
2―1　把捉＝感覚能力
A　外部感覚：五感
B　内部感覚：（a）共通感覚（b）表象能力（想像力）（c）評定力（直観的判断能力、「本能」）（d）記憶力
2―2　感覚的欲求[*4]：諸情念

3　理性的魂
（a）知性的記憶[*5]（b）知性的欲求＝意志（c）知性的認識（「能動知性」）

次に、(3)の情念それ自体の分節について。この表が示すとおり、諸情念は可感的魂のもつ感覚的欲求（＝2―2）に属するのだが、アクィナスはそれらを、六つの欲情的情念 (concupiscibilis) と五つの怒情的情念 (irascibilis) の、計十一の類型に分類している。欲情的情念は、善と感じるものには近づき、悪と感じるものからは遠ざかろうとする運動であり、その事物が主体に対して現前している度合いに応じて、愛 (amor) と憎悪 (odium)（現前する対象に対して生じる運動）、欲望 (desiderium) と忌避 (fuga)（現時点では現前していない＝未来において遭遇するこ

とが予期される対象に対して生じる運動)、そして喜び／快 (gaudium) と悲しみ (tristitia)(主体が近づこう、あるいは遠ざかろうとした対象と合一した時点で生じる運動)の三つの対が生じる。他方、怒情的情念とは、善の獲得あるいは悪の回避に際して発生する困難や障害を前にしたとき、魂に生じる運動である。これらもまた接近と離脱の論理によって細分化される。現時点で獲得困難である善に向かおうとするか、後退するかによって希望 (spes) と絶望 (desperatio) が生まれ、切迫しつつある悪という障害に立ち向かう態度と逃げようとする態度とが、大胆 (audacia) と恐れ (timor) をもたらす。最後に、現前している善に対する、現在ただ今の障害＝悪に立ち向かおうとする運動が、怒り (ira) であるが、この情念のみは対立物をもたない。もはや現前している悪を「忌避する運動はありえない」し、現前している悪の対立物は「たった今獲得されたばかりの善」になるが、それに対して生じうる「運動は……喜びに属することがら」だからである。[*6]

(1)から(3)を通じて、アクィナスは、神という単一の起源から発する力が、人間のなかで、魂の能力の実在的ないくつかの範疇に分節されると想定している。「記憶力」は一つの独立した具体的能力であり、「共通感覚」や「表象能力」その他も同じである。情念も、いくつかの基本的パターンに収まるのだ。初期近代においても、これら三条件の完全な外部で情念論を構想することは不可能だったが、三つの条件の中身の書き換えが進行することで、アクィナス的体系の——あるいは、体系をこのようなやり方で構築できたことの——背景にあった、スコラ哲学の意味論的諸前提が解体されていったのである。そして、最終的に、情念の「一般性」に関する意味づけの理論的把握という課題が開かれる。あえていえば、初期近代の情念論は、情念の一般的水準を目指すことで、結果的にその個体性や個別性を問題にしてしまう言説形式だった。あるいは、情念の個体的な経験の水準を。だが、いかなる意味においてそれを「経験」と呼ぶことができるのだろうか。それこそが本質的な問題なのだ。その「個体性」や「経験」のかたちを書くために、これから続く何章かが費やされるといってもよい。

さて、ではどのようにして書き換えが進んでいったのか。とりわけ(2)と(3)において生じた変化について論じなくてはならないが、そのためには、いったんベーコン以前の言説空間に触れておく必要がある。いくつかの議論を参照したとき、一六世紀と一七世紀とのあいだには大きな差異があることが分かる。アクィナスの権威に挑戦する運動が目立つようになったのは一六世紀からである。ただし、対応のしかたが一七世紀とはかなり異なるのである。ごく大まかにいえば、一六世紀においては、もっぱら(1)の軸の再検討というかたちで議論が進んでおり、(2)、(3)の軸に関する言及はそれほど見られない。これらは一七世紀になってはじめて、大規模に問題化されるのである。その可能性の条件を知るという意味で、一六世紀の情念論(の萌芽的試行)を観察することは有意義である。

アクィナスに異議申し立てをするなかで、おそらく一六世紀の思考は、彼の理論の前史を逆向きに再び呼び出すようなことを行っている。つまり、アクィナス自身が理論構築において利用したさまざまな思想的素材が再検討され、組み立て直される。一六世紀におけるこの再呼び出しがどのようなパターンをもっていたか、その概念的枠組を素描してみよう。

三　一六世紀――受動の直接的反転とその挫折

『神学大全』における欲求的能力＝情念は、非意志的な欲求に突き動かされているかぎりにおいて受動的だが、同時に、部分的には魂の能動でもあった。それゆえ、他の諸能力との複雑な調整関係のなかで、最終的には理性的欲求＝自由意志によって制御され方向付けられることを期待できた。「[情念が]理性によってよく節度づけられている moderatae ことは人間的な善のもつ完全性 perfectio に属す」[*7](Aquinas[1995:34])。受動/能動をめぐるかかる中世的な配分様式が緩むことで、さまざまな思考が生じるが、興味深いことに、一六世紀においては、情念＝受動を行動主体の原理へとそのまま読み替えようとする議論が優勢なのである。たとえばメランヒトンにとっては、快楽＝喜び／苦痛＝悲しみはもはや情念（affectiones）の一カテゴリーでなく、そこからは区別される別の原理である。快楽／苦痛が「神経への外部刺激によって生じる」のに対し、情念はそうした刺激なしに生起しうるからである。ユストゥス・スカリゲルは、情念を欲求的能力から切り離す。彼は、情念が欲求の基底にあって行為を生じさせると考えた。またルドヴィクス・ヴィヴスは情意＝情念(affectus)の受動性を否定し、それ自体が一つの能動＝行為（actus）であると主張する。彼によれば、情念（passiones）とはあまりの激しさのゆえにコントロールが効かなくなった例外的な情意なのだ。[*8]

情念が次第に能動的性格を担わされていき、行為の動因として自由意思に取って代わるか、近似的な位置を占めるようになる。そんな過程が進行していたことを、これらの事例は示している。その関連で、passionesではなくむしろaffectus/affectionesという語彙が用いられることが多かったことが、非常に意義深い。個々のテクストがそれらの異同をどの程度意識しているかを読みとるのは、かなり難しいところがあるものの、affectus/affectionesはpassionesよりも多く中立的な記述用語であり（この語はしばしば物理的な力がはたらきかけるさいの影響や、それがもたらす結果を意味していた）、ときには能動に近い性格を負わされているように見える。ある意味で、アクィナスにもその萌芽が認められるのだが（「感覚的な欲求の運動が「受動」passioと名付けられるのは……適切なことである。だが、感覚的な把捉から発する情感affectioは、どのようなものであれ、感覚的な欲求の運動である」[*9]）、一六世紀のさまざまな案のなかに読みとれるのは、あたかも情念の受動性を直接消去してしまえるかのような思考様式なのである。スコラ哲学的な能動／受動の配分形式が揺らぐことで、世界内的な人間の振る舞いを把握する行為理論の探究という課題が浮上しつつある。

このような胎動の背後にはさまざまな文脈があるけれども、アウグスティヌスの再評価がもっとも重要だろう。じっさい、一六世紀はアウグスティヌス主義の時代である。信仰と愛とをつよく同一視する敬虔主義(pietism)がこの時期に出現している。[*10] 敬虔主義からジャンセニズムへの流れも、回帰するべき起源としてのアウグスティヌスの再発見と直接の関連があるし、ルターのカトリック教会批判/信仰至上主義でさえ、アウグスティヌスへの回帰という要素を濃厚にもっていた。

こうした流れのなかで、自己愛(Self-Love)の概念の組み替えと前景化が生じたことも注目に値する。アウグスティヌス神学の最大のポイントは、すべての情念を愛のさまざまな現れとして解釈し、それを神に向かう愛/自己愛として整序するところにあった。良き自己愛と悪しき自己愛とを、神への愛を通して自己を愛することと、神への愛の欠如のなかで、肉の領域において不毛に完結する欲望との差異として区分したのである。だが一六世紀には、良き自己愛/悪しき自己愛という区分が、慈善心(神の慈愛の地上における写し)/自己愛へとずらされる。[*11] 慈善という行為の背後にある何かが想定されているからこそ「良き」自己愛なのではあるが、良いものであれ悪いものであれ、愛それ自体は、いずれにせよ「自己」が行う世俗内行為の集積という指示対象によって定義されるに至っている。自己愛が行為「原理」に近いものになりつつあるのだ。とはいえ、宗教的超越との対比において世俗的な行為領域を画定するという操作に媒介されているかぎりにおいて、この自己愛は、行為原理と呼ぶにはいまだ輪郭が明瞭ではない。自己愛による秩序形成可能性あるいは秩序破壊性は一六世紀にはまだ問題とならないし、愛の折り返し先である「自己」を問う論理は、一七世紀の終わり頃に至るまで不在のままである。

一六世紀的な愛の理論には別の相貌もある。ヴィヴスにとって、愛(delectatio/amor)はもはや欲求的能力には分類されず、知性的能力へと格上げされている。愛は情念《アフェクタス》の能動性の極限であり、そのことで、情念たることを越えてしまうのだ。こうした言説は、アウグスティヌス主義とネオ・プラトニズムとが陸続きになる地点を指し示している。意志が理性を行使し、行為と情念を統御するという構図に、ネオ・プラトニズムは、ときに意志それ自体をも統御する唯一の情念としての愛という留保を付け加えた——肉体に関連づけられて発生する地上的な愛の諸形態ではなく、精神性へと最終的に昇華される、愛の極限値において。肉体／物質の限定を受けた、不完全な美の領域から、より完全な精神的美が切り離される。精神的愛は現実性＝肉体性の彼岸に留まりつづける憧憬の対象だが、その優越は、まさに肉体性のうえに重ね焼きされることによってのみ確証されるともいえる。フィチーノの議論が典型的に示しているように、一六世紀においてこの愛の階梯は、知性を頂点にして、視覚と聴覚を上位に置く五感の秩序という発想と結びつく。アウグスティヌス主義—新プラトン主義のラインにおいては、「より肉体的な」感覚とそうでない感覚があると考えられていたのだ。[*12] 肉体性の消去不可能性のうえで肉体性を否認しようとするこのネオ・プラトニズムの論理が、権力（者）の具体的出現に拘束されつづけながら、権力そのものを極度に理念化する社交文化のドライブと同型的であるのは見当がつく。じっさい、肉体の愛／精神の愛という対比は、宮廷の会話ゲームのなかで、もっとも好まれた主題の一つだった（→二章三、八、一一節）。

それ以外に、注目すべきもう一つのことが生じた。それは非キリスト教的な情念モデルの再浮上である。プルタルコスやセネカ、キケロ、エピクテトスらの翻訳がストア哲学への関心を復活させ、ユストゥス・リプシウスによるセネカの再説『心の平静について』（一五八四）を契機として、新ストア派（neostoicism）と呼ばれる一連の言説群を生んだ。この名称は、カルヴァンによる否定的命名から始まっているが、あえて異教的外部をもちだすことで、当時の宗教的＝社会的混乱を調停しようとした側面もある。[*13] じつはこの思考様式についても、社交という果てしのない闘争のただなかで抱かれる、情念の零度への諦念を伴った期待という形式が一六世紀の終わり頃に現れたと二章で論じるなかで、私たちはすでに遭遇している（→二章八節）。リプシウスは「悲しみの海に出ることを避け、平安と静けさに満ちた港に船を向けよ」と忠告している(Lipsius[1584=1594→1939:84])。嵐に翻弄され揺り動かされる船の比喩と心の惑乱＝情念(perturbation)とが等号で結ばれ、[14] 心の平安（constatia）という理想像が語られるようになる。ストア派の再浮上については、五節で詳説しよう。

四　アウグスティヌスと初期近代の地平

魂の諸能力をめぐって一六世紀に行われていた議論は、このようにかなり多様だった。しかし、そこには一定の通底音が響いているように見える。情念（愛）もしくはその否定態（克己）が、主体性の原理として比較的ストレートなやり方で想定され、同時に、地上におけるその実現は、多くの場合、実質的に否認されている。巨視的に見れば、一六世紀におけるこれらの言説は、アウグスティヌスからアクィナスへという単線的な継承の線分――あるいは、アクィナスによるアウグスティヌスの改釈――が、スコラ主義的枠組みの緩解のなかで軋みはじめているさまを現象させている。情念の西欧的系譜においてアウグスティヌスが占めている位置を考えたとき、このことは、神学や信仰における、いわゆるアウグスティヌス主義にとどまらない射程をもっているように思われる。

『神の国』は、迫害を受け、異教徒に陵辱されたキリスト教信者の女性が死を選ばないことへの非難に対する弁明と論駁から始まっている。それは、肉から発し肉に向かう邪悪な欲望や快苦の誘惑と、霊から発し神に向かう正しい意志とを対比するというアウグスティヌス的主張を要約《エピトマイズ》している。この対比はテクストのあちこちに反響しており、肉の邪欲が無軌道に展開することで、戦争や無意味な殺戮が、そしてまた、邪神崇拝と直結する演劇空間の猥雑さが地上にもたらされるのである。[15] 邪欲と戦闘との等値という描き方はまるで『リヴァイアサン』を想起させるところがある——ホッブズもそこに連なっている、一七世紀的な神話批判の系譜[*16]がはるかに先取られているかのように。情念という問題構制《プロブレマティック》の祖型が、アウグスティヌス思想の中核に書き込まれている。だが、ここで確認したいのはそのことではない。『神の国』のなかで、彼はこのように述べている。

> ギリシャ人が「パテ」pathē と呼び、わたしたちラテン著述家のある者——例えばキケロ——が惑乱 perturbatioines と呼び、また他の者が情感 affectiones、情意 affectus と、さらにはかの者（アプレイウス）のように、ギリシャ語の意味にいっそう近い受動・情念 passiones と呼んだところの心の衝動にかんして、哲学者たちのあいだに二つの見解が存在する……。
>
> (Augustine[1982-1991: 二巻、236])

この註釈のあとで、彼はおおむね passiones(passiones anima) を採用している。じつは彼のこの選択こそが、受動＝運動に関して併存していた複数の訳語のなかで、passiones をもっとも優勢な用語として西欧世界に定着させた最大の要因なのである。裏返せば、「惑乱 perturbatioines」、「情感 affectiones」、「情意 affectus」といったその他の訳語系が、それによって周縁化されたのだ。

しかし、アウグスティヌスはギリシャの思想家たちを厳密に読み比べたうえで、passiones という訳語を選び取ったわけではない（彼はそもそもギリシャ語が読めなかった。アリストテレスはラテン語訳でもほとんど読んでいないし、プロティノスのようなプラトニストについてはともかく、プラトンについてもかなり怪しい）[*17]。重要なのは、アウグスティヌスの選択を追認することが、正統神学における用語系を定めたという事実である。アクィナスのスコラ哲学は、アリストテレスのラテン世界への再導入の衝撃を背景としつつ、しかしあくまでもこの用語系のうえで構築された。自然学化された倫理学の水準で受け取られたアリストテレスへの応答という一三世紀の課題は、pathē を語っていた古代ギリシャともアウグスティヌス自身とも無縁だったが、魂の諸能力をめぐる彼の体系において、情念＝パッシオという図式自体はそのまま受け継がれている。現に、『神の国』からのさきほどの引用部分は、『神学大全』のいくつかの箇所で論拠として引かれている。情念の思想・哲学史は、プラトン、アリストテレス、ストア派から始めて、アウグスティヌス、アクィナス、デカルトらへと繋いでいき、そこでは、情念に対する否定的態度と肯定的態度とが交錯しながら、古代ギリシャ[*18]から近代に至るまで、何らかの連続的な推移のもとにあったことを暗黙裡に想定している。けれども、西欧における passiones の正統化には、ギリシャの pathē（もしくは pathos）概念は直接の関係をもっていないのである。

言い換えればそれは、アウグスティヌスが、ギリシャ／ラテンに対するねじれの位置としてしか成立しなかった西欧にとって、運命的ともいえる軌跡を原型的なかたちで描いているということの意味を、この時代の人びとがどのように生きなおしたか、ということでもある。情念をめぐる西欧の思考の冒険は、アウグスティヌスを起源にする、もしくは彼を「起源」に取る運動として成立した。古代ギリシャという起源からずれることで形成される力動の、知られるかぎりでもっとも顕著な開始点であることによって、彼はずれとしての起源という特権的なポジションに置かれる。中世後期以降におけるギリシャ文献の再発見の断続的過程も、あくまでラテン世界の分厚いフィルターを介してだった。原典を欠いた「起源」を虚焦点として、いわば根拠なき反復のなかで自らをしつらえていく。それが西欧なるものを遂行的に構成していった。[*19][*20]

そう考えると、一六世紀の言説の運動は、こうした原初的力動を引き延ばして再演しているかのように映る。一方にあるのは、アウグスティヌスに回帰しようとする動きである。アクィナス的体系性があまりに形式的なものに見えるようになったとき、それを突破する糸口として、アウグスティヌスが呼び出されたのである。先行するギリシャの教説を整理しながら、彼は情念がすべて「愛」という同一原理の発現にほかならないという、西欧にとってきわめて重要となる命題を付け加えた。「正しい意志は善き愛《アモール》であり、転倒せる意志は悪しき愛である。それゆえ、愛の対象を所有しようと渇望する愛は「欲望」になり、それに対し、その対象を所有しかつそれを享受する愛は「喜び」となるのである。そして、それに対立するところのものを愛が避ける場合、その愛は「恐れ」となり、避けるべきことが起こったとき、そのことを感じる愛は「悲しみ」となるのである」(Augustine[1982-1991: 三巻、282])。さらにいえば、情念は意志(voluntas)のある状態に与えられた別名にすぎない。「欲望や喜びは、われわれが欲しているものと調和した意志でなくて何であろうか。そして、恐れや悲しみが、われわれが嫌うものと一致していない意志でなくて何であろうか」(ibid.[三巻、278])。スコラ哲学の外部に意志的＝情念的主体の理論を構想しようとするうえで、彼の提唱した愛の一元論が霊感源とされた事情は想像に難くない。[*21]

五　ストア派への再接近

他方でまた、アウグスティヌスへの単なる回帰にはとどまらない動きも生じる。パッシオーをアフェクタスに置き換える動きが顕在化し、またペルトルバチオーからの自由を提唱する教説も提唱される。どこまで意識的だったかはともかく、アウグスティヌスが周縁化した用語系が急速に再浮上している。[*22] とくに、彼が情念の異訳として先頭に掲げたあの「惑乱(perturbationes)」は、ストア派に由来している。[*23] じつをいえば、アウグスティヌスが情念の体系的分析に際してほぼ全面的に依拠しながら、同時にもっとも念入りに抑圧したのが、ストア派の情念理論なのである。「欲望、喜び、恐れ、悲しみはすべて愛の別名」という主張にしても、諸情念をこの四つの基本情念とその派生物と考えた、ストア派の分類を焼き直したものにすぎない。じっさい、これが古代におけるもっとも整合的な体系だったのである。[*24] 初期近代の思考がスコラ的体系よりシンプルな主体の原理を求めてアウグスティヌスを呼び出すとき、彼が注意深く除去もしくは隠蔽しようとしたストア派という棘が、再び顔を出す。

ストア派とは何者か。古代における魂の自然学の標準型を提供したのは、魂の三分割と情念の中立性を提唱したアリストテレスだったが、彼らはこのアリストテレス理論の最大の批判者だった。魂は単体であり、情念は、魂の非理性的部分がもたらす否応のない逸脱ではなく、未熟なもしくは方向を誤った理性の運動にすぎない。この主張は、情念を、分析可能な命題として記述できる知的判断の一種と捉えて解析する理論と、知性によってその命題を分解し、情念の運動を停止させるという実践的関心とをもたらす。*25 情念的現象を「初発の心の動揺」と「衝動」とに分解し、後者にのみ情念の悪しき運動を認めるという、独特の思考様式がここから導かれる。後期ストア派のセネカによれば、「情念（adfectus）は精神に示された表象によって動かされることからなるのではない。こうした表象に屈して、それが唆す機会に乗じることからなるのである。……それゆえ、損害の表象によって引き起こされる初発の心の動揺（prima illa agitatio animi）は、損害の表象が怒り［という情念］でないのと同じく、怒りではない。損害の表象を受け入れるだけでなく、それに同意を与えたことで、引き続いて生じる衝動（impetus）が怒りなのである」（Seneca[1958:2.3.1-5]）。表象に対する反射的で受動的な反応、怒りなら怒りの端緒的運動（propassion）と情念そのものとが区別されている。*26*27

ストア派が情念に対して示している否定的態度は、情念の治療もしくは消去［としての心の平安］（apatheia）というプログラムと連関していた。つまり彼らは、人格の世界内的完成（＝人間的欲望から解脱して賢者となる）可能性を認めていた——一定の周期で破壊と生成を繰り返す宇宙《コスモス》、変化や進化が存在しない、そしてまた、人間のいかなる行為もその進行に何ら影響を及ぼすことのない宇宙に対する完全な適合という、消極的形式においてだったが*28（これが世界市民《コスモポリステス》の原義である）。四つの基本情念のうち、人間の活力を腐食する悲しみの治癒しがたさを最重要視していたのも、おそらくそれと関連している。極度の悲しみは、解脱の意思自体を奪うからである。

キリスト者アウグスティヌスは、世界内超越を認めるこの方途を、何とかして否定しなくてはならない。[*29] それゆえ彼は、情念の運動がそれ自体で否定的なものではないと主張せざるをえない。ストア派の理論を換骨奪胎したキリスト教の論理は、アリストテレスの教説とは直接関係のない場所で、情念中立説を採用してきたのである。「意志が転倒していれば、魂の動き［情念／感情］(motus) もまた転倒するだろう。もし意志が正しい方向を向いているなら、情念／感情は非難されるべきものではなく、賞賛されるものとすらなるだろう」(Augustine[op.cit: 三巻、278])。ここから、あの霊肉二元論が導出される。特定の禁欲的規範や生活形式の遵守などの、肉体的に遂行される行為の水準によっては、霊の水準における聖者／俗人（信仰者／破滅者）の差異を主張できない。それゆえ、「人間に従う」肉的行為と「神に従う」霊的行為とを分かつ基準は、不安定かつダイナミックなものとなる。意志と愛との等値によって、人間の神への愛と、神の人間への愛とのあいだに相互交通の可能性が担保されるが、「意志の転倒」が、つまり神への道から外れる愛の出来事性がつねに問題となってしまう。彼以降、「悲しみ」に代わり、「欲望」の問題性が特筆されるようになったのも不思議ではない。[*30] 意志による情念の制御の失敗を発見しつづけることに救済可能性を見いだそうとするような、奇妙な論理が成立したのである。[*31]

アクィナスの頭越しにアウグスティヌスを召喚することで、さまざまな言説の運動が出現した。行為と情念との一般的関係を探索するとき、一六世紀の多くの議論が、愛の一元論の初期近代的改釈のヴァリエーションを描く。アウグスティヌス主義は——おそらく結果的に——、複数の基幹的情念とその背後にある単一の産出原理の探索という近代的な問題設定の淵源となった。その一方で、意思的制御の困難をめぐる問題系を、禁欲と禁欲の不可能性の発見との循環へと純化して形式化するプロテスタンティズム[*32]の近傍で、キリスト教世界において本質的に危険なストア派の教説が、かなり無自覚的に浮上させられてもいる。憂鬱《メランコリー》言説の流行（→二章一〇節）は、ストア的な「悲しみ」の再生であるのかもしれない。その向こうには、情念の消去可能性という反伝統的な理想像が覚束なげに点滅しさえする……。

もちろん西欧が、情念の現世的克服という「異教的」方途を選ぶことはないだろう。世界に対する関与を拒んで内心に退隠する「ストア哲学者」に対する批判が反復されている。[*33] 現世における平静や諦念を称揚しようとする者も、それをキリスト教的な来世への救済の期待と順接させて調停しなければならなかった。だが、情念の中立性の意義を大規模に再定義するうえで、ストア派が不可欠な否定的触媒となったこともたしかである。そのようなかたちで、初期近代はキリスト教の伝統世界から次第に断ち切られていく。

一六世紀の薄明の意味空間のなかで情念の運動に向けられた注視は、奇妙に分裂している。それが、情念を観察する初期近代の大規模な運動の、開始点における姿だったのである。

六　一七世紀的言説空間の開始——「煩瑣」のなかの受動

一七世紀の情念理論は、情念を単一的な行為原理へと、ある意味で素朴に読み替える一六世紀のプログラムとはちがった振る舞いを見せる。affectiones ではなく、再び passiones に焦点が当てられるようになっていく。もちろん、例外はあるが。たとえばウィリアム・フェナーの『情念論（A Treatise of the Affections) あるいは、キリスト者が自らを生けるもしくは死につつある者と知ることのできる魂の鼓動について』（一六五七）。各章が「説教一」「説教二」……と表記されているこの「論考」は、一貫して「事物が良いものもしくは悪いものと認識されるに応じて、その事物へと向かう、あるいは事物から発する、強制的で可感的な心もしくは意思の運動」を affection として語っており、passion はほとんど出てこない。「魂の鼓動」を神へと向かう運動／地上の物へと向かう運動として捉える彼の視線は、アウグスティヌスの生理学化された像のようなものを提出している(Fenner[1657])。この例が示すように、この時代においても、アウグスティヌスに対する一六世紀型の言及は続いている。[*34] しかし、全体としては、一六世紀とはかなり異なる地点でスコラ的人間学を脱構築する傾向が、むしろ目立つ。

アクィナスの壮大な体系は、魂の諸能力が実在的なカテゴリーに分類されることを前提としていた。だが、この構えは、それらの能力間の連関の分析を要請することで、必然的に概念の数を発散させてしてしまう。破壊的な悪口にかけては天下一品のホッブズに言わせれば、

> 感覚が事物の種を受け取り、それらを共通感覚へと伝達(deliver)する、そして共通感覚がそれらを想像力(fancy)に伝え、想像力は記憶に、記憶は判断力にと、人から人へと手渡すようにして伝達するのだなどと主張する者がいるが、彼らは多くの言葉を使って何一つ理解を進めていない(Hobbes[1651→1968:93])。

アド・ホックな「スコラ学的用語系(Schoolmen's language)」の無益な増殖ぶりに対する強烈な不信と軽蔑——。けれども、だからといって、一七世紀の用語系が一気に近代的簡明さを身に纏ったのではない。むしろ、克服されるべき対象としての「煩瑣」が発見され、それをめぐる新たな問題構制《プロブレマティック》が構成されたというべきだろう。このことにより、情念の理論は一六世紀に比してはるかに複雑化しつつ、鋭角的な旋回を遂げていく。

いや、たしかに彼らは、より簡明な記述形式を模索してはいたのだ。それは情念《アフェクション》の能動化を試みた一六世紀以来の展開の、必然的帰結でもある。中世的な自由意志概念の限界を踏み出し、行為の基底にある何らかの単一的な原理ないし行為動因を追究する態度は、行為(action)概念をついに決定的なかたちで屈折させるに至った。代表的なものを挙げれば、自由意志を意志作用(volition)という、それ以上は遡れない基盤もしくは端緒的契機によっ

て基礎づけるという思考様式である。

問題は、行為の起源の探究が、一七世紀においていかなる記述平面を開くことになったかということだ。この遡行不可能性は、意志作用自体は何らかの身体内的な生理学的過程として同定可能である（はず）という前提を伴っている。つまり意志作用は自由意志の端点であると同時に、不随意的な身体作用に浸されているものとしても観念されている。一つの典型として、ホッブズによる努力(endeavor/conatus)概念の提案を見てみよう。「歩いたり、しゃべったり、殴ったり、その他目に見える行為として現れる前に人間の身体のなかにあるこうした小さな運動の端緒は、通常努力と呼ばれる」(Hobbes[1651→1968:119])。「運動の端緒」という表現は端緒的情念《プロパッション》を想起させるところがあるが、彼においては、外界の事物の運動に対する反応／対抗運動(reaction)として生起する受動＝情念が、そのまま行為の能動因であるとされる。「精神の運動因（power motive）は、それによって精神が、己の住まわっている身体に動物的運動を与えるところのものである。こうした精神の行為（acts）がわれわれの情意《アフェクション》や情念である」（Hobbes[1994:43]）。感覚を含めたすべての精神過程は意志的な努力の産物であり、同時に、意志の源泉は受動である。こうしてホッブズは、物体の運動と主体の行為とを同一の記述言語の平面上で扱おうとする。その平面上では、主体の行為《アクション》と物体の運動《モーション》とが相互に交換可能になるに至る。『哲学原理』の第一部『物体論』のなかで、彼はこう述べている。

> ある物体（body）が他の物体のなかに何らかの偶有的性質を生みだしたり、あるいは破壊するとき、その物体は他の物体に対して行為している、または何かを行っていると言われる。そしてある偶有的性質が生みだされたり破壊されたりした側の物体は［力を］被っている、つまり他の物体によって何かを行われていると言われる。同様に、ある物体が他の物体を前に押しやることでその物体のなかに運動を生みだすとき、押しやった側の

物体は行為者（agent）と呼ばれ、運動がそのようにして生じた側の物体は受動者（patient）と呼ばれるのである。だから、手を暖める火は行為者であり、暖められる手は受動者である。受動者のなかに生みだされた偶有的性質は効果 effect）と呼ばれる（Hobbes[1656→1839:120]）。

けれどもこの規定は、情念とそれを駆動させる意志作用を、能動的運動の純一の開始点であると同時に、受動の究極でもある、不可解な存在にしてしまう。ホッブズは、自由意志の分析の果てに見いだされる意志作用の能動性を否定せざるをえなくなる。「欲望（appetite）、恐怖、希望その他の情念は随意的／意志作用的（voluntary）であるとは呼ばれない。というのもそれらは意志から生じるのではなく意志そのものであり、そして意志は随意的ではないからである」（Hobbes[1994:72]）。

もう一つの代表例はデカルトだろう。彼は作用の主体／客体の相対的関係のうえで能動／受動を把握することで、明晰判明な概念を定立しようとする。狭義の情念は、「［動物］精気の何らかの運動（mouvement）によって引き起こされ、維持され、強化される」、「われわれがとくに魂に帰属させるところの、魂の知覚、感覚、運動」である（Descartes[1649=1974:114]）。しかし、多くの論者は運動それ自体と運動の効果とを区別しなかったり、情念の近傍の精神作用と混同もしくは過度の同一視を行う結果、概念上の混乱を生じさせている。何であれそれ自体を動因とするものを能動運動と呼び、他によって動かされる運動を受動と定義する。能動の源泉（魂）と受動の対象（身体）という第一次的区分を初期設定することで、すべての能動／受動関係をこの区分の変異と発散として把握すれば、「魂の受動」は、魂それ自体のみから発するのではない混乱した思考として、きれいに整理できる。それに対して、欲望されるべきことがらに対してわれわれがもつ明晰判明な思考が「魂の能動」である*35（Descartes[1644=1993:146-147] など）。

受動＝情念は、身体によって生じるものと、魂によって魂のうちに引き起こされるものとに分けられる。デカルトは前者を知覚／認識（connaissances）、後者を内的情動(emotion intérieures)と呼んでいる。おそらくこれは、情動《エモーション》という語の最初期の使用例に属しているが、この段階では「内的」情動という限定詞が必要だった。このことは、この語が精神内部の運動として把握されていることを示している。一八世紀以降の情動《エモーション》をデカルト的定義の延長線上にあるものと考えることはできないが、このようにして情緒の領域が分節されはじめていることは興味深い[*36]。他方、能動にも二つの領域があり、魂の運動を原因とする知覚（意志の認識＝欲望）および、魂が自己原因的に身体に働きかける意志作用(volition)がある。意志と意志によって決定された知覚とに依存する欲望のみが意志作用なのである（Descartes[1644＝1993:50]）。そして、もちろん、意志作用こそが能動の純粋形態とされる。

一見したところ、デカルトの議論は、ホッブズよりもはるかに整理された像を提供しているように見える。だが、「意志作用に対してわれわれが行う自由意志の行使と制御」（情念論第三部）という表現をみるとき、デカルトにおける意志作用もまた、同様のあやしさをはらんでいることが分かる。自由意志の端点にある意志作用を自由意志が制御するとすれば、循環論法になる。かといって、意志作用の向こうに別レベルの自由意志を想定すれば、無限後退を許してしまう。デカルトを批判するホッブズの舌鋒は鋭い。

> 人は、「彼は意志するだろう(He will will)」と言うことはできないが、それは「彼は意志を意志するだろう(He will will will)」とも言うことができず、同様にして意志(will)という語を以下に無限に重ねることはできないのと同じことである。それは馬鹿げており、意味をなさない(Hobbes[1994:72])。

彼に言わせれば、こうした困難をも省みず、身体から完全に自律した理性を想定するのは、「自己愛の現れにすぎない」のだ。

それゆえ結局、行為の源泉である理性／意志と情念とが、つまり魂の能動と受動とが、近接距離で重層的関係を結んでいると言わざるをえなくなる。行為の起源の追究は、情念が能動性と受動性が刻印された一種の二重体であることを露わにするのである。[*37] 一七世紀において、感情《アフェクション》／情念の擬似的能動性ではなく情念《パッション》＝受動の位相が中心的な主題として再浮上したのは、まさにそれが理由である。注目すべきは、自由意思の身分が、受動＝情念同士の能動的な相互作用や、それらの連結が織りなす（受動的）様態のなかで分解し、拡散していくことだ。自由意思がさらに遡って基礎付け可能か、もしくは不可能かということを実質的に決定しないという解決策が図られているようにすら見える。その意味で、意志という語の重層の愚かさを揶揄するホッブズの記述は、アイロニカルとしかいいようがない。ホッブズ自身をも含めて、この時代の思考が、一つの「煩瑣」的秩序を別の「煩瑣」的秩序に書き換えるがごとき営みであったことを、それは図らずも指し示しているのである。

七　行為と動因

行為の分析に際して、私たちもまた行為者性（agency）や判断や意図、動機といった端点を想定している。現代においては、端点は行為を生起させる（もしくは行為の帰属先である）が、しかしそれ自体は行為の外部にある何かだ。たとえば、いきなり激発して暴力をふるうといった事例において、彼／女が暴力の行使に至った何らかの動因が、その人のなかには当然あるだろう。ただしその動因は、それが暴力として出現するまでは、少なくとも公式には可視化されない対象として見過《パッシング》ごされる。私たちの社会では、行為者に帰責すべき行為が生じる以前に、そうした行為を生じさせるだろう不可視の内面に「予防的に」介入することは、一般的に好ましいとは見なされていない。ところが同時に、（多くの場合、好ましくない）何らかの行為が生じたとき、その行為を端点にあるはずの「動機」へと事後的に回付することで、行為を「説明」したいという欲望から逃れられない。

こうした回付が可能とされているかぎりにおいて、現代においても、行為と端点とは暗黙のうちに等号で結ばれている。しかし、行為の発端にある（はずの）意図／判断／動機と行為そのものとのあいだの内在的関係を詳細に分析することは、少なくとも行為の社会学的理論にとってはあまり関与的ではない——医科学的な還元図式や付随現象主義説（epiphenomenalism）的構図が、ときに補償的に作動することがあるにしても。そのかわりに、仮想的に前提される端点のこの空虚を埋めるようにして、それが実在的な動因であるのか、それともむしろ、何らかの社会的な権力作用によって構成される唯名論的な帰属先なのかという問いが、反復的に回帰する。おそらくそれは、業績主義的公準と実践的解釈学の組み合わせによって発生している。一方で、行為は事前の動機ではなく、結果によって事後的に評価される。他方でしかし、いわば不意打ちとして社会の領域に出現するその行為は、しばしば意図の推測を介して評価されざるをえない（故意か過失か、というように）。行為の端点にある動因を呼び出すことで、行為と社会のあいだにある存在論的断層を埋めようとする欲望と、端点と行為とのあいだに引かれた断層を社会的に維持する必要とが拮抗する。それゆえ、「動機」をめぐる問いかけは、実体化とそれに対する懐疑とのあいだを振動しつづける。

一七世紀的行為者は、このような行為（者）の諸前提や、それが形成する回付のしくみを共有していない。潜在下にある相と行為として現実化した相、あるいは不可視なものと可視なものとの存在論的断層は、もちろんここでも変わらず存在していた。それどころか、見えるものから見えないものを推測するという課題が、はじめて問題となりはじめた時代である。しかし初期近代の思考は、まさに不可視であるがゆえに、それをいわば踏み越えてしまう。見ることのできない行為の起点の実体性を、私たちよりはるかに強固なかたちで前提し、そのことで意志の確実性を——つまり主体性《サブジェクティヴィティ》＝主観性の自律を——、かえって危ういものにする。[*38]

とはいえ、「魂の」情念という表現が可能なかぎりにおいて、それらの心的作用の帰属先は、結局あてにされているのではないか。たしかに魂という語の使用の背後には、死後へと延長される連続をどこかで想定する視点が潜んでいる。[*39] デカルトの『情念論（Passions de l'âme）』の末尾を見ればよい。「地上の生のすべての善と悪は、すべて情念に依拠している。……情念によってもっとも深く動かされうる人びとが、この世の生においてもっとも多くの楽しみを味わいうるのである」（Descartes[1649＝1974:257]、強調は引用者）。けれどもこの魂は、死の向こうに先送りされていく空位にすぎない。その空虚の手前で、諸能力や諸事象が収まるべき超越的＝内在的な秩序を、あくまで事象相関的に、分散したかたちで語る運動が生起しつづける。精神の諸機能を収束的に指し示すことはもはや断念されており、それらの様態を測定する／できることへの信頼という形式としてしか、魂の形象は成立しなくなっている。

思考する自我《コギト》もまた、かかる微妙な事態の表現になっている。この本体論的自我は、近代的主観性の領域よりも、むしろ中世的な単一的魂に近いところがある。机がその本質において机であるのと同じように、自我はその本態において思考する存在そのものなのであり、コギトが自らについて思考するとしても、その思考もまたコギトの本態に回収されるだけである。懐疑する私と懐疑される私の存在論的分裂や、反省という行為の介在による認識論的な転形可能性は、あたかも世界と直接向かい合えるかのような「懐疑する私」の明証性のなかであらかじめ消されている。それでも、コギトは懐疑とともに、懐疑の果てに見いだされる何かではある……。一七世紀における「魂」は、実体への素朴な信頼と、無意識的で事実的な実体の分裂や解体との混合体として出現する。デカルトが同時代において、一方で無神論者として非難され、他方で、隠れ神秘主義者であり危険な狂信者であるという攻撃をも受けたのはそのためだろう。[*40]

八　一七世紀における情念の一覧表

魂の複雑で精妙な調和的秩序を切り裂くようにして、心的現象の多様性や作用の複数性が問題化されていく。ルーマンの用語を借りれば、まさにそれが、それらのあいだの統一性 (Einheit) を問う形式となっている。つまり、統一性とは、複数の事象が単一の法則へと還元されて把握されることを意味していない。むしろ、情念の根元的複数性を単数性へと還元することなく把持しながら、なおかつ、それらの情念を複数からなる集合として、そのうえで扱いうる台座が想定できるとすることなのである。この台座は、複数の情念の運動が生起しているだろうある領野であり、同時に、それらの運動とその帰結に対する観察結果を書き付けるための記述平面でもあった。

それゆえ、伝統的な情念のカテゴリーを再編することが、この時代の理論の顕著な特徴の一つとなる。一六世紀の萌芽的情念論のなかでは、これは意外なほど主題化していない。むしろカテゴリーへの直接的言及を避けるようにして、情念《アフェクチオ》／情意を単一化して把握するかのような方途が探られたのである。スコラ的「煩瑣」の地平をそれと名指せるような距離がしつらえられるようになってはじめて、カテゴリーの水準を再主題化することができるようになる。このようにして、諸情念の一覧表を作成し、それらを整序するという伝統的課題が、現象の統一性あるいは記述平面の設定可能性という新たな問題機制に従属するようになった。

とはいえ、一七世紀において標準的な情念のカテゴリーがどのようなものだったかという問いを立てると、方向を誤る。端的に言って、そのような標準型は存在しないからだ。ジャン・フランソワ・スノーは、当時各国でよく読まれた『情念の効用』(一六七一) のなかでこう述べている。「魂のなかにあるすべての能力のなかで、情念ほど魂自身から隠されているものはない。なぜなら、情念がその激しさによって感覚に印象を刻印するのにもかかわらず、自分たちの主題たる情念についても、情念の数についても、哲学者たちの意見は一致しない。ある者は情念は身体のなかで形成されると考え、ある者はまた、魂を欲情的能力と怒情的能力（と彼らが名付けたもの）に分割し、より穏やかな情念を前者に、より激しいものを後者に位置づけている」(Senault[1671:22-23])。

スノーはアクィナスを当てこすっているが、じっさいには、一七世紀の言説のほとんどはアクィナスの分類を依然として参照していたし、なかでも愛を諸情念の筆頭に挙げている議論が支配的だった。たとえばトマス・ライトの『精神の情念一般について』(Wright[1604→1971]) は、情念を以下の六種類に分類している「善に向かう情念：1・絶対的情念＝愛、2・未来に関わる情念＝欲望、3・現在に関わる情念＝喜び。悪を避ける情念：4・絶対的情念＝憎悪、5・未来に関わる情念＝恐怖、6・現在に関わる情念＝悲しみ」。マラン・キュロー・ド・ラ・シャンブルの『諸情念の特徴』(la Chambre[1650]) は、第一部では情念一般を論じたあと、愛、喜び、笑い、欲望、希望を扱い、第二部は大胆さ、勇気、勇気の現れとしての平静さ、怒りを論じている。これらがアクィナスの焼き直しであることは明らかだが、過去の分類形式は厳密に従うべきフォーマットというよりも、適宜取捨選択する素材になっており、それらを思い思いに変更する試みが集積していく。どの議論も特権性を獲得できないまま、「情念の数についても、哲学者たちの意見は一致しない」ということが露わになる。

しかし、情念のカテゴリーを探究するうえで、スコラ哲学とはかなり異なる方法が採用されるようになったのも事実である。とりわけ注目すべきは、一般的情念／個別的情念 (passion in general/particular passions) という分節のもちこみだろう。理性や意志といった魂の諸能力との関連で情念一般の本性を規定し、次いで、下位集合である個々の情念の特性を記述する。個別的情念をさらに単純情念／複合情念 (simple/complex passions) に分解する議論も少なくない。一七世紀末のロックによる一次的性質／二次的性質や、単純観念／複雑観念といった区分がこの延長線上にあることは、比較的見やすい。けれども、ロックの言説も含めて、これらを「近代的」な幾何学的・原子論的精神[41]の表れと解釈して済ませれば、言説にかかっている緊張を見落としてしまう。非スコラ的で、ときには機械論＝生理学的な用語系によって、自由意志の基盤にあるものを基礎づけようとしながら、人間の行為の規則にあたるいくつかの基幹的情念が存在し、それが特定可能であるという前提があいかわらず維持されているともいえる。この事実を参照しないかぎり、一般的／個別的といった分節が成立したことの意味、あるいはこの分節が何を行っているかを読みとることはできない。

たとえば、ウォルター・チャールトンの『エペソスの未亡人』（一六六八）を見てみよう。

> 埋葬室の入り口から入ったとき、彼の目はただちに、墓所の向こうから差し込む小さな弱い光によって迎えられた。これを眼にしたとき、彼は突然の恐怖に襲われて驚愕したが、その恐怖が収まるにつれ（すべての恐ろしい対象物は、目に映る最初の瞬間にもっとも大きい［恐怖を与える］から）、彼の好奇心がすぐに彼の恐怖に打ち勝ち、彼をますます近づけていき、ついに……彼は女の姿らしきものを目にした。喪服を着ているが、その喪服よりもはるかに嘆かわしげな顔つき、極度の悲しみに腕を組んだ姿勢、頭は、あたかも足下の柩に今にも崩れ落ちんばかりにうなだれるがまま。この奇態で陰鬱な光景に暫時当惑して立ちすくみ、これが単なる幽霊のはずはないと考えながら――亡霊や幽霊、人間の姿をした悪魔の話は、無知蒙昧な大衆を暗闇のなかでも正直にし、美徳への愛のためだけに美徳を追求しようとはせぬ彼らを悪徳から遠ざけるべく、統治者や僧侶どもが作り出した支配のためのでっちあげ《ポリティック・フィクション》にすぎないのだから――、彼は恐怖から来るあらゆる憂慮を打ち捨て、大胆にも蝋燭の方へと近づいていった（Charlton[1668→1975:8-9]）。

このテクストは、ペトロニウスの『サテュリコン』のなかで、ある登場人物が「女性の不実さ」の証左として物語る一挿話の語り直しである。貞淑で知られているエペソス在住の女性が、地下埋葬室で夫の死を嘆く。そのときたまたま、この墓域では、磔刑となった盗賊の死体が晒されており、仲間が取り返しにくるのに備えて一人の若い兵士が番をしていた。夜も更けて、暖をとろうとさまよう兵士が、女性がこもるその埋葬室に迷い込む。そして悲嘆にうち沈んでいたはずの彼女を、結局は誘惑してしまう。ペトロニウスは、死と性のグロテスクな交錯――結末では、夫の遺骸が、盗まれた盗賊の死体の身代わりを務めることになる――をあっけらかんと肯定しているわけだが、チャールトンのこの風変わりな作品は、情念の規則に対する人間学的考察へと、この物語を改釈している。愛の名のもとに美化されている欲望は、特定の生理学的刺激によって身体内で発生する状態にすぎない。亡霊の幻影に対する敵意をはじめとして、ここには、著者と交友関係にあったホッブズの影響が明瞭に認められる。[*42] それを含めて、このテクストはリベルタン的な還元主義の一例になっている。[*43]

一七世紀的な情念の語り方のさまざまな特徴が、ここから読みとれる。たとえば、情念が文の主語を構成し、人間主体をその客体の位置に据える文の構造――「彼は驚いた (He was surprised.)」のように人間を主語にして受動態を取るのではなく、「驚きが彼を襲った (Surprise seized him.)」と表現するような――が、すぐに目につく。これは主体の従属的な身分をかえって強調している。人が情念をもつというよりもむしろ、情念が人をもつとでも表現できそうな、一種の憑依の感覚が働いている。主体は外部から到来する運動に憑依され、外界への働きかけへと駆り立てられる。その過程が対象→情念→身体への影響→行為という一連の連続体として描き出されている。(「彼の目はただちに……光に迎えられ……突然の恐怖に襲われて驚愕した」、「彼の好奇心がすぐに彼の恐怖に打ち勝ち、彼をますます近づけてい［く］」)。

とりわけ注目されるのは、当初の情念が別の情念へと継起的に変形していくように語られていることだ（恐怖→驚愕→好奇心→勇気）。一方で情念は、特定の輪郭をもつよう、あらかじめ分節されている。しかし同時にそれは、それ自体で完結するよりもはるかにしばしば、近接する情念と接触することで、かたちを変えるのだ。この変形可能性のなかで、主観性《サブジェクティヴィティ》と呼ぶにはいかにも消極的な留保として、情念に対する主体の関与がおぼつかなげに浮上する（「これは単なる幽霊のはずがないと考えながら……恐怖から来るあらゆる憂慮を打ち捨て」）。心の力能とは、ほとんど自動的に進行する情念の変容過程の進行の速度をわずかに早めたり遅らせたりすること、あるいはその方向を少し変えてやることでしかない。だがそれでも、情念の生成に介入し操作しようとする権力の政治的詐術《ポリティック・フィクション》に対抗しうるのは、情念のかたちを少しだけ撓ませる、主体のこの能力なのである。*44

九　驚異《アドミラチオ》とデカルト派

情念の変形あるいは推移を積極的に語ること。一七世紀の情念をめぐる思考のなかでも、これがもっとも重要な特徴の一つである。たとえば、デカルトの『情念論』の構図。外部対象と接触したとき、最初に驚異 (admiratio) という衝撃が主体内に生じる。この衝撃は、まったく価値中立的であり、その後、その対象に対する主体の関心もしくは価値付けに応じて、驚異は驚愕へ、そして尊重／軽視へと転形し、各々がその強度に応じて愛、希望……／憎しみ、絶望……という一連の系列を辿っていく。このような転形のパターンをいくつか観察したあとで、彼は六つの「基本的情念」――「驚き」、「愛」、「憎しみ」、「欲望」、「喜び」、「悲しみ」――があると主張する。『エチカ』（一六七五）におけるスピノザとなるともっと大胆であり、まったくちがう視角から、彼は「喜び」、「悲しみ」、「欲望」の三つの基本情念からすべての他の情念が派生すると考えている。

デカルトが唱えた第一情念としての驚異という説は、愛を第一情念としてきたアウグスティヌス以来の伝統的構図からの脱出を目指した点で、たしかに野心的である。この図式は、心的表象が主体に取り込まれる地点で生じる新奇な（novel）外傷的出来事を原基的情念と捉える点で、近代的な認識論を予告しているところがあり[*45]、一群の追随者をもつことにもなった。『エペソスの未亡人』における「恐怖→驚愕→好奇心→勇気」という推移も、おそらくデカルト図式を利用したものだろう。

なかでも、ルイ一四世の愛顧を受け、王立芸術アカデミー初代会長を勤めたシャルル・ルブランによる、『一般的および個別的表情についての講義』（一六九八）が注目される。これは、情念の外的表出《エクスプレション》＝表情の絵画表象をめぐる最初の規則化の試みであり、とりわけ、歴史画の制作における表情の造型という課題に応えるためのものだった。描かれた過去の偉大な歴史的事件は、現在の王権とつねに暗黙裡に重ねられており、王の偉大さを間接的に顕彰する。一七世紀の絵画ジャンルにおいては、そのような大幅《たいふく》の歴史画がヒエラルキーの最上位に位置づけられていた。そのとき、栄光ある勝者とその従者たち、彼のもとに引き出される敗軍の将、王者の寛恕を請うて足下に跪く人びと、立ち会いの中立的な使者や目撃者、あるいは偶然居合わせた傍観者といった、驚くほど大量の人間を描くことが必要となる。複数の行為《アクション》がよじれあった終極点としての崇高な決定的瞬間、それを構成する人物群像の情念《パッション》／表情のスペクトラムと、その劇的な結合様式を描き出すことによって絵画は歴史＝物語《ヒストリー》を語るのである[*46]。『講義』においてルブランは、さまざまな表情をもつ人物表象の正しい描法の基準として、デカルト理論を採用している。もっとも、忠実な理解とはとてもいえなかったが。「古代の哲学者たちは二つの欲求を魂の可感的部分に与え、単純情念を欲情的欲求に、そしてより幅広く混合的な情念を怒情的欲求のうちに置いた。というのも、彼らは、愛、憎しみ、欲望、喜び、悲しみが前者に含まれ、恐怖、希望、絶望、勇気、怒りと怖れ《ママ》が後者に属すると主張する。それらに驚愕を付け加えて先頭に置き、愛、憎しみ、欲望、喜び、悲しみがそれに続くとする者たちもいる。そして彼らはこれらの単純情念から、恐怖、勇気、希望といった混合情念を引き出すのである。諸情念がもたらす外的運動［＝表情］について論じる前に、これらの情念の性質について語っても場違いではないと思われる。

まず驚愕から始めよう」(LeBrun in Montagu[1994:126])。古代/中世の情念理論とデカルトとが平然と折衷されている。そのうえ、伝統諸理論に対する把握もひどく混乱している。ルブランが単純情念として名指している「愛、憎しみ、欲望、喜び、悲しみ」はストア派の四つの基本情念から引っぱってきたものだろうが、憎しみという余計なものが加わっており(→本章五節)、アクィナス以来の欲情的/怒情的情念と中途半端に接合されている。また、そもそも欲情的/怒情的情念という区分は、情念の単純さ/複雑さとは関係がない。

このような曖昧な理解のもとで、ルブランは驚異を第一情念に挙げている。表情をつくりだす身体内部の機構や運動についても、デカルトの動物精気説にならっている。彼は額より上に魂の座を置き、とりわけ眉に理性の運動がもっとも反映すると考え、額より下の部分は心臓の影響を受けるとする。表情は、動物精気と理性との交換や相互交渉の配分のなかで決定されるのである。[*47]「魂がもっともすばやくその機能を働かせる[身体の]内的部位があり、そしてそれは脳であるというのが正しいとすれば、われわれは、顔が魂の感じることをもっとも明白にするものだということもできるだろう。そして、すでに述べたように、脳の中央に位置する松果腺が、魂が情念の映像を受け取る場所なので、情念がもっともよく識別される顔の部位は眼であると、多くの人が考えてきたが、じつはそれは眉なのである。瞳がその光と動きによって、魂の興奮状態を表しているのはたしかだけれども、それだけではその興奮の本性は分からない。口と鼻もまた表出/表情において大きな役割を占めるが、通常のばあいそれらは、後で見るように、心臓の運動に追随するだけなのである」(LeBrun in Montagu[127-8])。

一〇 運動・推移・名称

しかし、デカルトが情念論のフォーマットを書き換えたと考えるのは過大評価である。「驚き」の導入を除けば、彼の構図は伝統的なカテゴリーを意外と踏襲している。だからルブランのような、いい加減な折衷も許されたのである。むしろ、デカルトやデカルト派を含めて、情念の変形や推移という語り方が何をしているかの方が重要だろう。もっとも注目されるのは、変形・推移の出来事化と、一般的／個別的情念という分節の出現とが相互循環的であることだ。一般的情念の水準は、すべての情念がその変形ないし派生体であるところの、根源的な何かを表している。だが、伝統的な構図においては、神の似姿である理性の単一性＝普遍性と、情念の複数性とが対比的に設定されていた。情念の複数制とが情念は普遍的でないからこそ複数的な相を取るのであり、個々の特定の情念へと向かう傾向が、神ならざる人間の、気質の偏りや性格的欠陥――「怒りっぽい」、「怠惰だ」等々の――をもたらす。情念の一般的水準を考えるというのは、じつはかなり異様なことだったのだ。

裏返せば、一般性の水準を立てることと、諸情念の本性的な個別性と個体帰属性の出来事化とは、同型的な事態である。「驚異と尊敬の中間的状態」、「勇気のなかの悲しみ」、「希望へと変わる愛」……。かつてないようなかたちで、情念の変異体《ヴァリアント》が描かれるようになっていく。ある情念と別の情念との中間にある微妙な形象や、複数の情念の混淆形態、一つの情念から別の情念へと向かう移行状態といったものに対する記述可能性が開かれ、それらの生成規則の探索という課題が成立したのである。*48 カテゴリーの一覧表――それがどのようなものであれ――が作成できると信じられているかぎりにおいて、個々の情念はそれぞれ独立的で強い自己完結性をもっているはずなのだが、まさにそれらが変異可能性に開かれていることで、カテゴリーはいわば遂行的に掘り崩されつづける。このようなかたちで、情念の変異体が「個性」を代補しつつある。同時に、情念のカテゴリーが信憑される言説空間にあっては、どれほど「個性的」に見えても、個別的情念はあくまで一般的なかたちで演繹される必要のもとに拘束されつづけたともいえる。

別の角度からいえばこうなるだろう。本章六節で取り上げた運動因をめぐる一七世紀の議論は、すべての情念をその派生体とするこの一般的情念の水準を、行為理論上で特定する試みとして解釈可能である。逆に言えば、行為理論におけるこの動因を情念論の平面上で把持するとき、デカルトならば驚愕と名付け、ホッブズが意欲あるいは欲望と呼んだものが姿を現す。つまり、これらは諸情念の動因であると同時に、情念の一種でもある。動因が諸情念に対してメタ・レベルに立っていないのだ。行為の単一的端点の追求は、諸情念のカテゴリーを突き破るのではなく、むしろそこへと差し戻されつづける。[*49]

このことは、「カテゴリー」やその「一覧表」の意味自体を変更する。動因と情念とが同一平面上で出現することにより、カテゴリーに収まる（はずの）情念の、名称(name/appelation)としての性質が前景化される。個々の情念の個体的な輪郭は、それが名称を有していることと同値なのであり、一つの情念が別の情念へ変形するといっても、この推移は、あくまで既存の語彙群を辿るかたちで生じているのだ。デカルトならこの語彙群を、表象（作用）と等値するだろう。「情念と結びついたものを表象することによって、間接的に引き起こしたり、取り除いたりできる。……「大胆さ」を引き起こし「恐怖」を取り除くには、……危険が大きくないこと、逃げるよりも防ぐことが常に安全であること、勝てば「喜び」と「誇り」が得られるが、逃げれば「後悔」と「恥辱」しか残らないこと、これらを確信させてくれるような、もろもろの理由、対象、実例をよく考える必要がある」(Descartes[1649=1974:129-130])。

それにしても、これは相当に不思議な世界像である。主体内部にある何らかの心的エネルギーが、変化しつづける行為＝運動において発露する（そして、動機の語彙によって事後的に整序される）という、現代的な把持形式とは明らかにちがう。しかし、率直に言って、これはひどく不安定なやり方ではないか。定義上、異なる名称を与えられた情念は原則的に異なることになるが、あれほど気ままに定義を増設・改変していけば、それらのあいだの異同を正確に測定すること自体が、それだけ困難になってしまう。怒情的情念／欲情的情念というアクィナス的図式を攻撃したとき、デカルトはこの問題にある程度気づいていたと思われる。このような二元論的構図は「精神が二つの能力、すなわち一つは欲望の能力、他は怒りの能力を意味するよりほかはない」。けれども、それなら「精神は同様に、驚く能力、愛する能力、希望する能力……他の一つ一つの情念をみずからのうちに受け入れる能力を……もつわけであるから、彼らがなぜこれらの能力をすべて「欲望」と「怒り」とに帰着させたのか、私には分からない」(ibid.[146])。こうして彼は、第一情念としての驚きからいくつかの情念が派生するという構図を考えたのだが、そのデカルトにしても、「いっそう多くの他の情念を区別することができ、その数にはかぎりがない」ことを認めている以上、事態がさして解決されているわけではない。

これはまた、別の問いにもつながる。行為の端点にある動因が問題となり、動因がもたらす運動が主題化されているのに、名称のカテゴリーが維持されている、つまり運動が既存の情念の推移として語られているのはなぜなのだろうか？　この問いに答えるのはかなり難しい。しかし、諸情念がそこから派生する第一情念、あるいは個別の情念の現象態に通底する一般的情念の水準を設定したことが、この問題の根幹にあることはまちがいない。アウグスティヌスの愛の一元論は、人間的な欲望の諸形態に神を対置することで、限定的かつ複数的な情念のすべてを神へと向かう／神から逸れるベクトルとして整序した。ある意味で一七世紀の一般的情念や第一情念は、この構図の焼き直しである。そのかぎりにおいて、アウグスティヌスへの迂回した回帰と改釈という、一六世紀以来の言説の運動の継承であるが、一般的情念の水準を名指し直すという操作を付け加えることで、名称の水準が一気に浮上したのである。

名称の問題については、後の章でも別の角度から論じるけれども、個々の名称の内容や、名称間の関係を特定するという問題を脇に置けば、(1)愛に付与されていた普遍性を、一般的情念もしくは何らかの特定の第一情念の抽象的次元にいったん奪ったことによって、愛が情念の一つ——きわめて重要な情念ではあるが——に格下げされる。

そのことで、⑵諸情念（の名称）をカテゴリーの同一平面上で操作することが可能になる。同時に、⑶各情念およびその名称の実体性が問題として出現する、といった過程が進行したのではあるまいか。ここにも、一六世紀的思考との差異が見出せる。情念をそのまま能動的欲求と読み替えたり、情念の底に欲求を見いだそうとするスカリゲルやヴィヴスらの試みは、⑴を欠いているがゆえに名称という問題にぶつからなくてすんだ。しかし、まさに同じ理由により、彼らの提案はスコラ的用語群と区分不能になる。それに対して一七世紀の情念論は、スコラ的用語群の外部に出ることをはるかに自覚的に試みたがゆえに、名称の事実性の水準にぶつかってしまったのだ。

そう考えると、ホッブズのデカルトに対するあの論難が、意志という語の重層を遂行的に指し示す、一種の言語批判の形態を取っているのは非常に意味深い。この側面に着目するとき、ホッブズ的な書き方は、一六世紀中葉から一七世紀にかけての修辞学の屈折の系列にも連なっている。たとえば、敷衍あるいは分割の修辞学的分析の延長線上で情念の「範疇（predicaments)」を提案するとき、トマス・ライトはホッブズとほとんど踵を接している。「能動＝行為と受動＝情念の範疇を考えたとき、それに関しては、能動＝行為や受動＝情念は、それらをよりよくする、もしくは損なわせるさまざまな状況下で影響を被る。それゆえ私は以下の規則を定めるのがよいと考えた。この規則は概して、それがないところでは解決しえない混乱を区別するものである。すなわち、Quis, Quid, ubi, quibis auxilijs, cur, quomondo, quando。誰が、何が、いつ、そしてどこで、いかに、なぜか、どのような助力があったか、である」(Wright[1604→1971:189])。

一七世紀における「煩瑣」の発見と転形は、かくも根深い問題をはらんでいる。なるほどこの時代の人びとは、魂の領域に生起する出来事の実在性や実体性を——強すぎるほど——想定していた。けれども同時に、以下のような問いの地平が開かれてしまっているのだ。つまり、諸情念の秩序は最終的に名称のそれと同型になるのか、それとも、情念が名称を介して扱われるのは思考の偶有的な条件にすぎず、理想的には切り離して論ずることができるのか、あるいはまた、情念と名称とは偶有的かつ必然的な関係のもとで深く連結しているのだろうか――。しかし、行為の動機の名称へと事後的に吸着させるとき、本当は私たちも、似たような奇妙さを経験しているのである。

このようにして、近代の言説的運動が駆動しはじめる。一般的情念や第一情念、行為の端点という想定は、運動の推移や名称の出来事性をあちこちに浮上させながら、情念の具体的な複数性を操作平面上に乗せるための梃子として大規模に展開していった。その諸効果を、さらにみていかねばならない。

第五章　過剰と秩序——一七世紀の問題構制《プロブレマティック》

一　中間性の形象

一章で予告しておいたように、情念をめぐる一七世紀の言説は、それが身体と魂との「あいだ」で生み出されるものであることに注目している。たとえば、英国国教会の選良であり優れた古典学者でもあったエドワード・レノルズによれば、「人間の魂にはそれ自身を考えたとき、そしてまた人びとの魂を比較したとき、二種類の欠陥が見出せる。魂のはたらきのもつ不完全性と不平等性である。このうち前者に関しては、魂がともかくも圧迫を受けるあの身体という弱点に帰するつもりはない。［楽園失墜以来］魂の能力それ自体に内在する暗さを認めないことになってしまうからである。……だが人間の理解力のはたらきの不平等性と差異は……多くの部分が、身体が道具として有している能力に見出せる相違、さまざまな気質や傾向から生じている」。それゆえ、

人間の魂の感覚知覚の仕組み (apprehension) におけるこの弱さは、魂そのものに帰属する直接的、本性的暗さ

［＝原罪］だけに由来するのではなく、魂が身体と共在していることからも由来するのであり、身体は［魂を］手助けし教化するには、本性的に向いていない（Reynolds[(1647) → 1996:12-13]）。

考えてみれば、なかなか強烈な発言である。身体をもっていることは、もともと人間にはあまりふさわしくないことだ、と言っているのだから。だがこれは、一七世紀においてごく標準的な言明である（ついでにいえば、ストレートにキリスト教的——その根幹は霊魂不滅説なのだから——でもある）。もちろん、そこから、身体とともに生きていくしかない人間の「魂」の諸問題が考えられていくわけで、むしろその点に、古代＝中世的キリスト教精神から決定的に切れていく、近代的なモメントが孕まれることになろう。この時代の思考が身体と魂をどのように同定していたかについては、次章で論じることにする。この章では、初期近代が、身体と魂の中間的形象としての情念をいかにして問題化《プロブレマタイズ》した／しえたのかを考察する。そしてまた、中間性という問題構成の周囲に結晶しているいくつかの主題群を追い、それらが一七世紀における社会もしくは政治体（Political Body）の感覚へと縒りあうさまを素描しよう。

前章の議論が、情念に対する体系論的考察（情念論）を経巡ることで、彼らの思考のさまざまな箇所にかかっていた静かで苛烈な緊張を再構成することを目指したとすれば、ごく大まかにいうなら、本章は、その自然な延長線上で見えてくる情念の倫理学的側面に、より力点を置くということになるだろうか。一方、次の章では、これらを引き継ぎつつ、情念の運動記述に中心的な焦点を移した議論が行われる、と整理することができるかもしれない（→一章五節）。もっとも、このような線引きは、対象となる当の言説自身が、平気な顔をしてあちこちで踏み越えてしまう、あくまでも暫定的なものにすぎないことには、十分に気を付けておかねばならない。

二　二重否定による迂回——情念論の基本論理

レノルズとかなり似た構えを取りながら、『情念の効用』におけるジャン・フランソワ・スノーの議論は、身体と魂の相関という主題を独特のかたちで展開している。彼によれば、原罪以前の理想の原初状態のなかでは、身体と魂とが分裂することはなかった。「情念の壊乱」は、人間が身体と魂という相反する要素に引き裂かれていることから生じる。情念は魂が身体と接触する平面上で発生し、非常にしばしば、身体を「反乱／反抗（revolt）」へと向かわせる。だが、「情念は魂の病であるという理由で……情念を除去することを主張したストア哲学」のように、悪の原因を身体に求めるのはまちがっている。「魂を身体から分かち、身体がもたらすこれらの動揺を免除することは、人間の成り立ちを投げ捨ててしまうのと一緒である。［魂という］この気高い囚人が、理性をもたない被造物たち［＝動物］の魂と同一の身体的機能に恩恵を被っているかぎり、彼女［＝魂］は情念を享受することを強いられている。そしてまた、魂が自らのはたらきのなかで感覚を利用するかぎり、彼女は希望や恐怖を実践的な美徳に用いることができる」（Senault[1671:4-5]）。物体（material body）としての身体（corporeal body）は、魂に生体としての限界を与えるが、それ自体は中立的である。身体は理性の臣下ではなく、むしろ単なる道具にすぎない。

注目すべきことに、中間性としての情念というこの形象を、スノーはストア派に対する批判的考察と結びつけている。一六世紀の人々が注目したストア哲学、もしくはその名によって表象される情念への否定的評価（→四章五節）は、一七世紀の思考にとっても重要なものだった。たとえばデカルトが身体によって生じる魂の受動＝情念に対する「抵抗」可能性を示唆するとき、明らかに彼は、初発の衝動のあとにコントロールせよと教えた古代の賢人哲学者めいた相貌を帯びている。「敵が町の城壁を包囲しようとしていると人びとが聞くとき、到来するかもしれない悪についての彼らの最初の判断は、魂の能動的運動です。この運動は、（想像力というべつの運動によって）危険の心像＝映像を脳に刻印することで、動物精気をして心像周辺の筋肉を収縮させます。この収縮により血液の流れが影響を受け、新しい精気が脳に送り込まれますが、高揚・励起状態にある動物精気は、脳のなかに、恐怖の情念を生み出す心像＝映像を生み出すのに一役買うのです」[*1]（一六四五年一〇月六日付けエリザベート王女への手紙）。

『情念の効用』の著者は、さらに大胆な戦略を用いる。そもそもこのテクストは、「われらが救い主イエス・キリストへの、著者よりの作品の献辞」と題された、キリスト宛の書簡（！）によって始められているのである。新約聖書ではときにかなり奔放に見えるイエスの言動を、彼は「キリストは怒っておられるように見えるときにも、それは徹底的に人間の救いのために演出されたものである」、「キリストの情念は意志によって完全にコントロールされており、その心は全き平静であった」と解釈する。これは、ストア派の核心にあったあの端緒的情念（propassion）の理論（→四章五節）を、キリストのみにおいて認められる、文字通りの原‐情念《プロパッション》へと変形しているのである。人を執着させ、苦しめる情念として結実する前に解体するという陶冶のプログラムは、ここではキリストの身体のなかにあらかじめ繰り込まれている。

情念の不在というかたちでキリストの身体を措定する試みには前例がないわけではなく、三世紀のオリゲネスが最初であるとされているようだ。贅言すると、オリゲネスの解釈もまた、ストア哲学との競争のなかで、それとの調停を迫られるという緊迫した初期教父哲学的文脈で出現したものだ。[*2]スノー自身がオリゲネスをどれだけ意識していたかはよくわからないが、[*3]イエスによる「情念」の演技を特異なやり方で演劇モデルに結びつけたのが、彼独自のポイントだろう。情念の表象を意志によって完全に制御できるイエスの特権的身体の想像的表象、それを仰ぎ見ながら営まれるのはしかし、人間的な情念の世界なのである。「あなた［＝キリスト］の友であれ敵であれ、人間の情念をあなたは正しく用いられたのですから、人間のなかにあるこれらの情念を、あなたに捧げることをお許しください。そしてあなたの情念［の演出］を褒め称えるために、私の情念を生贄にさせてください。そしてあなたの地上での生活を、あなたに忠実なる者たちに模範例として提出することをお認めいただきたいのです」(Senault[1671:b4l-r])。魂の意志を裏切る人間的諸情念の不透明な運動は、キリストの手前で編成され、あたかも彼に捧げられるかのようにして上演される。キリスト像における「近代化」が始まっているのだろうか？「キリストの模倣 (imitatio Christi)」の伝統において観想の中心点だった受難《パッション》の代わりに、*4 情念の零度としてのキリストの生理学（？）に注目点が移行する。本来は人間には近づけない特異点であるはずのイエスの「感情」状態を参照しようというのだから、考えようによっては、スノーの議論は相当に図々しい。

それはさておき、スノーとレノルズに共通している手つきが重要である。そこには、一六世紀までの思考には認められなかった、ある特徴的な屈折がたくしこまれている。彼らは一六世紀の新ストア派の人びとのように、身体性／情念に対する古代の否定的評価を素朴に復活させることはしない。かといって、けしからぬ異教的邪説として素朴に全面否定し、消去しているわけでもない。むしろ、情念を除去することによる賢人の完成という理想を、ひとまずは思考実験のための反照的な参照先として用いる。完全悪としての情念（の除去）というストア的理念を否定的媒介にすることで、（アリストテレス―）アクィナス以来の情念の価値中立性が再び回復していると言ってもよい。

いうまでもなくそれは、「適度な情念」の無害性という中世的モデルを再確認して復誦するためではない。キリスト教道徳の風土上で「異教哲学」をいきなり接ぎ木しようとした新ストア派に比べると、イデオロギー的にはだいぶん安定するが、否定の否定という回路を通ることで、情念は、不可思議な二重性を帯びた存在として規定されるに至るのである。それは、消去不能という意味において根元的に受動的であり、かつ人間＝身体の動因として究極的に能動的な存在として動能化される。*6 そのことで、さまざまな主題系が開かれていく。

三　初期近代における「過剰」――シャンブルと愛の病理学

たとえば、情念の過剰（Excess）あるいは過剰としての情念の言説化が、それによって生じた重要な変化の一つである。それ自体で決して望ましくはない情念が、にもかかわらず身体性の基底条件として貼りついている以上、その作動がどこから危険水域に入るのかを標定するための可能性の条件が問われる。一六世紀には、これはまだそれほど顕在化していない。過剰なものは、単なる人間的条件からの脱落か（悪しき欲望の劫罰として突然どこかで生まれた、もしくは遭遇した怪物《モンスター》への想像力）、端的な破滅（終末への恐れ）を予兆する、不吉なものとして語られて悪魔払いされることが多かった。裏返せば、「適度な情念ならば問題ない」（アクィナス）という感覚が、まだかなり持続していたともいえるだろう。それに対して、一七世紀初頭ごろから、ストア派のいう「魂の病」としての情念《ペルトルバチオー》の詳細な病理学的記述とともに、病の（自己）診断というプログラムが探られはじめた。

それは、一九世紀的な情念（情熱）の過剰とはまったく異なる主題系として構成され、それとは別の意味論的課題を担っていた。どこから先が危険な過剰なのかということが、情念の一連のレンジの内側から測られるしかないという条件は同じだが、この「内側」は、身体と魂の不可避な共在という事実性を、いわば、強引に魂の側に（魂の側「から」、ではない）引きはがして帰着させるようにして構成されている。つまり、過剰な情念は、他ならぬ魂において経験される危機でありながら、しかも同時に、身体の外形上の出来事であるかのように、ひどく即物的に記述される。身体の彼方にあって、それ自体で自律しているかのような、精神界における充溢した主観性《サブジェクティヴィティ》――正確さを期せばむしろ、そうした領域に内在でき、かなり自由にそれを召喚できると語ることによって確保されている何かが、ある時期以降の主観性であるというべきだが――、そうしたものは、ここでは不在なのだ。

もっとも頻繁に語られたのは、愛の過剰である。たとえば、フランス・アカデミー会員の医者マラン・キュロー・ド・ラ・シャンブルは、混乱した旧式の書き方の代表例として、デカルトに槍玉にあげられているが、心身二元論と機械論とが心理学的哲学を一方向的に進化させたという前提を取り払った目で見れば、一七世紀の思考様式のある部分をよく映し出している。愛の病――それは必ずしも比喩ではない――が進行し、危険なものとなっていく過程を、シャンブルは「診断」的かつ脚本めいたかたちで記述している。初期の段階では、「美［人］が魂に与える最初の傷はほとんど気づかれない。そして愛の毒がすでに魂に入り込み、全部位に広がっているのに、魂は自分が病んでいると信じないか、そんなにひどい状態ではないのだと考える。……彼女に会って喜ばせたいという欲望はごく穏やかなもので、どんなに厳しい知恵でも非難することはできない。魂自身もまたそれを是認し、礼儀にかなった、必要な義務なのだとみなす」。

だが、すぐに次の段階がやってくる。「この欲望が落ち着いていられるのも長くはない。それは少しづつ強くなっていき、魂の頻繁な興奮によって、欲望はそこに隠されていた火を燃えさせはじめる。そしてその炎を強くして魂を焦がし、呑み込んでしまう」。そのときには、「かつては楽しさと尊敬の思いのみをもって精神に差し出されていた［彼女の］あの心像が、高慢で権力的に振る舞いはじめる。その人の心像《イメージ》があらゆる瞬間に入り込んでは公然と主張して、精神を離れようとはせず、真剣な考え事をしているときにも混ざり込む。それはもっとも楽しいことを台無しにし、もっとも神聖なものを冒瀆する」。それは今や、われわれの夢のなかにも滑りこんでくる。「何も恐れるべきことがないときには、耐え難い不実さによって厳しく残酷な姿で現れたり、あるいは逆に、真に絶望すべきときに、虚しい希望によってわれわれを苦しめる」。

ここまでくると、「かつては子供にすぎなかった愛は、今やすべての情念の父となる」。それは、「一つの情念を生み出すやいなや、別の情念に場所を空けるために窒息させてしまうが、この新しい情念もまた、以前のもの同様あっさり命を奪う……残酷な父親」である。「この父親はただちに百もの欲望や思惑を生かしては殺す。希望と絶望、大胆さと恐怖、喜びと悲しみを次々と継起させ、怨みと怒りをあらゆる瞬間にほとばしり出させ、さらにはこれらすべての情念の混合物を目にする」。過剰な愛は、継起的な生起という情念の文法（→四章八節）を壊乱するのである。情念がキマイラのごとく産出されることで、適切な対象と結びつくことができなかったり、産出の速度が速すぎて、一つの情念が対象と結びつく間もなく、次の情念に追い払われたりする。このような混乱状況を見たとき、「猛烈な突風が巻き起こっては、荒波に吹き落としてはげしくかき混ぜ、雷鳴が雲を突き破り、光と闇が、天と地が原初の混沌に戻るように見える激しい嵐を想像しないでいるのは難しい」(Chambre[1650:25-27])。

過剰な愛は、社交＝会話《カンヴァセーション》をも遮断する。愛する人が不在のとき、彼がどこにいても、不安と苛立ちがつきまとう。友達と顔を合わせても、楽しいはずの気晴らしも煩わしいだけだ。光や人間を嫌う「奇妙な病」に取り憑かれているかのように、沈黙と孤独のみが彼を喜ばせるものとなる。夜の荒れ野に彷徨い出て、森や小川や風や星に触れて心を慰めるが、目はそれらを見ていて見ておらず、それらが呼び起こす愛する人の人柄を思い描くだけ。——典型的な憂鬱症《メランコリー》の症状である。そういえばロバート・バートンは『憂鬱の解剖』（一六二一）において、そもそもすべての愛は憂鬱をもたらすと述べていた。「多くの喜ばしいもののなかでも、女性がもたらし、英雄の憂鬱もしくは愛の憂鬱を引き起こす可愛らしさと美しさは、他の何よりもまさっており、愛と呼ばれるにふさわしい。男性が愛によって影響を受ける部位は肝臓であり、だから「英雄的」憂鬱と呼ばれる。なぜなら勇敢な武人や高貴な貴族やもっとも寛大な精神の持ち主が、これに取り憑かれるからである」(Burton[1621→1932:vol.3,40])。バートンは、「労働、食餌法、外科療法、禁欲」から始まり、「愛の始まりに堪えること、機会を避けること、場所を変えること、別の情念を惹起すること……魔術的治療法や詩的治療法」へと至る、その「治癒」の長大なリストを挙げている。その最後に来るものが「欲望を満足させること」、すなわち結婚なのである。ただし「この療法には賛成、反対さまざまな議論がある」のだが (ibid.[vol.3,189-257])。

シャンブルに戻ろう。愛は憂鬱症をもたらすだけではなく、蝶番の外れた語りを異常産出させるものでもある。「一人苦しむ夜が去った次の日には、愛する人と目の前で会うに決まっている。……そのときには、どれほど誇り高く大胆で雄弁な人であっても自らを低くして、言葉を失うことを恐れなくてはならぬ。……愛と同じ程度に激しい情念は他にもあるが、この情念くらい、精神になにごとか霊感を与えて、あれほど突拍子もなく、あれほど馬鹿げた言葉を吐かせるものはない。というのも、恋する人は、自分のいうことを信じてもらうためにどれほど注意と関心を払っても、ほとんど一つとしてもっともらしい言葉を言うことができない。彼の語ることや書くことはすべて、ひっきりなしの誇張である。彼は「身を焦がし」、「衰弱し」、「死にそう」である。彼は[恋という」牢獄、鎖、拷問のことしか語らない」(ibid.[28-30])。譫言めいた語り《ディスコース》は、愛の激しさを辛うじて軽減させる迂回路《ディスコース》なのである。

愛に苦しむ人の姿について、これほどまでに大量の比喩や警句や自虐的揶揄が投下されていることに驚かされる。このようなかたちでわれを失い、混乱しているさまを示すことが、愛の社会的規範でもあったのだが。愛する人は情念のあまり服装に気を使っていられないはずだから、ある程度の服装の乱れ——ズボンを腰に巻き付ける紐が結ばれていないなど——を示すことが恋する者のエチケットでさえあった時代である。だから、恋する者の語りが「壊乱」することもまた、定型性の範疇に属するともいえよう。

その意味では、敷衍《アンプリフィケーション》の技法を教えるのに「彼は女性に話しかけるあらゆる機会を逃すまいとする」という文を例に取り、この表現を修辞的に言い換えるには、「[話しかけられる相手である」若い機知に富んだ淑女たちの行動に着目して、以下のように記述せよと述べるジョン・ホスキンズも、シャンブルのごく近傍にいる。

もし彼女が黙っていたら、彼は彼女の沈黙と口争いしようとする。もし彼女が微笑めば、彼はそこから、彼女の［彼に対する］賞賛や好意を、あるいは彼自身の喜びや幸運を読みとろうとする。もし彼女が眉を顰めれば、彼は彼女の気持ちを動かして愉快な気分にしようとし、彼女が本気で怒っているのではないと言おうとする。もし彼女が軽蔑したら、彼は彼女の気質の真面目さに自分の言葉や行為の調子を合わせ、それと偽りの同盟を結ぶことで彼女の情念を誑かそうとする。もし彼女が歩いたり遊戯に参加したりしているときには、彼女の顔、彼女の目、髪、声、身体、手、歩きぶりを、そうしてよい理由があるものなら何であれ、あらゆる綺想を適用して褒めそやすことが彼の秘訣。ただし、それらのなかで仄めかされている忘れやすさや愛が、狡猾ではなく変化にも欠けていないかのような欺瞞的なやり方で（Hoskins[1599→1935:23]）。

愛は修辞を壊乱するように、多様な語りを生み出すが、それ自体もまた、敷衍のパターンとして、語りのなかに回収されるのである。

ある意味では、騎士道恋愛の定型をなぞっただけの、ごく平凡な愛の光景だ。――あるいは、サロン文化におけるその構造化としての、ロマネスクな恋愛というべきだろうか。*6 にもかかわらず、愛によって通常の回路から脱落した身体には、ときには死に直結する衰弱が待っている。

恍惚に関しては、それが愛から発するのはたしかだけれども、この語が多様な意味をもっていることに注意しなければならない。医者はしばしば恍惚を、熱狂状態もしくは狂気にある人がもっているような魂の極端な錯乱のことと解釈するし、またときには、感覚と運動の能力を突然奪い、［人を］驚かせた瞬間と同じ姿勢に身体を硬直させる、彼らが強硬症《カタレプシー》と呼ぶところの奇妙な病気と同一視する。霊に取り憑かれた人や神の聖霊によって忘我状態となる人においてそうなっているように、魂が身体のうちにあるか、身体から一時的に抜け出ているかを問わず、魂が身体に何の運動も生じさせないときに、真の恍惚が生じると信じる者もいる。しかし、われわれが語っていることがらは、身体が外的感覚や運動の能力を奪われているが、想像力と理性は働きを禁じられていないような、ある種の魂の忘我状態にすぎない。こうした状態は、魂を愛する対象へと結びつけるはげしい注意によって生じる。それによって魂はすべての動物的機能を喪失させられ、「愛する対象についての」思考に「動物」精気のすべてを用いることで、感覚・運動器官に流れなくなる。そしてこの忘我はときに、生命能力が魂からの影響をもはや受けないほどの過剰へと至る。その結果、呼吸が停止し、身体の自然的能力以外、生命を維持するものがなくなるのである（Chambre[1650:102-104]）。

恍惚は、身体的な欲望へと至る回路を遮断するがゆえに危険な異状《アノマリー》であるとシャンブルは語る。身体的欲望の遮断というこの論理が、精神性への昇華を愛の理念とするネオ・プラトニズムと同型になることに注意しよう（↓四章三節）。これは一方で、肉体に具現された形状の向こうに天上的な美――それはある意味で具現した姿の完成である――を透かし見ようとする一六世紀的な理念《イデア》主義が退却しつつあることの証左である。だが同時に、理念と異状との区別しがたさがこのようなかたちで出現しまうこと自体が、地上／天上の二元論がまだ完全には放棄されていないさまを表しているともいえる。

四　霊感と崇高

ところで、右に引用したシャンブルの文章のなかで、身体を衰弱させる愛の過剰が、熱狂（enthusiasm）に近似されている点は重要である。この主題は、過剰の問題系のもう一方の大きな潮流を構成している。この時期における熱狂は、主体的な没入や、それに付随する激しい興奮のことではない、あるいは、少なくともそれだけではない。もともとこの語は、人間を超えた存在に突然憑依されることを表すギリシャ語に由来する。観察される熱狂が一種の興奮状態であるにせよ、比喩的な意味ではないものとしての入神の経験への信憑が、この言葉の背後にある。つまり熱狂は、情念の過剰さが、超越的外部性との直接的接触において生じるものであ（りう）ることを示唆している。そこには、「強硬症」への医学的視線が超自然的なものと隣接しているとも、そうした外部性を馴致するために、過剰さが主題化されたともいえるような、不思議な意味世界が広がっている。

たとえば、敬虔主義《ピエティズム》の徒は霊感(inspiration)を尊重した。フランシスコ・サレジオによれば、霊感とは「内なる動因、心の動き、良心の痛み、精神の輝きであり、それによって神が、父なる神の愛と顧慮によって私たちの心を守り、美徳や慈善や良き決心に、いや私たちの永遠の善に役立つあらゆるものにわれわれを目覚めさせ、動かし、せき立てる」(Sales[1609=1961:76])。ただし、――男性に結婚を申し込まれた女性が、熟慮の末に同意するようにして――霊感に対して主体が「同意を与える」ことが肝要である。そのようなかたちで霊感を「喜ぶことが、神に栄光をもたらし、神を喜ばせる」。霊感に「同意する」という契機の挿入は、霊感なるものを、すべてを神の導きだと無批判に賞讃する信仰的態度のみに帰着させられないことを示している。サレジオは、真正の霊感に「同意しない」ことを戒めているだけではない。悪い男に騙されるように、偽の霊感に迷わされることもありうる。きちんと見極めるために、人間が理性を働かせなくてはならない。しかし、理性の自発的働きを強調しているからこそ、主体の「外から」到来する超越的な呼びかけもしくは啓示という出来事が「ある」とされていることが、かえってくっきりと浮かび上がる。

人間的領域の「外から」や到来する入神あるいは霊感は、人間主体の内部では、情念として経験されるほかはない。人間的情念は入神／霊感の領域と連続しており、両者はしばしば入り交じる。たとえば擬ロンギヌスの『崇高について』が受容されたのも、こうした文脈においてである。このテクストは、弁論を範型に取りつつ、語りがいかにして崇高たりうるかを論じている。擬ロンギヌスにおいて、崇高（sublime）という概念は入神と密接に繋がっている。崇高な語りは聞き手の情念を高揚させ、恍惚へと至る「魂の上昇」をもたらす。「とき、ところを得た真正の激情ほど崇高なものはない……それは狂気のいぶきを霊感に憑かれたごとくに噴出させて、ことばを常ならぬものにする」（Longinus[1995:95]）。そのようにして崇高は「人間をほとんど神の位置まで高める」のである。

三章で論じたように、古代修辞学《レトリケー》とは、発想、配列から講演法へと至る五つの位相を相互調整することで、導入―陳述―論証―結論という結構を構成する技法だった（→三章二、三節）。擬ロンギヌスもまた、崇高を構成する要素として、弁論者／書き手の考えの偉大さ、「神の息吹が入ったような」激しい情念、文の構成、文章の高貴さを構成する比喩、威厳と高貴に満ちた文章の構成（語順、リズム）の五つの要素を挙げているが、このテクストにおいては、五分法はほとんどバラバラにされている。五分法はあくまでも、崇高という現象が発生する蓋然的契機にすぎない。言い換えれば、崇高は事前の計算によってしつらえられるものではなく、したがって崇高に積極的な定義を与えることはできない。それは、卑小な、熱意に欠けた、あるいは比喩の技巧が先走ったわざとらしいものでは「ない」ものというかたちで、否定的規定を重ねることでしか表現できない。崇高は「稲妻の一撃のごとくすべてを打ち砕いて」――情念の比喩としての嵐――、弁論者の真の姿を浮かび上がらせる（ibid.[79]）。全体の構成のできぐあいではなく、むしろしばしば唐突ですらあるようにして突出する語り＝文の局所的効果として、崇高が把握されている。[*7] ルイ・マランの表現を借りれば、「崇高の場とは論理学的ないしは修辞学的なトポスではなく、言説の環境・個別的発話行為の関係性（ある発話者からある発話受信者への）を「取り巻く」ものを特徴づけている……。崇高は、今日なら語用論《プラグマティック》と呼ばれるであろうものに、あるいは環境・個別的状況・感覚的効果の芸術に属している」[*8]（Marin[1995=2000:199]）。

『崇高について』は一六世紀半ばに西欧に翻訳紹介され、一七世紀から一八世紀にかけて（とりわけボアローによる一六七四年の仏訳以降）さかんに言及されるようになっていった。一七世紀におけるその受容は、修辞学に添って行われており、その点で、一八世紀中葉以降のバークやカントらのそれとはちがっている。ボアローは、崇高を「語り《ディスコース》のある種の絶頂と卓越」と定義している。彼は「崇高 (sublime)」と「崇高性 (sublimité)」とを区別しており、前者を文体に、後者を文体が描き出す対象の性質に割り当てる。ごく単純化すれば、一八世紀以降、対象に付属する、ボアローのいう「崇高性」が自律していき、むしろそれこそが崇高と考えられるようになっていくわけだが、一七世紀における崇高は、基本的には文／語りの効果のことだった。[*9] 古代修辞学の正統からすればかなり非正規的なやり方で「環境・個別的状況・感覚的効果」を強調するこの書物は、修辞学の組み替えと断片化そして／あるいは、それによる情念の出来事化という、初期近代の問題構制《プロブレマティック》を刺激したのである（→三章七、八節）。情念と入神との連続性をめぐる諸問題は、そのなかで（再）発見された。文／語りのなかにあり、またそれを通して、ある外部性の領域が（主体の内部に）構成される――あるいはむしろ、外部性へと連れ出されていく。そうした働きが注視の対象となったのである。

　とくに注目すべきなのは、情念論の枠組みのなかで、崇高があの驚異《アドミラチオ》の概念（→四章八、九節）と二重に結びつけられていることだ。一方には、崇高を契機とし、またそれを構成する情念の仕組みを解剖しようとする自然学的指向が成立する。これは近代が付け加えたものの一つだ（擬ロンギヌスは「激しい情念」を強調しているものの、その激しい情念や、あるいはそもそも情念とは何かについての分析はまったく行わなかった）。他方で同時に、主体に差し込んでくる驚異という情念の経験が、それをもたらした外的対象の超越性を担保するかのような思考が働く。敬虔主義的な霊感の地平が逆向きになぞらえられるのである。その意味では、擬ロンギヌス自身が崇高な文体――つまり人間が作った言葉の世界――の一例として創世記に言及していたのも大きかったのだろう。「同じように、なみならぬ才能の持ち主であったユダヤ人の律法家も、神の力の偉大を的確にとらえて書いている。その律法の最初にまず「神は言った」と書く。何を。「光あれ。そして、光があった。大地あれ。そして大地があった」」(Longinus[1995:100]、強調は引用者)。批判含みでこの一節が注目されたことが、初期近代におけるこのテクストの評判に、明らかに一役買っている。[*10] 崇高／入神の高みを情念の物質的《コーポリアル》=肉体的次元に引きずり下ろすような、あるいは逆に、情念のある特定の様態を彼岸への橋頭堡とするような揺らぎが重要だった。シャンブルが描いた愛の熱狂も、こうした揺れの内部にある。シャルル・ルブランが崇敬(veneration)の表情について述べるとき、彼はシャンブルより積極的に、この両方の側面を跨いでいる。

尊重が崇敬に至るとき、眉は尊重と同じ[であり、付け根が下がり目元が少し上がりながら、目の上で大きくせり出す]角度だが、それよりもやや低く、顔もまたより俯く。しかし瞳は眉の下で上向きになり、口が開き、口元は[尊重よりも]少し引っ込んで、下向きになる。このように眉や頭が[尊重より]下がるのは、自分より上であると信じる対象に対して魂が感じる服従と尊敬とを示している。上向きの瞳は、魂が考慮し、崇敬に値すると認めた対象の上昇を徴づけているように見える。

しかし、この崇敬がわれわれの信仰を要求するものであるとすれば、この場合、顔の諸部位はさらに下を向くことになる。……(LeBrun in Montagu[1994:133])

物質性と超越性のこうした接続は、権力者の地上的威光を神のメタファーで語る政治文化にとって、必須の様式だったといえるだろう。地上の卑小／彼岸の崇高という対比を政治の領域に転用する絶対王政の図像学の無意識的実践のなかで、崇高が修辞からイメージの次元へずれこみはじめていると見ることもできる。[*11]

五　熱狂の曖昧な内部化

しかしもちろん、情念と入神との通底可能性は、絶対王政的政治文化が利用できる安全な資源などではなかった。情念と入神とを識別しなければならない局面が出現するとき、これは危険な状況たりうる。

何よりも入神／熱狂の原義が、雄弁にそのことを語っている。西欧はこれを、バッカス神のオルギアやデルフォイ神託といった、古代の異教の祭祀的憑依現象にのみ当てはまる話だとすませるわけにはいかなかった。キリスト教の公式教義も、聖霊による直接的啓示の可能性を認めているからである。[*12] じっさい、宗教改革の一六世紀は聖霊主義《スピリチュアリズム》が突然復興した時代だったし、一七世紀においても、神から直接に啓示を受けたことを根拠にして、自己の教義の真理性を主張するセクトが数多く現れている。聖霊の存在は教義的には否定できないが、他者からは検証するすべがない直接的体験をもとにして、セクト同士が主張してぶつかりあえば、それこそ宗教的な自然状態を発生させてしまう。熱狂を警戒し、囲い込む動きが生じてくる。たとえば、一六世紀における以下のような攻撃的な言説を見てみよう。「再洗礼派第七教団は、混乱した狂喜する兄弟たちの教団であって、彼らはまた熱狂者、恍惚者と呼ばれている……彼らは聖霊［の働きを］を大いに自慢しており、……聖霊の働きがやってくると、彼らの顔は恐れにおののき、おぞましい身振りをして、あたかも病に襲われたかのように地上に倒れて長々と伸び、死者のように横たわる、しかも長い間にわたって」（Heyd[1995:15]）。

ここに表れているのは、熱狂をその過剰のゆえに論難すること、そして過剰を何らかの指標において指し示すことからなる二重の操作である。日常的・規範的な身体所作を逸脱する信者の身体の奇怪なねじれに着目することで、信仰の中身自体を否定的に切断しようとする語り方が生み落とされた。身体の指し示しは、決疑論以上の蓋然性をもちえないが、そのことが暴力的に消されてしまう。じっさい、決疑論はしばしば暴力とともに遂行された。多くの場合、セクトの熱狂に対する批判は、一六世紀においては他のセクト集団によって担われていたのだ。[*13] 集団的な感染現象としての熱狂を告発する言説自身が、熱狂に取り憑かれていたかのように。

だとすれば、愛の熱狂を語るシャンブルは、むしろ危険な錯乱的情念と真の熱狂／入神との識別の困難さという危険を（も）指し示していたことになる。たとえば、彼が行っているような、ある種遊戯的な熱狂の考察と、宗教的熱狂をそれ自体めぐる言説群との接続をとってみよう。さきほど述べたように、一六世紀には狂気に対する狂的な裁断という様式が目立つのに対し、一七世紀以降、セクト的循環からは距離を取り、熱狂と正常とを区分できる中立的地点を確保しようとする動きが始まる。その開始点の一つが、古典学者メリック・カゾボンによる『熱狂に関する論考』（一六五五）だろう（Cassaubon[1655 → 1970]）。カゾボンは、熱狂をギリシャ語の原義へと差し戻したうえでその諸形態の系譜を辿っている。その分析は「神占的入神」からはじまり、「思索的・哲学的入神」「修辞的・雄弁的入神」「詩的入神」「祈りによる入神」の各章へと至る（これ以外にも彼は「音楽的」「戦闘的」「官能的」入神／熱狂の各章を構想していたらしい（ibid.[23]））。

この書物の論理構成は、以下のようなものだ。(1)彼は入神あるいは熱狂現象に、「自然的原因」と「超自然的原因」という二つの源泉を認める。(2)古代ギリシャに対する文献学的知見を駆使して、「超自然的原因」による入神現象の事例を紹介し、考察を加える。言い換えれば、(3)「超自然的原因」の分析対象から、キリスト教内部の事象は外されている。同時に、(4)キリスト教から見れば、それはあくまでも異教の怪しげな事例であり、定義上、それを真正の超自然的原因とするわけにはいかない。このようにして、超自然的原因の存在如何についての議論を封じてしまう。したがって、(5)実質的な検討を加えられているのは「自然的原因」がもたらす入神／熱狂のみであり、人間の諸行為がある特定の条件のもとにあるとき、このような現象が生じるとする。こうした迂回路を取ることで、明らかにカゾボンは、聖霊主義とそれが主張している真正の超自然的原因とのつながりを解除しようとしている。情念にたやすく働きかけるその自然的原因がいかなる要素によって構成されているかを暴露し、「理性ある人」ですら陥りがちな「信じやすさ(credulity)」への警戒を訴えること。しかし、それは同時に、熱狂の輪郭を拡散させていく。至るところに熱狂への道が見いだされてしまうのだ。とりわけ徴候的なのは、「思索的・哲学的入神」「修辞的・雄弁的入神」を論じた二つの章に、もっともページが割かれていることだ。それらは言語的活動それ自体のなかに潜り込む熱狂／霊感の因子を扱っている。理性的能力の行使においても、人はしばしば入神／熱狂の力に容易に感染するのだ。だからこそ彼は、さまざまな事例をひたすら引証し、分類し、列挙していく。理性は熱狂を、感染が生じるその同一平面上ではあれ、少なくとも観察することはできる——いささか不器用な身振りのなかで、彼はそれを示そうとしたのだろう。とりあえず列挙しつづける身振りが区分可能性を代補するのである。

このようにして、超越的次元の「入神」は、身体の外形上で出現する「熱狂」へと次第に読みかえられていった。熱狂現象が指し示している信仰の内実やその問題性を実質的に空所にしていきながら、身体上で発現する過剰な情念（の一形態）として入神／熱狂が語られるようになる。シャンブルによる恍惚と熱狂の同一視は、おそらくそうした時点における言説の一例なのである。彼にとっては、熱狂とは神への過度の愛であり、それゆえ女性への愛の過剰をめぐる議論のなかに自然に代入されている。そこでは、熱狂を情念の逸脱形態として説明する一方で、情念を熱狂によって近似するという、不思議な循環が発生している。

この解釈図式は、「結局のところ、すべてが身体内で生じている情念の作動の効果にすぎない」という還元では——少なくともこの時点ではまだ——ない。たとえ情念が内的作動であるとしても（それはたしかにそうなのだが）、人間はそれを把握することができない。それゆえ、すべての情念が、「外から」入り込む不可思議な霊感の小さな似姿になるともいえる。熱狂とともに語られていた恍惚(extasy)とは、そのようなものだったのだろう。情念の理論は、身体を貫いて憑依する力の直接的経験を前提としており、かつ同時に、それを内在的に説明できない。一七世紀人には、いわばそのような作用が「ある」ことだけが分かる。その意味でも、熱狂という主題は、情念の体制の重要な一側面を、きれいに映し出している。[14]

すべてが情念の作動として説明できるようになるのはいつからか。一八世紀初頭、転向者の文体が出現するのが興味深い。ヘンリー・ニコルソンという人の『明らかにされた新預言者どもの虚偽』(一七〇八)は、かつて熱狂者だった自己の姿をこう描き出している。「そしておそらく、彼ら(＝偽預言者たち)の想像力が明らかにそうであるように、もし私の想像力が酩酊した空想《ファンシー》に導かれていたとしたら、これが私の場合だったのかもしれない。他のいくつかの事例において認めることができるように、この空想は、動物精気を不自然な度合いまで燃え立たせる。そして身体の激しい動きは、興奮した血液に熱を与える役割をして、過熱した精気をひっきりなしに神経に供給し、激しい興奮状態と妄想的印象を強めて持続させるのである」(Heyd[1995:200])。熱狂者の狂態を外部視点から裁断するのではなく、かつて熱狂に囚われていたが、今は理性の側に帰ってきた人間に報告させること。しかし、これは内省なのだろうか? かつての自己の主観的状態が、まるで第三者の診断書であるかのように記述されている。動物精気の体内機構の生理学がそこに滑りこんでいるが、過去の自分と今の自分とを分かつ時間的懸隔をアリバイとして用いることで、この診断が客観的事実なのか単なる推測なのかがあいまいになり、告白と生理学との境界もぼやけてしまう。まさにそのようなかたちで、集団で熱狂する「彼ら」と一人で書く「私」のあいだの懸隔が確保されている。語彙の水準では共通しているものの、おそらくこの時点で、情念の体制はほぼ終わろうとしている。

こうした往還を何度も繰り返しながら、一八世紀以降、熱狂の外形的観察という課題は、宗教的真理／非真理への切迫した関心という枠から次第に外れていくことになるだろう。「多数の人間のなかで引き起こされ、外観によって、あるいはいわば接触や交感《シンパシー》=感応によって伝染するあらゆる情念をパニックと呼んでもかまわないだろう」（シャフツベリ『熱狂に関する書簡』）[*15]。狂信者たちの熱狂を真正面から弾圧するのではなく、その集団的な硬直を昇華する、上品な嘲弄としての笑い（raillery）という個人的技法によって対峙すべきことを説いたシャフツベリを経て[*16]、「クエーカー（痙攣する人）」の身体所作を、信仰と健全な社会生活にとっての脅威としてよりも、人間の愚行絵巻の一幕として描いたホガースの哄笑へ[*17]。もしかしたら、過度の宗教的恍惚を偽装された性的興奮にすぎないとほのめかしつつ、「ヒステリー」を詳細に描写する、一九世紀的精神医学の科学的「熱狂」は、こうした熱狂批判の系譜にはるかに連なるものなのかもしれない[*18]。

六　秩序を問うこと

過剰で危険な情念が、さまざまな領域で浮上するとき、過剰に対する意味論的対処の必要性が生じる。とはいえ、危険が事実として安全化するという意味ではない。前節で示唆したように、そこには掛け値なしの暴力や排除が伴うこともあったのだから。そうではなくて、危険を危険として登記できる意味空間が開かれたとき、いずれにせよそれは対処されうるものとなっている。「いかなる方策においてもその危険を避けることができない」という認識もまた意味論的対処の一つになりうる、という意味において。

さまざまな領域で問題化されつつあった情念の過剰さに対して、一六世紀から一七世紀にかけての人びとが示した対処可能性の答案は、「完全に解決不能」というほど悲観的なものではなかったが、かといって「危険」の言説化が予定調和的に安全に至るといった楽天的なものでもない。じっさい、さまざまなことが行われていた。個々のケースごとに状況を観察し、分類することで何とかやりすごすこともその一つだ。場合によっては、端的に見ないことにする方策も取られただろう。だがそれだけでなく、一般化された技法へと結実するには至らないものの、より大きな水準でこれらの個別的対処を包含する、新しい意味論形式がもたらされた。

「情念の使用／利用（l'usage de la passions）」という課題設定の意味はそこにある。魂はしばしば情念に感染し、また、誰かに取り憑いた情念が他の人びとへと伝染していくが、そこに人間的な利用・効用の可能性を読み込めるかぎりにおいて、そうした資源を人間のなかに備えさせた創造者の存在を信頼することができる。あるいはむしろ、除去できない情念が混乱をもたらすからこそ、その使用法を見いだせると考えるしかなくなる。神の似姿である理性への信頼から、使用／利用の現場における事実性の水準へと、秩序の成立可能性が一段向こうにずらされる。いや、近代的な秩序の問題構制のプロトタイプが、より正確には、問題構制《プロブレマティック》の意味論が、そういうかたちで成立したというべきだろう。つまり、それによって安定的に解決されるような機制《メカニズム》の発見ではなく、むしろ、自らを世界に対して秩序づける原理をもたないものが、にもかかわらず何らかのかたちで制御されているという事態の形成可能性をめぐる問いかけとして、「秩序」が構成されている。*19

こうした秩序の問題構制は、理想的な秩序状態に対して社会が伝統的に保持してきた、しばしば宇宙論的な概念とは不連続である。たとえ伝統的語彙を借りていようが、また、ときに伝統への回帰の願望という表現をとることがあるとしても、新たに生まれつつある問題設定においては、秩序では「ない」（可能的）状態を視野に含みこんだかたちで、秩序が問われるようになっている。秩序外的な混乱や過剰を包含するという意味で、秩序の問題系は、いわば秩序／非秩序という対立関係自体の「秩序」を探索していた。それ自体が、伝統的秩序観が決定的に破壊されていることの証左である。ただし、それはまだ、秩序／非秩序を「外から」一望するような視線を構成するには至らない。それゆえ、本性的に秩序壊乱的であると同時に、にもかかわらず、そこからしか秩序を構成できない何かとして、情念の把握が、必然的にこの新たな問題構制の中核に据えられることになる。

ここには補助線が必要である。本源的な過剰性を抱え込む情念に対しては、じつはもう一つ、大規模な意味論的解決がありうる。情念は非社会的な存在であり、これを除去できないとすれば、端的に「外から」抑え込むしかないとする考え方である。現代の社会理論家たちは、この選択肢にもっぱら関心を集中させているわけで、どちらかといえば、こちらの方がむしろ分かりやすいのかもしれない。そしてそのとき、ホッブズが、この発想を理論的に発展させた典型例として、理論家たちの念頭に置かれている。たしかに『リヴァイアサン』におけるホッブズの議論は、情念の非社会性と秩序形成とを調停するという課題に、もっとも直截なかたちで応答している。

けれども、じつは「外から」抑え込むという論理形式にも二種類ある。一つはホッブズのように、いわゆる社会契約説の体裁を取るものである。望ましからざる諸帰結をもたらす危険な情念の作動は、統治権力が強制的に抑制するしかないが、強制を働かせること自体に関しては、人びとが自発的に同意したとする。しかし、情念の抑圧を主張する言説のすべてが、ホッブズ的論理構成を採用していたわけではない。主体の自発性を書き込んだことにおいて、彼はむしろ相当例外的なのである。もう一つは、そもそも社会契約論を取らない議論だ。つまり、情念の非社会性と抑え込みの必要性だけを語り、人民の同意の水準を問題にしない。この種の論理構成をとった議論にもいくつかのタイプがあるが（圧倒的に多いのは、アクィナス的＝中世的な「欲望の適度な抑制」を繰り返すキリスト教道徳の言説だろう）、注目すべきは、明瞭にポスト・ホッブズ的な言説に見いだされる独特の理論である。

ダニエル・ゴードンの興味深い研究が、そのいくつかを紹介している。たとえば絶対王政の理論家だったジャック＝ベニーニュ・ボシュエの『聖書の言葉から引き出された政治学』（一七〇九）は、すべての人間は、神の子であること、アダムの子孫として血が繋がっていること、経済的必要によって結合し、社会を形成することという三つの共通項をもつがゆえに、お互いに愛し合い、社会生活を営む自然な紐帯があるとする。だが、この望ましき結合状態は、情念によって破壊され、損なわれている。人間たちを結びつけるべく神が与えたこれらの紐帯にもかかわらず、人間の本性は原罪によって堕落しており、もはやそのままのかたちでは社会生活に適さない。それゆえ「情念に対する歯止めとして」統治＝政府が必要であるとボシュエはいうのだが、統治＝政府が人間本性もしくは情念の規則から内在的に導出される過程を、彼は一切論じないのである[*20](Gordon[1994:56-57])。

ボシュエはホッブズをいわば意図的に空洞化している。とくにフランスでは、一七世紀の終わりごろから、この種の議論が多く産出されたようだ。主君の絶対権を人民の合意から「説明」してしまうというホッブズの構図がもっていた根源的な危険さを考えれば、絶対王政が順調に中央集権体制を進めていった旧体制《アンシャン・レジーム》下の社会にマッチする言説だったのだろう。自己保存の危機が恐怖の情念をもたらし、理性計算に基づいて内発的に契約を選択するというホッブズの思想は、情念のカテゴリーの変形可能性に繫留されているが、ボシュエの論理構成では、情念をそれ自体として注目する意味そのものを蒸発させてしまいかねない。その意味で、情念論の外部に出てしまっているところがある。

おそらくアウグスティヌス主義の派生形態の一つでもある、こうした言説の位置づけは微妙である。フランスの社会思想史においてどう評価されるのかはよく分からないが、かりにボシュエのような議論を旧体制における反動的言説だと呼んだとしても、とくに何かが明らかになるようにも思えないのだ。もしかしたら、妙にあっけらかんとしたこの語り方は、統治あるいは「社会」の事実性を追認する操作の一パターンであり、そのことで、一八世紀の意味空間へと直結していったと考えられるかもしれない。しかし同時に、単なる問題放棄にも見える（しかし、だとしたら、それはどのような意味論を構成するのか）。このいずれと考えるべきか、判断が難しい。ただ、こうはいえないだろうか。なるほどボシュエに比べればスノーやレノルズは、情念の結合・変形法則にはるかに内在して世界を把握しようとしている。が、彼らにしても、自らのうちに秩序形成能力をもたない情念の「使用」が、なぜ上位の秩序を構成しうるかを論証できているわけではない。そのかぎりでは、情念の規則と統治の必然性との内的関連を空洞化しているボシュエと等位である。等位であるがしかし、志向は明らかに異なっている。そうした異なる言説群が併存してしまう……。

論証できている／いないをめぐる感覚自体が、現代と異なっていると言った方が、むしろ実情に近いのかもしれない。ゴードンによれば、ホッブズは近代自然法の発想に従って情念と社会構成との関係を論じた人である。近代自然法の発想は、(1)すべての人間にとっての客観的「必要」や「利害関心」の存在、(2)すべての人間の主観的傾向あるいは「情念」、(3)法や政府の介入なしで展開する、もしくは展開するだろう人間の相互行為の力学、これら三者間の関係を考察するという形式を取る。それゆえ思考の様態は（a）世俗的である。つまり聖書の権威に依拠しない（b）非歴史的である。特定の文化や社会構成を一次データに用いないという特徴をもつ（Gordon[1994:55-56]）。ボシュエのような議論は、このうちのいくつかが欠けているというわけだ。近代自然法や社会科学の歴史という視座を取るならば、きれいな整理である。だが本当のところは、むしろホッブズでさえ、「特定の文化や社会構成」に強く接触している側面があるのではないか。

七　移行する「視線」

たとえば、名誉／礼儀の一七世紀における変容のなかで、ホッブズはどのようなことを語っているか。

二章で見たように、一六世紀においては、礼儀は名誉によって構造化されるが、名誉に内在している本質的な不安定さによって脅かされてもいた。名誉はつよく個体的な原理であり、他者から深刻に疑われたときには断固たる闘争を避けるべきではない。かくして、優美さの規則と決闘の規則とがお互いを支え合うに至る。言い換えれば、社交状態の維持あるいは切断を礼儀的相互行為の平面上の出来事として理解しつつ、「礼儀正しい」戦闘者がこの平面の外に立ちうる回路を、少なくとも一つは承認していた。

礼儀と暴力のあいだにあったこの連関は、一七世紀以降、複数の箇所で失調していった。決闘の言説化はつづいているし、またしばしばじっさいに闘われてもいたが、決闘を名誉と尊厳を守るための必要悪ではなく、秩序に対する壊乱をもたらす私闘にすぎないと見なす態度が、世紀の中頃になると急速に浮上していく。そしてときには、礼儀が決闘と対立項に置かれさえする。戦闘を避けない勇気が礼儀の背後で通底音を響かせているどころか、礼儀こそが粗野な暴力への傾向を防止するプログラムなのである。ポール・ロワイヤル派のジャンセニストであるピエール・ニコルはこう言っている。「人間の理性を基準にしても、われわれを喜ばせるべき礼儀はほとんどない。なぜなら誠実で公平なものがほとんどないからである」(Nicole[1676-84:vol.1,284-285])。「われわれは、当世流の紳士ぶり《ギャラントリー》という語の下に、最大の犯罪を覆い隠している。復讐をし、決闘で敵を殺し、傲慢でそっくりかえった態度で侮辱をはねつける者が、当世の紳士なのだ」(Nicole[vol.2, 275-6])。

かくして礼儀は、当初の戦闘者的エートスから切り離される。そのことにより礼儀は、あるいは空虚な装飾的作法として形骸化したり、あるいはまたニコルやパスカルらのように、貴族という階級性を越えた、より普遍的な人間学の水準──もしくは一種の「ブルジョア化された(?)」内面性の倫理[*21]──に接続していく。そんなかたちで、複数の様相へと分散しながら変質していくだろう。そのなかで、名誉をめぐる意識も大きく展開していった。「愛の誤った働きという水源から、全世界を水浸しにし、人が自らを救うことがたいへんに困難な洪水を引き起こす、三本の川が流れ出る。……一つは美への愛であり、これを色情と名付ける。二つ目は富への愛であり、これを貪欲と呼んでいる。三つ目は栄光への愛であり、野心と呼ぶ。……このうち野心がもっとも高慢であり、強力である」(Senault[1671:219-220])。野心や虚栄心は、ときに破滅へと至る、貴族特有の宿痾なのだ。「自身の死後でないと生じない良きことのために自分たちが働いていること、これほど多くの危険な行為から、せいぜい墓所が飾り立てられたり、歴史のなかでいくらかの褒め言葉がもらえることぐらいしか期待できないことを学んだとき、「人間という、賞賛に」仕える奴隷に報いることはなはだ少ない、ちょっとした賞賛の約束によって、何度も彼らや彼らの隣人たちの血を流させる偶像を渇望することをやめる」。このようにして「名誉の虚しさが、野心的であった人の幾人かを癒したことがある」とスノーは言う――つまり、ついに癒されなかった人間がはなはだ多いということだ。

名誉はますます、名誉の過剰あるいは病理状態と同一視される、あるいはむしろ、それによって定義されるようになる。名誉ある人の栄光(glory)が虚栄心(vainglory)へと堕落していったと言ってもよい。しかし、そのすぐ横で、演劇形式をはじめとして、名誉/栄光の過剰による破滅のさまがくりかえし主題化される。それもまた、名誉の形式化の表れだろう。それは生きられるリアリティというよりも、ある種の様式化の享受であり、距離を置いて鑑賞される対象となりはじめている。*22

このようなかたちで、名誉の意味論が終焉しつつある。薄明を切り裂くように、ホッブズはこう書き付ける。

したがって人間の本性のなかに、われわれは三つの主要な争いの原因を見いだす。すなわち、第一に競争、第二に不同意、第三に栄光である。……第三の原因は、言葉や笑顔、意見の相違、あるいは、直接本人のことであれあるいは親族、友人、国家、職業、家名といったものによって間接化されたものであれ、その他あらゆる見くびりの徴《サイン》といった瑣事のために、暴力を用いる(Hobbes[1651→1968:185])。

「人間の本性」の平面上で、一六世紀の名誉/礼儀のゲームは、卑小な欲望という正体を露呈する。今やそれは、社会的資源や政治体制との関連において把持されるべきものなのである。決闘が礼儀にかなうかどうかなどどうでもよい。「お互いにどのように挨拶すべきとか、人前での口のゆすぎ方やら歯のほじくり方やら、その他もろもろのどうでもいい品行(Small Moralls)」にすぎないものに、「礼儀」などという名前をつけて有り難がっているが、こうした虚辞を取り払ってしまえば、決闘は剥き出しの暴力という本態を露わにする。そうではなくて、「人間が平和と統一のうちに共存することにかかわる……流儀(Manners)」を見いだすことこそが肝要なのである(ibid.[160])。

反秩序を名指すことから始まる社会理論が、ぼんやりと姿を表しつつある。この向こうには、一八世紀初期のマンデヴィルから始まる政治経済学《ポリティカル・エコノミー》の稜線が続いているし、さらに一八世紀後半以降、秩序壊乱的な諸作用の原理的な制御不能性を、諸作用が事実的にもたらす諸効果の測定によって代補する(より正確には、その可能性を検証しつづける)思考様式へと転態していくことになるだろう。ベッカリーアの『犯罪と刑罰』(一七六四)を代表として、私闘状況の社会的規制というこの課題は、一八世紀の後半に至るまで言説化されつづけるが、それはあくまで、そのうえで秩序を構想する仮想的な試金石としてのことなのである。この仮想化は、決闘それ自体の意味の変質とも連動している。一八・一九世紀における決闘の(散発的)実践と、ロマン主義以降の地平におけるある種の大衆化は、もはや初期近代におけるそれとは直接の関係をもたない。怒りもしくは不和の「個性的」表現として、決闘を突発的/不連続に選択しうるものになったとき(一九世紀の文士たちのロマンティックな決闘のように)、礼儀/名誉の意味論がそこに籠めていた意味はまったく喪われている。そのときそれは、一九世紀的な情念《パッション》=激情の意味論に従うものとなる。

しかし、後代におけるこうした展開過程を先取りするのはやめておこう。諸情念や賞賛、名誉といった現象に力学的=幾何学的定義を与えていくことを標榜するホッブズの文体にしても、記述対象に拘引されて引き延ばされるとき、しばしば一六世紀のものと見分けがつかなくなる。重要なのはむしろ、そのことなのだ。

> 何らかの種類の手助けを求めて誰かに懇願することは、名誉とする/名誉を与えることである。なぜならそれ

は、彼が助ける能力／権力をもっているという意見をわれわれがもっていることの徴《サイン》であり、助けが困難であればあるほど、名誉の度合いも大きくなる。従うことは……、大きな贈り物をすることは……、他人の利益になるように精勤すること、また諂うことは……、いかなる有利さや機会であっても他人に道や場所を譲ることは……、他人を愛している、または恐れているという徴を示すことは……、賞賛し、賛美し、幸福を言祝ぐことは……、配慮を持って他人に話しかけ、慎ましく謙遜な態度で彼の前に出ることは……、他人を信じ、信頼し、頼ることは……、人の助言、あるいはどのような話であれ、耳を傾けることは……、自分が名誉の徴であると考えること、あるいは法や慣習がそのように定めていることを他人にしてあげることは……、意見に同意することは……、模倣することは……、他人が名誉とする人に名誉を与えることは……、助言や困難時に起用することは……、名誉とする／名誉を与えることである (Hobbes[1651 → 1968:152-154])。

こうした記述が「名誉の記号について」「助言の義務について」と題されて、宮廷論の一章に登場したとしても不思議ではない。情念の反秩序性が見いだされたとはいっても、それは個々生起する社交《カンヴァセーション》＝会話の圧倒的具象性のうえに辛うじて被せられる、薄い皮膜のようなものなのだ。

つまり、秩序の問題構制は、厳密にいってほとんど視線の移行だけによって支えられている。そして、視線の移行が文体の圧縮と引き延ばしの落差として発生する以上、それは、この言説空間における文体効果にほぼ等しい。むしろ、書くことの自覚されざる出来事性と表現するべきかもしれない。「近代自然法」やその形式化としての構成主義理論のようなものを暗黙裏に想定して、論証できる／できないを考えるとどこかずれるのも、たぶんそのためだ。ついでにいえば、本書がボシュエではなくスノー的な系列（とどこまでいえるかは分からないが）を中心に叙述を進めてきたのも、それが理由である。

いずれにせよ、情念の過剰をめぐる一七世紀の言説は、秩序へのかかる視線のもとにある。いやむしろ、両者は積極的に連動しているのであり、秩序の社会理論（もしそういいたければ）が情念理論として展開せざるをえなかった必然性の所在を証しだてるものなのだ。名誉ある人が戦闘の意思を示すとき、彼が社交／礼儀の社会平面からは最終的には免罪されるというのが礼儀と決闘の意味論だったとすれば、一七世紀中葉以降、それを社会秩序の壊乱の一様式へと包摂する可能性が開かれる。この包摂作用は、社交／礼儀の外部にある未在の「社会」を指し示すが、同時に、礼儀や名誉や闘争といったさまざまな事象を、行為者の情念へと内部化する操作が差し込まれるのである。この内部化は、不可視性の一般的水準を保証するものとしての内心を設定している——充実した主観性ではなく、まさにそうした保証の操作の別名であるようにして。それは同時に、名誉ある人にのみ認められていた意図＝意思の神秘を、人間の心の作用一般へと拡散させる、もしくは還元していく所作でもあったのだ。

情念の内部的運動に対する観察という課題の導入は、心一般の不可視化というこの操作のうえで開かれた。一七世紀の思考が、「正常な」情念と「異常な」情念とを区分することにことさら困難を感じているのも、にもかかわらず同時に、その困難を回避する判別基準を外からもちこむという発想をなぜかもとうとしないのも、情念のふるまいを標定する記述平面が、不可視な心という一般的水準の設定と同型的になるからだ。それゆえ、逸脱や熱狂が正常態のなかに書き込まれ、一連の連続体のなかで観察されつづけざるをえない。すべては悪しき情念だが（あるいは、悪しき情念だからこそ）、その「使用／利用」を——それがどのように達成されるかはともかくとして——考えることができる（考えるしかない）という語り方も、その表現形態の一つである。一七世紀の情念は、「危険」なものであると同時に、ひどく具体的に生きられる経験だった。

八　魂の政治体

このようにして、正常と過剰とを連続させ、両者を即物的に観察する行為がつづくことになる。本性的に危険な情念の振る舞い、自己に内在しているはずのそれを、人はどこか異物のように監視しつづける。それが正常かそれとも過剰なものだったかは事後的な帰結によってしか決まらない。にもかかわらず、あるいはそれを無理矢理予測するかのように、あるいはまた、判断が帰結に後続していることを糊塗するようにして、両者を暫定的に分け続けること。身体と魂という構図とは、それによって描かれる錯綜した図柄でもある。ふたたびスノーの『情念の効用』を参照しよう。

たしかに［情念という］運動あるいは攪乱 (agitation) は……彼女［＝魂］を奉戴してはいるが、彼ら情念はある種の自由を主張することを慎みはしない。情念は彼女の奴隷というよりも市民なのであって、魂は彼らの統治者であるというよりは審判者である。感覚から生じるこれらの情念は、つねに自分たちを弁護する。想像力が知性に情念を引き合わせるときにはいつも、彼は情念どものために一席弁ずる。このような強力な弁護人によって、情念は自分たちの主人である魂を堕落させ、すべての裁判に勝ってしまう。知性は彼らの主張に耳を傾け、その理の軽重を計り、彼らの性質を鑑みて、彼らに不満を与えないように、しばしば情念どもに有利な判決を下す。意志の主席官吏であるはずの知性が意志を裏切り、何も知らない女王をかついで真実をでっち上げ、彼女に虚偽の報告を吹き込み、正しくない命令を引きだそうとするのである…… (Senault[1671 :15-16])。

「善良で誠実な廷臣は、君主のお覚えめでたきことをあてにせず、宮廷の向こう側には天国があることを知っている者として生きていく」という新ストア派的言説（→二章八節）と比較してみればよい。理念はもはや、宮廷生活の現実が彼岸的理想と合致しえないことに対する諦念として表現されるものではない。人はイエスという情念の零度を、現実生活における不在の道標にしながら地上を生きるべきだとスノーはいうが（→本章一節）、その人間の生活の内実は、宮廷生活の救いのなさを模倣するものでしかない。そのことがあっけらかんと肯定されている。

とくに、「君主」たる理性の無力さが強調されていることには注意すべきだろう。それは、「友人」たる臣下たちとの対等を装いつつ「助言」を傲然とはねつける（こともあった）、あの宮廷文化の親密な小世界に属しているというよりも（→二章四節）、むしろ、一方で家父長を君主と相同的に把握し、他方で宮廷の官僚化を進行させた絶対王政の陰画《ネガ》になっている。魂の内部で、理性と感覚あるいは情念とが主君／臣下の関係を演じる。この主君の統治権は万能ではなく、それどころか臣下たちとの絶え間のない駆け引きのなかで、しばしば無力に翻弄される。絶対王政の政治空間に居住した一七世紀人らしく、彼らはこうしたありように対して、「魂の政治体 (the body politick of the soule)」というひどく直截な用語を与えている。魂とは、あやしげな臣下どもがひしめきあう、虚偽と詐術に満ち満ちた宮廷空間なのだ。精神作用はまことに具体的な身体＝物体性を帯びた行為者《エージェント》として語られており、かつ、理性と諸情念からなるそれら複数の身体群の連なりが、同時に「魂」という複数的全体なのである。[*23]

身体と魂とのあいだに独特の交叉配列《キアスム》を描かせるこの風変わりな譬喩《メタファー》は、一七世紀における身体／魂の特異な位相を暗示している。情念の正常と過剰、秩序と反秩序の連続的出現という主題系が、身体と魂の関係のうえに読み込まれたとき、身体と魂のそれぞれが十分に独立した実体であり、にもかかわらず同時に、お互いの領域に滲出しているかのような書き方が生み出される。このことは、身体／魂をめぐる初期近代の思考様式における、もうひとつの重要な側面につながっていくだろう。

第六章　二世界性

一　運動と境界

私たちは前章の末尾で、情念の言説が、実在的に対置されながら同時に相互に滲出しあうものとして身体と魂を描いているさまを目撃した。しかし、それは正確にどんな事態なのだろうか。あるいは、そもそもこれを可能にする論理空間とはどのようなものか。

たとえば、デカルトを分析しながらジョン・サットンはこう述べている。「こうした「前近代的」システムを現在の視点から再構成するのが困難である理由の一つは、あらゆる心理学的状態（恐怖、憎悪あるいは喜び、そしてまた記憶、イメージ、信念など）が、生理学的状態と密接に結びつけられ、制限され、またそれと同一視されていた」という点にある。「愛、驚異、夢、欲望そして記憶はすべて、身体のなかを流れ、また身体と世界のあいだに成立する、精気や流体、体液のより大きな循環と連動していた」(Sutton in Gaukroger (ed.)[1998:116-117])。サットトンは一七世紀的な情念の位相をかなりよく直観しているが、これでもまだ十分ではない。そもそもこの「身体」が、素朴な意味で実在している物理的身体と――より正確には、「物理的身体」をめぐって現代社会がもっている意味論と――同一である保証はどこにもないからだ。もちろん、現代におけるその意味論の広がりが簡単に描けるわけではないが、一七世紀における身体の扱い方が、そこには収まらないのは確実である。客観的に実在する身体という不変の基盤上で、歴史的に可変的な存在としての精神作用のさまざまな表象（情念や魂の諸能力がそのひとつである）が組み替えられていくと措定することはできない。

さらにいえば、記述視点がどこに担保されているかということにも留意する必要がある。たとえば現代のシステム論ならば、身体は「魂」（＝意識）への言及を可能にする環境である、つまり「魂」の境位を定めるために身体が導入されていると考えるだろう。[*1] システム論的な記述視点は、最終的には相互参照を記述できる統合地点が「魂」の側にあることを前提せざるをえないのである。身体と魂とを平然と併置する、初期近代のあの書き方は、明らかにこうしたものとは別の、何らかの布置の内部に拘引されている。それは、身体と魂のそれぞれの独立的位相に代入されているものの特異な性質によって発生しているのではない、あるいは、少なくともそれだけではない。併置という事態に注目すれば、両者のあいだにある境界（あるいはその境界の作用）をめぐって現在とはかなり異なる把持がされていたことを、暗示しているように見える。むしろこの時代の情念論とは、併置において境界の出来事性を問うという言説形式だったのかもしれない。

二　重層する運動

この境界の把持形式をどのようにとらえればよいのか。手がかりとして、情念が運動であるという側面に着目してみよう。古代のストア派からアウグスティヌスを経由してアクィナスに至るまで、対象に対する近づき／遠ざかりの運動という定義が継承されてきたわけだが、ベーコン以降、自然学的な（自己）観察の挿入がもたらした褶曲が、運動概念を大きく展開させていった。これまでの議論との関連でいえば、以下のようになる。筆者は四章で、「運動が情念の名称の推移として語られているのはなぜか」という問題提起を行った（↓四章一〇節）。それはいわば、運動が名称の平面上に写像されることとの意味をめぐる問いだが、これを裏返せば、名称の固定的なカテゴリーを強く想定しているにもかかわらず、それでも運動という概念が出現したことが何をもたらしたかという問題になる。AがBに写像される以上、AはそのBからは独立したものとして取り出せねばならないからだ。そして、自然学の文体が登場したこと自体が、これが彼ら自身にとっての問題でもあったことを証明している。運動それ自体を独立して扱う（かのような）観察形式の出現は、何を行っているのだろうか。自然学的な運動概念が／によって何を特定しようとしたのかを考えなくてはならない。

じっさい、身体をある方向に動かしていく自己産出的運動(self-motion)というのが、一七世紀における情念の定義の一つである。「情念とは、被造物が己の本性を追求するために行う、自然で、完成態に向かう、制限なき運動以外の何物でもない。……自身に利益をもたらすものに近づき、……破壊的で害をなすものを嫌い、遠ざかろうとする。……これがすべての制限なき自己産出運動の性質である」(Reynolds[(1647)→1996:28-29])。情念論は、トマス主義における第一動因の概念（↓四章一、二節）を、主体の内部と外部を往還する運動と反応《リアクション》＝反動へと読みかえる。運動が実在的な第一次作用として立てられているのである。これらの運動や反応は、受動的能動と能動的受動とのあいだに成立する相互作用や内的推移、置換をめぐるかなり複雑な「力学的」図柄を描く。

その基本に置かれているのは、運動の速度がすなわち情念の強度であり、逆に運動の減衰＝停止が情念の不在であるという、この時期に新たに生じた発想である。たとえば、愛をめぐってこのような問いが提出されるようになる――愛が対象への運動であるとするならば、対象を所有しおえたとき、運動は消滅し、したがって愛も消滅するのではないか。たしかに、ある種の愛はそのようなものであろう。つまり、食欲や性欲が「愛」の一形式であるとすれば。このようにして、運動の論理から愛の唯物論が導き出される。一六世紀の宮廷社交文化が愛の精神性に対する修辞的な賛美を形式化していたのに対し、愛を欲望へと還元し尽くす、露骨に女性嫌悪的《ミソジェニック》なリベルタンたちの言説は、おそらく宮廷的なものへの反動や反発として、たしかに、一七世紀的な基底音のある部分を決めているところがある。

だが運動の理論は、快楽の唯物論をもたらすだけではない。そのすぐ近傍で、愛に直撃されること、一目惚れの神秘が発見されている。そこでも速度と運動が鍵となるのだ。シャンブルは言う、一目惚れとは、感覚による追尾が不能になるほど早く発生する愛なのであり、それゆえ、なぜこの人を愛するのか自分でも理解ができないのだと(Chambre[1650:40])。速度は対象を確実に認知できなくすることで、魅惑の説明しがたさの根源となる。これは情念の論理を名称の推移によって把握するというあのやり方にとって、かなり危機的な考え方である。速度は、それを越えると運動が名称に変換されない限界点として言説化されている。[*2]

さらに、固着(fixation)という不可思議な様相が論じられる。固着は速度の反対物で、情念がある対象の上に滞留しつづけることだが、それは二重の機能を帯びている。まず第一に固着は、愛という普遍的・一般的な情念が、ときに各人のなかで、他者にはまったく魅力的とは映らない特異な対象と結びつくのはなぜか、という問いに対する説明として用いられている。固着が生じているとき、説得や理性的判断によって情念を解体することは、ことさらに困難になる。第二に、それは、対象を所有することによっても愛が終息しないしくみでもある。所有という状態が、所有しつづけるという運動の連続体であるかぎり、愛は止むことはない。それは、愛が成就したあと、獲得した対象をその都度不在の位置へと押しやること、そのことで、そこへと接近していったかつての運動を模倣的に反復する想像力の領域として組織される。*3 一七世紀における想像力とは、物体との近接において組織される、そのような内的運動のことである。

運動とその減衰、異なる運動の接続による変形と、その内的模倣。それらは追尾不能な速度の効果さえ繰り込んで、生理的快楽の唯物論と愛の神秘主義という、正反対のものを産出しうる。運動のこうした重層と相互連関を規則化することに、人びとは熱中した。たとえば、世紀後半のマルブランシュの言説は、主体と内部と外部で入り組み合う運動の励起と受け取りをめぐる文法学の、一つの極限を指し示している。

1・対象に対する判断　2・その対象へとじっさいに働こうとする意志の衝動の決定（意志＝愛）　3・情念＝受動の運動に伴う感覚の働き　4・身体の内外部位への精気や血液の流れの新たな決定　5・予期せぬ精気の流れによって動かされることを感知した魂のなかに生じる情動／運動（emotion）　6・（善悪の知的知覚によってではなく）動物精気が脳内に生起させる混乱によって生じる感覚　7・魂を情念＝受動の状態へと固定させる内的喜びの感覚（Malebranche[1675=1997:347-349]より要約）。

この構図は、「われわれの情念のそれぞれには七つの要素が区別される（ただし不完全な情念にすぎない驚きは除く）」という主張のもとで展開されている（ibid.[347]）。マルブランシュはデカルト派の形而上学者として知られているけれども、情念論としては、それなりに独自のパターンを描いている。すでに述べたように、デカルトは驚きを第一情念に置き、それに続いて愛、憎しみ、欲望、喜び、悲しみという、総計六つの「基本的情念」を設定していた。それに対してマルブランシュは、驚きを不完全な情念としてカテゴリーから除外し、残る五つの「基本的情念」を、以下のように分節する。「愛と憎しみが親《おや》情念であり、この二つが生み出す一般的情念は、欲望、喜び、悲しみである。そして、さまざまな個別的情念は、これら三つの原始的情念からのみ生み出される。そして、個別的情念は、それらの情念を引き起こす善や悪の観念が、どれだけの数の補助的観念を随伴しているか、問題となっている善や悪のわれわれに対する関係がどれほどはっきり決まっているかに応じて、複雑化される」(ibid.[375])。

マルブランシュは、デカルト図式を修正しながら、「親情念」(愛/憎しみ)→「一般的＝原始的情念」(欲望/喜び/悲しみ)→個別的情念という階梯をもちこんでいる。デカルトはアクィナスの十一の基本情念を六つに減らしたが、おそらくマルブランシュは、個別的情念が合成される基本的情念の数を、実質的にさらに減らそうとした。その結果、情念を運動として把握する視線がますますせり出していく。これは一般的情念の名称とそれらのあいだの推移との調停というあの問題系の、展開形式の一つである。だが、名称の節約が、今度は運動を発散させてしまう。対象を前にして身体の内部で発生する運動の重層化と乱反射――この無償の錯綜ぶりに対抗できるのは、おそらくフロイト理論ぐらいだろう。発見される運動のこの増殖こそが、むしろ「自己産出」的に見える。

三　機械論の地平

この水準において、運動は、境界という問題系と根底的な連関をもつ。動因は、行動の源泉であり、行動が結果的に帰っていく場所でもあるような主体に帰属するが、主体によって統御されているのではない。むしろ動因はほぼ自動的に運動を引き起こすのであり、そのことで、外部対象と主体とを関係づける、もしくは交渉させる。いや、事態はむしろ逆なのであって、運動の用語系は、主体性を確定することなく主体作用のみを語ろうとする言説戦略の効果であると考えるべきだろう。主体と主体でないものとの区分があってはじめて、両者のあいだの通過や横断を語ることができるのだが、ここでは逆に、運動＝横断が存在することが指し示されることで、とりあえずはその都度、（主体の）内部と外部との位相論的区別が成立する。運動への注目は、内外の境界を特定するための戦略だったのである。内的運動があれほど重層しつつ自己増殖することが、それを暗示している。

では、この「運動」とは何なのか。運動が主体の境界を特定するものだとして、その運動自体はどう特定できるのだろうか。これに答えようとして、情念をもたらす内的運動そして／あるいは情念という運動を物理的に特定する試みが、世紀の半ば以降頻繁に論じられるようになる。『人間論』（一六六四）におけるデカルトはこう語る。「われわれは、人間によって作られたにすぎない時計、噴水、風車、その他この種の機械が、それにもかかわらず、自分自身でさまざまなしかたで動く力をもっているのを見ている。ましてや神の手になると想定されるこの機械には、いくら想像を逞しくしようともさらにそれ以上に、たくさんの種類の運動があり、たくさんの仕掛けが帰せられると私には思われる」(Descartes[1664＝1993:225])。『リヴァイアサン』の機械人間《オートマトン》モデルやボイルの体液循環説などをはじめとして、こうした機械論《メカニズム》的な思考様式が、時代を広く覆っている。

四体液説から動物精気説への書き換えが、機械論的思考がせりあがっていくさまをよく示している。古代以来の四体液の理論は、身体内の血液(blood)・黄胆汁(cholar/yellow bile)・粘液(phlegm)・黒胆汁([black] bile/melancholy)の組み合わせや調和によって、人間の気質や病気の罹患・治癒傾向を説明してきた。各々の体液は、熱／冷および乾／湿という軸によって性質を規定され、自然界の構成要素になぞらえて対応づけられる（血液＝熱＋湿／空気、黄胆汁《コウラー》＝熱＋乾／火、粘液《フレム》＝冷＋湿／水、黒胆汁《メランコリー》＝冷＋乾／土）。多血質《サングイン》は快活さとしばしば官能的な喜びに、胆汁質《コレリック》は短気や怒りに。粘液質《フレグマティック》に対応するのは無気力さと精神の鈍重さの気質であり、また恐怖または驚愕の情念である（恐怖や驚愕のもたらす一時的麻痺状態が、無気力や鈍さと結びつけられている）。そして、周知のように黒胆汁質《メランコリック》が憂鬱さと悲しみに対応させせられている。[*4]

ヒポクラテスに端を発するとされるこの学説は、中世に至るまで、医学の基本フォーマットを形成しつづけた教義《ドグマ》の一つだったが、ルネサンス期以降、感覚や運動の機構のなかを動き、それらを働かせる微小粒子としての動物精気（spiritus animus/animal spirit）が、さかんに論じられるようになっていった。[*5] そしてそれは、一七世紀生理学や道徳哲学へと引き継がれていく。代表格はやはりデカルトだろう。彼は動物精気の運動を司る場所として松果腺を名指した。松果腺は動物精気と血液とが交換される場所であり、諸情念はこの二つの体液の交換の様態によって特定される。宇宙と人体の両者を通底する、複数の要素のパタン原理が見出せるとする四体液説に対して、動物精気説は物理的動因を単一的に（あるいは血液と関連させて二元的に）把握することを試みている。[*6]

また、写像関係の厳密な定式化も、機械論的公準の一つと見なすことができよう。身体の内部と外部に関して、外界→身体→魂という因果系列が成立する。そしてこの因果系列が、対象→感覚→表象→情念という写像変換として同定可能だと考える。機械論者が因果系列をどれほど律儀に「写像」として考えようとしたかを知るには、感覚をめぐるホッブズの定義を見ればよい。彼によれば、感覚が把握する対象はその都度一つだけである。それは「本を読むとき、アルファベットを順々に見るのであって、一気にではないのと同じ」なのである（『物体論』）。このような写像関係を特定することに成功すれば、内部／外部の境界はかなり安定して語れるだろう。

こうした操作のもちこみは、何をしていたのだろうか。これは、主体の内部／外部の境界設定を観察するうえで、きわめて重要な問いの一つである。

四　言説の楕円構造

ところで、機械論的な因果連関の把捉には、大きく分けて二種類のやり方がある。魂との関係において、身体は受動＝情念を発生させる対立項である。だが内界／外界という区分から語るとき、身体は内界と外界とが接触する界面の位置を占めている。身体は一方で、内界／外界の因果連関の中間項として透明化される。他方で、それ自体が不透明である何かとして出現する。図式化すると：

（a）魂／［身体：（／）外界］

（b）［魂／身体］／外界

身体と外界をともに延長として把握し、非延長的理性と対比させるデカルトは（a）に属している。身体と魂をきれいな二項対立として把握したうえで、能動／受動関係を整理する（→四章六節）。能動／受動は基本的に魂の側から設定されている（つまり「身体の能動」は、彼にあってはほとんど語るに値する問題ではない）。二節で触れたマルブランシュも、この構図に属する[*7]。（a）の系列はしばしば、単一の「意識する自我《コギト》」という近代的主体の原型をもたらしたとされるが、身体によって把持される作用に対する魂の内観として外界を繰り込んでしまえば、神の似姿としての合理的魂が世界に向き合うという、スコラ哲学以来の正統図式とほぼ重なる。その意味では意外と伝統的だともいえる。

それに対して、（b）は、魂と身体がどのようなかたちにせよ相互作用することで成立している具体性として人間主体を捉えたうえで、彼／女と外界との対峙のさまを考えようとする。典型的に機械論的な身体記述がより素直なかたちで展開しやすかったのは、どちらかといえばこの（b）の系列かもしれない。物理的身体に対してより直接的に自然学的な記述視点を採用することで、経験論の系譜の開始点をなしている。その代表格――あるいはむしろ、極限――が、「世界に存在するのは物質とその運動のみ」という運動一元論を押し通そうとするホッブズだということになるだろう。

このように、（a）と（b）とのあいだには、思考の強調点に無視しえない差異がある。とはいえ、まったくの別物と考えるには、単一の運動体の設定や写像関係の特定可能性の想定など、お互いに交叉する部分をあまりにも多く有している。むしろ、機械論とは、（a）と（b）を二つの焦点によって形成される楕円形である、と考えた方がよいだろう。その軌道上で、運動の厳密な把握のためのプログラムが作動しているように見える……。

だが、本当にそうなのだろうか。なるほど『人間論』におけるデカルトは、人間の作る機械から、神の作った人間身体を類推することを提案してはいる。彼にとって、身体は魂の操り人形にすぎず、魂＝理性的精神を除いた人間の身体も、そもそも理性を有さない動物の身体も、機械（それが何にせよ）と機能において同等である。けれども、注意しなくてはならないのは、「神の手になると想定されるこの機械」が、ある思考実験を遂行するための導入された仮設点以上のものではないということだ。「以下に述べる人間は、われわれと同様、精神と身体から構成されるであろう。そして、私は読者の皆さんに、まず身体を、次に精神を別々に叙述し、最後に、われわれに似かよった人間を構成するためには、これら二つのものが、どのように結合され連結されねばならないかを示すつもりである」（Descartes[1664＝1993:225]、強調は引用者）。デカルトはあくまでも、神ならぬ人間が人間（身体）それ自身を把握する＝再構成するときにもちこまざるをえない一つの「寓話」――と、著者自身が表現している――を語っているのであり、したがって、彼のテクストを飾っているあの多彩な「人間」の解剖図らしきものも、モデルの概念図もしくはメタファー以上のものではない。

他方、（b）に目をやれば、「機械」の導入がもたらす効果はさらに微妙である。こちらの思考の系譜は、「理性的精神」や合理的魂を局在化して実体化することを嫌うので、「動物には（魂がないから）機械と同じ」と言い切ることには留保がかかることの方が、むしろ多い。[*8] 動物と人間の両者に差異があるとしても、それは事物＝対象が内界へと転写される機構の差異として観察可能で（あると想定され）なければならないのである。ジョン・ロックは、鳥の囀りや馬や犬の鳴き声が「動物の言語」であることを否定するが、そのためにまず、鸚鵡の「発話」が観念を伴っているかを検討している[*9](Locke[1690 → 1961:2.11.10, 3.1.1, 3.2.7, 4.8.7])。一八世紀以降にも、こうした態度が一定の変形を被りながら継承されている。シャフツベリの以下のような発言を参照せよ。「いかなる動物も、感情(affection)や情念によってしか、その動物にふさわしいかたちで適切に行動できないことが示されている。というのも、［その動物が］自身あるいは他の者を攻撃する突発的な発作状態において、動いているのは単純な機構(mechanism)であり機械的仕組み(engine)であり、つまり機械細工の一片であって、その動物自身ではないからである」(Shaftesbury[1714 → 1968:vol.2,86])。ここでは動物の行動が、機械の運動と等値されているのではない。むしろ機械性の領域は、動物の内部に埋め込まれ、突発的な暴発や激発のときにのみ作動する運動機構へと、かえって縮小している[*10]。

私たちは、初期近代の「唯物哲学」としての機械論という、手垢のついたイメージを疑ってみる必要がある。じっさい、体内循環の機構や神経系を発見したとはいえ、機械論は、人間主体の内部で生じる出来事を身体のメカニズムへと還元しえたのではなかった。生理学はいまだあまりにも未熟であり、むしろメタファーとして転用されることで「詩的哲学や詩的な物理学」の増殖しかもたらしていないと、神経学の祖トマス・ウィリスは嘆いている[*11](Willis[1681:53])。当時の言説のなかに読みとれるのは、傲慢に客観的たらんとする近代的知のプログラムの二焦点的な軌跡というよりもむしろ、機械論が「詩的哲学や詩的な物理学」を構成してしまうことをめぐる、一つの必然性の楕円とでもいうべきものではないだろうか。

五　非 - 還元主義的メタファーとしての機械

たとえば、以下の二つの記述を比較せよ。最初の引用は前述のデカルトの『人間論』からであり、次はウォルター・チャールトンの『情念の自然史』の一節である。

われわれの王たちの庭園にある洞窟や噴水……では、水源から水を出させる運動力だけで種々の仕掛けを動かし、さらには水を導く管のさまざまな配置によって楽器を演奏させ、いくつかの言葉を発音させることさえできる。……立ち現れるだけで前者（＝人間身体）の感覚器官に働きかけ、脳の諸部分の配置に応じて、この機械に種々さまざまな運動をさせる外部の物体は、噴水の洞窟にはいりこんで、知らずに、眼前で行われる運動をひき起こす見物人に当たる。なぜなら、見物人は、巧みに配置された敷石の上を歩かずには洞窟にははいれないので、そのため、たとえば湯浴みをするダイアナに近づけば女神は葦の中に隠れるだろうし、もしそれをなお追えばネプチューンが現れて、三又の鉾で見物人を脅かすだろうし、他の方向へ行けば海の怪物が現われ、顔に水を吐きかけるだろうからである。またそのほかにも、この装置を作った技師のおもいつくままに、類似のことをするだろう。《理性的精神》……は脳の中に主要な座を占めるであろうが、それは、ちょうど、噴水技師が、噴水の運動を何らかのかたちで助勢したり、逆に妨げたり、あるいは変えたりしようと思うときには、機械の管がすべて集まっている監視所の中にいなければならないのと同じことである (Descartes[1664=1993:232-233])。

教会のオルガンの音楽を耳にしたとき、すばらしいハーモニーをつくりだす数多くの麗しき音色や和音が、長さと口径が少しづつ異なる一組のパイプに吹き込まれ、弁の開口部を通して入った風から生じるにすぎないさまを思うと、音楽が耳に心地よいのと同じくらい楽しくならないだろうか？　そして、この非常に人工的な楽器のもたらす効果が、楽器を作っている材料と鍵盤を叩く演奏者の手の両者をはるかに凌駕していることを見ないだろうか？　庶民が音の出る噴水（Musical Water-work）と呼ぶもの――弦を打つ梃子を押す演奏者の手を借りず、弁を順々に開閉する水の流れの力のみによって……ひとりでに演奏するオルガン――が同様のハーモニーを奏でるのを、ときには聞かれたことがあるかもしれない。……さてこの第一のパイプオルガンを、人間になぞらえることができよう。人間においては、理性的魂が演奏家の役割を果たし、動物精気を支配し、そのすべての運動を指揮する＝方向付けるように見える。理性的魂は、劣った魂、あるいは感覚的魂のすべてに、自分のやりたい意思を満たすよう命令をくだす。このようにして理性、感覚、運動のあいだに一種のハーモニーを生み出す。

そして後者の、流水仕掛けのオルガンを、動物になぞらえることができる。まことに動物の感覚的魂は、自身やその諸能力の調停者となることはほとんどないままに、本性に必要なある種の目的を果たすため、多くの行動を行う。だがそれは……［機械仕掛けのオルガン同様］被造物としての動物の法則によってあらかじめ規定されており、大部分は同じこと、すなわち自己保存を行うよう決定されている。それゆえ動物的魂は、生命、感覚、運動のあいだに調和を生み出しているように思える (Charleton[1674:37-38])。

楽器（とくに、オルガン）と水流動力装置は、機械論的言説に頻出するトポスである。流体が管を通るときにさまざまな働きが生じるという点が注目されたのだろう。[*12] だが、それぞれの言説におけるメタファーの位置はかなりちがう。デカルトのテクストは、（a）のきれいな実例となっている。王の庭園とその来訪者との関係が、脳（《理性的精神》）と外部対象とのそれに重ねられている。来訪者が豪奢な仕掛けにただ翻弄されるだけの受動的存在であるのと同様に、外部対象は人間の心身の所与の構造に合わせて脳内世界に取り込まれるのである。明らかに、理性の能動性／外部対象の受動性は、主権者／臣下の権力構造に沿って配分されている。とはいえ、惑いという受動的享楽を享受する主体《サブジェクト》＝臣下の経験によって「外部の物体」を暗喩することは、それなりに錯綜とした構図をもたらすだろう。主権者／技師である《理性的精神》の内部に、機械仕掛けの「ネプチューン」が、主権の遊戯的表象として登場する。そのとき、理性と身体＝機械のあいだにあった明確な区分は揺るがされている。[*13]

一方、（b）の系列に属するチャールトンのテクストにおいては、錯綜ぶりはもっと大規模である。あるいは、独特のかたちで間延びしている。そこでは、「人間が演奏するパイプオルガン」と「演奏者なしで自動的に音楽を奏でる流水仕掛けのオルガン」との対比関係が、感覚的魂を指揮する人間の理性的魂と、自己保存に向かって機械的に展開する動物の感覚的魂、という二項対立へと展開している。価値的・存在論的な階梯《ヒエラルキー》が含意されていることは明らかだ。ところが同時に、演奏家の主体的能力は、人工物である楽器の働きの圧倒的な現前の前で、ほとんど無化されているに等しい。「この非常に人工的な楽器のもたらす効果が、楽器を作っている材料と鍵盤を叩く演奏者の手の両者をはるかに凌駕している」のだから。「数多くの麗しき音色や和音」が、「長さと口径が少しづつ異なる一組のパイプに吹き込まれ、弁の開口部を通して入った風から生じるにすぎない」ことが、音楽それ自体と変わらぬ快楽の源泉ですらある。ひとりでに演奏する流水仕掛けのオルガンもまた、「同様のハーモニーを奏でる」。機構の巧みさに感嘆するチャールトンの視線は、流水仕掛けのオルガンにより惹かれているようにさえ見える。演奏者の有無による弁別は消去され、それとともに、当初の階梯的価値付けはいわば遂行的に脱構築されている。[*14][*15]

メタファーのこうした働き方は、われわれがこの語によって通常想定するような、決定論／還元主義的思考様式が、一七世紀においてはむしろ不発に終わるさまを示唆している。機械論的発想が決定論を構成するのは、人間主体／身体の全領域（A）をそのまま機械の全領域（B）と呼び換えることで、Aの機能を特定する——この置換により、Aの機能をAそれ自体によって特定できる可能性を塞ぐ――という条件のもとで、「AはBである」という命題が語られるときである。ここに、「Bの方がAよりも秩序だっており、それゆえ数が少ない」という前提が加わると、還元主義になる。だが、一七世紀には、ある特定の局面において、人間身体の営みやふるまいが機械的遂行と同一である（と解釈できる）ことが確認されてはいても、機械の領域全体による人間的領域の総括的代行の可能性（もしくは不可能性）を問う思考自体が欠落している。[16] 言い換えれば、還元主義は人間に近似される機械の作動と人間の作動との差異を「外から」比較できる（暗黙の）メタ視点をもちこむが、この時代にはそうした視点は不在である。一七世紀の秩序が、「外から」見る視線の生まれそこねとして現象することの必然性が、ここからも理解できよう（→五章五、六節）。

ここでホッブズの統治理論を思い起こそう。初期の『身体論』において彼は、人間主体を身体《ボディ》＝物体へと還元しつくそうとしたが、やがてこの立場を放棄し、主権者へと自発的に従属する《サブジェクト》＝受動的《パッシブ》であるところに自由意志／情念の人間学を見いだしたのだった。人間は物体であるという凶暴な断言への誘惑が一方にあるからこそ、機械や物体に完全には還元できない「人間的」意思の領域が、――残余としてという意味では消極的に、そしてまた、行為の理論がまさにそこからしか出発しえない、断固たる個人たちの揺るぎない合理的計算と自発性という点ではまことに積極的に――、見いだされている。[17]「外から」眺める視点がないから、機械性＝物体性と意思とが至近距離で連続してしまう。ホッブズだけではない。最終的にはおそらく、身体が透明な膜であると同時に不透明な実在でもあるというあの楕円形構造自体が、そのような全域的視点の成立をブロックしている。あるいは、この楕円形は、かかる視点の不発と同型の事態なのである。[18]

少なくとも一七世紀における機械論は、人間身体が機械と同一であると断言する思考様式ではない。そうした視点が緩やかに形成されていくのは、「精神とは思考する物質である」と規定した世紀末のロック以降であろう。機械論が決定論的含意を帯び、人間の機械「システム」への全体的転換が問題となっていくのは、それよりさらに後のことである。おそらくこの閾は、コンディヤックやラ・メトリら、一八世紀後半におけるフランスのポスト・ロック主義者によって無意識のうちに踏み越えられた。[*19] 現代人が「機械のなかの幽霊《ゴースト・イン・ザ・シェル》」といった語でイメージする事態は、一八世紀が考えていたことからさらにいくつかの屈折を経て成立した事態に対する、ある種の——それ自体が還元主義的な——表現にすぎない。[*20]

六　身体器官の分散とその一七世紀的帰結

還元主義の反復的確認に貫かれるかわりに、一七世紀的な身体＝機械の地平においてはしばしば、身体あるいはその部位（の諸機能）がかつてない分散の様態のもとに描き出される。

多くの動物的行動［＝運動］は、身体のさまざまな器官や部位によって同時に遂行されていることが日常的に観察されている。たとえば、目がものを見、耳が聞き、鼻孔が匂いを嗅ぎ、舌が味わい、すべての外的器官がその感覚と運動を行使するが、これらのことはすべていちどきに生ずるのである。なぜなら、動物の身体と魂のあいだと同様に、［人間の感覚的＝動物的魂と身体とのあいだには］共通媒体 (medium) が存在しないが（両者は密接につながっているので）、身体の各部位や器官は、それを魂が用いるようかたちづくられた道具であるからだ。機能的に独立した魂の多くの各部位が［身体に］拡張＝延長し、身体の独立した各器官や部位に指令を与え、それぞれの仕組みや構造やはたらきに応じたやり方で、それらを動かしているという以外の事態を想像できるだろうか?（Charleton[1674:6]）

チャールトンのこの議論は、動物的魂と理性的魂の伝統的区分を下敷きにしたうえで、身心の二項が松果腺において相互交渉するというデカルト説を批判的に検討するという文脈で行われている。[*21] デカルト説に対する彼の批判の要旨は、身心をつなぐ第三地点を導入しても、存在論的に身分の異なる身体と魂とがなぜ、そしていかにして、そこで変換されうるのかという問題へと、事態が先送りされるだけだというものである。それに対して彼は、動物的魂と身体部位とが第三項を介さずとも直接交流しているという代案を提唱しているのだが[*22] (ibid.[53-55])、しかしそのとき、身体と魂とが機能的に分散したままで、なぜか直接的に交渉しているという、同じくらい不可思議な想定を取るほかはなくなる。個々の機能に局在すれば十分に具体的だが、まさにそのために、全体の輪郭を捉える視線がぼやけてしまう。全体を実体的に信憑しているからこそ、各部位の関連が問題として出現するのである。[*23]
「共通媒体《ミディウム》」の不在を難ずるチャールトンの指摘は、おそらく彼自身の意図を越えて、器官・部位(Parts & members)が分散したかたちで出現するさまを指し示している。こうした分散性は、ときに暴力的な切断/断片化という姿をとって現れる。たとえば『ディダスカロフォコス』(一六八〇)において聾唖者の言語教育の方策を論じるジョージ・ダルガーノは、思考伝達の媒体は声のみではないこと、可視的な表徴を体系化し、その規則を教えることで、声の直接性から遠ざけられている聾唖者にも言語の獲得/使用の道が開けていることを示そうとする。人間主体の身体がオルガンと類比される言説空間にあって、音声言語(speech)の代替可能性の構想はごく自然なものだったのだろう。「解釈とは、外的で感覚可能な記号から内的運動を明るみに出す《エクスプレス》認識の力である。それには三種類あり、1・超自然的、2・自然的、3人為的もしくは制度的である。そしてその各々に私は、クレマトロジー、生理学、セマトロジーの名前を与える」。自然的記号に対応するこの「生理学」が、情念に関連していることは指摘するまでもない。それは「原因と結果の関係によって、自然と結びついた外的記号によって内的情念が表れる場合であり、……この解釈方法は人間と動物に共有している」(Dalgarno[1680→1971:115])。このように彼はさまざまな解釈方法を細分していくが、議論を進めるなかで、突然、以下のような「ドラマ」を語り始める。

盲目のホメロスが、機転が利くが口の利けないイソップという名の奴隷の噂を耳にする。イソップは前述のセマトロジー[=精神の思考を感覚可能な物質に転写する術]のあらゆる技法を身につけていたし、ダクティロロジー[=話者の指の動きによって意図を読みとる術]にも長けていたので、ホメロスはイソップを買うことにした。最初にイソップにさせたのは、書き込みだらけの『イリアッド』の原稿を清書させることだった。イソップにはホメロスの筆跡が良く読めなかったので、ホメロスはいつもそばにいて、イソップが字を間違えたときには指で[字を書いて]直してやった。……(Dalgarno[1680→1971:129])

ところが、あるときイソップが口ごもったのを、嘘を吐こうとしたと勘違いして、ホメロスは「突然激情《パッション》に駆られて」、イソップの舌を切ってしまった。だが彼は自分の行いを後悔する。舌を切ってもイソップの耳は健在だし、グロソロジー[=楽器を用いて思考を表現する術]も習得しているのだからと手元に置きつづけた。ある時ホメロスが友人を自宅に招き、イソップにとびきりの珍品料理を出すように言ったところ、イソップは切られた自分の舌を大皿に載せ、舌の代わりに笛を使って[=グロソロジー]、ご主人の字が読みにくくても私は原稿を破ったりしなかったのに、といってホメロスを非難した。非難に耐えられずホメロスがイソップの笛を火中に投じると、イソップは難を恐れて主人の足下に跪き、ハプトロジー[=身体接触による伝達術]によって許しを乞うが、その手にはなぜか舌と笛が握られている。ホメロスの怒りは恐怖と賞賛に変わり、こいつは魔法使いにちがいないから殺してしまおうかと思う。だが再び気を変えて、明日もう一度友人を招待するから、今度は屋敷にあるもっとも熟成した赤身の肉を出すように命じた。次の日、イソップはまたもや自分の切られた舌を皿に載せ、お言いつけ通りにしました、と言う。怒ったホメロスはついにイソップの眼を抉り取って、盲目の自分と同じ状況に落としてしまう。その後、老齢によりホメロスは聴覚を失い、コミュニケーションできる相手が他にいなくなったのを契機に、イソップと仲直りをする。そして彼らはよき友人として、指を用いて昔話をして暮らし、アルファベットで書かれた『イリアッド』の筆跡を、手でなぞって読むのだった (ibid.[129-130])。

典拠に対する慎ましやかな顧慮など一切欠いたかたちで平然と上演されるこの「主人」と「奴隷」の物語[*24]が、ホメロスの理不尽な情念（＝「怒りの激情」「恐怖」「賞賛」）と、魔法を思わせるイソップの意味伝達術とのあいだに双曲線的関係を描かせていることは注目に値する。伝達の技術＝技法が、情念の暴力的発動に応答し、最終的にはそれを馴致する。諸感覚器官を平然と切り取り、消去していくという思考実験が、イソップが奪われていった身体器官の各感覚能力を人工的な機械＝器具を介した意味伝達の術が代補しうることを「論証」する……。身体があっさり切断され、機械に代替され、あるいは併置される。この意味空間は、そうした想像力に貫かれているのだ[*25]。

ところで、機械＝器具と取り替えられずに残っているものが二つある。一方に、ホメロスの権威の源泉としての『イリアッド』の「原稿」（！）がある。興味深いことに、この書き文字の集積は、活字によって複製される――つまりイソップの身体のように人工的技術の媒介を受ける――ことはなく、「指でなぞられ」ることで、肉体の圏域を回流しつづける。そして、もう一つ残っているもの、それは最後まで奪われなかったイソップの触覚である。つまり文字と触覚とが、意味の両端を構成しているのだ。デリダの声の現前図式の脱構築自体が、いわば脱構築されているかのように[*26]。ここでは書き文字こそが意味の源泉なのであり、声の媒体としての舌は真っ先に切除されてしまう。音読であれ黙読であれ、読まれることで書き文字が意味へと転換されるというよりも、文字に対する直接的接触こそが意味伝達を成立させているかのようなのだ。というか、それがこの時代における「意味の源泉」の意味ではないか。たとえば、以下のような言説は、一七世紀においては標準的である。

多様な感覚可能な物体の印象に応じて、あるときには喜びや快を、あるときには嫌悪や立腹を表現する、さまざまな魂の身振り（Gestures of the Soul）について言えば、魂がときに感覚のひとつに外的に引き寄せられ、目や耳や口蓋その他の感覚器官《インストゥルメント》に押し寄せ、喜ばしい対象により近づき、直近で享受しようとすること……は、われわれの観察に値する（Charleton[1674: 28-9]、強調は原著者）。

身体内での魂の拡張や収縮という概念だけなら、ストア派哲学やガレノスの医学のなかにも認められるが[27]、魂が感覚器官に「押し寄せ」、外界の対象に接触するとするという言説——別の箇所では、悲しみによる魂の「腫脹」が、涙腺を押して涙を流させるとも論じられている（Charleton[1674:156]）——は、この時代特有である[28]。身体器官が司る諸感覚が、外界との接触面＝界面として定義されている。接触面として機能するかぎりにおいて、身体部位と人工的道具とは同値なのである。

言い換えれば、諸感覚器官の器具へのこうした置き換えは、触覚が基底として残存していることによって支えられている。この構図は、視覚をはじめとした五感が、一七・一八世紀においては触覚のもとで把握されていることを指摘するジョナサン・クレーリーの議論とも、うまく適合する（Crary[1992＝2005:49-103]）。しかし、クレーリーは、一七世紀におけるその基底性の微妙な位置づけを見逃したのではないか。触覚が五感の基盤にあることを積極的に論証したうえで、諸感覚の代替可能性が論じられているわけではない。触覚の基底性は、諸感覚を取り去る過程のなかで、あくまでも消極的に出現する。その意味では、接触による感覚モデルは、触覚それ自体によって基礎づけられてはいない。そのような感覚の発展図式が構想されるのには、「生命力をもった大理石の彫像」に、嗅覚、聴覚、視覚……を与えていくという、『感覚論』（一七五四）におけるコンディヤックの有名な立像の思考実験——それは、デカルト的な「寓話」としての人間モデルの発展形態でもある（↓本章四節）——まで待たねばならないだろう（Condillac[1754＝1960]）。感覚を仮想的に増やしていくコンディヤックに対し、身体器官の切除と置換を語るダルガーノの奇怪な物語《ヒストリー》は、チャールトンが語った共通媒体《メディウム》の不在を、まことに物質的＝肉体的なかたちで転写しているのである。

七　特定とその失敗・を発見すること

ウィリスのいう「詩的哲学や詩的な物理学」の地平は、このような、荒唐無稽とも見える形象を生み出している。しかし、それが何をしているかが重要である。

たとえば、事物と印象との翻訳関係をつよく想定する視線は、外的事物と精神内の表象とがいささかも似ていないという、——スコラ哲学においても認められてはいたが、ほとんど問題にされていなかった——事実を発見してしまう。ホッブズは、精神に生じた「内的運動」を、もっとも文字通りに（つまり唯物論的に）外界の事物の「外的運動」が転写されたものだと考えようとした。まさにそれゆえに、両者が同じ運動であるなら、それを内的／外的と区分できるのはどうしてかの説明に苦しむことになる。彼はここで、運動の「感覚（あるいは感覚表象）の減衰（decay）としての想像力（あるいは想像作用）」という概念をもちこむのだが[*29]、「表象／幻像（phantasm）」、「想像力（fancy/imagination）」、「心像＝映像（image）」といった名称が示唆している同一性と差異に思いをめぐらせ、「すべての感覚表象や、想像作用のなかで生み出されるものが、心像＝映像であるとはかぎらない」と述べるとき、彼は減衰した運動としての表象や想像作用が、原初の心像＝映像が引き起こした運動と同一でありかつ同一でないという事態にぶつかっている。

デカルトもまた、似たようなジレンマを見いだす。彼の言明はさらに明確である。

身体に何らかの運動が起こるというそのことだけで、その運動のかたちとは何の類似点もない何らかの思考を生み出すように精神を刺激できるというのが、われわれの精神の本性である。このことは、われわれが感覚や感情と呼ぶ混乱した思考においてとくに当てはまる（Descattes[1644＝1993:151] 訳文は一部変更）。

身体作用の所在を名指すことで内界の運動法則を特定しようとする努力が、特定のされなさの所在をかえって逆照する。機械論が達成したことはむしろ、己が失敗するということの発見なのである。考えてみれば、機械論という位置取りは自己解体的であろう。機械論的記述が達成された瞬間に、内部と外部がともに従っている、ある同一の運動の論理が一挙に把握されるのであり、そのときには、外界↓内界の因果関係自体が溶解してしまうか、少なくとも問うべき問題ではなくなるはずだからだ。そして、この特定のされなさが身体の側に写像されたとき、身体部位はきわめて具体的で完結した機能をもった器官として、積極的に散乱することになるのだろう。

裏返せば、外界の事物と心的事象とのあいだの写像関係を想定するという発想は、機械論にかぎらず一七世紀を広く覆っている。ベン・ジョンソンは「精神の綺想《コンシート》＝概念はモノの映像《ピクチュア》＝絵であり、言葉はこれらの絵を説明＝解釈《インタープリター》するものである」と述べている。[*30] 精神内の映像＝心像は事物の写像であると同時に、それ自体で独立した言説（記号）として構成されており、通常の意味における言語＝発話記号（speech/sign）はこの精神的言説を写し取ったものである。破壊的唯物論者ホッブズからネオ・プラトニズムへの傾斜を見せるベン・ジョンソンに至るまで、いわゆる精神の言説 (Discourse of the Mind) という思考法がひろく共有されていた。*31 機械論の言説とそうでない言説とを、論理の内容によって截然と分けることは、じつはそれほどたやすくはない。

いや、ある意味で機械論とは、内的運動とそれを生起させる因果連関が客観的に特定でき、場合によっては測定可能であることをより強く主張する精神言説論であるにすぎない。二節で問題提起しておいたように、機械力学モデルが運動を独立したかたちで特定できていれば、運動と名称とが至近距離で相互貫入することもなかっただろう。名称の個体性が消去されるはずだからだ。そうなっていないということが、機械論が初期近代において決して到達されることのないモデルだったということを証立てている。

因果をつよく特定しようとすればするほど、特定できなさが見出されてしまうこと自体は、ある意味で必然的な逆説であっただろう。時間のなかにある世界、およびそのなかで変動しつづける諸事象のすべてが、事実として特定=決定されているわけではないのだから。それくらいのことは、彼らにも見えていたはずである。むしろ、裏側から読むべきだろう。なるほど一七世紀の思考は、運動原理のもちこみによって名称の秩序を消去することはできなかった。だが、逆に言えば、名称がもはや自足的な秩序を形成することなく、至るところで名称ならざる運動の作用に差し込まれ、力の痕跡としての推移によって必然的に引き延ばされてしまうと考えることもできる。初期近代の言説空間は、名称のカテゴリーによって思考する態度と、運動を運動として語る自然学的な記述平面とを同じ強さで保持しようとしている、もしくはそうせざるをえない。

だから、特定可能性を素朴に前提する一七世紀の思考の理論的「未成熟」を、現在の視点から指摘するのは、別種の素朴さの表明に他なるまい。「特定しようとすると特定できない」ということが論理必然的な帰結であるとしても、この「逆説」を過度に一般化された論理の水準で把握すれば、それ自体が、別種のかたちで特定するための意味論として機能しはじめる。それゆえ、問題はむしろ、特定という操作の限界《リミット》をめぐる、一つの特異な意味論的形式を読み解くことなのである。たとえば現代のシステム論ならば、このようなかたちで特定不能性を語らない。おそらくそのあいだには、彼らにとっての特定という問題の出現とわれわれにとってのその不在とを、それぞれの思考の限界であり必然的な条件たらしめている何かが介在している。現代においても、物理的因果は論理的に解決不能のままであり、ただそれを、自らにとって決定的に問題的なものとはみなさない仕組みが働いている。さらにいうなら、こうした因果の外的特定の欲望を、現代もまた本当の意味ではまだ廃棄しきれてはいないのではないか。背後「動機」の実体性や（生物学的）決定論が殺されかけては回帰することを繰り返すのが、その証左である。

おそらく私たちは、特定という操作が何らかの内部化された帰属点からなされていると前提とすることで、操作の限界の向こう側の領域を指し示さないことを、つねにすでに担保している。[*32] それを精神や魂のように「実体」として扱うことにはいくつかの留保をかけるが、帰属点を置いていることにかわりはない。あるいは、帰属点を置くという操作を抽象化することで、実体化を一段向こうに追いやっている。特定可能／不能の問題系を、はるかに大規模化しながら先送りする運動が続いているのだ。「特定しようとすると特定できない」ことを一望する態度が、メタレベルで特定を代補する――これが現代において、「機械論」的「還元主義」とその批判がくりかえされる意味の地平である――のも、この系である。

一七世紀においては逆に、身体と魂の両者が、どちらかを単一の帰属点とすることなく、直接的に名指されるのであり、それゆえ特定不能性が言説的に出現する。身体と魂の交叉配列は、両者の関係をつねに、身体から魂に向かって、そしてまた逆に魂から身体に向かって具体的になぞることを強いる。交叉配列を成立させる界面のみが実在するのであり、境界のそれぞれの側に事後的に収まるものが「身体」、「魂」と呼ばれたと考えるべきだろう。界面が先行することで「身体」と「魂」との相互参照が可能になり、それぞれがその都度いわば事後的に画定される。これは情念の名称カテゴリーの複数性という問題の出現とも関連している。魂の諸能力の統一性／主体を立てることなく、複数性を複数性として把持するうえで、これはおそらく唯一可能な手続きだったのだろう。界面の実在は、そうした背後条件となっている。

八　境界の離脱と回帰

要するに、機械論は、初期近代における「世界」をもっとも忠実に近似しており、それゆえ成功しないことにもっともよく成功した言説形式である。いわばそれは、代表的ではないが、しかし典型的な言説なのだ。そのようなかたちで境界を問うていたのだと言ってもよい。運動に強く憑依するかたちで境界が語られ、なおかつ、その運動の収束されなさが発見される。境界の出来事化と運動概念の収束されなさとはどこかで相互循環的になる。だから、機械論は典型的ではあるが、やはり代表的ではない。むしろ、境界の出来事性が、あるいはそれによって縁取られる文体世界が存在している。それに物理的表現を与えることで、機械論はそこから離脱しようとし、そして最終的には、そこへと回帰しつづけるのである。

商人が難破を防ぐために品物を海に捨てるように、そしてまた、大火事のさい、燃え広がりを防ぐために、まだ火の移っていない家を何軒か予め引きたおしてしまうように、ひとつの損失を自発的に認めることが、より大きな損失を未然に防ぐことがしばしばある。心が有する情念もそれと同じである。そのなかのどれかが過剰であるとき、それを軽減する方法は、他の情念から何らかの揺れ動きを生じさせるがままにし、そのことでその過剰な情念の力を減じることである (Reynolds[1647→1996:43])。

「ちょうど〜であるように（Just as…, so…）」。この時代の言説は、相関句の修辞構造に深く規定されている。これを内界／外界の対応関係として厳密化しようとするところに、機械論のドライブが発生したことに気づけば、機械論である言説とない言説の連続の奥深さが見てとれるはずだ。神学における類比（ananalogia）の転用でもあろうこの修辞構造は、引用に寄生するかたちで展開せざるをえないこの時代の文体にとって、本質的な何かだったからだ。古代の偉大な著作家たちの言葉が典拠に挙げられる。キケロがこの主題に関してこのように述べている、「ちょうどそのように」、われわれが今観察している現象は、以下のような解釈をすることが可能である、という具合に。「古代」を踏み台として、未在の「新しさ」の空間に向かって跳躍する運動が組織される。既知の領域を参照することによって、未知へと伝っていく回路を開くこと。いや、あるものが先に提示され、別のものに接続をかけられることで、両者が既知／未知の関係として同定されると表現した方が正確かもしれない。既知の秩序を信頼しているようでありながら、時間的先行を権威と等号で結ぶ論理を脱臼させる、より大きな操作平面が成立している。

かかる既知／未知あるいは先行／後続の論理は、措辞の修辞学における典拠の断片化のなかにもかいま見えていた（→三章六節）。現在の議論との関連でいえば、同時代に誕生した寓意画（emblem）がとくに興味をひく。一五三一年に出版されたアンドレア・アルチャーティの『エンブレマータ』によって開始されたこの特異な画文形式は、たちまち全ヨーロッパに流行し、一七世紀全般にわたって隆盛した。寓意画は、三つの要素によって構成されている。謎めいた象徴の組み合わせからなる画像（pictura）と説明（subscriptio/illustration）および銘文／モットー（motto）から構成されるこのジャンルは、相関句をテクスト全体に構造化している。画像ではなく言語（韻文詩の形式を取ることが多い）が解明《イラストレーション》と呼ばれていることは興味を惹く。つまり画像は単なる本文の挿絵または絵解きではない。それは世界像として先行しており、解明に接続されることで、言語的に了解可能な意味領域へと事後的に対応づけられる。そして、モットーが両者の結びつきの成立を外部から承認する閉じの機能として導入されることで、画文全体がアレゴリーと転化する（ここでは踏み込まないが、寓意画が異なる領域の並列を完結させるためにモットーという外部を必要としたことも意味深い）。*33

画像のどこに教訓や真理を見いだすかは、作り手の綺想（conceit）に任されている。モットーが教訓や格言を偽装しているとしても、また画像に付される解釈の言語が過去のテクストに（断片的に）依拠していようが、その「古代的」真理が二つの領域の結合をあらかじめ保証するのではなく、むしろ画像が文に接続されるという出来事のなかで、「真理」がその都度生成する。伝統的形式自体は維持されたまま、遊戯化と断片化とが発生しているわけだ。さらに、既知のテクストの権威の引証が先行／後続の一般的形式のなかに溶解していくなかで、一七世紀以降には、寓意画における画像／言語という関係が世界内の事物に対する知の譬喩へと転形していく。たとえばコメニウスの『世界図絵』（一六五九）にその一例が窺える。世界最初の教育絵本と呼ばれるこのテクストは、事物に対する知を教育する方法へと、寓意画形式を転用している。関連したテーマごとに画面に配列された、番号を付された画像と、隣のページに列挙された名称とを対応させながら、子供は世界の事象を学んでいく……。しかしそこに働いているだろう感覚は、現在的な意味での事物の客観的観察とはやはりどこかちがう。事物と名称とを経巡りながら知を増大していくその過程は、むしろ一種の世界内巡礼に近い。

ところでフランシス・ベーコンは、彼の自然学のなかで「自然的記号」という概念を提出している。さしあたりは精神言説論の論の文脈に沿って、それを外界の事物を正しく指し示す、あるいは事物に対応する記号と理解することができるのだが（その詳細については次章以降論じる）、彼が「自然的記号は寓意画＝絵文字的である（A Natural sign is emblematick.）」と述べているのは意味深い。精神言説論は寓意画と直結している。いってみれば、もはや画／文のフレームのないところで、精神作用がその都度寓意画を構成するのだ。精神言説論であれ機械論であれ、相関句や寓意画の散乱の諸形象のなかに包括される。もしくは順接してしまう。

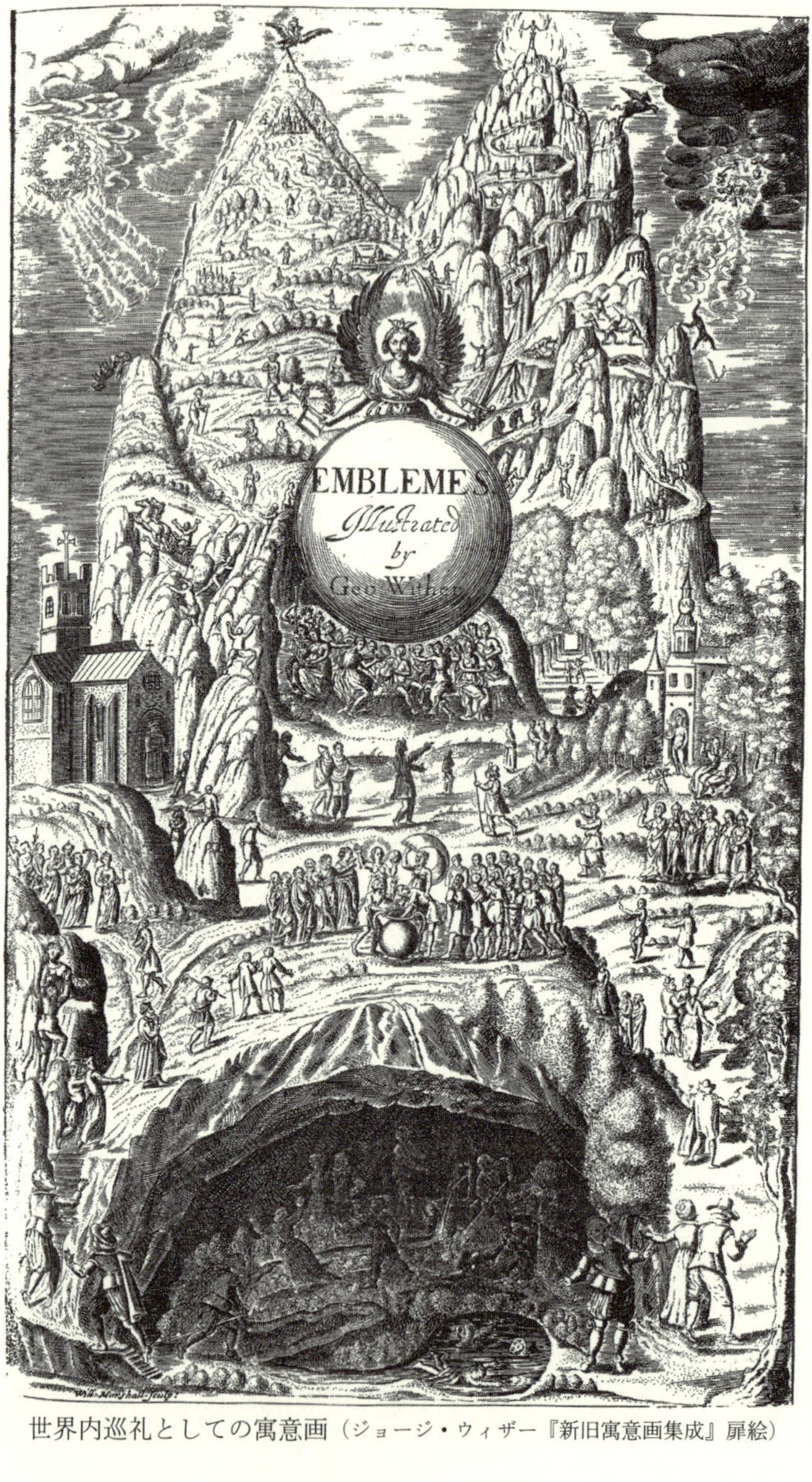

世界内巡礼としての寓意画（ジョージ・ウィザー『新旧寓意画集成』扉絵）

九　二世界の意味論

つまり、世界を二つの領域に分け、その関係を読みとろうとする頑強な思考の慣性が存在している。こうした意味論を「二世界性」と呼ぼう。境界線がどこに引かれるべきかについては、さまざまな提案が行われている。画像と文、言葉と物、あるいはまた天界と月下《サブルナリー》＝地上世界（ジョン・ウィルキンズが、月という「惑星に居住可能な別世界がありうることを証明するための論考《ディスコース》」として『月の世界の発見』(Wilkins[1638→1981]) を書いている）……。ここから見れば、魂／身体や内界／外界という区分は、じつは二世界の唯一の表現形式ではなく、そのひとつであるにすぎない。

注目すべきは、二世界の意味論においては、二つの領域を分かつ境界が一つしかないということだ。境界線を一本しか認めない態度が、さまざまな分割の試みをかえって増殖させていくが、にもかかわらず、それらは複数の境界として定着しない。どこかに線を引いたとたんに、他のすべての可能的境界は、その最初のものをなぞり直すか破線化してしまう。ベーコン以降、一七世紀全般にわたって繰り返された学問の分類体系 (Divison of Doctrines) をめぐるさまざまな提案が、そのことをよく示している。一方でこれは、学知の中世的＝スコラ的秩序に対して、形式的分類という同一平面上で真正面から挑戦するという、煩瑣の書き換えの論理系である。だがその分類は、「〜である／〜でない」、「特定の存在者が属する特定の属性／そこに属さないすべての存在者が包括的に有する属性」という局所的区分をひたすらに集積させていく。[*34] それは、二世界的な単一の境界線をいわば連続的に付加していくような運動だったのである。

境界のこの単数性が、一七世紀に情念の理論を浮上させた要因の一つだろう。内界／外界という境界の設定が、世界を語る唯一の方策ではない。論理的には、他の分割の仕方もありうるが、いずれにせよ、そのように分割したとたんに、境界がそれ自体で即物的・客観的に存在すること、つまり、幻想や夢や狂気のはたらきによって境界の両側での要素の振り分けが乱れることはあっても、さまざまな人びとの主観性が共約不可能なかたちでてんでに境界線を産出することはないこと、をあてにできる。その点で、情念は私たちにとっての感情からは決定的にずれる。この言説空間では、心理的なもの (the psychological) はいまだ存在していないのである。[*35]

単一の境界のみを設定することの論理的帰結はもう一つある。境界の一方に複数の事物や対象があり、他方にはそれらに対応する何らかの存在（たとえば、心像）がある。二世界性は、そうした対応関係が確認可能であることを必然的に要請する。そうでないと、一本の境界線によって分かたれた全体世界があるといえなくなるからだ。いや、より正確には、一定数以上の要素群が対応関係にあることに対する信憑が、二世界性の成立条件であるというべきだろう。すべての対応関係が見渡せれば、境界の効果は実質的に無視できてしまう。二世界であること自体が怪しくなるのである。それゆえ二世界性の論理は、一方で、写像関係が可視化されること、世界がその単調な延長で成り立っていることを、現在からすれば異様に明瞭に見えるようなやり方で想定していながら、他方で、既知／未知（の対応）という区分をもっているのである。その意味で、二世界性と二元論一般とは似て非なるものだ。世界内の事物は十分に複数的であり、それが人間精神にもたらす効果も複数的だが、世界の双体的構成をいわばその都度なぞりなおしていくことで、二世界が「世界」へと（再）縫合される。世界は二世界の横断として経験されるし、世界それ自体の客体的構成が横断という経験とどこか不可分になる。

情念は、そうした世界経験を表象する、特権的な位置を占めているのである。経験とは、世界の客体性を前提にしながらそこからずれていく運動だが、この「経験」は、少なくとも私たちの想定するような意味での主観性によって担われてはいない。それは、体験 (Erlebnis) の私有性を否定的媒介にして分節される経験 (Erfahrung) というベンヤミン的概念ですら、その手前での近似に留まってしまうような何かである。[*36] あえていえば、客体的世界から客観的に「ずれる」ことが、反転的なかたちで主観性を代行している。同時に、そのようなずれの運動の集積がなければ客体的世界を知ることができない。つまり二世界の意味論は、世界の見渡せなさの表現形式にもなっているのだ。局所を横断する経験の異様な具体性と特定不可能性の出現とが、境界をはさんだ魂と身体の両側で同時発生するのもそのためである。その全域を一望することができない一つの全体性が世界であるとすれば、発見されつつあるのは世界性それ自体だといってもよい。[*37]

一〇　〈主体〉の構造的不満

同時に、こうもいえる。内界と外界とを同時に実体化しながら事物・感覚・表象の写像転換の過程を律儀に追尾しつづけるというふるまいの組織化が、経験する主体＝主観性と近接しつつある。あるいは、個々の具体的な感覚の働きの向こう側に、感覚主体が曖昧に姿を現しはじめてもいる。ダルガーノの思考実験が暗示しているのは、そうした主体の所在である。だが、この主体は、切除と抹消のなかで否定的に暗示されるものにとどまる。分散する感覚（器官）を統御する、主体の台座が直示されることはないだろう。おそらくそれは、二であることの統一性という、この言説空間のなかでは決して名指されることのないこの出来事の、一瞬の空隙としてしか姿を見せないのである。身体と魂の両側において共通媒体の不在を指摘するという営みが、共通媒体を辛うじて代補しているといってもよい。だから、内省に近いなにかが出現するとしても、二世界の連関をめぐる記述にかかる物質的負荷のごときものとして、言説的に散乱するという形式においてでしかない。主体を横切る、あるいは主体が横断される力の主題化は、ほとんどそうした負荷の所在をなぞるようにして、この言説空間のなかにせりあがっている。界面としての感覚は、主体に属するというにははるかにつよく、唯一の境界線の客観的実在という、二世界の意味論に拘束されている。それを感覚「主体」と呼ぶことに成功するとき、二世界性の感覚自体が消滅していくだろう。

しかしそれは、少し先の話である。魂の単一性の呼び出しとその解体、そして、身体の機械論への過度のドライブとその不発——。二世界からなる空間においては、身体と精神の境界を、身体の側からなぞろうとする言説と、「魂」の側から追尾しようとする言説とが貼り合わせになる、あるいは、相互に行き過ぎてしまう。言説のこの配置が、身体と魂のあいだに引かれた境界をメタレベルで反復しているのが意味深い。一七世紀の境界効果が一種の単一的多重体に見えるのは、最終的には現在の視点を解除できないためでもあるだろう。だが、この多層的反復は、二世界の意味論が自らを二世界性として言及することができないことの現れでもある。この時代における機械論的思考の典型性もその失敗も、これと深く関連している。機械論が二世界性を覆いつくしていたら、世界記述は、科学的説明がいまだ及ばざる地点についての気づきと、さらなる説明能力の向上への意志とに収束していただろう。このようなドライブは、二世界性自体を解体する。だが、これはむしろ、一九世紀実証主義に属する出来事である——もちろん、実証主義が機械論の末裔であるとはいえるが。

一七世紀的な主体性《サブジェクティヴィティ》＝主観性が埋め込まれている独特の平板さとその不満。複数性を肯定するための記述平面をほとんど盲目的に探索し、境界作用の強烈さによってつねに座礁する。脱出の試行とその挫折の、ある意味で単調きわまりない連続体が、一七世紀の意味世界を構成しているのである。

第七章　自体的記号の理論――「キャラクター」の地平(1)

一　二世界性と記号

世界が単数の境界によって分けられると考える二世界の意味論は、境界をはさんで対峙する下位世界の各要素の写像や対応を客観的に観察し、具体的に追尾しつづけるという大規模な試行の可能性を開いたが、まさにそれによって、かかる世界設定に固有の難問《アポリア》をつきつけた。世界の全体的観察というプロジェクトを遂行しようとすると き、初期近代の言説は、たしかにさしあたりは自然学的文体に憑依する。だが、自然学が自らに権利要求した客観主義は、その即物的視点を少なくとも外見上は維持したまま、世界内在的な観察の要請がもたらす諸帰結によって、次第に浸食されていく。分割全体を観察する視点が分割の片側に必然的に帰属することの出来事性が、逆説的にも浮上していったのである。とはいえ、自然学を旋回するようにして編成される言説空間のなかでは、この自己観察視点は、基本的には、身体を含めた物質として可視化される領域の側に出現する褶曲やほつれとしてしか出現しえない。私たちが概観してきたのは、初期近代のこうした側面だったといえよう。

ところで、外にあるものが内に転写される／内にあるものが外に表出される、という二世界の意味論は、(1)内／外に見いだされる事象に、独立した要素あるいは比較考量可能な単位としての輪郭を与え、(2)境界をはさんで配分されるそれらの要素に通底する——つまり両者を共通の様態において把握することを可能にする——媒体を必要とする。そのような媒体とは、記号という形式にほかならない。二世界性の構造は、共通通貨としての記号という問題系を出現させ、その読み取りという課題への応答を要請する。記号に注目することの意味が、そしてそのことと連動して、記号そのものの理論的位相が、初期近代の言説空間のなかでまったく新しい位置を占めることになる。そしてそれは、あの曖昧な世界＝内在的観察／者の位相へと、大きな弧を描いて送り返されていくだろう。

近代と記号とのあいだには、宿業めいた相互憑依の歴史がある。その原型的胎動期における両者の特異な関係性の様相を読み解こうとするとき、ただちに、以下のような課題が惹起される。まったく異なる形態ではあれ、この相互憑依が現在をも覆っているからこそ、記号概念の見かけの普遍性に、つまり、記号に対する現在的視点の無自覚なもちこみを周到に避けなくてはならない。記号の文化的恣意性と体系性の先取り（ラングとシーニュ）の観点から、一七世紀の記号理論を評価しても意味がないし、記号の背後に「社会」を置く知識社会学を密輸入してもならない。

じっさい、記号概念は、現代におけるかなり厄介な思考停止信号が作動している場所の一つである。なるほど記号学の公式的前提にとっては、「社会」は記号の体系の外部に置かれており、括弧に入れ、消去すべきものでさえあることになっている。だが、記号学自身がどれほどこの前提に忠実だったといえるのか。同程度に不可視的であることにおいて、「社会」と記号体系とは容易に同値化され、秘かで際限のない相互代入が繰り返される。ソシュールを引き継いだ構造主義に代表されるかかる思考様式は、記号の外部の中途半端な留保とその裏切りをも含めて、意味の特定可能性／不可能性の処理をめぐる現代的な意味論の所在を暗示している（遠藤［2015］）。一七世紀の思考に読みとるべきは、私たちがもっているのとはかなり異なる、記号／意味の特定可能性の処理形式である。これから記述しようとするのは、そのような、現代の記号論的秩序自体の外部である。

二 古代記号理論を概観する

いうまでもなく、記号という概念は古代から連綿と存在している。哲学諸派が保持していた用語群の内的差異を詳細に分析し、その転形を跡付けていくのは、本書の範囲を超える。[*1] だが、思い切って単純化すれば、古代から初期近代に向かって引き継がれた記号概念には、(1)論理学的記号、(2)推論的記号、(3)医学的徴候という三つの潮流があった。このうち(1)、(2)はとりわけアリストテレス論理学（の中世的体系化）のなかで扱われてきた。一方(3)は、ガレノス以来の伝統のもとで論じられてきたが、ガレノスのテクストをめぐる複雑な文献学的事情も手伝って、ストア派とより強く結びついていた。一六世紀まで広く参照されていたアリストテレスの『分析論前書』の用語系を借りれば、(1)が sēmeion、(2)が eikos に当たる（Aristotle［1955:70a］）。(3)に対する用語としては、tēkmerion が挙げられる。これらのなかで、もっとも中心的な位置を占めたのは、(1)の論理学的記号であり、以下(2)、(3)の順に周縁化していく。

論理学的記号について、中世論理学は、主にアリストテレスの『範疇論』、『解釈論』、『分析論前書』に依拠しながら、定言三段論法（syllogism）の項辞／項目（term）、とくに主語項と述語項が共有する媒項辞[*2]として定義した。シロジズムによって記号を捉えるとき、記号は命題の真／偽のみにかかわることになる。命題自体の妥当性すなわち事実適合性とは一義的には無関連になる。古代から中世にかけて、記号は、物在との対応・写像関係や代理作用とはまったく異なったところで定義されている。写像や代理の機能が記号に含まれていること自体は認識されていたが、これが記号の身分にとって焦点になるとは考えられていなかった。アリストテレス的公準に基づけば、個体的で偶有的な「可滅的」現象 (accidentia) は普遍的な知 (scientia) の対象とはなりえない (『分析論後書』[*3])。個々の事象との事実適合性自体は、普遍知としての論理学／論証学によっては検証不可能な外部であり、個別的対象に対して働く感覚の水準は、確実知 (episteme) ではなく意見 (endoxa) に属する。(1)から(3)へと至る記号の身分の分割も、論理的推論としての確実性の度合いの差異にしたがっている。

しかし、論理学的記号は、それ自体ではたしかに一貫しているが、それこそあまりにも事実適合的ではない。シロジスムが確実な推論を導くのは、すでに確実と知られた事実命題同士の関係の分析に関してのみである。それ以外の推論形式をいかに論理的記号の延長線上で処理するかをめぐってさまざまな試行が積み上げられ、そこから、近代的な記号概念へのブレークスルーが生まれる。その意味で(2)や(3)の記号領域が重要であり、なかでも、結果として出現している事象からその原因を遡及的に推論することをめぐる思考が鍵を握っていた。「煙があるなら、そこに火があるにちがいない」という推論において、煙は火の記号になっているが、煙という記号のすべてが必ず火に結びつくとはかぎらない。古典論理学的に表現すれば、観察された煙だけでは単一の特殊命題しか構成できないため、全称命題と特殊命題の関係の周延が完結せず、不十分な結論しか導き出すことができない。中世までの知において、この煙のような存在は(2)に分類され、蓋然性 (probabilia) の記号と呼ばれた。

蓋然性の記号は、恒常的に真ではないが、一般的に受け入れられている前提、あるいは頻度の高さが経験的に知られている前提をもった推論形式、つまり、大小前提のいずれかを欠落させた省略三段論法 (enthymeme) における項辞の働きとして研究されてきた。この記号には複数の判断形式と接続するという特異な性質があり、論理学と周辺領域との一種の踊り場になっている感がある。つまり、一方でそれは、経験則的な頻度の高さに関連することにおいて、医学的診断や観相学と結びつけられ、他方でまた、意見＝世論＝謬見（opinio）が一般的に受け入れられた権威として機能すると考えるとき、修辞学の領域とも重なり合う。レトリケーにおいては、話者のエトスや聴衆の常識が、弁論に耳を傾けさせるうえで考慮すべき「意見」とされていた（→三章二節）。

また、擬アリストテレスから中世へと至る観相学の伝統において、もっぱら動物との類似に頼るという手段が主流だったのは、観相学的知が蓋然的記号をもちいた推論形式であるという理由による。動物との類似が媒項辞として機能することで、「ライオンは勇敢である。ライオンは四肢が大きい。この人間は四肢が大きい。ゆえに、この人間は勇敢である」といった疑似的なシロジズム[*4]が形成される。特定の個人の性格を推論するための媒項辞となりうるのは、類的存在としての動物（の一般的性質）だった。擬アリストテレスの『観相学』によれば、「かりに誰かが個々の動物の個別的特徴を拾い出せたとしても、彼はそれを何の記号であるかを説明できない」からだ(Aristotle[1936:805b])。中世が終わるまで、観相学は（疑似的）シロジズムのもとで思考されていたのである。

三　蓋然性／徴候の記号理論と中世の終焉

中世後期から初期近代にかけて、古典論理学を介した記号の把持形式は次第に失調していった。蓋然性と記号との関係も変形していく。たとえば、意見《オピニオー》の転態。レトリケーにおける意見は、聴衆の先入見や気分、論理学的には確証できないが、誰もが前提としている常識の領域を指していた。中世の文書化された修辞学では、それは典拠となるテクストの「権威」を意味するようになる。過去の偉大な人物の著作への言及は、究極的には特定の個人の見解にすぎないものを、公式化された信頼の領域へと転化する。意見はそうした中間領域を漂う一種の符号となったが、近代に近づくにつれて、古典の権威と個人的見解とはますます乖離していく[*5]。一六・一七世紀の修辞学的知や寓意画に現れている典拠の断片化は、既存の権威を組み合わせる個人的行為の自由度を出現させることで、この両者を弥縫するようなことをやっていた[*6]（→三章六節、六章七節）。

礼儀／社交をめぐる議論のなかにも、意見の位置変動が顔を出している。『廷臣の学校』のアンニーバレ・ロメイは、「自然的名誉」を「一般の意見」によって根拠づけていた（→二章二節）。信頼するに足る身分階層に属する人びとが表明する「意見」は、彼らの社会的権威と循環することで権威を追認する根拠となる。意見＝権威の意味論は次第に自己準拠的になっているが、まさにそのことで危うくなる。「私は自然的名誉は意見であると論じた。つまりそれは客観的科学もしくは知ではない。というのも科学は真理と必然性に基礎づけられているが、意見は蓋然性と偶有性に支えられているから」(Romei[1598→1969:82]) とロメイが述べるとき、彼はアリストテレス主義に完全に従いつつ、固定的身分が意味する本質性の想定と、すべての貴族が名誉ある立派な人間とはかぎらないという事実とを調停する方策として、蓋然性の理論を応用している。一六世紀には、身分的本質性をめぐる強い想定が解体し、記号を媒介とした推測や読解へと接続されつつあることを指摘したが（→二章二節、一三節）、それは、意見そして／あるいは蓋然性の記号の引き延ばしという歴史的過程のなかの出来事だったのである。

もう一つ、時代が下るとともに、とりわけ重要性を増していったのが(3)の医学的徴候の理論である。診断や治療という課題はその本性上、一人ひとりが特異な体質を有している具体的個人の身体上にあらわれる、症状という現象を解読することを強いられる。古典論理学の失調とともに、個体性と徴候記号との関係を考えざるをえないというこの特性が、注目を集めるようになっていった。徴候の概念が急速に重要性を増すのは一五世紀以降のことであり、ガレノスの再評価と、彼を介したストア派の記号理論への関心の高まりが認められる。徴候の概念は比喩的に転用され、しばしば蓋然性の記号と混合されるかたちで、医学の外部の知的領域にも幅広く出現している。徴候概念の再検討は、医学自身の理論的精緻化だけでなく、記号の一般理論を模索するための方法論的な突破口の探索と関連していた。

徴候（symptōma）は以下の二点において特徴的な記号である。まず第一に、徴候は病因と病状進行の予測との両者に関わるが、まさにそれゆえに、進行態としての病の多義的な記号となる。つまり、病状の特定の時点において出現するさまざまな現象のうち、どれが病を正しく表象している記号なのか、どれが偶発的な事象にすぎないのかを読みとるという問題が発生する。このことと関連しているが、第二に、病自体は普遍的に命名可能なものであるにせよ、個人の身体上に出現した病状は、つねに個体的＝特異的（idiosyncratic）である。ここで体液理論が徴候の記号論理学に引き継がれる。とくに基底的体質としての気質が時間的に変異可能性をもつことが、現在進行態である病状の徴候を読みとるうえでのあるべき枠組《シェーマ》みのひとつとして議論された（↓一章四、五節）。

こうして、普遍性を指し示す記号を、個体的特徴の記号にすぎぬものから分離する必要が生じてくる。つまり徴候は、一方で、偶発的な諸事象と同時に生起してしまうことにおいて過剰であり、他方でまた、病因と予測の両者への推測をそこで可能にするには過少であるような記号なのである。したがって、その読解は二重化された課題を帯びる。それは、現時点では未在である未来に対する予見や、消えてしまった過去に関する推測であるだけではない。同時に複数の事象を指し示す（ことがありうる）多義的記号や、逆に単一物しか指し示さない個体的記号の領域が発見されており、それらを用いた推論形式が成り立つとすれば、それもまた蓋然的判断を構成する。

それゆえ徴候――それはしばしば診断術的記号（diagnostic sign）とも呼ばれている――は、病気それ自体から分離できる／できないという軸と、個体的／共通的という二つの軸を交叉させるかたちで分類・分析された。前者は、特定の病の存在を示している徴候であるように見える現象が、何らかの理由により偶発的に随伴しているだけのものなのか、それとも、病と本質的なつながりをもっているかという観点からの整理だ。そして後者は、徴候が単一の病のみに帰属するか、複数の病に共有されているかに応じた区分である。いうまでもなく、そのうち徴候となりうるのは分離不可能な記号のみであり、ことに分離不可能かつ個体的な記号が、真の病徴的記号（pathognomic sign）であるとされた。[*7] ついでに指摘しておくと、病徴的記号というこの概念は、別の意味でも注目に値する。表情学（pathognomy）——これは観相学の一領域であって、変化していく表情から内的感情や性格を読みとることを目的とする——と徴候概念の同根性が露わになっている。[*8]

だが同時に、そうした真の病徴的記号を見いだすのが現実にはきわめて困難であることも認識されている。したがって、実質的には、分離不能な複数の共通的記号の同定がつねに問題となるのであって、有意な共通的記号の組み合わせ（＝症候群《シンドローム》）の範囲を特定し、記号を順序づける作業は、蓋然的判断の連続体としてしか遂行されえない。このようにして一六世紀の医学的徴候論は、個体性を表示する普遍的な記号を問題にする。これは古典論理学の問題設定の境位を実質的に変更するものだ。古典論理学の枠内にあるかぎり、アリストテレス的な理解はまったく正当であり、そのこと自体に変わりがあるわけではない。だが、明らかに新たな出来事が生じつつある。さまざまな現象態を超えて通底する単一の病の記号（一六世紀にはそれは「共通する記号」と呼ばれた）を探索するという形式のなかで、個人的／単一的記号という問題構制《プロブレマティック》の領域が、ねじれたかたちで指し示される。

普遍的知は個物と関わることができないという「アリストテレスの古い禁令」が破れ、医学的知が対象とする「個人」が一八世紀末に創出されたという、『臨床医学の誕生』におけるフーコーの断言は有名だ。これを想起しながら読んできた読者もいるのではないだろうか。しかし、いうまでもなかろうが、この言明の妥当性は「個人」の定義次第である。このように切断線を取るとき、「個人」は最初から論理学空間の完全な外部に設定されている。換言すれば、禁令の終焉なり個人の誕生なりに至る過程を論理学内在的に説明することは、開始時点から放棄されている。そのことが決定的な方法論的欠陥であるといいたいわけではない。それはそれでかまわないが、そのような性質をもった記述であることは押さえておきたい。少なくとも、彼が一八世紀の「分類的医学」として分析したものの論理的骨格は、一六世紀には出そろっているし、この時期の記号理論が、それなりのかたちで個体的記号を問題にしていたことはたしかなのである。

四　記号秩序からみたルネサンス照応論——二世界性の前段階

論理学を頂点とする思考の秩序は、こうした経路を通って緩やかに解体する。事実命題をあつかう論理空間内で、さまざまな性質をもった記号を何とか扱おうとする膨大な試行の集積は、いわばその集積の自重によって潰えていったのである。シロジスティックな推論形式の引き延ばしのなかで、これらの知が平板なかたちで組み合わせられ、相互の通底や変換可能性が試験される（次頁の図参照）。その意味では、複数の記号領域あるいは解釈コードの出現が決定的だった。(1)の論理学的記号が(2)や(3)の記号群のモデルとなってそれらを従属させるというよりも、むしろ(1)、(2)、(3)すべてに共通する記号的性質を想定せざるをえなくなる。あるいは、その共通的性質を「記号」と呼びなすことが可能になったというべきかもしれない。論理学的な記述平面から有意味な単位としての表示記号(signum)が分出したのは、そのようにしてである。蓋然性の意味変容も徴候の記号論的解釈も、結局そのうえで作動している。[*9] この表示記号の理論的可能性を追求することで、一三世紀のルルスの組み合わせ術《アルス・コンビナトリア》を始点とし、一六世紀のラムス主義における論証形式のフレーズ化（→三章四節）を経てライプニッツの記号論理学を帰結とする、一つの大きな潮流が構成されていった。[*10]

そう考えると、ルネサンス期における大宇宙《マクロコスム》と小宇宙の照応《コレスポンデンス》という世界像から一七世紀の二世界の意味論へと至る補助線が引ける。四体液説や気質分類、占星術、額占い(metoposcopy)、手相占い(chiromancy)といった伝統的＝中世的な知の諸形態が、相互に重層しつつさかんに理論化されたのは一五世紀以降のことである。星の運行

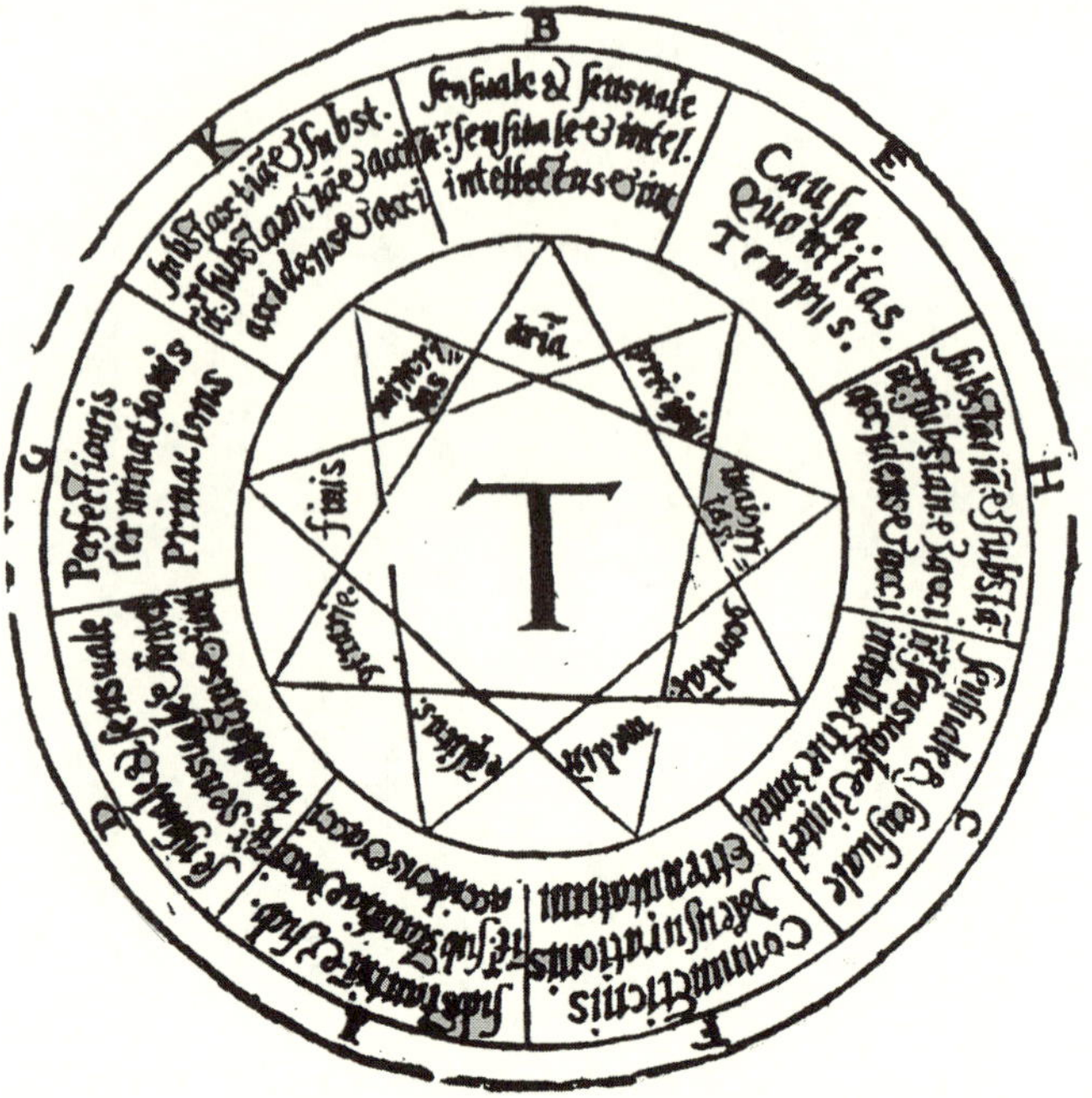

中世後期のダイアグラム　ルルス（『アルス・マグナ・ウルティマ』より）

や手相、額相、動物との類似など、複数の水準で見いだされる表徴を綜合し、大規模に体系化しようとする志向性が生じている。[*11] 中世後期以降の記号領域の複数化を整序するために、宇宙規模の〈内部〉がもちだされる。これらの複数の記号的領域が、結局は大宇宙／小宇宙の二元論的秩序に包括されているとすることで、記号は領域間に多重的に回付されると同時に単層的に確認される存在となる。

その意味で、一六世紀のネオ・プラトニズムから一七世紀の前半に至るまで繁茂した、カバラ的秘文字の理論と自然魔術——世界を幾重にも折り畳まれた象徴と化すことへの欲望——は、中世的秩序を過剰化することで意味の次元の操作可能性を確保しようとする、最初の近代的身振りだった。そして同時に、秘文字の周囲を旋回するような想像力の諸形式は、まさにそれらが読めない文字によって書かれていることによって、最終的に消去されていった。[*12] 神の視線の素朴な想定のもとで二元化され、かつ単一化された世界の境界を設定する照応図式から、境界の客観性＝単一性を維持しつつ、観察者による境界の設定可能性を出現させる二世界の意味論へ――。このような構図を描いてみれば、初期近代の言説空間の位相が、巨視的に理解できるだろう。

五　蓋然性の記号の転形

一七世紀的な記号の地平が開かれる以前から、記号やそれに近接した形象をめぐる言説の布置は、いわば多層的に剥離しつつあった。きわめて個体的でかつ本質的な記号の領域の探索という問題関心が浮上するが、まさにそれゆえに、その領域への接近可能性を安易に想定しにくくなる。可視的事象から遡及してその背後にある不可視の（複数的）原因を読解するという課題が、言説化されつつあった。自然科学的な観察形式や帰納的推論（induction）の論理が見いだされ、それが中世論理学の内閉を打ち破ったという通常の理解が、何を除外していることで予定調和的な物語になっているか、記号の歴史の側から見えてくる。一七世紀における「自然」の導入は、蓋然性と徴候をめぐる記号理論の展開と直結しているのである。

『精神の情念一般について』におけるトマス・ライトの以下のような記述も、こうした文脈に置いてみてはじめて十全に理解されよう。

私はこれから、哲学的論証によってではなく自然な推測と蓋然性に基づいて、特定の社交＝会話《カンヴァセーション》のなかで、誰もが仲間の自然的傾性を発見することのできるいくらかの方法を伝えよう。なぜなら賢い人間は自分の情念を抑制し、狡賢い人間は偽るが、にもかかわらずわれわれは、それらの情念に対する知識をかなりの程度まで獲得することができるからである。というのも、大部分の人間は自然の本能に従い、理性的手段やあるいは見事な抜け目のなさ——この二つの手段によって情念は隠蔽されるのだが——に従う人間はほとんどいないからである。……われわれは他人の心のなかに入り込んで、そこにある隠れた情念や傾向をながめることはできぬ。それゆえ、哲学者たちが、結果から原因を、特異性から本質を、川から源泉を、枝や花から幹や根を見つけ出すように、われわれもまた、情念や傾向を何らかの結果や外的働きから見つけ出さねばならない（Wright[1604 → 1971:105]）。

この議論は、社交の政治技術を秘密・偽装・見せかけに分類したベーコンの言説と隣接している（→二章一三節）。意識的な隠蔽を行う技術を洗練させず、それゆえしばしば隠蔽する意志自体が欠落する人においては、情念の表出は「自然的傾性」や「自然の本能」に従っている。ベーコンが高度な狡賢さや理性的制御能力を有する社交主体の振る舞いに注目し、ライトが「大部分の人間」における情念の自然性を強調しているというちがいはあるものの、こういうかたちで「自然」を呼び出すこと自体が、ベーコン以降の地平に属する。

社交や人間観察との関連において「自然」と記号との関連を見るならば、以下のように整理できる。身分的本質性と記号とのあいだにいったん距離ができてしまえば、それを再び本質性へと回収しなおすことは不可能となる。この裂開を、記号の性能として処理できる問題へと変形するという課題は、すでに一六世紀に出現していたが（→二章一二節）、本質性と記号とのあいだに「自然」を媒介させることで、一七世紀の思考はより安定したかたちで、意味論的に対処できるようになる。本質性とちがって、「自然」はそれ自体で観察可能である——より正確には、「自然」とは、「観察可能なもの」として言説的に構成されたメタファーである。本質性とも記号とも異なる別の平面上で可視的表徴が配列されているとすることで、記号の解釈コードの複数化は相当程度収束し、コードのあいだを回付される解釈の同位反復的な相互反射から逃れる、さしあたりの脱出口となる。

河川や樹木と同一平面上で語られるこの心の「自然」は、一八世紀の人間本性(human nature)とは異なる地層に属している。人間は、ここではまだ、外界の事象の自然的進行とはるかに陸続きである（→四章一節）。「川から源泉を、枝や花から幹や根を見つけ出」そうとするとき、人は眼前の自然から不可視の原因を推測している。これは蓋然性の記号に属する事例であり、まさにそのことにおいて、心の自然と連続するのである。「他人の心のなか」にある情念も秘せられており、情念と表情との連関も必然性の保証を欠いている。それらはあくまでも推測されるにすぎない。事象も心も同程度にモノ的だが、未来への継起をはらむとき、同程度に不確実なものとなってしまう。要するに、「一八世紀に至るまで、結果から原因への、そして事物の「明白な」（外見的）性質から秘せられ《オカルト》、「隠された」（内的）性質への推論が理解されたのは、蓋然的記号を通してのことだった」(Patey[1984:35])。

可視的な（はずの）自然が、記号の対立項でありかつその根拠であるものの位置に据えられるとき、記号が自然に対してもつ関係様式もまた可視化されることになる。一方で、記号と事物とが本質的に連関する個体的な記号にアクセスする手段が探究されていく。他方でまた、本質性と記号とを関連づける技術＝知が蓋然的判断に従っていることをどう考えるかが、理論的な問題でありつづける。この両方の運動が、同時に生起するのである。では、それはいかにしてか。

六　自体的記号《キャラクター》の理論

たとえば、チャールトンの『エペソスの未亡人』が、一七世紀的な記号の言説の典型例を提供している。『サチュリコン』の一挿話の改釈をもとに愛の機械論を展開するこのテクストについては、すでに第四章で言及している。そこでは、墓室へと降り立つ兵士が未亡人に遭遇したとき、彼の情念の推移のさまがどう記述されているかを紹介したが（→四章八節）、眉目秀麗な兵士と出会って、今度は彼女のなかに劇的な変動が生じる。ついさきほどまで愛する夫の死を嘆いていた貞淑な婦人が、彼の誘惑にたちまち身を任せてしまう。その変わり身の早さを、「神からの啓示によってしか分からない魂の本質の不可知性」の現れだと嘆いてみせながら――そのくせ、この心変わりを、彼に勧められて食べ物を久しぶりに口にし、次に気付けのワインを飲むことで生じた彼女の体液／気質の変化の効果として、きわめて唯物論的に解剖しているのだが――、チャールトンは変容の読解可能性を論じはじめる。

> さて、我らが未亡人に話を戻すと、この兵士が彼女を一目見たときの驚きよりも、私自身が彼女の姿に驚きと驚異を感じていることに気づくのである。どうやら私には、彼女のなかに、単なる気質の変化のみならず人格の完全な変容を表示するある種の徴候が認められるようだ。……彼女は今や嘆き悲しむ寡婦の姿をほとんどもたず、もし観相学者たちのごとく外見の表示記号 (sign) から中身を占う自由を行使してもよいのなら、私は彼女をこの世でもっとも喜ばしい、幸せな花嫁だと考えるだろう。彼女の額は滑らかになっているのみならず、広がって優美に広くなり、繊細で快活な明るい色に染まっているように見える。……彼女の唇は膨れ上がって見事な朱色となり、かすかに震えている。……一言でいえば、私は彼女のなかに、自然的で実体から分離できない自体的記号 (natural and inseparable characters) として大いなる喜悦に特有の、あらゆる表示記号 (sign) の集合を見出す (Charlton[1668→1975:29-30])。

「自然的で実体から分離できない自体的記号《キャラクター》」という表現に注目しよう。「分離できない《インセパラブル》」個体的記号という概念が一六世紀徴候学に由来していることは明らかだが、表示記号《サイン》のかわりに「キャラクター」という語を用いるのは、一六世紀にはまずなかった。すでに述べたように、用語としては signum—sign の系譜の方がはるかに古い時代から存在していた。表示記号の安定したシステムがいまだ不在である空間で残存を許された太古的遺物のように見える「キャラクター」だが、新しいのはこの置き換えの方なのだ。知るかぎり、この「キャラクター」に対する定訳はまだないと思われる。本書ではおおむね、表示記号《サイン》と対比するかたちで「自体的記号」と表現しておく。

さて、では自体的記号《キャラクター》は何か。それは表示記号《サイン》とどこで交叉し、どこでずれるのか。さしあたり、チャールトンのこの用法においては、身体上に出現した特定の具体的形状が、ただちに特定の意味と結びつくことが、表示記号とは異なる自体的記号の性質である。具体的形状が（もしくは形状の変化が）そのまま意味であるという点で、記号《キャラクター》は個性的特質の特徴《キャラクター》でもあるのだ。自体的記号《キャラクター》は、表示記号《サイン》よりはるかに厚みがある。あるいは、記号がそれに対して記号であるところの実体それ自体が、記号として受肉しているような事態であるというべきだろうか。たとえば、そのものずばり、『諸情念の特徴《キャラクターズ》＝記号』（一六五〇）という表題をもつ書物において、シャンブルが述べていることを参照すれば、自体的記号の特異な実体性はいっそう鮮やかになる。

> 魂が自らの行うことを認識していないとしても、身体部位が取っている状態や体勢によって、その行為が善であるか悪であるかをわれわれが判断できるようなやり方で、魂は身体部位を用いる。……魂が動かされているとき、身体が変化し、自らの姿を変えること、それに対する何らかの印（mark）を刻みつけることなく、身体が遂行できる行為はほとんどないこと、こういったことがらは、非常に確実なことである。これらの印は行為の効果であって、行為の影像《イメージ》や形態《フィギュア》を帯びているのだから、われわれはそれらを特徴《キャラクター》＝記号と呼ぶことができよう。……情念および習慣の特徴＝記号とは、運動の印であり魂の意図《デザイン》であるが、それはまた魂の意図が［身体上に］もたらした効果なのである。……観相学の第一規則は、これらの［情念の］特徴《キャラクター》＝記号のうえに基礎づけられている（la Chambre[1650:2-3]）。

内的状態の変化が身体の外形に影響をもたらす。一七世紀観相学は、魂と身体のあいだで交わされる能動／受動の相互作用に、つまり運動とその効果の多重化というあの論理に従属している。とりあえず言えるのは、特徴＝記号という概念のもとでは、変化があたかも固定的な単位であるかのように実体化されることで、記号に転化するということだ。シャンブルが、身体の変化や姿勢の移行がそれ自体で「印 (mark)」であると述べているのは、そういう意味なのである。『エペソスの未亡人』においても、情念の特徴＝記号は単なる肌の紅潮といった一時的変化を越えている。フロイトがどこかで「赤面は顔面の勃起である」と述べていたが、彼を先取りするかのように、唇の腫脹は明らかに性的な意味を負わされている。[*13] 額のかたち自体が変わってしまうことから分かるように、変化の表徴の記述はほとんど身体変容／変身に近づいている。

七　身体変容と記号

この身体変容は、ルネサンス期における怪物の形象とはちがう。たとえば、有名な「ラヴェンナの怪物」。一五一二年にイタリアのラヴェンナで一人の奇怪な新生児が死産されたという知らせが、すぐにヨーロッパ中に伝播した。一六世紀後半のあるパンフレットは、その容姿を次のように描写している。「角は傲慢を、羽は軽薄さと言行不一致を［表している］。腕の欠如はよき仕事ができないことを、猛禽の足は強欲さ、高利貸しやあらゆる種類の貪欲さを示している。膝に付いた目は、地上の物事にのみ心を向けていること、両性具有、男色を表す……」。[*14] 身体部位の反自然的構成が情念と対応づけられて語られているのが興味深いが、ラヴェンナの怪物の身体に見いだされているのは、特定の人間に、いや、その怪物＝新生児自身にすら帰属することのない反自然一般であり、天からの警告として解釈されたであろう悪徳のアレゴリーである（→五章三節）。つまり、変化や変容の過程が表徴を介して可視性の領域に対応するのではなく、怪物的身体は最初から逸脱／反秩序を完成させてしまっている。その意味で、この新生児の生命が死児としてすでに断ち切られていることが、一六世紀的想像力にとっては重要なのだろう。アレゴリーが順調に機能しているところでは、自体的記号《キャラクター》は存在することができない。

一七世紀では、身体変容の実体性は、記号《キャラクター》それ自体の実体性と同型的に把握されている。たとえば、この時代において怪物の言説にもっとも近いジョン・バルワーの『アントロポメタモーフォシスあるいは人為的取り替え子について』（一六五三）を見れば、そのことがよく分かる。この書物は、古典テクストや航海記、伝聞や噂といったさまざまな素材を組み合わせ、人類社会《ネーション》＝諸国民を構成しているさまざまな部族の身体的特徴を蒐集する。頭部を人工的に長くする部族や、逆に押し縮める部族からはじまって、化粧や刺青、特定の部位の切除や成型といった身体加工の習俗を網羅的に紹介していく（日本の髷《まげ》も紹介されている）。職業生活のなかでの身体の変形（たとえば「頬が膨らんでしまったラッパ吹き」をあつかうなど、社会内の階層記述に触れる側面もある（Bulwer[1653:273-274]）。一つ一つの事例に挿絵が添えられていることも含めて、もっとも古い国民観相学（national physiognomy）の事例になっている。

だが、こうした顔貌の民族誌的分類は、頭が二つある部族、腹に顔のある部族にはじまり、犬の顔をした部族（ibid.[245]）肩に眼のついた部族、尾のある部族（ibid.[409]）といった畸型的な「人類社会」の記述と平然と同居している。著者がそれらをどこまで本気にしていたはかなり微妙だが、そこには、身体の正規的状態に対する強固にピューリタニズム的な前提が読みとれる。習俗であれ慣習であれ、あるいは生来的怪物性であれ、神の似姿としての「自然な＝美しい身体」からの悪しき逸脱であることにおいて等価なのである。

神はもっとも驚くべきやり方で、そして最良の手練れをもって人間の身体をお造りになった。その御業のすばらしさは、神もまたこのようなお身体をおもちであり、われわれの身体は神のお身体の写しにすぎないと、神人同形同性論者たちが論ずるほどであって、それは彼らが神がもっとも卓越せる存在であられることを知っているがゆえに、神が人間のような［美しい］身体をもっておられると想定したからである。……

だが、ある種の人間は盲目の不敬から、傲慢きわまりないことに、［人間の身体という］このすばらしい作品の多くの部分に欠陥を見いだし、それをお造りになった神の知恵を疑って、このような冒瀆的な構想のもとに、自分の手で新しい形態を作りだす大胆不敵な技を自らに用いて姿形を変更し、自分たちの意思と裁量にしたがって、驚き呆れるやりかたで作り直してきた。ほとんどすべての国民が、彼ら特有の奇抜なやり方で身体加工に手を出している。……人間の形態に対してなされるこうした不自然で怪物的な侵害を防止し、何にせよそれが起こってしまった場所では自然の状態に戻すために、私はあらゆる可能な方策を用いたい (Bulwer[1653:B-C])。

「自然な＝美しい身体」からの逸脱が問題であるバルワーにとって、個々の事例の実証的な真偽は、さほど問題ではない。とはいえ、『アントロポメタモーフォシス』の記述が、ともかくも自然誌的文体によって担保されていることは、一六世紀と比較したとき見逃せない差異である。ときに彼は、「この報告には確たる証拠はない」とつぶやく。当該の対象に対する別種の報告を参照しているだけだったりするが。報告の信憑性を留保しうる視点が、怪物的表象と習俗的身体との並列を可能にしている。あやしげな伝聞報告の集積は、非ヨーロッパ的「野蛮」へと注がれる視線自身の野蛮さを露呈させているけれども、彼は堕落や野蛮を素朴に外部に発見して回っているだけではない。この奇怪なテクストは、むしろヨーロッパ世界においてこそ「奇態に洒落のめした衣装や不自然な化粧」が跋扈しており、もっとも堕落したかたちで野蛮さが回帰していることに対する批判によって閉じられる (ibid.[529-

559])。

おそらく、筆者の真意はむしろそこにあったのだろう。怪物的身体も化粧や身体加工も人工的《アーティフィシャル》＝不自然であることにおいて同断なのである。「正しい」身体の存在が強烈に前提されている。にもかかわらず、変容する身体の報告が世界大に引き延ばされ、規範の定点であるはずの「正しい」身体はどこにも指し示せないことが遂行的に示されつづける。[*15] この点にも、自体的記号と同型的である身体変容の独特の実体性が感知できる。怪物のアレゴリーを越えて、変容／変異が人間身体に開かれてしまったことで、身体と記号の独特の相互貫入が生じているのである。[*16]

八　動物表象の位置変動

自体的記号の概念の導入は、記号とその読解をめぐる主題系を、さまざまな場所で大きく変形させているが、ここでは、動物表象の記号的位置の変質を見ておこう。それは、固定した動物表象に意味／意義を見いだすという伝統的観相学の振る舞いの少し外で組織される。たとえば、情念の表象としての動物性の位置づけをめぐって、『情念の効用』におけるスノーは以下のように述べている。

獣の生活は均質的であり、また自然は彼らに狭い活動範囲しか与えていないので、ごく少数の情念しかもっていない。彼らの活動のほとんど全ては、彼らに取り付く恐怖あるいは彼らが影響される欲求によって生じる。だが人間の生活ははるかに複雑であり、生活の営みにおいて千もの異なった不便を強いられるので、彼の情念は群れなして湧きおこる。どこに行こうが彼は怒りの、恐怖の、喜びの、そして悲しみの題材を見出す。人間の魂がさまざまな生物の身体へと入り込み、獣どもの悪しき性質を選りすぐり、蛇の狡猾さ、虎の憤怒、獅子の癇癪を一人で併せもっていると詩人たちが想像してきたのもそれゆえである。詩人はこの虚構によって、人間のみがすべての獣を全部合わせたのと同じだけの情念をもっていることを教えている（Senault[1671:84-85]）。

動物は、感覚的魂のみによって営まれるその単純な生活によって、自らの本質である情念と完全に一致している。動物は、その一般的性質において特定の人間の性格全体と対応するというより、より複雑な混合様態である人間の精神の一部分を表象することで、彼／女の情念の記号《キャラクター》として機能する。個々の人間の性格《キャラクター》は、諸特徴《キャラクター》のそれぞれ固有な複合的組み合わせだが、動物という表象は、それ以上還元不能な単純さという位相において、精神の基盤部分に刻印されているものの原初的記号になっている。

似たような事例が、古銭学を扱ったジョン・イーヴリンの『ヌミスマータ』（一六九七）にも見出せる。古代の硬貨に対する関心は、ルネサンス期から一八世紀初頭あたりまで一定の隆盛を見せているが、絵画表象がもっぱら王侯貴族の所有物であり、一般の閲覧に付されていない空間にあっては、顔の表象にアクセスするうえで、ほとんど唯一の代替的な手段が古銭だった。「時の流れが文字と画像をおぼろにしか残していない」にもかかわらず、古銭を目にし、所有したいという欲望は、「はげしく動揺する情念を引き起こす」ほどであるとジャン＝バチスト・デュボスは述べている（Dubos[1719=1985:I, 36]）。古銭は古代の公的人物の公式化された表象を提供しており、それゆえ初期近代的な観相学的関心が憑依する場所ともなるのである。[*17]

しかし、いったい、コインに刻印された権力者の「肖像」に、彼／女の顔貌の正確な似姿を期待できるのだろうか。そこに認められるのは、王者の崇高さの政治的理想化、あるいはむしろ、理念の平板な定型化といった作用でしかないのではないか。現代の目には、そのような懐疑がむしろ自然だろう。もちろん、アレクサンダー大王であれダリウス王であれ、当人たちの素顔を確認するすべは失われている以上、確定した答は誰にも出せない。ただ、一七世紀の人びとが古銭に向けた眼差しは、たぶん、かなり異なる機制のもとにあった。古代貨幣は、はるか昔に流通の回路が途絶したあとで、幸いにも伝わった遺贈品である。それらは、数の少なさという点で文字通り稀少であると同時に、貨幣の種類として特定可能な程度の、一定の反復可能性をもっている。そして、そこに刻印された権力者たちの肖像を、公的人物の顔の表象へと至る狭い回廊とするとき、この二律背反的な性格が、メダルの肖像を、その人物について何か奥深いものを伝える厚みであるように見せたのだろう。さらにいえば、貨幣とその肖像が、稀少であると同時に固有（名）性をもつという構造は、時の淘汰を経てたまたま名前が残った少数の人物によって「古代（史）」が構成されていること自体と同型になる。古銭において、「顔」の有徴性と「名前」の固有性が、分離しうると同時に分かちがたく重なると表現した方がよいかもしれない。[*18] メダルのうえに浅く刻まれ、摩滅している顔の表象を、現在から見れば異様に深く取る視線が、このようにしてしつらえられる。

こうした［貨幣の］コレクションが、……人物の人となり《パーソン》に対する観念を固定し、［複数の人物の］顔の輪郭を比較することで、われわれの時代の観相学者たち（彼らのうちのある者は少なからぬ名声を博している）の研究をどれほど進歩させることだろうか。彼らはこれまで、人間のさまざまな顔つきから、野生動物のいくつかの種と有している類似性のみならず、その動物の性質や傾向との類似を、発見し、判読しようと努めてきた。人間はすべての被造物の概要であり要約であり（なぜなら被造物において特異な個性であるものが、人間のなかでは統一されている）、すべての完全性と同じく不完全性の中心の座を占めるからである（Evelyn[1697:292-293]）。

被造物の要約としての人間という観念をもちだして、存在者の多様性の高次元における包含と統一に根拠を求めるこの論理がいかにルネサンス的に見えようが、強調点はもはや、動物との類似が蓋然的な論理式を構成することに置かれてはいない。イーヴリンの思考のなかでは、メダルの「顔」の希少性／反復が「名前」の固有性と等値されており、それがそのまま、それ自体が個体的な性格の有徴的記号へと転換されていく。「鷹や鷲のようにみえる鷲鼻、羊のような顔、豚にそっくりの顎、兎のような口」(ibid.[293]) は、貨幣に刻印された肖像と同様に、一定の区画のなかで輪郭づけられた個体的特徴へと凝固するのだ。

動物＝貨幣において見いだされる固定した原初的記号。それは、人間的情念をきれいに写像するというより、むしろそれを背景として人間的情念を測定するための単位である。「セネカの言葉を信じるとすれば、動物のなかで生じるこうした運動は、感情 (affection) ではなく記号《キャラクター》と印象《インプレッション》＝刻印である」(Reynolds[1647→1999:32])。裏返せば、人間的「感情」(それがどのようなものであれ) は、動物の均質的生活がそうであるところの「記号と印象＝刻印」以上の何かである。自体的記号の想定によって、記号の余剰としての「感情」が覚束なげに指し示される。そして同時に、記号の固い輪郭が、その十全な出現を塞いでしまう。[*19] そうした事態が進行しつつある。

九　自体的記号／表示記号と観察視点

とはいえ、自体的記号は中空で自らを支えていたのではない。注目すべきは、自体的記号と表示記号とのあいだにある連続と切断の関係である。もう一度、『エペソスの未亡人』を参照されたい。

どうやら私には、彼女のなかに、単なる気質の変化のみならず人格の完全な変容を表示するある種の徴候が認められるようだ。……もし観相学者たちのごとく外見の表示記号《サイン》から中身を占う自由を行使してもよいのなら、私は彼女をこの世でもっとも喜ばしい、幸せな花嫁だと考えるだろう。……彼女の唇は膨れ上がって見事な朱色となり、かすかに震えている。……一言でいえば、私は彼女のなかに、自然的で実体から分離できない自体的記号《キャラクター》として大いなる喜悦に特有の、あらゆる表示記号の集合を見出す。

自体的記号がすぐさま「あらゆる表示記号の集合」と言い換えられていることに注目しよう。一方で、自体的記号は表示記号に分解可能である。他方でしかし、特徴《キャラクター》＝記号《キャラクター》はそれ自体で記号としての位相を獲得しているのであって、これを表示記号に還元することはできない。記号のあいだに距離が創出されている、あるいは記号の身分の二重化が生じているというべきなのだろうか。だが、これは相当に見極めにくい。この時代が、自体的記号と表示記号の上位概念を想定していたかという問題にかかわってくるからだ。論理的記号、蓋然的記号、徴候的記号から、それらを包括する表示記号(signum)が分出されたという記号の長い歴史が再演されているかのように。

現代の私たちならば、表示記号が上位概念であると答えるだろう。言い換えれば、それだけ、「自体的記号」は記号でない何かに見える。じっさい、character を「特徴」とだけ捉えれば、これが複数の表示記号の束として把握されることは、比較的素直にうなずける。しかし、繰り返すが、自体的記号の領域は初期近代が新たに付加したものなのである。そのためか、一七世紀の言説空間のなかでは、表示記号と自体的記号の両者を支える台座が名指されることはない。むしろ、「特徴」をもった実体であるものを、そのまま「記号」と読みかえているように見える。それが何をしているかが重要だろう。たとえば、特徴と記号の分岐点が記号の内部に繰り込まれていることが、その前提条件の一つになっているはずだ。チャールトンが、徴候を発見する「私」の視点をもちだし、それを「観相学者」の仮想的な知的体系へとずらしているのは、おそらくその現れである。即物的に実体であるものを記号と「見なす」操作が一種の転轍器になっており、かつ同時に、この操作は、実体と記号との同型性のなかへとただちに消去される……。しかしそのとき、この解釈者とは、いったいどんな存在なのか。

素朴な水準でいえば、テクストの記述は、可視的な手がかりから不可視の真意を推測しようとする人びとの実践をなぞっている。しかし、特筆すべきは「観相学者」の唐突な出現の仕方だろう。過去の物語を三人称で語りなおしていたテクストのなかに、ある距離を維持しながら誘惑劇の上演を特権的にのぞき見ることができるかのような、一人称の語り手がやおら登場する。いかなる意味においても会うことのできない人物の顔（なにしろ虚構作品の語り直しをしているのだから）を「目にする」ことができる、この「私」の視線は荒唐無稽というしかない。にもかかわらず、「外見の表示記号から中身を占う」「観相学者」の不埒な自由を行使するという宣言のなかで、この無根拠ぶりは、いわば一方的に抹消されている。

この観相学的視線と権力効果との結びつきは見えやすい。明らかにこの視線は、ジェンダー的な権力の配分に相応している。兵士の心に生起したことが直接的に報告される一方で、女性の心はあくまで秘せられており、唯物論的に解剖されるがままの、受動的な読解の対象である。ある意味でそれは、ペトロニウスの『サテュリコン』内の一挿話の語り直し《リテリング》による改釈という、テクスト自身の身分を律儀になぞった結果であるともいえる。語り直すという行為が、『エペソスの未亡人』の著者に、登場人物の行動に一方的に注釈を与える位置につかせることになるのだ。そのことが、結果的に、人物に「内的」動機を付与するかのような文体を招き寄せている。唯物論的還元を主旨とする医科学的考察と物語《ロマンス》との奇妙な混淆……。自体記号／表示記号の対の導入は、一七世紀なりのやり方で、解釈者の位置を問題化《プロブレマタイズ》することと直結しているのだ。事物と同型的に成立する実体的で実在的な記号という概念の成立は、意味と事物とをただちに一致させるのではない。自体的記号を見いだす視点の所在が、微妙なかたちで言説化されている。

この事態を、以下のように表現することもできるだろう：一六世紀の終わりごろ、いくつかの地点で、観察する視点の出来事性が浮上しつつあった。たとえば、監視しつづける権力者の視線と重ね焼きになるグァッゾの枠物語形式（↓二章一一節）。あるいはまた、発話と記述の継起的交替がそのまま観察／解釈を代行するシドニーの文体（↓三章八節）。これをさらに進めたところに、『エペソスの未亡人』における「観相学者」の突然の挿入がある。そして、そうした想像的な観察視点を呼び出すことで、表示記号／自体記号の相互依存的な関係が力動化する。不在の一人称が、ある種無人称的で、むしろモノそのものに近いような記号の体系をしつらえていくようにして。だから、ここで生まれているものを、批評理論がテクスト性（textuality）と呼ぶものと同一視することはできない。記号と解釈とが、オブジェクトレベル／メタレベルの関係を構成する（それがテクストの位相空間を成立させる必要条件である）には、あまりにも近い距離をもって隣接している。この文体は、恣意的な推測のみによって物語世界を宙づりにする一八世紀以降の小説的作者性が未在であるような場所にとどめおかれている。

その意味でも、自体的記号／表示記号がそのなかに配分される、（表示）記号の全体性があると考えてはならないのである。記号をめぐって解釈者／解釈項の安定した関係が存在していると想定すること自体が、表示記号の全体化を、つまりいたるところに記号の所在を見いだすことができるという、その特異な性能を担保しているからだ。裏返せば、本当は現代においても、特徴＝記号の問題は終わっていない。一九世紀観相学から人格の類型学を経て登場人物《キャラクター》の記号論に至るまで、それ自体では記号でないはずの充実した基体を措定しつつ、同時にそれを記号と読みかえようとする錯視の運動がかたちをかえて持続している。特徴＝記号の水準を思考しそこねているのは、むしろ私たちの方かもしれない。

このようにして自体的記号の概念は、蓋然性の身分を大きく転回させる。蓋然性をめぐる判断は、自体的記号と表示的記号の連鎖の諸形式へと引き延ばされるのである。一七世紀の観相学的知が、表象の強烈な実体化と単位化と関わるだけでなく、こうした連鎖のなかで言説化されるものであったことは注意しておかなくてはならない。個体的特徴と同型的であるような実体的記号《キャラクター》と蓋然的推論の対象である表示記号《サイン》とが双体的に生み出されることが、一七世紀的な記号の地平を構成するのだ。あえて図式的に整理すれば、次のようになるだろう：意味表示と意味内容との結合が、さしあたりは記号外在的な推論によって成立するとき、表示記号《サイン》が得られる。他方、事象とその原因／結果とのあいだに不可視ながら本質的な連関が想定されるとき、あくまでも可視的事象のうえで行われることで、それをいわば二重化する読解行為は、事物／事象を自体的記号《キャラクター》とするのである。事象の単位としての身分と意味表示機能とが、そこで同型的に重なる。だからこそ、表示記号《サイン》の恣意性が見いだされ、同時に否認されることにもなる。自体的記号の側から表示記号の領域をなぞろうとする、あるいは逆に表示記号から自体的記号を近似しようとする、互いにずれあう巨大な運動が組織されていく。

一〇　現代的視線の制度性を乗り越える

自体的記号と表示記号とからなる一七世紀特有の構造は、これまでほとんど見過ごされてきた。大まかにいえば、一七世紀の記号理論に関する従来の語り方は、以下の二つの途を辿っている。一方にあるのは、そこに原初的な記号論理学を見いだす思考様式である。自体的記号の実定性を無視することで、表示記号の性能を上げる議論とあまりにも早く同一視してしまう。そうした立場は、普遍言語の構想がライプニッツ的普遍記号(characteris universalis)に向かって整序されていくような科学的知の歴史を描く。自体的記号というありようは、せいぜいのところ、言語記号の普遍性に対する不当で素朴な信頼の表現にすぎないとされる。そうした信頼の形式を取り去ってしまえば、後に残るのは非-歴史的に把持された表示記号の平面になるだろう。とりわけ一八世紀後半以降に成立する自然科学／確率論的な蓋然性の理解様式をもちこむことで、一七世紀の自体的記号は、言語の機能の把握をめぐる不当前提を犯しているか、もしくは単なる未熟と映ることになるだろう。現代のデジタル言語をはるかに先取りしていた可能性を見いだして救出しようとする身振りがときに付加されることがあっても、それはあくまでこうした平面上で作動する、すでに無害化された留保にすぎない。

もう一つは、『言葉と物』におけるフーコーの視線だろう。言葉と物、あるいは意味するものと意味されるものとが一致あるいは混淆する表徴《シグナトゥム》の空間から、事物を内的表象の座標平面へとマッピングするマテシス／タクシノミアの方法論的空間へ——。この構図は今やあまりにも有名である。フーコーが描いているかぎりでの表徴の性質には、本章が論じている一七世紀の自体的記号とたしかにかなり通底する部分がある。けれども、彼がいうところの表徴は、具体的に歴史的な言説のなかに見いだせるものである以上に、彼自身による構成であり、そしてその構成は、彼による歴史的切断の見いだし方とつよく連関している。もちろん、歴史記述において——とりわけ、言説分析に傾斜した書き手の作品において——、記述が最終的には分析者による構成になること自体は問題ではない。というか、たぶん方法的に避けることができない。言説分析は、資料の言葉に寄り添いながら、社会内ですでに知られている既存の分類のシステムとはちがうところで、別種の分類や分節の所在をいわば方法論的に実体化する手つきであるからだ。だから、書かれた（語られた）言葉に強く拘束されながら、どこかで必ず、そこから離れる——あるいは、離れざるをえない——瞬間がある。それはいわば、素潜りをする人が時々息継ぎをしなければいけないのと似ている。本書を含め、そうでないものはない。ただ、フーコーならフーコーによる構成の仕組みに対する検討を抜きにして、フーコー的表徴が一七世紀にも持続している（もしくは、いない）と議論するわけにはいかない。

ルネサンス期に関して彼が扱った言説群は、一種の博物学的疑似科学であり、一方、「表象の時代」と彼が呼ぶ一七・一八世紀は、実質的にはデカルトの言説を中心に配列されている。自体的記号を語った一七世紀の言説群に対する言及はほとんど見られない（ただし、「特徴《カラクテール》」記述として、一八世紀生物学の周縁で言及されているが、それが同一のジャンルに属しているように見えるのは、あくまでもデカルトと対置されていることの効果による。[*20]

(Foucault[1966=1974:161-168])）。一六世紀の自然哲学と一七世紀前半のカンパネラらまでが一括して扱われているルネサンス期の哲学的言説群の系譜に対する近年の詳細な研究は、このような操作をもはやいささか粗大に映るものにしている。とりわけアリストテレス主義の再評価のなかで、ルネサンス期に対する『言葉と物』の記述の限界が指摘されている。[*21] 少なくとも、これをルネサンス哲学のマトリクスと素朴に受け取ることは難しくなっている。

これまでの議論に引きつけていうならば、彼は、記号と事物とが混淆する表徴の位相（それは自体的記号のある側面にかなり近い）を一七世紀以前の言説空間に押し込めることによって、表示記号による推論の領域との連関を取り落としている、もしくはあらかじめ消去してしまっている。その結果、表徴は、デカルト的シーニュ（と彼が考えたもの）の外部としていささか非時間的に理念化されている。ダグラス・レイン・ペイティは、フーコーのようなやり方で言説群を選択すれば、そこに「認識論的切断」が見いだせるのは自明だと苦言を呈している(Patey[1984:266-273])。ペイティのように、フーコーに劣らぬ学識と方法論的意識とを兼ね備えた別の読み手による読解が表れてしまうと、フーコーがルネサンス空間を彼自身の目的のために、あるいは非 - 場所への願望の触媒であるかのように「使っている」ことは否定しがたくなる。

とはいえ、表徴に対する記述のなかに、異空間性の賞賛めいたものが滑り込んでいるとしても、それは、フーコーの切実な陰鬱さとでもいうべきもののなかに織り込まれながら、ときに浮上してしまう何かとしてである。彼にとってはやはり、一九世紀型の権力の配置と彼に見えたものの息苦しい実在性が、つねに問題だったのだろう。その意味で、己の痛点に対してとても率直な人だったと思う。だから、じつをいえば筆者は、あれやこれやの図式の抽象性や資料の欠落を取り上げて論難しようという気はあまり起こらない。ただ、彼の記述を西欧近代の客観的な言説史であるかのように追認する態度の蔓延——そしてそれは、流行ののちにあっさりと忘却することを平然と許すものでもある——の方こそが、彼のあの切実さを忘れているのではないかということは指摘しておかねばならない。そういう態度は、フーコーでは（ありえ）ない自己に対して誠実であるとはいえないだろう。

現在から見れば、『言葉と物』は、最終的にはやはりデカルト主義的（およびカント的）主体（論）——それも、歴史的言説としてのそれらの厳密な測定というよりも、たぶんフーコーにとって現代を拘束しているように映るもの——を批判的に解体することに照準を定めた書だった。この書物の衝撃も限界も、そこにかかっている。それを外してしまえばしかし、ルネサンス期の表徴の死によって贖われる、古典主義時代における凍り付いた表象の体系の成立という構図だけで初期近代を了解するのは、やはりいささか一面的であるといわざるをえない。私たちは、そこで停止せず、さらに進まねばならない。

外的表徴とその奥にあるものとの関係づけをめぐる一七世紀的な思考は、自体的記号と表示記号との関係づけをめぐって、それらが包含される秩序の探究という、困難な試みを積み重ねていく。あえて区分すれば、(1)表示記号の恣意性と意味の本体論的成立可能性との関係をめぐる諸考察のなかから、一七世紀的なコミュニケーションの理論が立ち上がってくる。そしてまた、(2)個体的記号（徴候）としての人格《キャラクター》が、おぼろげに姿を現しはじめる。これはあくまでも大まかで便宜的な括り方にすぎず、じっさいはこの両者は相互に密接に関連しているのだが。以下、第八章では(1)をめぐって議論し、そのなかで、一七世紀における修辞学の変容を扱う。そして第九章では、主に(2)の側面について論じていこう。

第八章　記号・修辞・意図――「キャラクター」の地平(2)

一　普遍言語運動と実在的概念記号《リアル・キャラクター》

じつをいえば、一七世紀の言説空間にキャラクターという明示的な術語を最初に導入したのはベーコンである。『学問の尊厳と進歩』において彼はこう述べている。「アリストテレスが正しく述べたように、「言葉は思考の像であり、文字は言葉の像である」。しかし……伝達の術には言葉や文字以外の子供がいる。……概念の多様性を説明するものに足るほど十分なちがいをもって分節されるものならば何でも（それらの差異が感覚に知覚されうるものであるならば）、人から人へと考えを伝えるための媒体にすることができるからである」。このようにして彼は、「語根語と同数である」、すなわち、概念と完全に重なり合い、言葉(verba)と物(res)とが一致する理想的な文字＝語という概念を提唱する。

言葉の助けあるいは介入を経ずに意味を伝えることのできる事物の符号(Notes)には二種類ある。一つは適合性から生じ、そのときその符号は、概念と何らかのかたちで合致している。今ひとつは取り決めによるもので、それは「全員に」自発的に採用され、合意されたときに成立する。前者に属するものに象形文字(hieroglyph)と身振りとがあり、後者には実在的概念記号(Real Character)が含まれる(Bacon[1623a=1870:439-440])。

人間の知を混濁させるさまざまな混乱や誤解は、言語記号が事物を正しく指し示していないという、自然言語の欠陥によって発生している。事物と一致する記号の体系があるべきだ。彼のこの発想が、いわゆる普遍言語(Universal Language)の構想として展開していったことはよく知られている。その中心に置かれたのが、「リアル・キャラクター」という概念である。明らかにこれは、一七世紀の自体的記号《キャラクター》理論の一バリエーション——むしろ、その原型——となっている。定訳はないようなので、本書では「実在的概念記号」と表記する。ベーコンはどこに、どのようなかたちで「実在的な」キャラクターを見いだしているのだろうか。

一七世紀の思考が記号概念をしばしばキャラクターという語で表示する第一の理由は、何らかのかたちでアルファベット的文字記号《レター》の外部を想定せざるをえなくなったということである。たとえば、後代の『ポール・ロワイヤル文法』(一六六〇)も、文字記号《レター》を包括する記号の体系を指し示す必要に迫られたとき、caracteresという語を用いる(Lancelot & Arnauld[1660=1972:22])。だが、ベーコンははるかに具体的に、文字記号《レター》の外部をイメージしている。「中国および極東の諸王国においては、実在的概念記号(character real)を用いて書くのが習慣である……この文字はそれ自体で文字記号《レター》や単語ではなく、物あるいは概念を表現している……この概念記号が彼らの言語よりも広く受け入れられているために、お互いの言語を理解しない国々や地域が、にもかかわらずお互いの書いたものを理解できる……」(Bacon[1605→1994:100])。

つまりここでは、漢字《キャラクター》が一種のモデルとして想定されているのである。とはいえ、漢字という似ても似つかぬ文字の体系に向かって、アルファベットを改善あるいは廃棄しようとしているわけでもない（西欧人は、それほど謙虚でも軽薄でもない）。東アジア諸社会における漢字による筆談のコミュニケーションを例に取りつつ、ベーコンはあくまでアルファベットのことを考えている。東アジア諸社会における漢字による筆談のコミュニケーションを例に取りつつ、ベーコンはあくまでアルファベットのことを考えている。ベーコンからエズラ・パウンドまで連綿と流れていく、漢字に対する西欧的想像力の系譜においては、アルファベットの不可能な外部が、アルファベットの内部で夢見られる。そこには、アルファベット的貧しさに対する切実な欲求不満と、そこに自足する態度とが混在している。[*1] 大きくとれば、一七世紀の書き文字中心主義（↓六章五節）あるいはその現象態としての自体的記号もまた、これをなぞるものだろう。

このような構えのなかでは、自身の外部（と想定したもの）を迂回して、人は必ず、自分の姿を、いわば否認とともに受け取り直すことになる。むしろ、そのことが何を意味しているかをよく考えた方がよいだろう。たとえばベーコンが漢字に注目するとき、その記号のかたちが概念を表示することのみが重要で、音声からは切れていることを強調しているけれども、西欧社会における（知識階層の）ラテン語の受容もまた、読みからかなり自由に行われ、各社会でてんでに発音を当てられていた。近代〈以前〉と近代の〈外部〉の両端でこうした奇妙な符合に遭遇したことで、奇態な思考の冒険が展開する。あるいは、ねじれた方向に乱反射させつつ、初期近代が受け取ろうとしているのは、ヴァナキュラー化の進行のもと（↓三章五節）、こうしたラテン語的受容形式からの離脱が始まっている、自己自身の姿なのかもしれない。

エジプト象形文字やアラム語を「神聖文字」として秘教的に言及する態度なら、ルネサンス期にもあったが、[*2] アルファベットの外部を組織的に呼び込んで言語を考察したのは、ベーコンが最初である。このドライブは、どのような台座のうえで生じたのだろうか。普遍言語運動は、ある意味ではアダム言語論(the Theory of Adamic Language)の系譜に連なっている。[*3] これは、始源状態においてアダムが用いていた言語（神の創造された動物をアダムが名指し、それがそのままその動物の名前となったという『創世記』の神話に基づく）の復興可能性を論じるものだ。ヒエログリフやアラム語への注目も、こうした関心に依る。とりわけ、固有名詞が一般名詞から区分され、範型として特権化されている。固有名詞は、アダムが用いた言語に近い事物相応性を保持しているのだ。言い換えれば、その他の名詞は、事物との連関を喪失してしまっており、復元の手がかりは(1)語形、つまり語を形成する音節の数と順序の考察、(2)発音論、(3)名辞の起源をめぐる語源学という三つの可能性を、気ままに組み合わせられるかたちで探究された。[*4]

一七世紀の普遍言語論は、アダム言語の復興可能性がいったんは消去されたかのような地点で結晶する。まず、語源論的探究は無益なものとして廃棄されるだろう。[*5] 諸言語の美点を比較綜合することで、言語に刻印されている「理性の足跡」を推理／復元する「哲学的文法(philosophical grammar)」という方途が、それに替わって提案されている(Bacon[1623a=1870:441])。始源の理想言語への直接的回帰の可能性は総じて否定されている。むしろ、それを否定態として空所に留め置くことで、現行の言語（の欠陥）が研究され、未在の完成態への運動が駆動する。

あるいは、固有名詞の位置づけの変更。ジョン・ウィルキンズの大著『実在的概念記号および哲学的言語に向けての試論』（一六六八）は、事物や事象を一連の構成要素（生物／非生物、単数的／複数的、固さ／柔らかさ……）に応じて分解し、系統樹的に分類したうえで、構成要素ごとに記号を付与する。それらの記号を組み合わせた人工的なコード言語として、実在的概念記号《リアル・キャラクター》を構想している。ウィルキンズは、事物・事象の整然とした分類原理を立てることで、不経済で恣意的な既存言語の汚染を除去するという方向で、ベーコンの哲学的文法という発想を精緻化した。そのとき、単独的個物以上に遡ることのできないというまさにその性質のゆえに、一六世紀とは逆に、固有名詞は原理的に翻訳不能な異物として扱われることになる。「実在的概念記号と、普遍的使用のために構想される言語によっては提供できない、いくつかの種類のものがある。それはすなわち、特定の場所や時代のために割り当てられたすべての名前のようなものである。Ⅰ　どこか特定の場所あるいは国に特有なもの。たとえば一　称号、二　官職名、三　職業上の階位、四　財産保有を表す法律用語、五　万国共通ではない紋章。Ⅱ　複数の時代や時期のなかで持続的に変化するもの。一　衣服の名前、二　フランネル、サテン等の材料の名前、三　ゲームや遊び、四　酒、五　肉の部位の名称、パンや菓子の名前、六　音楽や舞踊の旋律、七　商売上の仕事道具、八　さまざまな政治・宗教団体名。これらの多くは人物の名前から由来するので、普遍的使用のために提案される事物の理論のなかでは提供することができない」(Wilkins[1668→1968:295-296])。

普遍言語運動のより詳しい展開過程については、優れた研究がいくつもある。[*6] ここでは、本書の議論に関係することを、二点に絞って指摘しておく。第一に、言葉と物とが一致する理想状態への願望と挫折という否定的媒介を通して、一七世紀の思考は、言語記号に関わる慣習(custom)の水準を、いわば逆立的なかたちで確認するに至った。現在の言語記号の諸問題は、それらが根拠を欠いた慣習に従っていることから発生しているが、――哲学的文法を媒介することで――理想の概念記号が到来したとしても、それもまた「自発的に採用され、合意された」「取り決めに基づく」だろうとしか規定できない。現行の言語に取り憑く慣習の暴虐と理不尽さに対する幻滅と不満が、不在の文字＝記号を夢想させるが、その夢想自体が慣習に深く貫かれている。[*7]

自体的記号の概念が慣習の水準と複雑な図柄を描いていることは、これまでの議論のなかであまり触れてこなかった。しかし、自体的記号と慣習とのあいだに潜んでいるこの逆立的関係は、精神言説論のなかにすでに潜んでいる。事物が精神内に映像《ピクチャー》として写像され、それを言語＝発話記号がさらに写像しているとするあの世界／認識モデルである(→六章六節)。事物―心的映像―言語＝発話記号の系列を逆向きに辿ると、言語／発話記号は精神作用に対して付加的／事後的に接続される関係に置かれている。つまり、それは精神作用と独立した原理によって成立しており、精神には基盤をもたない。言語＝発話記号はそれ自体の慣習的規則に従っている。ところがその一方で、精神的言説と言語記号との対応を語っている以上、精神言説論は、両者のあいだに本質的な結合関係が存在していることをも暗黙裏に想定しているのである。この図柄は普遍言語と明らかに重なる。あるいは、精神言説論に現行の言語の「改良」という目標を加えたとき、普遍言語構想が得られると表現するべきだろうか。

あるいはまた、こうもいえる。慣習的な約束事に支えられる既存言語の恣意性を嫌ったウィルキンズらの実在的概念記号《リアル・キャラクター》は、整然と分類できる明晰判明な実在として、事物や事象が言語に先行していることをあてにしている。そのとき、実在に対する記号は、「実在的」記号になる。つまり、世界内のすべての事物・事象に対応する記号が割り振れるとすれば、そこにおいて記号は、逆説的にも固有名詞に近づく。固有名詞をめぐる困難を発見しながらも、普遍言語運動はアダム言語論をそのようなかたちで継承していると考えることができる。実在的概念記号を構成するあの人工的なコード記号の一つ一つは、普通詞を固有名詞的なものへと変換する魔法のようなものなのである。同時にしかし、コード記号の人工性が露わであることにおいて、変換の試みは挫折してしまう。[*8][*9]

二　名称と記号

このことと深く関連するが、第二に、名称 (name/appelation) の水準をめぐる諸問題を押さえておきたい。一七世紀の言説空間に遍在している名称へのこだわりは（→四章九節、六章六節）、自体的記号／表示記号の布置とどのような関係にあるのだろうか。たとえば、名称の理論的分析につよい関心を見せるホッブズの議論を見てみよう。彼は『法の原理』において、名称の形式的な定義を提供しているが、そこでは名称は、より包括的な概念である符号(mark)の下位集合として分析されている。符号とは、「同じものが精神の再び対象として現れるとき、いくぶん過去になったことがらを、それを用いて思い出すという目的で、人間が自らのために自発的に作りだす感覚対象」である。そして名称は、発話＝言語記号に転化した符号（「事物に関する何らかの概念を人間の精神にもたらすために、ある符号に恣意的に割り当てた人間の声」）なのである(Hobbes[1650→1994:35])。

この説明のなかでは、名称は言語記号とほぼ等しい扱いを受けている。符号に「声」を割り当てると名称になるという構えからみても、この符号—名称の系列は、精神言説論の典型例である。ただし、言語記号の外に「符号」の領域を立てるのは、ホッブズならではのやり方だろう。精神が遂行する推論の作用を計算《コンピューテーション》と考えていた彼にとって、符号とは一種の計算用の符牒あるいはチップ(token)のようなものである。*10 符号を操作的に名称的命題へと組み合わせる知性のはたらきを考えるという態度の向こうには、人間がもつ、そうした名称の組み合わせ能力に対応させて、既存言語を——改変するとまではいわないまでも——考察するような指向性がほの見える。けれども、「符号」概念のもちこみは、言語記号とそれ以前（もしくは以上）の存在との意味連関を問題化するものでもある。符号は、言語記号以前に存在する直接的な感覚経験対象であるが、にもかかわらずそれは、想起／反復のために、かなり自発的に（つまり恣意的に）創出されうる。そのとき符号は、すでに記号のようにふるまっている。符号は記号以前の非記号であると同時に、超記号的存在なのである。さらにいえば、符号《マーク》を符牒《トークン》によって定義するのは、符号の符号をもちこんでいるに等しい。自然状態から社会状態への「契約的移行」と同型のパラドクスが発生している。要するにホッブズは、精神言説モデルにいわば随順しすぎることで、言語記号に媒介されない思考内容が、なぜ言説《ディスコース》と呼ばれうるのか、そもそも言語記号と非記号的精神作用の接続可能性がいかにして成立しうるのかという、このモデルにとってもっとも危険な箇所を曝してしまっている。*11

だが、筆者にとってより興味深いのは、符号概念のもちこみによって、名称の実定性が前景化されることの方だ。

そのなかには、たとえば、直接的な感覚与件としての符号を想定するからこそ、「未来」のような存在しない事象についての名称を、人間がもちうるのはいかにしてかという問いが開かれていった、ということも含まれるかもしれない。その意味では、精神言説論からずれる契機を孕みつつあるとも考えられる。[*12] とはいえ、これは事後視点からの観察だろう。彼自身の思考は、それともちがう軌道を走っているように見える。記号以前の超記号という符号の次元を設定することで、特定の事物や事物にすでに名前を与えられてしまっていることの出来事性が、はからずも浮上している。ホッブズ自身の議論の様式が、それを示唆している。幾何学やニュートン力学をモデルにして一種の公理論的理論構成を目指すとき、彼は独特の操作を遂行している。まず自分なりに中立的な用語によって事態（事物）の定義を与え、次いで、定義したその事態もしくは事物に名称を付与するのである。「突然の栄光は笑いと呼ばれる顰め面をつくりだす」(Hobbes[1651→1968:125]) というように。

「xはpと「呼ばれる」」という記述形式の選択。「xはpである」と書いても疑念をもつ人はそれほどいなかっただろうような場所で（「突然の栄光は笑いと呼ばれる」と「突然の栄光は笑いである」とのあいだにどれほどの差異を感じられるだろうか）、pと「呼ばれて」いることの実定性を呼び出してしまう。この不思議な書き方は、いったい何をしているのか。一方で、このような名称‐定義の公理論的系列によって、スコラ的な情念のカテゴリー体系の外が作り出されている。名称に従って情念を定義できるので、その数はあまり問題ではなくなる。しかし、それだけではない。たとえば、ホッブズの名誉論について筆者は、素材の多くは一六世紀と変わらないが、にもかかわらず、あるいはだからこそ、そこに一七世紀的な秩序の問題系を成立させた決定的な「視線の移行」があったと論じたが（→五章六節）、ある意味でそれは、名称の水準が出現したことの効果なのである。「名誉とは～である」という命題の周囲で旋回していた一六世紀の礼儀の意味論を「～が名誉と「呼ばれる」」と切り返すことで、定義を付与するものとされるもののあいだに一定の操作的距離をしつらえる。けれども同時に、それは「～

と呼ばれている」ことの事実性の消去不可能性を露わに告げ知らせてもいる。xがpと「呼ばれる」ことは、ホッブズにも誰にも制御できない。事物を定義する中立的な記述言語が、慣習のなかでそう呼び慣わされ、声の「恣意的」な「割り当て」にすぎない名称に承認を受けることで、はじめて閉じられるかのように[*13]――。

こうした記述形式は、名称が、私たちが想像するよりはるかに実在的な何かだったことを暗示しているだろう。この点については、以下のような補助線を入れて考えることもできる：既存の名称が慣習の産物であることだけなら、古代ギリシャ以来知られていた。前ソクラテス哲学として知られる人たち、とくにヘラクレイトスは、言葉と事物とのあいだに必然的な関係を想定したとされる（言語のフュシス説）。これに猛烈な反駁を加えたのがソフィストである。彼らは、言語と事物とのあいだには恣意的な関係しかないという主張を最初に提出し（言語のノモス説）、それをもって、言葉を言葉としてのみ自由に組織する「詭弁」の技法の根拠にしている。『クラテュロス』においてプラトンは、ソフィストの非真理的態度に抗して、人間が事物／世界の本質の認識に至る可能性を擁護する一方で、言語が事物の本性＝起源 (etymon) を直示するとは言わない。ソフィスト的詭弁という呼称が多分に哲学サイドからのレッテルであり、ある意味でそれが原‐弁論術であったことを考えれば、哲学／弁論術＝修辞学との苛立たしい葛藤が、フュシス／ノモスのあいだの離接関係の転態として開始されたということもできる[*14]。

一七世紀の思考もまた、言語記号の本質性と偶有性の離接をめぐる、西欧のこの長い系譜に連なっているが、興味深いのは、名称の領域をただちに慣習によって指し示すことを避けるようにして、いわば名称の少しだけ外で、慣習の水準が発見されているということだ。言語の改良というプログラムも、この微妙な迂回によって可能になっている。名称の領域から薄皮一枚だけ隔たった向こう側に、記号や符号の概念を設定することで、既存の言語記号と未在の概念記号の両者に慣習を結びつける。ある事物が何らかの名前で呼ばれているということ、あるいはそのことで成立している個々の名称は、たしかに自身の外部に、あるいは自身以前に遡って辿ることのできる、本性的根拠をもってはいない。にもかかわらず、そのような名称が「ある」ことの出来事性は、この事実によっても消去することはできない。名指しという行為の集積によって実体へと転化した、名指し行為に随伴する符号が名称であるといえばよいだろうか。それは恣意的であると同時に圧倒的な所与である。そこには、名称が「社会」の産物であると現代風に言ってみたところで消すことのできない、何か不可解な理不尽さがある。人間は「名前を与える／名指す（to name/to appeal）」ことしかできない何かに対して、その名を呼ぶことで再びなぞり直すことしかできない。[*15]普遍言語の思想家たちが、固有名詞という困難を発見したのも、こうした感覚の表われなのではないか。

言い換えれば、名称は、慣習の恣意性と強固な事実性とを同時に指し示すことで、いわば自体的記号であると同時に表示記号でもあるような位置にある。[*16]あるいは逆に、名称という記号の極限的状態が有している特異な性能を指し示すために、表示記号から自体的記号を分離する運動が生じたとすらいえるのかもしれない。その事実性に抗して名称の水準を操作可能にするために、「記号」や「符号」の概念がもちこまれたと考えることもできる。この場合には、表示記号／自体的記号の相関項に対して名称がどのような位置にあるかという問い自体が、ある意味で倒錯している。名称が、表示記号と自体的記号との分裂を指し示しているように見えるとしても、それは、一七世紀の理論が「事実としてそう名付けられている」ことの先行性を、記号の平面上で扱うことに成功しなかったことの表れだということになろう。[*17]名称の事実性の前で記号の自由度と必然性とを立てようとする、不自由な自由度。普遍言語への企図とその挫折への気づきとの同時発生は、いささか極端な角度から、そんな事態を示唆しているのかもしれない。

三　身振りと修辞

ところで冒頭のベーコンの発言には、注目に値する点がもう一つある。すなわち、実在的概念記号の機能の原基的形態を提供しているものとして、象形文字とともに身振りが名指されているということだ。身振りや象形文字は、ある種の直接的な意味作用を所有しているものと捉えられている。両者ともに、「意味される事物とある程度の類似性をつねに維持しており、一種の寓意画《エンブレム》＝象徴である」。彼のこの身振り論は、アリストテレスの修正というプロジェクトと密接に連関している。「精神と身体の同盟関係に関する学知」には「二、徴候／指標によるものと二、印象によるものの二種類がある。前者（すなわち、身体の習慣から得られる精神の知に関する記述、あるいは精神の偶発的状態から得られる身体の知に関する記述）は、二つの技法をもたらした」。これらの技法は、それぞれアリストテレスとヒポクラテスに帰せられる。つまり観相学と「精神の興奮状態から身体の現状や性向を発見する」［患者の］夢解釈だが、このうち、アリストテレスが開始した観相学には「欠陥があると考える」。なぜなら、

アリストテレスは、非常に巧妙にまた熱心に、静止状態にある身体の構造を探究したけれども、動いている身体の構造（すなわち身体の身振り）は無視した。にもかかわらず身振りもまた、静止状態同様、技術がもたらす観察によってあつかいうるものであるし、しかもより有用で役立つのである。というのも、身体の外形は精神の一般的性向や傾向を明らかにするが、顔や身体部位の動きや身振りは、一般的性質のみならず、感情の高まる瞬間と、精神や意志の現在の状況《ヒューモア》と状態をも明らかにしうる。なぜなら、陛下がもっとも適切にまた優美に仰られたように、「舌が耳に語りかけるように、身振りは目に語りかける」からである (Bacon[1623a＝1870:376])。

敬意の一時的記号であるというより（→二章二節）、身振りは「束の間の象形文字」である。動きをもって消えていくという点では、たしかにそれは絵として刻まれた象形文字よりはかないが、身体の静止状態への知よりも「有用で役立つ」。にもかかわらず軽視されてきたとすれば、むしろ静止状態しか扱えていない分析装置の未熟さの側に問題がある。一七世紀の文献の至るところで見いだせる身振りへの言及のなかでは、主に以下の二点が注目されている。当時よく読まれていたミシェル・フォシューの『弁論者の講演について』（一六五七）によると、まず第一に、自然言語が諸国語に分かれ、文法を知らない者には理解できないのに対し、身振りは「私たちの思考や情念をすべての国民に分からせることのできる」「全人類の共通言語」である。第二にそれは、動きをともなう行動であることによって、内なる情念を直接的なかたちで表示し、そのことで他者につよく働きかける（Le Faucheur[1657=1727:171]）。この二つの論点は明らかに、それぞれ普遍的記号の理論と修辞学とに対応している。直示的な意味作用を有する記号という発想と、修辞学的知の再編の必要性とが密接に絡みあう結節点に、身振りの理論が浮上するのである。

一七世紀に急速に高まっていく身振りへの重視が、修辞学の言説のどこに位置しているのかを見るためには、一六世紀に生じた修辞学の初期近代的屈折がどのように継承されていったのかを追尾する必要がある。ただし、一七世紀においては、修辞学以外の複数の言説領域で、かつて修辞学が扱ってきた論点が分散したかたちで出現する。一二世界性や自体的記号の意味論のあちらこちらに、修辞学との連結の線分が見え隠れしていたが、三章の末尾で示唆しておいたように、この断片化と散乱は、情念が修辞学の扱いうる範囲を溢れ出たこととの現れである。一七世紀の情念の修辞学は、つねに記号の自然学的理論との重層的な連鎖のなかで観察されねばならない。

本章では、記号理論と修辞学的知との関連のいくつかを取り上げながら、慣習の逆立的発見と、名称の恣意的な必然性の関係を考察してみたい。

四　未発の修辞学改良プログラム

修辞学的要素の分散を摑むためには、ベーコンが体系としての修辞学をどのように再編しようとしたかが、一定の指標となる。彼は、修辞学のあの伝統的五分法のうち、発想、配列、記憶を「発見…判断…記憶保持の技術」へと委譲しており、修辞学と文法学を、言語にかかわることがらを扱う部門として「知識の引き渡しあるいは伝達の技術（Method of tradition or delivery）」に配している。[*18] なかでも修辞学は「語りの装飾（Illustration or adornment of Discourse）」（Bacon[ibid.:454]）であるとされる。[*19] ラムスは修辞学を措辞へと還元したが、ベーコンはさらにその外にいる。すべてが装飾であるがゆえに、それを「装飾」と名指すことがかえって困難だった一六世紀修辞学は、文明＝優美さ／平民的＝粗野という分節によって修辞的文体と非修辞的文体とを区分することしか知らなかった（↓二章一節）。それに対し、ベーコン以降、実質的な文体／装飾的な文体という区分が新たにもちこまれた。

この効果の一つは、一七世紀において措辞論が比喩（trope）論へと転形したということである。「比喩とは……通常の自然なやり方とは異なった、かけ離れた方式で、つまり、情念の生じない状態で話すときに用いているものとはまったくちがう話し方で、話す流儀である」（Lamy[1675→1986:224]）。この定義は、精神言説論の論理系《コロラリー》として成立している。精神言説論は、精神的言説が言語に先行していることを前提としているが、精神活動が壊乱するとき、情念は文に対して過剰となる。裏返せば、言語は人間精神の豊穣さに比して潜在的に過少である。それゆえ、精神的言説を表現するために、言語は自らを酷使しなければならず、そこからさまざまな比喩や文彩といった工夫が生じたのである。[*20] こうした発想がやがて、非言語的な情念（情動）一般の水準を措定し、それを言語活動の起源にすることで言語の歴史的進化を説明しようとした、ヴィーコ、コンディヤック、ルソー、ヘルダーらの言説へと中継されていくことになるが、この段階では情念はまだ、一八世紀の言語起源論におけるような超歴史的で記述不能な力動ではない。それははるかに個体的で具体的に受動的な実在である。*21

そしてまた、実質的／装飾的という区分から、平明な文体 (plain style) という理想が生まれる。われわれの内的観念（精神的言説）を適切に表現するために修辞を用いると考えるとき、修辞の適切な使用法と不適切なそれとを分けることができるし、分けるべきである。比喩はせいぜいのところ、精神の理解を助けるための「装飾」にすぎないのだから、修辞の過剰によって理解が阻害されるのは本末転倒である。広教主義的説教 (Latitudinarian Preaching) や、実験と観察の客観的報告を主旨とする科学論文の誕生といった複数の領域で、俗人にとっての理解のしやすさを文体の規範とするべきだという主張がなされるようになる。*22 これは長期的にみれば、修辞学そのものを解体していく途である。ベーコンに胚胎している一種の反修辞学的態度は、一七世紀全般にわたってある種の通底音を響かせ、世紀末のロックを一つの頂点とすることになる。「もし私たちが事物をありのままに話すことにするならば、順序よく語ることと明晰さを除いたすべての修辞学の技法や、雄弁が発明したすべての人工的で比喩的な言葉の使用は、まちがった観念を植え付け、情念を動かし、したがって判断を誤らせるためのもの以外の何者でもなく、それゆえじっさいに完全なごまかしであることを、私たちは認めるだろう」(Locke[1690→1961:2.10.1])。

とはいえこの区分は、自らを貫徹することに成功しない。現代的な表現でいえば、この区分が修辞学の内部で発生する以上、実質的文体もまた修辞学的構築物とならざるをえない。科学的文体それ自体が修辞的であるという議論は、脱構築以降、ごく穏当な感覚の表現ですらあるけれども、*23 ここでいいたいのはそれとはちがう。修辞学を賭金とした一七世紀の思考の苦闘は、何というかもう少し切迫しているのである。たとえばベーコン自身が、修辞学をめぐる考察を「語りの装飾」の節のなかに押し込めることができていない。「伝達の技術」以外の箇所に、修辞学が何度も回帰してしまう。「語りあるいは議論における発想(invention)は、本当は発想であるとはいえない。なぜなら、発想するというのはわれわれの知らないことを発見することであり、われわれがすでに知っていることを見いだし直し、再召喚することではないからだ。……しかし、私たちが、広い森林にいる鹿でも、囲いのある公園にいる鹿でも、それを狩るときに狩猟という言葉を用いているのだから、そしてそれがすでに発想という語をもっているのだから、さしあたり、それを発想と呼んでおくことにしよう[*24]」(Bacon[1605→1994:94])。

明らかに彼は、「インヴェンション」を近代科学的な意味(＝発明)へと転化しようとしている。科学的帰納法の創始者としてのベーコンという、見慣れた姿が急速に浮上しようとする。だがこの「インヴェンション」は、自由な観察者が、既存の知や因習をいわばその都度振り捨てるようにして、新しい未知なものに目を見開かれるごとき経験では(まだ)ない。そんな意味空間のなかで苦闘しているベーコンは、発明／発見の経験を予感しつつも、修辞学用語としての「発想」の近傍にあり、かつ同時に修辞学的思考法が抑圧しているその発明／発見の領域を、やはり既知／未知をめぐるあの相関句的構造をつたうようにしてしか書けない。既知の組み合わせ術(＝発想)の外部に未知なるものの発明／発見の自由度が見いだされることが、修飾と実質の分離を可能にしたのだけれども、その未知を指し示すべき言葉は、既存の修辞学用語の術語平面に、いまだあまりにも強く拘束されている。

じっさい、ベーコンの言説には、修辞学の固さと逃れがたさに対する欲求不満が刻印されている。冒頭でも述べたように、不満と自足とを打ち合いにしつつ、未在の領域への予感へと開かれていくというのが一七世紀的な知のふるまいであるとすれば、世紀初頭の彼の言説は、それを早々と結晶化させている。そこには、科学的な推論や帰納法へと辿り着く前の逡巡と解釈してすませることのできない微妙さが潜んでいる。そして、この不満の感覚は、彼を修辞学へと奇妙なかたちで誘引していく鈎針でもあった。修辞学の用語系が、自分の目指す目標からどこか逸れつづけることに苛立ちながら、まさにそのずれ自体がなにかを予感させるかのように。

すべての知識の区分は、そうしたさまざまの知を分け隔て分離するものとしてでなく、むしろ、それらの各々を特徴づけ区別するための線として受け入れられ用いられるべきである。それは、諸科学における連続性の解体を避けるためである。なぜなら、その反対のことがらがあるために、共通の源と滋養から養分を与えられず、扶養もされず、正しい状態に保たれもされず、それゆえ特定の学が不毛で底の浅い、誤りに満ちたものとなってきたからだ。かくして弁論家キケロが、ソクラテスと彼の学派について、ソクラテスは哲学と修辞学を分けた最初の人であり、それによって修辞学は、空虚な言葉の術となってしまったと不平を述べているのを、われわれは知っている (Bacon[1623a＝1870:373])。

未在の「新しい学」の体系の輪郭のなかで、スコラ的形式化のもとで窒息していた修辞学的知は、自然学的記述によって解体＝再生されるべきだと彼は言う。一八世紀のヴィーコがベーコンに対して意外と好意的な言及を行っているのも、修辞学的知の再評価という文脈においてだが、ここに汎修辞学主義を読み込んでしまえば事態が平板化されてしまう(そもそも、あらゆるところに修辞が跳梁する可能性を見いだす視線は、措辞が比喩へと転化しきった以降に成立するのだ)。彼自身の言説は、それよりもはるかに曖昧な、薄明の領域を彷徨している。スコラ的な知の不毛な体系が、哲学と修辞学とを分離したことから始まるというこの構図は、文書化された意味空間を前提として体系化を積み重ねてきた西欧修辞学の歴史の外部におぼろげに触れている。分離以前の「修辞学」が、スコラ主義を突破するための梃子の不在の力点として呼び出される。ところが誤謬の開始点は、ソクラテスの名によって担われている——。誤謬は、西欧修辞学の淵源であるキケロのさらに向こう側ですでに始まっていたのだが、それを正そうとする彼の手元には、必ずしも使い勝手のよくないキケロ以来の修辞学の用語しかない。*25

措辞を「修飾」へと縮小する一方で、ベーコンは西欧が忘却した弁論術の空間を想起しつつある。あるいはむしろ、西欧がそれを忘却してきたという事実を思い出そうとしているかのように見える。一六世紀の修辞的思考は、弁論者の形象を文書のうえで性急に理念化し、それを文書のなかに消去していたが、身振りの次元に注目しながら、ベーコンが弁論者についてはそれほど語っていないことが意味深い。その代わりであるかのように、五分法のうち修辞学の伝統がもっとも看過してきた講演法(actio/pronuntio、Action/Pronuntiation)の水準が、突然再発見されたというべきだろうか。だが、それが具体的に何をもたらしたかをベーコンの言説から読みとるのは難しい。彼自身がこうした問題群についてはこれ以上語っていない。散乱した諸要素が再編成されたとき、身振りが来るべき修辞学＝自然学のどの位置におさまるのかについても、不分明というほかはない。

五　ジョン・バルワー――ベーコンの異端的継承者

記号や修辞をめぐってベーコンが提唱したプログラムは、このように曖昧な、謎めいたものだった。しかし彼以降、少なからぬ議論が接続されていく。ある意味で、その曖昧さゆえに、このプログラムを継承することを宣言する後続者たちが生まれたのである。なかでもジョン・バルワーの軌跡は興味深い。この風変わりな碩学の経歴に関しては、外科医だったらしいということ以外には、よく分かっていない。知られるかぎり、彼は四冊の書物を出版している。すなわち『キロロギアあるいは手の言語／キロノミアあるいは手の修辞』(一六四四)、『フィロコファスあるいは聾唖者の友』(一六四八)、『パトミオトミアあるいは精神の情念《アフェクション》を意味表示する筋肉の解剖学』(一六四九)、『アントロポメタモーフォシスあるいは人為的取り替え子について』(一六五三)である。

いずれも不思議な題名を冠されたこれらの書物は、身振りやその基底としての身体と自体的記号との関連を、さまざまな角度から追求している。世界初の手振り言語論である『キロロギア／キロノミア』。ダルガーノより三〇年以上も先立ち、聾唖者の代替言語の可能性を論じた『フィロコファス』。『パトミオトミア』は、ガレノス以降の解剖学の歴史を考証しながら、頭部および顔の運動の意味表示能力の規則性を考察する。すでに六章で取り上げた『アントロポメタモーフォシス』は、他の著作とはいささか性格がちがっている。この書物は、身体的形状と等号で結ばれる自体的記号が、顔貌の民族誌的分類に接続する地点で成立している（→六章五節）。

この四冊のあいだにほとんど関連性が見られないこと自体が、注目に値する。前著に言及せず新しい主題を発見しては、新しく原理的考察を志す。個々のテクストに内在する強烈な体系化の志向が、しかし全体としては体系をつくることなく散乱している。サイードの言葉を借りれば、開始＝創始という動機の連続的な遂行的挫折のようなかたちで、彼のテクストの総体はある。あたかも一七世紀の言説空間に磔にされたかのように……。ここでは、『キロロギア／キロノミア』と『パトミオトミア』を中心に、そうした未了の構造を見ていこう。さまざまな主題に対してそれぞれ異なる角度から刳り込みながら、バルワーがもっともこだわったのはやはり、ベーコンが指差すだけに終わった「前人未踏であるわれわれの表情の哲学の、堅固な基礎を打ち立てること」(Bulwer[1649]) だった。いってみれば、この二冊は、記号の自然学と修辞学とを身振りのうえで重層させるというベーコン的課題を、それぞれ別の方向に極限まで引っ張っている。筆者の知る範囲内では、バルワーの展開する思考はこの時期のなかでもとびぬけて異様である。だが、その異様さの様態に、思考の一七世紀性が強烈に刻印されている。時系列を逆にして、まず『パトミオトミア』から入ろう。

［この小論は、］頭部に属し、そこで生じている、話をする運動の作者 (Authors of the speaking motions) である筋肉、および頭部に含まれる表面的部位の形状と署名に注目する。そのことによって、それらの形状や

署名に基づいて象徴的推論（Allegorical inference）を行い、それらの有する観相学的意味表示（Physiognomic significations）にしたがって、新しい名称を考案し、割り当てることを目指している（Bulwer[1649: 頁数記載なし]）。

引用からも読みとれるが、自体的記号《キャラクター》よりもどちらかといえば意味形成／意味表示（signifying/signification）の方が、彼のテクストの鍵概念である。語根を強く取るならば、記号《サイン》形成／表示と訳すこともできるかもしれない。彼がここで提唱しているのは、魂の運動が生じさせる頭部の筋肉の運動、もしくはそのような運動を担うべく構成された筋肉の形状が、そのまま特定の意味を表示しているということである。さらに、その意味／機能にしたがって、筋肉の解剖学的名称を改変すべきだという主張が付け加わる。ここでは、一七世紀独特の名称の実体性が、筋肉の運動・形状とその意味＝記号作用とそれに対する名称とを一致させたいという願望として表出している。バルワーの（超？）普遍言語論的側面が表れているといえよう。

それにしても、運動がそれ自体で「話をする」というバルワーの書き方は、一七世紀のなかでもかなり異形である。その中核にはおそらく、運動概念に特異な負荷をかけるという独特の態度が潜んでいる。『パトミオトミア』のなかでもっとも詳細に考察されているのは、「激怒をはじめとした情念の激発（fits of passions）」に代表される「突然の運動」である。「動物的運動が突然遂行される［ことがある］のは、奇妙ではあるが驚くべきことではないことについて」という章をわざわざ設けるほど、彼はこの現象にこだわっている。突然の運動は、意志作用がそれと関知していないがゆえに「突然」である。したがって、この運動がどこに帰属するのかが問題となる。それは非意志的な自動運動なのだろうか。「頭部全体を動かしたり、顔や瞼や唇や鼻を歪めたり、片目でウィンクするとき、そのことに［われわれは］ときには気づいておらず、それゆえ知識や意志に逆らって［生じて］いるのだが、だからといって、それが魂の運動ではなく、したがって随意的運動によって引き起こされたものではないと考えるほど単純な人はいるまい……私たちがそれを認識していないときにも、想像力(Phancy)が作用し、運動を引き起こすことができる」(Bulwer[1649:31])。つまり彼は、意志が介在しない(ように見える)自動的で機械的な運動ですら、じつは意志的運動であると述べている。それは意志的運動のいわば極限値にあたると同時に、その範型なのである。

それを確認するためには、このテクストにおいて「笑い」がどう扱われているかを見ればよい。笑いは顔が示す諸情念を論じた長大な節の冒頭に置かれ、しかもそのほとんどを占めている。「人間のみが笑う」と言った中世神学以来、笑いという現象の特異さは注目されてきた。初期近代の思考は、これをどう扱うべきかについてかなりのとまどいを見せている。笑い自体は突発的な生理現象であり、その意味ではむしろ嘔吐などに近い。情念に随伴するものではあっても、それ自体がはたして情念であるといえるのだろうか。[*26] 情念論のなかでも、笑いは居心地の悪い周縁的位置を占めているが、[*27] そのなかでもバルワーの議論は突出している。たしかに彼も、「笑いは情念ではなく、精神の内的運動から生じる外的運動である」ことを認める(ibid.[129])。しかし、バルワーはそれに続いて、驚くべきことを述べる。「怒りや憤激、嫉妬は、笑いと同種の顔の筋肉に影響を与える。……とはいえ、そこには、いくぶんかの差異がある。[それらの情念は]顔の部位に同じ運動をもたらし、ほとんど同一の顔の形状が生じることがありうるが、ただしそこには喜びや愉快さの表示記号がない。……恐怖や突然の怯えも、とくにその対象が恐ろしいほど馬鹿げている場合には、顔の筋肉に笑いと同じ影響を与えることがある」(ibid.[139-140] 強調は引用者)。これは、笑いがその突然性において、諸情念の雛型になると言っているに等しい。

おそらく彼にとって、自動的運動は意識を媒介せずにそのまま意味を形成するがゆえに、即時に、かつ非個人的なかたちで「意味となる」、あるいは「意味である」、特権的な事象なのだ。じっさい、次の一節を見れば、あたかもすべての意志的運動が自動運動であるかのように語られている。「あなたはこの本のなかに、頭部の時計細工、あるいは、われわれの外的運動すべての発条《ばね》であり内的なからくり機構と私が呼ぶことにしているものを見いだすでしょう。これらが運動を生み出し、自然が人間に与えた感情《アフェクション》のダイアルを制御しているのです」(Bulwer[ibid:頁数記載なし])。シグニフィケーションを意味表示と記号表示のどちらに解そうが、身体の運動がただちに意味もしくは表示記号《サイン》へと受肉するとすれば、表示記号は自体的記号《キャラクター》と同義になる。このようにして突発的運動の理論は、自体的記号の意味論の一形態になっている。

六　手振り言語と自然的記号

一方、『キロロギア／キロノミア』は、西欧でもっとも早く、手振り言語の体系化を試みている。[28] その追求の徹底ぶりにおいても特筆すべきである。

身振りの有している、意志を宣言するあらゆる概念作用のなかで[29]——それによって身体は、自然の教育を受けて、思考を強調的に表出あるいは伝達し、適切な発語によって精神の無言の揺れ動きを表現することができるのだが——、手というあの多忙な器官がもっともおしゃべりであって、あたかも人が手にもう一つの口あるいは語り《ディスコース》の源泉を有しているかのように、その言語はたやすく認知され、理解される (Bulwer[1644 → 1974:15])。

テクストの冒頭部分を『パトミオトミア』と比較したとき、ある差異が認められる。手振りは人間が「思考を強調的に表出あるいは伝達」するために用いる手法である。他の箇所では、「意味を形成する沈黙 (significant silence)」、「身体の意味形成能力 (signifying faculty of the body)」といった表現が用いられている (ibid.[156-157])。全体として、意味の形成により力点が置かれているのである。このずれは、内的運動の筋肉を介した表出ではなく、手振りの使用を主題としたことと関連している。顔面に現れる徴候＝記号 (pathognomic sign) と、社会的に意味づけられた身振りの差異と言ってもよい。*30「身体には、合意＝黙従の効果か、それとも精神の自発的＝意志的運動のどちらかから生じる……これらの精妙な感情の大部分が上演される、二つの円形演技場がある。すなわち手と頭部である」(ibid.[:6])。こう語るバルワーの背後には、他の身体言語が語りの補助であるのに対し、手振りははるかに雄弁であり、ほとんどそれ自体で独立した語りになっていると述べたクィンティリアヌスが控えている(Quintilian[1755→1805:Vol.2, Book 11, 360])。『キロロギア／キロノミア』(この書物は、「キロロギア」「キロノミア」というそれぞれ独立したテクストを併せて一冊にしたものである)は、明示的に修辞学の系列上にある。とくに「キロノミア」は、「キロロギア」において分類した手振り言語を、演説の技法に関する伝統的な注意事項とすりあわせ、統合を試みている。

自体的記号の自然学が抱え込んでいた、修辞学への傾斜。バルワーは、ベーコンが予感するに終わり、通常の普遍言語論者が曖昧にやりすごそうとしたこの困難な屈曲に、真正面から反応している。だから、ベーコンではなくバルワーのテクストを見ることによってはじめて、身振り《アク》＝講演《チオ》法の再発見が一七世紀の言説空間のどのような位相に定着し、そして何をもたらしたのかという問いに、一定の解答を与えることができる。一六世紀の修辞学的言説が書き文字のうえに呼び出していた弁論者の逆説的形象が空洞化した地点で、こうした議論が出てくる。身振り／象形文字の領域に取り憑かれてしまったバルワーは、いささか奇妙な言説の隘路を辿ることになった。『キロロギア／キロノミア』は、記号秩序の理論と修辞学とをどのようなかたちで交錯させているか。このテクストにおいて、記号の概念は「自然的記号 (natural sign)」——通常は「自然記号」と訳すだろうが、明らかに意味が異なるので、以下、この語を用いる——の理論として展開されている。

この表示的身振りが表している真義は（自然的記号であるから）、権力によって取り消されたり発効したりするに応じて断絶したり引き受けられたりする、人為（Art）の命令あるいは法令にまったく依存していない。そうではなくて、これら手の言語は、変わることのない自然の法則と原理の一部であるがゆえに、それ自身の永続的構成と生得的な帰結によって意味をもつ。点火された燃料から黒い気体となって発する煙が火の確実な記号であるように、大気を芳香で満たす香ばしい匂いが［食物から］立ちのぼる匂いの存在を楽しく告げるように、「朝の女神」アウロラの恥じらい［＝薄明］が、昼の帝王［＝太陽］の早々とした到来を漏らすものであるように、手の言語には人為は手をかけてはいない。なぜならばそれらは、自然の本能から発するものだからだ（ibid.[16]）。

人為の「法令」によって運営される体系――その代表が言語である――は、恣意性と可変性とを運命づけられている。それは自らを支える根拠を自己の内部にもっておらず、それゆえ権力によって上から制定／改変されることしかできない。それに対して「手の自然的記号」は、自己産出的に自らを根拠づけるのであり、その意味作用は不変である。つまり、意味するものと意味されるものとが無媒介／透明な関係を結んでいる。記号／言語体系の慣習性に逆らうようにして自然の領域が名指されるという、ベーコン以来の文法学が確認できる。

注目すべきは、「煙と火」という事例の用いられ方だ。すでに論じたように、この現象は古代以来、確実性を欠いた蓋然的記号による推論の典型だった（→七章二、三節）。ところがここでは、それは、自然的事物と意味との確実な結びつきを示すメタファーへと転化してしまっている。これについては、ホッブズを参照する必要がある。「似たような先行的事象に続いて似たような後続的事象が生じるとき……人間は先行者を後続者の記号であると呼ぶ。……これらの記号は推論的（conjectural）なものにすぎない……こうした記号が二〇回当たって一回外れたとして、人は［次の］出来事を二〇対一で賭けることはできるが、それを真理であると結論することはできない。だが、もっとも多くの経験をもつ者が、もっともすぐれた推論を行えるのは明らかである」(Hobbes[1640→1994:33])。ホッブズは自然の反復的な観察可能性を呼び出すことで、蓋然性の身分を転換しようとした。バルワーの言っていることはさらに大胆だ。手振りにおいて、記号の内容――手振りの背後にあるだろう、主体内部の意図――は可視的ではない。その意味で、身振り／意図の関係は先行者／後続者からずれる。しかし、可視的な手振りと不可視の意図とのあいだに自然的な連関があれば、記号の蓋然的性質はより確実なかたちで消去される。

おそらく、ポイントは、手振りが身体の運動形態がそのまま記号になったものであるということだ。そのとき、その手振りの遂行とともに意図は成立している。たぶんこの意味において、手振りが自己産出的な意味表示機能をもつとされている。ここには、手振りと連鎖する不可視の意図の方をこそ、自然的な記号内容＝事物の位置に代入したいという、理不尽な欲望が働いている。

記号を生みだし大いなる仕事を成し遂げるうえで、人間の手が非常に適しており、また本質的であるからこそ、以下のような事例が見られるのである。自分のもとに神が訪れたことをエジプト人に信じさせるために、神を示す記号《サイン》をモーセが秘かに望んだとき、神はただちに、モーセが何を手にしているかと問われ、いくつかの自然的身振りをすることを彼にお命じになった。それ以降、その身振りは奇跡的な意味表示《シグニフィケーション》の力をもったのである。そして神は、それらの記号に声を与えられておられる。というのも神は、「もし彼らが第一の記号の声に耳を傾けようとしないとしても、彼らは第二の記号の声は聞こうとするだろう」とおっしゃっているからだ（そして、超自然的な記号と同様、手のかたちづくる自然的記号にも意味する声があるのである）(Bulwer[1644→1974:15])。

モーセが燃えさかる柴の火のなかから神に呼びかけられるという「出エジプト記」の記述が参照されている。これは、『キロロギア／キロノミア』において最初に登場する典拠であり、それだけに、聖書によって手振りの意味表示作用の効力を権威づけるにはとどまらない、重い意味を担っている。

自分のもとに神が来たったことを人びとに信じさせる力が自分にはないというモーセに対し、神は、手にした杖を捨ててみよと命ずる。杖を捨てると、杖は蛇に変わり、手にすると杖に戻る。つぎにモーセは、懐に手を入れるように命じられ、その手を表に出してみると手は「雪のように白く」皮膚病に冒されていた。もう一度懐に戻してから再び表に出すと、手は元に戻っている。「第一の記号」とは杖が蛇へと変身し元に戻ることであり、「第二の記号」は懐に入れた手に加わる変質とその消失である。神はモーセにこれらの奇跡を再現する力を授け、「あなたはこの杖を手に取って、しるしを行うがよい」、「エジプトに帰ったら、わたしがあなたの手に授けたすべての奇跡を、心してファラオの前で行うがよい」と命じる。バルワーは、「たとえ、彼らがあなたを信用せず、最初のしるしが告げることを聞かないとしても、後のしるしが告げることは信じる」という原文を、語義通りに、記号が「声を与えられている」と読み替えており（『パトミオトミア』における話をする運動《スピーキング・モーション》と同様の発想である）、「第二の記号」をより重要視しているが、聖書の記述を素直に読むかぎり、何度も活躍しているのは、杖を用いた「第一の記号」の方であろう。

明らかに彼は、この説話を忠実に解釈しているのではなく、自己の目的のために利用《アダプト》している。*31「わたしは口が重く、舌の重い者なのです」と尻込みするモーセを叱咤して、神は「雄弁」な「レビ人アロンという兄弟」の口に「語るべき言葉を託すがよい。わたしはあなたの口と共にあり、また彼の口と共にあって、あなたたちのなすべきことを教えよう。彼はあなたに代わって民に語る。彼はあなたの口となり、あなたは彼に対して神の代わりとなる。あなたはこの杖を手に取って、しるしを行うがよい」と告げる。この物語は、神の声から始まり、神が語ったことを共同体に口伝えし、共同体の声とする＝信じさせることによって閉じられるのだが、アロン＝雄弁／モーセ＝

行為者という分担が示しているように、モーセは本来、（手の）声によって雄弁に説得するというよりも、奇跡の「しるし」を機械的に再現＝代行する存在なのである。

ところがバルワーは、杖という道具を媒介した「第一の記号」を後景に押しやり、記号が「声をもつ」とすることで、手の変容という奇跡を、あたかもモーセ自身による行為によって生み出されるものであるかのように語っている。このような論点がかなり特殊であることは、同時代のモーセ解釈、たとえばネオ・プラトニストでもあったジョン・スミスの『預言について』（一六七三）などと比較してみればよく分かる。スミスはマイモニデスに依拠しつつ、他の預言者は夢や幻覚のなかで神の顕示があったが、モーセの意識が明晰なときに神が語りかけたことや、モーセのみが天使の力の媒介を受けずに自分の意志で自由な時に預言できた、といった点にモーセの預言行為の特権的な特徴を見ている（Smith[1859:272-278]）。スミスの力点は明らかに神の声の現れ方と、モーセによるその伝達様式にある。預言や顕示の解釈としては、やはりそれが普通だろう。

モーセの預言を改釈することで、バルワーは、彼自身やダルガーノ（→六章五節）らを代表とする、一七世紀における言語代替的記号の探索が何をしていたかを暗示している。彼がどこまで意識していたかは分からないが、手振り記号に注目すること自体が、聴覚記号の視覚記号に対する優越というアウグスティヌスの『キリスト教教程』以来の伝統的階梯を転倒させるものなのである。「人びとがたがいに自分の考えを伝達するしるし［＝記号］の中で、あるものは視覚に、大多数は聴覚に、そしてごくわずかだがそれ以外の感覚に属する」（Augustine[1988:82]）。

だが、より注目されるのは、ここでの手振り＝視覚記号が奇跡と結びついていることだ。現象が奇跡であるためには、「しるし」がそのうえで顕現する対象と「しるし」それ自身とのあいだに本質的繋がりがあってはならない。したがって、奇跡の「しるし」はまさに記号《サイン》なのであって、自体的記号《キャラクター》ではありえない。とりわけ新約聖書の文脈では、奇跡と記号とが、ともに sēmeion という同一の語で指し示されていることに留意しよう。奇跡という記号《セメイオン》は特異な性格をもっている。奇跡の記号は、それを観察する人間の側から見れば恣意性の極致であり、にもかかわらず同時に、それが神の何らかの意志の表現であるかぎりにおいて、必然性の極致になる。

要するに、奇跡という超自然的記号が、行為と声の人間的連関に垂直に差し込んでくるとすれば、「手のかたちづくる自然的記号」もまた、それと似ている。手振りとその背後にある行為者の意図との結びつきは、観察者には恣意的に見えるかもしれないと同時に、少なくとも当人にとっては必然的だからだ。大胆に表現すれば、彼にとっては、特定の手振りをかたちづくらせる「精神の自発的《ヴォランタリー》＝意志的運動」それ自体が、どこか奇跡の作用に近いのだろう。[*32]

七　意図を「行き過ぎる」こと

ところで、一見突飛なこの考え方は、バルワーより少しあとのマルブランシュが唱えた機会原因論を思わせるところがある。デカルト二元論を神学的に修正する試みのなかで、マルブランシュは、自然界の運動も人間の意志的運動も機械的法則にしたがって生じているように見えるが、それはそうした運動を作った機会の原因にすぎず、真の原因は神の意志であると主張した。つまり、自由意志に基づいた（と人間が思っている）振る舞いの背後には、その一々を実現させる神の力がある。たとえば、「腕」を例に挙げている次の一節は、バルワーと響き合っているかのようだ。「われわれはいかにして自分の腕を動かすことができるのであろうか？　腕を動かすには、まず動物精気をもっていることが必要で、筋肉を膨らませたり縮めたりするために、それを特定の神経を通して特定の筋肉に送り込まなくてはならない。なぜなら、その筋肉に結びつけられた腕が動くのはこのようにしてだからだ。別の人の意見によれば、それがいかにして生じるかはまだ分かっていないともいうが。われわれは、精気、神経、筋肉をもっていることを知らない人間でも腕を動かしているのを見るし、解剖学を究めた人よりも巧みかつ容易に腕を動かしさえするのを見る。それゆえ、人間は自分の腕を動かそうという意志をもつが、腕を動かすことができ、そのやり方を知っているのは神のみなのである」(Malebranche[1674-75→1715:449-450])。

この二人のあいだに直接的な影響関係があったとは考えにくいが、この暗合関係は、この時期の言説の特質の何ほどかを示唆するものだろう。身体的運動への関心のありようも、運動の背後にある「神秘」性をめぐる位置づけも、バルワーとマルブランシュとでは力点の置き方がかなり異なっているが。バルワーは神を消去するというか、むしろ内在させ、いわば機会原因を人間主体内部で循環させている。恣意的であると同時に必然的でもある、この意志の運動あるいは意図を、私たちにとっての意図《インテンション》と同じものであると想定することができないのは明らかだ。

おそらく可視的記号としての手振りと不可視の意図とは、以下のようなかたちで結びつく。「精神の自発的＝意志的運動」が表示記号と結合するとしても、特定の意図がどのような記号と必然的に対応するかをいうことは難しい。だが、表示記号がそれ自体の秩序をかたちづくっていることが示せれば、意志の運動がこの秩序に内属していること、あるいは意志の運動が、表示記号につねに事後的にその秩序をなぞらせるようなかたちで作動していること、を信頼できる。奇跡の「しるし」がそうであるように、可視的であり、それゆえそこからその意味が読まれうるのは、つねに目に見える記号であるからだ。自然的記号《ナチュラル・サイン》は、表示記号が形成するであろう自然的秩序を迂回しながら自体的記号《キャラクター》へと回帰する。このようにして、表示記号がそのうえで生じている身体という自然的基盤が呼び出されることになる。

「手の言語」の分析の手順は、次のようなものだ。まず最初に、手の特定の振りの表示とその意味の定義が示される。それはおおむね、手が単独で意味を構成する事例から始まり、続いて手と他の身体器官(顔・胸、足)との連結、そして、他者の手への働きかけあるいは手による他者との接触(接吻、握手、施し…)という順序で進み、最後に指の機能が論じられる。個々の手振りには表題が付されている。

Explode［私は（怒りで）激する］

右手で拳を作り、左の掌をしばしば叩くのは、嘲り、非難し、怒鳴り立て、侮辱し、譴責し、怒りを爆発させ、あるいは音を立てて人を排撃する人びとによって用いられる自然的表現であり、叱る人間がひとをなじるときの特有の表現であって、野卑な人間が口論をするときにごく普通に使われている。そしてまた、自分の責任だと認めない人が、ビリングスゲイト［ロンドン北岸の魚市場で、言葉遣いの乱暴さで知られる］で使っている、声高な自然の修辞である。

それゆえオヴィディウスは、手のもっているこの怒鳴りつける能力に習熟していないわけではなかったので、パイに変身させられ森の精を罵るピーエリデスが、いやな音をさせて手を叩こうとしたところを、非常にたくみに描き出している…(Bulwer[1644→1974:36])。

同様の分析を重ねることで、一六九の用例を列挙できる。「手によって私たちは以下のことを行うことができる。訴える、嘆願する、懇請する、呼びかける、誘惑する、誘いかける、去らせる、認める、否定する、とがめる、哀願する、恐れる、脅かす、嫌う、後悔する、祈る、教える、証言する、非難する、われわれの沈黙を宣告する、糾弾する、放免する、驚きを示す、提供する、拒絶する、尊敬する、名誉を与える、賞賛する、崇拝する、軽蔑する、禁止する、はねつける、挑戦する、取引する、誓約する、宣誓する、呪う、宥める、許す……」。ここにはほどんど同義語に見えるものが含まれているが、手の言語の総計を数え上げることができたら、自然言語における単語数や「修辞学的語句表現における拡張《アンプリフィケーション》を超えるほどである」と彼は述べている（Bulwer[1644→1974:20]）。各項目が表題↓説明↓例示という順序で記載されるということ自体、明らかに一六世紀以来の修辞書の形式を踏襲している[*33]（→三章六節）。

そう考えると、このリストが動詞によって構成されていることはきわめて重要である。一六世紀の措辞の修辞学は、名詞を、もしくは名詞でなかったものを名詞化することで、「術語」化した。「事物の符号」を探索する一七世紀の記号理論も、名詞／名辞を何らかのかたちで根拠づけることを主なる課題としてきたのであり、通常は、動詞の分析は視野から外れている。そこでは、動詞は名辞を結合させる繋辞にすぎない。裏返せば、動詞の意義が一意的に決まることは、かなり自明視されている。『キロロギア』も、手振りの記号的意味を固定するために、動詞のこの一意性に依拠しているのだが、まさにそのような動詞の意味固定作用に意識的な注視を向けた結果、それを問題化《プロブレマタイズ》してしまったのだ。名辞の空間には占める場所をもたない動詞が一覧表を構成するとき、動詞はいわば、名辞の透明な連結者としての具象性を付与される。手振りは、動詞の繋辞的機能に実体的な形象を与えることで、それを二重化するのである。手振り、とりわけ指さしという行為のもつ直示機能は、主体と対象とを連結し、同時にこの連結という出来事のなかで、主体と対象とを相互に外在的な存在として定立する。その意味で、手振り言語の一大カタログであるこのテクストは、あたかも二世界の意味論全体に対するメタ・コメントであるかのようだ。外界にあるものを指し示し、内界へと対応させるというその基本形式が、手振りによってなぞられている。

裏返せば、意味形成主体の意図の次元を二世界の意味論の内部で表現しようとすれば、動詞を手振りによって実体化し、手振りの対象指示性をなぞり直すというやり方しかなかったともいえる。記号と対象との対応関係を確認しつづけることしかできない空間のなかで、記号の背後にある出来事として、意図が言説化されつつある。そう考えたとき、おのおの「手の言語」の表題が、Explode → I explode [in anger] のように、ラテン語から英語への律儀な変換によって構成されているのが意味深い。あたかも、ラテン語世界においては動詞の背後に潜在していた主体《サブジェクト》の所在が、英語に変換されることで明るみに出され、意図の源泉へと転換されているかのようだ。

八　意図の修辞学

このテクストが修辞学とより本質的なかたちで接続するのは、まさにこの意図＝動詞の水準である。手は「われわれの意図を非常にすばやくまたたくみに説明し、ある意味で、すべてのものごとが生き生きと表現されるような、内容豊富で生来的な雄弁に富んでいる」と彼は言う。可視性が媒介する身体の具体的作用への注目は、修辞学というよりむしろ弁論術を呼び出す。たとえば、「私は沈黙を要求する（Silentium postulo）」と名付けられた、手を高く挙げる手振りの分析では、右手を挙げて合図することで、群衆を一瞬にして鎮めてしまうという事例が語られている。

洗礼を受け、トラヤヌス帝の宮殿に玉座を築かせたあとでコンスタンティヌス大帝は、自分を動かし、宗教を変えさせしめるに至った理由を、帝王の雄弁さでもって宣言した。彼の演説は大喝采とともに世界中の人びとに聞かれたので、歓呼の声を挙げる大量の人びとの叫び声が二時間のあいだ聞こえたほどだった。ついに皇帝は立ち上がり、手で徴を作って沈黙を求めると、この記号は彼ら大群衆をただちに静まりかえらせた（bid.[47]）。

全く異なる水準にあるものとして切断されているかのように、手振り《アクション》と語り《ディスコース》とが劇的な対照をなしている。キリスト教の勝利の告知というその内容にふさわしい皇帝の堂々たる演説が、二時間ものあいだ鳴りやまぬ「世界中の人びと」の歓呼を生み出す。それは語り言語《ディスコース》の勝利ではあるが、語りは群衆の喧噪によって、しばしば休止させら

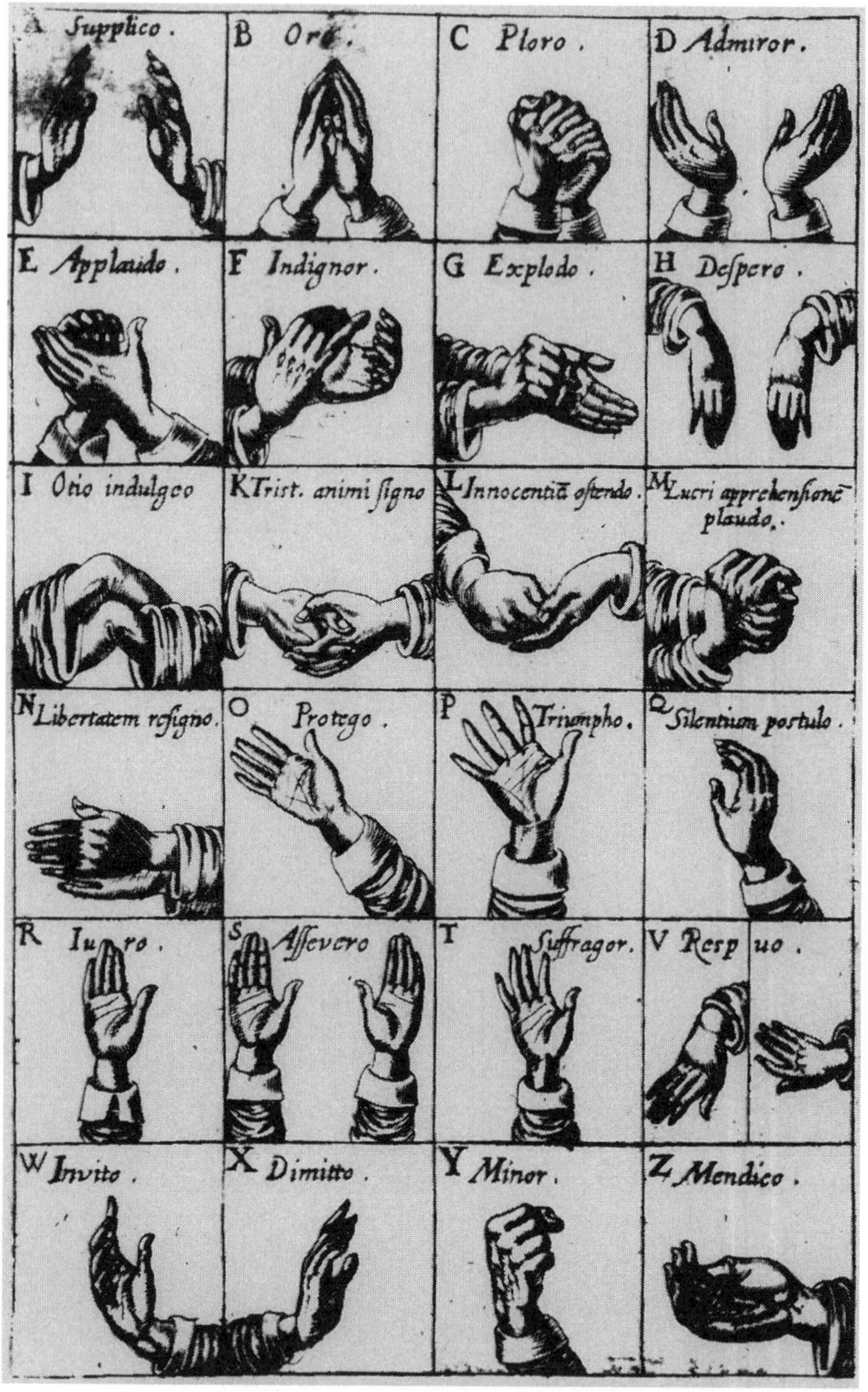

手振りによる二世界性のなぞり直し
バルワー『キロロギア』の（G が Explode の図解）

れてしまう。事態を変化させうるのは、「手の言語」の徴＝記号の有する魔法のような権能なのである。『キロロギア』を再版した編者ジェームズ・クリアリーによれば、コンスタンティヌスの事績をめぐる、いささか信じがたいこの報告は、古代には知られておらず、一七世紀の別のテクスト（おそらく、ニコラ・コーサンの『聖なる宮廷』）の創作を典拠にしているという。これは、バルワーのいう「手による修辞 (Manual Rhetoric)」(ibid. [173-191]) が、疑似ローマ的な書き割りを背景として（再）上演されるものであることを示唆している。動詞と等号で結ばれ、固定化された手振りというアイディア自体が、この「ローマ」性に深く浸食されている。一つ一つは何らかの意味そして／あるいは情念を表している、人びとの声の巨大な集積がもたらす無秩序と反―意味のなかで、「沈黙セヨ」と語る皇帝の手が突出する――。この典拠なき「逸話」は、手振りが「荘重な」記号として前景化されているさまを典型的なかたちで描き出している。意味ある手振りが、運動であると同時に運動であってはならないかのように。「揺らすような身振りで手を振るのは、ひっきりなしに動くことによって自分を急がせ、助けようと努める人びとが自然なする表現であり、したがって一種の気まぐれさと女性性を示している」(ibid.[63])。自然な情念のままに身振りをとる習慣が、こうした多動性をもたらすのであって、それは克己の不在の証拠であるがゆえに「女性的」であると彼は言う。より一般的な注意事項として、こうも述べている。「聴衆からまっすぐ飛んで逃げようとするかのように、あるいは地上から飛び去るかのように、腕をある種とめどもなく振り続けるのは、弁論術におけるごまかしの手法の一つである。こうした弁論家は、地面に降り立ってはいるのだが、羽が震えているので逃げようと思っているように見える駝鳥と比較されてきた」(ibid.[226])。

こうした指示はバルワーだけのものではない。フォシューの『弁論家の講演法について』もまた、手を目より高い位置に上げないこと、また、はなはだしく地面に向かって下ろさないこと、要するに「手をつねに目の見える範囲内に」留めておくように忠告している (Faucheur[1657→1727:200])。これらの注意の少なからぬものは、キケロやクィンティリアヌスを下敷きにしているが、そこには、ローマのレトリケーにおける古代的な人格《エトス》の全体性と、それに裏打ちされた、語りの遂行《パフォーマンス》に応じて自在に伸縮する演技性の感覚はない。あくまでも初期近代の意味空間のかたちに合わせて切り取られてきたものだ。抑制的な身体所作をよしとするこうした感覚は、優美さの意味論の延長線上にある。一八世紀以降、語る＝演説する身体の所作に注がれるこうした眼差しは、かなり決定的なかたちで失調することになろう。

九　一七世紀的「メディア」理論

この逸話から読みとれることがもう一つある。手振り／身振りがカヴァーできる範囲は、発話《スピーチ》の圏域より大きい。「われわれが声によって人と意思伝達できる領域の向こう側におり、場所の距離のせいで、口が出せるもっとも高い音でも離れた人の神経には低すぎるか、耳を聾する群衆の喧噪が、われわれの意図を口によって表明する役に立たなくなるとき、われわれは眼に訴える手の表現を、口より声が大きく意志表示的なものとして用いる」(Bulwer[op. cit.:19])。平凡な事実の確認にすぎないように見えるかもしれない。だがこれは、初期近代の思考と古代弁論術との決定的な差異が現れている場所でもある。弁論者はたしかに、語り／身振りを全人的に組織して聴衆に働きかけるが、弁論術にとってはあくまで語り＝声の届く範囲が、あえていえば全域である。声や身振りが統御する近接的空間が意味の境界を構成するのであり、原則としてその外部は存在しない。

それに対してここでは、修辞学というよりはむしろ弁論術に属していた身体所作《アクチオ》の次元を呼び出しつつも、自然的記号（＝自体的記号）の平面上でそれを読み込み直すという操作によって、記号が到達しうる距離の差が発見されている。それは記号の性能の差異とも直結している。「手振りは言葉が理解されようと音声のかたちを取る前に、われわれの意図を仄めかし、われわれの言わんとすることのかなりの部分を伝える」(ibid.[17])。古代修辞学とのこうしたずれは、コンスタンティヌス帝の宣言がただちに「全世界の人びと」を歓呼させたという記述のありえなさにもよく現れている。聴衆は帝国の都市の全域に広がっており、同時に、皇帝の手の言語によってただちに鎮められるほど近接してもいる……。だから、『フィロコファスあるいは聾唖者の友』(一六四八)において、バルワーが史上はじめて、聾唖者のための代替言語を模索したことは不思議ではない。聾唖者用の言語は、「耳を聾する群衆の喧噪」をたちまち圧する手振りの擬ローマ的神話と、同一平面上に置かれているのである。

声／身振りの近接空間を虚焦点にすることで駆動している、かかる言説のモメントは、やはり初期近代以外のどこにも属してはいない。一六世紀の措辞の修辞学は、雄弁とそれに逆らう身体表象とを語りの同一平面上で併存させるという戦略をとることができた。それに対してここでは、弁論術的な声／身振りの召喚によって、文書化された修辞学を動態化《モビライズ》するという、より大規模な運動が生じている。声や身振りは——両者のあいだに通用範囲のずれがあることをも含めて——、文字＝文書の均質性を超出してしまう。それらの濃密な直接性は、意味が伝わるという事態の根源にあるが、同時に、まさに文字の性能をあてにすることで、身振りは意味としての身分を再＝付与されるのだ。一方で、文書／文字の抽象化された圏域の向こうに、具体的な身体をもった人間の声を介した交流の領域が開かれる。他方でしかし、声の届く範囲を越えて貫通する身体言語は、文字を越えた象形文字でなくてはならない。身振りの一々に、固定的な表象と名称とが与えられているのがその証拠である。声の具体性が、身振りの(超)文字体系へと行き過ぎる。声の具体性を召喚することで、かえってその向こうに、ある種の社会性の地平が構想される——いや、論理的な厳密さを記すれば、近接空間のかかる呼び出しとそれによる行き過ぎとが、「社会」を構成すると表現するべきだろう。その意味でも、一七世紀の修辞学的知は自然学的文体に訴えかける必然性があった。この動態化の運動が一六世紀のように、虚構作品——それは定義上、文字＝語りの平面上で自己完結する――と十全たる対応物をもつことは困難だったろう。さらにいえば、近代的な意味における虚構テクストは、修辞学のこの動態化が破砕した以降の空間に誕生したものなのである。

修辞学的知のこうした力動化のなかで、各感覚器官が発出する、もしくは受け取る記号の距離や性能の差異として、伝達可能性(communicability)の問題系が発見されつつある。語りの次元に対して外在する、語る身体の次元が出現し、そのことによってはじめて語りの内/外が区切られた。コミュニケーションが誕生し、それとともにメディアの原基的構造が立ち上がりつつあるというべきだろうか。じっさい、手紙やニュースレターの流通を可能にする郵便制度の整備の開始、狼煙や手旗信号などの信号言語の開発、暗号技術への関心といった現象は、すべて、一七世紀の出来事ではある。[*34] けれども、重要なのは、一七世紀の意味論のなかで、「コミュニケーション」とは正確には何だったのかということだろう。この問いを捨象したままで、それを「修辞学からコミュニケーションへ」と図式化してしまえば、「修辞学から科学へ」と同様、あまりにも平板になってしまう。

一〇 「コミュニケーション」の誕生?

この点を考えるうえで重要な指標になると思われるのは、この時代の言説における「コミュニケーション」という語の用いられ方そのものである。当時の標準的な語り方は、以下のようなものだ。ジョン・ウィルキンズの暗号論『マーキュリーあるいは秘密の迅速な通信伝達者《メッセンジャー》』(一六四一)によれば、

天使あるいは霊的存在は、……全員が同質で非物質的な本質からなるがゆえに、複数の器官を用いてではなくその全実体によって、聞いたり知ったり話したりする。使徒たちが天使の舌=言葉について述べているとし

ても、それは俗人の理解力に譲歩して、仮説的にそうしているにすぎない。だが、物質として組み立てられた身体を有する人間は、天使ほどたやすく、直接的なやり方で、自分たちの思考を伝達することができず (cannot communicate their thought)、それゆえ、知識を受け取り、伝える (Receiving and Conveying of Knowledge) ために、何らかの物質的＝身体的道具を必要とする (Wilkins[1641→1984:1-2])。

この例のように、伝達という事態の記述が、必ず伝達の目的＝対象語の指示を伴うのが、この時期には普通である。コミュニケーションという語を単体で用いるのがいつから始まったかを厳密に語る能力は筆者にはないが、ときに「重要な会見」や「充実したメッセージ」の意味で用いられていたものの（たとえば Lipsius[1584＝1594→1939:71]）、知る限りでは、ロック以前には顕著な用例はあまり見あたらない。伝達は原則として「思考」や「知識」の伝達である。つまり、いってみれば、一七世紀の「コミュニケーション」は他動詞的であり、それ自体で完結する自動詞的な術語とはなっていない[*35]。バルワーにおける手振りの動詞性が、何かを「指し示す」という意味で本質的に他動詞的であるのも、これと同型の事態だろう。

これは、私たちにとってのコミュニケーションとはちがう何かである。あえて現代の用語で近似すれば、この他動詞的な「コミュニケーション」は、伝達行為と伝達対象とが別の何かであり、かつ同時生起することを表している。注意しなければならないのは、同時生起するかぎりにおいて、伝達行為と伝達される思考（意図）とは十分に区分されえないということだ。逆説的に見えるかもしれないが、両者が区分されるのは、目的語抜きでコミュニケーションが語られるようになった空間にかぎられる。そのときはじめて、目的（語）をもったコミュニケーション／もたないコミュニケーションが、つまり自己充足的《コンサマトリー》なコミュニケーション／目的達成的《インストゥルメンタル》なコミュニケーションという、現代的区分が成立するからだ。別の角度からいえば、こう考えることもできよう：目的をもたない（ように見える）コミュニケーションを、彼らが経験していなかったわけではないだろう。社交《カンヴァセーション》＝会話は、自己充足的なコミュニケーションの感覚に近いものを与えていたはずだ。しかし、社交＝会話の言説が示していたのはむしろ、彼らがそれを「自己充足的コミュニケーション」として語れないということである。そうした事態がこの言説空間のなかで名指されるとすれば、それはコミュニケーションの無意味さとして（誤）表象される。それは、現世内に露呈することで憂鬱症《メランコリー》をもたらすか、神という究極的視点をもちだすことで再目的化されるしかない。いってみればそれは、コミュニケーションの「目的の不在」の不在とでもいうべき感覚であろう。*36

裏返せば、意図が伝達の目的《オブジェクト》＝対象として、伝達という出来事と同時的・同型的にしか成立しない空間にあっては、伝達行為に先立って存在し、伝達行為を生起させるところの意図の次元を十全なかたちで想定できない。それゆえ、手振りが一方で行為であり、他方で意図を表出する動詞でもあって、固定した自然的記号《サイン》もしくは一種の超文字的な記号《キャラクター》において、両者が合致するというしかなくなる。主観ではなく、身振りする身体が、意味《シグニフィケーション》（表示）と意図とをほとんど等号で結んでいる。意図は主体＝主観の所在を暗示しながら、内部空間に滞留することなく、その都度あまりにもすばやく行為へと転換され、消去される。

要するに、バルワーの言説は、一七世紀におけるコミュニケーションの発見とその困難を照射している。この時期の「コミュニケーション」の意味論は、あえて現在視点から近似すれば、意図／伝達行為／伝達媒体に近い何かを分節しようとしはじめているが、連続的なかたちでそれが不発に終わるのである。

意図と伝達行為が同時成立するのと同様に、伝達行為と伝達媒体もきれいに区分されない。コンスタンティヌス帝の「逸話」は、意図の実現と失敗のあいだの懸隔が、伝達という出来事が届く距離の差として出現することを表している。口が発する声と手がかたちづくる視覚言語とのあいだに落差があるとしても、それは離散的に配列されている諸（感覚）器官が生み出す記号の差異として、その都度具体的に測定されつづけるしかない。一方でまた、たしかに身体の性能を越える伝達技術が発見されつつあるが、それは、身体と接続することでその機能を拡張する、私たちにとっての「メディア」ではいまだない。先述のウィルキンズの暗号論は、口頭や通常の文書以外の媒体を用いても（秘密の）意思疎通が可能であることを論証しているのだが、それが可能である理由は、非物質的で本体的な存在である天使に対して、人間の身体が物質として構成されていること、他の媒体もまた、身体同様「物質的＝身体的（Corpareall）道具」であるという点に求められている。[*37] 結局、意図の伝達が覆うことのできる圏域の拡大可能性や効率の追究という課題は、意図＝意味（表示）が身体という自然的基盤に基礎づけられていることへの信憑に従属している。

しかし同時に、意図と意味（表示）とが齟齬する瞬間が出現していることも見逃せない。リストとして集積した結果、類義的な動詞間の区別は、しばしば曖昧になる。一つの手振りに複数の動詞が付与され、同義語的な動詞がいくつかの手振りにまたがって登場するという、動詞の一覧表のあの奇妙な揺らぎ。固定的で実体的な身体＝文字の一覧表のなかに、意味の多義的散乱が書き込まれる……。この多義性はただ単に、措辞の拡張《アンプリフィケーション》の身体上の対応物であるというだけではすまない。拡張においては、意味の同一性こそが文彩の多数的産出を保証していたが、身体を介した伝達を語るとき、特定の状況下で発せられる手振りの背後にある意図は、より強いかたちで絞り込まれるだろう。だからこそ、意味と意図とのずれが、身体において析出される。

文字と語りとが混淆していた領域の外部に、語る身体の記号秩序を挿入したことで、バルワーは修辞学／弁論術を、伝えることではなく、伝わってしまうことへの魅惑と不安へと開いた。だが、武骨な身振りで演じられたこの一瞬の「開かれ」は、一七世紀的な意味空間のなかですぐに閉じられてしまう。それはむしろ、そこにおいて「開き」と「閉じ」とが重なってしまうような出来事だったのかもしれない。

第九章　個体性の転形――「キャラクター」の地平(3)

一　記号《キャラクター》／特徴と「人格《キャラクター》」

これまで、いくつかの章を使って、二世界性と緊密に結びついた特異な記号概念としての自体的記号《キャラクター》に着目し、記号論理や修辞学の初期近代的変容のただなかで、自体的記号と表示記号とが織りなす複雑な連関の図柄を観察してきた。この結節点から、もう一つの系譜が展開していく。それは、記号が同時に実体的特徴でもあること（あるいは、特徴がそのまま記号に転換されること）が潜在させていた事態である。

特徴がそのまま記号に転換されるとは、どういう事態なのか。記号に先行する台座としての実体／基体(substance)が存在することを、この時代の人びとは否定しなかっただろうが、実体からすこし離れた空間に特徴を引きはがしたうえで、そこから記号の位置を確定するような思考形式――このとき、特徴は記号（作用）それ自体に対して論理的に先行し、そこからは独立している――が成立していない。現在から見たとき、この時代の「記号理論」が、あまりにも多くのものを記号の側に抱え込みすぎているようにも映るのは、そのためなのだ。

その意味では、「特徴」という訳語自体が、危ういところのある近似である。「特徴」に対する把持が一八世紀以降と異なっているからだ。記号の実定性を主張しながら、結局は同時に記号の支持体(vehicle)を措定してしまうことから逃れられない、現代の記号理論はいうまでもない。たとえば一八世紀の博物学を対象としつつ、特徴《カラクテール》の特異な位相を正当にも切り出してくる『言葉と物』でさえ、——例によって——そこから微妙に眼を逸らしてしまう。「構造とは可視的なものの指示であり、この指示は言語《ランガージュ》に先立つある種の選別によって、可視的なものが言語《ランガージュ》に書き出されることを可能にする。だが、このようにして得られる記述は、固有の名(=固有名詞)といったもの以外の何ものでもあるまい。……構造の理論が分節化と命題とをたがいに重ねあわせたのと同じく、《特徴《カラクテール》》の理論は、指示をおこなう値とそれらが転移する空間とを一体化するものでなければなるまい」(Foucault[1966=1974:161-162]、強調は引用者)。フーコーが記述しているのは、特徴を個々の生物に厳密に対応する唯一の名称へと同型的に結びつけるために、植物や動物の可視的な特徴を言語に先行して選別するという操作が確保された、いわばすでに方法的に整序された意味空間である。つまり、方法的な整序可能性それ自体が言説のある境界と同型的なのであり、この条件を外したところに無媒介に当てはめることはできない。それ以外、あるいはそれ以前の場所で何が生じているかを、慎重に読んでいかなくてはならない。

一七世紀のある書き手は、characterの語源であるギリシャ語のχαράζωの原義が「刻印、印章」であることが、「A、Bのような文字-記号(letter)」がキャラクターと呼ばれる理由であると説明したあと、「われわれが最初に学び、記憶に強い印章《シール》を残す要素」、「エジプト象形文字から取られて用いられている、インプレサや簡略化された紋章《エンブレム》(ただし、ほとんど理解もされずに)」といったものを、「キャラクター」に該当するものとして列挙する。次いで、「英語の水準に合わせて砕いていえば、キャラクターとはさまざまな色合いで風変わりに描かれた(物もしくは人間の）絵[*1]であって、そのすべてが一方向からの陰影をつけられて誇張されている」と述べている（Paylor(ed.)[(1622→)1936:92]）。つまり、文字 - 記号（letter）が、character の第一義とされている。それが象形文字や印章や紋章といった象徴／象形的記号の領域に拡張し、さらに、対象の描写を指す語（「風変わりに描かれた（物もしくは人間の）絵」）へと転用されている。

アルファベットの文字記号の向こうに実在的概念記号《リアル・キャラクター》を予感するというのと似通ったところのある操作だが（↓八章一節）、ここでは、それが結びつく対象が「風変わりに描かれた（物もしくは人間の）絵」になっている。これが「特徴」と同一視できるかどうかは多少の微妙さをはらむ。そのまままただちに記号でもあるような、特定の形状や変異が特徴であるとすれば、この「キャラクター」は、「陰影をつけられた」といいうるような、なにがしかのゆとりをもって、記号性から画像性へとずれている。いずれにせよ、この描写の領域は、記号としてのキャラクター概念に対してむしろ論理的に後続しているのである。

記号《キャラクター》の向こうに、充実した実体に対する非 - 記号的な描写の領域が想定される。あるいは、文字 - 記号とも象徴記号とも異なる厚みを抱えた、「陰影をつけられ」た描写が住まう空隙が出現しつつある。この描写の領域はしかし、記号《キャラクター》とねじれた関係をもつものとして立ち上がっている。この著者のいうとおり、ギリシャ語の χαράζω は、「印章を押されたり、彫りつけられたり、その他の方法で作られた印や刻印」と、「粘土等の素材に印をつけるスタンプ等の道具」という二つのことがらを意味している。それは、印章の記号性だけでなく、印として具現化した物質やそれをもたらす道具にもまたがっている。おそらくここでは、以下のような操作が行われている。(1)非 - 記号的要素を抱え込んだ印章《キャラクター》を、いったんは物質性を欠いたアルファベットの文字《レター》 - 記号と等値する。(2)しかし、letter とはちがう語によって指し示される何かが character である以上、この等式化は完成しない。完成していたら、letter か character のどちらか、たぶん後者が冗長になって消去される（これは表示記号と自体的記号のあいだに働いていたのと同型のしくみである)。(3) letter と character のあいだのこのずれを先送りするようにして、記号《キャラクター》の定義域が広げられていく。(1)から(3)に至るずれや拡張の運動のなかで/運動として、Χαράζω を letter と置き換えることで切り捨てられた、非 - 記号的な基体の概念が回帰する。*2

こうした非 - 記号的な基体の概念を、この時代はどのようなかたちで引き受けた――あるいは、引き受けることに失敗した――のか。それは情念をめぐる言説とどのような関連をもっているのか。そしてまた、蓋然性や徴候の記号学を変形させるかたちで緊密に展開していた記号 = 特徴の理論と、いかなる関係を切り結んでいるのだろうか。より具体的にいえば、ここで出現しつつある描写の領域は、一七世紀なりのやり方で、「人格」や「性格」の領域を指し示しているのではないか。こうした一連の問題を考える必要がある。

これまでの議論に沿って、以下のように整理することもできるだろう。筆者は七章で、記号/特徴の分岐点を記号自身のなかに繰り込むことで自体的記号の概念が成立していることを指摘した(→七章九節)。自体的記号は、実体的特徴を記号として見いだす解釈 = 観察視点のポジションが、記号それ自身のなかに畳み込まれることで成立している(→七章九節)。だが、論理的には、その分岐点を特徴の側に――つまり、非記号的実体を立てることで――繰り込むこともできたはずである。しかし、見るかぎりでは、character を理論化する、つまり反省的に把握しようとする当時の言説のなかには、記号性を特徴の側に吸着するような論理構成はやはり乏しい。裏返せば、今から見ればひどく不自由なそうした形態で、「記号」として理論化された、あるいはそうした不自由さのなかで、それでも「記号」としてしか理論化できなかったと表現したほうがいいかもしれない。

そして、そのかぎりにおいて、記号/特徴の分岐点の記号への回収のされなさが、「記号」の理論のなかに回帰してしまう。むしろ、このような記号への回収とその失敗のなかから、別の言説空間への断層の契機が姿を現してくる。記号と特徴の裂け目に、あるいはむしろ裂け目それ自体として、何らかの個体性の感覚が出現しつつある。もちろんそれは、一八世紀以降の人格《キャラクター》とは、いくつかの点で決定的に異なる。たしかにこの個体性は、やがては「人格」に書き換えられていく何かだが、情念の体制のもとでは、それが「人格」に転換する手前で失調する。一八世紀以降の「人格」は、記号や特徴の異なる布置に依存している。そのときには、情念の体制は終焉しているだろう。

二　人さまざま《キャラクターズ》の展開

レイモンド・ウィリアムズが紹介している事例だが、シェイクスピアの『十二夜』（一六〇一）に、「美しい外観をもったものが、穢れたものを内に隠していることもよくあるけれど、／あなたのこの美しいうわべの character にふさわしい心をあなたがもっていると私は信じます (I will beleeue thou hast a mind that suites /With this thy faire and outward character.)」という台詞がある（Shakespeare[1957:300]）。この「キャラクター」の用法は興味深い。「キャラクター」はこの場合、それ自体で可視的な「外見・顔立ち」そのものを意味している。それは、私たちにとって内面的な性格に映るものを見事に欠いているが、かといって、単に即物的な顔ともちがうようだ。その顔の持ち主に対する何らかの想定が働いているからだ。徹底的に顔という表面に表れた外見にすぎないからこそ、その中身＝心へと回付されるかのように。そして、この回付によって、内的資質へのかりそめの信頼めいたものが成立する。

その意味で、ここで言及されているのが「美しい」顔であること、つまりただの平凡な容貌ではないことが重要である。「キャラクター」とは、「美しい」なり「高貴な」なりの何らかのくっきりとした刻印あるいは荷札のようなものとして、表面にスタンプされている何かである。そして、そうしたスタンプが押されているかぎりにおいて、外面は「心」へと回送されうる。言い換えれば、平凡な外見は語るべき「キャラクター」をもっていないということになる。一方に美の典型を置き、他方に道徳的な高潔さを置いて、両者を回路づける。とはいえ、いうまでもなく、容貌の美しさと性格のそれとが一致しないという逆説が、むしろ文芸上の古典的定型《トポス》なのであり、したがってこの信頼はあくまでかりそめの、もしくは遊戯的なものにすぎない。あるいは、そうしたかりそめさの詩学＝修辞学的構造化のもとで、文芸的信頼の意味論が展開するというべきだろうか。[*3] 注目すべきは、私たちから見たときの character のこの独特の中身のなさであり、にもかかわらず、その薄っぺらな表層と「深層」とが関連づけられることで発生する効果なのだ。回付によるこの並列の効果が、この時代における「内面」であると言ってもよいが、いずれにせよそれは、私たちの考える「人格」とはだいぶん異なっている。

似たような例をトマス・エリオット以来の教育指南書の系譜で挙げると、ヘンリー・ピーチャム（子）の『完全なる英国紳士』（一六三四）が、「話し言葉は人間を表すキャラクターであり、彼の心を解釈するものである。そして書き言葉はそうした話し言葉の影である。したがって、われわれが書いたり話したりするたびに、われわれは自身のことを非難されたり、判断されたりするのである」(Peacham[1634→1906:42]) と述べている。エリオットにはなかったこの「キャラクター」はしかし、自己完結した内面的「人格」というよりもはるかに、読解される具体的文字に近いのであり、読まれることによって、どこかに回付される。表層と「深層」を並置させるアレゴリー的発想が中世的に見えるとしても、「キャラクター」のこのような用法はじつはかなり新しい。気質や占星術による分類や身分的な人間類型なら中世社会にも豊富にあるが、一六世紀以前の社会においては、身分‐人間類型を指す用語として「キャラクター」という語は用いられていなかった。[*4] その意味でも、キャラクターの非記号的側面が人格と等値される歴史の連続性を想定するわけにはいかないのである。

興味深いことに、この用語の導入は、吝嗇家や小心者といった市井の小人物の諸類型を活写する「人さまざま《キャラクターズ》」という古代的ジャンルの再生を直接的契機としている。アリストテレスの高弟であるテオプラトスの『人さまざま』が一五世紀初期に再発見され、カゾボンによる一六世紀末のラテン語訳（一五九二年）をきっかけに、英語をはじめとして各国語に翻訳されていった。そして、イギリスでは一七世紀初頭のジョゼフ・ホールの『美徳と悪徳の人さまざま』から始まり、トマス・オーヴァーベリ卿の人気作品を経てサミュエル・バトラーに至るまで、『人さまざま《キャラクターズ》』と題された多くの書物が出版されるようになっていく。世紀末のラ・ブリュイエールの『人さまざま《カラクテール》』は、このジャンルの掉尾を飾る文芸史上の大物なのである。『十二夜』の台詞が「人さまざま」に直接由来するというわけでは、たぶんないだろう。だが、シェイクスピア自身がどれほどこのジャンルを意識していたかは別として、人物類型に対する判断に近接させて「キャラクター」という語を用いるということ自体、こうした潮流上の出来事だったのである。*5

大本のテオプラトスのテクストが何を意図して編まれたのかには諸説あるが、弁論術／修辞学と関連しているとする説が有力である。*6 だとすれば、テオプラトスのテクストは、主題となる人物の人格《エトス》を描出する (ethopoia/notatio) 手段としての肖像＝人物描写 (prosographia)（→三章三節）と連関している。古典学者でもあったエラスムスも、『コピア論』のなかでいちはやくこう述べている。「人物描写《プロソグラフィア》とは、恋人、悪漢、吝嗇者、大食漢、怠け者、おしゃべり、威張り屋、ほら吹き、やきもち焼き、おべっか使い、腰巾着、ポン引き等の描写に与えられた名前である。『ヘレンニウス宛修辞書』の第四巻には、金持ちのふりをする、つまり、じっさいは金持ちではないが、そうだという印象を与えるために歩き回る男のあらゆる特徴が挙げられている。こうした例は喜劇からいくらでも引いてくることができる。喜劇とはそれを主題にしているからである。現存する作品としては、おそらくテオプラトスによる『人さまざま』がある。……私の意見では、これは哲学者というより文法学者の作品である。

(Erasmus[1514=1978:583])。だがここで、「キャラクタリスモス」という題を冠された古代のテクストがテオプラトスの作品しか伝わらず、しかもそれが近時に発見されたという事情が重要になってくる。初期近代における「人さまざま」ジャンルは、伝統修辞学的な人格描写《エトペイア》や人物描写《プロソグラフィア》と、連続的ではあるがただちには重ならない何かとして、新たに付け加えられたのである。

この付け加えが何をもたらしたのか。イギリスにおけるこのジャンルの最初の作品とされる、ジョゼフ・ホールの『美徳と悪徳の特徴《キャラクターズ》＝類型』（一六〇八）を見てみよう。ホールは新ストア派の教説『地上の天国』の著者でもあった（→二章八節、五章七節）。欠陥ある人物の類型をのびのびと活写するテオプラトスに範を取りながら、美徳と悪徳の対置という構図を付け加えたことは、彼の思想傾向と強く結びついている。言い換えれば、これは伝統的な道徳の確認ではなく、一六世紀に編みだされた流儀である。たとえば、「美徳や快楽」の擬人化の用例の一覧表を最初に作成したのは、エラスムスなのである。「先ほど論じた飢え、嫉妬、眠り［の例は］、それらが人間であるかのように語られているので、それらの人物描写《プロソグラフィア》について論じることは理に適う。美徳と快楽の擬人化［としては］……クセノフォンが述べているように、これらがヘラクレスの前で論争しているとソフィストのプロディカスが想像している。また、生や死の擬人化がある。クィンティリアヌスによると、エンニウスは彼の諷刺劇の一つのなかで、両者を議論させているそうである。同様に、ルキアノスによる中傷や学問や彫刻、アウソニウスにおける機会、ホラティウスの頌歌とクィントゥス・クルティウスにおける運、モスクスにおける愛、アリストパネスの貧乏と富、ゲリウスが記録している、クリシッパスの正義、ボエティウスの哲学、ポリツァーノのラミア、そしてまた、詩人たちによる、詩神《ミューズ》、優雅、憤怒、戦争、スフィンクス、スキラ、カリュブディスなどなど［の擬人化］が挙げられる」(Erasmus[1514→1978:582-583])。

美徳の形象を蒐集する態度は、理念の道徳的固定化に向かうのではない。むしろ、徳の理想化を前にすることで、道徳的ならざる人間的な生の境涯がピン止めされる。*7 ホール自身はこう説明している。古代の賢人たちのなかには、人間にとって可能な幸福に関する観想的思索を行う者と、それに依拠した実践的教訓を専らとする者とがいたが、その中庸に、人さまざまという三つ目のやり方があった。「彼ら［＝古代人にとっての道徳哲学者たち］は、……そのメダルを見た人間がそこに書かれた顔が誰だか分かるほど、あらゆる美徳や悪徳の現実の輪郭を活き活きと描き出すことに時間を費やした。そしてこの技法を、彼らは意味深くも性格描写 (charactery) と呼んだ」。メダルの肖像の比喩を用いて説明されるこの典型に、「性格描写」という訳語を当てるのがどこまで妥当かは難しいところがあるが (characteryには、花言葉のような特殊なシンボル言語を用いた意味伝達という語義もある)、いずれにせよそれは「生き生きとしゃべる絵あるいは生きたイメージ (speaking pictures, or living images) であって、それによって粗野な大衆は、彼らの［鈍い］感覚によってですら、美徳を守るということを学び、何を憎むべきかを認識するのである」(Hall[1608→1948:143])。

ここで構想されている中間性の論理は、同時代の修辞学における、以下のような説話論的考察とも響きあう。二章で扱ったジョン・ホスキンズの『演説と文体の指南』(一五九九) は、フィリップ・シドニーの『アーケイディア』を語りと文体の理想と仰ぎ、引用はすべてそこから取られている (→二章七、八節)。しかし、テクストの末尾になって、ホスキンズはシドニー的語り方を断念して反転してしまう。

『アーケイディア』のなかでは、人物はもっとも卓越した姿で描かれている。バシリオス、プレクシルトス、ムシドロス、アナクシオス、等々。しかし、想像による物語 (figured story) のなかで人物の姿を真に描き出したい者は、気質、情念、美徳や悪徳を正しく描きだすすべを学ばなくてはならない。そして、それらのあいだに適切な均衡を保つことで、人物に呼び名のみを与えて、突発的出来事や偶然の出会いを撚りあわせていくのである。これらすべての特質は、道徳哲学を論じたアリストテレスの十巻本［＝『ニコマコス倫理学』］」から学ぶことができる。だが、マキャヴェリが言っているように、完全な美徳や全き悪徳はわれわれの時代には見いだせない。［現代の人間は］完全に体液《ヒューモア》＝気質の影響のもとにあって、［善悪さまざまな情念を］激発するからである（Hoskins[1599→1935:41]）。

「われわれの時代」には見いだせない「完全な美徳や全き悪徳」を虚焦点とすることで、行為の連鎖とそれに対する物語叙述がそのなかを動く、中間領域が措定される＊8——そしてそれこそが、「体液＝気質」のもとにある情念の有限的運動の領域でもある。

美徳（や悪徳）の擬人化＝理念化と具象的な人物への観察とが、独特のかたちで交錯する。そんな世界の見え方が始まっている。ホスキンズも言うとおり、マキャヴェリのヴィルトゥ概念とのつながりもあるが、寓意画的意味空間とも直結している（→六章七節）。このような意味空間のなかで、ホールは一一の美徳のタイプと一五の悪徳の人間類型を描き出す。「賢い人」「誠実な人」から始まって「幸福な人」に至る美徳の諸類型は、具体的な人物像の活写というよりも、徳そのものの擬人化に近い。「彼［謙虚な人］は自身に対する友情にあふれる敵である、なぜなら彼は自分自身のことを嫌いなわけではないが、彼ほどに自分の価値を低く見る人はいないからである」(ibid.[152])。「あらゆる本よりも自分のことを読み、決して忘れることのないように教訓を得る人、世間を知りながら、気にしない……人は幸福な人間である」([164])。かかる理想＝理念からの落差として、悪徳の具体的な姿が像を結ぶ。「どんな早馬も彼［忙しがる人］に質問されずには通り過ぎることができない。そして彼は、メッセンジャーを解放するというよりも、彼とともに馬に乗って、知らせについてあれこれ質問する」([173])、「彼［不平屋］が大げさに賞賛されないときには、そんな不完全な親切さは、自分を正当に扱わないものだ、と彼は言う」([179])。

美徳と悪徳、理想像と現実的欠点とのこの落差は、以下のようなかたちで分岐していくということもできる。一方で、美徳の性格=人間類型《キャラクターズ》は、初期近代の修辞学における人格《エトス》の空座を埋めているところがある。「気質、情念、美徳と悪徳」の継起として物語が人物を描き出すという発想にしても、人物の人格《エトス》を描き出すという顕彰演説の様式を、詩学の平面上で引き継ぐものだ。美徳の擬人化に接続されつつ、顕彰は道徳的人格《キャラクター》の文字化された修辞学を準備していく。むしろ、アレゴリー／寓意が引き延ばされるようにして、顕彰の修辞学が言説化=文字化されていくというべきだろうか。たとえば一七世紀の書物において、パトロンである貴族に対する献辞が定式化されるようになっていく。献辞は、著者とパトロンとの交流=社交経験から、人類に有益な知を増大させることに理解をもつ、高潔で寛大な人の姿を描き出す。[*9] 出版市場がパトロン制度から自律していく一八世紀以降、こうした人物描写をひきつぐかたちで、有名人士の人となり《キャラクター》に関する論考（それらは多くの場合、本人の死後に、あるいは独立の論考として、あるいはまた遺稿集の冒頭を飾るものとして書かれた）が、書かれていくことになるだろう。

　他方で、癖と欠陥をもった性格=人間類型《キャラクターズ》の領域は、理念化された人格《エトス》への語りかけというよりも、ある人物を距離をとって観察することで類型へと転化する、発見《インヴェンション》（／発想）の自由度によって構成されている。それは以下のようにして構造化されることが多い。まず冒頭の文章は、描かれる人物の理念的もしくは比喩的な要約であり、それに続いて、具体的状況のなかでの振る舞いの典型が重ねられていく。これは敷衍=拡張(amplification)の応用である。そして、最後の文はもっとも凝った綺想によって結論づけられる。「おべっかとは、偽りの友情、諂う偽善、不正直な礼節、言葉の卑しき売り買い、心と口のありそうな不調和以外の何物でもない。おべっか使いの人は、悪に目が曇っており、悪徳を見ることができない。そして彼の舌は不当な賞賛というただ一つの走路を延々と歩きつづけるだけであり、真実を語ることができないと同様、けなすこともできない。彼の話しぶりは感嘆詞でいっぱいであり、呼びかけに使う称号はつねに最上級、ただしどちらも本人がいるとき以外はめったにない。……つまり彼は、寛大な人びとのコートに巣くう衣蛾であり、権力者のハサミムシ、宮廷の苦悩の種、［宴会の］大皿の友にして奴隷である者、悪魔の差配人になる以外何の役にも立たない人間である」（ibid.[181-2]、強調は引用者）。テオプラトスのテクストは、悪癖をその典型によって描写するだけであり、こういった結構の意思は見られない。この点にも、修辞学的知の組み替えと連動しているさまがうかがえる。

三　類型の増大と社交空間の変容

超俗的な理念を跳躍台にして堕落した人間たちの類型を記述するというホールのやり方は、一六世紀的な天上／地上の二元論にいまだ拘束されている。一七世紀以降、より自由なかたちで、欠陥ある人びとの類型が多様かつ断片的に発見されるようになっていく。ある意味で、敷衍《アンプリフィケーション》の普及／方法論化に沿って。たとえば、一七世紀全般におよんで何度も版を重ねた『オーヴァーベリの人さまざま』（一六一三）。トマス・オーヴァーベリ卿を著者名に冠しているが、この書物の出版履歴はそれほど単純ではない。オーヴァーベリ本人の手になる初版では二一種類の類型が取り上げられている。ところが、著者の死後に公刊されたこのテクストが評判になり、テクストは他の書き手になる大幅な増補を得て膨れあがっていく。わずか八年後の一六二二年には八二種類と、ほぼ四倍になっている。[*10] こうしたことはオーヴァーベリに限らず、サミュエル・バトラー、ラ・ブリュイエールらのテクストにも表れている。[*11] 増補と改訂こそがジャンルの定義になるといいたくなるほどなのだ。

ジョン・アールの『ミクロコスモグラフィ［小宇宙構造誌］』（一六二八）を見てみよう。このテクストには最終的に七八の人物類型が収録されている。「子供」から始まるそれは、(1)職業（「若い牧師」「重々しい神学者」「藪医者」「門番」「学者」「コック」「役者」…）、(2)身分（「単純な田舎者」「田舎の成り上がり騎士」「大学出の若い紳士」「次男以下に生まれた紳士」…)、(3)気質や性質(「不満屋」「自惚れ屋」「慎重だがつめが甘すぎる人」「あらさがしの名人」…)、(4)習俗(「形式だけを追いかける人」「英国教会に通う法王支持者」「古物愛好家」…)といった複数の軸に従って気ままに伸び広がり、(5)集団の情景描写(「セント・ポール寺院横の歩道」「宿屋(パブの二階)」…)までをも含みこむ。階層社会的に秩序づけられてきた気質や身分・職業の一覧表が、類型の遊戯的な増殖のなかに呑み込まれ、輪郭を失っていくかのようだ。初期近代的な「人格」は、階層社会的な類型の冗長性《リダンダンシー》として出現することで、類型性を変形していく運動として組織されたといえよう。

だが、類型を発見していく視線は必ずしも自由ではなく、ある条件によって規定されていた。多くのテクストは下層階級に属する人物類型の記述から始まるが、やがて社交圏内部にいる「自分たち」の描写へと至る。数からいけば「自分たち」の描写が圧倒的に多いことを考えれば、類型を発見する軸の複数化は、そのための迂回路にすぎないとすらいえるかもしれない。

傲慢な人とは、偉くなったばかり、自尊心をもって間もない人である。彼は自分が好むことを、わざわざ他人の面前で滔々と論じる。というのも、それは生まれついて以来身に付いてきたものではないからだ。幸運が彼を何かの官職や権威ある地位へと押し上げ、幸運の高さに負けじと首筋をのばしてふんぞり返り、幸運でも首の長さでも、あなたには一インチたりとも負けまいとする。彼の顔つきと身振り自体が、彼がどれほどの大物であるかを語っているが、それであなたが察しないならば、彼はあなたに話しかけ、一文一文を自分の「社会的」場所についての言及で終えるので、あなたは彼の地位を知らねばならないし、知らされるのである。彼は誰にでもまるで怒っているかのように接するが、とりわけ知り合いに対してはそうである。知り合いには、彼はより不機嫌な態度を示し、自分のことを知っているからこそ誰かとまちがえがちな連中として、普通の人に対してよりも遠くにいるうちからはねつける。この理由により彼は、あなたが自分から彼に名前を告げるまでは、あなたが誰かを分からない。名前を聞いても、聞いたことがあるが忘れたと考え、大騒ぎしてようやく思い出すのである。もしあなたが彼を何かの用に使いたいと思ったなら、その間はあなたは彼の家臣である。あなたは彼からのあらゆる屈辱を堪え忍ばねばならないが、彼がそうするのもただ、自分がその気になれば何ができるかを見せつけたいがために他ならぬ……（Earle[1628→1899:84]）。

ここでは、いわば類型の極限として、特徴をもったある個人の個体性が浮上している。『ミクロコスモグラフィー』の副題が示しているように（「随想と人さまざまにより発見された世界の断片（A Piece of the World Discovered in Essays & Characters)」）、人格類型のこの個体化は、細部に類型のカテゴリーを発見する視線の個体性と不可分なのである。ただし、原著者以外の人間による「増補」が平気で行われることさえあったことからも分かるように、この視線の帰属先はいまだ曖昧である。それはいわば、カテゴリーが収まるべき秩序の失調と「作者」の不在の間隙に、あるいは間隙として現象しているのだ。

おそらくこれは、初期近代的な社交の意味論の解体もしくは変質と連動している。二章で詳説したように、一回性をもった集まりのなかでその都度綱渡りを強いられるという意味において、一六世紀的な社交は、それを全域的に観察できる視点を本質的に欠いた出来事だった。社交の見渡せなさの感覚は、身分秩序が社会像として実体化され、可視化されうることを背景としつつ、身分秩序から言説的に切り出されるかたちで成立していた。つまり、「自分たち」の社交の世界は見渡せない一方で、社交界の向こうに広がる「彼ら」の身分階層はくっきりと把持されると同時に消去される。牧歌詩《パストラル》の流行が、他者の認知と消去の両面を示唆するものであったように。

「人さまざま」の文体においては、この切り分け自体が浸食されつつある。もしくは、一六世紀後半以降における社交＝会話の広域化のなかですでに始まっていた浸食を明示化している。社交圏とその外部に把持されていた身分秩序的社会像との境界が、気ままな観察の文体のなかに巻き込まれ、融解する。エリオット以来の紳士教育のマニュアルが、家庭→学校→世間《ワールド》という子弟の行動圏の拡大によって階層社会を近似していたのに対し、「人さまざま」は、ある意味でそれが終わった地点から始まり、世界を逆向きに読んでいく。だから、「彼ら」の身分類型の冗長性というかたちで出現する「自分たち」の類型が、数としては大半を占めることになる。

　つまり、人さまざまの図柄は、特定の層から見た表象のマトリクスなのである。このことは、以下のような屈折した遮蔽効果をもたらす。自分たち（つまり、書き手と読み手の両者が属している層）[*12]の下に広がる「彼ら」については、身分がそのまま人間類型として通用するが、自分たち自身を類型化するとき、気質や生活状況に基づく、より内部的な差異しか見えない。つまり、貴族／紳士という類型《キャラクター》を語ることだけはできない。「若い紳士」「野心ある紳士」といった項目がなかったといっているわけではない。そうしたものはたくさんあるが、一九世紀のあのリスペクタビリティ概念のように、紳士的本質を人格《キャラクター》に帰属させる表現形式は、この時期には存在しえなかった。そう考えたとき、「人格」がつねに人さまざま《キャラクターズ》の複数性のなかで表れることの意味は大きい。情念の記号《キャラクターズ》／特徴が身体上で複数的に観察される事象だったこととも関連していそうだが、この意味空間の住人は、唯一の人格／特徴／記号(the character)が存在しているとか、存在すべきという発想を、そもそももっていない。だから、個人の社会的尊厳《リスペクタビリティ》とともに表れる人格《キャラクター》を、一七世紀に読み込んではならないのである。[*13]

　このようにして、紳士／貴族の本質を召喚し、信頼できるという条件を欠いたまま、社交関係の向こう側にある個体的特異性が言説化の圏域に浮上してくる。これは、貴族的振る舞いがもっぱら優美さの美的平面上で編成される（べきである）という前提を、大きく揺るがせる。もちろん人はそこでも、貴族的本質性の所在を指し示すものとして、礼儀的行為の遂行による修辞効果をあてにせざるをえない。優美さと個体性とを、前者を理念や建前に、後者をそれらを前にして「優雅に」無視されるべき現実とに割り振ることで、優美さの意味論はそれなりに延命するだろう（たとえば、癖も欠陥もある個人が、ウィッグを被ると「判事」になるというのは、この形骸化した形態なのかもしれない）。だがいずれにせよ、社交の場で自分が提示するさまざまな所作が、その背後にある類型的欠陥を見いだそうとする視線に曝されうるものであることを、人は計算に入れざるをえなくなる。「お互いにどのように挨拶すべきとか、人前での口のゆすぎ方やら歯のほじくり方やら、その他もろもろのどうでもいい品行」というホッブズのあの悪罵（→五章七節）は、そのような言説空間に属していた。

四　傾性概念の出現

「人さまざま」という補助線を入れて考えてみると、「人格」に近似されるように映るcharacterの非‐記号的側面が、情念論の言説とどのように結びつくかが見えてくる。情念論の書き手と読み手、そしてまたその主なる観察の主題は、まさに「人さまざま」において欠落していた紳士／貴族層に属していた。一般的／個別的情念の観察という課題の向こうに「人間」への考察が出現するが、それは典型というかたちではくくれないものだった。むしろ、だからこそ、運動＝記号＝形態の等値化という手続きのうえで、一般情念と個別的情念の微細な組み合わせが探究されたのである。そのようなかたちで、自己観察と他者観察との連関が主題化してくるといってもよい。他者観察の積み重ねが典型性に漸近していき、それが反転して自己観察の主題系を浸潤する、といえばよいだろうか。たとえばシャンブルは、『人間を知る術』（一六六五）のなかでこのように語っている。

気質に関しては、それが傾性(Inclination)のもっとも一般的で一番顕著な原因であること、身体を支配する体液の量に従って、人がさまざまな情念へと向かう傾性をもつこと……が、万人に一致して認められているところである。……気質がこれら［さまざまに特徴づけられた情念や行動様式］すべての諸効果の原因である理由は、魂がその行動において利用する［体液という］道具について、魂自身が有している秘められた知識から導出される。というのも、魂は、その道具と非常に近く一体化している、もしくは接合しているために、それらの強さや弱さを知っており、したがって、それらを用いて自分が何をしようがあるいは何をしなかろうが、すぐに満足するようになるからである。

さて、この知識は秘せられているが、本能から発するわけではない。なぜならば、本能というものは、種全体に与えられている、それゆえその種に属するすべての個体に共通であるはずの明晰判明な知識である。一方［体液に関する］この知識は、それぞれの個体において異なっており、そのうえ曖昧な、混乱したものである。魂は胆汁に関して混乱した知識しかもちあわせていない。だからこそ魂は、夢のなかで、胆汁にそっくりそのまま似ているわけではなく、特定の相応性をもつにすぎないある種の心像（たとえば火、闘争、閃光のような）によって、自らに対してそれを表象するのである（Chambre[1665:56-57]）。

「人がさまざまな情念へと向かう傾性《インクリネーション》」という表現に注目しよう。これは、一七世紀情念論のなかで頻出する概念である。一義的には、それは、抑制や隠蔽の意志が働いていないところで、情念が主体のもつ生来的＝個体的性質に従って表出されることを意味している。世紀はじめのトマス・ライトも、「私はこれから、哲学的論証によってではなく自然な推測と蓋然性に基づいて、特定の社交《カンヴァセーション》／会話のなかで、誰もが仲間の自然的傾性（natural inclination）を発見することのできるいくらかの方法を伝えよう」と語っていた（→七章五節）。

傾性概念は、——もちろん、大きな意味の屈折をこうむりながら——ヒュームの『人間本性論』をはじめとして、一八世紀道徳哲学にも引き継がれることになるけれども、[14] 一七世紀における傾性の位相を知るうえでは、シャンブルのこの本は恰好の事例である。同じ著者による『情念の諸特徴』が情念の現象記述を志向しているとすれば、『人間を知る術』は他者の行動の予測に成功するための規則集を目指している。人間知を基礎づける概念（であるかのようなもの）として傾性に章が割かれ、それ以外の部分でも多用されている。トマス・ライトの段階では、自然的傾性をめぐる議論はまだ比較的素朴であり、「川から源泉を、枝や花から幹や根を」類推することになぞらえればすんだ。世紀半ばのシャンブルになると、議論はかなり込み入ってきている。体液が身体に対して及ぼす諸作用が、情念の発生様式に影響を与える要因の一つなのだが、記号とその自然的基盤は、二つの操作によって関係づけられている。

まず第一に、自然的基盤を体液あるいは気質と本能とに分割すること。本能が種全体を規定する、非個性的な作用であるのに対して、体液が決定する気質こそが個性化を司る原理である。このようにして、自然の類的均質性から超出する原理が、自然自身の内部に見いだされる。スコラ哲学由来の理解は、神の似姿としての理性の単一性／個々の人間をそこから変移させる「個性化」原理としての情念の複数性という基本設定をもっているから、[15] ここまでは、比較的伝統的な構図にしたがっているともいえる。より重要で意味深いのは、以下の第二の論点である。この分割の根拠は、体液の正確な状態に対する知識が魂自身に二重の意味で秘せられていることに求められている。魂の道具である体液の機構は、魂にあまりにも近いがゆえに対象化されない。気質を支配する体液の機構は、夢の映像を代表とする間接化された表象の回路を通じてしか、魂に示されることはない。独特のかたちで習慣づけられた行為や個体ごとに特異なふるまい、夢言語の私秘的な領域を定めている個性化原理は、即自的なかたちで存在するが、この個性化原理は、魂自体に知られていないというまさにそのことにおいて機能しているのである。[16]

彼の議論は、記号とその自然的基盤の関係づけの、世紀中葉におけるより複雑化されたパターンを提供している。

ここからは、血液循環説や神経学説の勃興にもかかわらず、一七世紀においてもなお、それらが四体液説と併存していたさまが読みとれる。シャンブルは、体液とそれが生み出す気質とが傾性の最大の原因であるかのように語っているが、この論理が本当に成立しているかどうかはかなり疑わしい。傾性それ自体が、四体液説とそれに基づく伝統的気質論を、動物精気の流れの勢いや方向性として読み換えたものである側面をもつからだ。[*17] じっさい、シャンブル自身がしばしば、気質と傾性とをまったく同型的に語っていたりする。つまりこれは一種の循環的論証になっている。彼にかぎらず、傾性という語によって一七世紀人たちが何を言い表そうとしていたか、正確にいうのはかなり難しいが、どうやら、とくに一七世紀中葉以降におけるこの語の語義の揺れのなかから、記号／特徴の論理の一側面が立ち上がってくるようなのだ。

　これと関連しているのが、この時代における医学／生理学的言説の位置である。機械論のパラドクスに関して別の箇所で指摘したように、もし体内循環が直接に記述可能であるなら、情念の作動を外部対象との連関において思考したり、身体の表層に出現する外的記号によって認知すること自体が冗長《リダンダント》になる。観察可能な諸体液の循環と、身体を駆動させる魂の観察不能なエネルギー（および、それに対する身体の側からの反動《リアクション》）とのあいだの交換過程を想定するものの、体内機構への視線は、どこか「神秘的な」ものでありつづけた（→六章四節）。それは、身体上に表れる諸効果を具体的に観察される身体の内部機構に帰着させることに成功しなかった。シャンブルは、医学のこの不全に寄生して、外部事象をそのまま内部に転写する、あるいは、内部／外部の複雑さを同じ深度で発見するような解釈形式を増殖させている。四体液の作用は「秘せられている」、つまり実証科学的な意味で特定できないが、だからこそ間接的な表象の対象となる。一六世紀的思考が蓋然的推論／記号として表現したものを、いわば特定不能なものとして特定できることとして強引に捉えかえす。四体液や動物精気の交換と交替、相互作用の内的仕組みは、あまりにも精妙であるために思弁されるほかはない。それらは、可視的な個別性を背後から支える、不可視の想像的空間として挿入されるのである。

その意味で、彼がやっていることは、特定可能性の追求が特定不可能性にぶつかるという、あの機械論的ジレンマ（→六章七節）と、いわばねじれの位置にある。シャンブルに対してデカルトが『情念論』のなかで示している軽蔑や苛立ちがよく分かる。彼の動物精気論も、そうした想像的性格を免れていないからだ。

五　個体性の自己観察

四体液説の解釈としては、シャンブルは一七世紀における比較的特異な事例の一つにすぎない。しかし、重要なのは、これによって彼が、他者と共約可能な記号の平面に還元できない特異性／個性の位置価をいかに導入しているることだ。この特異性は、魂自身も知りえない機構によって決定されている。同時に、その機構（の作動）が、夢のイメージをはじめとする間接的表象を介して魂に提示されているとすることで、特異性／個性が、同一の記号平面上に乗せられる。おそらくこれは、個性と記号との調停をめぐる一七世紀的戦略の一つの形態なのだ。個体的記号は、見えないが実在するものとして身体に書き込まれているが、それについては蓋然的判断しか可能ではないとすることで、自体的記号が表示記号に転換されている。

「個性的な自体的記号が個性を決定しているが、ただし本人には（十分には）知られない」というこの命題に対しては、二通りの読解が可能である。まず第一に、自己の個性的本質を表す記号が「本人には知られない」という側面に着目すれば、自己反省の不十分な出現のさまを見出せる。多くの場合この「反省」は、神の視点を想定することによって媒介されている。たとえば、エドワード・レノルズはこう語る。「われわれは子供のように、気まぐれな熱心さと不毛な好奇心をもって、自然というこの大いなる書物のページをめくるが、創造者のもっとも偉大な力とその卓越性が表れているごく通常の特徴《キャラクター》＝記号を熟読することはない……だが神は人間のなかに、神ご自身のお姿に合わせて、より注目すべき特徴＝記号を刻印し、人間を神の想像力のなかで被造物の卓越性を示す、もっとも完璧な事例とされることを喜ばれた」。すべての存在者には神の神聖な文字が書き込まれており、人間の解釈行為はそれをなぞることである。一見したところ、これは世界書物という伝統的比喩の枠内にある記述のように映る。だが、「彼自身との距離の近さによって、人間は彼自身にとって、もっとも知られておらず、無視されている」と述べるとき、人間に見いだされる特徴＝記号を自然の特徴＝記号から隔てる、ある薄暗い懸隔の存在を、著者は書き込んでしまっている[*18] (Reynolds[1647→1996:9-10])。

第二に、「個性を決定している記号が存在する」に力点を置いて理解するとき、観察する他者にとっては、ある程度は推測可能であるということを含意している[*19]。自己観察／反省が自律せず、他者による読解というポジション――それによって身体的形状は記号へと転化される――に代補されることで間接的に指し示される。『エペソスの未亡人』における「観相学者」の出現もこの系列である（→七章九節）。人は技術によって情念を偽ることができるが、記号が依拠する「自然」を呼び出すことでそれを見抜くことができる。これを延長すれば、情念の偽装や隠蔽ですら、その「自然」をもっているということになる。現にシャンブルは、以下のように述べている。「かたちづくられる前に予見さるべき情念や、そうした情念のなかで、憎しみのようにはげしい程度で［外に表れるかたちで］産出されない情念があり、また諂う者の情念がそうであるように、演劇的な、偽られた情念がある。それだけでなく、ある人を憎んでいるのに愛しているように見せかけたかったり、悲しみを宥めるのにやっきになっているのに喜んでいるように見せかけたかったりするときのように、――つまりは厳密に実行された陰謀、秘密の行為、目に触れる行為の隠れた作者であるような――、本体とはまったく正反対の外見を身にまとう情念も存在する」(Chambre[1665:220-221])。

『情念の記号《キャラクターズ》＝特徴』のなかで彼は、「魂が動かされているとき、身体が変化し、自らの姿を変えること、それに対する何らかの印(mark)を刻［む］」、「情念および習慣の特徴＝記号とは、運動の印であり魂の意図《デザイン》であるが、それはまた魂の意図が［身体上に］もたらした効果なのである」と書き付けていた。情念は、本人には必ずしも自覚できないかたちで、身体を介して記号化する——。シャンブルという人は、どうやらそういった局面における、情念の記号の象形文字的性質に取り憑かれていたようだ。言い換えれば、彼は、主体の意図がただちに客観的な記号として出現すると考えたバルワーのほぼ逆方向から、記号と「自然」との連関を記述しているのである。

六　突出する顔《フェイス》

この関連で付言すれば、一七世紀における顔の言説のなかで、観相学的な表情解析とは少し異なる系列があるように思う。いわば、読み解く対象というよりもむしろ、社交＝社会空間のなかに突出的に現前する顔である。たとえば、マルブランシュ。「狂熱／情念に取り憑かれた人びとの顔がわたしたちのなかに情念を引き起こすことは確かである。……［しかし］彼らの顔にかたちづくられたその特徴的情念の印象が、われわれの脳神経に何の変化ももたらさなくなる、あるいは動物精気を動かさなくなったとき……、それらはひとりでに消えていく」(Malebranche[1674-75→1715＝1987:163])、「何らかの外的対象を目にすることによってわれわれのなかに引き起こされた情念は、その情念に撃たれた人に、それに相応した表情を自動的に生み出す。つまり、その印象によって、それを見る万人に社会の善に役立つ情念（受動）や行為（能動）を起こさしめる外見を」(ibid.[377])。ここでは顔が主観に与える効果が、奇妙に三人称的に語られている。それは、当事者の計算やコントロールを一切外れたところに出現し、社交的に意味づけられることもなく、それを見ている人をただ当惑させるような、そんな顔である。社交的無意味が当惑という主観的経験を遮蔽するかのようにして、語りが三人称化するのだろう。

このような顔の語り方が言説空間のどこに位置づくのか、必ずしも十分に見通せてはいないのだが、顔つき(countenance)と顔(face)とを区分する社交言説の系譜上にある出来事ではあるだろう。他者に見せる顔つき《カウンテナンス》とは、いわば、儀礼化された社交関係において人が顔《フェイス》のうえにかぶりつづけるものである。誠実《ホネスタス》の意味空間においては、顔つき《カウンテナンス》は「素顔」に対する「仮面」のようなものではありえない。決闘の覚悟でもしないかぎり、礼儀的社交関係のなかでは顔つき《カウンテナンス》しか存在できないから、即物的な身体部位である顔《フェイス》は社交関係にはかなり出現しにくかった(→二章一三節、三章七節)。ベーコン以降、一七世紀の表情の解剖学は、情念の自体的記号を読みとれる場所として、この顔《フェイス》=顔面の水準を呼び出していったのだが、マルブランシュのような語り方は、それとも異なるように見える。いってみれば彼は、社交関係の外部にあるものとして把持されているこの顔あるいは顔面を、社交関係のなかに再びもちこむようなことを行っている。乱暴な言い方をすれば、ある種外挿される異物めいたものとして、顔が出現しはじめている。

こうした顔の見え方が表れることで、一見類型《タイプ》のようでありながら、じつはそこから漏れだして、特定の誰かの個体記述になってしまうという、「人さまざま」におけるあの独特の文体が可能になったのではないだろうか。「おべっか使い」の不誠実さや「傲慢な人」の傲慢さは、当人にコントロールできず、おそらくは気づいてさえいないかもしれない固有の習癖である。そのやり方で渡ってきた以上、それがただちに不利になるとはかぎらない。だからそれらは、特定の顔面の形状のように、いわば「ただ観察される」だけではあるが、ただし、そのような無償の観察行為にさらされていることを、上流社会《ワールド》を行き交う人は知っておく必要がある……。「人さまざま」というジャンルは、そのようなかたちで、一種の「感情教育」を担うものだったのかもしれない。

七　状態／運動の相互転換――情念と習慣

一七世紀における傾性の概念は、別の方向にも重要な展開を見せている。ロイヤル・アカデミー会員であったグワイザーが次のように論じている。

柔らかい蝋であっても、感情 (affection) を動かす対象によって人間の顔のうえに押しつけ（print）られる印象より数多くの、多様な印象を受け入れることはない。そして、対象自体がそうした力をもっているだけではなく、心像《イメージ》や観念も、つまり現前する対象が生じさせたのと同じ運動を動物精気にもたらすいかなるものも、対象と同じ効果をもつのである。第一の点を証明するためには、人間の顔が、同情を誘う対象を、それから馬鹿げたもの、奇妙なもの、そして恐ろしい、または危険な対象等々をつぎつぎに見ているところを観察すればよい。

そして第二の点、すなわち観念が現実の対象と同じ効果をもっていることは、われわれの夢があまりにもしばしば証明しているところである。ウェルギリウスの詩は、ごく短い時間のうちに、恥辱や恐怖、愛、怒り、悲しみなどをわれわれの顔のうえに表さしめる。動物精気が感覚器官において対象に動かされ、脳においてもその運動を持続し、そして、その運動を生み出した意図にふさわしいように、身体のあれこれの部位に伝播させていくのである。精気の運動は、まず最初に神経、とりわけ顔の複数の筋肉を動かす感情神経と視神経とによって顔つきに変化をもたらす。それは、精妙な時計細工に付属した文字盤が、鐘を打ち鳴らす機構部分から予測されるべきことを指し示すのに似ている。

とはいえ、対象の印象（作用）を受け取っているときに、感覚器官における精神の運動が、指先から足にいたるまで止むことなく持続しているわけではない（印象作用は微弱なものだから。もっとも神経の繊細さが、そうであることを好んでいるのだが）。印象は、精神の共通の貯蔵庫である脳の脊髄のなかで感受されているのである。それはちょうど、開口部が開かれたオルガンのパイプが、鍵盤が指から離され、音を出さなくなって止まるまで、空気を噴出しつづけるのと同様である。このようにして、生来の気質が駆り立てたり、習慣に引きずられるがままに、あるお気に入りの情念や悪徳を繰り返し行ったり、頻繁に楽しむことで、顔がそうした行為に伴う状態に非常に頻繁に置かれるようになる。その結果、動物精気は［特定の］神経にやすやすと流れ込み、ときに変更不可能なまでに固定することになる（信心深いインド人が、パゴダのなかで奇妙な姿勢をとり続けることでそうなるのと同じだ）。

しかしもっともよく見られるのは、こうした習慣がついてしまって、目の前にある何らかの対象が、新しい対象によってより自然な印象を消去したり、偽りによってそれを隠そうとしないときにはいつも、気がつかないうちに固定した顔つきになるということだ。それゆえわれわれは、大酒のみの目が鼻の方に寄っているのを目にするのである。それは、飲んでいる間中、彼らの愛する酒がグラスのなかに残っていることを確認するために内転筋が用いられるためなのだ。だからこの筋肉は飲酒筋とも呼ばれるのである。……このことからまた、精霊と称されるものの到来を待ち望むクェーカーたちの期待顔や独立派信徒たちの憂鬱顔の由来を説き明かすことができる……（Evelyn[1697:333-334]より適宜改行して引用）。

これは、内部／外部の特定をめぐる一七世紀的問題設定の興味深い変奏である。現実的経験も夢や虚構の経験も、動物精気を動かし、身体機構の末端にまで一定の作用をもたらす。つまり、外部対象であれ内的観念であれ、精神に対して同一の効果をもっていることが指摘されているが、だからこそ、両者は、現実と夢・虚構作品という差異に添って区別される必要性がある。もちろん、現実「ではない」経験の媒体としての夢や虚構作品は、「ではない」という区別の根拠になっているというよりも、区別への欲望そのものを指し示すメタファーである（自分が夢を見ていない（あるいは狂っていない）のを確証することは、この時期の哲学者たちの大きな課題だった）。シャンブルによる、知りえない四体液の実体的作用と間接化された夢の表象という対比も、この区分の問題に重なる。

とりわけ注目するべきは、外部対象と内的観念の、そして／あるいは現実と夢や虚構作品との区分可能性という主題が、一時的変化＝運動と恒常的状態という、身体内的な作用の二つの位相の分節へと転写されていることである。伝統的な情念理論が、状態と運動との区分が知らなかったわけではない。アクィナスの怒情的／欲情的情念にしても、突然の運動／恒常的状態という区分とかなり重なるが、一七世紀のなかごろになってはじめて、個々人に特異な行動傾向としての安定した恒常的状態と、一時的で突然の運動＝変化との関係が主題化されるようになった。あるいはむしろ、運動と状態の両者が相互変換されるという論理がもちこまれたというべきかもしれない。外部対象の現前が精神にその都度新たな運動をもたらす一方で、内的観念は、対象の反復もしくは想像的模倣として、動物精気が流れ込む回路を固定化させる。そのようなかたちで習慣（habit）が発見されている。自然的記号の逆立的基盤として慣習（custom）の水準が指し示されたことと対応するかのように（↓八章二節）、個人の身体の側に、情念の習慣（habit）が見いだされていると表現すれば、予定調和にすぎるだろうか。習慣によって、精気の運動は特定の方向に回路づけられるが、身体機構には、突発的な運動や変化の生起に対する一定の感受性や可塑性も備わっている。このようにして、つよい実体性をもった特徴《キャラクター》が、その周囲にあって記号の輪郭を構成するにいたった諸事象の時系列とともに（あるいは時系列のなかで）、出現する。情念が身体上にもたらした形状（の変化）を固定的な実体に近似して把握するという思考様式を、運動の習慣化と個体性の関係に変換して、身体という台座上でピン止めしようとするのである。

かかる構造が、顔《フェイス》の特権化をもたらしていることにも注意しよう。運動と習慣の両者が同時に登記《レジスター》される場所として、顔は一六世紀までとはまったく異なる意義を担わされる。「精神の共通の貯蔵庫」である脳に近接している顔は、末端器官への一時的な働きかけが止んだのちにも、印象作用が微弱な残響として持続する唯一の場所である。「精妙な時計細工に付属した文字盤」に比せられる反応の敏感さと精確さが「鍵盤が指から離されて止まり、音を出さなくなるまで空気を噴出しつづけるオルガン」へと繋げられる。時計細工もオルガンも、すでに私たちにはお馴染みの比喩だが、ここでは時計細工／オルガンは、印象作用という運動に対する敏感さおよび、運動の惰性化と慣習化の両者を表象している。顔の機能は、相反するこの二つの方向性に分岐していく――あるいはむしろ、そのようなものとして統合されているというべきだろうか。マルブランシュ的顔も、これと連関しているのかもしれない。とはいえ、運動と状態とは、しばしば区別不能なかたちで融解してしまう。動物精気の運動とその効果はあまりにも即物的で具体的である。顔は、それをめぐってさまざまな解釈が投げかけられる、完結したフィールドではまだない。

恒常的状態と変化という主題系もまた、自然的傾性の概念の一つの展開形態である。一六世紀徴候学は、記号において変化を把握する試みに失敗しつづけてきた（→七章四節）。そこでは傾性＝気質は、徴候に対する判断をしばしば攪乱する個人的特異性（idiosyncracy）とされていた。気質や傾性の水準において、変化の時系列を具体的に把握する視線がもちこまれるが、それらは外部要因として括り出されていることで局限されていたのである。[*20] それに対して、一七世紀には、恒常的な気質や性向《ディスポジション》と、一時的で劇的な変化とをつなぐ踊り場が、「傾性」と名指され直されている。それは身体という自然的基体に備わった固有の傾きや歪みと、その傾きのなかで生じる動きとを、同時に指し示す。自然的傾性をそれ以上遡って基礎づけるのではなく、傾性自身が行為の集積によって／として、自らを遂行的に成立させるという、一種の自己産出の論理が形成されつつあるともいえる。同時期のスピノザが能産的自然／所産的自然の相互生産的な関係を考えたのも、こうした事態のひとつの表れだろう。

付言すれば、精神内の新たな運動の生起と、その反復の効果としての習慣化された恒常態とを区別するというこの課題の成立が、経験の「新奇さ(Novelty)」がともかくも言説化されうるための条件だった。安定化した運動のパターン、それによってかたちづくられる行為と精神の傾性の領域が名指せるからこそ、そこには回収されない「新たな」運動の生起を認知することができる。その意味で、「驚き(admiratio/wonder)」を第一情念としたデカルトの議論は、こうした一七世紀的課題に対する素直な応答になっているのだろう。言い換えれば、一七世紀には、新奇さ／刺激への反応の逓減としての退屈や倦怠はいまだ存在していない。デカルトは、「驚き」に対立する情念、あるいはむしろ情念の空位として、刺激の不在による無関心＝「軽蔑」を名指している。新奇さに対比されるのは、あくまでも習慣化された行動様式あるいは気質であり、どちらも内界／外界の対応関係を把持しつづける主体性＝主観性の内部の出来事である。その意味で、デカルトの規定もまた、そうした把持作用そのものの不活性状態《イナーシア》である憂鬱《メランコリー》こそが危機だった意味空間内の出来事である。

変化／慣性的状態という分節、およびその分節上での両者の相互転換。一七世紀に誕生したこの論理は、一八世紀中葉以降、突発的激情と心的気分のあいだの区分に読み替えられていくことになるだろう。ロマン主義的な激情の特権化を経て、それは最終的にはカント人間学における転倒（Leidenschaften/Passionen）へと流れ込む。だが、用いられている語彙の意義とそれらの配列は、決して同一ではないのである。*21

八　「省察」的文体――世紀後半における他者観察と自己観察の連関

こうした動きのなかで、人格《キャラクター》に近い何かがせり上がりつつある。情念論と「人さまざま」は、いわばそれぞれ反対方向から、その褶曲をなぞっているのである。人間類型のカテゴリーの遊戯的増大が、特異な癖をもった個人の析出に近づく。それに呼応するかのように、自然的傾性の概念は、一方で、運動と状態との同位的な相互変換として成立する、情念の習慣的位相へと置き換えられ、類型化された他者に対する識別と判断の根拠とされるが、他方で、観察者自身の内部を循環しており、彼／女がそこに幽閉されている領域として語られる——まさにその知の曖昧さ、そこに到達することのおぼつかなさの認識とともに。このようなかたちで自己観察が、あるいは自己観察と他者観察の連関が、出現しはじめている。

個体性／類型性へのこうした視点は、世紀が進行するにつれ、さらに大規模に展開していく。とりわけ一六六〇年代以降のフランスにおいて、人さまざまの文体がモラリスト的省察と連動するようになったことが注目される。ラ・ロシュフコー（一六六五）やラ・ブリュイエール（一六九七）らは、相異なる二方向へ向かうベクトルを組み合わせる。一方では、多様な人間の活写が、類型性の単なる指し示しから逸脱するかたちで詳細化していく。しばしば肖像《ポルトレ》と呼ばれたことからも窺えるように、それはほとんど、実在の人物の描写に近接する。他方で、格言形式(maxime)や反省／省察(reflexion)が、それと併置される。そこでは、個人なり類型なりの具体像は捨象され、人間性の一般規則をめぐる寸言的断言や思索が書き付けられる。文芸史的にいえば、「肖像」にせよ「格言」や「省察」にせよ、少し以前にサロン社会で流行していた文芸形式の移入／借用だが[*22]、このような形式上の分裂と記述の割り振りが、世紀後半のこの時期にジャンルの様式として定式化されたことは意味深い。おそらく類型記述はここで、ついに貴族的な優美さの神話に追いついたのだ。優美さがあるとしても、もはやそれは、あくまで誰かの偶有的な一特徴《キャラクター》としてである。『箴言』のエピグラム「われわれの徳行はたいていの場合偽装した悪徳にすぎない」(la Rochefoucauld[1665=1962:201])が示しているように、対他的な配慮や利他的動機に見えるものは、すべてその偽装である。優美さの背後で作用しているのは情念のかかる現実性であり、そのことで優美さの身分は、欺瞞あるいは虚飾一般へと転換されることになる。

自己愛(amour propre)の一元論を含め、人さまざまに生じているこうした変容は、このジャンルが終わりはじめていることの徴候だろう。しかし、こうした分裂や複層化は、「人格」が人さまざま《キャラクターズ》の複数性のもとで把持されていること、個体性が一般性の格子上でのみ出現するという前提のうえで生じている出来事であることの、最終的な表現形態でもあった。言い換えれば、外面に表出される記号の背後にある、それ自体は非記号的な記号の産出基盤としての「人格」は、この言説空間の向こう側で、ようやく誕生するだろう。一般的類型の個体的発見という文体は、小説的描写の自由度に向かって消去されようとしている。また、モデル探索熱が生まれ、サロン社会を基盤とした政治的アリュージョンとして利用される時代が、すぐそこまで来ている。[*23]

九　情念の体制の終焉

美徳の影に潜んでいる利己心の容赦のない暴露と、それによってのみ辛うじて到達しうる「反省」——。一七世紀の情念というとき、人はしばしば、ロシュフコーやブリュイエール、あるいはまたパスカルといった人びとに代表されるかかる構図をその典型として想定するのではあるまいか。そしてホッブズからモラリスト的言説へ、そしてマンデヴィルの政治経済学的思考へと線分を引き、自己愛の系譜を追究するのがむしろ通常であるように思われる。たしかに、一七世紀的な情念の布置のなかにあって、かかる自己定位主義《エゴティスム》的側面が一定の基調音を響かせていることは否定できないだろう。しかし、世紀末に急速に進行する自己愛のかかる全面化は、むしろ情念の体制が終焉しつつあることの指標として位置づけた方が、じつはより適切である。

自己愛が一六世紀の新アウグスティヌス主義のもとで出現したことについてはすでに触れた(↓四章三節)。そこでは、慈善心からの反照規定として（世俗的な）自己愛が語られるようになっていたが、それ以上の自己の概念化は行われていなかった。一七世紀には自己愛の一般化がさらに進行する。マルブランシュは、すべての情念（と感覚）を愛の運動の発現とみなす、超アウグスティヌス主義の哲学を展開した。彼の構図では、神への愛をも含めて、すべてが「自己愛」に含まれることになる。マルブランシュ自身はそれを、「すべての自己愛が神への／神からの愛の表現である」というかたちで把握していたが、彼以降、「美徳への源泉となりうる良き自己愛」を自己への愛(amour de soi-meme)とし、自己愛(amour propre)から区分するというやり方が成立した。[*24] しかし、一七世紀後半以降、ロシュフコーのセネカに対する嘲弄が示しているように、自己愛とその偽装という主題は、むしろ積極的に新アウグスティヌス主義や新ストア派の外部に自らをしつらえるようになっていく。自己愛は、明らかに一六世紀のそれとは異なる機能を担わされている。自己愛はもはや、愛の望ましからざる下位カテゴリーではない。むしろ、愛は――どのような外見をもとうが――「自己」に帰属している。だが問題は、この「自己」がどんな存在かということだ。

一七世紀後半の人びとが把持していた「自己」の感覚を正確に記述することは困難だが、私たちにとっての自己愛とはかなり異なる何かであったことはたしかである。われわれの知っている自己愛は、帰属点としての自己と、愛を発生させる関与的対象との相関の形式だろう。現代の自己愛は、通常の場合、それが自己愛であることを当事者自身が気づくことができるし、かつ、気づいても解除できないものである。この意味空間の内部では、すべてが自己愛の表現であること――「みんな、自分が可愛い」――はあまりにも自明で凡庸な真理であり、誰もが気軽に口にできるからこそ容易に減衰してしまう（「いつまでも愚痴っているんじゃない」）。おそらく現代においては、気づかない（気づけない）で執着を繰り返す事例のみが、病理的と見なされるだろう（言い換えれば、私たちは、自己愛を解除できないかわりに、正常な自己愛／病理的自己愛という区分をもっている）。私たちはそれほど強く、帰属点としての主体／自己の存在を自明視している。

そのような意味での帰属点は、ここでは存在していない。情念の運動を発生させる要因（のかなりのもの）は自己の利害関心なのだろうが、そのことに対する行為者の気づきは、その運動から遅れるのである。おそらく、これが決定的な点なのだ。考えてみれば、これは情念の論理系の必然的帰結である。運動の先行があってはじめて、それを前にした主体の受動化の経験が成立するからだ。ホッブズ的な自己保存本能と現代的な自己愛との差異もそこにある。一七世紀の言説の内部では、たしかに彼が、利害関心をもって動く行為主体にもっとも近い像を提出しているように映る。だがある意味でそれは、行為主体の記述平面を前提として見ているからではないか。ホッブズにおいても、恐怖という受動＝情念が先行しており、次いで自発的屈従としての社会契約が成立する。彼もまた、気づきが情念から遅れるという論理は共有しているのである。

だとすれば、一七世紀の終わりごろに、遅れが主題化されるようになったこと自体が、大きな屈折点の所在を暗示している。ロシュフコーらの段階で、特徴《キャラクター》＝記号に、そして／あるいは人さまざま的な文体にもたらされたあの形式上の分裂は、まさにこうした事態と対応している。興味深いことに、具体的な人物描写のなかでは、自己愛の所在は直接的には指摘されない。すべてを自己愛へと還元する運動は、社交の時空間から離脱し、故意に断片化された反省＝省察の水準――これらの言明が、主観的機知の表現であると同時に、非人格的な古代的知恵＝箴言を模倣するものであることに注意しよう――に移行することで、はじめて発動する。自己愛はつねに、反省によって事後的に発見されつづける何かなのでである。反省＝省察という文体は、自己愛の運動に対して遅延としてしか現象しえない主体的な気づきというこの事実性に対して、いわばさらに事後的に差し込まれている。あえていえば、一七世紀の人びとにとって、自己愛の諸現象は驚くべきものだったにちがいない。だからこそ、私たちの目には単調に見えなくもない「真理」をめぐる省察が、飽きもせず書き継がれたのだ。ここではまだ、自己愛一般への「反省」が、個々の情念の特徴＝記号《キャラクターズ》を観察しているその同一の主観＝主体性の平面上では、出現できない。

にもかかわらず、このような描法は――たとえその「自己」がいまだ実質を欠いており、事後的にしか発見されないものであるにせよ――、結果的に、自己愛と対他的な外見とを次第に対極的な位置に置くようになっていくだろう。自己愛と外見とがそのうえで相互補完的な関係を結び、そこにおいて自己愛の発見が可能となる、ある平板な記述平面が構成されていく。自己愛の真実のもとで礼儀という虚飾を暴露するという身振りが安定的に反復するのを許すことで、礼儀の意味論はエチケットの言説へと形骸化されていく。情念をめぐる一七世紀的な思考が、諸情念に通底する単一的な原理を探索するという課題の周囲を旋回しつつも、諸情念の複数性を指し示す運動として組織されていたとすれば、ここでは、このようなかたちで情念の底が見いだされている。それは、個々の情念に注目する意味や、複数性の調停という課題自体を、決定的に減衰させるものだろう。

一八世紀の初頭に、シャフツベリはこう書いている。「[自己利害の哲学者より]さらに劣る書き手がいる。彼らはこの[高尚な]機知というものを安手に売り捌いて、自己愛というこの論題を倦むことなく変奏し、細分しつづけるのだ。百ものちがった方式でまったく同じ思想を吐き出して、銘文や寓意《ディヴァイス》のなかに含ませるのだが、それもこれも、こんな謎かけをするためなのである。「どれほど公平無私に、寛大に振る舞おうとも、底には必ず自我がある。それだけの話だ」と」(Shaftesbury[1714→1968:vol.1,120])。ここでは、肖像→省察という引き延ばしとして成立していた自己愛の発見の運動が、同一の思想の単調な変奏、すべてを自我に還元する行為へと還元されている。

おそらくシャフツベリのこの評言の背後には、「人さまざま」をのびのび書くには遅すぎた辺境のエセイストとしての嫉妬がある。ロシュフコーもブリュイエールもすぐに翻訳されて好評を博したが、こうした省察的「人さまざま」は、英国においてはほとんど書かれなかった。それはサロン／宮廷社会のプレゼンスの差異によるものだろう。たとえば、エーベル・ボイヤーが匿名で出版した『英国のテオプラトス』の序文が、この間の事情をよく伝えている。「現代のモラリストたちは、人間や習俗に対する彼らの観察を、古代のいかめしい哲学者たちよりも人を喜ばせる形式へと鋳込んだ。……かくして、フランス人のなかではロシュフコー公爵やサン・エヴルモン氏そしてラ・ブリュイエール氏が、格言や省察を現代に与え、それらはすべての賢明な読者に賞賛をもって読まれた。私はこの本の基礎として、これら三人の著者［の書いたもの］を分解し、人類全体に役立つような思考を選び出した……これらの著者の全員、とくにラ・ブリュイエールには、見事で卓越してはいるが、パリの趣味に合うように作られているので、ここロンドンで見ると弱々しく退屈な人さまざまが多く含まれていることに気づかざるをえないのである」(Boyer[1702: 頁数記載なし])。

じっさい、「ほどほどの財産をもつのが賢明な人の才能である……繁栄が押し寄せるほどに、それはますます滑りやすくなり、反対物へと落ち込みかねない」(ibid.[75]) と、貴族的／宮廷社会的な価値観を攻撃する『英国のテオプラトス』は、「人さまざま」のスタイルを明瞭に中産階級《ミドリング・ソート》向けの読み物へと転換するものだった（この本は出版後六年ほどで三版を重ねている）。その編集方針はといえば、「作者、機知…」「女性と策略」「富と貪欲」といった項目をアルファベット順に配列し、それらをめぐる気の利いた記述を雑多に集めてくるというものである。オーヴァーベリ的類型と引用語句集《コモンプレイス・ブック》の中間のような形態といえばいいのだろうか。シャフツベリもこの本を知っていたとおぼしいが、自らも貴族でありながら、同時に宮廷文化を「市民社会」的なものへと解体する理論的先導者でもあった彼には、せせこましくも陰翳に富んだ貴族サークル内の人間観察の襞を、市民の日常訓のようなものにあっさり平板化してしまう英国的即物性には、さぞかし複雑な気分だっただろう。

宮廷文化を疑わない「フランス趣味」の閉鎖性と、それに対する理解の外ではね回る「英国市民」たちの相互観察の無邪気な素朴さとの両方に苛立ちながら、シャフツベリ自身は、「単純な自己愛」に落ちることのない複層的文体を鍛えていくことになる。『人間・習俗・意見・時代の諸特徴(Characteristicks)』というその題名のなかに、微妙で決定的な偏差が刻印されていよう。それは、記号《キャラクター》の実体性と個性的類型《キャラクター》とが同一平面上で遭遇することを前提とできた意味空間から半身を押し出されるようにして、自分が新たな言説の地平へとせり出しつつあることの（おそらく相当に自覚的な）徴なのである。

裏返せば、一七世紀における情念の多用な言説群をモラリスト／エゴイスト的な自己愛の主題系によって単層的に代表させてしまう思考の慣性が、一八世紀以降の言説空間に成立したものである可能性が、あまりにも見落とされているのではないか。そのとき、「自己愛」の内実自体がずれている。このようにして、情念の主体は溶解していく。理性が情念に従属していることを理性的に論証することから自己（という観念）の分析を開始したとき、デイヴィッド・ヒュームは明らかに、情念の体制を構成していた問題群が決定的に分解した跡地に立っていたのだが、そこへと至る過程は、再帰的な主体性が解放される、もしくは自律することによって、一八世紀近代へと突出していったなどという図柄とはほど遠い何かである。たとえば、この何かを考えるためだけにでも、特定の形象を過度に特権化することなく、さまざまな拠点における屈折の連続体として、言説の体制《レジーム》が終焉していくさまを触知することが重要なのである。

この跡地で演ぜられる、言説の新たな連鎖の図柄《コンフィギュレーション》——。それを追う必要がある。

第一〇章　感情の体制——感覚・反省・語り《ディスコース》

一　穏やかさと「切断」

世紀の敷居をまたぐころ、新たな言説の地平が切り開かれていく。

それはやはり地平というべきものだっただろう。語られていることの内容もさまざまな箇所で変化しているが、何よりも、資料を取り巻いている意見の風土がかなり異なっている。典型的には、アクィナスやアリストテレス、キケロ、アウグスティヌスといった人びとのいわば不在の現前が、それ以前と比較すれば圧倒的に薄い。それが示唆している、資料の肌理のようなものがある。自身と対峙する厚みをもったものとしての旧時代《エンシャント》を直接に貫入させることで、いまだ薄明の領域にある自己の所在を探り出そうとする、あの相関句的な思考様式は後景に退く。一八世紀の思考は、根底的であると同時にどこか平板な言説の投企を生起させた、初期近代特有のあの凶暴な力動に、もはや取り憑かれてはいない。自己の外に突き抜けようとしていたその力動が、独特の穏やかさへといったん漂白され、いわば自身の内部へと織りこまれていくようにして、新たな言説の運動が始まる。

　そのなかで、私たちの追ってきた主題群の布置も、大きく屈折するだろう。身体と魂の中間に位置する情念の出来事性に対する一七世紀の注視は、身体的《コーポリアル》＝物質的な自体的記号《キャラクター》のうえで秩序あるいは規則を把持するべくさまざまな方向に伸び広がる、思考の冒険を駆動させていた。だが、世紀の変わり目になると、かかる言説の磁場は明らかに組み替えられている。一八世紀においても情念は言説の重要な対象でありつづけるし、アイザック・ワッツやトマス・コーガンのように、『情念論』というスタイルを取った書物も散見される。だが、それはあくまでも、異なる言説の格子のうえでの出来事としてである。両者のあいだには、意味論を屈折させるフィルターが幾重にも介在しているのだ。一八世紀の思考は、人間的経験の領域を情念という内的運動の展開に添って単一的かつ複層的に追尾しつづけようとはしない。そうではなくて、人間の心的経験一般を生起させる、あるフィールドが広がっていることが発見されるのであり、情念は、あくまでもそのなかに包括される、局所的でしばしば異質な出来事へと転化している。「精神の内的運動や揺動が欲望を伴うことなく消えていくとき、それは感情《エモーション》と呼ばれる。この内的な運動あるいは揺動がたまたま欲望を引き起こすとき、それは情念と呼ばれる」(Kames[1785→1993:vol.1, 41])。こうして、情念の体制に替わるものとしての感情の体制(Regime of Sentiment/Emotion)が、しつらえられていく。

　とはいえ、初期近代を構成したいくつかの重要な部品やモジュールは、さして変更されないままこの言説空間にもちこされている。たとえば、一八世紀の哲学的考察は、感覚(sense)やそれにもたらされる印象＝刻印(impression)といった一七世紀の用語系を借り受け、基本的にはそれらの延長線上で展開していったように見える。身体／感覚を介した内界と外界の対応づけという観点から世界を記述する二世界性の意味論は、一八世紀の言説にとっても、どこかで思考の自然な資源でありつづけた。より正確には、対峙する二つの等価な世界が境界づけられるというあの緊迫した意味論が、「古代」と「近代」とを相関句的に類比させる態度をはじめ、いくつかの要素を脱落あるいは減衰させながら、ある種中途半端に引きのばされる。一八世紀に進行することになるのは、そういう過程である。「情念から感情へ」という言説体制の「転換」も、かかる二世界性の寛闊化の徴候と考えた方がよい。二世界性の感覚が完全に消えるのには、一九世紀を待たなくてはならないだろう。

そこでは、二つの世界の「あいだ」に、ある種の空隙のようなものがたくしこまれる。この空隙はしかし、この段階ではいまだ意味の二世界的な構造化には外在しきっていないのであり、むしろ、あたかもどこか二世界性の論理の拡張のもとにあるかのように語られる。人間本性 (human nature) とは、この不思議な自由度のことなのだ。この時期の言説の地平そのものでもあるような、一八世紀特有のこの鍵語を一言で要約することはできないが、言葉自体が暗示しているように、ここでも、人間主体の外に広がる自然と、人間の「内なる自然＝本性」とが対照されている。とはいえ、主体内部の自然と外部の自然とは、外部の事物と心というモノとを交叉させることで両者の位相の落差と境界づけとを確保する、一七世紀的プログラムに従ってはいない。にもかかわらず、どちらも「自然」と名指されているかぎりにおいて、両者のあいだには何らかの通底関係が——かなり複雑なかたちで——想定されている。

だから、一七世紀から一八世紀にかけての移行を、諸言説の截然たる切断のみとしてとらえない方がよい。言説分析の方法論的問題からいっても、それでは静態的構造《パラダイム》の転換という像と実質的に変わらなくなるが[*1]、事実として、二つの言説世界のあいだの関係はもっと微妙なのである。一七世紀的な思考の風土を構成してきた素材を、独特のやり方で通用させつづけ、ときには強く拘束されながら、しかし同時に、それらの配置をずらしていく。そのことで、自己をいわば内部化しようとする。

一八世紀的なるものは、まさにそうした位置ずらしによる内部化のなかに、あるいは、そうした内部化として胚胎するのである。

二　情動への気づき

どのようなかたちで、ずらしの運動が始まるのか。それ自体も複数的でありうるが、この章では、感覚主体の水準における屈折のさまを観察してみよう。

二世界の意味論は、外界と内界とを感覚において内部的に対応づけていくような主体の作用を主題化しはじめていたが、主観性をそれ自体として(sui generis)扱うことには失敗しつづけた。それぞれの個体の偏差に応じてさまざまな印象を生起させる感覚の働きに注目しながらも、感覚の主権者／主体がほとんど空位だったからである。あたかも感覚器官のみが実在するかのように、諸感覚がてんでに作動するかのような語り方が、容易に出現してしまう。それは、私たちの考えるような意味では感覚「器官」ではなかったとすらいえるかもしれない（私たちが「器官」というときには、それらの諸機能の分散した複数性を把持しつつ、たぶん、それらを統御する――自我とはいわないまでも――何らかの統一性なり（超）システムをのようなものを想定している――「器官なき身体」という表現の必然性と苦しさ）。むしろ、「感覚とは「感覚する」ものである(Sense is that which senseth)」のであり、あるいは、感覚が働くことがそのまま感覚「なのである」。器官の身体的実在に強く依拠するからこそ、日常的な言葉の用法を――ある意味できわめて文字通りに――なぞるかのように。一七世紀的な器官の壊乱は、器官という身体的実体とそれに対する言語的な表象作用とを近距離で衝突させてしまうものでもあった。

別の角度からいえば、こういうことになる。初期近代の理論は、感覚（器官）―印象（刻印）―心像（心的表象）という因果系列を、魂の能動（理性・意志・行為）と受動（情念）の分析にもちこんだわけだが、情念＝受動の過剰さが（心的）経験としてのその直接性にきわめて近いにもかかわらず、じつは感覚（器官）において発生している作用そのものは、あまりに直接的であるがゆえに、それ自体として取り出すことができないでいた。この時期の情念の言説が、感覚（器官）の身体上での分散的なはたらきを異様に実体的に語ったのは、この欠如を埋めるためだったともいえる。だが、一七世紀の終わりに近づくころ、心の分析理論の内部に、そこから「直接性」を測るための距離をしつらえることが、次第に模索されていくようになる。

　たとえばデカルトの「内的情動(emotion interieures)」の概念が、その開始点に当たるといえるかもしれない。内的情動については四章でも少し言及してあるが、デカルト図式においては、魂の受動は、身体を介して発生する知覚／認識と、魂によって魂のうちに生じさせられる内的情動に分けられる（→四章六節）。魂にのみ帰属するとされるがゆえに、身体に拘束される凡百の（?）情念とは異なり、じつはこの「情動」には意志作用（魂から発する魂の能動）に対応する特権的な役割が割り振られている。「内的情動は、それが精神によってのみ起こされるという点で、いつも精気の何らかの運動に依存する情念とは異なっている。そしてこの精神の情動は、しばしばそれに似た情念と結びついているが、またしばしば他の情念とともにありうるのであり、さらには反対の性質をもった情念から生まれることすらありうる」。魂の内部で自己完結する受動であるがゆえに、内的情動は、生起するさまざまな情念のうえを転移しうる。それゆえ、これを情念に適切に結びつけることは、「諸情念にわずらわされることを防ぐために、大いに役にたつ……。われわれの幸福と不幸とが、精神のうちに精神自身によってひき起こされる内的情動に主として依存している」のである。

　この構図が、初発の衝動（＝端緒的情念《プロパッション》）が悪しき情念へと成長する手前で止めるというストア派的発想の焼き直しであることは、すでに指摘した（→四章五節、五章一節）。ただ、デカルトは、魂がある時点で特定の受動＝情念をもったことに対する情念的経験のようなものも考えていたらしい。そうした内的情動の一例として、彼はつづけてこう述べている。

一人の夫が妻の死をなげき、しかも（ときどき実際あるように）妻がふたたび生き返ってくれることを迷惑に感じているとき、葬式の道具だてや、いつもいっしょにいた人間の不在が、彼のうちによび起こす悲しみによって、彼の心臓がしめつけられることはあり、愛や憐れみの残りが、彼の想像に現れて、彼の眼に本当の涙を流させることはあるが、しかし同時に彼は、彼の精神の奥底では隠れた喜びを感じており、この喜びの与える情動はたいへん強い力をもっていて、それにともなっている悲しみや涙もその力を減ずることはできないのである（Descartes[1649=1974:207-208]）。

情念を語る世界ならではの、いかにも一七世紀的な事例ではある。死の向こう側にある神との関係を別とすれば、地上での人間の生は徹底的に独個的であることの自覚に冴えわたった「自己愛」を確認することに、著者は冷え冷えとした喜びすら感じているように映る。いうまでもなく、ここでは、妻を喪った悲しみが身体を介して発生した情念であり、にもかかわらず持続する「精神の奥底」の「隠れた喜び」が内的情動に当たるのだが、ストア派とのちがいに留意しよう。ストア派の構図では、悲しみの初発の衝動を止めたあとには情念の零度がもたらされるのが理想となるのに対し、デカルトはそこに何らかの別の「情動」を導入している。

悲しみや「愛や憐れみの残り」は表層的な感情で、「隠れた喜び」こそが妻を亡くした男の本意であると解釈するのは、たぶん誤りである。それらは同時に生じている。相反する情念／情動に接続されることで、「悲しみ」が「悲しみ」であること（悲哀性とでもいうべきか）がかえって経験される。あるものから離脱できるからこそ、それに接触していることの出来事性が、より感知できるかのように。そしておそらく同時に、「隠れた喜び」も、それによって純化されるのだろう。彼の哲学上の論理からすれば、内的情動が情念に影響を受けることはないはずだが、相反する二つの情念が横並びになるという書き方自体が、そのことを強く暗示している。

このように、デカルトにおいては、異なる情念（情動）の武骨な併置や組み合わせという文法の制限内ではあれ、感情に対する感情的関与の論理に近いものがときおり姿を現している。つまり、主体が今情念に働きかけられているとの〈近さ〉の経験のようなものが、おぼつかなげに分節されはじめている。そして、時代が進むと、その姿は次第に濃くなっていく。たとえば、感覚／感覚器官の働きとしての感覚作用(sensation)を、独立したかたちで名指しはじめるようになるのが、その指標となるだろう。見たところ、一七世紀には、この語の使用例はあまりないのだが、マルブランシュがこの語を用いることがある。彼にとってそれは、生体による動物精気の運動の内的把持を指している。「われわれの情念に関してわれわれが気づく…ことは、情念にともなう感覚《センサシオン》の作用である。つまり愛や嫌悪、欲望、喜び、あるいは悲しみの感覚である」(Malebranche[1674-75＝1997:348])。情念の運動がそれ自体で魂を揺さぶるのに加えて、「揺さぶられてあること」への気づきがあると彼は述べており、デカルトよりさらに一歩、感情の言説体制へと足を踏み出している。ただし、彼にしても、「運動」という単一平面上での乱反射と重層を追尾するという形態をとらざるをえなかった結果、情念と「気づき」とを安定したかたちで分離できてはいない（→六章二節）。じっさい、「感覚作用」はときに情動と互換的に出現する程度であり、どこまで意識的に術語化しているといえるか、かなり微妙である。

三　ジョン・ロックと内省の文体

その意味で、明瞭な屈折点をもたらしたのはジョン・ロックだろう。感覚作用という語が安定したかたちで出現するようになるのも、『人間知性論』（一六九〇）以降である。感覚（器官）―印象（刻印）―表象という心の因果系列に対する経験論的分析のスタイルを確立したのが彼である以上、ある意味ではそれも当然だといえるが。近代哲学における認識論的転回の開始点をなすとされるこの浩瀚な書物は、もちろん情念論という言説ジャンルに属していない。情念への言及が不在なわけではないけれども、知性を観察するという関心のもとで明らかに周縁化されている。しかし、ロックの語ったことは決定的に重要である。彼こそが、感覚主体の論理を初めて明瞭に言説化したのであり、さらにいえば、それが情念論の少し外でしかなされえなかったことを示しているからだ。

『人間知性論』については、生得観念（人間が生まれながらにして先天的に有している普遍的な概念）を否定し、人間の心を白板《タブラ・ラサ》になぞらえたことが有名である。たしかにこれは、当時にあっても挑発的な論点として議論を巻き起こしたが、[*2] 実際問題として、生得観念説が強力に提唱され、流布していたというわけでもない。むしろ、「知性(Understanding)」と彼が呼ぶ心のはたらきを論じるさいに、彼が用いている構えに注目しよう。知性は理性と異なり、魂の何らかの実体（化された能力）ではなくて、その都度生起する心の作用である。つまりそれは、一種の機能概念である。明らかに彼は、魂の実体をめぐる本体論的な議論のスタイル自体を嫌っている。[*3] 生得観念説批判はそのことの提喩だろう。そして、機能主義だから唯名論に傾斜する。この本はある面では、「把持」「比較」「意思」といった伝統的なカテゴリーを、心の働きの何らかの連関あるいはまとまりとして定義し直す（名前を与え直す）ことを行っている。ホッブズ以来の経験（論）的思考法が、彼において確立したことがはっきりと分かる。

それも含めて、そのような知性の有効範囲と限界とを知ることが、彼の企図したことなのだ。人は知性の内側からしか、そのぎりぎりのリミットを推測できない。それは、船乗りのもつ測鉛線がごく短く、大海の深さそのものを知ることなど到底かなわないのと似ている。だが、自分の綱の長さを知っていれば、とりあえず浅瀬を避けることはできる。われわれにはそれしかできないし、またそれで十分なのである(Locke[1690→1961:1.1.6])。情念に揺れ動く心を嵐に翻弄される船になぞらえる初期近代の伝統は、その奥に何か危険なものを潜ませつつも、一見したところは穏やかな海を渡っていく、用心深い航海者たちの形象へと塗り替えられている（↓四章三節）。理性と非理性とを外から同時に俯瞰できるような視点は存在しない。というか、そうした視点の不在そのものを、彼は方法化しようとしている。そしてそれは、自分の心を内観するという独特の構えの採用に至る。たしかに、内側からしか見られないものとして「心」や「知性」を語るとすれば、さしあたりは自分の心を観察するしか途はないことになろう。[*4] そして、心の働きの限界を心の内側からなぞるという問題設定の出現自体が、心の非人称的な観察を積み重ねてきた情念論の問い─答えの平面を、最終的には壊してしまう。

しかし、その「壊し方」こそが重要なのである。私の心を観察して得られる結果というのは、あくまでも「私の」心についての報告にすぎないのではないか。どのようにして観察の普遍性が担保されるのか。だが、「もし私が、知性のこの探究において、知性の力や、それが届く範囲、知性はどのような物事といかなる度合いでにせよ釣り合うか、そしてどこでわれわれの期待に添えないかを発見することができれば、人間の忙しい心を説き伏せて、心の理解力に及ばない物事にかかずりあうことをもっと警戒し、そのつなぎ縄の限界に来たときにはそこで立ち止まり、吟味してみれば、われわれの能力の範囲が及ばないことがわかったものに対しては、穏やかな無知をもって座ったままでいるようにさせるうえで、役立つかもしれないと思う」（1.1.4）。著者自身の心の自己観察に基づいた知性の考察が複数の人間を説得すれば、その事実がその都度、さしあたりの共通性を担保してくれる。心の内側からなぞることしかできないのだから、それ以上を求めることは誰にもできない。「自己観察」に基づく考察を淡々と書き付けながら、彼は、ほとんど名指しで批判せず、また反論も滅多にしない。論争の小冊子《パンフレット》が飛び交う当時にあって、かなり独特のスタイルを取っている。

じっさいのところ、ロックは、──ある種の現代的な想像力が想定するだろうようには──「私は」「私は」とうるさく自分のことを報告あるいは告白しているわけでもない。自分の心の内観であることの権利を担保したあとで、具体的な記述においては、知性の各局面をめぐる非一人称的考察が展開されていく。「経験によれば」、心は受け取った印象をAという仕方で処理しており、その結果B、Cの隣接領域にこれこれの結果をもたらす、という風に。この「経験によれば」の背後に「私」が隠れる。あるいは、隠れられるというべきだろうか。「経験」は「私」においてしか成立しないが、成立した「経験」は「私」を微妙に消去してしまう。おそらくそれは、「私の」心しか観察できないといいながらも、「人びとの」心の同型性のようなものへの秘かな信頼が維持されているということでもあろう。そして、それが通用するかどうかも、「忙しい心」をもった「読者」のチェックに任されている。そうした信頼と、「読者」への投げかけとが同型になるといってもよい。

「私」の「経験」の報告がいわば宙づりにされたまま、奇妙な普遍性をもたされて流通する。至るところで細かな破綻を発生させながら、それでも語りが続いていく、この不思議な書き方の実定性こそが、ロックのあたりで、一七世紀でなさのようなものが急速にせりあがっていると、もっとも感じさせるものなのである。こうした様式は、一八世紀小説に直結していくところがある。あるいはまた、その信頼が空洞化し、共感できないことに当惑する聞き手たちを前にして、「経験」を語る「私」が空転せざるをえなくなったような地点で、ルソーの『告白』(一七六六頃)が登場するともいえそうだ。

『人間知性論』が遂行している分析は、一七世紀までの図式にかなり依拠しつつ、それを脱構築している。もちろんこの戦略と、それによってもたらされる風景の反転の両者が、秘かに想定されている心の同型性の中身と直結している。それを考えたとき、情念の体制と感情の体制とのあいだにどのような関係があるかという問い自体が、より微妙なものとなる。「壊し方」＝書き方が問題だと述べたのは、最終的にはこの水準に関わるだろう。

四　観念という観念

ロックが行ったことは、ある意味で単純である。彼は感覚（器官）―印象（刻印）―表象という因果系列があくまでも心のなかの出来事であることを、文字通りに考えようとした。それだけといえばそれだけなのである。とはいえそれは、内観を方法化してもちこむことで、はじめて企図されえたことではあったのだ。そして、このことが一七世紀構図を大きく脱臼させてしまう。

それを明確にしているのが、因果系列の最後の部分を指す用語として「観念 (idea)」を用いたことだ。スコラ哲学系ではこの部分に伝統的に心像 (phantasm) や形象 (species) があてられていた。また、一七世紀のさまざまな精神言説論のなかでは、思念 (notion) や心的映像 (picture)、表象といった語が用いられていたが（→六章六、七節）、観念は当時かなり耳慣れない言葉だった（デカルト派が先行者ではあるが、これほど一貫したかたちで導入してはいない）。観念とは「人間が考えるときに、何であれ知性のはたらきの対象 (object of the understanding) となるもの」すべてであるという定義 (I.1.8) の一貫性こそが、常識に逆らうロックの「新奇な言語」として苛立ちの対象になった。外界とその認識をめぐる伝統的な哲学的語彙のカテゴリーを混乱させている、あるいは、それが何かはよく分からないが、とにかく何かを何かに向かって不当に押し広げていると映ったのである。[*5]

しかし、ロックにとっては、観念すなわち精神作用の対象が、精神の内部にしかないというのが要点なのだ。観念は、一つは感覚を通じた外界のモノの受け取りから、もう一つは、そのようにして形成された観念の観察によって作りだされる観念として、発生する。彼は、感覚を介した外部の事物の受け取りによる観念形成を感覚作用 (sensation)、観念の観察による二次的観念の形成を反省 (reflection) と呼んでいる。そして、観念の由来はこの二つしかない。

外的感覚作用と内的感覚作用［＝反省］のみが、知識が知性へと至る唯一の通路である(2.11.7)。

要するに、ロックにおいて、感覚作用と反省とがはじめて積極的に関係づけられたのである。認識論的転回は感覚論的転回でもあったわけだ。

感覚作用による観念と、反省による観念との関係はさまざまでありうるが、基本的には、前者と後者のあいだに先行／後続関係を想定して語られている箇所が多い。感覚が外部から何かを受け取って観念が生まれるとき、少なくともその受け取りの局面にかぎっては、知性の働きはおおむね受動的であるという指摘や(2.1.25)、心は、受け取ったさまざまな観念を組み合わせ、新たな複雑観念をほとんど際限なく作ることができるが、無からは一つたりとも観念を生み出すことができない、という記述など(2.2.2)。ごく常識的な見解であるように見えるが、観念が精神内部の対象《オブジェクト》であるという前提を取ると、外界の事物が先行するとは簡単には言えなくなる。外界にモノがあるという認識もまた、観念の組み合わせとして構成されなくてはならない。観念は精神作用の対象として精神の内部に構成される（＝X'）と同時に、外部のモノ(thing)を観念の対象（という観念（＝X））として構成するのである。

事物 ／ 対象x ∽ 対象x' ／ 観念
→ ＝ →
感覚器官 ／ 印象 ——→ ／ 精神作用

この対象性の交叉はきわめて重要である。後述するように、ロックにおける感覚作用／反省の問題系とも直結してくる。「外界の事物」という認知もまた観念となるということをはじめとして、彼がこの交叉を整合的に処理できているかという点はしばらく措くとして、まず、この構図が一七世紀的な心の因果系列、とくに、そこから派生する精神言説論に何をもたらしたかを概観しておこう。

精神言説論は、外界の事物の刺激を受けて心のなかに生じる心像（表象）が、(1)事物と必然的な連関をもっており、かつ(2)精神内においてはそれ自体で、つまり言語と独立的に文《ディスコース》／語りを構成する、そして(3)言語記号はこの精神的言説を何らかのかたちで写し取ったものである、という三つの命題からなるものだった。これがこの時期における強固な思考枠組みだった。強固だったとはいえ、安定的ではなかったが。これまで見てきたように、そこには、(1)と(2)の同時成立がかりに可能であるとして、それがどんな事態であるのか、あるいはまた、(3)の言語記号の慣習性＝恣意性と、事物そして／あるいは精神内言説の自然性＝本質性とのねじれた関係をどう調停するのかといった、さまざまな問題が内在していた。一七世紀の思考は、これらの問題になかば無自覚的に反応するようにして伸び広がっていったのであり、むしろその地平こそが精神言説論的な何かだったともいえる。

ロックの思考は、精神言説論をまっこうから撃つものではなく、そこにいわば寄生している。寄り添いながらしかし、この構図の底を抜いてしまうようなことをやっている。心像（表象）が心のなかに生じた運動であること自体は、ホッブズの段階でも気づかれていたわけだが、心のなかの運動と心の外＝外界の運動とを同一平面上で語ろうとする強烈なドライブによって、そのことが出現しかけては消されていた。ところが、事物と観念のあいだにくっきりとした分断線が引かれると、言語と事物と心像のあいだの三者関係が構成され直される。そもそも思考の対象は事物そのものではなく、あくまでも事物をめぐって心のなかに形成された観念なのだから、人は思考において、事物を比較するのではなくて、観念を比較しているのである。したがって、言葉は、その一次的で直接的な意味表示においては、その言葉を用いる者の心にある観念しか表さない。その観念が、それが表象していると思われている事物からどれほど不完全に、あるいは不注意に集められたとしても[*6](3.2.2)。

これは一七世紀的な言語分析のプログラムをひっくり返す発言である。一七世紀の理論は、不毛な相互誤解や偏見を生み出すしくみを止めるために、言葉が生み出す虚像や空虚な概念を批判的に解体することを目指していた。そしてそれは、現状の言語記号の欠陥を修正するという理想に向かう。ロックも、ベーコン以来のこの言語治療という視角自体は共有している。知性という心のはたらきの観察は、そうした偏見・未熟・判断の混濁を除去するという問題関心を直接的な動機としていたわけだし、観念と言葉の関係を整理することは、多くの不要な誤解や怠惰による思いこみを減らすことに役立つはずだ。「情念、利害、不注意、意味のとりちがえ、その他、人間の心に働きかける（しかも、発見することが不可能な）千もの奇態な理屈や気まぐれが、一人の人が別の人の言葉や意味を誤って引用させるものでありうる」(4.16.11.)。だが、その一方で彼は、言葉の恣意性と意味の本質性とを絶妙に調停し、事物と一致する実在的記号《キャラクター》という、一七世紀にくりかえし抱かれてきた美しい夢を見事に幻滅(disillusion)させる。言語は観念しか意味表示しない。実在的概念記号や普遍言語のプログラムは、事物の水準と観念の水準を曖昧に混同してきたがゆえに、出発点から的を外していたのだ。白板に書き込まれる文字、あるいは蝋に押しつけられ、その表面を凹ませる刻印。記号《キャラクター》と似ていなくもない観念の物質性は、書き込まれ／押しつけられつづけること、つまりは順調に消去されつづけることで、可塑性へと転移している。

五　独我論の不在、または「コミュニケーション」の事実性

だが、話者の心のなかにしかない観念、今や事物という支えから切り離され、個々人の偏見や混濁した判断に基づく観察によって「不完全に、あるいは不注意に集められた」危険性が高いそれらを、いったいどのようにして比較できるのか。事物という審級を却下した代わりに、この問題が色濃く出現することになろう。現代の視点から普通に考えれば、独我論や他我認識をめぐる困難といった論点がすぐに出てきそうだが、ロックはこの問題を、きわめて微妙な手つきであつかっている。言葉は話者の観念しか意味表示しないのだが、

にもかかわらず、人びとは彼らの思考のなかで、言葉を二つのことがらと秘かに連関させる。

第一に、人びとは自分たちの用いる言葉が、自分たちがコミュニケーションしている他の人びと(other men, with whom they communicate) の心のなかにある観念の符号 (mark) であると想定している。というのは、さもなくば、かりに彼らが一つの観念に当てはめた音が、聞き手が別の観念に当てはめるようなものであったら、彼らは話しても無駄だろうし、理解されることもできない。それでは二つの言語を話していることになるからである。しかしこの点において、人びとは通常、自分たちおよび彼らと語り合《ディスコース》っている人びとが、心のなかに同じ観念をもっているかどうかを検討しようとはせずに、彼らが話す言語における通常の語義だと想像しているものの意味で、自分たちがその言葉を用いていると想定するだけで十分だと考えている。……

第二に、人びとは単に自分の想像について語っているのではなくて、現実に存在する事物について話していると思われたがっているからであり、それゆえ人びとはしばしば、自分たちの言葉が現実の事物を表していると

想定している。……（3.2.4-5、強調は引用者）

よくもぬけぬけと書いているものだ。複数の人びとが言葉を用いるとき、彼らの観念（の意味あるいは指示対象）が一致している、あるいは同一の事物を指していると、秘かに——もっといえば根拠なく——想定(suppose)しているとは！　独我論の危険も他我認識をめぐる諸問題も、解決されていないばかりか、そもそも模索すらされずに投げ出されている。答になっていないと、哲学的な解決を素直に求める立場からすれば映るだろう。しかし、これこそがロックの「解答」なのである。そのように「想定」もしくは「想像」していなければ、「話しても無駄」であることになるが、しかし現実に人びとは話し合い《ディス》・論じあ《コース》っているではないか。もちろん、ある種の視点を取れば、これもまたまともな答えではなかろう。しかし、心の内部観察とその限界とに方法的にとどまろうとするかぎり、たしかにこれが論理的に正しい解であるというしかないのである（裏返せば、独我論およびその批判は、「閉じている私の心」と（私の心が誤表象する）「他者の心」の両方を「外から」見られる仮想的視点（→六章五節）を密輸入している）。じっさい、独我論／他我問題を「乗り越えようとする」という身振りほど、彼から遠いものもあるまい。重要なのはむしろ、それらを乗り越えない独特のありかたであり、そのことが、「コミュニケーション」の事実性へと開かれていくさまの方なのだ。

この「秘かな連関」づけは、知性的に理解しあえる（と感じられる）話し合い《ディスコース》の事実性を担保しているだけではない。観念が一致しているはずと思いこんで話すこと、通じていないのに通じていると勘違いすること、言葉が観念ではなく外部の事象を直示していると考えること。これらは、ロックがあれほど警戒している誤解や偏見の原因にもなっている。「正しい」言語使用と「誤った」言語使用は、観念のもちこみによって、ある意味でかえって本質的に分けにくくなってしまっている。あるいはむしろ、分けられない——とデリダ主義者なら言うだろう。たぶん、だからこそ、分けなければならない――「話しても無駄」にならないために。超越的な基準を外からもちこむのではなく、分けつづける＝語《ディスコース》る運動だけが続いていく。

それも含めて、ロックがcommunicate/communicationを、「思想／思考を」等の目的語を伴わずに、自動詞的に用いた最初期の人であることは意味深い（→八章一〇節）。ロック哲学内在的にみれば、これは論理必然的な書き方でもあった。各人の心に抱かれる私秘的な観念を、直接的にで伝達《コミュニケート》することはできないからだ。にもかかわらず、コミュニケーションという出来事自体は順調に生起しているのであり、われわれが観念と言葉の関係を精査できるとすれば、この場所以外においてではありえない。明らかにこの切り返しは、自分の心の内観が意味をもつかどうかを読者たちのチェックに委ねるというあの態度と陸続きである。このようにして経験論の文体は、経験の私秘性と、――それが報告され了承されるかぎりにおいての――「社会」（社交）性とを同時成立させる。*7

そして、語りあうこと／伝達しあうことのこうした事実性の厚みのもとで、精神言説論の構図は、ある興味深い屈折を遂げている。

> われわれの観念の性質をよりよく発見し、それらについて理解できるかたちで語《ディスコース》り合うために、それらがわれわれの心のなかでは観念もしくは知覚である場合と、こうした知覚をわれわれのなかに生じさせる物体においては物質の様態である場合とを区別するのが便利だろう。そのことでわれわれは、（通常行われているように）観念が「物体という」基体《サブジェクト》に内在しているものの正確な模像や似姿であると考えずにすむ。これらの大部分は、心のなかにある感覚の観念であって、われわれの外部にある何かには似ていない。それは、われわれの観念を表している名称が観念そのものとは似ていないが、にもかかわらず、その名称を聞いたとたんにその観念が惹起されるのと同様である (2.8.7)。

じつはこれは、かなり問題含みの一節であり、事物と観念の区分が混乱している事例として、よく指摘されている。たしかに、ここで彼は危うい綱渡りをしている。とくに、大部分の観念は心のなかにあるという表現は矛盾を誘発しかねない。「心のなかにはない」、つまり物質の様態の模像のような観念があると言っていることになるからだ。観念が一方では心の知覚（対象）であり、他方では実在する物体の特定の様態である（もしくは、それに対応している）と主張しているように見える。

この点については後で論じよう。興味深いのは、ここで彼が、精神言説論の構図を、あたかも裏返しにするようにして流用していることだ。事物と名称は主体の外部にあり、かつ主体に先行しているのに対し、観念は主体の内に、主体とともにある。だから、観念（の大部分）は外部の事物には似ておらず、名称もまた観念には似ていないにもかかわらず、観念が事物を、そして名称が観念を、順調に呼び出すことができる――誤ったかたちでの呼び出しも含めて。類似関係が不在でも、あるいは不在だからこそ、精神言説論の構図は成立するのである。

心的表象が事物に「似ていない」こと自体はデカルトやホッブズも気づいていたが、「似ていない」ことを精神言説論の内部で構造化するには至らなかった（→六章六節）。「似ていない」ことの出来事性を濃密に出現させることで、ロックは一七世紀的な思考の土台であったものをいわば虚空に浮遊させてしまう。裏返せばしかし、事物・名称と観念とのあいだの位相の落差を明確化しつつも、事物―観念―名称が継起的関係を構成すること自体は、前提としつづけているともいえる。考えてみれば、なぜそう語れるかはかなり不思議ではないか。しかし、少なくともロックの生きる世界においては、たぶんこの継起関係の想定もまた、「語り合う」、あるいは理解しあえる「と思う」ことの事実性と重なり合っている。

六　空隙の言説戦略

別の角度からいえば、観念とは名称と事物のあいだにはさみこまれた空隙なのである（→本章一節）。それは名称と事物の両者に対して異質な何かだが、その異質性自体は、名称と事物という社会的に観察可能な水準には出現することがない。名称と事物を至近距離でぶつける精神言説論が、こうした空隙の挿入によって決定的に破壊されたというよりも、いわば引きのばされたわけだ。観念が事物に「似ていない」という論点を、ロックがところどころで十分に維持できていないのは、おそらくその表れでもあるのだが。

この空隙が名称の水準におよぼした影響について、もう一つの、より重要なポイントを指摘しておこう。一七世紀の思考は、名称が「既にそう定められている、そのようなものでしかありえない」ことの不自由に苦しんできた。だからこそ、事物と名称の一致可能性の追究が課題となったのである。ホッブスらは、精神作用が産出する、名称以前の符号《マーク》の導入によって、名称を操作する距離をしつらえようとしたが、符号は名称にあまりにも近接していた（→八章一、二節）。観念をもちこむことで、ロックは事態を意外なかたちで転回させてしまう。

それぞれの感覚に属する個々の単純観念をすべて列挙する必要はないだろうと考える。また、そうしようと思っても不可能である。なぜなら、感覚の大部分には、われわれが名称をもっているよりもはるかに多くの単純観念があるからである。匂いには、世界中にある物体の種類よりたとえ多くなくても、ほぼそれと同じくらいの多様なものがあるが、その大部分は名称を欠いている。これらの「多くの匂いの」観念を表すものとして、通常は、「良い匂い」と「悪臭」というので間に合わせているが、これは事実上、それらを快いもしくは不快であると呼ぶのとほとんど変わらない。バラの香りとスミレの香りは、どちらも良い香りではあるが、疑いもなくまったく異なる観念であるにもかかわらずである。私たちが上顎でその観念を受け取る味についても、匂いより多くの名称に恵まれているとはいえない。……同じことは色や音についても言えるだろう(2.3.2、強調は引用者)。

ロック以前の人びとは、表示記号《サイン》と自体的記号《キャラクター》の錯綜した入れ子関係にひるむことなく足を踏み入れ、新奇な実在的概念記号《リアル・キャラクター》やコードを工夫してまで、名称の自由度を増すことに苦闘してきたが、そもそも名称の乏しさに対して、われわれの観念が豊富すぎるのである。裏返せば、名称は観念に対して常に過小である。しかし、観念にあわせて名称を増やす必要は必ずしもないし、無理に増やそうとしてもうまくいかない。存在する事物はすべて個別的=特殊(particular)であるのに対し、名称は一般性をもたざるをえない。羊の群れの一頭ごとや草の葉の一枚一枚、あるいは砂の一粒一粒といったすべての個別的事物に名前を与えることはできない(3.3.2〜4)。名称には一定のエコノミーが働いており、「一般によく観察されて」きたか「人びとの仕事や交際(converse)のなかで気づかれるほど有用な」観念のみが名称をもちうるのである(2.18.7)。

おそらく、事物の個別性と名称の一般性のこのような関係を構想しえた時点で、彼は普遍言語を追究するという一七世紀的ドライブから完全に脱したのだろう。これがかなり意識的な振る舞いであることは、ベーコンをあてこすっていることからも明らかだ。「あらゆる個別の事物に別々の名称を与えたところで、知識の改善(improvement of knowledge)には大して役立たないだろう」(3.3.4)。実在的概念記号《リアル・キャラクター》の可能性をこうして封鎖した果てに、『人間知性論』は、「セメイオチケーあるいは記号《サイン》の学(the doctrine of signs)」を提唱して閉じることになる。記号学は、事物の学としての自然学《フィシカ》、事物に対するわれわれの行為をめぐる学としての実践学／倫理学《プラクティカ》と並んで、「事物を理解したり、心がもつ知識を他者に伝えるのに心が用いる記号の本性」を扱う。「なぜなら、心が観想する事物は、心自身を除けば知性に現前しないから、何か別のものが、心が考えている事物の記号もしくは表象として心に現前しなければならない。そして、それが観念である。また、……われわれの思想を自分自身が用いるために記録するためだけでなく、それをお互いに伝達するために、われわれの観念の記号も必要である」(4.21.4)。

観念のもちこみが、自然学／倫理学／記号学という区分を成立させる。事物／観念／言語のこうした配分形式の成立こそが、表示記号《サイン》の勝利ということだったのかもしれない。*8 とはいえ、この直後、彼の弟子シャフツベリが「第二記号論《セカンド・キャラクター》」の構想において、ロックの平明で平板な記号概念に、くぐもった、しかし必死の抵抗を行うことになるのだが。より正確には、だから、一八世紀において、自体記号的なものが簡単に死ぬのではない。むしろ、それはアレゴリーとして——つまり、表示記号の余剰として——再配分されたのである。

では、観念／名称のあいだに過剰／過小の関係を見いだすことで、何がもたらされたのだろうか？ もちろん、名称の不自由それ自体が解消されるわけではない。そうではなくて、ロックは、この発見によって、名称の不自由を表明する自由度を主体のうちに確保するという途を開いたのである。言い換えれば、観念の豊富さを、名称の乏しさとともに、かつそれとは別物として把持する／できるということ。言葉とほとんど同型でありながら、言葉に対して過剰なものの平面を、言葉の平面のすぐ上に張っていくといってもよい。一方で、心に形成される、名付けえぬ数多くの観念が、名称の世界を超出して自律性を獲得することはできない。他方でしかし、観念の導入によって、既存の名称に先行するかたちで、心において「何か」を感受していると記述できるようになった。たとえば、草の葉一枚一枚に名称を与えることができないということは、われわれが観念においてそれらをまったく区分できないということでは（必ずしも）ないだろう。人は言葉にかからない、そして他者とは共有され（え）ない「混乱した、かすかな観念」や「想念／思念(notion)」をもてる、あるいはもっていると申告できる。

つまり、観念とは、端的に本来的な私秘性の領域であるだけではない。その私秘性を「私秘性」として、言語記号以前に成立する直接性の経験として標記できる場所でもあったのだ。このような観点で見ると、以下の記述はきわめて意味深いものとなる。

単純観念の名称はまったく定義できない。すべての複合観念は定義できる。……定義に含まれるいくつかの名辞は同数の観念を意味表示しており、それらがすべて合わさっても、「複合的に」構成されたのではない観念を表せるはずがないからだ(3.4.4　3.4.7)。

「定義」とは語から語へと経巡っていく営為であること、「どんな言葉が定義でき、どんな言葉が定義できないかについては、これまで誰も注意を払ってこなかった」。ここにも、普遍言語運動的発想に対する批評的距離がうかがえるが、これが感覚作用と名称の関係づけ（の不可能性というべきかもしれない）の、もう一つの側面に結びつく。「白」や「光」や「スミレの匂い」は定義できない。つまり、それは「白」であり「光」であり「スミレの匂い」であると——要するに、私の前に現れた「それ」は「それ」なのだと——同語反復的に繰り返すことしかできない何かである。*9 ごく平凡な事実を指摘しているだけに見えるかもしれないが、こういった語り方は、ロックにおいて初めて成立したのである。

一方で、複雑観念は定義できるというとき、たぶん彼はこう考えている：感覚の単純観念は所与であり、「それ」と指させば了解できるような、直示的な明証性をもっている。ところが、それらを誤ったかたちで組み合わせたときに、人類の多くの不毛な偏見や誤解が生まれる。だから、定義を明晰にするというのは、複雑観念を単純観念のように直示的なものとはしないまでも、複雑観念を構成している単純感覚の明証性へといつでも立ち戻れるような回路を整えていくことだと。しかし、そう言えるためには、個々人において所与の明証性をもつ「それ」が、万人において共通であることが成り立たねばならない。ところが、彼も認めているように、少なくない数の単純観念が、「混乱した、かすかな観念」や「想念／思念」として、私的に鋳造されつづけているのである。

このあたりが、心の同一性の密輸入を感じさせる場所の一つなのだが、別な角度からいえば、「定義」を、つまり公共的な言論の成立可能性を賭金として論じているから、そうなるといえなくもない。執念深い偏見や厄介な誤解の温床となりうるこうした私的な観念が、有用性と観察の一般性、すなわち複数の人間による理解可能性のチェックにさらされることを「信頼する」と言わざるをえないような場所に、彼は始めから身を置いている……。いや、むしろ、そこに主題を設定することで、経験の私秘性を承認しつつ、かき消すようなことをやっているのではないだろうか。そんなかたちで、感覚経験の私的な直接性の世界が口をあけている。

七　感覚経験の根元的無規定性（の手前で引き返すこと）

精神言説論の構図のこうした変質のさまは、感覚作用と反省の並列という、ロック観念論のもう一つの柱と根底的に絡み合っている。それは、ロックにおける対象性の交叉の問題系の、必然的な帰結であるといってもよい。この交叉を、モノの観念を得るという経験から辿りなおすと、甘さ、冷たさ、白さ、大きさ、などなどの経験があり、感覚作用からもたらされるこれらの単純観念が、蝋やら雪やらリンゴやらというモノの観念を構成していくということになる。しかし、感覚がモノの諸属性を確認することで、モノの観念が綜合されると考えることはできない。モノの観念が成立する以前に、モノとその属性との安定した帰属関係を決めることができないからだ。ロックはそれを「冷たさ」や「大きさ」などの単純観念として名指しているが、モノに先行し、モノの観念がそこから構成される感覚作用は、本来、名前も規定性も欠いた何かとの異様な接触の経験になるはずだ。

観念をもたらす事物の性質をめぐって、一次性質／二次性質という区分をもちこまざるをえなかったのは、それが理由である（2.8.9-26）。物体そのものから分離することができない一次性質は「固さ、延長、運動あるいは静止、かたち、数」の観念を生む。色彩、味、香り等の二次性質は、物体が発している何らかの「極小分子」の刺激が可感的性質として観念されるだけであって、物体そのものには「似ていない」。四節で引用した文章において、心のなかにはない一部の観念／心のなかにある大部分の観念という区分がもちこまれているのも、この一次性質／二次性質を念頭においてのことだろう。

いうまでもなく、論理としては破綻している。これでは観念形成作用に先行して、あるいは独立的に、事物の性質が取り出せることになる。[*10] じっさい、この一次性質／二次性質の理論は、——デカルト的コギトとともに——物理学的・数学的世界と感性的世界とを優位／劣位の関係として不当に価値づける悪しき近代主義の象徴のごとく、しばしば槍玉に挙げられている。だが、重要なのはむしろ、物自体と近接しつつもずれつづける、感覚経験の無規定性が問題として出現したことだろう。観念のほとんどは感覚器官にもたらされた印象に起源をもっているにもかかわらず、具体的な五感や器官の即物性をいったん消去するような操作が行われているといってもよい。

たとえば、固さや延長を物質にとって基底的とする一次性質の概念は、一見したところ触覚に対応しているように見えるけれども、「かたち、大きさ、数……」といったものの観念は、現実的に、諸感覚が協働して交錯するフィールドへと容易に漏れ出てしまう。[*11] 触覚だけで事物を認識していた先天的な盲者が視覚を回復したとき、目の前にある球と立方体に触れることなく区別することは可能かという思考実験（モリヌー問題）が、当時注目を集めていたが、これにどのような答案を提出するにせよ、感覚間の関係が主題化されはじめているのである[*12]（2.9.8）。結局、もっとも確実に思えるそれら物体の「実体的」一次性質の受け取りは、一方で特定の感覚に還元できず、他方ですべての感覚の基盤にあるとしかいいようがない何かになる。言い換えれば、このようにして諸感覚の離散性が出現する。火は触ると痛く、見ると明るいが、いずれも明瞭な経験であるこれらの単純観念同士の関係が問われるようになる。いったい、「痛い」ことと「明るい」ことのどちらが「私たちにとって」より本質的に火であるのか、という具合に。

とはいえ、もちろんロックは、劇的な感覚変容や感覚の転倒可能性に価値を見いだす人びとが族生するような意味世界の住人ではない。おそらく彼自身の意図を越えて、感覚作用の不気味な無規定性がときおり顔を覗かせるからこそ、それらを「大きい」、「冷たい」、「丸い」と円滑に名指しつづける日常経験——の無根拠性——が、いわば出来事化される。

私がこの文を書いているとき、紙が眼に影響を与えることによって、どのような物が引き起こすのであれ、私が「白」と呼ぶ観念が、私の精神のなかに生み出される。この観念により私は、この「白」という性質あるいは偶有的事象（すなわち、それらが私の目の前に現前することにより、そうした観念をもたらすもの）がじっさいに存在し、しかも私の外部に存在していることを知る。そして、こうしたものの存在に関して私がもつことのできる、つまり私の能力が手にすることのできる最大の保証は、眼が与える証拠である。眼こそが、このことに対する適正な唯一の審判者である。私がこれを書いているとき「書く」という行為をしている、あるいは手を動かしていることを疑いえないのと同様、自分が白と黒とを眼にしていることを疑いえない——そのような確実なかたちで、私は眼が与える証拠を十分な理由をもって信頼できるのである（4.11.2)。

「精神の眼（Mind's eye)」というメタファーを好んだロックにいかにも似つかわしいこの「眼」の優越に、ロゴス中心主義をかぎつけるだけでは不十分である。「私」にとっての感覚与件の明証性にもかかわらず、それを心の事実として論理的に詰めていったとき、奇妙な場所に出てしまう。「眼」が感覚の確実性を保証してくれるかはかなり怪しいが――それは感覚作用を超越することなどできず、特定の感覚作用をもたらす一つの器官にすぎないのだから――、地上的条件に縛られた身体とともに思考する身にあっては、それでもさしあたりは「眼」を呼び出すしかない。これがかりに「耳」や「皮膚」であったとしても、そのことは変わらないのである。

この箇所を書いているとき、ロックは、「今、手に紙片をもっていること」を「疑いえぬ感覚」（のように見えるもの）の事例として挙げたデカルトの『省察』を意識していただろう。そして、自分が身体／感覚をじつはもっていないという仮説的状況から懐疑を開始したデカルトとのちがいに、思いを馳せていたのかもしれない。精神において、身体を仮想的に消去したうえで、世界と自己との関係を一気にかたをつけようとするのではなくて、むしろ、とりあえずは作動しているだろう感覚の所在をその都度確認するようにして、目の前の紙を「見る」こと――。

デカルトの『省察』の考察から始まっているフーコーの『狂気の歴史』も、その開始点を嫌味たっぷりに脱構築してみせるデリダも、「懐疑」を自覚的に不発にしていくこうした手つきを視野には入れていない。その点では、良くも悪くもやはりフランス的だと感じさせられる。

八　感覚作用と反省

四節でも触れておいたように、ロックにとって、心に生起する観念の由来は、外界の事物がもたらす感覚作用と、心が心を観察する反省の二つしかない。

現代でこの両者の関係を問うとしたら、まず感覚作用による観念があり、次いで、それに対する反省があると考えるのが普通だろう。さらにいうなら、そこには距離化や分割という含意が潜んでいる。反省は感覚作用の影響力から一時的にせよ免れている必要がある。現実の反省行為がしばしば感覚作用に浸食されていても、反省という座自体は安定して感覚作用の外にあるはずと考える。そうしないと反省できない、あるいは、そう考えるから「反省」できる。私たちは、「反省する私」と「反省される私＝感覚する私」とが別物であり、かつ前者が後者に優越すると想定する、ある意味でとても不自然な考え方――どちらも、同じ身体上の出来事なのだから――に慣れてしまっている。[13]

ロックにおいても、たとえば、

> それら［＝感覚を通して入ってくる観念］を外部から心の謁見室（そう呼んでよければ）である脳にいる会衆《オーディエンス》へと運んでいく、これらの［感覚］器官や神経[14]……(2.3.1)。

という書き方などを見れば、反省する視点と反省される対象との分割に近いものがところどころで出現している。現代のこうした様相へとつながっていく近代的な反省形式の開始点に、ロックを位置づけるのはまちがいではない。人格の同一性 (personal identity) をめぐる考察を行ったのは、英語圏では彼が最初である。「同一性」という概念がこんな時期に出てくるだけでも驚きだが、「人格《パーソン》」を抽象化して扱う手つき――「人格は法廷用語 (forensic term) である」と彼は述べている (2.27.26)――も、じつは彼以前にはほとんど見られなかった。[15] そして、この人格的同一性の根底に「意識 (consciousness)」としての「自我 (self)」があることを想定した人物でもある[16] (2.27.6-29)。

　とはいえ、彼のいう反省は、あるいは反省と感覚作用の関係は、現代におけるその様相とはやはり相当に異なっている。五節ですでに触れたように、彼もおおむね、感覚作用―反省という継起関係で語っている。具体的には、

「一つの感覚器官からの単純観念」(2.3)と「複数の感覚器官からの単純観念」(2.5)を論じたあとで「反省の単純観念」が扱われる。外界から受け取った観念が「知覚(perception)」され(2.9)、「把持(retention)」され(2.10)、複数の観念の差異や関係が「識別(decerning)」される(2.11)という説明の順番も、因果的な継起関係を想定している。これは、感覚作用の単純観念から複雑観念が生成し、抽象化が進行していく(2.11.9)ことと対応している。

それは一面では、誕生時に真っ白だった心が経験を通して世界と自己の認識を進めていく過程でもある。ある種の「発達段階」説に姿を借りた起源の神話というべきだろうか。いや、むしろ、神話であることを半ば意識したうえで「推測」と「歴史」との微妙な混淆が織りなされる……。しかし同時に、観念の生成が止むことがない以上、これは現在進行的な過程でもあるのだ。感覚器官への事物の印象が連続的に単純観念を生み、それらが複雑観念へと結合されつづける。感覚作用と反省とは、どちらも停止することなく作動しているし、またそれぞれが固定的なフェーズに分離しているのでもない。

じっさい、「反省の単純観念」を扱った章は、ひどくそっけない。「もっとも頻繁に考察され、またじっさいに頻繁に生じるので、自分のなかでも働いていることに誰でも喜んで気づく精神の二つの大きな主要活動」として彼が挙げるのは、「知覚もしくは思考することと、意思もしくは意志すること」であり、あとは思考や意志の別名をいくつか挙げて終わっている(2.6.1-2)。反省だけでは大して観念を生まないかのようだ。むしろ、感覚作用と反省とは、形式的には区分されており、かつ同時に分けられてはいないというべきだろうか。明らかに、ロックの眼は、両者が協働して作用するさまにもっとも注がれている。

感覚作用から受け取られた観念に関するこれらの［識別すること、比較すること、抽象することなどの］精神のはたらきそのものが、反省してみたとき、私が反省と呼ぶわれわれの知識のもう一つの源泉から引き出されるもう一つの種類の観念である (2.11.14)。

ロック的反省とは、受動的で直接的な感覚作用が主体の内部で作動するたびに、それに随伴して生じ、少しだけ——そうした作動を「作動」として対象《オブジェクト》化することができる程度の——距離を作り出す、そんな自動的な作動（の発見）なのである。そしてこの距離化＝対象化は、感覚作用の上位で別次元にあるものとして精神内で分離されることなく、ただちに次の観念／その反省による観念の生成に飲み込まれて消えていく、こうした過程が延々と連鎖する。その意味でもかなり作動的だ。

明らかにこれは、自己が関わるさしあたりの全域を見渡すことができるような統御視点、そして／あるいは、そうした視点を連続的《プロセシング》に発出し、かつそれによって発出されながら行われる、自己への再帰的関与（の可能性）としての反省とはちがう何かである。何よりも、知性なり理性なりの実体的能力があって、それが心のどこかで反省を遂行するのではない。精神の平面上にあっては、観念に関わって生起する個別具体的な働きしか見出せない。知性は、観念に近接して事後的に接続する精神の作用がその都度保証する何かとして、あるいは、事後という出来事そのものへと読み替えられる。知性の特定のはたらきの一時的配列のなかで生起する空所がそうした読み替えを可能にしているのであり、それが「反省」と呼ばれた、と言ってもよいだろう。

その意味では、理性という女王が諸情念という廷臣に翻弄される「魂の政治体」の姿を描いた、ジャン・フランソワ・スノーの『情念の効用』と比較する方が面白いかもしれない（→五章七節）。スノーの世界には、理性はあっても反省がなかった。あるいは、理性という主権者を立てながら、その統治の無能ぶりを「外から」記述することが、辛うじて「反省」を代行していた。ロックはそこに反省をもちこんだが、精神の謁見室に居座る知性というメタファーは、「反省」というよりもむしろ「反射」に近いところがある一々の作動へと分解されていってしまう。*17

たぶん反省のこうした様相は、彼の独特の自我概念ともつながっている。自我《セルフ》の意識に同一性《アイデンティティ》の根拠を求める近代的論理を最初に提出しながら、ロックは、それもまた「モノ(thing)」の一つだと言い放ったのだった。

自我(Self)とは、快楽と苦痛、幸福と不幸を感じる、もしくは意識することができ、それゆえ、その意識が及ぶかぎりそれ自身(itself)のことを気にかけることのできる、意識をもって思考するモノ(conscious thinking thing)である(そのモノがどんな実体から作られているか、霊的実体か物質的実体か、単純か複雑かは問題ではない)(2.27.17)。

観念を受け取り、それを観察しては新しい観念へとひたすら組み合わせていく思考するモノとしての人間……。この発想は、ロックが医師であったことと関係しているだろうが、当時にあって、こうした発言が哲学的・神学的に大きな物議をかもすことは火を見るより明らかだったろう。神なき現代においても、ここまであっけらかんと言い切るのは、どこか侵犯的ではないだろうか。科学主義の「真理」性は、内心の市民的尊重と礼儀正しく共存しなければならないからだ。*18

九　持続としての快苦

感覚作用と反省とが同一平面上で連鎖すること。ロックにおける情念の位置づけの変容も、まさにこの発想と連動している。

『人間知性論』が情念に言及している箇所はそれほど多くない。ある程度まとまったかたちで取り上げられているといえるのは二ヵ所ぐらいだろうか。その最初の箇所は、「複数の感覚から生じる単純観念について」(2.5)、「反省の単純観念について」(2.6) の直後に置かれた「感覚作用と反省の両者から生じる単純観念について」(2.7) という章である。文字どおり、両者の協働を主題とした章だが、その先頭に情念（的なもの）が置かれているのが興味深い。

> 感覚作用と反省のあらゆるやり方を通して心に伝えられるその他の単純観念がある。すなわち、快楽あるいは喜び、およびその反対物である苦痛もしくは不快。力。存在。統一［単一性］である。
>
> 　喜びあるいは不快は、感覚作用と反省の両者から生じるわれわれの観念のほとんどすべてに随伴している。外部から来る感覚の感受《アフェクション》にせよ、心のうちの秘かな考えにせよ、われわれのうちに快楽あるいは苦痛を生み出さないものはほとんどない。快楽と苦痛という語によって、われわれの心に生じた考えから生じるか、われわれの身体に働きかける何かから生じるかを問わず、何であれわれわれを喜ばせるもの、もしくは苦しめるものすべてを意味していると考えていただきたい。なぜなら、われわれが一方のものを満足、喜び、快楽、幸福、等々と呼び、また他方を不快、厄介、苦痛、苦難、苦悩、不幸、等々と呼ぼうが、それらは同じ物の異なる度合いに過ぎず、すべて快楽と苦痛、喜びと不快の観念に属しているからである。そこでこれらの名前［＝快楽／喜びと苦痛／不快］をこれら二種類の観念を指すものとして、もっとも頻繁に用いることにする (2.7.1-2)。

注目すべきことは二点ある。第一に、快苦という概念の導入であり、第二に、ほとんどすべての感覚作用や反省的思考に快苦が随伴するという見方である。

　近代へといたる快苦の言説史ということになると、残念ながら筆者の手に余るが、一七世紀が一つの転換点ではあるようだ（これについては別の角度から一二章で論じる）。ただ、人間学／社会理論の系列ではどうだろうか。功利主義の歴史を論じた書物をめくってみると、快苦への注目は、ホッブズあたりからぼちぼちと出てくることになっている。[*19] たとえば、ホッブズを批判したリチャード・カンバーランドの『自然法についての考察』（一六七二）は、「幸福」や「快楽」を「良いもの(Good)」の別名として、ときに互換的に用いている。「人間の幸福がわれわれの能力から生じうるもっとも活発な活動の総計であるのか、それとも、ときに快楽と呼ばれる、平静と喜びとがそこに伴う、その活動に対するもっとも喜ばしい感覚であるのか……両者［＝活動と快楽］は分かちがたく結びついており、いずれも幸福には必要である」[*20]（Cumberland[1727→2005:523]）。カンバーランドは自然法や自生的秩序(sponteneous order)という一八世紀的世界観をいちはやく先取りしたところがあり、とりわけ行為動機として幸福を名指した点に関しては、ロックの直接的な先行者であるかもしれない。[*21] だが、彼は、良いものに近づく（／悪いものから遠ざかる）運動として行為を捉える情念論の基本形の枠内で書いており、その善を快楽等の別な名称で置換している。その点では、欲求(appetite)の別名として快楽等を挙げているホッブズと同じであるHobbes[1651→1968:121-122]）。つまり、諸情念の動因として特定の情念をもちだすために、結局は情念の名称のカテゴリーに回帰してしまうという一七世紀パターンを脱していない（→四章九節）。

そう考えると、かくも快苦を前面に出すかたちで言い切ったのは、やはりロックが最初なのではないだろうか。「最大多数の最大幸福」という標語を最初に用いたのが、彼に強く影響を受けたハチソンであることを考えても、かなりはっきりとした切断があるように思える。もし一七世紀人にこのような言い方ができていたとすれば、あのように錯綜としたかたちで、情念のカテゴリーを組み替えようとしつづける必要はなかっただろう。ほとんどすべての感覚作用と反省、つまり観念に――ということは、ほとんどすべての行為に――、快楽か苦痛が伴うという書き方ができるようになったことそれ自体が、情念論の言説空間がほぼ終焉していることの証なのである。

では、ロックにおける快苦の位相はどのようなものか。たしかにそれもまた、情念論的な構図のもとで語られている。神が人間に快苦を与えたことの理由として、外部の物体に対して選択的に働きかける身体的運動および内的運動としての思考がもちだされる。「無限に賢明なわれらの存在の作り手は……身体の諸部分を動かすことで、私たち自身や他の隣接する物体を動かす力をお与えになった。……さらに、いろいろな場合に、心に生じるさまざまな観念のなかで、心が考えようと思うものを選択し、あれこれの主題の探究を熟慮と注意力をもって追究する力を与えてくださった。彼は、私たちが遂行する能力をもっている、これらの思考や運動の活動を行うよう私たちを刺激するため、いくつかの思考といくつかの感覚に、心地よさの知覚を付け加えることを喜ばれた」(2.7.3)。

その意味では、快苦は、情念にきわめて近い。にもかかわらず、やはり情念そのものとはちがう。ここで決定的な鍵となっているのが、まさに、感覚作用や反省的思考に快苦が「随伴する」という規定なのである。つまり、快苦は行為の動因ではなく、行為に伴って、——生じなくてもよかったのかもしれないが——ある意味で勝手に生じるものなのだ。

ところで、これと比較的近いものを提案しているのは、ホッブズの努力(endeavour)概念だろう。ホッブズは、意志を行為の端緒に生じる運動と定義し、これを努力と名指した。そこには、意志を行為の以前もしくは外部にある動因としてではなく、むしろ行為に必然的に随伴する抵抗感のようなものとして捉える視角が潜んでいる(→四章六節)。だが、予想がつくように、ホッブズにおいては、この努力が「欲求」と等値され、さらに欲求が他の名称へと置換されていくのであり、そのなかで努力は動因の位置へと再び戻されている。名称の海のなかに飲み込まれてしまうのだ。それに対して、ロックのいう快苦は、行為もしくは思考とともにあるが、それとは別の——おそらくは感覚作用の——観念の身分を維持しつづける。ホッブズに比べればはるかに安定したかたちで、快苦の水準を維持することができるようになっている。感覚作用の水準を切り分けることと、快苦が行為や思考に「随伴する」と言えることとは、同型的な事態なのだ。

一〇　カテゴリーの融解

そのことがはっきりとわかるのが、情念をあつかった二つ目の章、「快苦の様相について」(2.20)である。

感覚作用と反省の両者からわれわれが受け取る単純観念のなかで、快楽と苦痛は二つのきわめて重要な観念である。なぜなら、身体のなかに、ほとんどそれ自体で快楽や苦痛であるか、快楽や苦痛をともなう感覚があるのと同様に、心のなかにある考えや知覚もまたそうであったり、快楽や苦痛、喜びや苦悩（何と呼んでもかまわないが）をともなうからである。これらは、他の単純観念と同じく、記述することはできないし、名称を与えることもできない。それらを知る方法は、諸感覚の単純観念同様、経験のみである。……

事物は快苦の関連においてのみ善いもの、あるいは悪いものである。われわれが善と呼ぶものは、われわれのなかの快楽を増大させるか、苦痛を減少させるものか、さもなくば、［それ自体では善ではなくても］その他の善を所有したり、どんなものであれ悪を取り去ることをもたらしたり、確保しつづけてくれるもののことである。

……

快楽と苦痛、およびそれらを生じさせる善いものや悪いものは、われわれの情念がそれをめぐって回転する蝶番である。そして、もしわれわれが自身を反省し、さまざまな考慮のもと、これらがわれわれのなかでどのように作用するか、精神のいかなる変容や気質を、どのような内的感覚作用（もしそう呼んでよいとすれば）をわれわれのうちに生みだすかを観察すれば、われわれはそこから、われわれの情念の観念を作り出すことができよう

(2.20.1-3、強調は引用者)。

この部分に関しては、善／悪を快楽／苦痛によって定義するという、楽天的な人間中心主義あるいは一種のプラグマティックな機能主義の態度がもっぱら注目されてきた。そこに近代の成立の一つの相を見る人が多いのだろう。なるほど、善／悪の別名として快楽／苦痛が出てくる（＝「行為の目的である善は、（主体の側に移し替えると）ときに快楽と呼ばれる」）というのが、長く続いてきた伝統だったのだから、ここに意図的な転倒（＝「われわれが快楽を求めて追求するものが、われわれにとっての善なのだ」）があるのは明らかだ。[*22] しかし、もっと重要なことがあると思う。その転倒を可能にした言説的条件を問うということでもあるのかもしれないが。

よく読んでみると、ロックはここで快苦を定義しているのではない。とりあえず快苦と呼んではみたが、それは私たちの感覚作用や思考のほとんどに随伴する、気持ちの良い、あるいは気持ちの悪い何かの「感じ」を指し示すために、そこにかりにぶら下げた標識《タグ》のようなものにすぎない。私たちが考えたり、さまざまなかたちで外界の事物と交渉するとき、同時に生起している「それ」自体は、単純観念であるがゆえに記述したり、定義したり、名称を与えたりすることができない。そして、このような快苦の「感じ」が私たちにもたらす効果そして／あるいはそれに対する反省＝観察が、愛や憎しみといった情念の観念＝名称をもたらす。

この関連でいえば、ここで彼が、「そう呼んでよいとすれば」と留保しつつ、ためらいがちに導している「内的感覚作用(internal sensation)」という語が注目に値する。たぶんそれは、快苦の特定の様態が動いているということに対する何らかの感覚（＝「感じ」）を指している。あえて現代風にいえば、クオリアの領域を分節しつつあると言えるかもしれない。[*23] しかし別の箇所では、内的感覚作用は単に反省と等しいものとしても扱われている（↓本章四節)。どちらかといえば、この後者の意義が、テクストにおけるこの語の通常の用法に近い。つまり、快苦の特定の作用に対して働くものとして、それに対する感覚的認知の水準と、快苦（の感覚）を反省＝観察する水準とが語られている。両者の関係はじつは曖昧であり、情念がどちらの水準によって特定されるのか、はっきりしないところがある。言い換えれば、感覚作用そのもののと、その作用が働いているという「感じ」とが二重化されているのだが、――少なくともロックの段階ではまだ――それが明瞭に「二重である」とは語られない。感覚作用と反省とが連続的に出現する以上、より積極的な意味でも、そうすることができないというべきかもしれない。

一八世紀以降の感情の言説空間にとって、この二重性の把持は非常に大きなポイントとなっていくが、いずれにせよ、快苦が持続する感覚作用であり、情念がその特定の様相に対する名称であるという構図によって、快苦が再び情念の名称カテゴリーのなかを回付されることを、ロックはかなりうまく防いでいる。一七世紀から移行していくという眼でみれば、これはとても巧妙なやり方だ（人間中心的な機能主義にすぐに目がいってしまうのは、現代人すぎるのかもしれない）。そして、そのことが、情念をめぐる言説を決定的に変質させていく。

たとえば、特定の情念への注目のしかたにおいて。個々の情念の記述のなかで、とくに目につくのは欲望(desire)の位置づけである。ロックは欲望を行為動因としてでなく、はっきりと感覚的なものとして捉えている。「現在享受していれば喜びの観念を生み出すものが不在であることに人が気づくときの、落ち着かない、不快な気持ち(uneasiness)」(2.20.6)というその定義には、前述したホッブズの努力概念がかなり念頭にあったことを伺わせる。欲望は、主体の意志と自由との関係を論じる別の章のなかでも大きな位置を占めている。その章で彼は、ホッブズよりも洗練したやり方で、意志の行為外部性・行為原因性を解消しようとしており、注目に値する。

まず、人間の自由意志の有無をめぐる論争が、単なるカテゴリー・ミステイクにすぎないと主張される。自由は行為者をめぐる観念であり、意志的か否かはその人の意図をめぐる観念であるから。意志をもたない自由はないが、そのことは問題にはならない。彼の意志概念は少しわかりにくいが、筆者なりにかいつまむと、意志とは何かをしよう（やめよう）と心のなかで思うことが発生させる観念であり、ついでにいえば、そのように「思う」だけで、何かをする（やめる）努力がじっさいに生じることを人が期待するような、そんな観念である（2.21.30）。現在の状況に満足していたら、何かをする（やめる）ことを意志する必要がないので、意志が発生するかしないかを決定しているものがある。それが「落ち着かない気持ち」としての欲望なのである（2.21.32〜40）。

つまり、意志は実体的能力としてつねに主体を駆り立てているのではない。むしろ状況によって強まったり弱まったりしながら持続する状態のようなものがあり、それがときに意志として出現するのである。意志を生じさせ、あるいは変化させるその状態を、彼は欲望と呼ぶ。これもまた、状況に対応して発生する心の状態である。その意味において、欲望の向こう側は存在しない。欲望と意志の関係については、ホッブズも「欲望、恐怖、その他の情念は随意的であるとは呼ばれない。それらは意志そのものであるが、意志自体は随意的ではないから」という議論を展開していた（→四章六節）。明らかにロックは、この発想を引き継いでいる。ただし、ホッブズの場合は、「欲望」と「情念」と「意志」とを分けようとしながら、同一カテゴリーに投げ込んだ結果、随意性と不随意性とが至近距離で張り合わせになってしまっていた。ロックは意志と欲望とをもっとはっきりと引きはがしている。意志が生じるとき、それは明瞭な観念として鋭く把持され、それゆえ対象（の名称）に結びつけられる。それに対して欲望は、つねにある種の「感じ」というしかなく、つまりは具体的な対象（の名称）に結びつきがたい、ぼんやりとした観念なのだが、にもかかわらず意志の励起を可能にする力場のようなものとして分布している。ロックにおいても、意志と欲望の両者は最終的にはたぶん同じものだが、にもかかわらず同時に、別の位相にある。あるいは、「同じだがちがう」というあり方として、把持できるものとなっている。

このようにして彼は、意志の自発性を認めつつ、それを行為の向こうに据えるのではなく、持続する心の状態のなかに解消する。それとも、意志とは心的諸作用の積分であるというべきだろうか。「感じ」＝感覚作用として把持されるようになったことの効果として、こうした欲望像が出現するのである。そしてこれは、人間本性《ヒューマン・ネイチャー》という見え方の核心にあるものとしての、一八世紀的な傾性の理論へと直接的に継承されていくことになるだろう。

もう一つ、このような快苦概念のもちこみは、情念全体の布置にも影響を及ぼしている。欲望の他にも、快苦の様相である情念の観念を彼はいくつか列挙している。すなわち、愛、憎しみ、欲望、喜び、悲しみ、希望、恐れ、絶望、怒り、嫉妬(2.20.4〜13)。彼によれば、最後の二つとそれ以外とは性質が異なっている。前八者が主体の心に生まれる快苦のヴァリエーションとして自己完結す(ることができ)るのに対し、最後の二つは「単純に快苦それ自身によって生まれることはなく、私たち自身と他者に関する何らかの混合した考察を含んでいる」ので、万人がもっているとはかぎらない。

そう、つまりこれが、『人間知性論』における情念の「カテゴリー」なのである。アクィナスのあの一一分類と比較してみれば、忌避(欲望の反対物)と大胆(恐れの反対物)が消えており、嫉妬が付け加わっている。怒りと嫉妬を他のものから区分する基準として、自己/他者という軸を入れてきたところは、一八世紀に直接継承されていく新しい特徴だろうが、「怒りには対応する情念がない」としたアクィナスの構図の枠内にあるともいえる。驚きを第一情念としたデカルト的な大胆さと比較すれば、全体として意外と慎ましやかで保守的なことに気づく。

しかし、一番驚くべきことは、わずか数ページで終わってしまう、この「情念論」の短さそれ自体なのである。知性論が主題なのだから当たり前ともいえるし、著者も「情念をめぐる［包括的な］議論《ディスコース》のつもりで書いた」のではないと断っている。

ここで名指したよりもはるかに多くの情念があるし、私がここで留意した情念のそれぞれについても、はるかに長く、より正確な議論を必要とするだろう。私はここで名指したこれらの情念について、善や悪をさまざまに考慮することからわれわれの心に生じる快楽や苦痛の、いくつかのものとして言及したにすぎない。もしかしたら私は、これらよりももっと単純な快楽と苦痛の様相、たとえば空腹と渇きの苦痛と、それらを取り去る飲食の快楽やら、目が弱いことの苦痛や音楽の快楽やら、揚げ足取りの不毛な論争の苦痛と、友人たちとの理性的な会話や、真理の発見を求めて方向だった研究をする快楽やらを例にすることもできたかもしれない（2.20.18）。

重要なのは、まさにこのように言えてしまうことなのだ。さまざまな行為や非行為、思考と非思考とともに、それと同じ数だけ多様な、快い、もしくは不快な感覚作用が漂いつづける――「動機」や「目的」とはちがうかたちで。名指されえない「感じ」の持続に対する把持があるからこそ、情念の名称をカテゴリーを過不足なく埋めることへの熱意は空洞化してかまわないものとなる。同時に、空腹の苦痛や音楽の喜びも固有な「情念」の形象であるといえてしまう。情念論の伝統において、それらは独立した情念のカテゴリーには数えられなかっただろうが。

このようなかたちで、ロックは、情念論という言説形式を（も）解体してしまった。彼自身の言説は一八世紀以降のものからずれているところがあるけれども、ロックは感情の体制が成立する閾にいる人なのである。[*24]

一一　感情の体制

それゆえ、直接的にロックに言及している／いないにかかわらず、一八世紀の『情念論』は、一七世紀のそれとはもはや同一の平面上にはない。

たとえば、この章の冒頭で言及した、アイザック・ワッツの『情念論の解明と改良』（一七三二）を見てみよう。ワッツが採用している情念の分類は、以下の通りである。驚きあるいは驚異、愛と憎しみ、尊重と軽蔑、好意と悪意、満足と不満、欲望と忌避、希望と恐怖、喜びと悲しみ、感謝と怒り。驚異を先頭にしていることから、デカルトにもっとも依拠していることが分かるが、その後の並べ方を見れば、必ずしも彼の図式を踏襲しているわけではない。しかし、こうした自在さだけなら、一七世紀からよくあったことだ。じつはこの書物は、以下のような書き出しで始まっている。

人間の心(Heart)の運動は無限に多様である。われわれの情念が取ることになるさまざまな形態や外見、心を突き抜ける情念の、突然の、密やかな動揺やうねりは、止むことのない［情念の］運動のなかで生まれる不可思議な混合や複雑化によって、無数となり、名付けることができない（Watts[1732→2006:5]、強調は引用者）。

一七世紀情念論にとってあれほど重要だった、情念あるいはその名称のカテゴリーをめぐる問いかけを、ワッツはテクストの劈頭で投げ出してしまっている。「心の運動」は「無限に多様」であり、あまりにもたやすく混ざり合い、複雑化する。それらのすべてにふさわしい「名付け」を与えることなど、もとより無理なのである。もちろん、「心の運動」とはそもそもそのようなものだともいえる。一七世紀の人びとにしても、情念の運動の多様性という同じ問題に頭を悩ませてきたが、それでも情念を、あくまでもカテゴリー的に捉えようとしつづけた。ところが、一八世紀前半の段階になると、このように語れるようになっている。観念という観念を導入した言説空間においては、「言葉にはならないあの感じ」と言えてしまうのであり、諸情念の名指しと分類は主要な問題ではなくなる。

じっさい、彼は情念の定義をいくつか列挙して、動かす物体＝能動者／動かされる物体＝受動者という定義を紹介したあと、「これはまったく語の哲学的な意味にすぎず、日常生活では決して用いられないので、以後無視する」と、ホッブズ的意味空間をあっさり切断している。私たちは（もはや）そのように語っていないではないか、というわけだ。たしかに、こう言い切ってしまえるならば、初期近代の人びとのように、「古代」の理論家たちの教説をたどる必要も大いに減ずる。情念を考察したあるテクストにおいてフランシス・ハチソンが述べているように、それはもはや、せいぜい古語の蒐集家が気を配っていれば良いものでしかない。

いかなる言語も、その本性は、あらゆる主題に対する人間の思考に多大な影響を与える。言語によって人間は、同じ語によって表されたすべての観念が同一のものであると受け取るし、また反対に、異なった語が異なる観念を表していると見なす。私たちは、この名称の同一性が情念論に多くの混乱をもたらしてきたことに気づくだろう。情念の名称の集合がより大きい人たちがいる一方で、より少ない数の名称しか扱わない人たちもおり、それらの名称の詳説を、情念の説明としてきたからである。……ラテン語の使用者は、情念のさまざまな程度に対して異なる名前をもっていた。あるいはそれらは同一の情念が異なる対象に向かうとき、異なる名前をもっていた。それに応じてキケロは、［ストア派による情念の］この一般的分節に対し、これら［愛、憎しみ、恐れ、悲しみからなる］四つの情念のそれぞれに、多くの下位区分を付け加えた。おそらく辞書の制作者ならば、キケロのあの本［＝『トゥスクルム荘対談集』］におけるラテン語の名称のもっとも正確な意味を得ることができるだろう(Hutcheson[1728 → 1990:58-59]、強調は引用者)。

一六世紀の文体修辞学は、同じ名称の散乱の一々を本質化していたのだが（→三章五、六節）。二世界性から「古代」との類比が脱落していくのは、たとえばこのようにしてなのだ。

名称の水準にあっさりとかたをつけてしまうという、この開き直りの態度の背後には、一七世紀とはちがったかたちで「新しく」語りはじめられることへの自意識のようなもの――ロック的にいえば、それこそ「感覚作用」だ――が潜んでいるように思う。このようなかたちで投げ出してしまえること、そうしたふるまい自体が構成する「新しさ」の水準があるのだ。そして、それもまた、観念の地平がもたらした重要な帰結の一つである。

とはいえ、ワッツがそうであるように、主要な情念を名指し、分析する「情念論」的文体がある程度持続してもいる。むしろ、ロック以降の哲学的考察においては、「情念論」はいわばサブジャンル化し、上位テクストのところどころに断片的にはめこまれるというスタイルのもとで再編されたといってもよい。後の章で触れるように、情念の形象《フィギュール》化という一八世紀的スタイルの成立も、これと関係している。ある意味でそれは、情念のカテゴリーによって、感情の（潜在的）複数性を中途半端に代補するような運動であるのかもしれない。心と行為の人間的領域のすべてに名称を対応させなくてもよいからこそ、形象をめぐる読解の快楽が編成される。[*25] もはや名称が律儀に追尾する必要のない、多様で流動的な感覚作用の優先を認めたうえで、というか、まさにそのことにおいて、情念の名称が回付されていく。そのような水準で、名称の実定性が作動しはじめる。

彼が以下のように語っているのも、この流動の自然視においてなのだろう。

> 人間の自然的感情 (Natural Affection) は、しかるべく統御すれば、人生における価値ある目的に役立つように「神によって」作られている (Watts[1732→2006:6])。

「自然な」感情《アフェクション》という用語に刻印された、決定的な一八世紀性。知る限りでは、一七世紀にはこの表現はほとんどなかった（次章で論じるが、この表現を始めたと思われるのはシャフツベリである）。しかし、ここでのアフェクションとは何かという問題がある。アフェクションとパッションとがかなり互換的に用いられてきた歴史があるからだ（→四章二〜四節）。たとえば、これを「自然的情念」と解してはいけないのか。たしかに一八世紀においても、こうした互換の感覚がある程度持続しているし、アフェクションがただちに「感情」としての位置を固定されているというわけではない。じっさい、ワッツは、「自然的感情一般」と自分の議論の対象である情念とは同じであるとも述べている。だとすれば、しかし、にもかかわらず「自然的感情」というタームを導入してまで、わざわざ呼び換えているのはなぜかということが問題になるだろう。おそらく、この時期に生じているのは、アフェクションをパッションには収まりきらない何かとして、再び、そして決定的に分離していくような運動である。こうした運動の効果として、アフェクションが「感情」となっていくと考えた方がよい。ついでにいえば、たぶんその背後には、感覚による感受《アフェクション》という、ロックによって新たな強調を与えられた見え方が作用している。*26

アフェクションとパッションとが分けられないという主張の背後で、両者を区分する基準を密輸入すること。この基準の取り方やもちこみ方にはいろいろあるが、ワッツの場合は、以下のようなことが行われている。彼は「自然的感情一般」と情念とは同じだと言っているが、「［天使のような］純粋な精神のみの存在ですら感情《アフェクション》をもつように、人間の精神も感情をもっている。他方、われわれの精神が動物的身体に縛られていることから、さまざまな情念《パッション》が発生する」とも述べる（ibid.[12-13]）。感情は情念の基盤であると同時に、情念に対する価値的な優位性がすべりこまされてもいる。にもかかわらず、全体は「感情論」ではなく「情念論」と名指されているのである。もちろん、定義上、無限に多様な心の運動としての「感情」のカテゴリーを考えることは不可能なのだが、情念の言い換えとして「自然的感情」という概念をもちこむという冗長《リダンダント》な手続きによって、情念という名称カテゴリーの余剰領域とその価値的優位性とを同時に呼び込みつつ、にもかかわらず名称の水準において閉じることができる――形態としては最終的に、ただし論理的にはあくまでも一時的なものとして。

だから、「自然的感情」の統制をめぐる論理は、情念の自己抑制を呼びかける一七世紀型の論理――の困難――

と一見似ているが、まったく異なるものである。顕著な情念の類型は名指せるが、多くの「自然的感情」は名指せない。そして、名指せないまま流れつづけてある。そうした厚みのもとで、「自然的感情」を「しかるべく統御する」ことが語られている。明らかにワッツは、「自然的感情」が本性的に、つまり、はなはだしく放埒にしないかぎり、人間的価値に適合的にふるまうと前提している。感覚作用の事実性、反省による停止や制御がかかる以前に、あるいはその外部で、多くは名称を欠いたまま人間のなかを流動する出来事の集積を、なぜか信頼できる……。

そして、情念／感情が能動的な相貌を帯びはじめるのは、まさにこの信頼のうえでのことなのだ。とはいえ、それは、感覚作用のフローの受容的承認がもたらす、不思議な「能動性」ではある。意志や欲望が主体のなかの状態的持続であるならば、情念と意志の混淆地点もまた、能動的といえなくもない。「情念は単に内的な感覚作用であるように記述されがちである。しかし、情念のなかには意志作用が含み込まれたもの、あるいは欲望や忌避、もしくはその同類の情念のように、精神の「受動的な」知覚作用と同様に意志の傾向、もしくは出現が認められるものがあるので、私は精神と身体の両方を含めたわれわれ本性全体の、何らかの感覚的運動 (sensible commotion) という用語を用いたい。……たしかに、大部分の情念は感覚作用であるが、神への愛についての議論などのなかで、私はしばしばそれらを「能動的で」活発な力と呼んでいる。それらのいくつかは……完全に受動的というのではなく、何らかの生き生きとした活気ある行動をするように、人を刺激するからだ」([20-21])。

もう一つ、ワッツは情念の分類のなかに「満足 (Complacence) と不満 (Discomplacence)」という項目を設定し、満足／不満と「好意 (Benevolance) と悪意 (Malevolance)」との差異を論じている ([39-51])。一七世紀の情念論ではまず見られない、典型的に一八世紀的なこの身振りもまた、状態化の肯定と微妙な「能動」性の出現の系である。これらは、精神に生起するさまざまな観念にひとりでに随伴してしまう、受動的《パッシヴ》な心的構えなのだが、にもかかわらず、そのこと自体はもはや問題にならない。精神はつねにそうしたどれかの状態に浸されており（したがって、これらは能動的な意志とはやはりちがう）、それをあてにしたうえで、精神内部での出来事の配列可能性が計算されるようになっている。「好意の対象は、私から良きものを受け取るに適したモノもしくは人である。満足の対象は、私に良きことを行い、喜びを与えるモノもしくは人である。好意とは、［自分以外の］何かの幸福や福祉を求める心の傾向もしくは傾性である……」。「満足や喜びへの愛は、その対象に応じて、ほとんど無限のやり方で現れる。われわれは何かの喜ばしい姿や愉快な風景や美しい絵に見とれ、音楽や喜ばしい談論《ディスコース》に耳を傾け、立派な庭園を散策し、花の香りを嗅ぎ、好みの食べ物や飲み物を味わい、楽しい研究に夢中になり、友人とのつきあいに熱中し、われわれを喜ばせるものの享受を引きのばそうとする」[*27]。

このようにして情念の言説空間は感情のそれへと転態する。だが、確かに胚胎しつつある「受動」から「能動」への移行を、イデオロギーや文化的価値の転換であるかのように要約するのはためらわれる。むしろそれは、内的運動を観察すること、名指すこと、反省すること、そしてそれを語ることをめぐって、微妙だけれども決定的な変異において出現する何かだからだ。反省が作動するたびに、人間主体は世界の少しだけ外に押し出され、彼／女の内部に観念の世界が構成される。人間主体は、そのような精神の作用とともに世界に還帰しつづける。このような非超出的な反省は、世界内の事物や事象を名指し、語ることを、その外に出ることが本質的に困難な（つまり、世界内的な）事象として出来事化する。名指し、反省し、語ることが、世界とそっくりでありながら、世界そのものとはちがうかたちで、主体（に見える世界）を覆うある種の被膜を、遂行的に構成する……。

一八世紀の思考の文体とでもいうべきものは、このような遂行的な操作のなかに、散乱しながら姿を現すのである。

第一一章　慈愛心と自己愛

一　語彙の増殖

ロックによって開かれた観念の地平、そして感覚作用と反省の連続的継起が織りなす主体の形象が、情念の体制を解体していく。前章では、「感情」をめぐって配置される新たな言説のモードが生まれるところまで見届けた。一八世紀におけるその多重的な展開のさまを観察する必要がある。たとえば、一八世紀的な特徴が明瞭に刻印された言説として、以下のようなものが想起される。

人がいかに利己的だと考えられていようが、彼の本性のなかにはある原理があって、それは他人の運不運に関心をもたせ、それを見る快楽以外に彼がそこから何も引き出さないにもかかわらず、彼らの幸福 (happiness) を彼自身にとって必要なものにする。こうした原理として憐れみ (pity) と同情 (compassion) があり、それらは他人の不幸を見たり、とても生き生きしたやり方で心に描かせられたとき、それらに対して感じる(feel)感情(emotion)である(Smith[1976:9])。

「感じること／感情《フィーリング》」や「情動／感情《エモーション》」の揺れ動き、その具体的な形象としての「幸福」、「憐れみ《ピティ》」、「同情《コンパッション》」。この箇所には出てこないものの、他にも「共感(sympathy)」や「多感(sensibility)」といった重要な鍵語もある。前章の末尾で、一七二〇年代末のアイザック・ワッツの『情念論』において「感情(affection)」が出現していることを確認したが、じつは感情《アフェクション》は、どちらかといえば情念の体制の残響が比較的濃厚な言葉であり、一七四〇年代以降、感情を指し示す多様な語彙がますます用いられるようになっていった。個々の語彙について、その歴史を辿ることもできるだろう。たとえば：

⑴ to feel の動名詞形 feeling は、古くは触れることを表すだけだったが、一四世紀ごろから、触覚や、そこから転じて、身体のさまざまな感受性がもたらす内的触覚《センス・オブ・タッチ》を表すようになった。一七世紀に入ると、主体の受動的な認知一般そして／あるいは、主観的感情に近いものへと転化していく動きが散発的に始まっており、一八世紀半ばには完全に定着する。とりわけ、複数形の feelings の成立は注目に値する。これが用いられ始めたのは一七七〇年代初頭からである。それぞれが自存的な情念《パッション》の複数的体系を模索するのが情念論であったとすれば、一八世紀の終わりごろには、心のなかに生起し、多方向に流動していく、名称を欠いたさまざまな「感じ」を、感情《フィーリングス》の複数的なかたまりとして、いわばそれ以上分解することなく把握することの方がはるかに自然であると映るようになっている。*1

⑵「パトス」をともにすることを意味する sympathy は、同情や同胞感情(fellow feeling)の同義語として一六世紀から使用例がある。ただし、そうした意味を表す語としては、「苦しみ＝情念をともにする」という語義であ

る同情（compassion）が宗教的にもより正統的であり、使用例も古い（一四世紀）。一七世紀初頭までは、シンパシーは、物体と物体、物体と特定の身体部位、あるいは身体部位同士の共鳴・影響作用を表すことがむしろ多かった（→四章二節）。しかし、ウィリスの生理学などを介して、身体内の諸器官の相互感応へと、その意味を次第に内部化させていく。一八世紀になると、ジョージ・チェインの『英国の病』（一七三三）が語っているような、神経の柔弱さ、繊細さ（delicacy）の概念と結びつき（Cheyne[1733→1991]）、一七六〇年代の交感神経（sympathetic nerve）概念の登場へと至る。一七四〇年代以降に頻出するようになるsensibilityやfeelingは、このような流れと密接に結びついて登場したが、他方で同時に、同胞感情としてのシンパシーの近代的な（再）編成という巨大な文脈をかたちづくるものでもあった。この文脈のもとで、世紀中葉の道徳哲学においては、共感《シンパシー》（同感）としてのsympatyと共苦《コンパッション》＝同情の離接関係が問題とされるようになるだろう。[*2]

(3)情念に伴う身体内の運動としての情動（emotion）は一七世紀半ばから散発的に用いられている。何度か触れたように、なかでもデカルトやマルブランシュらの用法が注目されるが（→四章六節、一〇章二節）、全体としては、この時期のエモーションは、ある物体の運動《モーション》が別の物体のなかに引き起こす、（ときに破壊的な）「強い運動」のニュアンスが濃い。心的経験一般を指す語としての使用例が大きく増えていくのは、一八世紀中葉からである。さらに、ときに身体的動揺をともなう「情動《エモーション》／情緒」として生理学／心理学的に観察・測定される対象となるのは一九世紀までずれこむ。[*3]

(4)右で引用したのはアダム・スミスの『道徳感情(moral sentiment)論』である。sentimentもまた、sensibilityと軌を一にするように、一七四〇年代以降に用法が増えている。この言葉は、しばしば医学―生理学の用語系とも重なりながら発展した(1)や(2)のような語群とは、かなり異なる経路を取っている。「感覚する」を意味するラテン語のsentireを語源とするセンティメントは、一四世紀以来、心に生じた動きや暑さ寒さの感受等を指すものとして用いられてきた。しかし、一八世紀になると、この語の第一義は、「伝えられるべき考えや意見」であるという理解が、一定程度以上広まっている。興味深いことに、このような理解の直接的なきっかけは、『人間知性論』におけるロックの用法だったようだ。たとえば、サミュエル・ジョンソンの『英語辞典』の記載記事が好例である。ロック自身の用法を参照すると、単に意見《オピニオン》と同値というよりも、「言葉では必ずしもうまく表現できないが、思念され、伝えられるべき考えや思考内容」という、あの言語記号の稀少性にしたがった含意の方がむしろ濃厚なのだが（Locke[1690→1961:3.7.1, 4.1.4]など）、ジョンソンはこれを「思考内容＝命題の内容や趣旨」という意義として要約し、さらにそこから、「感情が乗せられた意見」という意義へと拡大——もしくは復帰——している。[*4]心に生じる実体的「感情」と、感情の言語的で認知的／知性的な表現や記述という両方の側面を指し示した点で、sentiment は特徴的であり、ある意味で、一八世紀を象徴する語だった。[*5]

これらのどれかに特に照準を合わせて、感情の言説史を捉えることも、もちろん可能である。しかし、何よりも注目すべきは、しばしば意味的に大きく重なり合い、ときには相互置換的に用いられる、こうした語彙の増殖という出来事それ自体であろう。妻に先立たれた男の悲嘆の背後にある自己愛の「静かな喜び」を冷たく語ったデカルト（→一〇章二節）が一七世紀の典型であるとすれば、感情の語彙群のただなかに置かれているスミスの言説は、それと対極的に映る。人間には、自己愛を越える何らかの原理が備わっており、そこにおいて彼／女は、他者の運不運に純粋に感応し、他者の喜びを自己の幸福にすることができる……。そして、他者への開きを内包する以上、ひとまずは徹底的に個体の内部に生起する情念の意味論よりも、感情の意味論ははるかに積極的なかたちで社会性の領域と接触している。「情念の受動性から感情もしくは「情熱」の能動性へ」という図式と並べられるようにして、一八世紀における「感情」への注目が、しばしば「利己心から共感へ」というかたちで要約されてきたのも不思議ではない。

たしかに、社会契約論の一八世紀的展開を考えてみても、この意味世界は、それ以前よりもはるかに、私たちにとっての個人／社会の様態に近づいている。だが、自己愛を越える何かへの期待は、増殖していく語彙に囲繞されている。相互に転移しつづけるこれらの言葉こそが、それを担保してくれるかのように。「原理」の劇的な転換もしくは「原理」への飛躍に見えるものをなるべく先取りしないで、むしろこれらの言葉の厚みから考えることが重要になってくる。情念を個体性に割り振り、そこから反転して、感情を何らかの意味での社会性に疑問なく配分してしまうとき、「社会」に対する現在的な了解が滑り込まされている可能性があるからだ。

情念をめぐる一七世紀までの思考が、「社会」の不在としての個体性ですらない何かに繋留されていたこと、その出来事性を浮かび上がらせるために、本書はここまで、大量の言葉を費やしてきた。ここでも同じことが必要だ。「個体性」から「社会性」（と私たちに見えるもの）が解き放たれるその継ぎ目を、後者に吸着されることをできるかぎり避けながら観察すること。おそらくそれは、前章で論じた感覚作用／反省の主体効果の、一八世紀における多重化と引き延ばしが、感情の成立といかに結びついているかを考えることと、かなり重なるはずである。

二　シャフツベリと「自然な感情」

ロック以降、観念と感覚作用の地平は、ある迂回路を通って展開していった。

まず、『人間知性論』が名声を博した直後に、幼少期にロックの家庭教師を受けた第三代シャフツベリ伯アンソニー・アシュレー・クーパーが秘かな反旗を翻している。ロックは外界の事物に対応して精神内に生起するものすべてを、観念と定義した（そして、そのことで「事物」を確実な審級の対象から実質的に外していった）。人間的経験は、知性の有限性と、知性の具体的作動という二つの限界にはさまれて生じる。人類が共有していることをあらかじめ期待できるような、あるべき良い／正しい秩序は原理上存在しない。生得観念の概念を方法的に消去した先に開かれたのは、そういう「すべては経験から」の意味世界だったわけだが、心に生起する観念の「科学」的記述の限界と内観の限界とをあっさり等号で結ぶロック経験論の自覚的な平板さが、シャフツベリには我慢がならなかった。公刊した著作では言及を避けているものの、彼の眼にはそれは、「個々の耳がどれだけ悪かろうと、人びとに音楽を解する力があろうとなかろうと、調和が本性において美である」ことを弁えない平民的《プレビアン》世界観に映った。ロックは「哲学のあらゆる本質的要素を攻撃して、すべての秩序と美徳とを世界から放り出し、そういった観念（それは神の観念に等しい）を自然的＝本性的でない、われわれの心に土台のないものにしてしまった」(Shaftesbury[1900→1992:403]) のである。

このように考えることでシャフツベリは、一八世紀的な感情の所在を明示的に名指した、おそらく最初の人となった。つまり、観念／感覚作用によって個体的な経験世界を画定するロック経験論の外を確保しようという記述戦略によって、感情の言説体制がはっきりとしたかたちを取り始めたのだ。ただしそのとき、ロックに対する批判は透明化され、その向こうに一七世紀が呼びだされている。

> これらのことをわれわれは確実なものとして知っている。すなわち、あらゆる社会的な愛や友情、感謝、その他何であれこうした寛大な性質をもつものは、自己の利害関心にかかわる情念からたしかに生じるのだが、それはわれわれをしてわれわれ自身の外部へと連れだし、自分の便宜や安全のことを顧慮させなくするのであると。それゆえ、自己利害《セルフ・インタレスト》に関して知られているある種の推論にしたがえば、われわれのなかにある、社会的性質をもった利害関心はただちに廃絶されるべきである。あらゆるたぐいの親切心や寛大、優しさや同情、要するにすべての自然な感情 (Natural Affections) は、懸命に抑圧されねばならず、単なる愚行か自然の欠陥として、抗われ、

克服されるべきなのである。そしてこうした手段によって、われわれの内部には、直接に自己［の］目的［に適うもの］に反するものは何も残らなくなり、もっとも狭く限定された自己の利害関心の、着実で思慮深い追求に反対するかもしれない要素も、残らなくなるだろう (Shaftesbury[1714→1968:vol.2, 79-80])。

「自己利害」をめぐる「ある種の推論」として、彼がここで名を挙げずに批判しているのは、いうまでもなくホッブズである。シャフツベリはホッブズ理論の欠陥を正確に見抜いていた。デュルケムのいう契約の非契約的基礎というアポリアを最初に指摘したのは、おそらく彼ではないだろうか。「人間は、すでに形成された政体においては、社会的に、もしくは正直にふるまうあらゆる義務を負っているが、自然状態と呼び慣わされている状態のもとではそうする義務がないと述べるのは馬鹿げている。というのも、われらの現代哲学で流行している言葉遣いで語るならば、「社会は契約によって基礎づけられている。万人の制限されざる私権を大多数もしくは彼らが指名するべき者の手のもとに委譲することが、自由意志から、約束によってなされた」。さて、その約束それ自体は自然状態のなかで行われたものだ。そして、自然状態において、ある約束を遵守する責務がある存在にできるものがあれば、それは、あらゆる人間的行為を、われわれの現実の義務や自然な本分の多くと同じようにしなくてはおかしい」(ibid.[:vol.1, 109])。

ここから翻って、シャフツベリはホッブズ的な人間把握自体を否定する。自己利害以外の動機を一つももたない人間など、地上の自然《ナチュラル》なありかたに反している。そのような像を提出したホッブズは、架空の怪物的存在を召喚している。「感覚可能な対象に接触するようになったその瞬間から、自分の同類に良き情念を一つも抱くことなく、憐れみや愛、社会的感情 (social affection) の台座になるものをまったくもたないほど、生まれつききわめて性悪で自然に反する《アンナチュラル》生き物はいない」(ibid.[vol.2, 43])。一七世紀後半の思考は、神の慈愛心 (benevolence) の写しとし

ての慈善心 (charity)／自己愛 (self-love) という区分を、自己愛一元論へと読み替えた（↓四章三節、九章九節）。一八世紀に入ると、一転して、自己愛では尽くせない「自然」で「社会的な」感情（↓一〇章一一節）が語られるようになったのである。*6

三　反《アンチ》ホッブズという流儀

「自己利害」の理論をホッブズの名前によって代表し、それと対抗することで「自然な感情」の領域を確保しようとする。こうした伝統がシャフツベリから始まっており、スミスにまで流れ込んでいる。一七世紀的な自己利害＝情念の問題機制――正確には、一八世紀の彼らがそうだと考えたもの――に意識的に抗する運動が、感情をめぐる一八世紀的な問題機制を成立させた。一七世紀の言説群が反《アンチ》スコラの複合体であったとすれば、一八世紀の言説を貫くこの力動を「反《アンチ》ホッブズ」と呼ぶことができるだろう。彼らが「古代」への言及をはるかに減少させることができたのがどうしてか、ここにはっきりと現れている（↓一〇章一節、一一節）。「古代《エンシャント》」を参照面にしながら「近代《モダン》」を対比的に成立させる苦闘を繰り返してきた初期近代的な思考様式自体を壁にして、そこからの反発や距離化をしかける。自分が何者かを知るために、自分自身を参照しつづける、あるいは自身の起源や根拠が必然的に自己の外部にあることを認めながら、それを外部をめぐる自身の想像／推測の形式として把持することができてしまう――そうした自己言及的な知のあり方を近代と呼ぶとすれば、ロック以降、それはますます明瞭に駆動するようになる。この様式を最初に組織したのが、貴族主義的な「古代」回帰への指向を抱えたシャフツベリだったのは、ある意味で皮肉だが。

注意しなくてはならないが、反‐ホッブズの言説群は、人間が利己心をもつこと、自己利害にかかわる情念から行為することがあること自体は否定していない。「一つでも反例があれば、「人間の行為のすべては自己利害に基づく」という命題は崩壊する」という論理構成をとっていることが重要である。これにはさまざまな意味があるだろう。第一に、秩序概念の深度の変化が挙げられる。初期近代においては、情念の本源的な反秩序性と、人間身体から消去できないというその事実性とが、真正面からぶつかっていた。そこで生起しつつあった社会秩序への問いは、誰も情念から逃げられないが、同時に、誰もが何らかの秩序のなかにいる（はず）という条件に拘束されていた。だから一七世紀の人びとは、結局は情念の善用に期待することで、秩序への問いを一段向こうへずらすしかなかった。もしくは、ホッブズのように、より積極的なかたちで社会秩序の成立可能性を論じるという問題構成をとった場合にも、情念を突破する契約への意思が情念の内部に組み込まれているとする矛盾を犯しつつ、名誉等がつくる既存の秩序への視線の微妙な変更のなかでしか、その「秩序」は描けない（→五章五―六節）。

それに対して一八世紀の思考は、(1)自己利害的情念の外部にある「自然な感情」の実定性を主張することで、「すべての」自己利害的情念／行為と社会秩序とを一気に繋ぐやり方を回避し、論証責任を自らに対して軽減する。(2)情念と社会秩序とをこのように切り離したうえで、情念の外部領域を本質化する。ほとんどの場合に他者を顧慮しない利己的な人間ですら、「自然な感情」の発露を見せる瞬間があるのであり、その瞬間に人間性が開示される（と考えたい）――そのようなかたちで、倫理学的な問題構成が誕生した。[*7] あるいは、無慈悲な人物の冷徹な仮面が破れてしまうときを捉えようとする、小説的な賭けの論理が。道徳哲学／政治経済学／小説のジャンル化が、「近代」の内部事象であるといっても同じことだ。

もう一つ、重要なことがある。この論証の形式は、否定されている当の対象を、論証において構成している。ホッブズの「推論」は不当な還元主義であるとシャフツベリは言う。なるほどホッブズの世界には、彼の考えるような意味での自然な感情《ナチュラル・アフェクション》など存在しなかった。しかし同時に、ホッブズは自己利害（Self-Interest）という語も、じつはほとんど用いていない。そもそも、「自然な感情」であれ何であれ、「懸命に抑圧」しなければならないという発想ほど、ホッブズと無縁なものはないだろう。彼は情念に駆られてほとんど自動的に行為する人間の「自然」を描いたのである。そして、そんな彼ら彼女らですら名誉や礼節といった社会的装置の内部にいることは、微妙なかたちであれ承認されていた。シャフツベリの批判は、ホッブズ自身の言説とはすれちがっている。

ケネス・バークをもじれば、これは裏返しの還元主義《ディバンキング・ストラテジー》だ。バークによれば、還元主義とは、Xと非Xが混在する現実に対して、Xの論理的先行性をもちこむことで非Xの存在を消去する言説戦略である（それに対して、時間的・歴史的な先行性による把握は、現実が現実としてかくあることの承認に向かう）。しかし同時に、「すべてはXにすぎない」とする還元主義だという批判も、Xに汚染されていない非Xの本質性を、どこか還元主義的に先取りしている。*8

自己愛やそれが意味する自己の非‐社会的自己完結の可能性を「懸命に抑圧」していたのは、一八世紀の方なのである。ここに、感情の言説体制を貫く深い不安もしくは不満《フラストレーション》の構造がある。自己愛から共感への「転換」は、一七世紀的な「原理」を否定的媒介とすることで、その反例あるいは特異点を人間的領域の全域に押し広げようとする不可思議な熱意によって支えられているが、それは同時に、利害／自己愛という棘を、自ら生み出しもするのである。そうした重合の意味論的構成を考えなくてはならない。

四　感覚作用の再定義――シャフツベリとハチソン

シャフツベリは、個体的な観念／経験というロック的問題設定の外部に、感情の調和的共同体の領域を開いた。とはいえ、一八世紀の言説群がシャフツベリの延長線上を素直に進んでいったともいいがたい。一言でいえば、「自然な感情」の追求という彼の主題自体はたしかに受け継がれたが、ただし、彼の思考様式＝文体によってではなかった。シャフツベリの苦難は、ロックにあまりに近い場所に位置しながら、ロックに抗する思考を組織せざるをえなかったところにある。自然的で本性的な、そして同時に超経験的でもある調和的秩序の所在を主張した彼は、人間の理性や善性を宗教的・形而上学的に擁護したラルフ・カドワースやヘンリー・モアのようなケンブリッジ・ネオ・プラトニスト（彼らは一七世紀におけるホッブズの対抗者だった）の継承者として捉えられることも多い。[*9] だが、ポスト・ロックの意味空間にあっては、もはやそうした秩序を先取的に天下りさせて、そのなかに自足することはできない。「人間・習俗・意見・時代」の「諸特徴《キャラクタリスティクス》」という表題が、そのことを示唆している。「習俗《マナーズ》」や「意見」や「時代」は、特定の局面で作用するとき、それぞれきわめて具体的なものとして感知されるが、その全体像は漠然としている。そして、人間は、こうした複数的な働きの束のなかで、あるいは束として把握される。それが、「人さまざま」の文体の拡散ということでもあるのだろう（→九章九節）。

一八世紀全般にわたって、こうした語り方はかなりの広がりを見せている。「どんな人でも、自身をすべての情念の主体にできる以上は、彼はある意味ですべての性格＝特徴の集合になる。一つの情念が彼のなかで支配的であるように、自然は彼にある特定の習慣様式《マナーズ》へと、もっとも強力に向かわせるかもしれない。だが、人は自らのなかに、他のすべての習慣様式の萌芽を見いだすのである」[*10]（Hurd[1766→1811:134]）。ただし、通常の書き手は、諸特徴がそれに向かって配列される中核を想定する。「［人間の］行為、情念、意見、習俗、気質や原理、これらはすべて変化にさらされる。……彼の支配的情念 (Ruling Passion) を発見すること（もしできるなら）だけが残された途である」（ポープ『人間論』）[*11]。それに対してシャフツベリは、そうした何らかの核に辿り着ける可能性を意図的に塞ぐような書き方をしている。あるいは、せざるをえない。観念を生産し続けるロック的な精神作用の向こう側に、美と道徳の本質的でより深い調和的秩序があると主張したいが、生得観念に対する禁令のもとでは、その自律的な原理を設定することができない。彼が直面したのは、経験を越えた深い水準に美と道徳の本質があると信じるからこそ、個々の美的・道徳的判断の一致の困難が出現するという逆説である。あるべき調和的秩序は、「人間・習俗・意見・時代」の「諸特徴《キャラクタリィスティクス》」の複数性とともに、あるいはそれらのうちに散乱する痕跡や徴候として、追尾されつづけるしかない。

このようにしてシャフツベリは、ロックの平板で透明な表示記号《サイン》の専制に逆らって、自体的記号《キャラクター》にほとんど近接するような諸特徴《キャラクタリスティクス》の深さと厚さを、可視的な諸事象の断片のなかに——いやむしろ記述において断片化させて——見いだそうとする。もう少し述べると、(1)自体的記号が「人間・習慣・意見・時代」の「諸特徴」の具体的形象へと転移されるが、(2)特徴が諸特徴の連関——の発見可能性の自由度——として出現するかぎりにおいて、特徴が表示記号的な比較平面上を滑走することが避けにくくなる。(3)それゆえ、特徴の全貌を定義するのではなく、暗示的に示唆することで断片化する。また、そうした自己の議論＝語りを多層化し、自己言及をかけることで、特徴を発見する視線自体を出来事化する。このようにして彼の文体は、必然的に、高度に複雑化したアレゴリー（↓九章九節、一〇章六節）になる。あるいは、通常の場合なら本質の先取りが超越的「原理」を構成するところを、彼はその手前で、散乱する具体的諸形態へと素早く送り返しつづけると表現すべきかもしれない。そのかぎりにおいて、このアレゴリーは、やはり経験論に繋ぎとめられている……。一言でいえば、この書き手は、そのまま継承されるにはあまりにも重層的すぎたのである。*12

それゆえ、感情の言説の標準型は、ロックを規範化することに疑問をもたないですむ、もう少し後の書き手たちによって担われなくてはならなかった。その代表がフランシス・ハチソンだろう。感覚作用をめぐる論理の、ロック以降の体系的な展開は、ハチソンにおいてもっとも明瞭である。同時に、シャフツベリ自身がほとんど用いていない道徳感覚（moral sense）という用語によって、彼を権威化した人でもある。つまり彼は、ロックをシャフツベリによって修正しつつ、シャフツベリの美学的路線をロックの側へと再修正をかけるようなことを行っている。

そのことは、彼の主著である『美と徳の観念の起源』（一七二五）という表題に表れている。シャフツベリは、ロック観念論が事物と精神作用の対応関係しか捕捉しないという不満から、ロックの外に出る文体を必死で模索したわけだが、ハチソンは問い自体を器用に旋回させる。われわれの「美」や「道徳」の感覚が、事物からの自然学的由来によって説明しがたいのはたしかだとしても、にもかかわらず、「美」や「道徳」の観念が成立するのはいかにしてか。問いのこうした転換は、観念をめぐる一八世紀半ば以降の思考にとって、きわめて大きかった。ロック経験論においては観念の起源は事物と反省に決まっていたわけだから、まさにこのように問うことで、観念の「起源」という問題が成立したのである（エチエンヌ・ド・コンディヤック『人間認識起源論』（一七四六）やエドマンド・バーク『崇高と美の観念の起源』（一七五七）を思い起こそう）。起源をめぐる思考については一三章で論じることになるが、いずれにせよこうした旋回は、感覚作用に対する把持のしかたと密接に関わっている。

ハチソンのいう感覚作用が、ロック的な事物‐印象‐観念の系列を前提としていることは、以下のような表現によって明らかである。「外界の事物の現前によって精神のなかに引き起こされる観念と、それらの観念の身体に対する働きかけは、感覚作用と呼ばれる」（Hutcheson[1725→1990:1-2]）。しかし、ロックとハチソンの用語系には差異がある。『情念と感情《アフェクション》の本性とふるまいに関する考察』（一七二八）のなかで、彼はこう書いている。

じっさい、もしわれわれが、感覚作用《センセーション》という語を「対象や出来事の現前や作用によってただちに生じた快もしくは苦の知覚（それは、われわれの身体のうえに生じた何らかの印象によって引き起こされる）」に限定するならば、感情《アフェクション》という語を、このようなかたちで「即座に」生じさせられた快や苦とは異なる、以下のようなものに限定することができよう。すなわち、感情とは「一方で、われわれが有している何らかの有利な点や、将来に生じるであろう喜ばしい感覚作用についての見込みに対する、反省(Reflection)や意見(Opinion)から生じる――また他方で、悪しき感覚作用もしくは苦痛についての、同様の反省や将来の見込みから生じる――快や苦である。ただしその感覚作用は、われわれ自身についてと同様、他者についても生じうる」と。また、より激しく、混乱した感覚作用が感情とともに生じ、それが身体の運動によって伴われたり長引かされるとき、そしてとくに何らかの自然な傾性(natural Propensities)がそこに随伴しているとき、われわれはその過程全体を情念という名で呼ぶ(Hutcheson[1728→1990:59-60])。

ハチソンのこの規定は、直観的に分かりやすいとはいえないが、おそらく以下のように解釈できる。ロックにおける感覚作用と反省は、精神自身のなかで生み出される内的感覚として、原則的には同一でありながら、いわばそれらが異なる名前で呼ばれる瞬間ごとにずれる(ただしそのずれは、次の瞬間にはただちにかき消される)とでも表現できるような、微妙な関係にあった(↓一〇章一〇節)。ハチソンの段階になると、「即座に生じさせられた快や苦」と、未来に生じる快や苦の予期=反省から生じる快と苦のあいだに、明らかに距離が生じはじめている。そして、この距離が「感覚作用」から「感情」を分出させる。同時に、情念がこれらの外に押し出されてしまっていることにも注意しよう。それは快苦に対する反省がうまく働かないほどに、「激しく、混乱した感覚作用」であり、おそらくは通常の感覚作用としての感情に対して、いささか異常な例外的状態の位置へと移行している(なお、「激しくて混乱した感覚作用」と「自然な傾性」の関係については、八節で検討する)。

ところで、現在/未来というこの区分は、アクィナスの欲情的情念/怒情的情念という伝統的カテゴリー(↓四章二節)を、再び呼び出しているところがある。『情念と感情の本性とふるまいに関する考察』と題されているのもそのためだろう。ただし、もちろんその呼び出しはロックの頭越しに行われている。その意味で、快苦概念がやはり決定的である。ハチソンもロック同様、感覚作用の基底に快苦を設定しているわけだが、現在／未来、そして感覚作用／感情のあいだに距離を創出することで、快苦の位置づけがかなり変化している。

第一に、「即座の快苦」と「未来の快苦への反省から生じる快苦」とを分離して把握するという態度によって、この両者を通底するものとしての快苦が、ロックよりもさらにはっきりとしたかたちで単位化している。たとえば、感覚のうえに押しつけられる事物が、感覚作用という力であるならば、その力は、「強度と持続」のベクトル和として特定可能であるはずだ、という議論(ibid.[163-164])。快苦は、外界の事物の諸感覚に対する働きかけを共約できる踊り場になっている。後に功利主義の旗印となる「最大多数の最大幸福」というテーゼを、ハチソンが最初に提唱したのも、たぶん偶然ではない。

第二に、現在／未来の快苦を通底するという、その単位測定地点は現在に置かれている。「将来に生じるであろう喜ばしい感覚作用についての見込みに対する反省から生じる……快苦」というのはかなりねじくれた表現だが、ロックの公準にしたがって、この「反省」が、定義上現在進行形の働きである内的感覚作用と、さしあたりは同値であることに注意しよう。現在／未来の感覚作用という区分の導入にもかかわらず、逆説的にも、快苦の感覚作用がつよく現在化するのである。*13

ここまでくると、感覚作用と快苦という用語の区分自体が検出限界に近づいてくる。快苦とは現在性のただなかにある感覚作用であるとも、快苦が未来に対する反省を含むときに、感覚作用が感情と呼ばれるともいえる。彼がこのあたりをうまく統御しえているかは怪しいところがあるが、いずれにせよ、快苦そして／あるいは感覚作用の現在化は、感覚作用の概念にもたらされた、より重要な論点にもつながっていく。快苦が現在化するということは、感覚作用はその極限において、反省を介さないで即時的に生起するものであるということになるからだ。

五 「抗しがたい」感情の誕生

言い換えれば、反省は、感覚作用の現場性／現在性から分離しはじめている。反省する主体／反省される主体の主体内部での仮想的分割という、私たちの考える反省の操作に一歩近づいているのである。[*14] たとえば、『美と徳の観念の起源』の一節を参照せよ。「われわれの感覚的知覚の多くが快いものであり、また多くのものが苦痛である。この快や苦は、その原因に対する知識がなくても、つまり対象がいかにしてそれらを生じさせた、もしくはその機会を与えたのかを知らなくても、［知覚するときに］ただちに生じる。また、［快苦の］対象＝事物が将来的にどのような益や害をもたらすかを考えることとは関係なしに生起するのである」(Hutcheson[1725→1990:3])。

感覚作用が、対象の現前によって精神のなかに即座にもたらされる、原基的で遡行不能な出来事であるということ。マルブランシュの内的情動を批判的に継承して（↓一〇章二節）、彼はそれを精神的感情／純粋感情だとも述べている。「もっとも純粋な精神［＝天使］ですら、何らかの悪しきものを被るとき、これらの感情を抱くことができるかもしれない」[*15] (Hutcheson[1728→1990:62])。裏返せば、感覚作用は自動的に主体のなかに差し込んでくるのであって、主体の知や意志はそれを予め制御することはできない。すでに生じてしまった感情作用は生じてしまっているのであり、それ以上は説明がきかない。

一八世紀の人びとはそれを、感情の「抗しがたさ (irresistibleness)」と呼んだ。[*16] ある定期刊行物《ピリオディカル》は、「思わず生まれ、感じずにはいられない感情 (any Sentiment that seems involuntary, and out of power not to feel)」(Prompter[1735:No.63]) と表現している。感覚作用／快苦の直接性と即時性は、それに対する主体の無力さの経験でもあった。しかし、にもかかわらずこの「抗しがたさ」は、情念とは決定的に異なる。情念が外部から主体を貫く運動そのものであったのに対し、ここでは、主体に対してある生々しい近さで生起する作用が感受され、受動的で直接的な快苦の経験として登記《レジスター》されている。何かについての感覚が生じるとき、それを感覚しているという感覚が働く、という構図が生まれている。感覚作用とそれを感覚することとが分離し、かつ折り畳まれるようになった。何よりも、本来、触る／触られることであり、その動名詞形としての触感だった。感情 (feeling) という言葉——この用語はハチソンの少し後に頻出するようになる——の浮上（→本章一節）が、それを雄弁に物語っているだろう。「感情」の周辺で、多感 (sensibility)、繊細さ (delicacy)、愛想の良さ (sociability) など、形容詞を抽象名詞化した鍵語が世紀中葉からますます増えていったのも、同じ事態を示唆している。

　感覚作用の二重化によって、感情の外にある情念的経験も反省可能な存在になる。外部から到来する力に翻弄されながら、そこに情念が「ある」ことは気づくことができる。あるいは、そう語れるようになった。気づき＝反省の踊り場としての感覚作用を導入することで、情念の受動性あるいは横断の自動性がかえって前景化されるといった機制が存在している。気づき／自動性という区分が成立したと述べても同じである。[*17] しかしこれは、ある意味で逆説的な関係様式である。感覚についての感覚が、当の感覚（作用）それ自体から独立して取り出せるから、「感覚しているという感覚」が生々しい「近さ」や直接性として感受される。ところが、いうまでもなく当のその作用は、他ならぬ感覚自身によってしか把持しえない。現在と未来、快苦と反省のあいだに開かれた距離化の契機を現在の主体の働きのうえで見るとき、直接性と距離化とがお互いを回帰させる、ある不思議な連続体として、感情的主体が構成されていると表現するべきだろうか。いずれにせよ、感情は情念よりもはるかに主体において内部化している。事物の水準に訴えることで、感覚内部で定立される表象の水準をそこから区分するという二世界性の意味論に、大きな変調が生じつつあるといってもよい。美や道徳の「観念」を主題化するという身振り自体、それによって可能になったのだが。

六 「抗しがたさ」と慈愛心

快苦／感覚作用の即時性と「抗しがたさ」の発見がもたらした効果がもう一つある。じつはこれこそが、この概念の最大の一八世紀的帰結である。それは、「即座に生じる快苦が利害関心を離れている」という主張である。利害関心は定義上、顧慮や反省を伴うからだ。「［美という］快は、原理や比例や原因や対象の有用性に関する知識から生じるのではなく、美の観念によってまず最初に私たちを打つのであり、また、その対象に対する正確な知識は、利益に対する見込みや知識の増大からから生じるある種の合理的な快をさらに付加することはあっても、この美の快それ自体を増加させることはない」(Hutcheson[1725→1990:11])。裏返せば、「憐れみの感覚を、想像の上で私たち自身が被害者の境遇に置かれたときの、類似の悪への私たちの恐れによって説明している……ホッブズ氏」のような一七世紀の情念哲学は、あまりに合理論すぎたと彼らは言っていることになる――もちろんこれが、反省と感覚作用を分離できるようになった地点からの見え方であるのはいうまでもない。

対象に対する知識だけではない。即時的な快苦の望ましさに対する知的判断も、快苦の生起それ自体を左右できない。欲望が何か良いことの不在において生じる不快な感覚作用 (uneasy sensation) であるというロック図式（→一〇章一〇節）を引き継ぎながら、彼はこう説明している：特定の局面で、何らかの良き具体的対象の欠落を意識したとき、それを手に入れたいという欲望が生じ、そこには不快な焦燥感が随伴する。それを手に入れると生じる嬉しい気持ちが「良いもの」だということを、事後的には知的に判断できる。しかし、焦燥感は欲望とともに生じるのであって、欲望そのものを生み出すことはできない。

一般に、欲望に伴う感覚作用は不快なものであり、したがって、この感覚作用を獲得したり続けたりするためにわれわれの欲望が惹起されるということはない。また、この不快な感覚を取り去るために欲望が惹起されることもない。欲望はその感覚以前に生じているからである（Hutcheson[1728→1990:16]）。

利害計算がその欲望を意思的に生じさせることはない。言い換えれば、欲望がその対象を越えて二次化されることはありえない。ハチソンはこのことに、「欲望を欲望することはできない」という標語を与えている。

これが、自己愛と慈愛心との区分をめぐる議論の転轍機になる。「利害以外の是認の原理を認めるくらいなら、自己愛から千の形態をひねり出そうと考える、ある種の道徳学者たち」は、有徳な他者の快＝幸福に利害を離れて喜びを感じるという慈愛心の感情が、結局は自己愛の産物であることを論証しようとして、以下のような論点を挙げていると彼は述べる。⑴慈愛心をもつことが快楽であるために、⑵慈愛心が働いたことが事後的に快い反省を与えてくれると知っているから、⑶慈愛心が神もしくは人間からの外的報酬を得ることに役立つと知っているから。そして⑷他者の幸福に対するわれわれの欲望と他者の不幸に対するわれわれの忌避はたしかに自動的に働くが、しかしそれによって得られる快い感覚の獲得を目的としているのはかわらない、という「反論」を紹介している。

⑴から⑶は、それがもたらす何らかの利得を予め想定することが慈愛心の原因になるとしている。これらに対しては、上記の欲望の意志的喚起の不可能性の指摘で反論できる。⑷は少しこみいっている。これは、慈愛心が利害計算から直接に由来することは否定するが、慈愛心の結果が快である以上、それが動機になると考える立場である。だが、他者の幸福を見てわれわれは喜びを感じるけれども、その喜びをもちたいという意図をもってそうしているわけではない。同情の苦しみから逃れることがわれわれの究極的な意図であるならば、記憶を消すことも等価の選択肢となるはずだが、そうなっていない。⑷は利害計算の成立を一段向こうにずらした立論であり、したがって、

欲望の二次化が成り立たないという論証を一段向こうにずらしたかたちで答えていると解釈することができる。*18

この反駁には、ある種の自己不安を感じさせるところがある。とくに(4)は、ハチソン自身の立場をほとんど投影しているように見える。それは、この論証が彼の立論自体を微妙にするようなある危険な回廊につながっていることを暗示しているが、今はしばらく措く。いずれにせよ、感情の「抗しがたい」先行性と自存性に着目することで、彼は情念や利害や自己愛に対抗する原理を打ち立てようとした。

七 譬喩／実体としての「感覚」

「道徳感覚」の提唱へと至る感覚の再定義の試みも、これと直結している。シャフツベリが、ロック的感覚論の外部にアリストテレス以来の共通感覚 (sensus communis) を召喚して再構築しようとしたのに対し、ハチソンはロックの路線のうえで、感覚の領域を拡張する。これは、前節で述べた、感覚作用と感覚することの分離と再接合とも連関している。

意志と独立して観念を受け取り、快や苦を感じるわれわれの精神の性質を感覚と呼んでよいならば、われわれは、通常そう呼ばれているものの他に、多くの感覚を見いだすだろう (Hutcheson[1728 → 1990:4])。

人間において、ある種の感覚作用が、美という普遍的カテゴリーに属する経験をかなり一般的にもたらすならば、それを「内的感覚」と呼べるのではないか。「内的感覚とは、規則正しい、調和した、均質な対象、また壮大な (Grandeur)、物珍しい (Novelty) 対象から生じる快の感覚である」。道徳感覚の実体化と術語化も、こうした操作によって成立したのである。「私たちは利益の感覚とは別に、道徳的行為の知覚をもつにちがいない。これらの知覚を受け取る能力は道徳感覚と呼ばれてよい」。『情念と感情の本性とふるまいに関する考察』では、より大規模なかたちで、⑴外部感覚（五感）から始まり、⑵想像力あるいは内的感覚、⑶公共感覚（「他者の幸福を喜び、他者の不幸にいたたまれない思いをするというわれわれの性質」）、⑷道徳感覚、⑸名誉の感覚（「われわれのなした良き行為に対する他者の是認や感謝を快の必然的な機会とし、われわれがもたらした害に対する他者の嫌悪や非難や憤慨を、恥と呼ばれる不愉快な感覚の機会とする」）、⑹上品さ、威厳、適切さの感覚へと至る、「感覚」の階梯が描かれている（ibid.[5-6]）。

奇妙な議論である。視覚に眼が、聴覚に耳が対応するように、美や道徳に対応する感覚「器官」を想定するかのように語る点で、ひどく実体論的に映る。同時に、「名誉の感覚」や「威厳の感覚」までを含めるこの「感覚」の階梯のリストはいかにも拡散的でありすぎ、最終的には単なる譬喩的な慣用語法に近接してしまう……。おそらくこの背後には、すべての経験を快苦という感覚作用に帰着させたからこそ、それらの質的差異をめぐる区分への要求が生じたという事情がある。しかし、重要なのは、内的感覚や道徳感覚のこの「不当な」実体化が、すべてを経験から説明しようとしたロックの公準を、美的／道徳的感受作用の普遍的設定へとずらしていくための戦略であることだ。じっさい、自己利害を取り去ったところに行為の動因を立てようとするとき、ホッブズよりロックの処理の方が、ある意味では厄介なのである。人間の経験が、各人が行っている個別具体的な観念の組み合わせを超えた根拠をもたないとすれば、現に世界は個人的な興趣《ファンシー》の多様性に充ち満ちているのだから、美や秩序に対する人間の嗜好は、利益の予想、習慣、教育によって説明されるしかない[*19]（Hutcheson[1725→1990:73-74]）。生得観念を否定したロック理論に従うかぎり、美や道徳の人間的秩序を想定すること自体が困難になる[*20]。

ハチソンは、この難題に対して以下のように応答している：なるほど、生起する観念は各人の心において個別的で多様だが、それらがすべて、外的感覚＝五感という相互独立的な実体的基盤から生じているという事実は消せない。そして、外的感覚それ自体は所与つまり生得的であり、利害の判断・習慣・教育に先行している。それと同様に、ある時点で同時に生起した行為や場所、人物の衣服や声や歌が、何らかの情念に強く結びつけられるときに生じる観念連合（Association of Ideas）——ロックがときに用いていたこの語を明示的に術語化したのもハチソンである——が多様であっても、その連合をめぐって利害の判断が働く以前に、それが美的快でありうるための何らかの規則が働いているとすれば、それもまた「感覚」と呼んでさしつかえない（ibid.[76-77]）。つまりハチソンは、実体的な感覚基盤から生じる経験の多様性によって生得観念を否定するというロックの論証を逆手に取って、すべての多様な経験が感覚に基づいていることに着目し、それを拡大しようとしたのである。

とはいえ、これはいかにも微妙な操作である。外的感覚である五感とは異なり、そもそも「内的感覚」のそれぞれに対応する名称がそれまでなかったことは、それらの実定性に対する主張を弱めるはずだ。面白いことに、ハチソンは最初からこの難点を認めている。そのうえで、「調和の感覚は良い耳という名を与えられており、私たちは一般にこれを、何らかのかたちで聴覚とは異なる知覚の自然な能力あるいは一つの感覚と認めるように育てられてきた」と切り返すのである（ibid:74-75]）。あたかも「良い耳」や「ユーモアのセンス」といった譬喩が存在することと自体が、そこに「感覚」があることへの信頼を支えてくれるかのように。私たちならメタファーだろうとあっさり了解してしまうところを、ひどく具体的に考えようとしている。情念の身体的諸効果を感覚器官の物理的散乱によってトレースした一七世紀の意味空間から遠く離れたともいえる（→六章六節）。かくして、内的感覚器官や道徳感覚器官が存在しないという事実のうえで、実体と譬喩言語との境界を往還する文法学的冒険が組織される。考えてみれば、味覚（taste）を「趣味」へと大規模に転化した時代に、いかにもふさわしい所作ではある。

要するに、一七世紀の思考が、「情念という身体（器官）内部で生じる実体的運動がある」と強く主張し、その運動の追尾が想像的に発散してしまうことに苦しんだのに対し、一八世紀はいわば、「メタファーという実体がある」と言っているのである。[21]その意味では、世紀半ば以降にさかんに語られるようになる多感《センシビリティ》や繊細《デリカシィ》も同じだ。一節でも示唆しておいたように、これらは一面で神経(nerve/fibre)の過敏さをめぐる生理学的概念でもあった(その意味では、感受性《センシビリティ》と訳すこともできる)。[22]たとえばサミュエル・ジョンソンは「多感」を「[生理学的]感覚作用《センセーション》の素早さ、知覚の素早さ、繊細さ《デリカシー》」と定義している。医学の文化史においては、初期近代の動物精気から一八世紀の神経へ(そして一九世紀のヒステリーへ)と、身体器官の作用に対する想像そして/あるいは権力作用の連続的な系譜がしばしば引かれている。だが、これらの概念が円滑に感情の語彙に加えられるさまが、むしろ特徴的なのである――過度の多感が女性的柔弱さや病理へと転化してしまうという逆説も含めて。[23]メタファーとして実体化するこうした作用のなかで、その妥当性や真理性をめぐってときにそれなりの当惑を生みながら、「科学」の言葉と文化的価値をめぐる言葉とが、広範囲で混ざり合い、自然に接続される。[24]もちろんその背景には、科学的言説の社会的流通の規模と程度が、一七世紀よりかなり大きくなったという条件もあるだろうが。

さらにいえば、実体とメタファーのあいだを往還できることへのこの信頼が、「自然な感情」という一八世紀的術語のなかに含意されていることの一つである。アイザック・ワッツは、「日常会話において、パッションという語がアフェクションのどれか特定のもの、つまり、怒りや突然の憤激を指すものとして、アフェクションより限定された意味で用いられていること、また同様に、アフェクションもまたときに、愛を意味する言葉として、限定された意味で用いられていることに気づくかもしれない」と述べている(Watts[1732→2006:12])。一八世紀になると、(穏やかな)愛情としてのアフェクションという、現在に通じる用法が語られていることが分かる。[25]それと連動するように、パッションが「激しい怒り」に限定されはじめており――もう一つはいうまでもなく「情熱」としてのパッションだが、この段階ではまだ誕生していない――、この傾向は一九世紀になるとますます明瞭になっていくだろう。だが、より重要なのは、この感情《アフェクション》が、日常会話の平凡な事実性を参照することで、情念《パッション》から切り出されているということの方である。ホッブズの「突然の栄光は笑いと呼ばれる」のように、カテゴリカルに定義されることによってではなく――。一八世紀の思考は、日常語の用法をあてにすることと、利害には還元できない感情の瞬間を信頼することとを循環させていく。そのことこそ、情念から感情を「分ける」ものだったのだ。

しかし学者たちの論争の世界から離れよう。彼らには慣習や教育が大きな影響力をもっているといえるかもしれないからだ。そして、普通の生活では、行為がいかなる根拠に基づいて是認されあるいは非難され、弁護されあるいは許されるのかを考察してみよう。私たちはまちがいなく、ある行為のことを、それが私の利益またはそれを行った者の利益に役立つから正しい、というのを恥じるものである。そして慈善的な親切な行為を、それが私たちまたはそれを行った者に利益をもたらさなかったという理由で非難することも、同じように稀である（Hutcheson[1725→1990:155]、強調は引用者）。

同時代において、すべての人が道徳感覚説に賛成したわけではない。彼の後継者であるアダム・スミスは、「神慮が疑いもなく人間本性の支配的原理にしようとされたというこの感情が、いかなる言語においても名称をもたないほど、これまで気付かれなかったというのは奇妙である。道徳感覚という語はごく最近に作られたもので、英語の一部となっているとは未だに見なせない」という理由で、この概念を却下している（Smith[1976:326]）。だが、こうした否定も上記の循環の外には立っていないことは、英語の用法に言及する論証の形式自体が示している。ある意味ではカントさえ、道徳感覚や美的感覚をめぐるこうした論じ方のなかにいる。

八　ハチソンにおける傾性の理論

このようにして彼は、利害に対する判断から切り離し、即時的な心的反応としての感情の領域を確保する。利害計算に先行する感覚作用の利害先行的自存性を設定することで、情念が外へと押しやられるのであり、感覚への繊細さこそが、情念／利害の暴虐を馴致していくための拠点だということになる。世紀中葉以降全面的に展開する、多感／繊細さや洗練／丁寧《ポライトネス》さの「市民」的政治学は、礼儀の意味論をある部分で引き継ぎながら、修辞学的な儀礼性を、自己あるいは他者の配慮をめぐる人間本性の教化のプログラムへと塗り替えていくだろう。[*26] 自動的に発動してしまう情念の危険さを、できるかぎり社会の領野から追放する、それが無理なら、社交性との折り合いを穏やかに付けていく。ハチソンは、そうした言説戦略の最初期の形態を提供している。では、それはいかにしてか。

まず留意する必要があるのは、合理的な利害計算の領域から感情の「純粋」性を切断するという操作が、情念の観念に対してもつ関係である。即座に働く心的反応という定義が成立したことで、情念もまた利害の理性的計算以前に動くという性質を濃厚に付与されていく。換言すれば、一七世紀の人びとが情念を「自己利害」によって定義していたかどうかとは別に、情念の位置が変動しているのである。

じっさい、三節で引用したように、『情念と感情の本性とふるまいに関する考察』のなかで彼は、身体の動揺を伴う「激しくて混乱した感覚作用」と「自然な傾性《ナチュラル・プロペンシティ》」とを並列して語っていた。混乱状態のなかで猛威を振るう感覚作用が、合理的利害計算の埒外にあることはすぐ分かるだろう。じつは傾性も、同じラインに沿って定義されている。「感覚作用と欲望の他にも、われわれを非常にしばしば行為へと至らしめる何かがわれわれの本性のなかにあることを観察できる。……つまり、それらが良いものだとも、あるいは悪を防ぐ手段であるともまったく認識することなく、特定の対象や行為に向かうある種の傾性や本能である」(Hutcheson[1728→1990:62])。怒りやすい《パッショネイト》人のなかに、「自分に害をなした人間に不幸をもたらし、暴力を用いる決意をもつ傾性」があるように、傾性は獲得もしくは忌避されるべき対象への反省や顧慮を欠いたかたちで、自動的・機械的に表出される何かなのである。

突発的な混乱状態と持続的な傾性、一見したところ対極的な両者が通底しているというのは奇妙に見える。一七世紀の人びとは、突発的な情念と個人的な気質や行動傾向とを習慣化の論理によって一気に結びつけようとしていたが、これともちがう(→九章七節)。情念に囚われたとき、人は一時的にいわば「我を忘れる」ことがある。また、特定の情念に身を委ねやすい、「我を忘れがちな」人がいる。逆に言えば、多くの場合、人は「我を忘れたりしない」ということがあてにされているのである。「我を忘れた」ふるまいが、情念と傾性が支配する領域だとすれば、この両者を排除したあとの安定した領域は、感情が占めていることになろう。この感情の領域は、「抗しがたく」動く純粋性だけで定義できない。つまり、「抗しがたさ」に気づいたあとで発生する一連のスペクトルも、感情を構成するのであり、そこには計算や判断という要素が含まれている。言い換えれば、自己愛がどこかで慈愛心に回帰してくる瞬間があるのを否定できない。

だとすれば、慈愛心と自己愛が具体的にいかにして協働しているかが問題となろう。『情念と感情の本性とふるまいに関する考察』では、穏やかな欲望 (calm desire)/強い欲望 (violent desire) という区分と、公共的欲望 (publick desire)/私的欲望 (private desire) というもう一つの軸とが重ねられ、これらの組み合わせが構想されている。この点についての議論はかなり錯綜しているが、全体として彼は、激発的な「強い」感情/情念が、安定的な感情に接続され、構造化される(と期待される)と考えていると解釈してもよいだろう。「穏やかな欲望」を設定したのは、ハチソンの新機軸である。彼以降、一八世紀の人びとは、むしろこの領域を傾性(inclination/propensity)と呼ぶようになっていく。

穏やかな欲望が知的反省を介して成立するものであるために、ここに彼の主知主義を見る解釈もなされている[*27]。しかし、話はそれほど単純ではない。強い欲望は合理的計算を超出して作用するが、それは自己愛的なものにのみ関わるとは限らない。他者の幸不幸を目にしたときに動かされる、共感《シンパシー》や憐れみ《ピティ》の思いもまた、利害の判断以前に働いてしまう。一方、好ましい対象や好ましくない対象と主体との関係に関して何らかの反省が介在するときにも、そこには私的、公的さまざまな欲望や忌避、喜びや悲しみが含まれる。たとえば、「公共的」欲望は、家族、友人関係から発して国家共同体へと、他者の幸不幸への反応あるいは献身を拡張するかたちで成立するが、この欲望あるいは感情は、身近さから離れるほどに、熟慮／反省の産物になる[*28]。ところが、そうした熟慮が名誉欲のごとき自己愛から発することもありうる。

そうだとして、これらを含めた全体の構図は、どうしても見通しにくくなる。だが、こう考えてみればどうだろうか：端緒的情念《プロパッション》を解体するというストア哲学のアイディアを援用しつつ、デカルトは、解体の果てにあるべき情念の零度の座に、心の揺動とともにありながら、にもかかわらずそれによっては乱されない「静かな喜び」という「内的情動」を据えた。猛威をふるう情念の影のごときこの情動の概念を、より積極的に実体化したところに、利害関心から独立して動く「抗しがたい」感情が姿を現す。そのとき、ストア的理念がもたらした刺激とそれへの反発が構成していた、初期近代の問題系自体が消える。人はもはや自己利害的情念を理性によって切断し、来世という空位に向かって現世的義務を送り出すようにして、公共への奉仕に関わるのではない。そこには積極的な「公共的欲望」がなければならない。あるいは、思わず動くさまざまな感情を理性的に切断するのではなく、いわば感情の次元で断念することで、公共へと向かう。「文明化された国家において要求される繊細さ《センシビリティ》は、ときに人格の男性的剛毅(masculine firmness)を破壊する」(Smith[1976:209])とスミスが書くとき、彼は、繊細さ／剛毅を女性／男性へと価値的・イデオロギー的に配分しているだけではない。「文明化された国家」においては宿命的ですらある繊細な感情の文化的厚みのなかに、――中流層以上の――男性もまた浸っている。だからこそ、それに抵抗しなくてはならない。

　このようにして、初期近代の忘れ得ぬ他者であったあの「ストア哲学」の形象は、「禁欲的《ストイック》」という現代的語義へと塗り替えられていくのだろう。[*29] ポーコックが一七・一八世紀の政治哲学における公共的《シヴィック》な行為動機として発見したものも、このような機制によって成立した出来事の普遍化である可能性がある（↓一章二節）。

　そう考えると、こうした思考の開始点だったハチソンにおいて、利己性と公共性、そして激発性と基調的トーンというこれらの軸が交錯することは自然なことだし、同時に、にもかかわらず、それでも全体として穏やかな公共的欲望が構造化することが、彼にとっては重要だった。人さまざま《キャラクターズ》を方法的に破壊したシャフツベリの重層的な諸特徴の向こうには、諸特徴の一時的変化を、それらもまたその一部を形成するような一種のフローのなかで押さえようとする思考形式が始まっている。一八世紀的な傾性理論は、このような新たな統一性 (Einheit) を準備しつつある。それが、この時代における人格《キャラクター》概念とほぼ等しいと言ってもよい。

　とはいえ、傾性理論が成熟したかたちで結実するのは、ヒューム以降の意味空間においてだろう。そこでは、個々人がもともと有している何らかの心の傾性が、彼／彼女のなかに自負心や嫉妬心、寛大さなどの特定の情念を習慣化するが、習慣化された情念の構造化《マトリクス》自体が、実質的に傾性として機能するようになると把持される。すなわち、傾性と情念とを循環関係に置くことで、心の働きの原初的実体の強い想定が、心の構造の教育＝変容可能性の力動化のなかで自己消去されるのである。[*30] ハチソンの段階ではまだ、この概念はそこまでこなれきってはいない。彼においては、二つの軸の複雑な交錯、あるいは強い欲望と穏やかな欲望の双方に自己愛的要素と「公共性」あるいは慈愛心が幾重にも回帰すること、そうした様態がひたすら追尾されているという印象がむしろ強い。

九　計算・推測・社交

しかしこれが、一九世紀初頭に成立するいわゆる功利主義とは直接にはつながらない場所で、彼が「最大多数の最大幸福」の最初の提案者となった理由だろう。さまざまな局面でなされる多様な性質の行為のなかで、自己愛と慈愛心が協働する（してしまう）からこそ、両者の比較考量可能性が要請されるのである。「われわれの行為の自然的結果はさまざまだから、あるものはわれわれ自身にとっては善だが公共にとっては悪である。そして、われわれ自身にとっては悪だが公共には善であるものもある。……善い行為の真の源泉（Motive）が常に慈愛心のみであるわけではないし、悪の源泉が悪意のみとも限らない。……大部分の行為で、われわれは自己愛をもう一つの力と見なさなくてはならない。……利己的動機が慈愛心と協力するときには、増減の可能ないかなる行為においても、同じ能力をもつ慈愛心だけが働いているときよりも、多くの量の善を生み出すにちがいない」(Hutcheson[1725→1990:169-170])。

自己愛と慈愛心のこの比較考量可能性は、第一に、これらがともに同一平面上で数量へと変換可能であり、それゆえ「計算(compute)」できるものであることを意味している。第二に、計算者＝観察者が、何らかのかたちでその平面の外にいなくてはならない。その意味では、この計算はむしろ「メタ計算」であるともいえるが、ここではメタ計算の可能性が、あるいは可能性だけが出現している。たとえば、四節で述べた快苦の単位化と現在化が、彼が計算というアイディアを抱いた契機だと思われるが、慈愛心／自己愛そのものに対してベンサム流に「快楽計算(hedonic calculus)」を施すような志向性は存在しない。仮に思いついたとしても、積極的に避けただろう。それでは慈愛心を自己愛に還元してしまうことになるからだ。むしろそれは、慈愛心と自己愛という相反する作用が、なぜか協働しうることの発見に近い。そして、「抗しがたく」動いてしまう感情の出来事性、そこからたちまち組み上げられる利己心と利他心の構築物《ファブリック》のなかにあることを、計算者＝観察者はやめることができない。

　このメタ計算の意味を、以下のように整理することができる。ここまで、情念論の外で「抗しがたい」純粋感情が出現したことに注目してきたが、そもそも情念／欲望を離れた顧慮や反省を、理知的な利害計算と対置する時点で、西欧の伝統から逸脱している。個体的欲望＝情念に対立するのは理性であるとされてきたからだ。裏返せば、伝統的な意味での理性主義はかなり揺らいでいる。その直接的な反応として、理性に代わる道徳原理として感情を立てるような思考様式も現れることにもなる。[31] しかし、ハチソンがやっていることは、いわゆる一八世紀の感情主義とも少しちがう。あるいは、――しばしばそう解釈されているように――彼もまたこの潮流に含まれるとするならば、その「感情主義」は、通常考えられているよりも、だいぶん複雑なふるまいである。感情は理性と二律背反的関係にあるのではない。むしろ、感情の純粋性と利害計算的知性との複雑な協働のさまを――自らがときにそうした感情に取り憑かれつつも――観察することができること、こうした営みの成立、もしくはその事実的集積へと、「理性」が送り出されているのである。じっさいにどこまで成功しているかは別として――彼の計算は、ベンサムよりもはるかに素朴だし、徹底的でもない――、それがハチソン的「功利主義」の狙いだった。

「社会」や「公共」の位相も、こうしたメタ計算との関連で考えるべきだろう。基本的には、これらは宗教からの偏差として定義されている。慈愛心が十全に実現するのは神への愛／神からの愛である。それに比べれば、他者に対する善意と、他者の幸福に対する熱意としての社会的徳 (social virtue) は不完全であり、だからこそ自己愛と協働するその効果を測定する必要がある。伝統的構図を理念のゼロ地点に置くことで、「社会」の領域が描かれているのである。重要なのは、こうした把握が、宗教や神に対する一種の機能主義的視線によって可能となっているということだろう。神が被造物の全体的善に配慮すると信じる論理的根拠はどこにもないが、神が慈愛心をもつと人が信じていることが、人間がまったく自己利害からのみ行為するのではないことを示している。人間が本当に自己愛のうちに自己完結していれば、神が彼ら全体の善に関わる余地がなくなるからだ(Hutcheson[1725 → 1990:138-139])。神の慈愛心の地上での微弱な反映として、人間の慈善行為があるというのが新アウグスティヌス主義の構図だったが、理神論に近い論証形式のなかで、ここでは逆に、神の慈愛心が人間的感情の写しになっている。ハチソンは、慈愛心を人間化しているのだ。*32

こうした把握が、道徳的判断における行為と意図のずれに対する扱い方と直結しているのが見逃せない。行為に対する人びとの日常的な是認／否認が自身にもたらされる利害によって説明されるのならば、人びとは「行為者の能力」(＝どのような意図をもち、それがどの程度実現されたか)を問う必要がないはずだが、現に人びとは問うている(それが「自然な感情」である)。そのとき、人びとは見えない内心の意図を推測しているのであり、その推測が正しい保証はない。そして、それでよいのである。「人間の法は行為者の意図あるいは内面の認識を検証できないのであって、私たちが獲得するほかはない認識が現実に得たすべてであると前提して、行為そのものを総体として判断せざるをえない。……支配者は、行為者が利己的展望だけでその行為に引き込まれ、したがって彼をそこへ動かした有徳な性向をもっていなかったとしても、公共の善に役立つ行為には公正に報いる*33」。

自分の心は内観できるが、他人の心は推測するしかない。不確実な蓋然性に基づくそうした判断が、相互行為の連鎖を結果的に形成していく。ロック以降の意味空間においては、他者の意図の理解について、一七世紀のバルワーとは全く異なる処理形式が採用されている(→八章六〜八節)。私たちにとっての行為の意味づけにだいぶん近くなっているが、一八世紀の知が、推測(conjecture)の事実性を独特のかたちで開いたままにしているのは見落とせない。このことは別の水準でも、この時代における社会／公共と連なっている。

奇妙なことに、この全体性は計算可能性の最終的な行き先を引き受けようとは(まだ)していない。「最大多数」とは、具体的に「数を増やしていくこと」「足し合わせていくこと」ではあっても、その向こうに「システム」全体の可視性が先取られていないのである。[*34] あるいはむしろ、全体は、どこかで「神に任せられている」——つまり、推測しうるものであると信頼できれば、それで十分である。慈愛心のある神という人間の想定が世界の再外縁になっているというのは、そういうことだろう。だから、推測の意味論に浸されている一八世紀の「社会(society)」は、私たちの考えるような社会とはちがう。そうではなくて、それは局所的で具体的な対面状況・および、その延長線上にあるものと想像される（書簡による交流がその典型である）[*35] 社交にはるかに近い。ジンメルからフーコーに至るまで、西欧近代の優れた観察者たちが一八世紀社会の社交的性格を直観してきたが、[*36] 感情の言説のうえで「社会」が発見される以上、そうなるのは自然なことなのである。社交性と幾重にも循環しながら、感情の形象が社交性それ自体のメタファーとなるといってもよい。

一八世紀中葉以降、感情の観察＝計算と社交性という問題系はさらに内部化していく。アダム・スミスが『道徳感情論』で提出している「公平な観察者 (impartial spectator)」の概念がその典型だろう。この点については後の章でも扱うが、彼は、自己の感情を提示する者とそれを受け取る者とが相互に仮想的な観察者の立場に身を置きあうことで、共感という状態が達成されるという論理を語っている。自己の感情を比較考量する視点が、一種の相互解釈学へと拡張されている。社会の全域に一挙に到達できるような視点はいまだ不在ではあるものの、スミスは共感という間主観的状態の一種の規則化／規範化によって、主観を超えた領域としての社会秩序を志向しつつある。たしかに、この時期になると、部分を包含する全体としての社会がますます語られるようになっていったことは、狩猟—蒐集社会→牧畜社会→農業社会→牧畜社会という、『国富論』における文明の四段階仮説[*37]が示している。だが、たとえば国富や人口や食料生産の増大がそのまま社会の活力の定義となったように、あるいはまた、「交換し、取引する——つまり、社交するということだ——人間の自然な傾性 (man's natural propensity to barter and commerce)」(『国富論』) から発する文明の発達段階を、推測史 (conjectural history) として語れてしまうように、一八世紀の意味空間においては、それはあくまでも、局所的で具体的な社交の集積として想像されつづけた。[*38] イデオロギー的位置価を帯びた「行為の動機」(の言語) の一覧表を価値中立的であるかのように扱う、ベンサム功利主義の「システム」と「計算」——それ自体は本書の範囲外だが——は、観察者視点のこうした連続的な転移と減衰の果てに登場したのである。[*39]

一〇 感情の自己享楽という難問——ハチソンとマンデヴィル

前節では、慈愛心と自己愛の協働が計算の論理と結びつく地点を捉え、しばらくその行く末を追ってみたが、もう一度、この協働の場面に立ち返ろう。そもそも人は、この両者を分けることができるのだろうか。あるいはむしろ、こういった方がよいかもしれない:慈愛心と自己愛とを区分したとき、その境界もしくは接合面《インターフェース》でどのようなことが発生するのか。「抗しがたい」感情とりわけ慈愛心は、計算以前に発動するが、慈愛心と自己愛が動いたあと、両者の効果の組み上がりは計算できると定義されていた。しかし、慈愛心と自己愛が分岐する瞬間に働く作用もまた、ある種の計算ではないのか。

四節で示唆しておいたハチソンの自己不安も、じつはこの問題と直結している。彼はこう述べている。

じっさい、道徳的快楽はある点で、他の快楽よりも近い場所でわれわれに影響を与える。つまりそれはわれわれをして、われわれ自身 (our Selves) のことを喜ばせ、われわれ自身の本性を楽しませ……しばしば、神に帰せられる快楽にも似た快楽をもつように見えるのである。……他の感覚作用はすべて、われわれの本性の構造に、われわれ自身とは少し異なるものに依存している、もしくは関連している。つまりそれらは、われわれが自我とは呼ぶものではなく、むしろ自我に属している身体に関連しているのである。道徳以外の喜びや快の知覚は、自我から離れたこれらの対象や空間との関係を伴っている。それに対して、有徳の快はまさにこの自我の完成であり、外部対象とは独立して、ただちにそのようなものとして知覚されるのである(Hutcheson[1728→1990:159-160])。

彼は、「慈愛心が自動的に働くとしても、それによって得られる快い感覚の獲得が、この感情をもつ動機となる」という仮想的反論を、欲望を欲望することはできないという原理をもちだすことで否定していた。しかしこの一節は、その否定が成功していないことを証立てている。慈愛心がもたらす快楽は、外部対象に起因する他の快楽よりも自我に近いところで作用するがゆえに、より深く大きい。それは自我を対象から切り離して完結させ、完成させるのものでありさえする。慈愛心が意志によって惹起できない、自己を超えたベクトルをもつ感情であるといえうが、それがもたらすであろう甘美な効果が、どこかであてにされているのではないか。

他者の幸福や不幸に対して働く私の「純粋な」感情が、結局は私の感情であり、さらに、その感情を私が享受しうるということ。感情の言説戦略は、自己愛つまり感覚の個体性が消去できないという事実性を承認したうえで、自己愛とその外部(慈愛心)との積極的連関に注目し、慈愛心を優先させようとするわけだが、この戦略にとってそれはかなり危機的《クリティカル》な地点の一つだろう。もちろん、この危機が強く実定性を帯びるようになる時期は、もっと後にまでずれこむ。しかしそれは、感情の言説の初期の段階で、すでに内包されていた。

とはいえ、感情の言説体制を、「所詮は自己愛である」ことを認めない無自覚な(?)偽善に帰着すればよいというわけでもない(→九章九節)。そう考えてしまうと、裏返しの還元主義に貫かれた一八世紀の言説の厚みが捉えられない。もっといえば、それでは言説の罠にはまることになる。裏返しの還元主義を再び還元する視線自体が、ポスト一八世紀的なものとして構成されたものだからだ。じっさい、事態はもっと込み入っているのである。
たとえば、ハチソンの論敵であった、バーナード・マンデヴィルの『蜂の寓話』（一七二三）。シャフツベリのいう「自己利害の哲学」を全面的に展開したのは、一七世紀のホッブズではなくむしろこのマンデヴィルである。その意味では、「道徳感覚」によってシャフツベリを権威化したハチソンの鏡像のようなところがある。著作の改訂を重ねるごとにハチソンの議論が自己不安めいてくるのも、彼に対する応答という側面がかなり強い。慈愛心の快の享受という上述した難点を捉えて、マンデヴィルは爽快に言い放つ。「われわれが他者の不幸を心から分かちもつとき、自己愛はわれわれに、われわれが感じる苦悩が、友の苦悩を和らげ、軽減してくれると信じさせる。そしてこの快い反省がわれわれの苦痛を和らげるうちに、われわれの愛する人のために嘆くことから、秘かな快楽が生まれる」（Mandeville[1723→2001:vol.1,142]）。

周知のように、『蜂の寓話』の主題は「私悪すなわち公益（Private Vices, Publick Benefits）」という逆説である。個人レベルでの悪徳の集積が、社会レベルでは逆の結果をもたらす。現代の社会科学の用語でいえば、「行為の意図せざる結果」や「合成の誤謬」のメカニズムを最初に指摘している。[*40] こうした視角から彼は、人間社会から悪徳を除去して美徳に塗り替えればよいとする福音主義的《エヴァンジェリカル》道徳論や、悪徳の覆いがたい実在性から目を逸らす偽善を嘲笑し、その社会的害悪に警鐘を鳴らした。[*41] けれどもマンデヴィルは、慈愛心や慈善を頭から否定しているわけではない。他者に向かって「抗しがたく」心が動いてしまうことがあることを、ある意味でハチソン以上に明瞭に語っている。

たとえば、彼はこんな例を挙げている。人が一階にある鍵のかかった部屋に閉じこめられており、そのすぐ隣にある庭では、「元気でご機嫌な二、三歳の幼児」が遊んでいる姿を楽しく見ているとする。そこに「不潔で大きな雌豚」が迷い込んできてその幼児に襲いかかったとすれば、「われわれは不安になり、大声をあげ、あらんかぎりの威嚇的な音を立てて、その雌豚を追い払おうとするだろうと考えるのが普通である」。ましてやその雌豚が空腹であり、必死の威嚇にもかかわらず、

その貪欲な獣が……破滅の顎を大きく開け、……さもしく急《せ》きながらあわれな子羊を打ち倒すのを見ること、柔らかい手足がまず踏みつけられ、そして引き裂かれる無力な姿を目撃すること、まだ動いている内臓に突っ込んだ不潔な鼻面が吹き上げる血を吸うのを目にし、ときおり骨が砕かれる音や、この残虐な動物が恐るべき饗宴に野蛮な喜びをもって鼻を鳴らす音を聞くこと。こうした光景すべてを見たり聞いたりすることは、表現しがたいどれほどの苦悶を心に与えるだろうか！……憐れみがその他すべての情念から明白に区別されるのと同じほど、勇気や愛国心が、前者は誇りと怒りから、後者は名誉欲と少しの自己利害から、混じり気なく明白に区別されるかどうか、たしかめたいものだ。このような場面で心を動かされるには、美徳も自己抑制も必要ないであろう。人道主義者や道徳家や同情心篤き人だけでなく、追い剥ぎでも強盗でも人殺しでも、そのような場合には心を乱されるだろう(ibid.[vol.1,255-256])。

むごたらしい情景をあえて想像することの残酷さのなかに、憐れみへの秘かな嘲弄が潜んでいるというべきだろうか。そういう側面もあるかもしれないが、過度に精神分析的視角をもちこむのも、たぶん還元主義的な見方だろう。賢明であれ愚かであれ、私たちはそう反応してしまうのだ。「われわれのあらゆる弱点のなかで、憐れみがもっとも愛すべきものであり、美徳に一番似ている。……しかしそれは、公益もわれわれの理性も顧みない本性的衝動であるから、善だけではなく悪を生み出すこともある」(ibid.[vol.1,56])。

つまりマンデヴィルの暴露戦術は、腰だめの利いた二段構えになっている。慈愛心や慈善を社会正義として公式

化することが偽善を発生させる地点を、文体の生理によって敏感に嗅ぎつけながら、「抗しがたい」憐れみが私的な行為として連鎖することがつくりだす、事実的な社会性自体は承認しているのである。

一一　「支配者の狡知」――マンデヴィルの名誉論

こうした態度は、『蜂の寓話』に収められた「美徳の起源について」にも現れている。自己愛や「自己利害」の哲学者としてホッブズと同一視され、同時代において非難の的であったにもかかわらず、著者とホッブズとのあいだにある鋭い差異を、その議論は際だたせている。ホッブズと同じく、マンデヴィルは自然状態の記述から始めている。「野生の動物はみな自分を喜ばせることしか考えておらず、自己の快楽の追求が他の動物にもたらす得失など配慮せずに、本性的に自分の性向のなすがままに従っている。……したがって、すべての動物のなかでも、政治というくつわがなければ、人間ほど、長いあいだうまく集団生活のなかで折り合っていくのが困難なものはない」。ところが著者は、にもかかわらず人間のみが社会的＝社交的(sociable)な本性を内在させていると、すぐさま論理を急旋回させる(ibid.[vol.1,41])。ここで彼はホッブズと明瞭に袂を分かつ。「政治のくつわ」という語で彼が描き出すのは、リヴァイアサンの強圧的権力ではない。「人間は狡猾であるだけでなく、度はずれに利己的《セルフィッシュ》で強情な動物である」のはたしかなのだが、まさにそれゆえに、「強い力でどれだけ押さえつけても、力だけでは彼を従順にし、人間に可能なかたちで「人間性を」進歩させることはできない」。そうではなくて、支配者は、人間が賞賛に動かされないほど野蛮でも、侮辱を受け流せるほど卑劣でもないことを発見し、欲望にふけることよりも克服することが、私益に拘泥するよりも公益に奉仕する方が優れていると、被支配者に「信じ込ませる」ために狡知のかぎりをつくした。人間をおだてることで「名誉と恥辱の概念」を人間に教え込み、公益のための英雄的自己犠牲を一部の人間には実行させ、大多数には崇めるようにさせたのである（ibid.[vol.1,42-43]）。このようにして、「いかなる社会も、人間のすばらしい美徳や愛情溢れる性質から立ち上がったものはない。その反対に、すべての社会は人間の窮乏と不完全さ、にもかかわらず欲望が多様であることから生じたにちがいない。……社会の自負心や虚栄心がますます顕著になり、社会のあらゆる欲望が増大するだけ、大きく人口稠密な社会となることがそれだけ可能」となる（ibid.[vol.1, 346]）。

マンデヴィルの問題関心は、一六世紀から続く名誉論の系譜（→二章七、九節、五章六節）に連なっている。とくに、『蜂の寓話』第二巻の続編として書かれた『名誉の起源と戦争におけるキリスト教の有用性について』（一七三二）では、名誉欲が決闘と戦争に対してもつ関連が扱われており、そのなかでは、決闘／戦争とキリスト教的倫理との齟齬という問題が主題的に論じられている（Mandeville[1732→2003]）。ただし彼は、他の情念から切り離して名誉や恥辱に注目しており、その意味では一八世紀的な情念の断片化のもとにある（→一〇章一一節）。考えてみれば、「慈愛心」や「共感」を人間本性の「原理」として取り出す態度自体が、そうした断片化の産物だろう。それに対して、彼は名誉欲という別の「原理」をもちだすという対抗戦略を取っている。

政治的策略が宗教や道徳を利用して情念（もっぱら恐怖）を駆り立て、大衆を支配するという構図は一七世紀にも語られていたけれども（チャールトンの政治的詐術《ポリティック・フィクション》（→四章八節）がその一例）、狡知にたけた「支配者」の歴史として人間社会の発展を描くというやり方となると、おそらくあまり先例がない。具体的に誰か特定の政治家の事跡を参照しているわけでもない。その意味では、この集合的な「支配者」は奇妙に抽象的であり、その抽象性において具体的な社会の歴史に貼りついている。たぶんこれも、推測史の文体に属するのであり、自然状態や原始契約の概念を、歴史的事実としては誤りだが、「哲学的虚構」としては有用だと認めたヒュームの老獪な思考へと連なっていく。[*42]

自己愛はもはや本性的に秩序破壊的な存在ではない。自己愛の反秩序性は、追従の政治技術によって自発的に回路づけられ、美徳や慈愛心にたやすく接続もしくは変形される程度の穏和なものとして把握されている。慈愛心の優先を論証するなかで、自己愛が回帰することに苦しんだハチソンに対し、すべてを自己愛に還元するように見えながら、そこから始まる社会的結合を信頼できたマンデヴィル。じっさい、「自己利害の哲学」なるものとハチソン流の「利他哲学」との差異は、強調点のちょっとしたちがいにすぎないように見えることが少なくない。ハチソンの「公共的欲望」の議論も、ある種の名誉論であるともいえるではないか。結局のところ、ハチソンとマンデヴィルは同じ事態を逆方向からなぞっているのである。

一二　習俗を語る文体

同時にそれは、マンデヴィルが現代の社会科学に直接つらなる発想をもちながら、いまだ社会科学からずれるさまを示唆してもいる。現代の社会科学なら、望ましくないとされる個人的行為の集積が、集合レベルでは逆の結果をもたらすことがありうるというところで、マンデヴィルは必ずもたらすと述べているかのようだ。スキャンダルめいた極論を弄していると、当時の人びとが反発したのも無理はない。[*43] しかし、そのことこそ、この時代における社会（科学）の未在をよく示しているのである。個人の水準と異なる水準で社会を設定するから、「意図せざる結果」が生じるケースと生じないケースを分けることができる。これが現代の私たちにとっての見え方だが、彼は、個人の内部で働く悪徳（や美徳）への誘引と、それらの集積がもたらす帰結とを、はるかに近い場所で正面衝突させてしまう。「私悪」に対比される「公益」は、ハチソンの「公共的」欲望と同じようなかたちで、ある種平板に並立させられている。彼は、個人的行為の圏域には還元できない「社会」めいた何かをいったんは出現させるように見えながら、個人レベルで生きられる悪徳（や美徳）の姿の活写にすぐさま送り込んでいく。近距離で逆説をつないでいくその文体は、読者だけでなくしばしば著者自身を混乱させているが、おそらく奇妙に魅惑的でもあったのだ。その意味でも『蜂の寓話』は、一八世紀における一つの言説的スキャンダルだった。[*44]

たとえば、次のような一節。

並びなきリチャード・スティール卿が、彼特有の優雅で平易な文体で、崇高なる人間という種を賞賛することに熱中し、あらゆる修辞の技巧を用いて人間本性の卓越性を述べるとき、その鋭利な思想と表現の洗練ぶりとに魅せられてしまう。しかし……考えてみれば、彼の巧妙な賛辞は、子どもに礼儀を教えようとしている女性が使う策略を思い起こさせるのだ。まだ話すことも歩くこともできないぶきっちょな女の子が、何度もお願いされ、はじめてぶかっこうなお辞儀のようなものを試みるとき、乳母は有頂天になって褒めちぎる。「あら、上品なお辞儀ですね！　まあ、なんてすてきなお嬢さん！　立派なレディですよ！　ママ！　お嬢さんはお姉さんのモリーよりお辞儀がうまくできますよ！」。女中たちが同じ台詞をこだまさせる傍らでは、ママがほとんど身を砕かんばかりにその子を抱きしめている。ただ、たいへん見事なお辞儀のしかたを知っている四歳年上のモリー嬢だけが、彼らの判断のおかしさに驚き、憤りにふくれかえって、自分が不当にあつかわれていることに今にも泣きそうだ。だが、これは赤ん坊を喜ばせるために言っているだけです、あなた自身はもう立派な女性なんだからと誰かに耳打ちされると、秘密を知らされて得意満面になり、自分の理解力の方が妹よりはるかに上なのを喜んで、言われたことを大げさにして触れ回り、妹の足らない部分をけなすが、その間ずっと、みんなのなかで妹だけが間抜けなのだと思いこんでいるのである。幼児以上の能力をもっていれば誰でも、こういいきすぎた賞賛はいやらしい追従であり、さらにいうなら忌まわしい嘘である、と言うだろう。しかし、こうした大げさな賛辞のおかげで、幼き令嬢はかわいらしいお辞儀ができるようになり、それがない場合よりもずっと早くて苦労も少なく、女性らしい振る舞いをするようになることが、経験上分かっている。これは男の子の場合も同じで……(ibid.[vol.1, 52-54])。

利他的な慈愛心を謳いあげるスティールやシャフツベリのような人びとを、子どもをおだてて礼儀をしつける女性的な「追従」の手管に等しいとこき下ろしたあとで、マンデヴィルの筆はある家庭的喜劇《コメディ》の描写へと、ごくなめらかにすべっていく。もしかしたら、ぎこちないお辞儀で大仰な「追従」のシャワーを浴びる幼子をとりまく情景を描き出すことだけが、当初の目的だったのかもしれない。だがそれが、妹ばかりに注目がいってむくれるものの、一段上の「追従」に丸め込まれる姉の姿を呼び込む。妹は「追従」に単純に騙されているだけであり、姉はそれが単なる「追従」にすぎないというメッセージで「追従」され、やはり騙される。しかし、こうして二重化された「追従」の効果をなぞると、著者の立場が、妹への「追従」の真実を暴露する大人のそれに近接してしまわないか、それとも読者が図らずも姉の立場に置かれていないか、曖昧になってしまう。そしてそうした曖昧さは、子供だましのそうした大げさな賛辞が、現に経験的に有効であることの承認へと至るのである。

この明るい偽悪的開き直り、そして何よりも、ごく卑小で平凡な家族的起伏の、のびのびとした語り出し――ほとんど小説に近接しているその筆遣いは、『リヴァイアサン』の文体世界とはやはり決定的にちがう。これが、シャフツベリから始まる習俗《マナーズ》への一八世紀的視線というものなのだ。一七世紀的な人《キャラクター》さまざまが解体したあと、「類型」把握ははるかに分散して断片化し、自在に「引用」される想像的かつ卑近な「実例」へと転化する。

少し視野を広げると、一八世紀の紳士淑女たちの現実の性格《キャラクター》描写もまた、そうした要素を含み込むものになっている(→九章二節)。アダム・スミスは『修辞学・文学講義』(一七六二～一七六三)おいて、そうした描写の方針を示している。「人間の性格は、……それ自体を取り出してみれば、退屈で生気のないものである。性格というものは、行動というかたちをとったときに、はじめて完全なものとなる。それゆえわれわれは、その名声を高めようと思う人物の性格描写によって、賞賛文をはじめるべきではない。むしろ、彼の出生時期から始めて、彼の行動のみを、それらが起こった順に語るべきである」。誰かの性格を描くためには、まず――必ずしも英雄的とはいいがたい――彼／女の具体的な行動の集まりとして近似せよ（そのことによって読者に想像させよ）というとき、対象者と演説者のエトスが交錯するあの顕彰演説のモデル（→三章二節）は完全に過去のものとなっている。そして、この行動はすぐに習俗の領域と混じり合う。「まずこうしたものから始め、進むにつれて、その人物のより些細な個人的な行為のいくらかを混ぜていくのがよい。偉人たちの微細きわまりない境遇や、行動の詳細部分といったものは、世人によって非常に熱心に求められるのである」(Smith[1985:132])。そして、世人の「逸話」好みが想像的かつ卑近なものに傾くことは、誰でも知っている。

論考における空想的な「実例」であれ、事実とされる（確認不能な）「逸話」であれ、習俗に着目するなかで自己愛と慈愛心の連鎖が見いだされる。いや、もしかしたら習俗への視線とそれらの連鎖とは、最終的には同じことなのかもしれない。たぶん、一八世紀的な社交＝社会とは、そうした視線の連続を取れるということ、そして／あるいはその連続の集積のことなのだ。

一三　自我とコミュニケーション――ヒューム

どれほど逃れようとしても、慈愛心は自己愛につきまとわれる。あるいは、慈愛心という原理の主張と同じくらい強いかたちで、一八世紀は「自己利害」や自己愛の言説をも生み出す。「自分たちが顔をもっていることを人類に証明するために書く人がいないように、人間が利己的であることを証明してやる必要はない。この利己主義こそがわれわれの生存のための道具である。それは種族を永続化する道具にも似ている。われわれはそれを必要としており、それを抱きしめる。それはわれわれに喜びを与え、そしてわれわれはそれを隠さなくてはならないのだ」（ヴォルテール）。そのとき、自己愛の位置は一七世紀からずれている。自己愛の所在を認め、それを語ることをめぐる安全化のしくみ（いうまでもなく、それ自体が自己愛の言説の一部を構成しているのだが）が複数の水準で働く。そのなかには、閉域のなかで秘匿されていた宮廷論的な情念の人間観察が、ヴォルテールのように平準化されて通俗化していくことの効果も、もちろん含まれる。

このように整理してみることもできるだろう：情念の体制が終焉を迎えるころ、自己の発見が情念の作動に対して遅れることへの気づきが、断片化した「省察」をもたらしたが、しかしその発見＝反省は、あくまでも自己愛一元論のうえで行われていた（→九章九節）。反省がより安定的に作動する一八世紀の思考は、自己利害に汚染されない「抗しがたい」感情の領域を見いだすことで、自己愛一元論をひとまずは突破した。冒頭に述べたような感情の語彙の増殖は、まさにそれによってもたらされた。自己と他者のあいだに――そしてまた、自己に依拠した合理的計算に折り返される手前で――成立する、さまざまな心的作用とその感覚的現前が感知されるようになったが、それらはもはや、既存の情念の語彙の拡張や転用だけでは対応できなかったのである。

しかし、ある意味でそれは、自己愛の一段ずらしにすぎなかった。合理的な利害計算が作用する前に動いてしまう感情があるという構図は、その感情が事後的に自己愛と結びつきうることを含意しているからだ。たとえば、「穏やかな欲望」によって感情を構造化することを考えたハチソンの傾性理論にしても、公共的／私的と反省＝計算する（できる）／しない（できない）の二つの軸をもちこむことで、情念もしくは自己愛と慈愛心とを区分したかったのだが、それに成功しきれなかったと解釈することもできる。

こうした構図の完成型が、世紀半ばのスミスやヒュームということになるだろう。とりわけヒュームの『人間本性論』(一七四〇)は、——同時代的にはほとんど読まれなかったものの——感情の「抗しがたさ」の発見から始まる慈愛心/自己愛のパラドクシカルな図柄に対して、もっとも精密な答案を提供している。

彼は、そもそも自己愛的な情念の起源(original)であるような安定した自我なるものは存在せず、それはむしろ観念の効果として、その都度事後的に構成されているという理論を編み出した。「われわれが自我と呼ぶものを、われわれはいかなる瞬間でも近しく意識していると想像している哲学者がいる。……もっとも強い感覚作用や強烈な情念が……その快や苦によって自我におよぼすそれらの影響を考えさせると彼らは主張する。……しかし、そのようなやり方で説明されているような自我の観念など、われわれはもっていない。……自我あるいは人格(person)は何らかの一つの印象などではなく、われわれの複数の印象や観念が振り向けられるところのものである」(Hume[1740→1976:251])。短期的に持続する感覚作用の束を越えた場所で、持続する安定的な自我の圏域を画定することはできない。

そうではなくて、特定の印象や観念の勢い(force)や活力(vivacity)は、それ以前にあった観念の効果と連合して減衰(wear out)していくと同時に、連合することで、傾性(propensity/inclination)に寄与する。[*45] 私たちが何らかの自我として錯覚的に「想像」しているのは、この傾性のことなのである。「われわれの自我の観念はつねにわれわれにとって近しく現前しており、われわれが関係するわれわれ以外のあらゆる対象の観念に、はっきりと感知できる程度の活力を与える。この生き生きした観念は次第に「自我という」真の印象へと転化していく」(ibid.[354])。たぶんそれは、川に流れ込んだ水は同一性を失うが、水流の方向付けに影響を与えること、そして、川が結局は、そのように流れ込んでくる水の集合であり、水の合流という出来事以前には存在していないことと似ている。ハチソンの段階ではいささかぎこちなかった傾性の理論は、印象/観念の活力と傾性との相互転換を語ったヒュームにおいて、ついに結実したのである。

　このことは、『人間本性論』での情念の位置づけとも関連している。「情念について」と題された第二巻では、「善悪、快苦［という感覚］からすぐに生じる」直接情念（direct passions）と、善悪、快苦という同一の原理に基づくが、「他の性質と連接することで生じる」間接情念（indirect passions）が区分されている。直接情念としては、「欲望、忌避、悲しみ、喜び、希望、恐れ、絶望、安心」が、間接情念には「自負、自己卑下、野心、虚栄心、愛、憎しみ、嫉妬、憐れみ、悪意、寛大さ、およびこれらの派生物」が挙げられている（ibid.[267-277]）。伝統的な情念論に重なるのは直接情念の領域であるが、彼が主たる分析の対象としているのは間接情念であり、直接情念についてはわずかしか扱っていない（第三部第一〇節「直接情念について」）。愛／憎しみが間接情念に分類されているのを見ても、情念論からの比定はもはやあまり意味をもたないだろう。そもそも情念は、感情（affection）や情動（emotion）ととくに区別されていない。情念《パッション》＝受動の原義は蒸発し、印象や観念の勢いや活力の諸効果やその組み合わせを語ることができるようになっている。つまり、こうした傾性理論のうえで「情念」の推移が語られるとき、この過程全体が感情《フィーリング》として構造化されている。「是認された観念は、単なる空想によってわれわれに提示される虚構の観念とはちがう感じがする（feel）。私はこの感触＝感情（feeling）を、より大きな勢いと活力とか実質とか堅固さなどと呼ぶことで表現しようとしているのだ」（ibid.[629]、強調は原文）。

　自我を傾性へと溶かし込むことで、自己愛も慈愛心も大きく屈折する。自己愛の起源＝原因となるものは、われわれに関連する多様な事物や能力である。事物や能力への愛が、それらが帰属する何かに差し向けられるとき、そうした差し向けの連続が、自我というぼんやりした感覚を現象させる。このようにして彼は、いわば自己と愛とを切断した。後代のカントを驚倒させることになる根底的《ラディカル》な自我概念の解体は、しかし、自己愛をもたらすとして列挙される事物が織りなす日常的情景の穏やかな肯定とともに遂行されている。

われわれが自我と呼ぶ一連の知覚の継起は、つねに［自負と自己卑下という］二つの情念の対象ではあるが、自我がこれらの情念の原因になることはありえない。もしくはそれだけではこれらを喚起するに十分ではない。……自負と自己卑下がひとたび喚起されるや、それらはただちにわれわれ自身に注意を向け、それを自身の究極で最終的な対象と見なす。しかし、これらの情念を引き起こすには、自我以外のものが必要である。……たとえば人は、自身の美しさや頑健さ、快活さ、立派な風采、舞踏や騎馬やフェンシングの手練れ、手仕事や工芸の熟練を自慢できる。だがそれだけではない。自負という情念はさらに遠くを見やり、何であれ少しでもわれわれと結びつき、関係するものを取り込んでいく。われわれの国、家族、子供、縁者、富、屋敷、庭、馬、犬、あるいは衣服。これらすべてが自負心や自己卑下の原因となりうる（Hume[1740→1976:277-279]、強調は原著者）。

では、さまざまな対象に折り返されることで、人は自我の錯覚に繫留されつづけるのだろうか。いや、自負は主体と対象との完結した関係のなかで生まれるのと同じくらい、いや、ある意味ではより強く、他者との連関によって規定されている。こうして彼は、共感（sympathy）という概念を導入していく。「われわれの評判、令名《キャラクター》、名声はたいへんな重みと重要性をもって考慮される。また、美徳や美や富のような自負の原因となるその他のものも、他者の意見や感情（sentiments）に支えられないときには、ほとんど影響力をもたない。この現象を解明するためには、少し迂回路をとって、共感の本性を説明するのが必要だろう。……憎悪、憤慨、尊重、愛、勇気、愉快さ、そして憂鬱。こうしたすべての情念を、私は自分自身の自然的気質や傾向よりもコミュニケーションから感じる」(ibid.[316-317]、強調は引用者)。

いうまでもなく、コミュニケーションとしての共感は、ロックが開示したあの自動詞的コミュニケーションの地平上にある（→一〇章五節）。ヒュームはこれを、ときに感情交流（communication of sentiments）とさえ呼ぶ（ibid. [324]）。共感はほとんど自動的であり、人から人へといわば感染していく。「すべての人間の心は、感じ方（feeling）や働きにおいて似ており、他の人びとが何らかの度合いで感じることのない感情（affection）によって動かされる人はいない。同じ強さで巻かれた弦において、一つの弦の動きが残りの弦に動きを伝える（communicate）ように、すべての感情は一人から他の人びとへとすぐに伝わり、すべての人間のなかに、相応する運動をもたらす」（ibid. [575-6]）。一七世紀がオルガンと水力装置の形象を愛好したとすれば（→六章五節）、共感を弦の共鳴になぞらえるのが一八世紀の定型表現であり、非常にしばしば神経の震え／振動（vibration）というイメージに結びついていた。だがヒュームはここで、共感を原子間の相互作用力のように、一種即物的に語っている。あたかも、心の震えなど介在する余地がないかのように。コミュニケーションが自動的に動き出すという描像は、かえって一八世紀の標準からは外れているところがある。

たぶんそれは、自我という空虚な概念から離れられない人間に向ける、視線の深度と関連している。社交=会話《カンヴァセーション》と憂鬱とが交錯した宮廷論の意味空間とはるかに響き合うかのように（→二章一〇節）、彼は告白する。

私は最初、私の哲学によって自らが置かれたこのよるべのない孤独状態に打ち震え、混乱する。そして自分を、異様な姿をした見慣れぬ怪物であるかのように空想する。それは、社交《ソサイエティ》のなかに交わり、結合することができず、あらゆる人間との交渉《コマース》から放逐された、完全に見捨てられ鬱々として楽しまぬ怪物である。できることなら私は、庇護と温もりを求めて群衆のなかに駆け込みたいのだが、このような醜い姿をもって交わることを、自らに説き伏せることができない。世間から離れた集まり（a company apart）をつくるため、私は人びとに仲間になるように誘う。が、誰も耳を傾けようとはしない。誰もが私を遠巻きにし、あらゆる方向から私に降りかかる嵐に怯えている。

……

もっとも幸いなことに、理性がこうした懐疑の雲を打ち払えない以上は、人間本性自身が十分にその目的を果たし、こうした心の傾向を和らげるか、気晴らしや五感への生き生きした印象によって、この哲学的憂鬱と譫妄状態を癒し、これらのキマイラめいた妄想を霧散してくれるのである。私は食事をし、バックギャモンをし、会話をし、友人たちと愉快に過ごす。三、四時間も楽しい時を過ごしたあとで、こうした哲学的思弁に戻ってみると、それらはまことによそよそしく、不自然で馬鹿げたものに見え、これ以上深入りできない心持ちであることに気づく (Hume [1740 → 1976:264-269])。

感情はほとんど機械的に反響し、人間たちのあいだに感染していく。ただしそれは、あくまでも各人の傾性の水路付け、その範囲内においてだろうし、さらにいえば、共感が、何が敬重されるべきかに関する既存の社会的分節を超えることは、はなはだ困難である（いわゆるヒューム的保守主義）。しかし、それでいい。それが現に社交のリミットなのだから――。そして、社交なしで人が生きられない以上、それが哲学的反省のリミットでもある。ロック経験論を引き継いで徹底化したヒュームは、「懐疑」の果てに、そうした感情交流の事実性を見いだしたのである。*46

一四　慈愛心／自己愛の展開と終焉

一八世紀において、慈愛心と自己愛の矛盾に満ちた複雑な協働という問題が、解決されることはなかった。というか、むしろ感情の体制とは、こうした矛盾もしくは共犯関係を、己にとって痛点となりうる問題構制《プロブレマティック》として意識し、抱えつづけた意味空間であったといってもよい。その意味で、『道徳感情論』の「愛他主義」と『国富論』の「利己主義」との「矛盾」という、古くから語られてきたいわゆるアダム・スミス問題は、どこか必然的な偽の問いである。[*47]裏返せば、どれだけ否認しようとも、人が究極的には自己愛に基づいて行動しているという言明が、もはや単なる自明な事実の確認にしか見えなくなったときに、この言説体制は消滅しているのである。もちろんそれは、感情の体制の終わり方の一つにすぎないが。章を閉じるにあたって、慈愛心／自己愛という軸から見たときの、この体制の終焉への過程を概観しておこう。

たとえば、「抗しがたく」動いてしまう他者への感情が、じつは自己のものとして享受の対象となっているのではないかという、あのテーマの行く末が興味深い。この難問がハチソンを秘かに苦しめ、一方マンデヴィルは、愛すべきだが誇らしくはない愚行だと暴露したわけだが、その後の展開を見ると、むしろこれこそが、感情の言説群を編成する中核となっていった。感情に対する主体の繊細な感受性を肯定的に語る「多感（sensibility）」や「感情／感じやすさ（feeling）」といった語が、一七四〇年ごろからさかんに用いられるようになっていった。冒頭で述べたように、「感情（sentiment）」が頻出するのもこの時期からである。ヒュームも「感情《センティメント》／意見のコミュニケーション」を語っていたけれども、この点を最大限に展開したのは、何といってもアダム・スミスの『道徳感情論《モラル・センティメント》』だろう。「［行為の］適宜性について」から始まるこのテクストは、徹頭徹尾、人びととの共感を得るためには感情のいかなる提示の形式がふさわしいかという視点から、感受性をめぐる一種の社会的コードを主題化している。

スミスの言説には、「多感であること」に賭けられた特異な過剰さが露わになっている。ヒュームの哲学的ドライさよりもこちらの方が、たぶん一八世紀の標準型に近い。その極限において、彼は死者に対する「共感」までも語っている。それは、もはや受け取り手をもたないがゆえに散乱し、いわば主体内部でひたすら多重化されるのみなのだが、だからこそスミスは、不毛に塗り重ねられるその乱反射のさまを、想像的に追尾せずにはいられない。

> われわれは死者にすら共感する。そして、彼らを待ち受けるあの恐るべき未来という、彼らの状況にとって真に重要なものから目をそらし、われわれの感覚を打つこれらの状態にひどく感情を動かされる（affected）が、われわれは死者たちの幸福に何の影響力ももつことができないのである。日の光を奪われること、人生と会話から締め出されること、冷たい墓に横たわり、地の腐敗や這い回る虫どもの餌食となること、この世界でもはや人びとの思いにのぼることもなく、もっとも親しかった友や縁者の愛情から、そしてほとんど記憶からも、わずかの時間のうちに忘れ去られてしまうこと。これらは惨めなことだ、とわれわれは考える。たしかに、これほど恐るべき災禍を受けた人びとのことを、どれほど思っても（feel for）十分ではない、とわれわれは想像する。彼らがみなに忘れられる危機にあるとき、今やわれわれの同胞感情（fellow feeling）を捧げることは、彼らにとって二重にふさわしいように見える。そしてわれわれが彼らの記憶に対して支払う空しい名誉によって、われわれは彼らの不運の憂鬱な思い出を、われわれ自身の不幸を取り払うために、人工的に活気づけようと努力する。だが、われわれの共感が彼らに何の慰めにもならないことが、彼らの悲惨をさらに増すように思えるのである。
> ……（Smith[1976:12-13]、強調は引用者）。

『道徳感情論』のなかでも有名なこのくだりは、*48 実体的な心的運動であると同時に、言語を介したその動きの執拗な記述・登記でもあるという、意見／感情《センティメント》の不気味な位相を指し示している。スミスの語りは、大いに賞賛された感情的多感の裏面を露呈させているだけではない。多感という過剰な運動、あるいはそこへの過剰な没入が、実体性と言語とが張り合わせになることの位相と完全に連続していることの証左となっている。

その意味で、センティメントから「センチメンタルな（sentimental）」が派生したのは、徴候的だというほかはない。この言葉の出現は四〇年代の終わりごろであり、当初は「（道徳的な）意見を述べる」という程度の意味だったが、『道徳感情論』が書かれた時期には、感情の豊かさや洗練を意味する語へと転化しつつある。そしてそれ以降ますます、通常の多感《センシビリティ》の水準を越えた繊細さという意味を帯びるようになる。[*49]「思慮深さ（sensible）」を語根とする「多感《センシビリティ》」が、円滑な社交にとって不可欠な、対他・対自的な配慮の細やかさを意味していたのに対して、むしろ社交超出的に発揮されることさえある、並外れた繊細さや、そのような主体の（美的）能力に「センチメンタル」が配分されていく、と表現してもよい。一七六〇年代から、文学史で感情文学（sentimental literature）と呼ばれる作品が大量に書かれ、自然の偉容の前で圧倒される感覚的・感情的経験を享受する崇高美学が流行する。[*50]七〇年代初頭に登場した複数形の感情《フィーリングス》は、感動のあまり、「言葉にならず」「涙が流れ」「溜息をつき」、あるいはまた、千々に乱れる思いを受け取りかねて「興奮し」「眠りを妨げられ」、あるいは「歩き回り」「思わず身を投げ出」すといった自己の姿を、それをピン留めするさまざまな表象（涙が代表的である）とともに報告する権利の大規模な解放と、明らかに連動している。[*51] このころが、感情の言説の絶頂期だろう。『センチメンタル・ジャーニー』（一七六八）の主人公ヨリックは、多感さそのものに語りかけ、高らかに賛美している。

> 親愛なる多感《センシビリティ》よ！　われらの喜びのすべての貴重なるもの、われらの悲しみのすべての貴きものの尽きせぬ源！　汝は己が殉教者を藁の褥に鎖もて繋ぎ、――そして彼を天へと上らしめるのも汝なのだ！　――われらの感情《フィーリング》の永久《とわ》なる泉！　……私は我が身を越え、何か広々とした喜び、広々とした優しさを感じる――すべては汝からもたらされるのだ、偉大なる――偉大なる世界の感覚中枢よ！　我らの頭《こうべ》より抜け落ちた一本の髪が、汝の創造になる砂漠の果ての地に落ちてさえ、汝は震える《ヴァイブレイト》のである（Sterne[1768→1960:125-126]、強調は原著者）。

けれども、ここまでくると、日常の水準を超えた感情経験の称揚の裏側に、それを自己享楽することへの期待が貼りついていることが、かなりあからさまになるともいえる。「センチメンタル」という語は、繊細な感受性の素直な肯定から外れて、自己の感情への度を超えた惑溺というニュアンスを帯びるようになっていった。じっさい、一七七一年に出版されたヘンリー・マッケンジーの『多感の人（The Man of Feeling)』では、感情的繊細さが賞賛されているのか、それとも多感に価値をおく潮流を皮肉った作品であるのか、かなり曖昧になっている。

そして、一七八〇年代を境に、多感《センシビリティ》という用語の隆盛も終わり始める。過度の多感が男性を女性化(effeminate)し、さらに神経衰弱へと至るという警告が、ますます頻繁に語られるようになっていく。とりわけ、多感を気取ること(affectation)に対する非難が出現しているのが興味深い。八〇年代後半に、あるエッセイストはこう書いている。「悲嘆を気取るのは主に女性に見られる。哀れみは愛に近いと良く言われているが、その哀れみは誠実なものでなければならない。悲嘆のふりは哀れみのふりしか生まず、それは愛とはまったく異なる情念と密接につながっている。涙の美しさは、それが自然なものと信じられるときには、公正さの感覚のあるあらゆる男性に庇護するようにつよく呼びかけるにちがいない。しかし、その呼びかけが十分な理由もなくしばしば行われると見なされたら、偽りの、下心ある慇懃さなら呼び寄せるかもしれないが、尊重すべき人びとからの同情に満ちた尊重を引き起こすことはないだろう」(Knox[1823:vol38, 82])。

現実の生活における自己陶酔的な多感の演出は、「センチメンタル」な小説に溺れる（とりわけ女性読者の）悪習と循環している。「淑女や淑女のような紳士」たちの気取りは、「小説趣味によってもたらされたとまでは言わないものの、これによって大いに増した。愛や愛が挫かれたときの悲しみをこれでもかと描く、センチメンタルな喜劇や心を揺さぶる悲劇も、多感の気取りを蔓延させるのに大いに一役買っている。」(Knox[1823:vol.39,256-257])。スターン的な感情文学が描き出す「柔らかさ、装われた過度の共感と最初は見えるもの、センチメンタルな情愛《アフェクション》は、偽装された劣情 (lust in disguise) にすぎない」とさえ、このエッセイストは述べている。[52]

とはいえ、この循環はなかなかに強固である。多感の気取りに対する攻撃は、真の多感や誠実な涙の価値を認めているからこそ成り立つのだから。それゆえ、センチメンタル小説の書き手が、多感崇拝に対する警告をもっとも声高に語ったりする。こうした循環から身を引き剝がすようにして、かつては「センチメンタル」な物語を書いたこともあるメアリ・ウルストンクラフトが、多感の文化・社会的称揚は「感じること (to feel)」を女性性の本質に結びつけることで女を囲い込み、「理性を用いる (to reason)」男性の劣位に置く社会の悪辣な策略であると告発したのは、一七九二年のことである。[53]

このようにして、一九世紀初頭には、「感傷 (sentimentalism)」の概念が成立するに至る。感傷的な人や場面に関するクリーシェが流通し、他愛もない、笑うべき何かへと転化したのである。より正確には、各人がそのように留保する権利を確保したうえで、「心優しく」振る舞いあうゲームが続けられることで、一九世紀的な社交界《ル・モンド》の論理が形成されていく、と表現した方がよいだろうが。これを最初に見事なかたちで描いてみせたのがジェーン・オースティンだろう。社交＝会話の背後にある、微妙でも切実でもせせこましくもあるかけひきや心理の綾を皮肉な目で観察しながら、しかしその社交＝会話の世界自体は絶対に壊さない。この三人称的視線自体が、一九世紀的な「社交」の姿を遂行的《パフォーマティヴ》になぞっている。

繊細であることの単なる自己満足を、自己以外の対象に向かう心の動きと取り違える滑稽さが、外部視点から容赦なく切り出しうるものとなったとき、慈愛心と自己愛をめぐる緊張は、もはやほどけてしまっている。[54] 一九世紀初頭に多感《センシビリティ》や感情《フィーリング》の繊細さが、神経の過敏さ（sensitivity）という概念に浸食されていったことも、明らかにこの流れと連動している。[55]

こうした解体とともに、あるいはその少し向こうで、別の変容も認められる。

自己利害の合理計算が働く以前に、他者に向かって「抗しがたく」動く純粋な感情の領域があると捉えることから、一八世紀の思考は駆動を開始した。だが論理的にいえば、利害関心＝反省を取り去ったあとの感情が「純粋に邪悪」である可能性が残る。「憐れみや愛、社会的感情の台座になるものをまったくもたないほど、生まれつききわめて性悪で自然に反する生き物はいない」とシャフツベリが宣言したように、だからこそ、彼らは真っ先にそれを否定しなければならなかった。「すべての」即時的感情が邪悪であるとすれば、複数の人間のあいだに社交＝社会が成立する契機がそもそも存在しえないではないか。自己愛還元主義にもっとも近いマンデヴィルも含めて、純粋に邪悪な感情の可能性を、それこそ可能態としてのみ検討の対象に上せたうえで棄却するというのが、一八世紀の人びとに共通した身振りであったともいえる。社交やそこで交わされる感情交流の事実性を分厚く描き出すこと、「生まれつききわめて性悪」な反自然的存在を消去したうえで、慈愛心と自己愛の矛盾、その人間的連関を辿っていくこと。しかし言い換えれば、それは、自身の反転像として、一八世紀が自らのうちに思い描いたその不安な悪夢を、論理的には消しきれなかったことの現れでもある。

そして、世紀も押し詰まったころ、虚空に描きだされた怪物的形象を成就する人物たちが登場する。権力的な誘惑をはねつける「美徳」のゆえに真実の愛を勝ち取り、結婚によって階級上昇した美貌の召使いを描いたサミュエル・リチャードソンの書簡体小説、貞操の危機を逃れる迫真的実況と感情の揺らぎ、そして道徳主体を成立させる反省の細やかさをすべて重ね焼きにして、不在の宛先に向かってひたすら報告しつづけるその書きぶりが、悪辣な主人を「改心」させ、身分違いの結婚に反発していた社交共同体にも承認されていくという、『パメラあるいは美徳の報い』（一七四〇）と題された——肉体を回避するからこそ幾重にも猥褻であるとしかいいようのない——あの一八世紀的神話を、マルキ・ド・サドはくるりと裏返しにする。『ジュスティーヌあるいは美徳の不幸』（一七八七／一七九一）は、道徳を肉的な快苦の物理学へと徹底的に分解し、道徳的生活が幸福に報われるという予定調和的期待の虚偽を冷たく解剖する。怪物とは他ならぬ人間のことであり、それを自覚しない弱き者たちだけが人間的に虐げられるにすぎない。じっさい、一九世紀初頭になると、戯れによって殺す優雅な殺人鬼たちが、歴史の地平に姿を現しはじめるだろう。*56

感傷と怪物。だが、後者こそがより本質的であると考えるとすれば、それもまたある種のロマン主義的イデオロギーになってしまう。小暗い修道院や秘密の牢獄や人里離れた城館で繰り広げられている（かもしれない）怪物たちの秩序壊乱的な跳梁もまた、社会のどこか片隅に囲い込まれているからだ。事実的にも、想像力の水準でも。

第一二章　美・道徳・感情

一　美の言説的浮上をめぐる方法的考察

感情の言説体制には、他にも考察すべき構成要素がある。自己愛／慈愛心以外の軸から辿り直したとき、どんなことが見えてくるだろうか。

前章でも周縁的に触れているが、美（beauty）をめぐる言説の組織化が一八世紀に始まっていることが注目される。何といっても、美学（Ästhetik/aesthetics）という用語が生まれた時代である。この時期の美の感覚やその言説が、――かなりドイツ語圏固有の思考形態に添った――この美学《エステティーク》に帰着できるわけではないが、このような新造語《ネオロジズム》が登場したこと自体が、一八世紀が美という現象やそれへの注目を、かつてないかたちで浮上させていったことの表れである。一七世紀の情念の言説が、否定的もしくは逆説的なかたちであれ、道徳との緊密な関係を維持していたとしても、美に関しては積極的に語ることがなかったことを考えれば、美の浮上は一八世紀にとって意味深い何かを指し示している。そしてそこには、感情や（一八世紀化された）情念の言説が大量に貯蔵されている。

近代的な美の概念の出現が何らかの主観性あるいは感情の領域と強く連関していることは、常識に属することがらだろう。(1)自らの個性的な内的世界を「芸術」作品のなかに充溢したかたちで表現する「作者」と、(2)「作者」の内面世界を媒介する、あるいは、「作者」の不可視の主観性に媒介されて形作られた「作品」（どちらがどちらを媒介しているか、現在においてもなお、どこか曖昧でありつづける）、そして、(3)「作品」そして／あるいは「作者」の微細な襞に入り込む精神的力能を有する「鑑賞者」。この三つ組みが、ロマン主義的な表現＝感情主体（のイメージ）を経由して、現代にも流れ込んでいる。主体と世界とのこうした対峙の様式に通底していくものが、一八世紀には登場しつつある。いうまでもなく、この過程に対しては、詳細な美学／芸術学的研究が行われているが、それをなぞり直すことはこの章の主題ではない。[*1]「美学」「芸術学」という構図自体がたぶん自動的に消してしまういくつかのことが、むしろ問題となる。典型的には、それこそ通常の美学／芸術学における感情の位置自体が徴候的である。

現代の公準においては、「芸術」はそれ自体で自律的な美的価値をもつとされる。または、そうした価値をもつと考えられた対象の一連のまとまりを、「芸術」と呼ぶことにしている（以下、その意味で芸術を用いる）。[*2]美的価値は、たとえば道徳や宗教といった別の価値体系に従属するものではない。芸術が美的価値以外の何かの媒体となることがあるにしても、その媒介の局面自体は芸術とは無関連である。したがって、芸術の内部に込められた、もしくはそれを前にしたときに生じる感情の多寡によって芸術を測るような態度もまた、芸術にとっては外在的な価値基準のもちこみになるだろう。ところが他方、芸術は鑑賞者のうちに、必ず何らかの感興や享楽を呼び起こす。いや、鑑賞者が芸術に接触し、そのことで何かが彼／女のなかに生起しなければ、そもそも芸術であるとはいえないのだから、それは、そこに芸術があるといえるための本質的条件（の一つ）ですらある。

このような芸術的感興は、一方で主体内の感情であり、他方で、――どのようにしてか――日常的な感情とは切り離されていなくてはならない。アーチボルド・アリソンの『趣味の本性と原理に関する論考』（一七九〇）の冒頭部分の言葉を借りると、「一般に、趣味とは自然や芸術の作品のなかにある、何であれ美しいものや崇高なものを私たちが知覚し享受する、人間精神の能力であると考えられている。美や崇高といったこれらの質の知覚は、私たちの本性のうちにある他のいかなる喜びとも異なる、ある喜びの感情 (an Emotion of Pleasure) を伴っており、したがって趣味感情 (the Emotion of Taste) という名称によって区分できる」（Alison[1790→1811:xi]）。のっけからこうした定義がなされていること自体、これから見ていくことになる一八世紀的な美の言説が、アリソンの時点で爛熟を迎え、別の秩序に向かって変質しつつあることの証左でもあるが、それだけに、現在も陸続きになっているような発想の基本形式がうかがえる。すなわち、主体は、人間本性の「他のいかなる喜びとも異なる」ある特異な感情的様式のなかで、美的対象を享受する能力を有すると想定されているのであり、さらにいえばそれは、美的対象が芸術として言説的に囲い込まれることと、おそらく論理的に同型な事態である。このようにして、感情は芸術にとって、寄生的であると同時に本質的であるという、二律背反的な位置にある。*3

　後述するように、美学の揺籃期である一八世紀にも、もちろんそうした揺れは内在している。だが、とりわけ現代の美学的思考にとって、これは厄介な棘であるようだ。そもそも一七三五年にアレクサンダー・バウムガルテンが提唱した「エステティーク」の定義には、芸術という要素は含まれていない。それは、理性的／概念的思考と対比される、「混乱し、不分明な」知覚や感覚の領域を、それ自体で充実した理性／概念的思考の領域として分析することを目指していた。美学は何よりも感覚の身体的機能をめぐる知（「肉体の言説」）として誕生したのだ、とイーグルトンは驚いてみせるけれども（Eagleton[1990=1996:25]）、これが驚きであること自体に驚いてしまうのは、情念や感情や感覚をめぐる言説群とつき合ってきたからなのかもしれない――もっとも、彼らのいう知覚／感覚／

感性と、本書が追っている情念／感覚／感情とは、かなり分厚い理性主義のフィルターで隔てられてはいるが。
「エステティーク」が感性学として始まったことは、どの美学史の教科書にも書いてある。そして、その意味が深く検討されることはなく、いわゆる「美学」に塗り替えられていく。知の感性・感覚論的起源を一応は承認しておいて、実質的に消去する。こうしたふるまいがくりかえされていること自体が意味深い。美学史は、一八世紀において、芸術というカテゴリー、芸術家＝作者や、その創造能力の源泉としての天才概念といったものが生成しつつあったこと、裏返せば、この意味空間内在的には、それらがいまだ不十分であることを示すのだが、結局のところこれらの歴史は、芸術の自律性に向かって自動的に埋められていく。「美学」が明示的に芸術と結びつくようになったのがいつごろかまで、探究されているのだが（ヨハン・ズルツァーの『芸術の一般理論』（一七七一〜四年）からとされている）。明らかに、一九世紀以降におけるこの知のそれなりの制度化、そして／あるいは言説的な境界画定は、カントあるいは新カント派の規定を、決定的な契機にしている。にもかかわらず、『判断力批判』（一七九〇）がもっぱら自然美を扱っており、芸術に関する言及が少ないことが、しばしば克服すべき「欠陥」として語られたりするところに、何というか、かなり面倒な上書き《アップデート》と自己消去のしくみを感じるのである。

つまり美学は、ある時期以降成立した芸術学との構造的連結《カップリング》のなかにある。自己に関連するさまざまな要素の歴史を精細に辿りながら、美学はそのことだけは対象化できない。[*4] 芸術を作る／作られた芸術の前にいる経験を暗黙のうちに特権化する「生産主義的前提」（Crary[1992＝1997:60]）のもとで、感情は、抑圧されながらも芸術の周縁を浮遊しつづける。芸術の自律性という意味論のもとでは、感情は必然的に納まりの悪い、過剰な位置価を占める。この厄介な問題は、現代の美学／芸術学的思考のなかで、さまざまなかたちで変奏されている。

構造的連結と上書き＝自己消去、そのうえで発生する数々の困難。これらはそれ自体で興味深い問題だが、ここでは扱わない。ドイツ語圏由来の美学《エステティーク》（の制度化）をどこまで本質視するかはともかくとして、美の大規模な言説化が一八世紀的現象であることはたしかである。ディドロが『百科全書』（一七五二）で報告するところでは、「誰もが美について議論し、自然の産物の美に感嘆し、芸術の作品に美を求める。……ところが、非常に確かに優れた趣味の持ち主たちに、美の起源、美の性質、美の明確な概念、美の正しい観念、美の正確な定義とは何か、美とは絶対的なものか相対的なものか……と尋ねたならば、たちまち見解は分かれる」(Diderot[2013:5])。あえていえば、「美」や「美しい」は、一八世紀初頭になって突然勃興した流行語なのである（たとえば、『ファウスト』のあの有名な「止まれ！　汝はいかにも美しい！」にしても、こうした文脈に置いてみる必要があろう）。さらに、大規模に増殖していく美（の言説）のすべてが、芸術を必須の台座にしていたわけでもない。世紀が押し詰まったころになってさえ、トマス・リードはこのように言えたのである。

> 美については、単に程度だけではなく、種類においても驚くべき多様性がある。証明の美、詩の美、宮殿の美、楽曲の美、麗しい女性の美、その他名指すことができる諸々の美は、すべて異なる種類のものである。……単純さへの愛ゆえに、［哲学者たちは］事物の本性が許容する度合いを越えて美を少数の原理へと還元し、ある種の美を視界に収める一方で、別種の美を見失うのだ[*5] (Reid[1785→2002:575])。

芸術の自律性という主題から離れて、美の出現が感情の言説編制の何を語っているかを考えなくてはならない。現在の視点から見て芸術のカテゴリーに属する対象についての言説をしばしば扱うけれども、これから続く三つの章の主題は芸術でも、芸術と感情の関係でもない。つまり、「芸術作品」という、安定した輪郭をもった構成体があることをあてにして、その構成体と主体の感情との交流《コミュニケーション》を論じるという構えはとらない（そうした構図の起源を考えているところはたしかにあるが）。むしろ、芸術とかなり独立して語られる美の歴史的実定性に照準を合わせる。よく考えてみれば、現在の私たちもまた、「美しい」をそのように用いることがある。ある種のやり方で美を語る、そうした言説の磁場こそが、一九世紀以降、芸術が大きく根を下ろすことのできた土壌だが、美を語(れ)ることの出来事性は、芸術そのものではない。

このような視座から、この時期特有の思考様式を、ちがったかたちで観察することができる。一八世紀の人びとは、美と道徳とを、ごく自然に、あるいは、私たちから見るとかなり無造作に、重ねあわせて把握する。こうした把持は、感情を共通の基盤《プラットフォーム》としている。美が感情をめぐる特定の言説形式として成立したとすれば、その近傍で、道徳感情 (moral sentiment) という、もう一つの領域も形成されているのであり、両者のふるまいや作用が、相当程度類縁的な、あるいは連続するものとして語られている。この様相については、多くの論考のなかで言及されており、むしろ一八世紀論の常識に属することがらである。だが、そのことの意味は、あまりきちんと考えられてこなかったのではないか。

その最大の理由はまさに、美と道徳とを「無造作に」つなぐそのやり方が、現代の目にはいささか異様に映るからだろう。美的経験の対象が芸術として囲い込まれる意味空間では、道徳もまた自律しているのであり、美を道徳的に評価する態度同様、道徳を美的に評価することも不安と警戒の対象となる(ナチズムの事例を想起せよ)。美的価値と道徳的価値とを相互に無関連化するのが現代の公準なのである。しかし、美と道徳の(望まれざる)連関という問題は、現代でもまだ終わっていない。政治美学の危険な誘惑だけではない。大衆文化における想像力のエコノミーは、「正しい」ことと「美しい」こととを都合良く両取りにする物語を、パッケージ化して変奏しつづけている。もしかしたら、美にとっても道徳にとっても厄介なこの事態を否認するために、両者を強引に分離するような公式的思考のドライブが、相互の側で働くのかもしれない。現代における芸術の意味論は、こうした破れによって限界づけられると同時に、それを曖昧にやりすごすものとして(も)機能しているのである。

一八世紀の位相が、現代の美学からも道徳哲学からも十分に捉えられてこなかったのは、おそらくそのためだ。どちらかがどちらかを還元できるという前提を安易に取ることができないようなかたちで、美と道徳が平然と横並びになり、ときにお互いのなかに入り込むこと。こうした一八世紀のありようは、「社会」そして／あるいは超共同体の夢の手前で積み重ねられるあの社交的具体性と、深く関係する何かである。

二　美《プルクラム》と善《ボーヌム》の連関とその解体

しかし、それを問うためには、一八世紀以前から辿り直した方がよい。いうまでもく、美という語自体ははるか過去から存在している。むしろ、美（pulchrum）と（道徳的）善（bonum）とを連関させて把握することが、西欧における伝統的なやり方だったとさえ言える。ただし、周知のように、長らく技芸《アート》は機械的技術《メカニック・アート》と区別されていなかったし、機械的技術の位置は低いものだった。なるほど「音楽」は自由学芸（artes liberalis）のなかに入っているが、数学の一部としてであり、現代のそれとは意味がまるで異なる。技芸《アート》一般というカテゴリーが成立していたかどうか怪しいが、いずれにせよそうしたものは、三学《トリウィウム》にも四科《クワドリウィウム》にも含まれていない。

さらにいえば、人為の産物である技芸を対象として「美」が語られることは、基本的にはなかった。もちろん、権力者の居城や聖堂の偉容や、その内部を飾り立てる、手間と技を凝らした工芸品や荘厳な音楽は事実として魅惑的だったのであり、そうしたものに心ならずも惹かれてしまう（悪しき）経験がありうることは、ところどころで書かれている。だがそれはあくまでも、古代のプラトンから引き継いだ詩人に対する疑念と、世界内の事物への愛を、神と来世への備えに向かって昇華されるべき迷いと捉えるキリスト教の教理という二重の公式性の片隅で、渋々認められるという体のものだった。*6 それゆえ、伝統的世界観が美と道徳的善とを結びつけるとき、それは神によって創造された世界そのものに対する哲学的・観想的賞賛というかたちをとるか、もしくは人格的高貴さにおいてだった。もちろん、この「人格」の美は、初期近代以降の人格《キャラクター》とはちがう。レトリケー的な人格《エトス》の残滓をどこか付着させつつ、人格における美はつねに、庶民に勝る身体的卓越や勇敢さや優雅さという肉体的《コーポリアル》＝物質的次元とともにあった。衣裳や装飾品で飾り立てられた(adorned)女性美がそうであるように、そのような美しい肉体は、富裕とそれによる文化的資源に裏打ちされることではじめて可能だったのである。

近代への胎動は、善と美のこの連関の二重化として始まる。一六世紀ごろから、人格の道徳的美しさが、肉体性＝物質性の領域に帰着するものではなく、むしろそれを否定的媒介とすることで、最終的には現世の彼岸にあるものでさえあるという発想が登場する。「美と美女、美女と美とは、あらゆる人によって崇められ愛されるのがふさわしい……美女とは、うっとりと眺められるもっとも美しい対象であり、美とは神が被造物たる人間に与え給うた最大の贈り物なのです。したがって、その美徳ゆえにその瞑想へ、その瞑想ゆえに天上の憧憬へと私たちは魂を差し向けるのです[*7]」(Firenzuola[1548＝2000:22])。貴族の社交を取り巻く「優美さ」の概念やネオ・プラトニズムにおける天上の意味論をはじめとして、私たちは本書のいくつかの場所で、すでにそうした圏域を横切っていた[*8](→二章八節、四章三節)。

その後を継ぐ一七世紀の情念論は、さらに一歩踏み込んで、美と道徳の伝統的連関を意図的に切り裂こうとした。そこでは、二つの相補的な戦略が働いている。一つには、連関の繋ぎ目である人格的美の形象を、人間主体の自然学的解剖を通じて解体することによって。優美さは肉体的＝物質的次元へと、あるいはそれをめぐる終わりのない計算と駆け引きの連続体へと再び送り返されるが、そのとき肉体性は、もはやそれ自体ではさほど美しくもないものに転落している。もう一つは、ある種の主観性の水準を出現させることによって。恋に狂わせる女性の婉然たる美しさ、権勢欲や名誉欲を掻き立てる贅沢な衣裳や豪奢な宝物、それらの集積が放つ光輝。しかし、人格美の肉体的＝物質的次元そして／あるいは、それを取り巻く富そのものというよりも、それらによって主体の内部に生み出されてしまう情念こそが問題なのである。おそらくこのことは、モノの「美しさ」や「光輝」が、それが帰属している物質そのものではないのと同じである――美がいまだ十分に術語化していない時代を生きていた彼らは、そういう言い方はできなかったが。美があるとすれば、それは「愛」をもたらし、「愛」によってもたらされる幻惑的効果としてだった。デカルトがこう述べている。

> われわれは普通、われわれの内的感覚または理性が、われわれの本性に適合しているとか、あるいはそれに反しているとか、われわれに判断させるものを、それぞれ善または悪と呼んでいるが、われわれの外的感覚［＝主として視覚］によってわれわれの本性に対する適不適が示されるものを、美または醜と呼んでいる……［美と醜に対する］愛好《アグレマン》と嫌悪の情念は、［善と悪に対する］愛と憎しみのもう一つの種類よりもより強烈である……にもかかわらず愛好と嫌悪は通常もう一方の［善と悪に対する］ものよりも真理性を欠いている(Descartes[1649=1974:158-159]、表記を一部変更)。

外的感覚に不当に働きかけることで真理への理性的到達を惑わせる、美の謎めいた作用に対しては、物質の特定の配置に由来するその成り立ちを理性的に分析することで、効力を空しく逸らそうとするか、もしくは、それこそ唯物論に消化して解体するかしかない。リベルタンたちが「快楽」と呼ぶのは、このような息せき切った、物質（へ）の消化と解体のことだった（→四章八節、六章二節）。

このようにして情念論は、優美さを物質的配置と、その配置に埋め込まれつつ精神が行使する受動的作用とに分解する。じっさいには優美さの意味論の浮遊する社交圏に近いところにいた論者たちが、そこから遊離して観察できるかのように、世界を自然学的に塗りつぶし、物質の配置の向こう側にあるとされた人格美の彼岸性を否認しようとする。いやむしろ、まさにそうやって塗りつぶす行為の反復のなかに、物質ならざる何かへの夢や怖れが回帰してしまうのかもしれない。情念論が美の領域については寡黙であったのも無理はない。世界に対する新たな観察プログラムのもとで、主観性——の未発——の周囲を旋回する思考様式だったからこそ。一方、一八世紀になると、美がそれ自体として概念化され、——情念論が切り裂いた破れ目を（再び）縫い合わせるかのように——道徳の領域と積極的に結びつくようになる。基本的構図としては、そういうことになるだろう。

三　古典主義「美学」と情念論——規則・喜び・教訓

しかし、視野を少し広げれば、話はより複雑になる。美的なものと道徳性とのつながりを切断する動きは、もっぱら情念の自然学的分析という、それなりに偏頗な言説領域で起こったことかもしれない。一七世紀には「美学」という術語はなかったし、「芸術 (beaux art/fine art/Schöne Kunst)」概念もまだ十分には生まれていないが、美的現象に対するそれなりに組織だった分析が開始されたともいえる。[*9] 通常の近代美学史が一七世紀の記述から始まることが多いのは、半分は正当なのである。他方で、ある種の道徳主義が充満していた時代でもある（↓九章二節）。そして、この二つがお互いにまったく無関連というわけでもないだろう。道徳は道徳なりの美的誘惑を組織するものだし、そうした組織化の論理に写像された近代の位相もある。それはまた、これまでとは異なる角度から、情念論の言説に光を当てることにもなるだろう。

生産量の圧倒的な厚みから、詩学の伝統をもちえた文芸の領域を別とすれば、現在から見ると芸術に分類される絵画や彫刻や建築、音楽に対するメタ言説が登場するのはルネサンス期になってからである。アルベルティ、ヴァザーリ、レオナルドらが、絵画、建築、彫刻の技法論そして／あるいは、いずれか特定ジャンルの擁護論《アポロジェティックス》を書いている（レオナルドの『絵画論』は当時公刊されなかったが[*10]）。それを承けて、これらの芸術ジャンルを体系的に考察しようとする半ば盲目的な動きが、フランスを中心として一七世紀半ばに始まる。学説史はこうした理論化の試みを、古典主義美学と名付けている。一八世紀との連続性を見る場合、新古典主義（neo-classicism）とも呼ばれる（文学史では、こちらの表現が多いようだ）。この括り方を透明化することには、小さくない方法論的問題があると思うが、ここでは記述上の便宜のために従っておくことにする。[*11]

この「美学」は、それぞれの芸術ジャンルあるいは悲劇や喜劇などのサブジャンルの、適切な規範や規則の探究というスタイルを取る。これは、一方で「個別的な細部そのものの明確で厳密な秩序づけと形式的単一化、そして厳密な論理的統合」（Cassirer[1932=1962:341]）を目指すフランス的理性主義の現れであり、他方で、文芸学におけるボアローに代表されるように、古代に属するとされ、しばしばアリストテレスの名のもとで権威化された諸規範の模倣という理念の周囲を旋回していた。合理性偏重と古代の理想化という相反する二つの要請に翻弄されつつ、規則の探究が文芸以外の領域にも広がっていったのである。たとえば、デカルトの情念理論を絵画表象に応用しようとしたルブランは、その風変わりな一例だったともいえる（→四章九節）。

このようにして、規則の探究という強い指向が生まれたものの、実質的には、（サブ）ジャンルごとにてんでに規則が立てられていたし、ジャンル内部でも、規則はひたすら数を増す一方だった。増え続ける規則同士の関係についての顧慮も、それほどは見られない。少なくとも一七世紀まで、全体としては相当にアドホックな「規則」だったといわざるをえない。とはいえ、このような規則の増殖という様式において、複数のジャンルに共通する基盤の模索という課題が気づかれはじめていた。いろいろな要素があるが、ここでは、それらの規則が向かうべき方向性が名指されたことを挙げておこう。古来から西欧は、こういうときには比例／比率／均衡の用語系をもちだしてきたけれども（これは自由学芸における数学＝音楽の伝統が大きい）、初期近代においては秩序や、とくに調和(harmonie/harmony)という語が目立つ。

さらに、秩序／調和は、情念と近接したもう一つの鍵語の系列、快／楽しみ／喜び（plaisir/pleasure あるいは delectaion ――英語圏では、この語はそれほど見ない）と密接に結びつく。デカルトは音楽論（一六一八）の冒頭で「音楽の目的は快くすること、そしてわれわれのうちにさまざまな情念を起こすことである」と述べ、対象の表象の結合や区別が適度な困難さを伴うものが、快をもたらすと主張している。言い換えれば、彼は調和を、複数的な要素がまとまりのあるパターンをなす（あるいは、人間がパターンを見いだす）ことによって定義し、それを快と結びつけた。ライプニッツはこの考えを推し進め、これを「多様性のなかの統一」と呼んでいる。この標語は一八世紀において重要になってくる。[*12]

とはいえ、一七世紀の人びとが「調和」というとき、正確に何を指していたのかはかなり難しいところがある。和音や旋律の理論をもった音楽が、優越的モデルだったわけではない。支配的だったのはやはり、詩や劇といった文芸とその周辺をめぐる議論である。この領域においては、調和は、「テクスト」全体に緊密な計算が行き届いていることというよりも、細部ではかなり奔放にいろいろなことを語りながら、最終的には物語全体の大きな結構のつじつまが合っていること（少なくとも、それなりの結末を迎えること）といったものに近い。古典主義美学の規則主義が、悲劇／喜劇／史劇、叙事詩／劇詩／牧歌詩といった（サブ）ジャンルの厳格な境界づけにこだわったのも、そのことの現れだろう。

言い換えれば、文芸――この時代では、それはもっぱら劇と叙事詩によって代表されている――の目的が「楽しみ(pleasure)」と「道徳的教訓(instruction)」とを同時に与えることにあるという、よく見られる言明は、調和と快の連結を変奏したものである。「道徳的教訓」というのは、先に述べたような、結構／結末のつじつま合わせとしての「調和」の別名だからだ。文芸は、途中のプロットで読者を「楽しませ」ながら、しかしプロットの冒険は、最終的な結末の道徳性に従属しなければならない。この規範が教訓側に強く寄るとき、人物の行為や性格はその善悪にしたがった典型性をもって描かれるべきであり、善人／悪人もしくは美徳／悪徳がふさわしい報いを受けるのが正しいという発想になる。トマス・ライマーは『前時代の悲劇』（一六七八）において、それが詩的正義（poetic justice）であると主張しさえする。このような理念は、九章でも取り上げた、この時期における人格《キャラクター》の類型把握の一つの帰結である（→九章二、三節）。こうした主張がなされたこと自体、「規範」がしばしば破られていたことの証でもあるが（ライマーは詩的正義という概念を、シェイクスピアを非難する文脈のなかでもちだしている）。むしろ、そんな破れを含みこむかたちで、一七世紀的な人格の出来事性が成り立っていたというべきだろう。

つまり、美がまだ術語化しきれていない意味空間においては、調和と快が、美の理論を代補するものだったのである。その意味で、文芸学上の理論と情念論とは意外と近い場所にあり、いくつかの場所で交叉している。両者ともに、調和と快というこの二つの鍵語を共通の足場にして考えているところがある。リベルタン的唯物論が、物語的結構という予定調和の外部の荒野で、道徳なき快楽の可能性を追求したとすれば、文芸理論にとっても、楽しみは単に糖衣錠《とういじょう》よろしく道徳性をくるみ込む外皮ではなかった。楽しみと道徳とが内的な均衡を保つ地点を、つまり、快と調和の調停可能性あるいは、両者が構成するメタ調和の地平を、それは本気で探っている。

　このことは情念への注目と結びつく。楽しみと教訓の両者が、読者聴衆の情念を適切に引き起こす／動かすこと（raise/move passions）にかかっているという認識が、よく見られるのである。ドライデンは「悲劇の批評の原理」（一六七九）でこう述べる。「それぞれの情念がどのような性質であり、それらがどのような動因によって動かされるかという、情念について学んだ知識の助けがなくては、詩人は情念を引き起こすべきでないときに引き起こしたり、自然＝本性にとって適切な度合いで引き起こさなかったり……する。こうした誤りのすべては、詩人の判断力の欠落か道徳哲学の原理に未習熟であることから生じる」(Dryden[1962:254])。ここでいう「道徳哲学」は、明らかに情念論のことである。[*13] 文芸における道徳の規範化の傾向は、情念論の乾いた文体を、自身の外部的資源として頼っているところがある。美的なものと道徳的善との一致に対する伝統的期待を、自然学的文体が解体したという把握だけでは一面的だ。一七世紀に生じたのは、むしろ、そうした伝統的期待のある種の理論化＝規範化と、情念の唯物論的解剖との、独特の結合の様式だったのである。[*14]

このような語り方は、部分的には一八世紀にも持続している。劇作家でもあったジョン・デニスの『詩の批評の原理』(一七〇四)の一節。「技芸《アート》の大いなる目的《デザイン》は、楽園追放によって人間本性にもたらされた堕落を、秩序を復帰させることによって回復することである。……道徳哲学の目的は、われわれのすべての不幸と悪徳がそこから生じてくる、われわれの情念に見いだされる無秩序状態を癒すことである。また、情念のしかるべき秩序から、われわれのすべての美徳と喜びが生じる。……詩とは、人間の精神を満足させ改善し、喜ばせ改良するために、そしてそれによって人類をより幸福に、より善良にするために、詩人が情念を喚起する(そしてこの目的のために感覚を楽しませる)技芸である。」(Dennis[1939:336])。「道徳哲学」が出てくることも含め——デニスにおいては、それが技芸《アート》の一つと規定されていることは興味深い——、ドライデンを引き写したかのようだ。喜びと教訓という目標設定とともに語られる情念の喚起というモデルは、一八世紀美学の強力な一要素を構成している。ある意味では、このモデルを拡張し、あるいは空洞化することで、美的感情の地平が構成されていくといってもよい。

四　詩と入神——ジョン・デニスの批評理論

ところでデニスの言説は、一八世紀へ引き継がれていった要素の例証としてだけでなく、それ自体としても興味深い。ミルトンやドライデンに範を取り、一七世紀の終わりから一八世紀初頭に活躍したが、新世代のポープらに攻撃されて影響力を失っていった。いろいろな意味で過渡期の人であるだけに、そのテクストには、情念と感情の継ぎ目が多重的なかたちで露呈している。

一方で、彼の批評は調和や規則の重視という古典主義的傾向を濃密に抱えている。「自らが均整がとれていなければ (regular)、これらの技芸《アート》がどうして秩序を回復できるだろうか。……論理学、倫理学、雄弁、絵画、音楽などの、これらすべての技芸の力を、詩は兼ね備えているのだから、詩自身に規則と秩序がないと想像するほどばかげたことがあろうか」(Dennis[1939:336])。だが同時に、詩の本質とその機能のすべてを情念に求めようとする、一種の極端な情念主義をデニスは採用している。『現代詩の進歩と改良』(一七〇一) において彼は、「情念が詩の特徴的しるしであり、それは詩のすべてに遍在していなければならない。なぜなら、語りが情念を伴う (Pathetick) ものでないときには、そこにあるのは散文であるからである」と断言する (ibid.[215])。つまり、詩は調和と情念という二つの原理に、同時に従属している。

この時期の思考において、――調和と「喜び」ではなく――調和と情念とを対置的に捉える問題設定自体がやや風変わりだけれども、この方向で整理したときには、おそらく、調和を知的もしくは理性的な観照の対象に配分したうえで、情念の上位に置くという方向で考えるだろう。デニスはしばしば、そうした均衡を危うくしてしまう。

> 情念が詩のあらゆる部分になくてはならないように、調和は通常、詩を通して存在する。……しかし、情念は調和がなくても人を喜ばせるが、情念なき調和は人を退屈させる。悲劇や叙事詩においては、調和がなくても人に教訓を与えることができるが、情念なしではそれは不可能である。というのも、叙事詩は驚異／賞賛 (admiration) によって、悲劇は同情 (compassion) と恐怖によって、教訓を与えるからだ (ibid.[216])。

別の角度からいうと、情念が調和という上位原理に必ずしも従っていないとすれば、情念それ自体のなかに、何らかのかたちで調和形成的な性能が内在していることになる。情念は、その原因となる対象に応じて程度や形状を柔軟に変形させながら、いわばそれ自体でつねに思考している。「理性が有効に働く以前に、情念は精神に秩序を与えなくてはならない」(337)。この発想は、情念は内在的な秩序原理をもたないという一七世紀の基本文法から大きく逸脱している(→五章六節)。

彼がこのように構想できたのは、物語内の秩序、あるいは物語であることの秩序をあてにできる、文芸という枠の内部にいたからではあるだろう。しかし、フィクションをめぐる議論にすぎないとやりすごしてはならない。物語世界がいかに調整されうるかという問いは、現実世界の見え方にどこかで感染する。文芸学もまた、ある種の象徴的機能をもっているのである。とくにデニスの場合は、文芸の理論を現実世界に差し向けようとする姿勢が数々の箇所で現れており、その結果、多様な論点が形成されている。その多数性自体が、もはや調和に下属しない情念という描像をなぞりながら、情念の言説体制と感情のそれとのあいだに開いた破れを暗示しているかのようなのだ。

たとえば、情念の自己塑成能力の強調は、「私たちが考えている物が偉大なものであるとき、その物の観念に驚異が伴うのは当然だし、もし非常に偉大なものならば、感嘆が伴うだろう」(ibid.[217])という見え方をもたらす。大きな対象には大きな情念が伴い、そのようにして情念が自己調節していく。おそらくここに、一七世紀的な崇高と一八世紀的の分水嶺を見るべきなのだろう。あくまでも文／語りのなかで、それを通して実現されるのが、一七世紀的な崇高だったのに対し(→五章四節)、ここでは、むしろ情念に内在する性能が、「偉大さ」や「驚異」や「感嘆」の源泉となる。かかる精神内的過程の進行に自発的に身を任せることが、世紀中葉以降展開していくことになる崇高美学あるいは崇高経験の要諦であり、デニスはその開始点となっている。[*15] 興味深いことに、デニスにおいては、こうした情念像が独特の入神(enthusiasm)概念と結びつくのだが、この入神は、一次的には詩学の文法を展開するかたちで考えられている。

一六世紀以来、詩学はしばしば歴史学との対比において論じられてきた。そこで鍵となっていたのは、歴史記述が現実に生じた複数的な出来事の雑然とした継起を追う(ことしかできない)のに対し、詩はむしろ、理念化された少数の人物の行為によって出来事の本質を物語的虚構、説話あるいはプロット(fable)によって構造化し、歴史記述に避けがたい退屈さという欠陥を越えて、「楽しみ」と「教訓」を与えることができるとする考え方だった。「詩人は通常規則性と呼ばれるものによって、虚構《フェイブル》=説話および、虚構が言葉や思考の両者に必ず及ぼす影響を用いて、通常の情念をより強く喚起する能力がある」(ibid.[201])。緊密に組み上げられた虚構《フェイブル》のもとで、有徴性を帯びた英雄的主人公たちによる、人間的行為の崇高な理念型としての「一般的行為(general action)」を詩が描き出すとすれば、その「大いなる行為」に伴うのは、単なる「日常的情念(ordinary passions)」――晩年になると、デニスはそれを「低俗な情念(vulgar passions)」とも呼ぶようになる――ではない。いや、日常的情念も素材として取り込まれ、記述されているが、詩の本質とより深く結びついた、「入神的情念」の領域が存在している。「画家と詩人は、大いなる情念とともに大いなる行為を描き出すとき、彼らの技芸《アート》/芸術の高みに到達する。……しかし、われわれが通常情念と呼んでいるものが、どんな詩のどんな場所にもある、というのは考えられない。したがって、日常的な情念とはまったく異なる情念がなければならない。そして、それこそが入神にちがいない」(216)。

一七世紀以来、入神/熱狂がいかに危険視されてきたかを考えれば(↑五章五節)、かなり異様な書き方である。じっさい、この直後に、宗教的・政治的熱狂の野蛮には洗練《ポライト》された嘲弄(raillary)の厚みをもって対峙すべしと説くシャフツベリの「熱狂に関する書簡」(初出は一七〇八年)が現れ、高級文化《ハイ・カルチャー》にとっての模範解答を提出することになった(Shaftesbury[1714→1968:vol.1, 17-55])。少なくとも、社会的プログラムにつながる発想の有効性という観点から見たときには、デニスの入神概念は、そのような一八世紀の本流からは外れているが、それ自体の注目すべき論点を含んでいる。それを以下の二つの方向から読み解ける。

第一に、この入神はかなり字義通りのものである。三節で引用したように、彼は秩序を「楽園追放によって人間本性にもたらされた堕落」からの回復として把握している。私たちが想像する以上に直接的なかたちで、デニスは宗教と詩を結びつけようとしていたし、またそれが可能だと考えていたようだ。「真の宗教と詩の目的は同一である」(251)。それゆえ入神は、「魂が運ばれる/忘我(transport of the soul)」という語句で表現されている。詩によって魂が彼岸へと運ばれるというだけではない。興味深いことに、彼は、楽園にいたころのアダムは「大いなる情念」をもち、神とともにあって「つねに強力な恍惚と忘我《トランスポート》のなかにいた」と述べている(256)。この批評家にとって、詩における忘我は、始源のアダム的恍惚の——一時的——回復なのである。

ジョン・モリッロの優れた論考によれば、一八世紀の神学周辺の議論のなかでは、堕落以前のアダムが情念をもっていたかどうかをめぐって論争があったそうだ(Morillo[2000:29])。この点は筆者は詳しくないけれども、一七世紀のスノーやレノルズらは、楽園追放以降、本来は神の理性の似姿であった人間の魂に情念が混入されたと考えていた(→五章一、二節)。神学的伝統から考えても、こちらの方が標準的な見解だろう。じっさい、彼の構図では、人間がアダム的恍惚からそもそもいかにして堕落したのかが説明がつかなくなる(それと呼応するように、伝統的に罪への誘惑者とされるイブとサタンの姿が、彼の神話からはまったく消去されている)。その意味で彼は、一八世紀後半に顕在化していくことになる、情念を情熱に書き換える運動を、私たちには少し意外な方面から予告しているのかもしれない。神学的難点を冒してまで主張されているのは、始源には神とともにある幸福《エンシューシアスティック》な状態があり、それを取り戻す能力が人間にはある、ということだからだ。

だが、始源への回帰という宗教的理想が万人に平等に開かれているのに対し、詩における情念と秩序の絶妙な整合を味わうことのできる、「教養のある」人間の数は限られている。詩における平等という理念は、趣味／教養の抜きがたい文化資本的性格と齟齬をきたしてしまう。[*16] 世紀後半以降のロマン主義が、宗教の世界内的な機能代替としての芸術を、つまり一種の内在的超越を指向したとすれば、[*17] それはすでにデニスにおいて予感されているかのようだ――こうした位置取りにつきまとう困難も含めて。[*18]

第二に、入神的情念は、それに憑依された行為者との関係においても考察されている。彼はこう論じる。

> 驚異であれ恐怖であれ喜びであれ、その原因が本人に明らかであるような情念を、私は通常の情念と呼ぶ。同じ情念が、その原因がそれを感じている人にははっきりしないものであるとき、私は入神的情念と呼ぶ(Dennis[1939:216])。

この定義は、新古典主義的《ネオクラシカル》文芸学と一八世紀人間学の二つの水準をまたがっている。文芸学的には、原因が明らかでない情念としての入神という概念は、叙事詩の理論の延長線上で得られるものだ。人並み離れた人物たちが、苦難や試練の状況のもとで、人間性の模範にして典型となる「一般的行為」を取る。叙事詩のなかで、彼／女をその行動に駆り立てた情念の原因や動機が微細に記述されることはない。彼／女の情念はつねに、行為として結果してしまっているし、行為に先立って彼／女がそれを顧慮したりしないからだ。行為の瞬間において、その人物は「我を忘れて」おり、それゆえ入神的状態にある。「一般的行為」の連鎖によって特徴づけられる文芸の標準化のもとで情念を分節化しようとするとき、入神の形象が浮上するいえばよいだろうか。そう考えると、デニスの入神概念は、行為者の意図を奇跡の記号に近似して捉えたバルワーの発想と意外な類縁性を示す（→八章六―八節）。裏返せば、バルワーが叙事詩的な意味世界を記号《キャラクター》論的に表現した人だということが見えてくる。

だが同時に、このような叙事詩モデルにもかかわらず、彼が区分の根拠を「当事者が情念の原因を把持している／していない」に求めているということ自体の、決定的な一八世紀性も見落とせない。この地点で入神的情念は、日常的な人間観察の領域と連続的になるのである。

> われわれの思考の大部分には、ごく自然に何らかの情念がある程度伴っている。会話においても「創造主ならぬ」人間の作者たちにおいても、われわれに非常に大きな喜びを与えるのは、こうした情念の表現である。……私たちは一分たりとも、声の抑揚を変えずにしゃべったりはしない。そしてこうした変化や声の屈折が、さまざまに異なる情念を徴づけていることは、反省してみれば誰にも分かるだろう。だが、これらはすべて、われわれや、「われわれが」長く用いている理性には気づかれずに通り過ぎる。われわれの思考の敏速さは大変素早いものであるので、われわれ自身にさえ気づかれない (ibid.[217])。

思考の大部分に情念が伴うという書き方をはじめとして、ここにロックの影を見ることはたやすいだろう。情念という語を用いてはいるが、明らかにこれは、ほとんどの思考に快や不快もしくは不安な感覚《アンイージネス》が随伴するという、あの欲望論の焼き直しである（↓一〇章一〇節）。入神は、情念の原因に対する微細な気づきが働く領域を背景にして画定される、あるいは、両者は相互的に浸透し合う。

デニスは、宗教的価値観が跳梁していた社会が、世俗的な市民社会に塗り変わっていく時代を生きた人である。宗教的文脈が剥がれ落ちつつなかで、彼の批評は、詩と宗教をダイレクトに連結させようとする。一七世紀の人びとが語ってきた詩の道徳的秩序という新古典主義主義的タテマエが、宗教という外部性に向かって突き抜ける。しかし同時に彼は、入神的情念とそれ以外の日常的情念とを詩の内部でいかにして区分できるのか、と問うている。

入神が「真の宗教」と繫がっていようが、それはあくまでも詩に内属するものとして観察されなくてはならない。そしてその観察は、言葉／感情の日常的で微細な襞への言及と連鎖していく。

入神のテクスト内実在性をめぐる彼自身の回答をどう評価するにせよ、この思考様式は、詩的言語をめぐる問題関心の原初的形態になっている。日常的な言語コミュニケーション（ここでは、一〇章や一一章で論じた「コミュニケーション」ではなく、現代社会学的な意味で用いている）の外部を担保しつつ、それをコミュニケーションの内部で問えば、必然的にそうなる。さらに、外部性の領域を日常的コミュニケーションの根拠にすれば、言語起源論に向かうだろう（デニス自身の議論は、いまだ言語起源論とはいえないが）。『詩の批評の原理』という表題が明示しているように、このようなやりかたで、彼は批評という新進の近代的言説に接続する。[*19] 正確にいえば、テクストの外部性を想定しなくても批評一般は成り立つので、彼はある特定のタイプの批評を離陸させたことになる。

五　美と道徳の再縫合――シャフツベリ

このように、一七世紀の「美学」は、いくつかの側面で一八世紀の意味空間と連続している。だが、たとえば、文芸理論が道徳的な教化と併置していたのは、あくまでも楽しみであって美ではなかった。もちろん美という語が使われることはあるが、それはとくに深い意味をもたない修飾語の一つとしてである。デニスにも、美を概念化して考察するような指向性は認められない。

美の概念化が厳密にどこで始まったのかをいうのは難しいだろうが、美しい何かについてではなく、美そのものをめぐる議論が何ページも続くテクストを書いた最初の一人がシャフツベリであることはまちがいないだろう。細かな起伏をつけられ、あちこちに不思議な陰翳が差すその語りに耳を傾けていると、一七世紀の人びとがついに言説化できなかったことが、彼において突破されていることが分かる。「道徳主義者あるいは哲学的狂詩曲」（初出は一七〇九年）のなかで、テオクレスがフィロクレスに講釈するには、

> 「君はいかなる種類の富でも、その賛美者ではなく、それには大して美を認めないだろう。なかでも、野蛮に積みあげられ (a rude Heap)、量《マッス》になった富には。けれども君は、メダルやコイン、浮き彫り細工、彫像、そして何であれよく作られた品《ピース》に美を見いだす。……しかし、君にとって美しいものは金属や物質ではなかろう。……美しいもの、綺麗なもの、端正なもの (the Beautiful, the Fair, the Comely) は、物質それ自体のなかには決して存在せず、技芸《アート》とデザインのなかにのみあるのだ。……」(Shaftesbury[1714→1968:vol.2, 404-405])

このようにして彼は、集積としての富から個々の「よく作られた品」を切り離し、次いで作物《さくぶつ》の物質的基盤からその光輝《アウラ》を切断する。富の本質は、抽象的な経済的価値の多寡によってではなく、夥しい宝物の集積によって見る者を圧倒するところにある——。富の修辞機能の分析という、やがて一八世紀の新機軸となっていく考察を遂行しながら、それを「野蛮な積みあげ」と形容し去っているのには、思わず目を剝く。もちろん、そのような集積が身近だった人にしかこうは言えないだろう。だが、すべての貴族がこのように言い切れるわけでもない。

美の本質を物質的富裕から切り離したうえで、彼はそれを道徳と強く結びつける。「この世界でもっとも自然な美は誠実と道徳的真理である。真の「人格」特性が美しい顔を、真の均衡が建築の美を、そしてまた、真の旋律が調和ある音楽をかたち作る。詩はまったくの虚構《フェイブル》だが、それでも真実こそがその完成である」(ibid.[vol.1, 142])。「もっとも自然な美」である道徳的真理の先頭に誠実《オネスタス》が挙げられているのは、美《プルクラム》と善《ボーヌム》の伝統的連関を意識している証拠である。*20 しかし彼は、美しい道徳的真理なるものを、すぐれた人格に支えられた「美しい顔」から、建築、

音楽、詩へと転用する。善きものと美しきものとの人格における統合という論理を技芸《アート》に転用する発想は、彼以前にはなかった。こうした拡張の向こう側に、近代的な美の概念が立ち上がっていく。

近代美学史内部では、シャフツベリにおける「道徳」の強調が、ネオ・プラトニズム思想の表れであると（やや否定的に）扱われることが少なくないけれども、それは知がまさにこの拡張の事後《ポスト》にあるからだろう。しかし、復古的に見えるかもしれない美と道徳の関連づけが、じつはむしろ、この時期の言説の新しい現象であることは、もう少し注目されてよい。*21 考えてみれば、「真の宗教と詩の目的は同一である」というデニスのあの主張にしても、ある意味でこれと似たような表現形式ではある。ただ、どこか一七世紀的な思考様式のもとにあったデニスは、詩という実体に、詩の外部としての宗教という実体を直接ぶつけてしまう。彼以降の時代は、語りの繋留点としての宗教性をあからさまに脱色してく方向に動いていったわけだが、「道徳的真理」と「物質を捨象した美」という抽象的概念のうえで、両者の結合可能性を語ったシャフツベリはより巧妙である。これ自体が世俗化の政治・文化戦略を一翼を担っていることはいうまでもない。*22

伝統的連関を参照してはいるが、彼は、高貴な人格のうちに結合する道徳と美の一致という本質性を、他領域に単純拡張しているのではない。むしろ、建築や詩や音楽――あるいは「メダルやコイン、浮き彫り細工、彫像」でもかまわない――など、具体的なかたちをもって人を取り囲む、一連の「よく作られた品」の広がりに向かって、道徳的美質のイメージが拡散しているとすらいえる。一八世紀的な人格《キャラクター》とは、（ある階級以上の）人間が有していると強く信憑されているものだが、にもかかわらず、必ずしも数えつくすことのできない、その人の諸特徴《キャラクタリスティクス》の束として把握されるものだった（↓一一章四節）。シャフツベリの道徳／美の把握は、こうした新たな人格概念のうえに、美《プルクラム》／善《ボーヌム》という人文的教養を写像したものなのである。じっさい、身振りや挙措や人間身体の優美さへの言及が、より正確には、テクスト内部でのその散乱した出現ぶりが、それを暗示している。

さらにいえば、美の身分それ自体が、一八世紀的な人格のありようと奥深くで繋がっている。先ほどのテオクレスの台詞のなかで、彼が「美を認める」、「美を見いだす」、「君にとって美しいもの」といった表現を用いているのに注目しよう。物質的基盤から切り出される美というのは、あくまでも、「君にとって」そう映るという、主体の内部で生成する出来事なのである。同時に、美が物質的基盤そのものではないにせよ、他ならぬその物質のうえで現象する以上、それはいわばその物質において客体化されている。ここで主観の客観化や共同主観といった図式に飛びつかないようにしよう。この美的判断は妙にモノ的でもあって、何らかの個別的《シンギュラー》な対象があってはじめて発動する。各人がそのようにして、何かの個物のうえで美を見いだすことができる、しかし、あるいはまさにそれゆえに、少なくとも前もっては、美の総体や範囲を画定できない。その意味では、それぞれが具体的でありながら、その総数はいえない諸特徴の束という、あの人格《キャラクター》の論理が、どこかの地点で、このような主観的かつモノ的な美の位相を必然的に要請するのである。そして、個々人において特異な美的感受性——一七世紀までなら、それは情念の傾性の一つとして埋没していただろう——も、そうした特徴の一つに包含されることはいうまでもない。「自然そのものによって大変運良く作られたので、素朴きわまりない性質だったり、粗放な教育しか受けていなくても、生まれつきの優美さや美のようなものが、行為のなかに現れる人もいる。……しかし、行為や振る舞いにおける優美さや美しさの完成体は、自由な教養をもつ人にのみ見いだされる」(Shaftesbury[1714→1968: vol.1, 190])。

近代美学史は、美の概念が道徳に連なる何らかの傾斜面をもっていることを、たとえば、一八世紀前半における鑑賞家／目利き(connoisseur)という美的主体(目利きの称揚も、シャフツベリあたりから始まっている)への注目によって近似してきた。しかしその内実は、すぐれた趣味判断能力をもつことがそれ自体で良いことだという人間学的了解が形成されたといった把握を、それほど出てはいない。しかし、凡百のなかから優れたものを見分ける目、あるいはその理想化は、多くの「よく作られた／できの悪い品」に接することのできる環境をあてにしている。一方、こうした像に対する批判的「反省」として、現代の社会学的想像力は、鑑賞眼という文化資本が富裕という経済資本と強く相関していることを、目利きという形象が体現しつつ隠蔽している、という方向で考えがちだ。もっといえば、両者を適度に出し入れするのが現代的な思考の制度になっていると思われるが、どちらの視点も、美的趣味判断が主観的かつどこかモノ的であることの意味論的機能を十分に捉えてはいないのではないか。

主観性という要素が介在しないと、人格の総和が単なる財の総和に——したがって、一七世紀的な富裕の論理に——還元されてしまうが、かといって、いかなる対象にも縛られない自律的な精神のはたらきを超越論的に設定するというやり方はしない。趣味ある紳士淑女の人格《キャラクター》なるものは、本当は、たしかに富にほとんど依拠しているのだが、そこから少しずれる主観性が出現することで、権利上、富の事実性が留保できる。そのようにして、あらゆる権勢の限界点としての自然が呼び出される。「君が遠くの向こうに見ている大洋の美に打たれたとして、それを支配し、有能な将軍のように海を乗りこなすにはどうすればよいかという考えが、君の頭に浮かんだら、その空想は少し馬鹿げてはいないだろうか。……われわれの眼下に開けているこの見事な谷のような田園の広がりを目にして、君はこの展望を享受するために、その土地を私有財産にしたり、所有したりしなければならないだろうか」(ibid.[vol.2, 396-397])。

当たり前のように「よくできた品」に取り囲まれた貴族社会圏を越えて、美を発見するゲーム——そう表現してよいならば——が広まるうえで、この留保可能性の出現が鍵だった。その意味では、美をめぐる考察が、貴族文化の体制内破壊者であるシャフツベリによって最初に担われたのは必然的だったとすら思える。「私人によって建てられたが、国家の装飾となるほどの壮麗さと偉大さのある建物」が、所有者でも資金提供者でもない人びとによって容赦なくあげつらわれ、場合によっては「世人の非難を受ける」。公共の美術館や博物館がなかった時代においてはとくに、建造物なら建造物が誰かの所有になるものだという事実は消せないが、それを目にした個々人が美的判断をもち、口さがない意見《オピニオン》を開陳することも、もはや止めることはできない。そして、「趣味を向上させるのではなく、むしろ堕落させるのが本性である」宮廷よりも、「自由な国家」の公衆《パブリック》によるそうした切磋琢磨《ポリッシュメント》の方が、はるかに趣味を洗練《ポライト》させるのである（Shaftesbury[1914 → 1995:22-23]）。

彼に代表されるような、世紀初頭における公衆《パブリック》の形象の急速な浮上は、公共の美術館やアカデミックな知の権威化といった、対応する社会的制度が曖昧なところで、美的経験やそれを享受する能力が自律しつつあること、それゆえ趣味の人間学に、ある意味で過重な意味論的期待がかからざるをえなかったことを示しているように見える。目利き《コノスール》的な美的主体がただちに啓蒙主義の道徳的理念によって裏打ちされていたというよりも、むしろ制度的欠如の代補という間接的回路の所在を見ておくべきだろう。

六　アディソンと視覚＝想像力の理論

シャフツベリは、美という概念をはっきりとしたかたちをとって浮上させ、それを道徳の領域と再び強く結びつけた。とはいえ、よく指摘されているように、彼は美の定義や美の本質についてそれ以上の具体的な分析を行っているわけではない。たぶん、本人に言わせれば、美の本質はそのようなかたちでは示せないのだと答えるだろう。しかし、諸特徴のなかに散乱する「君にとっての」美の領域を出現させたとき、（新）プラトン主義は実質的に破綻している。にもかかわらず、あたかも美の本質がそのようなかたちで語れるかのような立場を維持しつづけたともいえる。それゆえ、ここでも、典型的に一八世紀的な言説は、彼の少し向こう側で編制されることになる。そこでは、美と道徳の連関は、シャフツベリよりも浅いかたちで把握されるが、まさにそのことで、連関が大きく広げられる——場合によっては、両者のつながりが、ところどころで見えなくなるほどに。

シャフツベリの『諸特徴』が公刊された一七一二年に、ジョゼフ・アディソンが「想像力の喜び（Pleasures of the Imagination）」を論じている。想像力という用語を目新しいやり方で用いつつ、彼は、美（をはじめとした喜び）の感覚論的分析を遂行する。「全く新しい」と彼が自負しているように（Addison, Steel et. al.[1967:vol.3, 273]）、こうしたことを明示的に指向した議論は、たしかにこれが最初だろう。デカルト派のジャン＝ピエール・ド・クルーザによる『美の理論（Traité du beau）』（一七一五）――クルーザは「多様性のなかの統一」を定式化するかたちで論じている――など、美を主題にした哲学的著作が現れるようになるのも、アディソン以降である。

いくつかの点で、このテクストには一八世紀に広く共通する様相が現れている。この論考は、十一回連続で『スペクテイター』誌に掲載されたのだが、それを予告するエッセイのなかで当初問題提起されていたのは、「文章に対する自然な良い趣味」のための規則は何かということだった（Addison, Steel et. al.[1967:vol.3, 270-273]）。ところが、それに応答するべく考察された「想像力の喜び」の領域は、もっぱら視覚に準拠することで切り出されてきている。視覚論としての独自性もあるが、まず、こうしたかたちで文章／文芸から視覚へとずれていくという、一七世紀にはなかった語り方自体に注目すべきだろう。彼自身が、「英語のなかでこれほど曖昧で意味を定義されずに使われている言葉はない」と形容している「想像力」という括りを採用したとき、アディソンは、一八世紀に特徴的な思考様式を早々に予感している。

私たちの視覚は、すべての感覚のなかでもっとも完璧で、喜びを与えるものである。……触覚はたしかに、延長や形態、その他の眼に届くすべての概念を私たちに与えることができるが、色彩は別である。しかし同時に、触覚はその働きにおいて、その対象である特定の事物の数や大きさや距離に整序され、限定されている。われわれの視覚はこれらの欠陥を補うために与えられたように見える。そして物体の無限の多数性のうえに伸び広がり、もっとも大きな形態をも把握し、宇宙のもっとも離れた部分のいくつかにも到達するような、より繊細で拡散した触覚であると考えることができるかもしれない。想像力に観念を与えるのは、視覚というこの感覚である。そして、可視的な対象をじっさいに見たときにそこから生じるもの、もしくは、絵画、彫刻、詩の描写(description)その他の似たような機会によって、それらの［可視的対象の］観念をわれわれの精神のなかに喚起するときに生じるものを、私は想像力……の喜びと呼ぶ(Addison, Steel et. al.[1967:vol.3, 276-277])。

ここで用いられている基本的な操作を確認しておこう。アディソンによる視覚と触覚の対比は、ロックのあの一次的性質／二次的性質を拡張しつつ、一種の脱構築を行っている。ロックにとって、一次的性質は、――基本的には――触覚モデルのもとで押さえられ、視覚その他が協働して把持している二次的性質に優先していた(→一〇章七節)。アディソンはそれをすっかり転倒させ、視覚の優越に読み替えている。この延長線上で、実物としての対象を見ること／絵画、彫刻、詩などによって媒介された対象の表象を見ることも、それぞれ一次的性質と二次的性質とに配分される(ibid.[290-293])。

後者の側面から見ておくと、これが彼以降、一八世紀における実物／表象の関係様式の基本形になるといってよい。すなわち、表象は実物の模倣(imitation)であると把持されている。たぶん、彼らにとって、それは素直な見え方だが、表象の実定性を模倣によって確保しようとする営みは、根源的な困難を抱えている。簡単にいえば、完全な模倣に成功し、表象が完成した瞬間に、表象は消滅してしまう。*23 その意味で、この時代の思考の文法は、むしろ素朴な意味での模倣の地平をできるかぎり引き延ばし、複数的な読み替えの可能性を追究するところにしくまれる。あるいは、この引き延ばしの運動こそが「模倣」であると表現した方がよいかもしれない。*24

模倣理論については後の章で詳説する。ここではさしあたり、観察者が眼前の対象を捉えるはたらきが、それ自体である充実した快の経験であ（りう）るという点に注目したい。表象によって媒介された視覚経験が、二次的で派生的な身分に置かれるのもそのためだ。じっさい、シャフツベリがあまりしなかったようなやり方で、アディソンは視覚的経験――もしくは、視覚によってモデル化された何か――を生々しく描き出したのである。「何であれ、新しくもの珍しいものは想像力に喜びをもたらす、なぜならそれは、魂を喜ばしい驚きで満たし、その好奇心を満足させ、それまでもっていなかった観念を魂に与える。……精神があらゆる瞬間に何か新しいものに呼び寄せられ、注意力がある特定の対象に長いあいだとどまって、自身の力を消費できないとき、多様性を推奨するのがこれ［＝新しく、珍しいものの喜び］である」(ibid.[280])。さらに、かつて見たことのある情景の断片、何らかの「匂いや色彩」が、「それまで想像力のなかで眠っていた無数の観念を呼び起こ」し、「以前その情景に伴っていたあらゆるイメージの多様性」を、眼前の情景に付け加え、想像力の喜びを増大することができる(293-294)。

視覚的経験は、物体の多様な形態に遊動しながら自由にアクセスする観察として断片化されているが、他方で同時に、――どのようにしてか――くっきりとした輪郭をもったものとして、自己完結する。「想像力の喜びは、以下のような利点を知性的喜びに対して有している。つまりそれはより明白であり、よりたやすく手にすることができるのだ。眼を開けるだけでよい、そうすれば情景は飛び込んでくる。観察者のなかにある思考の注意力をもちいたり精神を働かせたりすることをほとんどせずとも、色彩がひとりでに想像力に色を塗ってくれる。いかにしてかは分からないが、われわれは何であれ目にするものの均衡に打たれ、ある対象が美しいものであることに、「それを美しいと判断するに至った」特定の原因や機会を考慮することなく、ただちに同意する」(277-278)。視覚的映像は、一種受動的で機械的でさえあるようにして自己生成される。ポスト・ロック的な感覚の理論に媒介されることで、受動性が自動性もしくは機械性へと押し出されていると表現することもできよう。

断片化しかつ自己完結する視覚経験の出現。言い換えればそれは、美しい何かに外在し、それを一つの閉域として区切る、つまり「テクスト」化する主体の働きが成立したということだ。そして、そのような主体（内）作用が「視覚経験」として名指されている。とはいえ、彼以降、視覚モデルが単純な意味で優越していったと考えない方がよい。もちろん、人間の経験はますます視覚化しつつあるのだが、視覚的経験の先行性は大いにあてにしながら、一幅の場面《シーン》を切り出す主体の権能のメタファーへと、むしろ「視覚」を送り出していく。それは、アディソンがこのような経験を、――視覚の、ではなく――想像力の喜びと呼ぶ理由でもある。彼が指摘する通り、想像力という用語は、異なる書き手ごとにかなり自在に用いられているから、あまりに発展史的に捉えることには慎重にならなくてはいけないが、一七世紀の想像力は、劣った理性（デカルト）もしくは混乱した内的運動がもたらす幻惑や幻像（ホッブズ）として、おおむね否定的で消極的な位置を占めていた。アディソンにとって、想像力は、断片的で部分的な観念の想起と情景の受け取りとが、主体のうちで相互励起するものになっている。時代が下ると、それはさらに積極的なものへと転換していくだろう。たとえば、スミスにおける共感と想像力の関係づけや（→一一章一四節）、一種の感覚の仮想的補償作用であり、仮象を成立させるバーク的想像力のように。一八世紀全般にわたって、感覚作用の過剰もしくは想像的（！）拡張の過程が進行するのである。[25]

　一方、想像力の喜びの方に着目すると、一七世紀にはこれと対になっていた「調和」が消えていることに気づかされる（→本章三節）。調和の最終的優越という構図が、大きく後退しているのである。もちろん、美をめぐる一八世紀の思考においても、調和は関連する語彙の一つでありつづけるが、それは美をかたちづくるある「テクスト」的全体の内部で、局所的に働く（こともある）作用の一つであり、あえていえば、美に従属する存在になる。つまり、調和もまた断片化もしくは局所化しているのであり、上述の主体の作用に支えられることで、はじめて成り立つのである。調和の概念を終止点としてきた文芸的結構の考察が、視覚経験へと横滑りする、あるいは、テクストの特定部分に憑依した視覚的なものがところどころで前景化していくのは、そのようにしてである。したがって、

「調和」にきわめて近似していた道徳性も、一七世紀のようなかたちでは見いだせず、むしろ、視覚の行使においてその都度「テクスト」を形成する主体の能力に譲り渡される。それは、主体作用の大きな回帰として見いだされるものとなるだろう。

この関連で、「想像力の喜び」が、「偉大さ」「新奇さ」「美」にカテゴリー分けされていることが注目される。詳細に見ると、これらはまず「偉大なもの、見慣れないもの、美しいもの (What is Great, Uncommon, or Beautiful)」という、形容詞を用いた語句として導入され、その後で「偉大さ (Greatness)」、「新奇さ (Novelty)」「美 (Beauty)」という定義に変換されている。[*26]「美」「偉大さ」「新奇さ」という抽象概念の大元にあるのが、「偉大なもの」や「美しいもの」といった観察者の内部に生じる感覚のはたらきであることを、彼はシャフツベリよりさらに明瞭に登記《レジスター》しているのである。[*27]

三つのカテゴリーの中身を見ると、「偉大さ」が崇高に直結している[*28]のに対し、「美」は古典主義的な均整と比率で語られている。同時に、「美」は「偉大さ」や「新奇さ」を洗練させる一種の女性的な柔弱さによっても特徴づけられる。美と偉大さ(崇高)のこの対比的把握は、バークからカントへと引き継がれ、正統化されていくことになる。一方、「新奇さ」の導入は、ある意味で美学的整序には収まらない意味的広がりをもっている。この概念は、デカルト的な第一情念としての驚き《アドミラチオ》を、「現代」にもっとも強力に流通している好奇心 (curiosity) として読み替えるものだった。「何であれ新奇で見慣れぬもの」が「魂が以前には所有していなかった観念を与える」ことが、「喜ばしい驚き」をもたらすという規定は、小説《ノヴェル》の地平との通底を感じさせる。新奇さの強調が、美の古典主義的な(再)正統化を揺らがすものだという解釈もありえよう。[*29]

カテゴリー間の優劣をめぐっては、美学内部で多くの議論が行われているが、私たちにとっては、のちの美学《エステティーク》が特権化していくような「美」の経験へと中枢化していないことが、もっとも重要である。それは、快の様式が複数的様相をとって並列することを示しているのだ。快の様式のこのようなあり方は、事物が主体のうちに引き起こす観念や感覚作用の複数的なパターンとして、「喜び」が追尾され分節されていることの現れだろう。

七 「抗しがたさ」としての美——感覚的「所有」とその否認

視覚＝想像力による「喜び」の諸経験の、こうした分節化の背後には、より大きな文化・社会的文脈が介在していた。文化発信の中心が宮廷から都市へと移行し、物質＝商品文化が量的にも多様性においても拡大する。印刷物の爆発的増大、職業芸術家の醸成、美術市場の成立。あるいはまた、コーヒーハウス、音楽コンサート、劇場《プレイハウス》、舞踏ホール、歌劇場、遊園《プレジャー・ガーデン》、マスカレードといった娯楽形式の都市空間への散布。より広範な層の人びとがこれらの装置を担い、そして通過するようになりつつある。[*30] シャフツベリのいう「自由な国家の公衆による切磋琢磨《ポリッシュメント》」の向こう側で、一七五〇年代になると、このような都市を中心とした物質文化の厚みや経済的繁栄が、文明的な洗練《ポライトネス》と等値されるようになるだろう。[*31] そのなかで、礼節《シヴィリティ》の語彙は、外在的で形成的な社交上の「マナー」（それは諸特徴《キャラクタリスティックス》の一つとしての習俗《マナーズ》の平板化である）や、上流社会《ザ・ワールド》の入場切符《チケット》としての「エチケット」に書き換えられていく（→二章八節、一〇節[*32]）。

芸術カテゴリーの生成との関連でいえば、シャルル・バトゥーの『芸術(beaux arts)論』（一七四七）の紹介とともに、一七五〇年代半ばくらいから芸術《ファイン・アート》という語も次第に定着していったが、わりと長いあいだ、それと平行して「洗練された技芸(polite/politer arts)」という名称も使われていた。日常使いされるモノにかかわる日常的技術《ヴァルガー・アート》＝技芸とは一段ランクがちがう、経済的豊かさに恵まれた、教養豊かな紳士淑女層向けの「技芸」というわけだ。優雅なカーヴをつけられたロココ調の椅子のようなものを想起すればよいだろうか。視覚的な快は、高級商品の生産と接続しつつ、社会的に大規模に編成されるようになったのである。

しかし、見ることとの快楽の解放は、物質文化の展開の単なる従属変数ではない。人為の表象がつねに二次的地位につかされる意味世界にあって、新奇さ《ノヴェル》といういかにも近代的な用語が用いられていても、私たちが想定するだろうような人工物やその増殖・流行は、じつはあまり言及されていない。どちらかといえば、自然の事物《オブジェクト》＝対象の微細な変化や流動が、新奇さの典型とされている。「川や噴水の水流、あるいは滝の流れほど、見晴らしに活力を与えるものはない。そこでは眺望はひっきりなしに動いており、何らかの新しいものによって、あらゆる瞬間において視覚を楽しませる」（[Ivol.3.280I]）。一八世紀が終わるまで、自然美は、美の諸様式に関する考察をそこから引き出すために参照される、範型的なものでありつづけた。[33]

むしろ、ここに二世界性の緩解の一つの典型的な経路を見ておくべきだろう。一方で、美はいまだ基本的には自然の優越を前提している、言い換えれば、美的経験がそこにおいて自足する世界を、人間自身の技芸《アート》がしつらえることは、少なくとも十分なかたちではできない。芸術はまだ成立していないのだ。この時代の人びとが、模倣というモデルのもとで技芸＝芸術《アート》を捉えようとしつづけたのも、その現れである。じっさい、模倣という事態が正確にどのようなものであるか、その機能や外延をめぐっては、簡単に共通点を見いだしにくいほど、多様な見解が提出されている。よく知られているのは、自然の二重化である。即物的な自然をただ単に模写することではなく、「理念化された自然」を写しとること、あるいは描写において「自然を理念化」することが、すぐれた技芸＝芸術《アート》を成立させる。もちろん、この場合問題となるのは、ではその「理念化された自然」とは何かということであり、それを客観的に定義できないからこそ、それを模倣するという事態についての意見がてんでんばらばらになってしまう。ある意味で模倣概念は、人間の技芸に先行する——つまり技芸それ自体が生み出すことはできず、逆に技芸がそれを源泉とする——何かが「ある」ということだけを語っていると言ってもよい。[34]

しかし他方で、何らかの「自然」に先行されているという感覚のうえで、さまざまな美や新奇さの「喜び」を発見し、感覚し、報告する主観性の働きが強く差し込まれており、こうした主観という出来事性自体が、次第に自然の余剰として機能しはじめているともいえる。発見する視線が出来事化されるのである。一七世紀よりもはるかに安定したかたちで、対象に外在する解釈者の位置が書き込めるようになっている（→七章九節、八章一〇節、九章五節）。それが味わう能力としての趣味 (taste) の台座なのである。

この構図は、もう一つの重要な戦略を担っている。人は自然から自由に、そして際限なく想像力の喜びを引き出すことができる。じっさい、これが一八世紀の公式となるのであり、たとえば世紀半ばのリチャード・ハードは、アディソンにデニス的恍惚を乗せたような口吻で、こう語っている。「［美を感じるという］この本能的感覚の働きは非常に強力であり、その効果から判断すると、それはまるで恍惚の発作のように、精神を完全に奪いさり、連れ去ってしまう。……ただ目を見開くだけでよい、そうすればこれら［美しい自然の事物］の形態は必ず想像力《ファンシー》のなかに刷り込まれる」(Hurd[1766→1811:117-118])。自然をもちだせば、各人の快楽はゼロ和にはならない。だからこの快楽は万人に開かれているが、ただし、各人がそのような美的感受能力をもつことを条件としている。このようにして、視覚的感覚主体の出来事化と自然に準拠することとの結合《カップリング》は、シャフツベリが始めた富／所有の留保を、さらに推し進めるものなのである。アディソン自身がこう明言している。

彼［＝洗練《ポライト》された想像力《イマジネーション》をもっている人］は、絵と会話し、彫像のなかに楽しい仲間を見いだす。彼は秘かな喜びとともに詩の描写と出会い、別の［想像力をもたない粗野な］人間が所有に満足するよりも大きな満足を、野原や草地の眺めに感じる (feel)。じっさい、彼が見るものすべては、彼に一種の財産を与え、自然のなかで、もっとも粗野で、まったく人の手の入っていない部分にさえ、彼に喜びを与えるのである (Addison, Steel et.

al.[op.cit.:vol.3, 278]、強調は引用者)。

シャフツベリは美を富に還元することを拒否し、窮極の外部性としての自然を召喚したけれども、(自身が)富や広大な敷地の所有者でありうることは否定しなかった——いわゆる英国式庭園が、領地とその向こうに広がる風景とを連続的に見せつつ、浅く、しかし確実に分断する、空堀(a-ha)と呼ばれる不可視の境界線をもっていたように。[*35] 一方アディソンは、想像力がもたらす満足は所有よりはるかに大きいと強調しながら、洗練された想像力の持ち主には、「見るものすべて」が「一種の財産」になると言ってしまう。貴族層と市民層のあいだにある文化的落差を感じざるをえないところがあるが、こうした欲望が近代の視覚文化の一端を編成していったことは、ピクチャレスクな「綺麗さ」の自然への押しつけ、観光や都市的スペクタクルの産業化、窃視願望の諸形態といったものを想起してみれば明らかだろう。とはいえ、所有を切断する美学的身振りが、目による所有という真の欲望を隠蔽する政治的偽装にすぎないと決めつけるのも行きすぎである。むしろ、この二つの軸のあいだで揺れることが、一八世紀の美的経験のリアリティを構成していたと考えた方がよい。

このことは、ここまで意図的に言及しないでおいた現代美学上の術語との距離に直結してくる。美が、モノの所有が発生させる感情や日常的な利害関心を方法論的に切断したうえで確保される、ある純化された経験である(べき)こと。周知のように、カント以来、これは美の「無関心性(disinteresterness/Interesselosigkeit)」と呼ばれている。たしかに、シャフツベリやアディソンにかぎらず、ハチソンやヒューム、ケイムズ卿やアーチボルド・アリソンら、一八世紀の英語圏の文献には「利害とはちがうかたちで(apart from Interest)」とか「利害関心をもたずに(disinterestedly)」とか「所有ではない(not possesion)」といった表現はそれこそ頻出している。だが、重要なのは、彼らは「無関心性(disinteresterness)」という用語は用いていないという点だ。[*36] このことは、一八世紀の人びとが特定の対象に美あるいは「想像力の喜び」を感じるとき、それは「無関心性」という概念が包括的に想定するよりも、もっと具体的な経験だったことを示唆していると思われる。それはいわば、精神が事物の物在性と接触し、強弱さまざまなその重力場に拘引されるという出来事の連続体である。目の前にあるそのモノそして／あるいはその所有（可能性）にその都度誘引され、そのことをその都度消す（あるいは消える）。だから、感覚を所有から切断することと、所有から切り離された感覚が再所有されるかのように語ること――ある角度から見れば、それは、切断の失敗であるとも評価されよう――とが、同時に出現してしまう。[*37]

美の経験が、所有の事実性と接触しつつも、その都度そこから微妙に剥がれる。あるいは、擬似的に所有されたそれとほぼ同型である美の経験が、その上に張られていく。たぶんこれは、観念と対象の関係の変奏になっている（→一〇章六節）。所有権と美の（あるべき）対立関係を自明視する現代の美学理論は、このようなドライブの存在をほとんど見過ごしている。[*38] 利害の合理計算から離れられる、もしくは離れてしまうことを、私たちは「抗しがたさ」と呼んだが（→一一章五節）、このような形態を取るかぎりにおいて、こうしたあり方は「抗しがたさ」と重なっている。裏返せば、それが「無関心性」として集約され、術語として流通するとき、何かが決定的に変わっているのである。[*39]

八　小括

よく知られているように、カントは美の領域と道徳の領域とを峻別した。美における「無関心性」と、道徳における、物理的因果の外にある自由意志の決断としての「実践理性」、この両者はそれぞれが別個の超越的原理であって、決して一致しない。美と道徳に関わるとき、各々の原理に応じた態度を取れる主体たることを彼は要請する。しかし、考えてみれば、これらの原理（への随順）が一つの人格《ペルゾン》（性《リッヒカイト》）のうちでなぜか統合できることになっている。無関心性と実践理性とが、相互独立的な超越性であるといいながら、「自然の合目的性」の名の下に、両者が無限遠点で一致するかのような前提が隠されている。[*40] このようなかたちで、カントは美と道徳のあいだの関係を整序したのである。この種の思考様式のなかでは、やはり見事で巧妙なやり方というべきだろう。

同時に、彼は美と道徳をめぐる知を整序した人でもある。アカデミックな学知としての哲学の成立は、明らかにカントの登場によってもたらされたが、[*41] 哲学に隣接する分野としての「倫理学」（あるいは「道徳哲学」）と「美学」もまた、彼以降に制度化していった。ある意味で、これらの知の自律自体が、より大きな軌道をとってカントをなぞり直しているところがある。現実には両者がまさに一致しないことで、そして／あるいは、にもかかわらず「美」と「道徳」が合一するかのような虚焦点をどこか隠しもちながら、「倫理学」と「美学」の各々が固有の学として分化したのである。ルーマン的に表現すれば、現代倫理学と現代美学は、各自で社会の部分観察を行っている。これらの知が明らかにするのは、道徳から美を、もしくは美から道徳を観察したときに得られる、必然的に部分的な像である。道徳と美の関係をどちらの側から観察しても、そのことは変わらない。倫理学と美学のそれぞれの知の内部には、自身との関連において、そしてその知に固有の形態に応じて、幅広い事象が貪欲に取り込まれていく。しかし、その観察視点自体は問われることはなく、それ以外の視点に映るだろうものを、自身の外に送り出すかたちで、特定の観察視点へと自己限定する。あるいはむしろ、そのようにして相互に送り出し合い、自己限定しあう。おそらく、深いところで寄り掛かりあうことで、両者はお互いの自律を確保している。

これは、カントの整理にもかかわらず、美と道徳のあいだにある厄介なつながりが、今に至るも残り続けていることの現れでもあるのだろう。「美」と「道徳」とを、それによって経験を判定すべき相互に独立的なカテゴリーとして立てておいてから、未在の理想時間における一致への期待をこっそりもちこむ。経験の領域に対しては、両者の悪しき短絡的混同の危険に警鐘を鳴らしつづけると同時に、理念の水準においては、美と道徳とを相互に相手の彼岸に置き合えるかのような思考が、繰り返し現れる。しかしいずれにせよ、一八世紀には、社会的に編成された実体としても、観察視点の水準でも、カント的な美的主体や道徳的主体、あるいはその連関の様式は（まだ）ない。そうではなくて、美に「抗しがたく」惹かれることと、それを所有的なものに——おそらくは、抗しがたく——錯視してしまうこと、そしてまた、錯視の浅いまどろみから浅く目覚めること。そうした具体的な経験が同一平面上で連鎖していくのであり、そのような連続体へと引きのばされるなかで、美的なものが道徳的な何かに接触する。整然としたカテゴリーに押し込められない、でこぼことした輪郭をもつ経験のフリンジの重なりをつたうようにして、美と道徳とは相互に浸潤しあう。

一八世紀においては、そのような意味で、道徳がどこかで美的に、そして／あるいは美がどこか道徳的に組織されている。「社会」という巨大な全体を想像することの抽象性（とりわけ二〇世紀以降、その抽象性を透明化できるかのような身振りが、そこに付け加わるのだが）の手前で編成される社交の集積、そのなかで生きる人びとにとって、おそらくそれが、一八世紀的な社会（の不在）に対する意味論的な処理の様式だった。このような美と道徳の特異な連関に対しては、一九世紀以降分化して自律していく「美学」にせよ「倫理学」にせよ、それぞれのかたちに応じて、自己の内部から近似するがゆえに、連結点あるいは連結という出来事そのものはなかなか主題化されない。この章では、これらの学知の分化の自明視を外したところで、とりわけ芸術というテクスト的実在（と見えるもの）を準拠点に取ることをあえて停止してみたとき、何が見えるかを考えたかったのである。その記述にどこまで成功しているかは分からないが、自明視を外すことの意義や意味が伝われば、一応の目標は達せられたということになろう。

とはいえ、アディソンからカントまでは約八〇年の隔たりがある。その間の美学思想の発展の歴史については、他の優れた論考に任せよう。[*42] 美と道徳の一八世紀的な連関のもとで観察される、感情の意味論の広がりを、章を改めてもう少し追ってみたい。

【補論二】「抗しがたさ」のもう一つの系譜――古典主義から美学《エステティーク》へ

一二章では、デニス、シャフツベリ、アディソンら英語圏の人びとを中心にして、古典主義「美学」の標準型から一八世紀的な「抗しがたさ」の論理が分岐していくさまを追った。じつは一七世紀後半のフランスにおいても、ちがった経路を辿って、似たような現象が生じつつあった。これは二つの点で注目に値する。第一に、直接的な因果関係において。もっともはっきりした指標を挙げると、味覚を比喩的に転用して趣味(goût/bon goût)という用語を定着させたのは、フランスの方が早い。良き趣味と直結する能力としての目利き《コノスール》に至っては、フランス語を直輸入している。そうした徴候はあちこちで現れており、たとえばシャフツベリに少し先立って、ボアローが趣味の批評の基準としての「公衆」を語りはじめていた。デカルトに対するロックの記述戦略が原型的なやり方で示していたように、この領域においても、フランスで開発された発想をかなり積極的に参照し、更新《アップデート》することで、一八世紀イギリスの文体のある部分ができあがっている。それはいわば、英語圏の議論の裏面を緯糸《よこいと》のように走っており、それを見ることで、一二章で追った言説の変容の位置とその意味がより具体的に摑める。

第二に、前章の議論と、近代美学史においてよく採用されている説明図式との差異を確認しておきたい。章の最後にアディソンとカントの落差を示唆したが、近代美学史では一七世紀フランス→一八世紀イギリス→カントと叙述が進むことが多い。それはだいたい以下のようなものである。フランス古典主義において美を合理的、規則的に捉える問題関心が生まれる。その過度の「客観主義」に対する反動として、イギリス経験論が「主観的」経験の重要性を強調した。とはいえ経験論は、個別的経験にこだわるあまりしばしば没論理的だった。この両者を綜合することで、各々の難点を乗り越えたのが、ドイツ美学、とりわけカントである、と。こうしたポスト・ヘーゲル的あるいは新カント派的歴史像が、おそらくディルタイあたりで形成され、カッシーラーによって精緻化されている(Dilthey[1892=1934]、Cassirer[1932=1962])。現代では、ここまで明快（もしくはあからさま）に語るものは多くはないけれども、「美学」概念を歴史の後方と前方に、そして西欧の外部へと投射しながら拡散するなかで、こうした見取り図が今でも暗黙の標準的な構図となっているように見える。

ドイツ美学が英仏の欠陥を「綜合」したという後半部分については、ひとまず措いておこう。本当は、いわば後出しジャンケンのように、こうした主張をする方策を編み出したところにこそ、英とも仏ともちがうドイツ近代の独創があり、その戦略大綱を完成させた偉人がカントであるというべきなのだろう。その意味でも、これ自体がとてもドイツ的な図式なのだが、その点も含めて、ドイツ語圏の言説の歴史やその内的差異の詳細な検討は、いずれにせよ本書の守備範囲からは外れる。さしあたり、情念／感情の言説群の歴史的変遷を追ってきた立場からすれば、一七世紀フランス＝客観主義／一八世紀イギリス＝主観主義という対比は受け入れがたいものだ。「客観」でなければ自動的に「主観」であるかのようなこうした割り振りは、あまりに素朴すぎる（ある時期以降、このような区分が一定程度流通しているとすれば、それ自体が、特定の言説的枠組みの内部事象として説明されるべきことがらだろう）。たとえば、一七世紀フランスにおける趣味の術語化は、観察行為における解釈者の主観的感覚の実定性が、それなりのかたちでせり出しつつあったことの徴であるはずだ。「味覚」の個体性が表出され、尊重され（う）るという条件があってはじめて、趣味概念が成立するからである。だとすれば、むしろ、規則指向と何らかの主観性の出現とがいかなる関係にあったかを問題とするべきではないか。

＊

別の角度から考えてみよう。そもそも、フランス古典主義における「規則」とは何だったのだろうか。すでに述べたように、たしかに古典主義は、少なくとも理念や目標の水準では、美的諸事象を規則的に把握しようとする強い傾向をもっていた。しかし、規則が対象に応じてアド・ホックに増殖するとき、それらの具体的内実そして／あるいは性能が、特定しがたいものとなる。「われわれは常に多くの規則に悩まされている。作品を作ろうとする作者も、またそれを観照しようとする芸術愛好家も、同じようにそれに苦しめられている」(Batteaux[1747→1773=1984:13])。規則としての正常なエコノミーから外れた「規則」を語ることで、彼らは何をしていたのか。そのことと主観性の領域とはどのように切り結ぶのか。たとえば、ロシュフコーの以下の発言が一つの範型となる。

人は美 (beauté) から独立した魅力 (agrément) というものについて、それはその規則がまだ知られていないある均整 (symétrie) であり、ある人の顔立ち (traits) のすべてのあいだの、そしてまた、その人の顔立ちと生彩と立ち居振る舞いのあいだの、ある秘かな関係であるということができる（『省察と箴言』二四〇番）。

顔立ち、生彩、立ち居振る舞いの連関によって表象される美は、明らかに人格に帰属しており、もっというなら、——洒脱《ギャラントリ》さの言説を流通させたフランス社会にふさわしいことに——かなり明瞭に美人 (la belle) に帰属している。[*1] このテクストが編まれた一六六〇年代には、「芸術」がまだ不在だったことが改めて確認できる。たぶん、そこにあったのはむしろ、美の環境化のようなものだ。宮廷文化を彩る画家や彫刻家たちが、数多くの「芸術作品」

を製作していたが、それらは単独で注視されるというよりも、全体として、豪奢で気品ある雰囲気《アトモスフィア》のなかに織り込まれてしまう。こうした雰囲気は、畢竟「作品」やその他何らかの美的対象の所持者を取り巻く装飾物にすぎないと言い切ってしまうと、極端すぎる。むしろ、個々の作品が対象化されずに環境化するから、環境の漠然たる制御弁として、「美人」のような人間的形象が招き寄せられるのだろう。だから、この環境のなかを動き回り、その香気を「楽しむ」鑑賞者たちは（→一二章三節）、個々の対象に対峙して、私たちの考えるような「美学」的反応を示すことは滅多にないし、そんな必要があるとも感じていない。それどころか、この時代において、それは、社交の興趣をぶちこわす、学識ぶった野暮な態度と受け取られただろう。

そうした意味空間にあって、ロシュフコーが美と「魅力」とを対比的に把握していることが注目される。美が「均整」の規則によって把握されうるものであるのに対し、魅力は、「秘かな」——未だ知られていない、もしくは不可知の——均整あるいは関係の規則である。

魅力《アグレマン》は、この時期よく使われた言葉である。たとえばデカルトは、善悪に対する愛としての欲望と、事物の外観の美醜に対する愛としての愛好《アグレマン》を対比し、「この愛はまた前に述べた愛［＝欲望］よりもいっそう異常な効果を示し、物語作者や詩人におもな材料を提供している」と指摘する[*2]（Descartes[1649＝1974:163]）。デカルトが魂の物理学的分析として論じたものを、ロシュフコーはもう少し内側から、魅力に働きかけられる者の「省察」というかたちで捉える。このとき、魅力は優美さと近接するものとなる。一六世紀のデラ・カーサは、「優美さがなければ善ですら美しくなく、美は魅力をもたない」、「美は比率からなるが、比率そのものは言語的に記述できない」と述べていた（→二章八節）。一見したところ、ロシュフコーの断章も、これと同じようなことを語っている。じっさい、その「秘かな」規則が解明されようとしていない以上、ほとんどそうだといえるのかもしれない。しかしそれでも、彼は「言語的に記述できない」何かを、明示的な（はずの）美の規則の外部にある、書かれざる未在の規則であるかのように記述するのである。その意味で、こうした書き方は、行為の適宜性のコードの外部にある優美さが、それ自体として注目され、コード化を期待されるという、一七世紀後半における優美さの自律（→二章一二節）に対応している。

言語的に記述できない未在の規則（準則というべきもしれないが）を想定して語ること。これは、古典主義「美学」の核心にあったものを表現している。一方で、規則の発見にこだわるのは、それこそが理性《レゾン》の定義だったからだ。この公準にしたがって、規則の外部をも、未だ書かれていない規則として現在時点で書こうとする。あるいは、とりあえず成立している規則群が、彼岸にある「規則」を呼び込んでいく。個々の事象に応じつつ、この未在の規則に接近しようとするから、規則はアド・ホックに増殖せざるをえない。他方で同時に、これは実質的に、いかなる事象対応的な諸規則の集合からも逃れつづける外部性の領域が「ある」ことを承認する、一つのやり方だったともいえる。そして、――少なくとも、今のところは――規則によって記述できないこの領域が、今のところはまだ理性《レゾン》が捉えていないが、それ自体の理由《レゾン》に基づいて秩序づけられた、何らかの主観性と重なる。というか、規則の外部に対する承認が生じる場所、あるいは承認を与えるという操作それ自体が、フランス古典主義が析出しつつあった「主観性」の形式なのだと考えた方がよいかもしれない。

＊

趣味の術語化は、この微妙な主観性の位相と密接に結びついている。

一八世紀イギリスとは異なり、フランスにおける趣味概念の勃興は、宮廷―貴族文化の厚みを背景としていた。*3 しばしば「良き《ボン・》趣味《グー》」と形容されていたのが、その現れだろう（英語圏では、この表現はそれほど目立たない）。さまざまなことがらをめぐって、「良き」趣味があるというのは、裏返せば、悪しき趣味もあるということだ。ここにも、優美さの意味論の一七世紀的変形が認められる。一六世紀においては、優美さは端的に「ある」か「ない」かであって、良い優美さ／悪い優美さというのは存在しなかった。趣味の質が問題となりうる人の範囲が、一六世紀の宮廷文化よりもかなり広がったからこそ、良い趣味／悪い趣味を弁別しようという動きが生じたのだろう。同時に、この分節によって、優美さの起源や所在を説明しようとしているともいえる。

だがそのとき、趣味の位相はかなり錯綜としたものとなる。一方で、明らかにそれは、顕示と競争の賭金である奢侈や豪勢という物質的基盤の関数であり、環境化された美の圏域を形成する能力や、そこにアクセスできる度合いが大きな鍵を握っている。同時に、当事者たちにとっては、身のこなし、会話の相手や話題の選択、ワインや音楽の好みといったもののうえに立ち現れた微細な差異として感知される何かでもある。そのかぎりにおいて、ただちに物質的富裕には還元できないものとして、個人的な嗜好＝趣味が立っている。しかし、あれやこれやの選択をめぐる微細な差異の集合によって趣味がかたちづくられており、かつ、本人と観察者の両者にとっても、それが微細な差異として感覚されているだけに、趣味の良い／悪いの明確な基準を立てるのは、それだけ困難になる。*4

こうした難点に対して、フランス古典主義は、最終的には、階級的排除の論理を構成することで対応したといわざるをえない。良き趣味とは、良き趣味の圏域にいる人びとにそう認知されるものだと、同語反復的に定義されるしかなかったのである（→二章一二節）。実際問題としても、環境化された美の圏域にアクセスする資格の有無や程度が、良き趣味の共同体をかなりの程度決めてくれた。裏返せば、その圏域にアクセスできる人びとにとっては、そして彼らにとってのみ、そのなかにあるそれぞれの美的対象が誰かの所有であることもまた、環境化されている。つまり、いわば疑似公共化されている。しかし同時に、このような不徹底な説明の形式において、個体的な趣味の微妙な差異と、それに対する認知という、二つの交叉する主観性の領域が問題化しつつあるともいえる。

その関連で、「私はそれを知らない（je-ne-sais-quoi）」という表現の成立が興味深い。現在もクリーシェとして残っているこの語句は、一六七〇年代に流行して各国に伝播し、少なくとも一八世紀の初頭まではモディッシュな語の地位を保っていた。[*5] うまく言葉にならないさまを伝える点で、これはクルティウスのいう表現不可能性の修辞的定型《トポス》だが（Curtius[1954=1971:229-232]）、この時代においては、意外と複数的な意味を担わされていた。基本的には、この語句は、特定の何かに惹かれてしまう（あるいは、嫌悪する）のだけれども、それがなぜかを「私は知らない」ことを表している。この表現が、基本的には情念論の文法の枠内にあることに注意しよう。何度か触れたように、伝統的な思考において、情念は二重の意味で不可解な存在だった。すなわち、情念は理性の外部で働くがゆえに、その起源を理性によって把握できないのであり、また、理性が普遍的／単一的であるのに対し、偏差としての情念は、個体的＝非普遍的な、それゆえ多様な好みや嫌悪、独特の偏見をもたらす。「私はそれを知らない」とは、こうした前提をなぞりながら、情念の不可解さを明示的に言明するようなやり方なのである。

かかる把持形式は、情念の描像を微妙に変更させる。一方の極には、外部性として噴出する、崇高としての情念と、「それを知らない」こととの繋がりが現れる（→五章四節）。この外部性は、超越的次元との合一（入神）の受け入れや、それを擬した絶対王政的政治神学へと繋がっていく回路を維持しつつも——あるいは、それらを頂点として配列される——、偏奇な人間たちや彼／女らの突出的行動の描写を複雑化する。[*6] 本人にも周囲にもまったく説明のつかないかたちで、誰かを突然はげしく愛する（あるいは憎む）人物たちが多く描かれ（コルネイユ）、確実な破滅を知りつつあえて決定的な選択を行い、その破滅を受け入れることに、貴族的栄光の極点が見いだされる[*7]（ラシーヌ）。あるいはまた、新たに出来した状況や思いがけない情報や、気になる人物の立ち居振る舞いに反応して激しく感動／動揺する(emouvoir)のだけれど、その意味を知らないがゆえに、その動揺に当惑する——そうした心の動きを、事細かに記述する（ラファイエット夫人）。その起源を「知らない」ことが許容されるとき、理由や原因を欠いた強度として、あるいは未来の確実な予測に逆らって屹立する盲目の意志力として、情念を享受する可能性が――とりわけフィクションの領域において――開かれる。*8

もう一方の、より日常的な極においては、「どういうわけか」何かを気に入ったり気に入らなかったりすること、何かをすることに「なぜか」気乗りがする、あるいはしないこと、つまり自己の情動や欲望の曖昧な状態を申告する語法として「私はそれを知らない」が多用される。この語句は、文章の書きぶりや人の顔や庭の眺望に、えもいわれぬ何かを感じるといった場面にも対応できる。「感じる」という事実性の連鎖のなかで、それは美的鑑賞の視線に近接していくが、にもかかわらず同時に、それが何に由来するかを言えないと表明することで、あくまでも批評＝分析の手前にとどまる。*9 それはいわば、語りにおけるちょっとした留保であり、こうした権利を駆使しつつ、いわば自覚的に浅く語りあうことで、有閑な人びとたちによるのびのびとした会話が織りなされる。そしてそれは、趣味の個人的圏域（あの人は「どういうわけか」この音楽を好む）の承認へとなだらかに連なっていく。

「私はそれを知らない」ものは、定義できず、機械的に模倣もできない、ある独特の質である。自然においても人為《アート》においても、そうした微妙な何かがあるものだけが、美的鑑賞に値するのであり、さらにいえば、それを理解できるのが良き趣味の人なのである。ここでは、とりわけ「私はそれを知らない」の語用論的機能が有効だった。目的語もしくは従属節を導く語り＝文の一部としては、いうまでもなくこれは、他ならぬ「私が」知らないこと、対象をとりまいている微妙な差異が主体《サブジェクト》＝主観に立ち現れているが、にもかかわらずそれを言語化できないことを言明している。しかし、同じくらいしばしば、この語句はひとかたまりの定型句《セット・フレーズ》として、いわば後から付加するように――まさしく留保である――用いられる。そのときには、「一般的に」あるいは、「誰にも」知られていないという意味になる（「何かよくわからない」これこれ」、というかたちで）。つまりこの語句は、個物の特異な質が脱主観的・一般的な水準で扱えるかのようにふるまいつつ、主観的な気づきの領域と繋げてしまう。「私が知らない」と「誰も知らない」とを往還しながら、お互いの良き趣味を確認しあう。その意味でも、この時代において、会話が美的判断の本質的媒体だった。*10

別の角度から見れば、崇高から社交《コンヴェルサシオン》＝会話へと至る一連のスペクトルとして表れる「それを知らない」という現象は、理性の外部で「思わず」心が動かされることに対する認識もしくは感覚である。この点において「私はそれを知らない」は、「抗しがたさ」の別ヴァージョンになっている。あるいは、崇高と日常性の中間に、「抗しがたさ」があると捉えてもよいかもしれない。このフランス的「抗しがたさ」は、基本的には引きのばされつつある情念の文法の枠内にとどまっている。典型的にいえば、少なくとも次章で取り上げるデュボスの『詩画論』（一七一九）までは、フランス版「抗しがたさ」には、利害関心の自覚的一時停止という要素はきわめて乏しい。それはあくまでも「思わず」愛してしまう／憎んでしまうことであり、そのことに、もしくは、それがもたらすだろう帰結に気づいても、そうすることをやめられないということなのであって、愛／憎しみそれ自体は利害関心中立的ではない。というか、美が環境化される意味空間にあっては、愛や憎しみが利害を伴うのは常態的であり、にもかかわらず、愛／憎しみの作動それ自体はある種の超出性——崇高へと至る力《フォース》としての——をもっていた、と表現するのがより適切かもしれない。*11 しばしば、破滅のカタルシスという劇構造をとらざるをえなかったのも、たぶんこの両方の理由によるのだろう。しかし同時に、「何か知らない」情念の作用が、「知らない」ままに気づかれている、この書き込みによって、情念論の構造は、たしかに緩みはじめている。「思わず」動いてしまう自己の心の所在を、それに対する当惑や動揺や留保とともに申告できる——。これまで追ってきたのとは少しちがう経路を通って、感情が析出されつつあるともいえるのである。

それをめぐって配置される論理はしかし、いかにも古典主義的なものだった。たとえば、ボアローが感情と「私はそれを知らない」とをどのようにつなげているかが、一つの例になるだろう。彼は、趣味の会話共同体の論理を一歩進めたところに、批評の原理もしくは最終的な準拠点としての読者公衆の像を導入している。この背景には、古典と新興文学の相剋をめぐる新旧論争の問題系があった。科学は普遍的・客観的法則によって把握でき、それゆえ共有知として進歩するが、個人の才能に応じて個別的に作られる文芸に、進歩に向かう、何らかのそうした基準が存在しうるのか（Kristeller[1951]）。構造主義の時代に流行した表現を借りれば、「批評は科学たりうるか」という問いである（本当は、むしろ構造主義の方が、初期近代におけるこの問いを反復したのだろうが）。ボアローは、「私はそれを知らない」を駆使して、この問いをすり抜けようとする。そのような規範をただちに客観化することは困難だが、いずれにせよ、古典であれ現代の作品であれ、未来を含めた公衆の支持がその価値を決める。その大きな鍵となるのは、ある作品のなかにある「私はそれを知らない」独特の何かが、読者公衆にもたらす「感情 sentiment」や「感動」である。ただし、それが未来まで続くかは分からない。最終的に、残るかどうかの基準は「私には＝誰にも分からない《ジュ・ネ・セ・クワ》」もので、支持の歴史的集積を待つしかないのである。そしてこの集積が、普遍的な趣味の基準を作っていく。

　ボアローは、超越的で厳格な文芸規範の提唱者として、しばしばフランス古典主義の典型と目される人物だが、個々の作品に固有な質が単純には尺度化できないことを認めたうえで、読者公衆の受容の水準で、ある種の基準が事実的に生成されるという議論をしている。*12 批評の公共性を語ったシャフツベリが、彼を意識していたことはまちがいない。とはいえ、この立論だと、文学市場の成立を背景に、実質的に「売れる（読まれる）からえらい」と開き直っているに等しくなってしまう。たぶん彼は、そこにおいて「感情」が最終的に合致する、普遍的な趣味を信奉する真の共同体が、最終的に一つに決まる、もしくはすでに潜在的に決まっていることを暗黙裡に前提している。だからこそ、売り上げ／読者数に訴求するという、「芸術」の境界を破壊しかねない危険な手に出られたのだろう。

＊

本来的に理性的であり、それゆえ普遍的で均質的である（はずの）良きものや美しいもの規則を追求するという方針を取りつつ、いわばその余白として、理性的に分析しがたい、「私はそれを知らない」の事実性を承認すること。規則偏重の客観主義志向という把握によっては捉えられない、古典主義「美学」の奥深さがここにある。こうした一種の二重底のもとで、趣味や「感情」が語られはじめる。ただし、この二重底は、「よく分からない何か」を感じることができる（と表明する）ことの文化的階級性をあてにするという条件によって支えられていた。[*13]

別の角度からいえば、ロックの記述戦略は、語りえないものが「ある」と語ることで、言表可能なものの理性的秩序を縁取るというこのやりかたを、より巧妙にしたものといえる。それは、感覚の作動に対する感覚（＝反省）を、古典主義のように完全な空白にはせず、ひとまずは「感覚作用」として名指すことで、その過程を経験的に追尾可能にする、あるいはそのように見せる。そのうえで、それに対する名称を実質的に冗長／過剰なものとしていくというものだったのである（→一〇章一〇節）。そしてまた、フランス古典主義と比較すれば、たしかにこれは、濃厚に「市民社会」的な性格を帯びたものでもあった。[*14] じっさい、ボアローを参照したとき、シャフツベリが――ある意味で心ならずも――開いてしまった一八世紀イギリスの公共＝批評の地平の特殊性が、ますます明らかになるはずだ。経験論の最深部にあったのは、定義上、誰もが財の多寡に関係なく有している経験という水準を措定することで、富の所有が不均等に配分されている状態を自明視する、貴族主義の外部を作り出すことだった。万人にアクセス可能なもの（の一つ）としての美の理念化も、これによって可能となる。だが、他者のそれとは簡単には共約できないかたちで各人に所有されている、経験の具体性から出発する思考様式においては、その普遍的な領域は、対象への所有的関与をその都度一時停止させる身振りによって指し示されるしかなかった――そこでは、経験の所有と対象の所有とがどこかで混同されているが、にもかかわらず、あるいはだからこそ、指し示しつづけられるということも含めて。

このような視点から見ると、ドイツ語圏で展開した感覚学《エステティーク》＝美学が、フランス古典主義とイギリス経験論を「綜合」したというあの予定調和的図式も、ちがった様相を呈してくるのではないか。一二章の議論の直近でいえば、感覚学＝美学という規定は、アディソンの「想像力の喜び」を概念的に塗り替えたものである可能性が高いが、ライプニッツを鼻祖と考えると、ロック主義に対する修正と抵抗がいかになされているかに注目すべきかもしれない。事物―印象―観念の即物的な系列にかからない「微小差異」の観念に注目することで、ライプニッツは感性の論理を開始した。シャフツベリもそうだったが、いかなる観念であれ、事物／対象の何重かの写像とそれらの組み合わせに送り返しつづけていくようなやり方（というか、むしろ世界の見え方）は、ある種の人びとには耐えがたいものだ。精神のなかで生起する、あるいはむしろ、内在的創発性のなかで精神が生み出す観念のなかには、現にそのようなかたちでは追尾されておらず、にもかかわらず具体的な機能を帯びたものがあるのではないか。一つ一つがあまりに微小で、それゆえ意識の対象にのぼりようのない表象が数多く集まることで、明晰（＝一つのまとまりとして他から判然と区切られる）だが混乱した（＝多数の表象の寄せ集めとして一気に押し寄せる）観念が生成する。それこそが、事物対応的連関づけにはたやすく還元できない、人間精神の内在的創発性の手がかりとなる……。

しかしそのとき彼は、微小であることと本質的であることという、本来独立した二つの事象を、微小「だから」本質的であると、順接させてしまう。ロック主義の立場を採らないとしても、これは、明らかに論理的な不当前提を犯しているが、注目すべきことに、そのときにさりげなく、あの「私はそれを知らない」が挿入されている。

これら微小表象は結果的には思ったよりもずっと大きな効力をもたらしている。寄せ集まりにおいては明晰であるが部分においては混雑［混乱］しているあの何ともいえぬ（je ne sais quoi）あるもの、味覚、感覚の諸形象《イマージュ》といったものを形成するのは微小表象である（Leibniz[1966=1987:11]）。

フランスにおいては留保の遊戯として現象していた「何ともいえぬ」ものが、ここでは感性として実体化されている。感性的知は、「混乱」しているがゆえに理性未満の存在であり、にもかかわらず同時に、世界の統一性を一気に与えてくれるという二律背反的な性質をもたされる。おそらく、ドイツ系の思考が期待した人間精神の創発性とは、こうした——それ自体は具体的に遡及も追尾もしようのない——二律背反の連続的展開のことなのだ。ライプニッツ自身はそれでもまだ、対象—印象—観念の因果系列を追う思考法のもとで考えつづけているが、彼以降、創発的な人間精神もますます実体化されていき、最終的には、知性《フェアシュタント》（悟性）の経験的領域の向こうに理性《フェアヌンフト》という超越的な台座を設定する態度として結実することになろう。そしてまた、通常の理性の分析言語にかからない感性的認識すら、劣位ではあるが一種の理性であると捉え、この曖昧な領域を理性の言葉で分析し、「感性的認識のそれ自身の完全性」（Baumgarten[1750=1987:20]）を目指すことこそが、理性の完成のための試金石とされるようになっていく。これは、古典論理学空間を拡大・再編成する試みの延長線上にある（↓七章三節）。同時に、それ自体が、潜勢的で把握しがたいものが本質的で中心的なものに反転するという、あの二律背反の論理の、一つの展開型なのである。[*15]

理性に対峙させることで感性／感覚の領域を領域化し、それを、そこにおいて理性がかえって普遍性を担保し、自らを鍛えるための場所にする。このような手つきのなかで、フランス一七世紀が生み出した「私はそれを知らない」と、イギリス一八世紀的な利害関心の停止とが、感性において「綜合される」。所有的関与のその都度の一時的停止という限定的な働きではなく、普遍的な無関心性《インテレッセロージッヒカイト》が、感性という本質的領域の属性の一つとして、もぐりこまされる。交換可能性を概念の抽象平面で保証するこの思考様式のうえで、財／所有性の尻尾を中途半端にくっつけていた「市民」的人間像は、抽象化された公民性——に対する権利主張——へと転換していった。あえていうなら、それは、人間主体をはるかに安定的に「社会」の構成単位としていく時代に適合的な発想だったといえるだろう。そこではまた、社会的公平を担保することが必須の課題となる。異なる人間同士を、彼らの置かれた条件や状況の差異を考慮に入れたうえで交換可能にできることが、公平の前提条件であるからだ。

しかし同時に、個々人の根源的な入れ替わり不可能性と、それと根がらみに結びつく、留保や一時停止の具体性からあまりにも早く目をそらし、それらを調停してくれる調和的平面へとせき立てられるあり方が自明視されるようになる。さらにいえば、美の理念が、この自明視から目をそらすために用いられる意味論の一つとして機能している側面すらあるだろう。とはいえ、私たちの生きる歴史の現在にとって、そうした、何というかある種の余裕のなさが、避けがたい痛点の一つになっていることも否定できないのである。

第一三章　表象と「コミュニケーション」――美・道徳・感情(2)

一　美と道徳の多角形を捉える

アディソン以降の美の言説の展開は、一面ではたしかに、芸術およびそれを前提とする近代美学の揺籃となった。主観的出来事としての美の身分がますます明瞭になる一方で、人為《アート》の作品という、すぐれて美的経験の準拠点となる外的対象の領域が分化していく。感情は二重もしくは三重の交叉として現象しはじめる。感情／情念の記号・表徴それ自体を代表に、顔貌や劇的構成《コンポジション》や韻律、より抽象化された水準においては、トーンや色調といった「感情喚起的な」諸要素が意識的に組織され、芸術の内部に配列される。そして、これらの要素の組織化は、美的感情を喚起される力能を有する特異な感情的主体の生成と呼応している。感情とは、特定の美的対象を前にしたとき、観察者のなかに生じる具体的な出来事であり、同時に、そのような出来事を充当する鑑賞者の働き、もしくは鑑賞者というポジションでもある。

とはいえ、現代から見れば、一八世紀的な感情は、ある意味で危険なほど実体的であるように映る。美に対する現代的態度は一様ではないし、美的形式主義《フォルマリズム》の感受性はハイカルチャーの圏域にかなり限定されているだろうが、それでも全体として、美的感興を素朴に（日常的）感情と近接させることには、なにがしかの留保がかかる。いうまでもなく、それが、一九世紀以降の芸術という境界の効果の一つである。芸術が世俗社会における宗教の代替物として機能するとき、感情は漠然と非日常化され、そのようなものとして安定するのである。それに対して、この時代の人びとは、主体のうちに生起する感情をつねに出発点とする。それゆえ、感情経験の具体的な不定形性や多型性が、彼らの視野にはまず入ってくる。美的対象に回付される感情が、ある種の道徳性を帯びるものとして了解され、同時に、道徳の領域が、美的対象に対するのに近い感受の形式によって捉えられる。「道徳美（moral beauty）は自然美と……多くの具体的な細部において非常に似通っている」[*1]（Hume[1826:vol.4, 373]）。道徳美という言葉は、現代の耳には不思議に響くけれども、たぶんこれが、彼らにとって自然な見え方だった。美と道徳とが連関するさまに素直に反応することで、一九世紀以降抑圧に失敗している何かを、一八世紀の思考は暗示している。

同時に、あえてカント的に言えば、美と道徳というカテゴリーの「混同」という困難が、まさにこうした、感情の具体性という主題系において問題化しつつあるともいえる。道徳感情と美的感情とは深く通底しているというが、ちがった名前で名指される以上、異なるものでもあるはずだからだ。芸術という境界が不全だった意味空間にあっては、感情という概念に大きな負荷をかけることで、美と道徳とを不十分に区分することしかできなかったのだろうか。これは比較的良い近似だが、やはり芸術の成立以降の視点をもちこんでいる。そうではなくて、感情の観察、より正確には、「感情」の言説化を介した経験の観察が、美と道徳の連続性という主題系と、おそらく必然的に遭遇したのであり、芸術はむしろ、そこから分岐していったものの一つなのである。[*2]芸術をなるべく先取りしないで、道徳と美の「多くの具体的な細部」における類似の多角形的輪郭を捉える必要があるのだ。

こうした多角形的形象は、どういう場所で結晶したのか。その背後条件を外側から押さえてみよう。一九世紀以降の視点からすれば、美と道徳の重合は、不徹底で短絡的であるか、もしくはある種摑みがたい未分離状態であるように見える。しかし、別方向から捉えると、事態は異なる様相を呈するのではないか。

【補論二】で取り上げた一七世紀後半のフランス上流社会では、環境化された美の圏域において「楽しむ」ことが、社交空間における特定のふるまいの相互承認と密接に結びついていた。「楽しみ」の享受と相互に人を「楽しませる」社交的態度との循環は、観客＝聴衆の「楽しみ」如何によって作品制作の「規則」あるいはガイドラインが規定されていく古典主義「美学」と、「人を楽しませる」適切なふるまいの組織化としての社会美学とが、ともに社交的上品さ／適宜性(bienséance)という同一のコード上で語られるということを意味していた。[*3] そのかぎりにおいて、この意味空間にあっては、美的なもの——ただし、繰り返すが、この時代ではそう呼ばれてはいなかった——と道徳とは未分離だった。だからこそ、「私はそれを知らない《ジュ・ネ・セ・クワ》」、明瞭に言語化できない感覚の所在を主張することで、両者の距離をその都度一時的に確保しなくてはならなかった。

だとすれば、一八世紀において、本来的にはむしろ、まず美的なものと道徳の分離が生じている。美の術語化自体がその証左であり、これによって二つの領域はより明瞭に分節されるようになった。そのうえで、両者が同一平面上に乗せられているのである。[*4] これにはさまざまな含意があるけれども、美が「抗しがたさ」のより純化された形態として、道徳の範型となったことは見えやすい。社交関係とともに出現する道徳とは異なり、美は主体の経験として自己完結する側面が強い。美において、利害を離れた感情の規則や、その秩序形成的働きを把握できれば、道徳の領域にそうした規則や秩序の所在を示唆するのはよりたやすい。反ホッブズの言説戦略は、そうした「抗しがたさ」の極点の存在を要請するのであり、美の身分はそれにしたがって構成されたと考えられる。

だが同時に、分離された美と道徳とが再び強い連関のもとに置かれたのは、美の自律がまだ不徹底だったからだとも言える。たとえば、脱利害的で純粋な主観性を、もっぱら道徳の領域に関与するものとして（のみ）認めるというやり方によって反ホッブズの文法を組み上げることも、論理的には十分に可能だったはずだ。じっさい、道徳哲学が、道徳内在的な「抗しがたさ」を構想していないわけでもなかった——そうでないと、そもそも慈愛心が主題化されることはなかっただろう。ところが彼らは、どういうわけか、それを美的なものと混じり合わせてしまう……。このようにして、美はいわば、道徳の冗長《リダンダント》な本質となる。ヒュームの寸言が、それを見事に表現しているように。「他者の美しさに関しては、誰も推論(reason)しないが、彼の行為の正あるいは不正については、人はしばしば推論する」(Hume[1826:vol.4,239])。美しいものは美しいその外観において自らをただちに、そして十全に示すが、道徳はそうではない。だからこそ、人は徳の「美しさ」や悪徳の「醜さ」を語るよう誘惑されるのだ。

つまり、第一に、論理的優先性《ロジカル・プライオリティ》においては美が道徳に先行している(このことは、たとえば、美の道徳性／醜の非道徳性を主張する態度は、少なくとも一八世紀にはあまり見かけないことからも了解できる)。これ自体、善《ボーヌム》が美《プルクラム》を定義していた伝統的思考の転倒であることには留意しておく必要がある。第二に、にもかかわらず同時に、現象としては、美と道徳は並立する。[*5] 古典主義「美学」と社会美学との相同性においてすでに暗示されていたアポリアが明示的になり、はるかに複雑なかたちで構造化されている。「何とも言えない」個人的感覚を表出することで、一時的に留保する能力を主体に割り振るという単純なやり方だけではもはや対応できない。それに対処するためには、より大規模な意味論が必要である。

二　古典主義「美学」の内部的解体——デュボスの『詩画論』

美と道徳の連関をめぐって編成されるさまざまな主題形象や問題構成は、かなり錯綜とした図柄を描く。たとえば、一一章の議論を延長するかたちで、これを道徳哲学の側から近似することもできる。つまり、道徳が、自身の冗長な本質としての美的なものを要請する構造として。これについては七節で検討することにして、まずは論理優先性の構造にしたがって、しばらく美の言説を辿ってみよう。

フランス古典主義からのずれに着目したとき、最初に検討すべきは、ジャン＝バティスト・デュボスの『詩と絵画についての批判的考察（詩画論）』（一七一九）である。「絵画の美と詩の美とが主として何から成り立っているか、規則を守ることがこれらの美にどんな利益をもたらしうるか」（Dubos[1719→1967＝1985:I,5]）を論じるこのテクストは、二つの大きな特徴をもっている。⑴絵画や詩という特権的なフィールドが設定され、その内部で美が扱われており、芸術論的に見える主題設定がなされていること。[*6] ⑵制作者でない人物が絵画と詩を主題に論じるというスタイルの採用、つまり、現在的な意味での批評となっていること。密接に連関したこの二つの特徴によって、このテクストは一七世紀的思考様式を越え出る一歩を踏み出している。この芸術論／批評が置かれている言説の布置を、慎重に読みとる必要がある。

まず、⑵批評の変容から見てみよう。一七世紀後半から離陸しつつあった批評という営みは、古典主義「美学」のもとでは二方向から制約されていた。第一に、絵画や詩が、階級的に限定された観客／聴衆に楽しみ《プレジール》／喜びあるいは娯楽《ディヴェルティスマン》を供する公的パフォーマンスとして扱われるという構図のもとでは、受け手としての鑑賞者は、基本的に、作品から「喜び」を勝手に受け取る存在である。彼らはときに、自己の「えもいわれぬ《ジュ・ネ・セ・クワ》」享受の経験について語ることで、作品を賞賛するけれども、それは作品の内在的分析の手前にとどまる。その意味で、鑑賞者は最終的には、作品の出来不出来に対して外から裁断を下すだけであり、ましてや制作者の苦労や苦悩といった要素には、彼／女は基本的に無関心である（あるいは、関与的であることを要請されていない）。第二に、このことと循環しているが、この時期に「批評」と呼ばれていたものは、もっぱら制作者からみた技法論に終始していた。ドライデンやデニスらにとって、またその読者にとっても、「批評」とは、専門の作者が他の作者の技法の巧拙を評価することだった。読者聴衆の情念を喚起することの重要性が論じられていても、この枠組み内部での話だった(↓一二章三節)。デュボスは、作者から鑑賞者へと視座の転換を行ったのである。[*7]

一般理論の水準からすれば、鑑賞者の立場から批評するというのが、具体的にはどういう事態を意味しており、またいかなる手続きの束からなるのかというのは、それ自体で大きな問題をはらむ。現代の批評の地平との異同もこれと関係してくるが、ここでは踏み込まない。[*8] とりあえず、『詩画論』が一八世紀的目利き言説《コノスール》の一つの典型となっていることを確認しておこう。じっさい、観察者/鑑賞者の遊動する視線そして/あるいは、それによって主体の内部に転写される想像力を出現させることで美的対象を論じるという手つきは、デュボスとアディソンに共通している。また、文芸から視覚へと越境するスタイルにおいても、「想像力の喜び」の理論は『詩画論』を予告していたのかもしれない。しかしここで、さきほどの(1)の論点が関わってくる。デュボスにおいては、観察の主要な対象が自然から詩や絵画に移行しているのである。鑑賞者の前景化とテクストの芸術論的性格とを緊密に結びつけること。じつはこれ自体が、デュボスの「批評」の特徴を示す指標になっている。この時期の芸術の言説的位置の指標であるといってもよいが。

これに関しては、少し迂回して、西洋の知的伝統におけるいわゆるエクフラシスあるいは「詩は絵のように(ut pictura poesis)」との関連を見る必要がある。ホラティウスに端を発するこの語句は、詩と絵画がそれぞれの描写方法の長所を相互に学び合うことを良しとする理念もしくは標語である。文芸を中心に据える自由学芸の制度的序列のもとで周辺化されてはいたが(「詩は絵のように」といいながら、詩が絵画に対して実質的な優位に置かれることも少なくなかった)、西欧の人文知のなかで一定の場所を占め続けた。そして、中世的な知の秩序が崩れたルネサンス期以降、建築・絵画等の技法論の出現とともに、このトポスへの関心が高まっていく。

その詳細な系譜については先行研究に譲ろう。[*9] 本書にとって重要なのは、芸術論の始祖であるかにみえるこの思想の伝統が、むしろある面で決定的に芸術論ではないさまである。一七世紀に至るまで、「詩は絵のように」という語りは、絵画も詩もそれ自体で素朴に実在すると考えており、両者の長短の比較は、あくまでもそのうえで行われている。「絵」なり「詩」なりのジャンルとしての身分を問うような分析視角は、そこでは不在である。絵画と詩の両者を包括する上位概念（まさに芸術がそれである）が不在である意味空間では、それは不可能だったのだろう。裏返せば、「詩は絵のように」は、芸術のような上位概念の設定が、ジャンルの身分を語るための背後条件となっていること、あるいは、それ自体がジャンルを語る一つのやり方であることを、裏面から照射している。

こうした補助線を引くと、『詩画論』における「絵画の美と詩の美」の主題化が、批評的言説の変容と連続していることが了解できる。デュボスは素朴的実在として絵画や詩を扱ったのではなく、鑑賞者にさまざまな主観的効果をもたらす人為的構成物であると捉えている。そして、あらかじめ境界づけられたこれらの構成物を対象とするとき、両者に対して横断的にアクセスする鑑賞者というポジションが、たぶん自然を対象とするときよりも強いかたちで出現する。同時に、横断的観察者という設定は、これらの異なる表現形式が共約的に扱われ（う）ること自体を出来事化するのである。伝統的思考が、詩と絵は同じように美しくあれという理念を語っていたにすぎないところを、彼は二重化したのである。詩は絵とは「ちがう」。にもかかわらず、「同じように」美しくありうるのはいかにしてか、と。

デュボスは、そもそも詩と絵画を（あるいは劇その他の形式を）並べて論じることがいかに可能なのかを問うているところがある。そのことで、詩なり絵画なりのジャンル的身分[*10]が問題化されているのである。

三　人工的情念と「芸術」

とはいえ、その身分は、現在とはかなり異なるやり方で扱われていた。このことは、『詩画論』が芸術／非芸術という超越的二項対立のもちこみによって、絵画と詩の境界設定を行っていない、という点に、もっともよく表れている。もちろん、両者を物語内容に還元して、文芸学的規範を当てはめるという常套手段はもはや使えない。そうするには、絵画と詩の媒体的な性質の差異が前景化されすぎてしまっている。彼が提出しているのは、「ほんものの情念(passions véritables)」と「人工的情念(passions artificielles)」という二項対立である。ときおり用いられている芸術／技芸(l'art)という言葉は、むしろ情念の内部に立てられたこの区分に従属している。

人の心は情念によってこの上なく生き生きと楽しい幸せなときを過ごすのだが、それが終わるともの悲しい気分に落ち込むという、現実の面倒な屈折がある。こうして人びとを楽しませる多くの情念から、それにつづいておこる苦しみを引き離す方途は、芸術にこそ見出せるのではないか？　芸術はいわば新しい自然の存在をつくれないのか？　……画家と詩人はわれわれがほんものの情念を引き起こすことのできる事物の模倣を提示して、われわれに人工的な情念を呼び起こす。……その模倣から得られる快楽は、純粋な快楽である。それは事物そのもののひきおこす真剣な興奮に付随する、後味の悪さを伴わない(Dubos[1719→1967＝1985:I,28-30])。

現実の事物が引き起こす情念こそが人生の喜びの源泉であり、それに比べれば、事物の模倣がもたらす人工的情念の力は弱い。その代わりに、消滅後に必ず悲哀が生じるという、現実的情念の避けがたい欠陥を人工的情念は免れている。そうした人工的情念のための「新しい自然」を作り出す技法が芸術である。情念の体制のもとでは、憂鬱や死へと至りかねない本質的危険をはらむものと捉えられていた不活性《イナーシア》が、楽しみが去ったあと落ち込む、人間本性の平凡なリズムへと書き換えられていることに注意しよう。あるいはむしろ、そのように捉えられる軽やかさのなかで、一七世紀的憂鬱《メランコリー》が近代的な退屈(boredom)へと書き換えられつつあるというべきだろうか[*11](→一二章一〇節、一一章一三節)。こうした構図のもとで、情念は、「事物そのものの引き起こす真剣な興奮」から距離を取れるものに転化する。その意味で、明らかにこの「情念」は、感情の体制に属している。

ただし、真正の情念/人工的情念という区分が多少あやしげな働きをしていることも否定しがたい。この区分に依拠することで、絵画と詩が「新しい自然」としてあらかじめ境界づけられている。普遍的な上位カテゴリーとしての芸術がいまだ成立していない意味空間のなかで、「新しい自然」がいわばそれを先行的に代補している。おそらくこれは、古典主義「美学」におけるあの楽しみの論理と陸続きの出来事だ。鑑賞者が、この境界の外側から優雅に覗き込むポジションに就くことがどこかで自然視されており、この態度が、「詩」や「絵画」を、いわば不可視の縁《フレーム》のなかに囲い込み、仮象(Schein)へと転化させる。美的仮象のこうした自然視が、「人工的」情念という括りのなかに含意されている。その意味で、デュボスの議論はやはり、フランス的な特質を帯びている。

じっさい、こうした見え方の延長線上に、芸術概念が立ち上がっていったとも考えられる。一七四七年に公刊されたシャルル・バトゥーの『芸術論』(芸術を明示的に主題にし、これに対する明確な定義を試みた最初の書物である)は、技芸《アール》一般の下位集合を三つに分類する。彼は人間の欲求あるいは実用を対象とした「手工(les Arts mécanics)」、楽しみ/快あるいは娯楽を対象とした「芸術(les beaux Arts)」を挙げ、それらの中間に、実用と娯楽を同時に対象とする技芸——これには名称は与えられていないが、バトゥーは雄弁術と建築をこのカテゴリーに入れている——があるとしている(Batteaux[1747=1984:22-25])。「「詩人」は自らの工夫とその詩句の調和とによって、自然で本物の場合よりは遙かに魅力的で、幻想的な描写《イマージュ》と人工的な感情で、われわれの精神と心を満たす」(ibid.[28]、強調は引用者)。人工的情念という発想をデュボスから受け継ぎつつ、バトゥーは「楽しみ」を「芸術」という特定の技芸《アール》のカテゴリーの属性として実体化している。

ともあれ、デュボスの段階では、「人工的情念」の遊戯場としての「新たな自然」はいまだ芸術とは呼ばれていない。人工的(=仮象的)という水準が呼び込む特有の問題性を安全化するには、なお時間がかかる。人工的情念の起源は真正の情念にあるし、「新しい自然」は自然に依拠している。『詩画論』における「人工的」や「新しい」は、芸術ではなく、表象を実在的事物の二次的派生物と捉える、あの模倣《イミテーション》理論に添って分節されているのである(→一二章六節)。ただし、それを人工的情念に支えられた新しい自然と呼んだことで、この論理に内在していた表象の特異な位相が前提化している。表象は、事物への接近の度合いによって測定されるが、同時に、まさに事物との距離が問われるというあり方において、単なる減衰された現実の反映へと還元できない、表象に独自の水準が出現する。より正確には、「還元できない」という消極的規定のもとで、すなわち、懸隔、不一致、欠如という問題構制のなかで、表象の実定性がその都度さしあたり担保されるのである。巨視的にみれば、精神内の「内的運動」やそれにより生じた諸表象を、事物の直接的で物理的な「外的運動」の減衰と捉えたホッブズ的構図(→四章六節、六章七節)からの転態として、「還元できない」表象の実定性を確保するというあり方が出現しているともいえよう。

それゆえ、表象を、人工的情念が安全に戯れることのできる仮象であると、単純に見なすことはできない。むしろ、表象は仮象/真理のあいだを漂流しつづける。表象のこうした往復運動とともに立ち現れ、そして、最終的にはそれを覆う外殻として自律していったのが芸術であると考えた方がよい。*12

四　表象と直接性

言い換えれば、デュボスによる情念の分割は、真正で直接的な作用／間接化され表象化された作用という対立の重層として、一八世紀の表象の文法が構造化されたことを表している。

たとえば、(1)感情の推測史。「仲間が危険や不幸に遭うのを見て、われわれを機械的に興奮させる自然な動揺／感情 (cette émotion naturelle qui s'excite en nous machinalement) には、心を揺り動かす情念と変わらぬ魅力がある」(ibid.[I,21]、訳文は一部変更)。拷問や処刑台の残酷な光景、曲芸師の綱渡りや死を賭けた剣闘士たちの試合が群衆を集める見世物《スペクタクル》となってきたのはそれが理由である。一方、技芸《アート》＝芸術や学問が、人間性の残忍さを満たすのではなく馴致するために発達していった。ただしそれは、あらかじめの構想によるものではなかった。「機械的」に発生する興奮の経験と順接し、それを遊戯的になぞっていくなかで、「人工の情念」の世界を構成できることが、多分に偶然に発見されたのであり、それが次第に技芸＝芸術として洗練されてきたのである。

あるいはまた、(2)距離化と没入。事物の模倣が生み出す「情念の幻」は、感覚 (sensation/l'âme sensitve) に一時的に働きかけては消失するがゆえに、現実に「目の前にみたらぞっとする出来事を、絵画のおかげで眼前に置いても安心して見ていられる」(ibid.[I,29])。それは、一方で「じっさいには深く悲しませることなく」同情の涙を流させるものだが、他方でしかし、この感性的快楽 (plaisir sensible) が、それ自体でどこか「苦悩に似ている」のもたしかであり、描かれた苦悩や欲求がもたらす「人工的興奮」が自己享受の対象となることがある。『アストレ』のような小説《ロマン》にのめり込み、自分がもともともっていた自然な情念を醸成されて、混乱した想像力を統御できなくなる人たちがいるように。それは、情念のもつ一種の感染力による。下手な俳優であっても熱中しているときに心を動かされてしまうのは、「自分で感動している人はわれわれを難なく感動させる」からだ[13]。

(1)と(2)を通して、直接的作用と間接化した表象とを何らかのかたちで結合しなおす、もしくは再配分する様式が問題化されている。さらにいえば、それらの問題が意味論的に処理される様式にも共通性がある。原初の情念の模倣の過程として文明化の歴史を捉えるという(1)の構えは、デュボス以降、言語起源論と強く連関しながら、一種の一八世紀的常数になっていく。直接性という暴力が、文明の他者として起源に置かれる。しかし、文明化の過程のなかで、直接性は単純に排除されるのではなく——もしくは排除に成功せず——、かえって文明のただなかで跳梁するものとなる。起源論の文体がこうした逆説を必ず伴うことは、脱構築《ディコンストラクション》によってとくによく知られているところとなっている。とはいえ、模倣される起源のあやしさと文明性とが覚束なげな関係にあることは、当時にあっても、——おそらく推測《コンジェクチャー》というあの自覚的な開きの様式のなかで——すでにある程度は気づかれていたようにも見えるが[14]。

直接性と表象が現在時に再配分される(2)においては、醒めた享受と没入＝中毒の危険という対比が出現する。一八世紀において、この主題系はとりわけ小説形式の勃興と結びつき、一定の問題意識を引き寄せつづける踊り場になった[15]。あえて現代風にいえば、「現実と虚構の取りちがえ」をもたらす表象のメディア効果のようなものが発見されている。おそらく、現実的情念と人工的情念の双方をともに観察するかのような視点が、このような語り方の背後にある。ついでにいえば、観察視点を「現実（的情念）」の側に担保したままこれを行えば、偽装された「危機」を煽り立てる疑似問題になる危険がある[16]（デュボス自身の書き方も、ときにそういう色合いを帯びる）。とはいえ、芸術カテゴリーが安定しきらない意味空間のなかでは、視点の帰属先は現代より揺れており、これを処理するために準備された意味論も、現代とは異なる。

たとえば彼は、人工的情念の起源に、他者の危難や不幸に際して生じる機械的興奮を置いていた。その一つの範型は、嵐に翻弄され、今にも難破しそうな船にいる人びとの苦難を陸地から眺める経験への関心だった。デュボスも言及しているように、これ自体は古代から語られてきたテーマであり、『事物の本性について』におけるルクレティウスの記述がとくによく知られている。[*17] だが古代の唯物論者ルクレティウスはこれを、ホッブズさながらの容赦のない語り口で、安全な位置から他者の苦難を傍観する「面白さ」の好例として論じた（ホッブズがルクレティウス的文体を意識的に復活させたところもあるが）。一八世紀の思考は、これを共感（sympathy/compassion）の事例として読み替えていったのである。情念に翻弄される心のダイレクトな指し示しとしての船の譬喩（一七世紀）が、不可視の深度を抱えこむ海の上を航行するかのような、知性＝理解力の働きの描写（ロック）を経由して、共感の神話的磁場へと転態していったというべきだろうか。そのとき、あくまでも現実の苦難に対する現実の共感を背景として、表象を結局は「安全」に——つまり仮象として——受容する態度がせり出す、あるいは逆に、表象の受容が現実の共感へとつきぬける（ことがありうる）。現実性と表象性とが互いを入れ子にするようにして反響しあうのである。[*18] 表象と現実とのこうした交錯が、模倣理論をいわば一段上で反復しているかのように。

究極的には、この交錯の水準で、起源論と没入＝中毒の問題系がお互いを支え合っているのだろう。それが感情の論理へと大きく回帰していくことは見逃せない。他者の危難や不幸を目にして発動する「機械的興奮」から、それを模倣する人工的情念の技法の洗練へという構図は、個々の作品（のようなもの）を前にした鑑賞者たちの情念的反応が集積していく過程を想定している。それゆえ、集積の歴史を語ることは、詩や絵画が、現在その前にいる鑑賞者の「心」に対して働きかけるさまを濃密に描き出す態度と直結する。

> 心は自分自身で、また提供される事物がじっさいに心を動かす事物であれば、その事物が自然から存在をうけいれようと、芸術が自然からつくった模倣でその存在を保とうと、あらゆる思案に先立つ衝動によって動揺する

われわれの心……の活動は眼の作用や耳の作用がその感受において「理性的」推論に先立つように、あらゆる推論に先んじている。私のいう感情(sentiment)なしに生まれた人を見るのは、生まれながらの盲目をみつけるのが稀であると同じくらい稀である(Dubos[1719=1985: II,1169-170])。

「あらゆる思案に先立つ衝動」がもたらす動揺。これはあの「抗しがたさ」そのものだ。新たなる感情主義が、理性／規則性の重視という古典主義美学の外殻を、少なくとも部分的には解体しつつある。あるいは、真理としての絵画という伝統的モデル（それは、鳥が啄もうとするほど葡萄の絵が真に迫っていたという、ゼウクシスの有名な逸話に象徴されてきた）そのものを。画像の真実は、事物が「自然から存在をうけいれ」たり、「模倣」が自然を保持する度合いによって決まるのではなく、推論に先行する感情に委ねられている。事物そのものと誤認されるわけではない絵画表象が、観者に現実の感動を与える。[*19] 重要なのは、事物と画像の同一化を断念したことが、まさに、現実と表象の「リアリズム的」交錯が主題化される条件となったことだ。いうまでもなく、この逆説の射程は、ある意味では現代にも達しているが、デュボスにとっては、この逆説は、ごく短い距離をとって、ただちに感情それ自体の領域へと返されていく。クインティリアヌスに言及しつつ、彼は「雄弁に」人の心を動かす＝感動させる力能の頂点を、絵画と詩に見いだす。

画家と詩人が模倣するあらゆる事物にたやすく心を動かされる、人間の心の生まれながらの感受性と素質とに注意を向ければ、詩や絵画そのものが人心をかきたてることに不思議はない。……事物の与える興奮だけが突如としてわれわれの心を動かし、理性や確信の方向では決して得られないものを、われわれは感動しながら心におさめるのだ。見知らぬ人の涙は、その人を泣かせたわけを知る前でさえ、われわれの心を動かす。人の叫び声は

人情 (l'humanité) だけでわれわれの心を引き、何を考えるよりも前に機械的に身体が動いて、彼を救うために飛び出すのだ (Dubos[1719=1985:I,34]、表記を一部変更)。

表象の感情喚起能力は、涙や叫び声に「機械的に」身体反応を生じさせるという、社会的もしくは社交的な情景の描写へと繋げられている。慈愛心や共感の言説に、美をめぐる考察も感染するかのように。このようにして、鑑賞者のなかに「抗しがたく」生じる人工的情念の内実が、道徳的な共感原理と同型的なものと捉えられている。だが、よく読めば彼は「慈愛心や共感がこのようなものだから、絵画や詩の経験はこう」というかたちで、社交的原理によって美を説明してはいない。そうではなくて、慈愛心や共感の領域は、むしろ美の原理の後で見いだされている。（人工的）情念／感情を土台とすることで、先行的同型態としての美を道徳に順接させるという一八世紀的構造が、すでにデュボスのなかに潜在しているのである。

五　経験論的「美学」の開始――ハチソン

一八世紀的な模倣理論が、事物と表象をめぐるホッブズ的構図の留保としての転換であることはすでに触れた。心的表象に対する一種の物性記述においても、反道徳主義へのドライブへの対処という点においても、ホッブズへの応答をはるかに強く迫られる英語圏では、デュボスが見たのと相同的な事態が、かなり異なるやり方で扱われることになるのは予想がつくだろう。経験論の文体は、「私」の心に生じる出来事の「私」による排他的な報告可能性の分有から出発することで、特定の社会的・文化的文脈から独立した、ある抽象化され、普遍化された主観性《サブジェクティヴィティ》の水準の成立可能性を、いわば方法的に担保する。このような構えは、美と道徳の連関に対する指し示しをより円滑なものにする。美も道徳も、そのような主観性に触れてくる観念の経験《フィール》として分析されるからだ。

その代わりに、この文体を採用すると、現実的情念から截然と分かたれた「人工的情念」や、それが戯れることができる箱庭としての「詩や絵画の美」を、天下り的にもちだすことはできなくなる。人びとの美的経験の多様で拡散的な事実性に直面させられるのである(Stewart[1971:vol.5,191])。典型的には、モノの実用的な有用性(utility)からあらかじめ切り離し、美の領域を確保することができない。それどころか、経験論的記述戦略においては、美は何よりもまず有用性の属性であると説明されざるをえない。「有用性が美の主要な源泉の一つであることは、美の本性を構成するものが何であるかを注意深く考察するすべての人に観察されてきた。屋敷の便利さは、その規則正しさ同様観察者《スペクテイター》を喜ばせる。……あるシステムや機械が、それが作られた目的を生み出すのにふさわしくこしらえられていることは、その全体にある種の適宜性と美をもたらすのであって、そのシステムや機械について考えることを喜ばしいものとする」(Smith[1976:179])。見たところ有用性からは遠い存在である芸術的なるものもまた、このような有用性から演繹されるか、少なくとも連続的に把握しなければならなくなる。[*20]

結局のところ、事物の観念から出発するスタイルが美や道徳に向かうとき、ある種の飛躍が生じている。美の術語化が経験論的な記述戦略とどこで接続するものであったのか、その根幹部分の概略については【補論二】で記述したけれども、こうした飛躍が経験論の文体にどのような負荷をかけているかという問いが残っている。美を個々の人間による感覚/判断の現場に送り出すとき、すべての人間にとって共通した美の境界が設定できるのかという問いが立ってしまう。人間本性に内在する美の「内的感覚」と、個別具体的な観念連合とのずれといってもよい。

経験論的思考がもたらした開きと閉じ。この開始点にあり、またもっとも象徴的な位置を占めているのが、ハチソンのあの『美と徳の観念の起源』(一七二五)である。デュボスの段階ではいまだ潜在的だった美の半特権的位相が、表題に刻み込まれていること自体が示唆的だろう。核心に置かれているのは、私たちの観念のほとんどすべてに、快（pleasure）や不快が自動的に随伴しているというロック的構図（↓一〇章一〇節）である。ハチソンは、古典主義「美学」が、富裕のなかの「作品」の受容として囲い込んだ喜び《プレジール》を、いわばむきだしのまま扱うやり方をロックから受け取り、ロック自身はあまり考えなかったような方向に展開する。ロックの記述戦略を拡張した先行例として、アディソンの「想像力の喜び」論があり（↓一二章六節）、ハチソンはこれも参照しているが、ずらす方向がかなり異なる。

哲学の最大の目的は、「人間本性とそのさまざまな能力や性質の正しい知識」を獲得することであり、ロック以来の知性の注目のなかで、人間が「真理を獲得するいくつかの方法」に関する研究が進んでいる。だとすれば、「いかなる真理でも、その重要性は、人間を幸福にし、もっとも大きく永続的な快を与える契機あるいは効力以外のものでないことを、私たちは広く認めている。……このような考えによって、以下に続く論文の著者は、人間本性が受け取ることのできるさまざまな快を研究することになった」。ロックはもっぱら感覚的知覚に由来する快を扱ったが、「物質的対象がわれわれの感覚器官に働きかけるときと同じように、「意志から独立して」必然的に私たちに快や不快を与える、その他の多くの対象がある」のであって、それらは色や音や延長といった単純観念が発生させるのではないし、感覚的知覚にまったく関係がないことすらありうる。美と道徳は、そのような快の代表なのである。快（不快）をもたらすものが、感覚器官に作用する実在的対象の観念にかぎらないとすれば、

私たちの精神が関わっているもののなかで、何らかの快や不快を生み出す機会とならないようなものはほとんどない。かくして私たちは、ある規則正しい形状、ある建築や絵画の作品、ある音の構成、ある定理、ある感情《アフェクション》、ある人格《キャラクター》＝性格に喜びを感じることに気づく。そして私たちの精神に現前する観念を、それをとりまくすべての環境とともに観照することからこうした喜びが生じていることを、私たちは気づいている

(Hutcheson[1725 → 1990:v-vi])。

ロックの快概念をハチソンは快の諸形態へと開いている。彼の場合、それはアディソン流の快の諸カテゴリーというよりも、むしろ個別的な快の諸経験である。美的形式への感受性のちがいもあるが、経験論的思考の進展にとって、それは必然的なことだった。芸術に近似していく美の経験を有用性から引き出すことが、経験論の言説戦略の中核に置かれているとすれば、個人にもたらされる快それ自体が、何らかの有用性であるというしかなくなる(経済学的な効用《ユーティリティ》概念は、このはるかな末裔である)。具体的対象を前にしたときの快や感興(あるいは退屈)の素朴な表明ではなく、快の構造そのものを分析したり、それに基づいて個々の対象を論ずる様式——一八世紀の英語圏において、それは哲学的批評(philosophical criticism)と呼ばれた——が、このようにして始まった。

同時に、「規則正しい形状」や建築・絵画作品から始まるその諸形態は、シャフツベリ的な諸特徴《キャラクタリスティクス》を彼なりに継承したものでもある。「行為や感情の美に対する道徳感覚」もまた、このスペクトルの「人格=性格《キャラクター》」側の端点に連なる。「良き趣味をもつわれわれの紳士たちは、絵画や詩の美や調和や模倣に関する非常に多くの感覚、趣味、嗜好について私たちに語ることができる。だから私たちは、人間のなかに、人格=性格やふるまい《マナーズ》の美に対する嗜好も見いだしてはいけないのだろうか」(ibid.[vii-viii])。かくして彼は、道徳感覚を快の範型としての美から引き出すわけだが[*21]、美的快がいかに規定されているか、あるいは、ロック的な快概念のかかる複数化と領域化が、そもそもいかなる手続き的同一性に乗っているかを見る必要がある。

六　絶対的美／相対的美——美的感覚の「コミュニケーション」

これについては、デカルトを契機として定式化されていった「多様性のなかの統一（Uniformity admist Variety）」（→一二章三節）がどのように論じられているかを検討するのが便利である。これには、二つの側面がある。一方では、ハチソンは美を「均一性、秩序、配列《アレンジメント》、模倣」と呼び、それをただちに「規則性、秩序、調和の美」と言い換えている(ibid.[vi])。均一性が等しいとき多様性が大きい方が美しいから、正三角形より正方形が、正方形より正五角形の方がすぐれており、多様性が等しいときには均一性が大きい方が美しく、正三角形が二等辺三角形や不等辺三角形に勝る。彼にとっては、これもまた「最大多数の最大幸福」原理なのだろう。こう語る彼は、気質的に見ても、調和を重視する、古典主義的な感受性の持ち主である。しかし、ハチソンの構図には大きな屈折がかけられている。客観的に美しいといえる対象が世界のなかにばらまかれているのではない。美は事物それ自体にではなくて、あくまでも人間の主観的な意見《センティメント》＝感情が生み出す。

ライプニッツからヴォルフ学派へと至る美学《エステティーク》の系譜は、この主観性の要素を能動的で自律的な人間精神と捉え、この精神が世界の即自的多様性と対峙することで、世界に統一的な法則性を与えるという方向に、議論を整理していった（→【補論二】）。「世界の複雑性」と「人間精神」とが相剋的な意味論的対として産出されたといってもよい。ハチソンの「哲学的批評」がこの潮流の大きな刺激因だったことはたしかだが、彼は複数の地点で、この思考様式とかなり肌合いが異なるさまを露わにしている。人間にとっての世界の美が人間的な主観性によってのみ成り立つとすれば、動物にはまったくちがう「美」の秩序が見えている可能性があるはずだ。ただ、他の種族の感覚が人間には分からない以上、人間は人間的理解の内部にとどまることしかできない。美の観念は、客観的な規則やその客観的発見というよりも、十分に複雑な、それゆえ不規則性を孕んだ具体的諸事象のなかに、人間の感覚がそれを見いだすことによって成立する。他の種族に映る可能的な美のあり方を、留保によって浮上させておいて、実質的には消す。慈愛心を人間学的＝機能主義的に読み替えたのと同じ策略が、古典主義の公準に対して用いられているのである[*22]（→一二章九節）。その意味で、これは多様性のなかの「統一」というよりも、「均一性」と訳した方が適切だろう。[*23]彼にとって、世界の多様性はそれほど自明ではないし、人間精神もそれほど超出的ではない。

こうした視点の移動によって、ハチソンはこの公準に、絶対的美／相対的美という注目すべき区分を導入する。絶対的美とは、人間のなかに備わっている固有な美の感覚である。それは実在的対象の観念から発生するものではなく、感覚的知覚に依拠しなくても成り立ちうる。他方、相対的美は外界の何らかの外部対象を介して発生し、それゆえ感覚的知覚の協働を必要条件にしている。絶対的美の事例としては、比例関係、音階のハーモニー、定理の美といったものが挙げられており、一義的には、「多様性のなかの均一性」はこちらに配分されている。他方で相対的美は、明らかに模倣概念を表現している。絶対的美と相対的美、それぞれの思想的素材は目新しくない。新しいのは、このようなかたちで美（の感覚）を相互に独立的なものとして領域化した、もしくは分割したことそれ自体である。この分割を、一方では相対的美＝模倣からの絶対的美の分離であり、他方で同時に両者の結合でもあるという、二重の位相において読むことができる。

分離の位相においては、調和や規則性の感覚は、対象の模倣において発生するというよりも、それらを発見する人間主体の内在的能力の側に割り振られる。つまり、美とは何よりも、律動やパターンを感じ《フィール》とってしまい、それを「美しい」と判断する働きなのである――付言すれば、一八世紀においては判断(judgment)という語自体が感情《センティメント》／意見の別名でもある。[*24]このような割り振りを明示的に行ったのは、ハチソンが初めてだろう。さらにいえば、テクストにおける扱いが絶対的美→相対的美という順序になっていることが暗示するように、ある微妙なやり方で、絶対的美を相対的美を基礎づける、あるいは先行する基底であるかのような語りが浮上しつつある。ただし、人類に共通する「内的感覚」の所在を主張してはいるが、ハチソンはそれによって、何らかの普遍的秩序を先取りし、古典主義的に規範化しているのではない。すぐ触れるように、そういう指向がないわけではないのだが、それは思考を駆動させるゼロ記号のようなものだ。むしろ、明確な外部対象に必ずしも繋留されないところで、主体のうちに美的判断が発生すると申告できるようになったことの出来事性が重要である。

このような内在的な美的感覚の切り出しは、ある意味で、「私はそれを知らない《ジュ・ネ・セ・クワ》」を継承していると考えることができる。しかし、絶対的美へとカテゴリー化することで、「えもいわれぬ」感覚の言表可能性は、かなり異なる問題機制へと開かれている。

つまり、こういうことだ。主体のなかで働く美の感覚は、それが働いている現場に定位したとき、その大部分は観念連合(Association of Ideas)の産物として観察される。各人の履歴や生活環境が織りなす私的な文脈のもとで、ある事物の観念が別の観念と思いがけないかたちで結びつけられ、個々人の美的判断=感情が生じる。裏返せば、美的判断の個人的偏差は、各人に固有な観念連合によってもたらされる(ibid.[76])。その意味では、これこそが「えもいわれぬ」感覚の作動だともいえる。自律的感覚の普遍的カテゴリーの設定と、個体的な判断の事実性の出現。これらの布置全体が、「私はそれを知らない」を高次的に構造化していると考えることができる。

観念連合の骨格は、明らかに、理性の普遍性/情念の個体化作用という情念論の構図の焼き直しである。しかし、重要なのは、普遍性と個体性のあいだに観念連合を挟み込むという操作によって、各人の心のなかで生じている出来事の描かれ方が変化することだ。観念連合は、何かを「抗しがたく」美しく感じてしまう、個別的な心の具体的働きを、デュボスより積極的なかたちで登記する。というか、人びとの心のなかで自由に結ばれては、ほどかれていく観念の可動域を認めても、どういうわけかかまわなくなっている。誰かのもつ美的判断は、それがいかに奇妙なものに見えようが、彼/女の心の内部で生じている特定の観念連合に帰着できる（もしくは、観念連合において現れる）[*25]と規定するとき、特異に個体的でありうる美的判断は、一方で論理的に解明可能なものとされており、なおかつ同時に、実質的には、具体的に追尾するのは難しい。心はいわば、閉ざされたものとして開かれている。あるいは、開かれる（はずの）ものとして閉じられた、ある種のブラックボックスになっている。そのようなかたちで私秘性《プライヴァシー》の境界が成立したと言ってもよい。[*26]

ロックは、各人の精神内に作りあげられた私秘的観念の共約可能性を空所にしたまま、にもかかわらず、「コミュニケーション」が事実的に成立していると想定できることに訴えかけて、これを「解決」していた（↓一〇章五節）。美が個々の人間の感覚/判断の現場に送り出されるとき、個別具体的な観念連合が、人間本性に内在する美の「内的感覚」としばしばずれること、言い換えれば、個々の美的判断がいかにして一致しうるかを論証するという課題がより強く出現することになる。一致可能性というこの課題が、超越論的反省主体をのっけから設定することで「解決」するカント的思考様式に引き継がれていった。[*27] 現代の美学的哲学が、多様で個体的でありうる美的判断の一致可能性という、ハチソンには明らかに解決できていない問題をどう解くかに関心を集中させているのは無理もない。[*28]

とはいえ、美的観念もしくは判断の共約可能性は、ハチソンにおいてはあくまでも潜在的な主題に留まっている。現代の解釈者が重視するほどには、彼がこれを美の理論の中心的な課題と考えていたようには見えない。「これはスミレの香りだ」のような感覚の観念に比べて「あのスミレは美しい」という観念は、もともと一致が期待しにくい。おそらく、まさにそれゆえに、そうした問いが遊戯的に招き寄せられている。ここには、内的（美的）「感覚」という譬喩＝実体の周囲で生じていたのと同じような切り返しの仕組みが働いている（↓一一章七節）。人びとのもつ美的観念/判断はたしかにある程度特異だが、それでも彼らは、たいていは似たような対象を目にしてきている。これをあてにすることで、人びとの判断が一定の限界可動域内に収まることが、――論証されるのではなく――暗黙裏にもちこまれる。別の箇所では、経験における「所有」の平等性が担保される点が、一八世紀において自然や風景が美的観察の優勢的モデルであったことの意味だと指摘したが（→一二章七節、【補論二】）、観察行為の類同性に対する期待を薄く張ることが、このモデルのもう一つの意味論的作用なのだろう。

美的観察に参加する人びとの心の同型性や、個々の観察がどうあれ存在しているはずの普遍的な美の感覚を、つまりコミュニケーションの原理のようなものをコミュニケーションの向こう側に設定するようでいて、それはつねにコミュニケーションを誘発し、そのなかで拡散的に出現する。たとえば『コノスール』誌の一七五六年の記事には、こんなことが書かれているが、こうした言説はこの時代には珍しくない。

> 趣味《テイスト》という言葉は現在、上品《ポライト》な社交界や文人の界隈でお気に入りの偶像になっている。まことにそれは、ほとんどすべての技芸や諸学の本質と考えられているようだ。立派な淑女紳士は趣味のある服装をしている。建築家はゴシック風であれ中国風であれ、趣味のある建物を建てる。画家は趣味のある絵を描き、詩人は趣味のある詩を書く。批評家は趣味をもって読む。つまりは、ヴァイオリン弾きも役者も歌手も踊り子も、そして機械工ですら、みなが趣味の息子であり娘なのだ。にもかかわらず、このように驚くほど趣味が溢れているなかで、趣味とは本当は何なのか、この言葉が何を意味しているのか、言える人はほとんどいない（Colman et. al.[1823:vol.27,244-245]）。

より洗練された言明は、ヒュームの「趣味の基準について」（一七五七）のなかに認められる。「だいたい同じようなことを語っていても、あらゆる種類の［事物の］美や欠陥に関しては、人びとの意見《センティメント》＝感情はしばしば食いちがう」(Hume[1826:vol.3, 256])。ヒュームは人びとの多様な趣味のあいだに、事実レベルで一致が成り立つ可能性を当初から棄却する。彼は、「多様性のなかの統一(均一性)」のような、何らかの客観的な規則を特定することで「趣味の普遍的基準」を探ろうとはしない。しかし、美醜をめぐるさまざまの主観的判断が自動的に等価であるわけではなく、「良い(悪い)批評家」や「良い(悪い)趣味」があ(りう)ることを万人が認めている以上は、「趣味の普遍的基準」をめぐる問いは人間的有意味性をもつ。ただし、これをそれ以上の何らかの原理に転換することはできない。私たちは「良い批評家」がどこにいるのかは確信をもてないが、普遍的基準という虚焦点を置きながら、さまざまな作品群を、できうるかぎり個人的嗜好や偏見を取り去って虚心に比較吟味していく個々の批評(家)の経験的実践だけは期待できるし、そのような実践が積み重ねられる時間の試練に耐えた古典の価値も、ある程度は信頼できる。

同じようでいて食いちがい、食いちがうから語られる。本源的同一性としての趣味の普遍的基準は指し示せないが、そうした語りの集積が、結果的に、未在の普遍的基準の地平を暗示する。いや、不在にとどまりつづけるそうした基準の家族的類似《ファミリー・リゼンブランス》を、それこそ「模倣」すると言った方がいいかもしれない。このようにして、美の観念の導入は、ロック的「コミュニケーション」の地平を大規模に展開させていくのである。

七　道徳からの接続——一八世紀の慣習論

主体内在的な美的感覚の設定が、個体的判断をめぐるコミュニケーションの承認へと至ること。これを逆方向に辿れば、各人が心の深奥で抱いているとされる直観的判断の実定性が、コミュニケーションの実現のなかで事実的に消去されるにもかかわらず、そうした不可視の判断の領域が存在すること自体は消去できない、という像が得られるだろう。私秘的感覚とコミュニケーションとのこうした相互転換性は、それ自体で、道徳と美的なものとを繋ぐ回廊の所在をも指し示している。冒頭で示唆しておいたように、美が個体のなかで完結しうるのに対し、道徳は、定義上「コミュニケーション」的である。道徳は他者との関わりにおいて発生し、他者との望ましき共同状態（＝秩序）に関する、何らかのかたちで共同主観的な価値である、あるいは、少なくともそれを志向するからだ。それゆえ、美の観念に随伴するコミュニケーション的性質は、美と道徳の連関の必然性をもっとも直截に指し示している。

このことを、道徳の側から、つまりコミュニケーションの側から観察するならば――より正確にいうと、コミュニケーションから内的感覚へという「逆方向への辿り方」を、美からではなく道徳から観察するならば――、以下のように考えることができる。道徳はもはや、伝統的で超越的な権威の命令に根拠づけられるものではなくなったが、しかしそれはいまだ、現代のように、「社会」の安定的な――つまり、主体の「外から」降ってくるかのような――価値規範でもない。それゆえ一八世紀的な道徳は、必然的に、相互行為の望ましい組み合わせ、あるいはそれに対する期待と等しくなる。そして、それらの好ましい相互行為の結合の事実性と期待との循環のなかで、秩序が事実的に形成されていくという論理形式（＝自生的秩序論）を取るしかない。

こうした事態が成立するためには、その正否深浅はともあれ、秩序もしくは調和をめぐる何らかの判断（＝感情）を働かせる能力が、各人に配分されていると想定しなければならない。各人の判断をあらかじめフォーマットする、伝統的価値のようなものをもちだせない以上、その判断は、個人以前に遡る根拠をもたないものとされる必要がある。しかし、他方で同時に、それを完全に恣意的なものとするわけにもいかない。それではホッブズ的な自然状態の論理に逆戻りしてしまう。[*29] たとえば、一八世紀の社会理論がしばしば慣習に注目したのは、慣習がこの二律背反を調停することを期待したからだろう。非常に多くの局面において、人びとの判断は慣習に従うかたちで生じる。秩序をめぐる各人の判断には、慣習のなかで成立した既存の価値体系がすでにたくし込まれている。とはいえ、判断が完全に慣習から生じると言い切れば、伝統的権威と実質的に同じ機能をもつことになってしまう。だから、人びとの判断自体は、慣習の外部で生起しうるものでなくてはならない。

もう少し丁寧に見ると、(1)道徳的判断が何らかの意味で直観的性格をもつとすることで、その個体性が強調される。しかし同時に、判断は(2)局所的で具体的な、つまり個別的な社会的＝社交的場面に呼応して生じる。さらに(3)場面に反応しながら、それが収まるべき望ましい秩序に対する何らかの感覚なり判断が不可避的に形成される。共感（sympathy）がその範型であるような、道徳的判断のこうした直観的で被触発的な性格は、「抗しがたさ」とダイレクトに重なる。[*30] (4)絶対的美がそうだったように、秩序への感覚は一方で人間本性に内在しているが、他方で(5)既存の秩序イメージに添って（つまり、それを観念連合の資源として）形成され、また、そのようなものとして現実化する、少なくともそう志向される。(6)個々の場面に応じて生じるこうした感情的反応の集積は、結果的に何らかのパターンをなぞっている、もしくは浮上させる。そして、(7)このパターンは人間的な秩序の感覚と（結果的に）合致している。あるいはむしろ、それは人間本性に再帰的に回帰していくことで、人間的な秩序の感覚を洗練させる（反応の集積＝文明化というモデル）。

結局のところ、慣習的価値体系と個体的判断の創発性とが入れ子構造になっている。その意味では、調停は先送りされている。社会学理論の平面上でいえば、ホッブズ問題の反復的な引き延ばしのようなことをやっているわけだが、おそらく、慣習と判断が相互貫入することの事実性が追尾されつづけることが重要なのであり、「ホッブズ問題」はむしろ、そうした振る舞いのなかに融解していく。(1)から(7)へと至るこうした過程全体が、社交＝社会の展開であり、一八世紀的な道徳《モラル》を構造化する。その意味では、慣習と個体的判断の相互貫入自体が、慣習の一部を構成している。[*31]

このようなかたちで、一八世紀は道徳を力動化している。ある社会的場面に対して観察者が道徳的な反応を行うとき、彼／女は、その場面を賞賛もしくは非難しつつ、あるべき「正しい」秩序へと誘引される。すなわち、いまだ到来していないという意味で、さしあたりは観察者に外在している理想的状態が、彼／女がそこに内包されるべきものとして直観されている。そして、あるべき秩序に対する直観を各人が形成することで、自分と人びとが連動する暫定的秩序が、その都度作り出されていくのである。秩序に対する各人の直観的判断の生起、そして、それが駆動する、このような秩序の二重化のしくみ。これらはどこか必然的に美に近接する瞬間をもつ。観察者が特定の場面に触発されるとき、「正しい」秩序は未在であり、それゆえその判断＝感情もその「正しさ」や「秩序」の外にあるからだ。

たとえば、その点だけを取ってみても、美に対するハチソンの考察が、道徳性の論理の鏡像となっていることが分かるだろう。

八　相対的美と類似の出来事化

ところで、各人の美的判断が、それぞれ固有の観念連合の多様性へと溶解し、意見＝感情《センティメント》の連鎖へと開かれることが美的コミュニケーションであるとすれば、それは、人間本性に内在する美的感覚の自律が、ある種の中途半端さ（経験論者は「現実的」と呼ぶだろうが）のもとにとどまっていることで可能となっている。観念連合とは、外部対象の――ときに恣意的で放埒な――取り込みのことなのだから。美という観念は、事物＝対象《オブジェクト》との自然学的で即物的な対応関係から遠ざかりつつも、外部対象との繋がりを維持しつづけている。美の内的感覚というが、それは対象との関連のなかで生産される諸観念の連鎖とともにあった。言い換えればこれが、絶対的美が相対的美と

(再)結合の位相に置かれる必然的理由である。その意味でやはり、絶対的美は相対的美を基礎づけているというよりも、むしろ並列している。

「多様性のなかの均一性」であるところの絶対的美とは、人間の心のなかで自動的に生起するリズムや調和の抽象的パターンである。多くの場合、それもまた事物が織りなす複雑な図柄によって触発されるし、それが表現されるときには、必ず何らかの対象によって媒介される。しかし、絶対的美においては、そうした対象自体のなかには、その感覚の類似物は存在していない。一方、「われわれが相対的美と呼ぶもの」は、

> ある原型(original)の模倣《イミテーション》と通常見なされている、何らかの対象のもとで理解される。そしてこの美は、オリジナルとコピーとのあいだの一致あるいは一種の統一に基づいている。オリジナルは自然のある対象でもよいし、何らかの確立した観念でもよい(Hutcheson[1725→1990:35])。

前にも述べたように、原型の模倣や対象と写像の一致という発想自体は珍しくない。重要なのは、そうした美の領域が、対象そのものとは似ていない絶対的美と対比されるとき、何が生じているかということだ。存在論的に強く対応するという意味で、外的事物と精神内表象とは「似ている」が、精神の内外における形態としてはまったく「似ていない」。精神作用をめぐる一七世紀の哲学的考察のなかですでに浮上していたこの問題の、経験論的「解決」の系譜に連なるハチソンにとって、外部対象を参照するとされる相対的美も、通常の芸術技法論がそうするように、その対象と素朴に「似ている」とはいえなくなる。こうした問題関心は、デュボスにもある程度潜在していたが(→本章二節)、哲学的批評においては、模像《コピー》が原物《オリジナル》＝対象を模倣するというのが、そもそもどういう事態なのかという問いが、はるかに強いかたちで浮上する。

その顕著な効果として、模倣／類似／一致の領域と機能とが大きく広げられる。典型的には、それは美的内容と形式の分離として現れる。絶対的美の場合は、それを励起した対象の美しさ、つまり均整や調和や規則性を正確に模倣すればよい。そこでは、オリジナルとコピーは美的内容を共有している。と同時に、オリジナルの美的内容を移し替えた形式がコピーであるともいえ、このとき、形式は内容からの距離によって評価されることになろう。それに対して、「相対的美だけを得るためには、原型のなかに何らかの美が含まれている必要はない。たしかに絶対的美を模倣したほうが、全体としてはよりすばらしい作品を作るだろうが、……絵のなかの老人の醜さ、風景画のなかの崔嵬たる岩や山は、うまく描かれていれば、豊かな美をもつだろう」(ibid.[35-36])。こう述べるとき、高貴な題材・対象を写し取る芸術がより優れていることを疑わなかった一七世紀的な古典主義の規範を、彼は踏み越えている。調和や均整に美の典型を見いだすという点では平凡で保守的な見解の持ち主だったにもかかわらず、一種の醜の美学の認識論的条件を図らずも開示したともいえる――醜の美やグロテスク美学が本格的に展開するのは、一八世紀の終わりに近づいてからだが。

　ここではむしろ、それ自体では「醜い」対象が美に転換されうるという命題が、「うまく描かれていれば」という条件を随伴していることに注目すべきだろう。「醜い」対象の特定の部分のみに焦点を当てるにせよ（老人の手なり顔なりにとくに注視し、他の部分を軽く仕上げて「人生の年輪」の提喩とするといったように）、荒涼たる景観を描き出す技巧や筆致を前景化するにせよ、あるいは「醜くない」他の諸対象のなかに配列され、あるいは対比されることで、高次のモチーフに奉仕させるというやりかたもあろうが、「醜い」対象の美という発想は、技法＝形式を不透明化する。対象のすべてではなくて、ある側面を選択的に切り出し、あるいは特定の技法的＝芸術的《アーティスティック》なやり方で強調する。さらにいえば、そのうえで、それが対象の断片《フラグメント》的な観察であることを方法的に忘却できるというしくみも働きつつある（Harries[1994]、Harter[1996]）。現象面でいえば、一八世紀に入って素描《スケッチ》が独立した価値をもつようになるのが、その一つの現れだろう。経験論的な「醜の美学」は、模像《コピー》が原型《オリジナル》たる対象のどの部分を、いかにして模倣するかを問題化するのである。*32

九　多頭化する類似

それだけではない。ハチソンはさらに模倣の可動域を広げている。前節の引用にあるように、類似の原型となるのは、実在的な「自然のある対象でもよいし、何らかの確立した観念でもよい」。模倣はオリジナルからコピーを作り出す行為だが、コピーが作り出されれば、何がオリジナルであっても模倣になると彼は考えている。その代表的な事例を挙げよう。

(1)「確立した観念」によって、彼は、「正義」や「愛」といった抽象概念を寓意や象徴を通して具象化するという伝統的な様式を念頭に置いている。また、アレクサンダーやクレオパトラ、キリスト、ソクラテス、ディアナやイアソンなど、絵画や文学における神話的・歴史的人物たちの「表象《イメージ》」もあてはまる。その意味で、この規定は、古代理念の規範化という古典主義「美学」との接触面にもなっているが、重要なのは、これもまたある種の「模倣」であると捉えられていることである。この点において、社会的に承認されたストックとしての象徴言語の単なる承認とはちがう。この場合、特定の「確立した観念」の成立自体が、人類史における何らかの模倣行為であり、その模倣を模倣する諸行為として、さまざまな表象が制作されるという把握になるだろう。このようにして、「確立した観念」の模倣論は、起源論／文明史をめぐる一八世紀的構図とも接続する。

(2)譬喩言語論。譬喩の起源は類似にあるが、とりわけ、遠いものとの類似がより大きな美的快をもたらす。動物の情念的運動と人間のそれとの類似よりも、無生物の対象との類似が注目に値する。「私たちの情念や感情《アフェクションズ》が……自然の無生命の対象への類似性を獲得する」ことが、比喩の母胎なのである。「海の嵐はしばしば激怒の象徴《エンブレム》であり、雨に打たれて項垂れる草や木は悲しむ人のそれであり、茎折れしたひなげしや鍬に刈られてしおれた花は、今をときめく英雄の死に似ている……」(ibid.[8])。無生物的存在と人間的境界とを連結させるこうした態度のもとで、譬喩のなかでもとくに擬人法が重要視されることになる。すべての譬喩は本質的に擬人法の展開形態なのである(これについては次章で扱う)。

(3)詩的描写 (poetical description) も、適切な類似という観点から評価される。「人物の性格」は、人並みはずれた行為の描写が人間性の極限的＝理念的典型を指し示すという、古典主義的詩学の発想とは大いに異なったものとなる(→一二章三、四節)。「行為と感情《センティメント》は、叙事詩や劇詩のなかでそれが帰属する人物の性格に適合すべき」なのであり、それゆえ詩人は、彼の人物を完全に有徳に描くことを選ばない方がよい。その理由は、「おそらく私たちの情念の本性から説明できるだろう。……現実に私たちの観察対象としては決して現れず、したがって彼らがそのコピーとどれだけ一致しているかについての正確な判断ができないような、道徳的に完全な英雄よりは、人間的情念に充ち満ちた不完全な人物に、私たちはより生き生きとした観念をもつのである……私たちは、自分の心中でしばしば感じる傾性の対立や、自己愛の情念と名誉や徳の情念とのあいだの葛藤が、他人の性格《パーソン》のうちに描かれているのを見るからである」(ibid.[36-37])。

　こうした複数的な様相において、必ずしもモノに逢着しない「オリジナル」も模倣の対象とされている。あるいは、オリジナルとしての根拠がどうであれ、そもそもそこに模倣の行為があると解釈できれば、ともかくもそれは類似なのである。ある意味でこれは、事実ではなく、読者観客のもつ歴史《ヒストリー》＝物語のイメージにとって真正であるように「見える」のを良しとした、古典主義における「本物らしさ(vraisemblance/verisimilitude)」の文芸規範の転用もしくは拡張である。だが「本物らしさ」は、既存の約束事《コンヴェンション》や定型的文脈に、はるかに強く縛られていた。*33

その意味で、「いかにもありそうな」、「もっともらしい」像《イメージ》の誘引力の大規模な組織化は、やはり決定的に新しい《ノヴェル》現象なのであり、それは、類似の領域を明示的に拡大する意味論のもとで、はじめて可能となった。そこでは、オリジナルの忠実な――しかし、部分的でもありうる――写しと、それらしき人間化を施された、架空の対象の図像とが、等しく模像として横並びになる。一八世紀を中心に歴史を眺めると、むしろこうした構造全体が寓意（画）的（→六章八節）であるように映るだろう。[*34]

二世界性の理念は明らかに空洞化しつつある。事物と心内表象とが「似ているが似ていない」というのが精神的言説のジレンマであったとすれば、ここでは、模像は実在的対象に対して、もはやただ単に、「似ているが異なる位相にある」のではない。その意味では、「似ている」という出来事を、それを越えた根源的な同一性に送り込んで根拠づけるのが困難になっている。その意味では、模像は対象と「似ているがゆえに、決定的に異なる」。裏返せば、（「うまく描かれた」）模像が成立したとたんに、類似はそこにすでに埋め込まれていることになる。

真理としての絵画モデルから感情効果の観客論的モデルへと移行したデュボスは、表象の現実効果論によってリアリズムの萌芽的形態を提供したが、「リアリズム」がじつはリアルの断念によってよってのみ可能になるという事態が、ここではさらに進行しており、いわば構造化しつつある。一八世紀の模倣概念のこうした展開の果てに、リアリズム概念が出現したというべきだろうが。「リアリズム」という語が登場するのは一八三〇年代、文学・芸術上の様式を指す用法としては一八五〇年代半ば以降に定着することになる。

一〇　登場人物《キャラクター》／人格の地平

類似の領域の拡張の背後にあるのは、二世界性の弛みだけではない。絶対的美と相対的美の分割と再結合とを経ることで、道徳性の指し示しがいかに屈折するかが重要である。端的にいえば、相対的美のような概念を導入することで、美的感覚の内部的自律だけを、すなわち、もっぱら美における主体化のプロセスのみを想定する場合よりも、美と道徳の環《ループ》ははるかに大きくなる。とりわけ、さまざまな類似的形象が見いだされる相対的美の水準においてこそ、美的観念と感情との具体的な連結の諸様態がもっとも積極的に出現することに注目すべきだろう。じっさい、社交／コミュニケーションの具体的場面《シーン》に対する人びとの反応が、何らかの既存の秩序イメージに媒介されて、あるべき秩序へと調整されるというあの慣習の論理にも（→本章七節）、絶対的美のみからは導出できない側面が含まれていたことがわかる。人びとの是認や否認を触発する社交／コミュニケーションの場面は、主体の外にあるものとして観察されるのだし、その観察行為は（秩序をめぐる）社交／コミュニケーションの連鎖のなかに巻きこまれていく。その触媒となる秩序イメージにしても、正義や美徳など、何らかの「確立した観念」に寄り添っている。さまざまな箇所に、類似の諸形態が差し込まれているのだ。

この観点から見れば、前節の(3)で挙げた「詩的な人物描写」がとくに注目に値する。いかにも英雄らしい行為を描くという、古典主義的な類似《ヴェリシミリチュード》の規範から切り離されたとき、類似は同時に二つの水準に回付される。一つは、日常的で、ときに卑小でもあるだろう「不完全な」人物《キャラクター》の等身大的な模倣そのものである。同時に、こうした人物像と私たち自身の人間本性との類似が、彼／女の言動や命運への強い共感的関心を誘発する。人物に対する共感という第二の水準を想定することで、一七世紀的な人さまざま《キャラクター》の外に出ているともいえる（→九章一〜三節）。「人物《キャラクター》」へのこうした関心のありようは、美から道徳への主題の移行を自然化するキーの一つになっている。人間性の限界ぎりぎりのところで演ぜられる超人的崇高さを仰ぎ見ることが、道徳性を構成するのではない。むしろ、平凡な悩みを抱えた、私たちと等身大の人間たちが高貴な行動をとりうるということこそが、その本質となる。

悪徳であれ徳であれ、道徳的対象について観照することが、自然美あるいは（私たちが普通呼ぶところの）自然の欠陥よりもはるかに強く私たちの感情をゆさぶり、そららとはまったく異なる、そしていっそう強力なやり方で、私たちの情念を動かす。……劇詩および叙事詩は、全面的にこの道徳感覚に向けられ、道徳的に良いあるいは悪いと明瞭に表現された登場人物《キャラクター》の運命によって、私たちの情念をかきたてる (Hutcheson[1725→1990:140])。

社会思想史的に表現すれば、これは、一八世紀における徳《ヴァーチュー》の問題系の変容の一つの表れではある。しかし、徳の社会的編成の水準が文芸的想像力にも写像されているとするだけでは不十分だ。「登場人物」と、徳の概念と強く相関する「人格」とがともにcharacterであることの意味を考える必要がある。虚構作品の内部と外部に何らかのかたちで相同的に働きかける、登場人物《キャラクター》／人格の意味論があると捉えるべきではないだろうか。

　この点については、『情念と感情の本性とふるまいに関する考察』（一七二八）のなかに、興味深い記述が見られる。このテクストのなかでハチソンは、「穏やかな欲望」と「強い欲望」の欲望の特定の組み合わせによって、単なる私的欲望とは異なる公共的欲望《パブリック・ディザイア》の水準を立てていた（↓一一章八節）。この水準は、公共的欲望に対する観察の次元を巻きこむ。公共的欲望といえども、行為や外形に出現したものの観察をもとに推測されるほかはない（↓一一章九節）。それどころか、彼は、観察者が特定の欲望にいかなる種類の、そしてれほどの強度の公共性を見いだすかということが、ほとんどその公共的欲望の質と同型的であるかのように書いてすらいる。「行為者 (agent) の道徳的性質が、私たちの道徳感覚に有徳的である、あるいは邪悪であると映るかによって、公共的情念が多様化する」(Hutcheson[1728→1990:67])。

　だがこのとき、人びとが行うその観察や推測が、いかにして信頼できるかという問題が生じてくる。いや、「人びとが行う」観察というべきではないのだろう。信頼の社会的担保という思考様式、「人びとの」観察の社会的水準を先取る簡便なやり方はまだ存在していない。あくまでも「私が行う観察」から出発するというロックの法令のもとで、何らかのよりどころや宛先を確保することが必要になる。したがって彼は、そうした宛先として、私たち自身の情念が道徳感覚から生じること、より正確にはたぶん、そうした自己意識が生じるという事実性を呼び出すしかなかった。それはこのように語られている。

［A］私たちが道徳的に良き行動の観念を作りあげたり、演劇のなかでそれが表現されているのを目にしたり、叙事詩やロマンスのなかで読んだりしたとき、私たちは、同じように振る舞いたいという欲望が沸き起こるのを感じる。それは、さまざまな気質をもつ大部分の人びとに一連の冒険の想像へと向かわせる。そのなかで彼らは、自分たちが受け取った観念に合わせて、寛大で高潔な役を演じつづける。［B］何らかの良き意図を実行したら、私たちは秘かに喜ばしい勝利感を抱く。私たち自身の不注意によってくじけさせられたり、何らかの利己的な見解によって良き意図から逸れてしまったら、私たちは後悔と呼ばれる悲しみを感じるだろう(Hutcheson[1728→1990:68-69]、記号部分は引用者の挿入)。

［A］と［B］とが連続していることは、いささか驚くに足る。道徳的観察の出発点で、虚構作品を契機とした想像的冒険と、現実の道徳的行為の遂行／不発とが同一平面上に乗っている。「演劇、叙事詩、ロマンス」の側が、自己の行為に関する道徳的評価の範型であるようにすら見えるほどだ。

さらに、より複雑で、多様化した「公共的情念」の「道徳的性質」に議論が進むにつれて、両者は交錯の度合いを高めていく。高潔な人物が正しく報われることを是認し、彼／女の不運に対して悲しみや同情や不満を抱くようにさせる、「行為者の美徳あるいは悪徳に対する道徳的知覚」をめぐる議論が、ただちに演劇の「プロット」構造の考察へと繋げられる（72-75）。善悪のあいだで揺れる、つまり、社交のなかにいる現実の人間に近接した行為者が主題になると、「混合的人格（mixed character）」という表現が登場する（77）。同時に、これらの人格たちの重層した群像的関係が「道徳的知覚」の対象となるのである。「かつての自然や善意の絆によってお互いに何らかのやり方で結びついた、もしくは過去の損害によってばらばらになった行為者たちの行為を観察するときに生じる道徳感覚と公共的感情［においては］……行為の道徳的質は大いに異なったものとなり、また、複数の情念の非常な複雑化がもたらされる。関係する人びとに対して生じる背反的な情念の一種の対比状況が、あるいはそうした集合体(assemblage)が生じる」(ibid.[81])。

こう指摘したあと、ハチソンは、行為者たちのそうしたさまざまな結びつきと、それが生み出す「情念の集合体」を数え上げている。それは基本的には、現実に行為する人格の相互作用をめぐる道徳的観察であるはずだが、ダッシュとともに列挙されていくこれらの事例は、あたかも、善悪さまざまの登場人物を配置した、同じ数だけの演劇の「プロット」であるかのようだ。

善意に対する強烈な感謝の感情《センティメント》や熱心な返礼は、恩恵を与えた人と与えられた人の両方に対する最高度の愛情と尊敬の念を観察者《スペクテイター》のなかに引き起こす。――感謝もせずに仇で報いるときには、恩知らずに対する最大の嫌悪を生じさせ、有徳な生き方［が報われなかったこと］に対する落胆と不満とともに、恩人に対する愛情と同情をもたらす。――被った危害を許し、悪に善で報いることは、……――道徳的に優れた行為者同士の相互の好意は、……――悪い行為者が相互に意図的に与えた損害は、……――良き行為者が悪人に意図的に与えた好意は、……――悪い行為者同士で意図的に与え合う好意が、彼らの邪悪な意図を増大させない場合は、……――良き行為者が、その人の知らない恩人に対して行う良き好意は、……――同じ場合に、意図せずに悪しきお返しが行われてしまった場合は、……——自分を傷つけた悪い行為者に対して、良き行為者が意図せずにしっぺ返しをした場合は、……——悪い行為者同士が意図せずに損害を与え合った場合は、……——良き行為者が意図せずに悪人に善意を施し、その結果、彼がさらに悪をなす場合は、……——良き行為者が意図せずに悪人に善意を施すが、それによって彼の悪が促進されなかったときには、……(Hutcheson[1728→1990:81-83])。

行為を一種の役割演技の遂行と見なす演劇論的視角は、現代の社会学にも取り込まれている。あまり意識されることはないが、たぶんこれ自体が、一八世紀の社交理論の遺産を引き継いだものだろう。もちろん、美も道徳も方法的に脱色した「社会」の学の内部では、問題の構成は大きく変更されている。そこでは、行為主体の本来的自発性が、良くも悪くも自然視されており、それゆえ特定の場面《シーン》のもとで主体が遂行する——ことを強いられているように見える——相互行為や発話の「定型性」や「儀礼性」が、一種の拘束として発見されるのである。そうした観点から見れば、一八世紀における人格《キャラクター》と登場人物《キャラクター》との通底ぶりは異様に映るだろう。

しかし、私たちはこれをむしろ文字通りに受け取った方がよい。それは、美と道徳の繋がりこそが問題であった時代の徴候なのである。

一一　道徳美のドラマトゥルギー

たとえば、社交のなかの現実の「人格」と、虚構的な「登場人物」との、この不思議な連続性の背後には、観客／観察者（spectator）——「観照者」と訳すこともできるかもしれない——という認識の位相が潜んでいる。クレーリーを逆手にとれば(Crary[1992=2005])、観察者《オブザーバー》が、脱主観的たろうとする意志の表明であるかぎりにおいて、一種の客観科学性（というイデオロギーを含めて）を帯びているのに対し、一八世紀のスペクテイターは、そこには必ずしも回収しきれないニュアンスをもっている。観察者＝観照者としての「私」は、自己の外に広がる外部世界に、何らかの感興をもちながら、しかし傍観者的にアクセスする。このようなポジションが、彼／女がそのようにアクセスできるすべてを、観察対象として平等にするといってもよい。現実の光景であろうが虚構の想像的光景であろうが、相当程度まで同等に共感《シンパシー》の対象となることができる。その意味で、一八世紀的な共感は、一九世紀後半以降の意志的な感情移入（empathy）とは決定的に異なる地平に属している。[35]

言い換えれば、この時代における虚構性（fictionality）、したがってまた現実性は、独特な位相のもとに置かれていた。虚構と事実の区別がないわけではないが、その境界を微妙ににじませながら、両者を参照することができる。たとえば、某所で発見された誰かの手記や書簡をそのまま報告するという体裁を標準化する一八世紀小説が、巧みな虚構の創造者としての「作者」のような存在を、少なくとも表面上は否認していることがその証左である。[36] こうした消去のうえで、「虚構の」人物《キャラクター》への「リアルな」没入が動き出しているといえばいいだろうか。ハチソンが詩的描写《ポエティカル・ディスクリプション》によって具体的に考えていたのは、たぶん劇詩内のジャンルの組み替えのようなものだったのだろうが、等身大の不完全な人物の描写と、彼／女へに対する共感的関心という二つの水準に模倣を差し向ける彼の「文芸理論」は、その意味で小説の世界観にきわめて近い。『美と道徳の観念の起源』が書かれた一七二〇年代には、小説はまだ必ずしも十分には成立しきれてはいないのだが。小説的な「登場人物」の論理と人格たちの社交をめぐるそれとが、もともとかなり同型的なのである。

そして、この人格と登場人物の同型性のうえで、英雄的範型とは異なる、道徳の新たな磁場が形成される。「他者の美しさ」が直示されるのに対し、道徳的な「行為の正あるいは不正」には知的推論が必要であるというヒュームの言葉を思い起こそう（↓本章一節）。よく知られた彼の理性主義批判——道徳性は理性からは導出できず、感情的に直観される（べきである）という——の表明でもあるが、これは人格／登場人物の地平に対する註釈にもなっている。良いことをもたらした行為は、直ちに道徳性を保証しない。それは結果的な幸運や、実利的な計算の産物にすぎないかもしれない。道徳の究極的基盤は、行為者の善き／悪しき意図にこそ存しているが、内心の意図は不可視であるから、あくまで推論されるしかない。その手がかりを求めて、推論は結局のところ、いったんは道徳の根拠から切り離された、観察可能な行為——あるいはむしろ、行為する人間たち——へと回帰する。「他者の美しさ」によって、ヒュームが具体的に何を考えていたのかは、どこか謎めいているが（それは容貌や姿形のことなのか、それとも世界への姿勢や行動の見事さのことなのか）[*37]、いずれにせよ、「美しさ」とはそこに差し込んでくる何かである。道徳が間接的な推論の対象であるからこそ、美は直示的であるかのように。社交する現実の人格《キャラクター》の「正しさ」は、「美しい」情景を構成する登場人物《キャラクター》めいた姿のもとで観察され、推定される。

一八世紀の人びとの言う道徳美《モラル・ビューティ》とは、たぶん、そうした事態のことだ。それは、有徳の・崇高な行為と、その背後にある、またはそうした行為を期待できる人格の両方を指し示す。あるいはむしろ、人格と行為のあいだで振動するのだろう。目に見える行為と、——その徴候は行為の周縁に出現するものの——本体自体は可視的ではない「人格」とを同時に見ようとする不可能な視点が、美という言葉を招き寄せる。[*38] そのようにして、自然に次いで人間主体の視線を強く誘引する美的対象は、人間自身そして／あるいはその行為、つまりは道徳の領域そのものだった。多くの場合、それは一群の人びとの集合体《アセンブレージ》とともに見いだされる。そのなかで織りなされる行為の連鎖は、それ自体が社会的ドラマとして観察＝観照されるのである。

この論理の発展形態は、世紀半ばのアダム・スミスに見られる。彼は、「公平な観察者（impartial spectator）」という仮想的視点の相互内面化という機制によって、この社会的ドラマの文法を精緻に理論化している(Smith[1976:esp82-85,147-158])。ハチソンのいう登場人物《キャラクター》／人格の「プロット」は、どこか芝居小屋を思わせる。行為者は観客から独立した舞台上で決まった台詞を発する役者のようであり、観察者は観客のように、彼らに勝手に共感したり、しなかったりする。「現実の」人格と「虚構」のそれとがより分化した段階にいるスミスの世界では、行為者は観客の視点をはるかに内在化している。観客の情動《エモーション》が当事者より弱いことを「知りながら、より完全な共感を熱烈に＝情念をもって（passionately）望む」行為者は、自己の情念を、観察者が「ついていける（can go along with it）」程度に抑制あるいは変形し、人びとに提示（present）する（べきである）。それに成功するか失敗するかに応じて、観察者が行為者の感情に共感できるかどうかが決まる(ibid.[22])。さらに、共感の成功あるいは失敗（もしくは反感）は、行為者の行動自体に対する道徳的是認／否認（approbation/disapprobation）と相互に強く影響しあう。

　感情（共感／反感）と行為あるいは正義の是認／否認の二つの水準の関連づけについて、道徳哲学内部ではいろいろな議論がありうるが、スミスはこうした共感と是認／否認の力動的な相互産出の果てに、一種の内面化した「公平な観察者」としての良心が成立すると考えているようだ。結局のところ社会的ドラマは、行為者と観察者の双方に「公平な観察者」を内在化させていく場であると同時に、それをもとにして繰り広げられていく実践でもある。おそらくこの描像は、理論的な精緻化のみによるのではなく、社交的主体の成熟の産物でもある。「他者指向」を思わせる、仮想的視点の相互内在化のしくみを考えている点で、この議論は、現代の社会科学における相互作用論にかなり近づいているが、社会的ドラマの場が帰結点となるだけでなく、ただちに（別の）ドラマの出発点として畳み込まれ、発散していく過剰さに、やはり一八世紀の「社会理論」の所在を読みとるべきだろう。彼が道徳感情《センティメント》という語を用いたのは偶然ではない。行為者と観客が相互励起的に作りつづける過程全体が、道徳をめぐって、そしてまた、それとほとんど同時に、美をめぐって形成される意見《センティメント》＝感情なのである。

第一四章　感覚のジャンル化、共感《シンパシー》のスペクタクル――美・道徳・感情(3)

一　「原理」化する感情

再びハチソンから、別の方面に出発してみよう。

前章で見たように、絶対的美と相対的美の分割と連結は、美と道徳の接触面を大きく増やした。あるいは美と道徳の多型的接触のさまが、理論のなかで概念的に近似されるようになった。たとえば観念連合の論理を媒介とした内心とコミュニケーションの離接の水準において、あるいはまた、多頭化する類似のはたらきのなかに、両者の接続の諸様態を見いだすことができた。しかし、もう一つ、重要な契機《モーメント》がある。個々においては具体的な分割や連結が連続的に遂行されるとき、それらを可能にしている一つの操作平面が構成されはじめる。そしてそれが、世紀中葉以降の感情の論理へとフィードバックされていく。

たとえば、多頭的類似の各局面は、多様な美的・道徳的形象と結びついていたわけだが（→一三章九節）、そもそも多くの種類の類似が許容されるのはいかにしてか。さまざまな類似のなかでももっとも自由度が高い譬喩言語の領域が、その答を暗示している。言葉と言葉の関係として構成される——つまり、外的対象との対応に帰着することが難しい——譬喩言語を、それでも類似の一種であると主張するとき、彼は「私たちに観察されるすべてのものの、相互に異なるもののあいだにでさえ、絶え間ない比較を行うという……心の興味深い性癖」を呼び出す(Hutcheson[1725→1990:37-38])。多頭的類似は、何かと何かを「似ている」と判断する人間学的な自由度によって支えられている。

とりわけ注目すべきは、擬人法の位置づけである。古代の修辞学理論において擬人法《プロソポペイア》／活喩は、基本的に死者／無生物への「呼びかけ」だった。それは、演説／語りの絶頂において出現する、一種の特権性を与えられた文彩《トロープ》だった（→二章四節）。ハチソンにとっても、擬人法は特別な意味をもっていたが、ただし、無生物に感情を付与する働きの範型としてだった。それは語りの極限に置かれる呼びかけであるどころか、むしろ人間の認識や言語活動に遍在している。「心の性癖」にしたがって見いだされる類似の諸形態や多種多様な譬喩言語が、すべて擬人法の表出《エクスプレション》になるのである。[*1]

擬人法という、詩における大いなる美［においては］、……あらゆる感情《アフェクション》が人間となり、あらゆる自然の出来事や原因や対象が道徳的形容辞によって生命を与えられる。というのも、われわれは自然の事物に道徳的状況や質についての観照を結びつけて、その美あるいは醜を増やし、それらを人間として現すことで、そこに記述された感情によって、より活き活きとしたやり方で聞き手に感動を与えるからである(ibid.[242])。

擬人法を介して、複数の形象をいわば一元的に把握する視点が成立している。前章では、内的で自律的な美の内的感覚（絶対的美）の想定が、表象／模倣／類似（相対的美）へとずれこむさまを追ったけれども、ここでは逆に、類似の領域の拡大が、主体の均質的な感情付与能力を通して、絶対的美（内的感覚）へと回帰しているのである。ロック的感覚作用《センセーション》の論理は、複数的な感覚の働きをそれに対する反省と同型だとすることで、複数性を複数性のまま保持していたが、ハチソンにおいては複数的現象の底が出現しはじめている。感情の局所的な複数的具体性を一元的に把握するかのような語り方は、美と道徳のそれぞれの領域化に、微妙な陰翳を投げかける。

たとえば彼が、擬人法の働きを道徳に送り出していることに注目しよう。自己にもたらしてくれる利益のために畑や庭を愛するように、情け深い人を愛するにすぎないという主張が正しいとすれば、「彼の愛は、彼のためになされた親切な奉仕によって破滅してしまった人には向かわなくなるはずだ。彼にもはや何もできなくなったのだから。それはちょうど、詩的な擬人法がそれに生命を与え、想像上の感謝を呼び起こさないかぎり、人が役に立たなくなった無生物の対象をもはや愛さなくなるのと同じである」(Hutcheson[1725→1990:135-136])。裏返せば、良きことを行ったがゆえに破滅した人に対しても、人が感謝の念をもってしまうのは、擬人法が無生物への「想像上の感謝」を呼び起こすことと似ている。つまり、擬人法は反ホッブズの対偶のようになっている。ここまでくると、擬人法的な感情付与の機制それ自体が道徳性を定義するものになる。美と道徳の言説的組み替えのなかで、一種の感情の原理化が始まっているのである。感情の諸現象を幅広く見渡せる「原理」がどこかにあるかのような語り方が可能になった、と言った方がよいだろうか。

そう考えると、ハチソンが道徳感覚《モラル・センス》や美の内的感覚《インターナル・センス》の提唱者であることもうなずける。これらの用語が、感情を表示する名詞に限定辞を付加したかたちで構成されているのは意味深い。この形式は、特定の何かとの結びつきにおいて感情を区切りつつ、パッケージとしては一般化している。同時に、安定して出現するひとまとまりの言葉として、一種の術語性を帯びる。つまりそれは、使用者がその有効性を前提として論を構築しているという符牒であり、また、肯定するにせよ批判するにせよ、異なる人びとによる議論がそれをめぐって接続されていくことを可能にするような言葉なのである。まさに、道徳感覚が道徳感情（moral sentiment）へと引き継がれたように。その背後では、緩やかな知の学知《アカデミー》化が始まっている。専門家集団のなかで閉じたかたちで科学が再生産され、またそのような集団の維持を保証する制度（大学が典型である）は、一九世紀以降のようにはまだ十分に制度化されていないが、知的手続きと論考間の接続関係の明示化により、集団的営為としての知が進化しうるという発想が整いつつあった。[*2] 体系《システム》や要綱《エレメント》、原理《プリンシプル》が語られる時代が始まろうとしている。[*3]

とはいえ、感情の「原理」を統括する安定した台座——たとえば「心理学」のような——は、ここではいまだ不在である。「満足不満足を事実的に支配する法則があるのみならず、……満足および不満足についての要求法則《フォルデルングスゲゼッツェ》」[*4] があるはずだと想定するグスタフ・フェヒナーのような思考様式は、明らかにカント以降の地平に属する。[*5] そのような台座を欠いたまま、感情現象に対するある種の総称的名称が流通する——。「原理」という語りの成立というのは、むしろそうした事態である。

二　エドマンド・バークの書き方

この時期における感情の「原理」化が、そのような位相にあることを踏まえたうえで、しかし、美と道徳とでは、その現れ方は異なっている。「道徳感情」は世紀半ばに使われていたが、「美的感情」に相当する言葉の出現はかなり遅れるし、道徳感情ほど安定したカテゴリーとなったわけでもない。たとえば、一八世紀の英語圏においてもっとも徹底した感情主義美学の書である、ケイムズ卿の『批評の原理』（一七六二）において、こうした語はときたま用いられてはいるものの、術語として意識されているとはいいにくい。[*6]「美の感情（emotion of beauty）」がまがりなりにも術語化するのは、ようやく一七九〇年のアーチボルド・アリソンあたりからだろう（↓一二章一節）。美の道徳に対する論理的先行性の構造が、この水準では逆転しているかのようなのだ。

その一因は、前の章でも述べたように、一八世紀における美的対象がきわめて幅広いものを指し示していたことだろう。調和や形姿の均整、数理や公式、整備された庭園、最新の流行風俗、美女や色男、道具の実用性、さまざまなものが「美しい」と呼ばれるとき、そこで生じている心的出来事も、実質的にはかなり多様なものが想定されていたはずだ。裏返せば、「美的感情」が術語になる前段階で、芸術《ファイン・アート》の意味論がそれなりに安定していくこと——まさにそれは、「道徳感情」が登場する時期と重なる——が必要だった。とくに、それ以後の展開から振り返ると、そのように見えがちである。じっさい、「道徳感情」と「美的感情」の結晶化における時間差は、一九世紀以降、道徳哲学と美学が学知として自律していくさいの、いわば沈殿速度の差異にも反映している。

とはいえ、アリソンが美のもっとも優勢なモデルとして選んでいるのは、あいかわらず自然美である。[*7] 一八世紀末の「美的感情」を、一九世紀の終わり頃に登場する「美（学）的感情（aesthetic feeling/Äesthetische Gefühl）」の地平と、安易に同一視することはできない。近代美学におけるそれは、「自然美は断じて芸術作品の条件と見なされてはならない」、「模倣衝動というこの人間の原始的な要求は本来の美学の外に立［ち］、……原則的に芸術とは何の関わりもない」（Worringer[1921=1953:15,28]）という方法的宣言の後で、その内部に再配分されるものだからだ。[*8] むしろ、美を崇高や新奇さなどと並列する経験パターンの一つと捉える、アディソン以来の構図が引き延ばされていく過程を考えた方がよいかもしれない。じっさい、美的感情に近いものとしてもっとも流通してきたものを英語圏で探せば、あの「想像力の喜び」（↓一二章六節）しかない。ただし、多くの場合、それは標語よろしくテクストの冒頭で言及されるものの、それ以上の分析はなされない。アレクサンダー・ジェラードの『趣味についてのエッセイ』（一七五九）は、新奇さ、崇高、美、模倣……の「感覚あるいは趣味（sense or taste）」として章立ている（Gerard[1759]）。たぶんアリソンは、これを上書きするかたちで、「趣味の感情《エモーション》」、「美の感情《エモーション》」「崇高の感情《エモーション》」……といった用語群をもちこんだのである（Alison[1790→1811:3-7]）。

この関連で、エドマンド・バークの『崇高と美の観念の起源』（一七五七）に触れておかなければならない。主張としての典型性や内容の意義においてというよりも、一八世紀後半以降の美と道徳の言説の背後にあった意味＝感覚《センス》の風土のようなものを暗示している点で、彼は注目に値する。この書物は、アディソン以来の系譜のなかで、同時代的にも最大の注目を集めたが[*9]、そこには大きなスタイルのちがいがある。一八世紀初頭の思考が、美や崇高や新奇さを、複数的な経験パターンとして並列的に語っていたのに対し、バークは美と対立する別種の原理としての崇高を問う傾向が強い。美しいものは、「小さい」「滑らか」「漸進的変化［＝曲線で緩やかな勾配］」「繊細」といった特性をもつ。一方、崇高は「欠乏［＝闇］」「広大さ」「無限」を原因として生じ、主体を圧倒する対象の巨大さや壮麗、あるいは荒涼によって喚起される。形態的には、鋭角的な変化と直線性によって特徴づけられ、心的ドラマとしては、勇壮さや野心に、あるいはその反対物としての劇的な挫折に結びつく。

明らかに、この対比には、両者のあいだの価値的な優劣への関心（「あれかこれか」）が随伴している。これはアディソンには不在だった要素だ。表題が示しているとおり、バークは崇高を美に優越するものと捉えている。それがジェンダー・イデオロギーと重ねられていることも見えやすい。カント以降、美と崇高をめぐる価値づけの秩序は転倒させられていくわけだが、このテクストに対して近代美学が示してきた関心は、問題設定の様式において近代美学に先んじながら、異なる答案が提出されているということによるのだろう。すでに述べたように、バークの主張の正否は本書の問うところではない。注目したいのは、彼の答案の中身それ自身よりも、むしろこのような問題設定の出現を許容した、ある種の書き方の磁場の方だ。

たとえば、崇高を美に優先させているといっても、「美的感情」のかわりに「崇高感情」のようなものが立てられているわけではない。たしかに感情（emotion）という語は頻出しているのだが、その大部分が「激しい感情」や「強い感情」あるいは「恐怖の感情」であり、内的状態というよりはある種の激しい運動性を、つまりこの時期ではかなり時代錯誤的な一七世紀的情念、少なくともそれに近いものを指し示しているように見える。feeling についていえば、エモーションより使用回数は少ないうえに、もっぱら触覚しか意味していない(Burke[1759→1987:86-87] など)。複数形の feelings もときおり用いられているけれども、「感情」というよりははるかに、具体的な身体的感覚の連動に近いものとして語られている。[*10] バークにあっては、感情の語彙群が渦を巻きながら情念へと吸着していくかのようであり、美と崇高の対比は、この時期にあっては特異なまでの情念の強調と複雑に絡まり合っている。「いかなる精神の情念《アフェクション》＝感受が身体のある感情《エモーション》＝運動を形成し、いかなる身体の特定の感触《フィーリングス》／感情や性質が、それ以外ではありえない何らかの確定した精神の情念《パッション》を形づくるかがわかれば、大きな成果が得られたことになる」(Burke[1795→1987:129])。

にもかかわらず、ともかくも情念の一覧表を想定するという初期近代の様式が、バークにあってはほとんど解体されている。それによって、記述は多方向に漏れだす。大づかみに、二つの点を指摘しておこう。(1)第一部は、彼なりに情念のダイアグラムを提示することを意図したものだろう。バークはこれを、新奇さ《ノヴェルティ》から説き起こしている。「人間精神のなかにわれわれが見いだす、最初の、もっとも単純な感情は［新奇なものに対する］好奇心である」。彼はアディソンに棹さしつつ、驚異を出発点に置くデカルト的構図を継承している。しかし、好奇心に続くのは、独特の視角からなされる快苦の分析であり、次いで、情念の体制下では典型的な情念だった「喜び」と「悲しみ」が、快苦に従属するものとして考察される。この議論の後で彼は、「自己維持に属する情念」と「社交に属する情念」を区別し、社交に属する情念を、「両性間の社交［＝性愛］にかかわる情念」と「一般的社交に属する情念」に分割する。そして、後者については、共感、模倣、野心という三つの下位区分が論じられる

(Burke[1759→1987:38-51])。崇高（および美）は、これらのカテゴリーのすべてにわたって出現しうるとされている。考察の内容も特徴的だが（たとえば「他者の苦難に対する共感の効果」を論じる第一四節は、「難破船を陸地から眺める」というトポスの典型になっている）、一七世紀の情念論を顧慮した形跡がほとんど認められないこと自体が興味深い。その結果、個体性と社交＝社会とを一気に覆おうとしていると同時に、二項対立の一方だけを分節して済ましてしまう、どこか中途半端な「分類」がもたらされた。

(2)右で述べたように、バークの分析は新奇さの驚異を先頭に置いていた――伝統的に崇高が驚異と強く結びついていた以上、当然だともいえるが（→五章四節、一二章四節）。第二部では「崇高によって引き起こされる情念」が改めて扱われる。彼はこれを細分し、極大値としての驚愕（astonishment）から驚異（admiration）、崇敬（reverence）、尊敬（respect）へと至る一連のヴァリアントを見いだす。さらに、この過程全体が、ただちに「苦痛もしくは死の予感」である恐れ／不安（fear）と置き換えられる（喜び／悲しみを快苦に従属させたのと同じ手つきだ）。そのうえで、恐怖（terror）が驚愕の同義語として特権化されるのである*[11] (Burke[1759→1987:57-58])。これに続いて、そうした恐怖を想像させる、曖昧さ（obscurity）、力（power）、欠如、広大さ、無限……といった要素もしくは性質が取り上げられていく（57-74）。崇高は明らかに、美よりも念入りなかたちで情念と結びつけられており、それ自体が崇高の有徴性をなしているが*[12]、この水準においてすら、驚異から始まる情念の継起を追うようでいて（→四章九節）崇高な情念からそれを生み出す原因へと、彼の記述は横滑りしていく。

三　術語性の位相

感情の時代のただなかで、バークが崇高／情念を称揚できたことは、このような記述の自由度もしくは緩さと、深いところで関わっている。前節の(1)で触れた彼の快苦論が、そのことをもっともよく示している。快苦は「定義不能な単純観念」であるというロックの規定に従いながら、彼はその修正を試みる。ロックは喜ばしい対象を享受するさいの快楽の経験と、忌避されるべき対象から受ける苦痛の除去とが（そして苦痛の経験と快楽の除去とが）同質だというが、それ自体で「実体的＝積極的で独立した性質」を有する快苦が存在する。それは、どちらか一方の欠如や消滅によって関係的に規定される快苦とは異なるのではないか (Burke[1759→1987:35])。このようにして、ロック、アディソン、ハチソンらが単に快と呼んだものを、バークは自立的で実体的な「快 (pleasure)」と相対的な苦痛の欠如の経験としての「喜悦 (delight)」とに分割する。崇高とは、「何であれ苦痛と危険の観念を喚起するに適したもの、つまり……恐怖に類似したしかたで作用するもの」を源泉として生じる喜悦の経験なのである。

快と喜悦のこうした分割は何をしているだろうか。すぐに分かるように、これは直接性と間接性＝表象の交錯というあの一八世紀的文法（↓一三章四節）のもとにある。より正確には、この文法に注目すべき転調が加えられている。苦痛は快よりもはるかに「強力な感情」であり、死の観念は苦痛よりもさらに強力な感情をもたらす。「危険や苦痛があまりに差し迫っているときは、喜悦を生み出すことはできず、それらは単に恐ろしい《テリブル》。しかし、ある程度距離を取って、またある程度変形されるときには、それらは喜悦を与えるものたりうるし、またわれわれが日々経験するように、じっさいに喜悦を与える」(Burke[1759→1987:39-40])。バークにおいては、あからさまに背反的な二つのベクトルが貼り合わせになっている。彼は、死を極限とする現実的苦痛に、崇高を危険なほど近接させていくが、まさにそれによって、苦痛・危険・死の観念が生み出す恐怖と「類似している」、つまり、苦痛や危険や死そのものとは同一ではない位相を、確保しようとする。別の角度からいえば、崇高あるいはそれをもたらす情念は、外部性として精神の内部で成立する事象なのである。それゆえ必然的に、彼の議論はアディソンとは異なる意味で、強く想像力《イマジネーション》の理論となる。近代美学がもっとも関心をもってきたのが、バークの考察のこの部分、とりわけ、「曖昧さ」が喚起する想像的恐怖をめぐる議論だったのは不思議ではない。快一般から切り離して、崇高の経験を喜悦と名指したことは、重力圏への接触を推進力にするかのようなこの接近と反転の特異性を、念入りになぞるものなのだ。

第二に、快苦の概念に生じている屈折も見落とせない。ロックは人間の知覚や認識のほとんどに快苦が随伴していると考えたわけだが、バークにとっては、人間の心は大部分の時間において快でも苦でもない、無関心(indifference)の状態にある。これは新しい論理である。たとえば、同じようにロックに影響を受け、バークに先行して崇高を理論化したデニスには、こうした発想は認められない(→一二章四節)。心は本来的にはフラットな準位にあり、快や苦はそこから励起される。それ自体で自己完結する実体的な快苦が存在し、お互いとの関係のなかで相対的に成立する快苦とは分けるべきだという主張の背後には、こうした視点が隠れている。デカルトからアディソンに至る時期に開発された新奇さ《ノヴェルティ》の(あるいは新奇さと驚異との連結をめぐる)文法が、別種の問題構制《プロブレマティック》——そこでは、感覚/観察主体の前で、ますます大量に、そしてはるかに刹那的に継起しつづける新しさ《ニューネス》がもたらす刺激、反応速度あるいは疲労が注視の対象となる——へと転回していくことを、彼はいち早く暗示している。[*13]

しかし、筆者がもっとも注目したいのは、それらと関連してはいるが、少しちがう場所である。このように、喜悦概念はバークの崇高論にとって枢要といってよいものだったけれども、語源論的にも語用論的にも、喜悦(delight)は快/喜び(pleasure)ととくに区別されてはいないし、彼が主張するような特殊な意義をもった形跡もない。しかし、重要なのは、彼自身がそれを認めていることなのだ。

> [喜悦という]この言葉が、このような特殊に割り当てられた意味では通常用いられていないことを、私は甘んじて受け入れる。しかし私は、おそらく英語によく馴染まないだろう新語を導入するよりも、すでに知られてい

る言葉を選び、その意味を限定して用いた方がよいと考えた（Burke[1759→1987:36]）。
言葉の日常的な使用法を呼び出すことが、ポスト・ロック的な意味空間を特徴づけていたことを思いだそう（→一章一一節）。「観念」のような、あえていえば抽象的な嘘を最初に一つだけ差し込んでおいてから、日常言語の「イメージ」をあてにすると表現した方がよいかもしれない（すべての言語使用を調査観察しているわけではないのだから）。バークもこの流儀に倣って日常的語法を参照しつつ、現代の科学論でいえば語の操作的定義に当たる方式を離陸させている。感情の働きを「原理」化して把握する感覚が、名称の水準を明示的に流動化するといってもよい（→八章二節）。ロック的言説戦略が、ある意味で操作概念の塊といえなくもないスコラ的な抽象概念の圧政に対する反抗だったことを考えれば、じつに微妙な身振りである——科学言語と自然言語の関係が、現代においてもなお、問題でありつづけることを含めて。それはともかくとして、このような態度のもとで、前節で概観したような、ある種放埒な、横滑りしていく書き方が可能となったのである。

こうした観点から彼のテクストを見直すと、崇高と美の対比自体が、操作的定義の束のようなもので成り立っていることが分かるだろう。鋭角的直線が崇高に、緩やかな曲線が美に属するといった命題は、崇高や美の形式特性の定義としては、明らかに無理がある。「すべての」鋭角的直線は「必ず」崇高をもたらすのか。さまざまな直線／曲線は、全体的な構成《コンポジション》のなかにあって特定の効果に奉仕するのであり、その逆ではないはずだ。しかし、そうしたことをどこか承知の上で、直線／曲線という「原理」が実体化されている。おそらくそれは、直線なら直線という要素が、形式特性の定義であると同時に、何というか「鋭角的直線という（あるいは、直線のような）感情」として考えられているからだろう。その意味でも喜悦は、バーク的な「概念」の位相を象徴している。スミレの香りは定義できないことの指摘とともに始まった感覚の（非）言説は、このような地点に辿り着いたのである。

このことは、「道徳感情」に比したときの「美的感情」の輪郭の弱さを説明してくれるものでもある。ある意味では、美や崇高の特権的な成分として「原理」が離散的に名指されることが、「美的感情」を代補していた。『美の分析』（一七五三）におけるホガースの曲線論が、遊戯的なやり方でこの例証を提供しているように。行為者間あるいは行為者―観察者間の関係パターンによって水路づけられる道徳の領域で、「道徳感情」がカテゴリー化するのに対し、美においては、ある種恣意的なかたちで、局所的な感情が実体化される。あるいは、そうした複数の運動が生起するフィールドが美と呼ばれている。そして、道徳感情の具体的な働きを分解したときに得られる像もまた、それと近似していく。

バークから始まる対比的な美的「原理」の探索は、一九世紀以降、様式（Stil）論として整序され、近代美学の重要な要素となる。抽象と感情移入、ゴシック対ロマネスク、北方的様式対南方的様式……。対比を立てる連続的な試行が「感情」の実体性を蒸発させ、そのことで、「原理」が準拠する美学の理論平面が張られていったというべきだろうか。しかし、一八世紀においては、むしろ術語性の制度化の少し手前で美と感情が接触するようなあり方が、言説の風土をかたちづくってきたのである。

四　ジャンル論の進展と芸術の生成

術語性の水準は、感情の一元的把握もしくは「原理」化がもたらしたものの一つにすぎない。感情の意味論の屈折は、芸術それ自体の生成とも密接に結びついている。「芸術」による美の領域化と感情とのつながりは、道徳／感情よりも複雑で微妙な接合面を形成している。さらに、それが道徳へと（再）接続されるしくみも考える必要がある。ある意味でそれは、バーク的な書き方が立ち上がっていく過程を辿ることにもつながるかもしれない。

手がかりとして、デュボス以降、ジャンル論的思考がいかに進行していったを見てみよう。『詩画論』が、人工的情念という水準を設定することで、詩と絵画それぞれのジャンル的身分を出来事化したことはすでに論じた。しかし、デュボスは詩も絵画も似たようなかたちで情念の産出効果をもつと述べているだけであり、同一の書物のなかで「詩」と「絵画」を扱えることが、そもそも何を意味するのかについては十分に問わなかった。その限りにおいて、彼はやはり「絵画」、「詩」、「音楽」の所与性を疑っていない。だが、いったんジャンルという問いが成り立つと、それをより内在的に説明しなくてはならなくなる。

一方では、複数のジャンルの内部に共通した働きを名指そうとする傾向がますます強くなるだろう。典型的なのは、一七四〇年代のシャルル・バトゥーの議論である。バトゥーははじめて芸術《ボザール》というくくりを用いて論じた人だが、彼の用いた方策は、自然一般と人為＝技芸《アール》の境界に訴えかけることだった。人為の領域を囲い込み、芸術をその内部的差異として画定する。このようにして、手工芸、芸術《ボザール》、両者の中間態（雄弁術と建築術）という分割がなされる（→一三章三節）。とはいえ、こうした分割は、いまだ強力な自然に依拠して行われている。実用を対象とする手工芸は、「自然をありのままに用いる」のに対し、喜びあるいは娯楽を対象とする芸術は「自然をもちいず、ただ模倣するだけ」なのである。この「自然」は芸術の内部にも入り込んでいる。実用的な手工芸は、ありのままの自然の「単純な享受」で満足するが、芸術は、「自然の内に存する諸表徴を、それらが本来全くそれに属していないような対象へともたらし、その対象において呈示する」(Batteux[1747＝1984:28])。芸術が模倣するのは、「自然そのものよりもより完全な、それでいてやはり自然なもの」なのである。

理念化された「自然」という意味論は、芸術固有の快の源泉を根拠づけるだけではない。そもそもバトゥーの目的は、「規則」の無軌道な増殖という古典主義的あり方を克服することだった（→一二章三節）。個々の作品は、異なる表現手段を用い、さまざまな主題を描写しているが、それらすべてが類同的な模倣の規則のヴァリアントであると把握できれば、アドホックに「規則」の数を増やす必要はなくなる。『同一の原理に還元された諸芸術（Les Beaux Arts réduits à un même principe）』という表題は、規則の機能主義的把握への志向性を明瞭に語っている。多様な芸術作品が同一の模倣行為に従っていると主張するためには、素朴実在的な自然的対象を超えた、普遍的でありながら決して特定できない「自然」の水準が呼び出されなくてはならなかった。自然のなかから最も優れた部分を選び出すのは人間の「天才」である。天才とは、ありのままの自然の単なる模倣を越えて、特異なパターンやリズムを感知し、作品へと組み合わせる能力だが、それもまた最終的には「自然の枠を超えることはできない」[*14]。理念的自然と天才、これらの両端によって、「規則」の発散が押さえ込まれている。

バトゥーは芸術という大きな意味的囲いが自律していく過程の雛型を提供しており、世紀後半のドイツ語圏における芸術美学にも多大な影響を与えた。彼は、自然の性能を（ある意味で不当なほど）広げることで古典主義的煩瑣を整頓し、芸術的模倣の超平面を張ることにかなり成功している。[*15]それによって、下位ジャンルも画定されていったという道筋を想定したくなる——つまり、一般的カテゴリーの分出が内部的差異の分節をもたらすという、ルーマンの社会学でいうならば分化（differentiation）の論理である。たしかに大枠でいえばそうなるだろうが、そうした捉え方が、それこそ芸術（学）の自律進化という、現代的な意味づけの「大枠」を先取りしている危険性もある。少なくともバトゥーについていえば、議論の大部分は実質的に詩に集中しており、個々の下位ジャンルの扱いは、デュボスより後退しているところがある。

しかし、デュボス以降に生じたのは、芸術というカテゴリーを立てる運動だけではない。詩、絵画、彫刻といった表現形式から出発して芸術の一般的「原理」に至ろうとする、もう一つの思考様式があった。芸術というカテゴリーを最初に設定しない以上、ジャンルごとの固有性を維持しつつ、それぞれの内部に共通する要素を探るという形態を取らざるをえない。別の箇所で述べたように、こうした発想は、必然的に記号をめぐる思考になる（↑七章一節）。美の言説は、一八世紀的な記号理論の領域と深く結びつく。

五　一八世紀における美的記号の理論

これにもいくつかの潮流があり、その一々を腑分けして観察することも可能である。しかしここでは、一八世紀を幅広く覆った、あの特徴《キャラクタリスティクス》＝記号論との関連で整理するのがよいだろう。何といっても、美的対象の記号理論は、シャフツベリの『第二記号（Second Character）あるいは形態の言語』から始まっているからだ。「音声、シラブル、言葉、言語の徴（Marks）そして「考え《センティメント》や感覚や意味を伝える徴」、つまり言語記号とその周辺にある表情や叫び声を、彼は「符号（Notes）」と呼び、これを第一記号と定義する。それに対して、「（凸状あるいは凹状の）塑像によって、もしくは線や色彩によって線描で、もしくは図像で行われた、現実の［対象の］形態や自然の存在の模倣」は、徴や符号とは異なる「記号／印形／小像[*16]（Signs, Signa, Sigilla）」の領域を形成するのであり、これが第二記号である。そして、この両者の中間態として、「考えや感覚や意味を伝える——ただし、文や文章は伝えられない——ために、第二記号が媒体（Medium）として用いられ（言語が省略され）る」寓意的（Emblematic）記号（第三記号）がある（Shaftesbury[1995:esp.90-92]）。

第二記号の素材や様式の多様性への言及のなかで、各表現形式——シャフツベリは「造形あるいは…意味表示の技法（Plastics, or ... Designatory Art）」と書いている——のジャンル的固有性を記号の内部差異として説明する途が開かれる。同時に、「造形芸術」を構成する記号が、ここではまだ、言語記号や感情の符号と連続しているともいえる。この記号《キャラクター》理論の構想が、美を顧慮しなかったロックの記号論《セメイオチケー》に対する反抗であることは明らかだ（↓一〇章六節）。とりわけ、画像《タブラチュア》における記号の複数的な機能がもっとも重要だった。たぶん彼にとっては、それは単に文字の代わりにイコンを用いた記号なのではない。画像は指示対象の物体的厚みに近接することで、恣意的な言語記号を超えており、いわばこの具象性がそのまま記号《キャラクター》になっている。「(凸状あるいは凹状の)塑像」への言及が先頭に来ていることが、このことを暗示している。言語記号を否定的媒介に置くことで、身分としてはあくまでも平面的な画像の記号が、物体的厚みに近似されていると言うべきだろうか。

第二記号のこうした「立体性」は、一枚の画面を溢出するかのように、多層的に意味が読み込まれるというかたちで現れる。それは、数多くの画像が寓意的記号(ハチソンなら「何らかの確立した観念」の模倣と呼ぶだろう)として振る舞う理由でもある。「第二記号は道徳的(人格的《パーソナル》、容貌《パーソネージ》)である」(Shaftesbury[1995:94])。美徳の女神と快楽の女神を前にして、自らの進む道を決めるヘラクレスを描く絵画の図案を論じた「『ヘラクレスの判断』の歴史画あるいは画像の構想」(Shaftesbury[1714→1968:vol.3, 347-391])において、彼は人物のあいだで発生した多重的な意味の絶妙な均衡を、徳《ヴァーチュー》の図像化の核心に据える。*17

このようにして、記号《キャラクター》が、形態や情念の複合体としての人格《キャラクター》の厚みへと送り出される。その意味では、考察の全体が『諸特徴論《キャラクタリスティクス》』に対する「第二」記号論になっている。シャフツベリは人格の図像化の方に強くドライブをかけている、もしくは、人格が図像性と切り結ぶ地点を問うているが、しかし同時に、一七世紀の自体的記号《キャラクター》の地平から見れば、人格と記号とが分離しつつある。まさにそれゆえに、彼は、美的記号《キャラクター》に立てこもらざるをえなかった。一八世紀には、自体的記号が美的なものにおいて強度に実体化される、と述べても同じことである。そう考えると、記号からの人格の分離がさらに進行したところに、道徳美《モラル・ビューティ》という発想が登場することが分かるだろう(→一三章一節、一一節)。美と道徳の一致点を見いだそうと苦しむシャフツベリは、外形の諸特徴《キャラクタリィスティクス》の散乱を追尾しつづけたが、(因果的根拠なき)推論の関数としての人格を想定できるヒュームは、「人格の道徳性は直接目に見えないが、その推測先は外形以外にないので、外形でいい」とクールに語れてしまうのだ。

要するに、一八世紀の記号の（そして人格の）論理は、シャフツベリによって開示されながら、結局は、むしろ彼から遠ざかる運動として形成されていった。またもやシャフツベリの特異な位置が伺える（↓一一章二〜四節、一二章六節）。ハチソン以降、それは記号《サイン》概念として展開していく。記号と人格の分離は、両者を同じ語（character）で指し示す必然性を弱めるからだ。裏返せば、人格の厚みの模倣／類似を表示記号の理論において扱うやり方の出現でもある。じつは、ハチソンの擬人法的機制は、その比較的初期の形態なのである。

つまり、こういうことだ。一般に、形象Aが対象Bに「似ている」とき、何らかの意味でAはBの記号になっている。しかし、実在的対象に帰着しない幅広い形象が「似ている」ものとして了解されている場合、それはいかなる記号なのか。記号が対象としているはずの「何か」を充当しようとするとき、多くの一八世紀理論は、バトゥーのように理念化された自然をもちだすわけだが、もう一つのやり方がある。人間主体が自然に感情を付与できる形象は、実在的対象を欠いていても、「似ている」と見なされる。つまり、それは実在的対象と同じような「親しい」ものとなる。これは、記号《サイン》を本質的に恣意的で慣習的なものにした、ロックの認識論的切断がもたらした効果の一つである。同時に、それをいわば心理的に補償する論理でもあるのだろう。すべての記号が恣意的だからこそ、人間的感情が寄り添えるかどうかが、記号を人間的自然《ヒューマン・ネイチャー》に近しいものにするのだ。[*18]

言い換えれば、これが、一八世紀的な自然（的）記号《ナチュラル・サイン》（↓八章六節）の理論ともいうべきものなのである。[*19] 顔や身体に出現する情念の外徴は、これに沿って位置づけられている。たとえば、この時代の人びとは、赤面や怒張に代表される顔色を、何か不思議な停止信号であるかのように語るところがある。「われわれは、距離を見るのと同様の仕方で、大きさを見る。そしてそのどちらを見るのも、われわれがある人間の外観のなかに羞恥や怒りを見るのと同じ仕方においてである。これらの感情はそれ自身は見えないものであるが、にもかかわらず視覚の直接的対象である顔色や表情の変化とともに眼によって導入される」(Berkeley[1709=1990:60])。バークリーは距離や大きさといった観念の確実性を否定しているのが、人びとがこれらを疑わないのは、「羞恥や怒り」が顔から読みとれることを疑えないのと同じなのだ。[*20] あるいはまた、リチャード・ハードに言わせれば、想像力が対象とする三つの実在的領域が存在している。「際限なく動き回る詩人の想像力が活動を繰り広げる自然の対象は……以下の三つの種類に還元できる。一、物質世界……、二、詩人自身の精神の内的な働きや運動。私はここに習俗《マナー》、感情《センティメント》、情念を含める。三、身振り、態度、行為といった外的記号によって客体化される内的働き」(Hurd[1766→1811:115-116])。情念や感情、あるいはまた身振りの外徴はもはや、一七世紀のように、特定の身体変容がそのままその意味表示《シグニフィケーション》である——あるいは意味表示となる——ものとしては読まれていないが、それでも独特の実体性を有する、強力な蓋然性の記号なのであり、ここから、より確実でない記号、たとえば人びとの発言が類推される。

そう考えると、叫び声や激しい身振りのような原初的な情念の表現の諸形態という原‐記号的領域から、言語体系が立ち上がっていったというあの言語起源論もまた、記号をめぐるこうした思考様式の表れであったことがわかる。随意的で恣意的な言語記号のなかに、自然が働きかけている部分、すなわち、すべての言語を共通して、特定の情念を表示する音=語根が見いだせるという分析的思考の背後には、賞賛や共感、憤慨や絶望にあるときの人びとの表情、思わず漏らす声や身振りの共通性を、恣意的なものの底に置けるという規定が隠れている。[*21]

六　ジャンルと感覚——ジェームズ・ハリスの媒体《メディア》論

一八世紀の記号《サイン》の概念のいくつかの箇所、とりわけ自然(的)記号の周辺に、美に繋がっていく要素があることは見えやすい。おそらくそれは、サインの領域にもちこされたキャラクターの残響のようなものだろう。とはいえ、キャラクターに比較すれば、サインは本性上より中立的である。それゆえ、次に生じてくるのは、透明な記号の一般平面上に、美（と道徳）を乗せるという操作である。いうまでもなくそれは、感情の「原理」の術語化とも連動している。おそらくこうした操作が成立することで、現代に繋がる芸術が結晶していくのである。こうした過程のいくつかを、二人のポスト・ハチソン的人物が提供している。

一人目はジェームズ・ハリスである。シャフツベリの甥だった彼は「音楽、絵画、詩についての論考」（一七四四）でこのように書く。

> 精神はいくつかの感覚器官によって、自然界とその作用《アフェクション》＝変化および、他の人の精神とその感情《アフェクション》を意識へと取り込むように作られている。この同一の感覚器官によって、「音楽、絵画、詩などの」技芸《アート》は精神にさまざまな模像を提示し、上記の自然界の一部あるいはその作用《アフェクション》＝変化を、もしくは情念、活力、その他の多様な人間の感情を、模倣する。しかし、これらの技芸と自然とのあいだには以下のような差異がある。すなわち、自然はすべての感覚を通じて受容者に伝わっていくが、これらの技芸は二つの感覚、すなわち視覚と聴覚のみを用いる。それゆえ芸術がそれを通して模倣する可感的対象もしくは媒体（Media）は、これら「聴覚と視覚の」二つの感覚が知覚するように作られているもののみである。これらの媒体とは、運動、音、色彩および形象である。［……絵画や音楽など］これら「の技芸」は、ミメーシス的あるいは模倣的であることにおいて一致している。そして異なる媒体によって模倣する点で異なっている。すなわち、音楽は音と運動によって、絵画と音楽は自然な媒体によって、詩の大部分は人工的な媒体《メディア》によって模倣する (Harris[1801 → 2003:vol.1, 34-36])。

「自然」から技術一般を、そして芸術を連続的に導出していく。バトゥーの『芸術論《ボザール》』とも共通する手つきだが、経路はやはりイギリス的である。ベーコンの自然学を呼び出すかのように、自然のアフェクションと精神のアフェクションとを同型的に把握する[22]（→四章一節）。次いで、それらに対する模倣=模像の水準で、ハリスはロック的な感覚作用の理論に移行する。ここで彼は、自然の事物あるいは他者とそれらの模像とでは、後者の感受に関与する感覚数が縮減しているという論点を付け加え、視覚と聴覚の「可感的対象」を芸術の媒体《メディア》であるとする。一七世紀の意味空間が、むしろ媒体概念の不在によって特徴づけられていたことを想起すれば（→八章九節）、感覚比率の変容としてのメディアという定義（マクルーハン）をはるかに先取るかのようなこの規定が、決定的であることが分かるだろう。「メディア」という語の導入は、感覚を芸術の明示的な共通平面にすることを徴づけている。正確には、感覚そのものというよりも、視聴覚の「可感的対象」が芸術のメディアである。「運動、音、色彩、形象」は、可感的対象の形式（範疇）であり、具体的な観念でもあると同時に、それ自体で芸術の意味の単位として切り出されている。

　他方でまた、感覚の縮減として「メディア」を捉えるとき、これは芸術の内と外をつなぐ操作になっている。絵画では色彩と形象しか媒体に用いられないが、運動する物体や叫んでいる人物、その行為や感情を描くことができるように、「模倣に用いられる可感的な媒体と模倣された主題そのものとは異なる」。裏返せば、媒体は「特定の技芸が精神に対して用いる感覚と関係しているが、模倣された主題はその感覚の外にあるかもしれない」(ibid.[vol.1, 34-35])。これは、表象が外部の実在的事物と関わる地点に対するユニークな考察になっている。事物の全感覚関与性=立体性から出発している点に、シャフツベリの影響を見るべきなのかもしれない。とりわけ重要なのは、芸術の内部に向かっては意味の単位化、外部に向かっては感覚数の縮減を介した境界の創出という二重の規定のなかで、感覚作用がそのまま記号に近接していることである。[23]そういえばハリスは、知覚（感覚と知性）と意思（意志、情念、欲望）といった「魂の能力」から文やその各要素（品詞）を導出する『ヘルメスあるいは哲学的・普遍的文法の研究」(一七五一) の著者でもあった (ibid.[vol.1, esp.215-224])。

このようにして、ハリス的「メディア」概念は、記号の一般理論の踊り場となる。色彩と形態をメディアにする絵画は、無生物や植物を描出するのに優れており、他にも人間の身体や態度、彼／女が発する自然的音声(叫んでいる姿など)や、人間の魂のエネルギー、行為と情念の姿、複数の人間の行為の集合からなる事件の現場も描写することができるが、短時間内で生起したものにかぎられる。音楽は音と運動をメディアとし、早い、もしくはゆったりとした運動、種々の動物の鳴き声の擬音的表現、人間の感情を模倣できる。言葉を用いる詩は、音声すなわち「自然な媒体」で模倣する部分と、意味をもった語によって模倣する部分とをもっている……。アレゴリー的な断片性の散乱を追い続けたシャフツベリを方法化しつつ平板化するようなやり方で、詩、絵画、音楽のそれぞれに固有な記号の特性と、それらのあいだのそれなりに重層的な関係が検討されている。たとえば絵画における人間の模倣と、詩におけるそれとでは、どの部分でどちらが優れているか、など。その詳細に踏み込む必要はないだろう。重要なのは、各表現形式に固有の記号特性を比較するこうした思考様式が、「詩は絵のように」のトポスを決定的に失効させていくことだ。そして最終的には、相互に還元不可能な「限界(Grenzen)」を有したものとして絵画と文学を考察したレッシングの『ラオコーン』(一七六六)——これは、苦痛や激情《パトス》の(時間性の)表現という主題を中心に据えたテクストでもある——へと至る。*24 複数のジャンルの共通平面を名指したからこそ、かえって分立する——。この事態を自明視し、透明化していった果てに、近代美学の言説が順調に紡がれることになろう。

七　音楽と感情

ところで、ハリスの詩画論的考察が音楽を付け加えているのは興味深い。前節で触れたように、彼は音楽の模倣的側面も取り上げているのだが、全体としては、むしろ模倣からはずれたところに音楽の本質を見いだしている。「巨匠たちの作品を通して働きかける、音楽の真の魅力と驚異はここから生じる。すなわちそれは、模倣や観念の喚起ではなく、感情《アフェクション》を喚起する力なのであり、その感情にさまざまな観念が呼応することがありうる」(ibid.[vol.1, 58])。模倣から切り離し、感情の喚起に音楽の力能を認めること。一八世紀の音楽論において、メロディと歌詞の関係が大きな共通関心となったのもこの系だが*25(ハリス自身、オペラは音楽ではなく詩であると論じている)、ハチソンが切り出した絶対的美の領域は、世紀中葉以降、感情そして/あるいは音楽という指示対象《リファレント》とますます強く結びつくようになっていく。

たとえば、いささか当惑すべきことに、ハリスは音楽における感情の模倣を、一種の声喩《オノマトペ》として、つまり、悲しみや喜びのうちにある人間が出す声や音そのものの模倣として説明している。一方、ダニエル・ウェッブは『詩と音楽の照応に関する考察』(一七六九)で、「私たちの情念に対する音楽の影響は、人びとのあいだで幅広く感受され、認められているにもかかわらず」きちんと論じられずにきたと述べ、「音と感情《センティメント》との自然な関係」を探究する(Webb[1769])。また、ヨハン・アダム・ヒラーは『音楽における自然の模倣について』(一七五四~五五)のなかで、言語的に指し示され、分節可能な情念(Leidenschaften)と、その外部にある、言葉が指し示すことができない感情(Empfindung)とを区分し、音楽の座は後者にあると主張する。

ヒラーの議論は入り組んでおり、いささか注目するに足る。おそらく彼は、言語分節音によって表される情念《ライデンシャフト》を旋律になぞらえ、その旋律を契機として、観察者=聴者のうちに内的感情《エンプフィンドゥンク》が生じると考えている。「言葉は秘められた繊細な感情に届くのに十分ではないが……、私たちが情念と呼ぶ強烈な感情のあいだの差異を示すのには役立つ。言葉は名前を与えることで各情念を区別するだけではなくて、それらのすべての位相と変化のもとでそれらを示すので、私たちは自分に対して「これが愛だ! これが悲しみだ! これは愛を語っている! これは悲しみを語っている！」と言わなければならない」。一八世紀の標準からすると、情念の方こそ「言語的」というのはやや不思議な規定だが、それだけ「感情」の精妙さを強調したかったのだろう。「表現されるよりもむしろ感じられる感情がある。それは強力な情念の動乱につねに抑圧され、おずおずとしか姿を現さず、私たちには知られていない感情である。この感情は、はげしい情動（Affecten）の嵐が止んだとき、まったき静けさとして、ようやく姿を現す。……この音調がもたらす感情（Gefühl）は、私たちには知られていないが、私たちのなかに喜びをもたらす」。ヒラーのいう感情《エンプフィンドゥンク》は、「センチメンタル」ときわめて近い。神経という弦の振動《ヴァイブレーション》（↓一一章一三、一四節）は、それ自体で音楽的なのである。*26

一八世紀の終わりから一九世紀初頭にかけて、音楽の地位はますます上昇する。最高の芸術は、あいかわらず、高次元において他メディアを統合する詩であるのか（ヘーゲル）、それとも、意志の純粋形式としての音楽であり（ショーペンハウアー）、すべての芸術がそこに向かって憧れるのか（ウォルター・ペイター）。音楽そのものに対する見解はさまざまだが、詩と比較対象されるのは、絵画ではなく音楽であることが増えていく。たしかにそれは、美の言説が新たな秩序へと塗り替えられていったことの現れではあるだろう。対象の模倣の根底に感情があるというよりも、感情自体が模倣の対象となる。あるいはむしろ、不在の何かを模倣しようとする無償の運動――しかしそれは、何の「模倣」なのか――それ自体が「感情」を構成するのである。このようにして、模倣概念の一般化の果てに、模倣理論自体が終焉する。音と不定形な内的感情とのつながりを追うことで、音楽理論は、その最初の恰好の指標となった。そしてその向こうには、抽象化された内在的リズムとしての美的感情（ヴォリンガー）の地平が控えている。

とはいえ、視覚（絵画）に代わって聴覚（音楽）が支配的なモデルになったと捉えるのは、やはり無理があるだろう。たとえば、事物のくっきりとした輪郭へと回収できない「曖昧さの観念」が美を超えた崇高をもたらすと語るエドマンド・バークのあの想像力論も、音楽における不定型な純粋感情とほぼ同型の論理に則っている（↓本章二、三節）。この「曖昧さ」は、むしろ（危機対応的な）視覚の不全あるいは欠如として特徴づけられている。一九世紀中葉から二〇世紀にかけて、不定型な純粋感情を消失点とする、芸術諸媒体をめぐる一種の遠近法的思考が、近代美学において展開したわけだが、模倣なき模倣としての感情経験が、必ず聴覚的なものに台座をもたなければならないとは限らない。「美学」や芸術から少し離れて見るならば、一八世紀の文化理論は全体として、視覚的なものの優越に向かっていた。絵画という枠組みを越えて広がり、「見えない」ことが生み出す幻想的光景《ヴィジョン》の領域まで包含するほどに。それと連動した出来事の一つとして、聴覚／音楽モデルが上昇したと考えた方がよい。表現形式やその素材に感覚のメディア／記号の複数的な働きを発見したとき、一八世紀の思考は、むしろジャンルの動態化のようなものに触れていた。

八　感覚の階梯——ケイムズの経験論美学

ハチソン以降の展開を見るうえで、触れないわけにはいかない論者がもう一人いる。二節でも名前を挙げた、『批評の原理』（一七六二）の著者ケイムズ卿ヘンリー・ヒュームである。ハリスは絵画、詩、音楽等に関するジャンル論的考察を、感覚作用のメディア／記号論へと展開したが、ケイムズの関心のありようは、彼とはかなり異なる。同時に、ちがった経路を辿り、別種の主題群を見いだしながら、感情や感覚をめぐって、彼の言説はハリスともどこかで響き合う。

真っ先に目につくのは、彼が巻頭から芸術《ファイン・アート》の分析を明瞭な目標として掲げていることだ。ケイムズによれば、(1)芸術は「同一の洗練された喜びによって諸階級を結びつけ、慈愛心を促進する」(2)「秩序への愛を薫育することで、政府への随順を強める」。そして最後に、(3)「感情の繊細さ(delicacy of feeling)を鼓舞することにより、安定した政府を二重に幸福なものとする」。富裕が快楽への欲望を生み、そうした欲望が奢侈を、奢侈が肉感的満足をもたらし、利己心を全階級的に蔓延させ、最後には公徳心の死滅へと至る。商業の繁栄がもたらす。こうした悪しきサイクルを止めるためには、「富裕を芸術に投下する以上に効果的な方策はない」。美の言説のエリート主義的側面は、とりわけ趣味論のなかに潜在してきた。そこでは、趣味の繊細さ(delicacy of taste)の陶冶が道徳性の涵養につながるという期待が、繰り返し表明される。[*27] ケイムズも一八世紀イギリス特有の商業社会論の文体のもとで、芸術の道徳性と秩序維持機能とをあからさまに結びつけているが(Kames[1785→1993:vol.1, v-viii])、問題は、彼においてそれがいかに行われているかだ。

注目すべきは、『批評の原理』には芸術を直接扱った章が存在しないことである。デュボスやハリスのようなサブジャンル論への関心も薄い。わずかに「庭園と建築」を扱った章が一つあるだけだ。引証と考察の中心に据えられているのは文学的形象であり、さらにいえば、詩よりも演劇脚本の方がはるかに多く参照されている。書物の構成を眺めると、第一章に「知覚や観念の連続体」を置き、続く第二章で「感情《エモーション》と情念」を、膨大なページ数を割いて論じている(この章だけが、多くの部と節とに分けられている)。それに続いて、ようやく「美」(第三章)、「壮大と崇高」(第四章)といった主題が扱われていく。明らかに彼の関心は、感情や情念の分析に傾斜している。[*28] ハチソン以降の感情主義的展開は、ケイムズにおいてもっとも顕著であり、感情/情念に準拠した美の観察として、ある意味ではるかに徹底している。その点で、経験論美学の代表作だといってよい。

芸術あるいはその下位ジャンルの輪郭を画定することなく、その感情(情念)関与的性格に着目すること。しかし、このやり方自体が、ケイムズにとっての芸術の定義になっていると考えるべきだろう。「芸術は好ましい感情(agreeable emotions)を喚起する」と述べるとき、芸術は特異な感情経験の媒体として囲い込まれ、特権化されている。同時に、感情／情念に準拠した観察の原理化は、それを「好ましい感情」の一般性へと開いてしまうものでもありうる。つまり、美的感情と道徳感情の区分という問題が、ケイムズによってはじめて明示的に出現したのである（→本章二節）。「すべての情念を数え上げ、それぞれの本性や原因、充足や効果を割り当てるのは倫理学の論者の領分である。……芸術において用いられる属性や関係や状況に、私は考察を限定する」(Kames[1785→1993:vol.1, 195])。この自由度と困難に沿って感情を分節しつづけることが、彼の記述戦略だった。

その意味で、「知覚や観念の連続体」の章が重要である。観念連合を主題としつつ、彼はむしろ感覚作用／印象を受け取る精神の受容的＝受動的性質を強調する（あるいは、強調し直す）ことから始めている。「何千もの関係が終わることなく事物を結びつけて」こちらに押し寄せてくる「連続体を担うのに、人間の側の能動的活動は必要がないし、人間はこの連鎖にいかなる観念も付け加えることはできない」(Kames[1785→1993:vol.1, 17-18])。彼はこの議論を諸感覚の身分的差異へと転回させる。触覚、味覚、嗅覚においては、私たちは感覚器官に到来した印象に気づく、つまり、器官を「押された」という感じ《フィーリング》が観念として生じる。これらの感覚において生じる観念は、それをもたらした対象と共に生起するのであり、したがって、現前する対象とじかに結びつく。裏返せば、それは主体を対象に向かわせる欲望として働き、直接的で肉体的《コーポリアル》なかたちで享受される。

それに対して、視覚と聴覚の場合、人は感覚器官が印象を受け取っているその働きを意識することが（でき）ない。これらの感覚が事物の観念を描き出すとき、その像はあくまでも精神のなかで構成されたものである。より正確には、経験論の定義上、すべての感覚の観念は精神内にあるのだから、視覚と聴覚においては、感覚がもたらす感覚《フィーリング》が外的事物に回収できないことが、正しく指し示されている。視覚と聴覚は触覚の基底性から離脱し、他とは異なる「洗練された（refined）、精神的な」性格を帯びる(ibid.[33])。ケイムズはハリスと同じく、視覚と聴覚を芸術の特権的な台座に据えるが、ただし、感覚作用のメディア論ではなく、諸感覚をめぐる階梯の論理を介してそうするのである。

しかし、この感覚の序列化は、感覚という「劣った理性」を理性へと引き上げるという構想《プログラム》を自明視する美学《エステティーク》（→【補論二】）とは異なる場所を漂流している。「眼と耳の喜び」は知性と肉体的感覚の中間にあり、まさにそのことで、「上昇と荘厳」、「甘美さや愉快さ」をもたらす。こうした愉悦はまた、「情念のもたらすはげしい動揺と不活性状態」の中間態なのであり、「感覚器官の過度の緊張とまったくの弛緩」のあいだにある、強い器官的快の短い持続である(ibid.[vol.1,2-3])。ケイムズは、中間状態にとどまりつづけることに積極的な意味を見いだしている。それは、芸術的感情が一般的感情に開かれることの自由と困難に、正直に反応したことの表れでもあるだろう。彼の議論の骨格は、主体を対象に向かわせる（という感じ《フィーリング》を伴う）直接的感覚と、主体の内部で構成される（と認識される）より繊細な感覚という分割の連続的展開によって構成されることになる。あえていえば、それによって彼は、事物によって生起する感覚／感情が、それ自体で美的であ（りう）ることを論証しようとしているように見える。

九　知覚的反応と持続としての感情

たとえば、この分割は、まさに情念と感情（emotion）の定義に重ねられている。

> 内的な運動あるいは揺動が、欲望を伴わないまま消滅するときには、感情《エモーション》と呼ばれる。それに続いて欲望が生じるときには、その運動あるいは揺動は情念と呼ばれる。たとえば、美しい顔は私のなかに喜ばしい感情（pleasant feeling）を引き起こすが、もしその感情が何の効果も生むことなく消滅すれば、それは言葉の正しい

意味における感情《エモーション》である。しかし、対象を繰り返し見ることで、その感情が欲望をもたらすほど強くなれば、それは感情という名称を喪失し、情念《パッション》という名を獲得する。

……

情念の原因は……欲望を励起することで感情を情念へと変換する存在もしくはモノである。行動に駆り立てる力という観点から情念を考えたとき、この同じ存在やモノは対象と呼ばれる。……感情《エモーション》は本性上穏やかであり、単に受動的な感情《フィーリング》にすぎないが、「受動的である以上は」それが生じた原因がなくてはならない。しかし、言葉の厳密な意味においては、感情は対象をもっているとはいえない (Kames[1785→1993:vol.1, 41-44])。

欲望を伴う／伴わないという区分は、ハチソンの「穏やかな欲望／強い欲望」を直接上書きしているが（→一章八節）、ロックやハチソンのいう感覚作用《センセーション》を、ケイムズは最初から感じ《フィーリング》=感情の領域に移行させる。この原基的な感じ=感情が、感情《エモーション》と情念に分岐するのである。フィーリングとエモーションは本来的に対象非関与的であることにおいて連続的なのであって、それが対象への欲望を励起した特異例が情念であるといってもよい。この点で、基底的「無関心」から快苦が励起すると考えたバークと平行している。

このようにして、感情《エモーション》が精神内を流れ続ける無記名の基調《トーン》となる。もう一つの鍵語である感情《センティメント》=考えについても、彼は「情念によって突き動かされたあらゆる考え」と定義している (ibid.[vol.1, 451]、[vol.2, 527-8])。どれだけ成功しているかは別として、感情の語彙群を体系的に制御しようとする意志が認められる。[*29] その意味で、感情の体制における典型的な言説であるといってよいだろう。筆者の知識の範囲内では、もっとも整序された構図である。美をめぐる考察のなかでそれが出現していることに、感情の言説空間の奥深さを感じるのである。

精神内の持続的な流れとしての感情《エモーション》という把持によって、美的感情は人間の経験に恒常的に開かれたものとなる。緩やかな川の流れ、伸びやかに広がる平原や、人間の優雅な動きや気高い行為、見事な庭園、壮麗な建築、人混みのなかの綺麗な顔。あるいはまた、荒涼たる荒れ地や汚い沼地や朽ち果てた死骸。何であれ、外界の対象を認識するやいなや、そこに自動的に喜びや苦痛の意識が随伴する（そしてそれはときに、所有の欲望へと突き抜ける強いものにもなりうる）。それがなぜかは説明できない。だからこそ人間の本性というしかない (ibid.[vol.1, 36-40])。だが、感情がフロー化するとき、初発に抱かれた感情の純粋性が利害関心に対抗する能動的な契機となりうるという、あの「抗しがたさ」の論理は、じつは後退しているか、少なくとも変質している。

この過程を、もう少し丁寧に見てみよう。ポイントになるのは「好ましい／好ましくない (agreeable/disagreeable)」感情と「喜ばしい／痛ましい (pleasant/painful)」感情とを、彼が区別したことである。「好ましい／好ましくない」が対象の知覚によって生じ、対象の性質に帰着すると認識されるのに対し、主体が感じる (feel) 感情《エモーション》として、「われわれ自身のなかにあるものとして感受される」のが「喜ばしい／痛ましい」である (ibid.[vol.1, 106])。この二つの軸の関係は単純ではない。基本的には、これは直接的感覚／繊細な感覚というあの分割の延長線上にある。ただし、直接的感覚は（A_1）主体を対象に向かわせる（A_2）感覚の作動が感じ《フィーリング》られるものであり、繊細な感覚は（B_1）主体の内部で構成される（B_2）感覚の作動は感じられず、それゆえ主体内的な構成であることが知的に認識されるものだった。それに対して、前者に対応する「好ましい／好ましくない」では、（A_1）外部対象に向かう感覚が（B_2）むしろ知覚的・認識的に語られており、後者に当たる「喜ばしい／痛ましい」では、（B_1）主体内で生起するものに対する感受が（A_2）直接的な感情経験であるかのように語られている。

好ましさ／喜ばしさは直接的感覚／繊細な感覚と重なるのだから、好ましさ（知覚的反応）→喜ばしさ（感情的享受）という順序を取る。ハチソンが絶対的美（内的感覚）→相対的美（事物との対応）という順番で議論を進めていたことを考えれば、逆になっている。つまり、初発の動機に純粋感情のようなものを想定する立場から、彼は一歩退いているのだ。知覚的反応への傾斜は、感覚に押し寄せる印象の圧倒性を前にした主体の受動性を強調したことと表裏一体である。印象の奔流を受容する主体という言説は、現前する対象が直示的に把握されうることへの期待を隠しもっている。

　このような見え方は、とりわけ視覚の特権化と結びつく。そもそも「美という語の本来の意義は、視覚に割り当てられている」と彼は断言している。美しい音、美しい考え、美しい表現、美しい定理などといった形容を用いるのは「譬喩表現」にすぎない（ibid.[vol.1,196-197]）。こうした態度のもとでは、観念連合に先行する不可視の内的感覚として期待されるハチソン的な絶対的美は、現象界には出現できないがゆえに消去されていくだろう。たとえば彼は、絶対的美／相対的美と一見したところよく似た、内在的美（intrinsic beauty）と相関的美（relative beauty）という対立軸を用いる。これは、発生源を見たときには対象単体／対象間の関係という対比によって、また人間主体の作用としては、感覚のみによって捉えられる／感覚と知性の共同で感知されることの差異として定義づけられている（ibid.[vol.1,197-8]）。どちらの美も、複数の事物を巻きこむある構図《コンポジション》のもとにあるものとして、知覚の対象となる。ケイムズ的視覚とは、こうした知覚の全域的領野を一気に与えるものなのだ。「眼は決して抽象しない。眼によってわれわれは事物をあるがままに知覚するのであって、主題《サブジェクト》から切り離された性質を一つ一つ認識したりはしない[*30]」（Kames[1785→1993:vol.1, 38]）。

　しかし同時に、そうした知覚的反応が、自己完結することなく感情の領域へと送り出される。知覚的反応自体にすでに何らかの感情的要素（「好ましさ」）が付着しているのだから、感情の様態の変容と考えるべきなのかもしれない。その様態は錯綜としている。「好ましさ」が「喜ばしさ」という内的感情として認識される、もしくは引きはがされていくと捉えると、この回路全体が、（純粋感情というよりもむしろ）感情の純化のプロセスを構造化している。事物への知覚的＝視覚的対応が、美の内的感覚へと折り畳まれていくかのように。だが、主体が自らのものとして「感じる」、生きられる経験であるのは「喜ばしい」感情の方であるとすることも可能である。この場合、この「喜ばしさ」を対象の方へ引きはがし、いわば脱主体化する過程として、知覚的「好ましさ」が反省的に再構成されていることになる。ここから、「喜ばしさ」の直接的経験を、特定の媒体／形式を介して再現すると同時に、それを反省的で観照的な「好ましさ」のなかに固定することこそが芸術の機能であるという発想が生じてくる。じっさい、前に引用したように、「芸術は好ましい感情を喚起する」と規定されているのである。

つまり、「好ましさ」と「喜ばしさ」のどちらかが直接的快、他方が間接化された快となり、なおかつそれぞれの身分が相互転移しうる。いささかあやしげな論証であり、論理的にいえば、いくつかのカテゴリー・ミステイクをやっている可能性があるが。この点でも、バーク的な術語性の地平と通じるところがある。精神作用の基調《トーン》の想定という点でも似ている。ケイムズの場合、この錯綜が、表象の直接性と間接性をめぐるあのパラドクスの、複雑化された変奏になっていることは見えやすい（→一三章四節）。その核心にあったのは、知性的認知に感情がはりつく、もしくは同型的になるという仕組みである。考えてみれば、一八世紀における判断《ジャッジメント》が、感情のこうした様相を表現していた（→一三章六節）。その意味で彼の議論は、判断の意味論の一つの発展形式を表現している。そう考えると、感情の純化や反省が、相反的な二つの方向性を取るのもうなずけよう。美をめぐって生起する感情は、物象化された対象に対する価値評価と、主体のうちに生じる揺れ動き《エモーション》――の享受――とに二重化される。というか、美的感情とは、この両極を往復するような経験なのである。

一〇　美的＝道徳的視覚――共感《シンパシー》のスペクタクル

美を感情的出来事として分析する視角に認知的様相を付加したことで、知覚あるいは視覚の作用に対する把持に、複雑な陰翳がかかる。前節で述べたとおり、視覚的知覚は観察のフィールドを構成するが、それはたんなる認知的性格を越えたニュアンスを伴っている。

秩序の原理は、自然の働きに関してとくに顕著である。なぜなら自然の働きは、私たちの観念を自然の秩序のなかで方向付けるからだ。動いている物体のことを考えるとき、私たちはその自然な進路に従っている。精神は重い物体とともに下降し、河とともに下流にくだり、炎や煙とともに上昇する。家系を辿るとき、私たちは祖先から始めて、もっとも若い彼の子孫へと順に下がっていく傾向が強い。反対に、樫の木を思い浮かべるときには幹から始め、そこから枝へと上っていくだろう (Kames[1785→1993:vol.1, 23])。

視覚は自然をなぞりつつ、自然のなかに「秩序」を構成していく。ある意味では、彼は観念連合の自然な様態を素直に記述しているわけだが (樹木を枝先や土中の根から想起するような、「不自然な」やり方がありうることが開示されているともいえる)、人間的自然《ヒューマン・ネイチャー》との近さが記号を自然的なものにするというしくみは、こうした感覚論的基盤に支えられている (→本章五節)。

そして、非常に重要なのは、これが美と道徳の相互浸潤の始点にもなっていることだ。ここでも、「好ましい／好ましくない」と「喜ばしい／痛ましい」という二つの軸の分離が関わってくる。感情それ自体の質としては「痛ましい」が、それを反省的に評価したときに「好ましい」もの (あるいは逆に、「喜ばしい」が「好ましくない」感情) が発見されるのである。これは醜の美学を補強する論理にもなるはずだが、ケイムズはこの論点はあまり追わない (→一三章八節)。彼が考えているのは、もっぱら、主体のなかに抱かれた即自的な (=喜ばしい／痛ましい) 情念や感情が、それ自体として反省的に対象化されるという事態である。「ある情念が喜ばしい、あるいは痛ましいと呼ばれるとき、私たちは現実の感情に言及している。好ましい、あるいは好ましくないと呼ばれるとき、私たちは思考もしくは反省の対象としての感情に言及している。……好ましい対象によって生み出された感情は、必ず喜ばしいものである。……しかし、痛ましい感情は、反省してみたとき、喜ばしい感情と同じくらい好ましいものでありうる」(Kames[1785→1993:vol.1, 107-109])。「痛ましい」のに「好ましい」、そうした感情の典型が、共感《シンパシー》であり、その反対物、つまり「喜ばしい」が「好ましくない」感情としては、自己愛が名指されている。

自己愛が自己の利害に関与して発生するのに対して、共感は、少なくとも自己のみに向かうのではない何かである（純粋に他者に向かう慈愛心が共感であるとは、彼は考えていない）。この、自己「ではない」という位相に着目して、ケイムズは、共感を感情《エモーション》と情念の中間にあるものとして分析する。すなわちそれは、強い欲望を喚起することにおいて感情とは異なるけれども、情念とちがって——自己利害に結びつくような——特定の対象をもたない。誰かが誰かに対して顕著な感謝を行っている姿を見たとき、感謝をしている人物に対する愛情や尊敬の念だけではなく、「それとは独立した、漠然とした、対象なき感謝の感情《フィーリング》が生み出」される。漠然としているにもかかわらず、「通常の機会において生じるものよりも強い感謝の行為を行うように観察者／観客や読者を仕向ける」。あるいはまた、勇気ある行為を目にすると、ある漠然としたかたちで、しかし強烈に、勇気（に似た何か）が引き起こされる。それは、音楽が怒りや悲しみを伝えられることと似ている(ibid.[vol.1,61-63])。

重要なのは、このような共感の定義が、感情を喚起した対象の（反省的）視覚化を強く合意することだ。「ある情念が観察者《スペクテイター》／観客の思考の対象となったときには、何らかの「好ましい／好ましくない」情念もしくは感情を、彼のなかに生み出す効果をもつことがある」(ibid.[vol.1, 109])。対象が明確でないからこそ、共感の働きが他の感情（情念）を生み出す、もしくは他者へと感染していく。同時に、まさにそれゆえに、共感は自己利害的な欲望とは独立した、何らかの形象を契機として発生する。精神分析的にいえば、そこにはすでに、ある種の部分対象性の論理が潜在しているが、それも含めて、「共感のもっとも強力な部門は、視覚によって喚起されるものである」(ibid.[vol.1, 449])。

共感は、見られる形姿とそれが喚起する感情とのあいだの不思議な繋がりを伝って伝播していく。人が喜んでいるとき、それを見ている者に好ましい感情が生じ、悲しんでいるときには悲しみを感じるが、喜びの外的記号が本性的に好ましく、悲しみの外的記号が好ましくないといえる根拠は、考えてみれば存在しない。「これらの記号と観客のなかで生み出される感情とのあいだに、いかなる必然的な結びつきがあるとも思われない」(ibid.[vol.1, 449])。にもかかわらず、そこには感情的反応の規則性が見られるのであり、それによって、「漠然とした、対象なき…感情」が何らかの自然的連関のなかに収まることをあてにすることができる。

共感は視覚的であるという定式に、「美は本質的に視覚的である」という前節の引用を加えれば、要するにケイムズにとって、視覚は美と道徳が本源的に結びつく場であったということになる。感情の知覚化は、「抗しがたい」直接性から距離を取った美的観照を成立させると同時に、この論理がそのまま、道徳への直接的反応――あるいは、直接的反応としての道徳――を駆動させるのだ。かくして、感謝や勇気の行為、あるいは同情すべき不幸な人びとの姿が、観察者《スペクテイター》／観客の眼前で繰り広げられる。あるいはむしろ、観察者／観客が、貧困や悲惨を、喜びや高潔をスペクタクル化するのだ。前章の終わりに、ハチソンの人物《キャラクター》＝人格論と、公平な観察者《インパーシャル・スペクテイター》の仮構によって道徳感情の規則を考えたアダム・スミスとを比較したが、両者のあいだには、明らかに、共感の視覚性の把握に関する成熟度の差異が介在している(→一三章一一節)。絵画的静態性に収まりきらない広がりのもとで視覚的なるものが「見えて」きたからこそ、一八世紀的「スペクタクルの理論」が展開していったのである(→本章七節)。

視覚の対象と欲望の対象とが切り離されることによって、さまざまな感情がかえって生起するというこの論理は、絵画的表象自体にも適用されうる。たとえば『人間本性論』の、ある一節を参照してみよう。有力者の豪勢な屋敷に招き入れられ、地所の広壮、馬小屋に繋がれた立派な馬、見事な馬具、趣味のよい部屋の数々、洗練された家具や内装、階段や小部屋のちょっとした工夫……といったものを経巡っていく人の眼差しを追うようにして、ヒュームは「金持ちと権力者に対するわれわれの尊重について」考察している（第二巻第二部五節）。仮想的観客の視線は、室内に掛けられているとおぼしい絵の前で暫時立ち止まり、描かれた人物を目にする。

絵画においては、人物（figure）にバランスを与え、正しい重心に基づいて、もっとも正確に彼らを位置づけることほど合理的な規則はない。きちんとバランスのとれていない人物像は不快である。それというのも、それは転倒、怪我、苦痛の観念を伝達するからだ。これらの観念は、共感によって何らかの強さや活力の程度を得たときに痛々しいものとなる（Hume[1740→1976:364-365]）。

有用性から美を捉える経験論の構え（↓一三章五節）が、有力者の持ち物や調度品と絵画とを連続させる、ある意味で皮肉な視線をもたらす。この視線は同時に、川の流れや樹木の威容を前にしたケイムズのそれと同じように、絵画内の形象の配置や均衡をほとんど自動的に読みとっていく。そのとき、この仮想的観客は、バランスを乱して転倒しそうな人物の受けるだろう苦痛を、不快で痛ましいものと感じてしまう。傍観的な美的鑑賞だったはずのものに、いつのまにか道徳的ニュアンスが滲んでいる。ある意味では、この記述自体が、知覚と感情的享受の、あるいは好ましさと喜ばしさの交叉という構造の縮図になっている。特定の視覚対象が、欲望の帰属先が不明瞭なまま、強い感情を生み出すとすれば、人は絵画のなかの人物にも「共感」できる。今にも転倒「しそうな」人物の姿は、額縁を踏み越えて働くかのような、表象の道徳的作用と重ね焼きになる。[*31]

別の角度からいえば、現実の社交関係における共感の働きが、どこか一幅の活人画のように語られてもいた。人びとのあいだで織りなされる栄光や悲惨、喜びや悲しみの連鎖が精妙に構造化される。そこに立ち会う観察者／観客は、その群像劇を追体験しつつ、幾重にもなぞっていく。そして、感受性を震わせる観察者もまた、活人画中の登場人物として、観察＝享受の対象たりうる（「人びとの幸せを喜んでいる姿を喜ぶあなたの姿は、私を喜ばせる」）。社会的＝社交的な光景《スペクタクル》は、それ自体が「センチメンタルなタブロー」なのである。[*32] その意味では、一八世紀の「スペクタクルの理論」はむしろ、絵画的なものの過剰と過小として出現する。視覚的なものは、語りを見えるものに、見えるものを語りに転換しつづける力動として現れる。感情や共感の働きは、この力動とほとんど重なっていた。

一一　共感と「社会」

ところで、共感についてケイムズはこのような定義も行っている。

共感はあらゆる社会的情念（social passion）の根幹である。それは喜びや悲しみ、希望と恐れのコミュニケーションをもたらす（Kames[1785 → 1993:vol.1, 10]）。

ハチソンの公共的欲望（Publick Desire）を引き継ぎつつ（→一一章八節）、一七世紀までの思考にはおよそ形容矛盾に響いたであろう「社会的情念」という言葉を彼は用いる。[*33] この語はヒュームやスミスの文献にも散見されるのだが、[*34] これらを「社交的情念」と訳さなかったのは、しばしば「利己的情念」と対立的に捉えられることで領域化しているからだ。とくにケイムズにとっての情念の「社会性」は、(1)食欲や渇きのような不随意的な欲求（appetite）

と(2)自己利害の合理的計算を踏み越える、衝動的で自己破壊的な欲望としての、社会的でも利己的でもない「非社会的（dissocial）情念」（この「非社会的」はケイムズの造語である）を排除することで定義されている（ibid.[vol.1, 49]）。社会的／非社会的という区分によって語るとき、両者を均等に見通す視点が予感されている。彼が「社会的情念」と「コミュニケーション」とをごく隣接させて語っていることも、それと無関係ではない。

こうした領域化は、家族のあいだで働くだろう親密で自然な愛情が、観念連合を介して親類、友人、知人の圏域へと（強度を低下させながら）拡張されていくという、この時代によく見られる論理構成にも内在していた。そして、この拡張が最終的に、国家の（そしてまた、それを支える公共的《シヴィックな》人格の）次元へと逢着することへの期待も、しばしば語られている。社交圏の拡張が、より正確には、それを観念連合あるいは類推によって把持する可能性の出現が——分断された集団の認知なら、一七世紀以前からあったのだから（→八章三節）——、「社会」に近似的な何かを析出しつつある。だが、拡張はあくまでも、複数の社交圏のつながりを具体的に辿ることで行われねばならない。それゆえ、いわば圏域と圏域をつなぐ繋ぎ目として、それらを出入りする何らかの事物《オブジェクト》＝対象が生み出した、あるいは圏域同士の接触によってもたらされた人びとの具体的な集まりを、その都度可視化するというふるまいが要請される。結節点としての光景《スペクタクル》は、多様な人びとの集まりや（感情）交流がダイナミックに生起するフィールドであり、他方で同時に、まさに繋ぎ目として物象化されることで、美的なものと道徳的なものとが——一致するかどうかはともかくとして——強く連動する場となるのである。

もちろん現在から見れば、こうした社交圏の論理には固有の限界がある。人類愛／人道主義（humanity）や博愛（philanthropy）を唱えながら、貧困や悲惨をスペクタクルとして享受するとき、そこには無自覚な、しかし覆いがたい冷酷さがつきまとう。王立人道協会の活動を伝える一七八九年の『ジェントルマンズ・マガジン』の記事が、その一例である。「ファイフ伯爵が司会を務められ、セント・デイヴィド寺院主教とグリムストン子爵が補佐された。四時には四〇〇人近くの人びと（その多くが貴顕の方々である）が、豪勢な料理の並んだ祝祭のテーブルにつき、国王への誓う乾杯が何度も交わされた。セント・ポール寺院の聖歌隊の紳士方によって、ノン・ノビス［・ドミネ］が見事に合唱された。そのうちの何人かがゴッド・セーブ・ザ・キングをすばらしい声で歌ったとき、会衆一同は喜んで合唱に加わった。食事が終わると、［王立人道］協会が早すぎる死から救った大勢の男や女や子どもたちが、テーブルの回りを練り歩いた。行列の主役は美しい、未来ある子どもたちだった。この子たちは遊んでいて川にはまり、この協会の人道的介入がなければ若くして亡くなっていただろう。一同からは三〇〇ポンド以上の寄付金が集まった。博愛がつねにまちがいなくもたらす、あの暖かく活気ある楽しさのうちに、一日が過ぎていった」[*35]。

「暖かく活気ある」慈善のアリーナに呼び出され、展示・陳列に供せられる人たちは、ある意味ではまだましだった。誰か特定の不幸な個人にたまたま焦点が当たるとき、涙を流すこともある紳士淑女方は、都市に蝟集する乞食や貧民、盗人らに対しては、「見苦しいもの（obnoxious visibility）」と言い放つ[*36]。集合状態としての貧民を、社会はほとんど放置していた。だからこそ、恩恵を受けた人の姿が可視化される必要があったわけだが。じっさい、王立人道協会で見せ物となった「大勢の男や女や子どもたち」は、たしかに「三〇〇ポンド以上の寄付金」を集めるのに寄与はしたのである。

「多感《センシビリティ》文化」の背後にある特有の階級的鈍感さは、現代の私たちにはやりきれないところがある[*37]。社交圏の重層を「社会」へと接近させる、あるいは社交によって「社会」を代補するという様式が、どこかの時点で有効性を相当程度低下したからだ。では、それはいかに「終焉」し、そのあとで何が生じているのだろうか。社交の密度と到達度の増大が、社交関係の見えない総体としての社会《ソサエティ》の輪郭を成立させる。それは、一九世紀以降、ナショナリズムの根拠にして備給先である国民の（超）共同体という、しばしばロマン主義的でもある概念と、複雑に絡み合う。国民という（超）共同体をとりわけ感情の共有という形態において担保しようとする発想は、かなりの程度まで、一八世紀の公共善や社会感情の論理を資源として利用していた。[38]

しかし、現に国家が運営されている社会においては、もはや社交は全域を覆えない。そこでは、相反する二重のベクトルが生じる。定義上、国民と国土の全域的な管理運営の権能と責任を担う国家が出現することで、社交の共感的出来事性は、社会制度を媒介して達成が目指される、熱なき公正さへと空洞化されて引き継がれる。私たちにとっては、むしろ、そうした諸制度のそれなりに安定した作動が、国家＝社会的なるものであろう。他方で、国家の全域的管理というが、それは万能ではなく、多かれ少なかれ名目的《ノミナル》なものにならざるをえない。国民（市民）の感情的統合や一体感という意味での全域性は、知られているが未在の空所にとどまるのであり（その空所が、ときに「社会」と呼ばれることすらある）、まさにそれゆえに、かかる理想的状態が、国家＝社会自体は到達できない地平へと幾重にも繰り延べられつづける。その未在の共同状態を「国家」と呼ぶか「社会」と呼ぶかが、争われることも含めて。

「国家」と「社会」とがお互いを余剰にしあいながら、全域という想定を、遂行的に――かつ曖昧に――埋めていく。社交の出来事性は局所化される。現代において、美と道徳の「混同」が警戒されるのも、大きくいえばこの系だろう。あからさまに階級化された一九世紀の「不幸な人びと《レ・ミゼラブル》」をも通過したあとの[39]私たちはむしろ、「同情」の奥に潜んでいる（かもしれない）偽善や傲慢に敏感であるよう訓練されている。現代では、その代わりに、財や資源の公平な配分原理や、機会と能力と業績の正当な評価が、つまりは社会のシステム的対応が問われるのだ。

とはいえ、一八世紀近代が貧民を不可視化していたとしても、現代社会もまた、公式化された諸制度の網目をかけることで「人類愛」の圏域を周縁化しつつ、まさに「システム的対応」の対象にするという操作によって、一段上のレベルではやはり不可視化している。そして困ったことに、それが良いことか悪いことか、私たちはにわかに答えることができない。だからこそ現代においても、「善意の」同情や「美しい」慈善行為が、痙攣的に回帰しつづける。そしてそれはしばしばメディアに媒介され、可視性と不可視性の恣意的な配分をかえって増幅してさえいるのだ。そうしたことを、私たちは十分気づいているが、にもかかわらずやめられない。ついでにいえば、この気づきの次元もまた、何度も浅く浮上しては、「社会システム」の水準によって浅く消されつづけるのだろう。*40

第一五章　観相学の地平

一　感情から顔へ

初期近代の情念《パッション》＝受動が、「情熱」と「激情」——つまり、一方で凡庸な日常性からの脱出口であり、他方で社会関係を破壊しかねない危険な力として——に分極し、周縁化されて、それ以降の意味空間に引き継がれたのに対し、一八世紀が生み出した感情の語彙の多くは、かなりなめらかに現代に流れ込んでいる。しかし、感情という経験をめぐる多様で微細なニュアンスを表現するべく、いや、そうしたエコノミーすら踏み越えるかたちで言葉をひたすら増殖させていた言説の密度は、一九世紀初頭には決定的に空洞化している。感情をめぐる強い語りの磁場は、それを構成していた複数の要素の布置が、いわば内側からほどけるようにして、それこそ複数的なやり方で解体していったのである——情念から感情へと塗り変わったときにもそうだったように。

感情の体制が解体したあとの意味空間には、さまざまな位相が含まれている。ときに主体を超出しさえするとされていた慈愛心の働きが限界づけられ、自己維持を、もしくは万人にとっての自己の自己に対する近さを自明の出発点に置く論理（↓一一章一四節）が展開する。このことは、社交の水準の外部に「社会」を設定できるかのような見え方がますます厚みを増していくことと、明らかに連動している。コントから始まる「社会学」の揺籃でもあるこうした領域が、それ自体で重要なのはいうまでもない。しかし、超越的な説明項としての「社会」を安易に先取らないためにも、ここでは情念や感情の形象化の先にあったものを、つまり主体の内部／外部の意味論の系譜を、考えていく必要がある。本書が「社会」を語るとすれば、あくまでもこの系譜として、あるいはそうした系譜においてでなくてはならないだろう。

　こうした観点から見たとき、チューリッヒの牧師ヨハン・カスパール・ラファーターの『観相学断片』（一七七五—八）を契機として、世紀の終わり近くに観相学（physiognomy）が急浮上したことが意味深い。多くの文化史家が注目しているように、この書物は出版されるやいなや各国語に翻訳され、全ヨーロッパ的熱狂をもたらした。[*1] 顔に現れた表徴から人間の性格が読み取れると主張する、あやしげな知の突然の勃興。もちろん、批判や揶揄も少なくなかったけれども、それも含めて、観相学がこれほどの脚光を浴びたことはいかにも奇異に映る。後で見るように、感情の体制下でも顔は一定の注意を引きつづけていたが（↓一四章五節）、観相学の時ならぬ隆盛は、感情をめぐる文法が脱臼することで、外観あるいは外面としての顔の位置が突出していったことを示唆している。

　しかし、そのためにはまず、この古めかしい知の性能を検討し、それらが変形しながら近代へと流れ込んでいく過程を考える必要がある。じっさい、本書のいくつかの地点で、情念や感情の言説は観相学と交叉していた。初期近代の情念論から感情の自然言語論を経て、一八世紀末における観相学の再編へと至るより大きな歴史的文脈がある。一八世紀の終わり頃に生じた屈折もまた、この文脈のなかに置いてみなくてはならない。

二　古代観相学——卜占と論理学

観相学というと、「赤毛の男は狡賢い」、「切れ長の目をした人は不道徳」、「これこれの鼻は好色の印」といったたぐいの断定的言明を想起する読者が多いだろう。それらは、特定の社会集団の書かれざる経験史のなかで蓄積されてきた、知識あるいは集合的偏見をもとにしている。このような知見をもった社会は、古代からべつだん珍しくない。人類学的にいえば、誰かの顔つきや外見を手がかりにして、その人となりを読みとりたいというのは、——とりわけ、見知らぬ他者と一定程度遭遇することが社会条件となる場所では——かなり普遍的に生じる願望なのだろう。こうした知識は、一種の民衆知《フォーク・ノレッジ》として口承文化のなかに分散的に保存されている。何らかのかたちでそれを記録するとき、社会は原初的な意味での観相学（これを観相学的知見と呼ぼう）をもつことになる。

多くの場合、観相学的知見は、その根拠すらはっきり示されることなく列挙される一連の言述《エノンセ》というかたちを取る。最古の事例として知られているのは、紀元前一五〇〇年頃のメソポタミアである。ジャン・ボテロが、現在のイラクに出土した粘土板に書かれた文を紹介している。「もし顔の歪んだ男の右目が出ていれば［?］、故郷を離れた地で彼は犬に食われるだろう。……もし男の肩に巻き毛が生えていれば、女が彼に惚れるだろう」。片方が出目であることと犬に食われることとが、肩の巻き毛と艶福とがいかなる因果関係において結びつくのかの説明はない。こうした言述は、観相学が特定の人物の未来を予見する神秘的技法（その中心的関心は、奴隷の品定めや良き婚姻相手の選定だった）、つまり夢占いや鳥占、土占い、占星術といった領域の近傍にあったこと、あるいはむしろ、ほとんど卜占のなかに埋没していたことを示している。*2

しかし、観相学にはもう一つの側面がある。観相学的知見が一定の前提から整序されたり、何らかの基礎づけが試みられると、より高次化された観相学理論となる。古代ギリシャの観相学は、メソポタミアやエジプトとの多面的な接触のもとで形成されたが、構造化された理論をもったのはギリシャだけだった。注目すべきことに、その理論は、予言的要素を除外したかたちで構造化されている。「［メソポタミアでは］観相学は未来を占う数多くの技術の一つであり、性格を明らかにするような事例はほとんどない。ギリシャ・ローマの観相学においては、強調点は逆転している。関心の焦点は自然や習俗にあり、数少ない予言的観相の事例も、たいていは「感情学的」分析（外的記号に基づく感情の注意深い判断）に依拠している」(Barton[1994:100])。占星術もメソポタミア起源であり、ギリシャにおいて、宇宙論との遭遇によって体系化していったのだが。たぶん二つの知のあいだには、ある種の分業が成り立っていたのだろう。こうした観点から、観相学理論をもったもう一つの代表的な古代社会、前漢から魏晋南北朝あたりの中国と比較してみることもできる。[*3] 古代の理論としては、ギリシャ観相学はかなり特異なのである。

この理論の体系的整理として伝わるのは、逍遙学派に属する誰かの著作と現在では考えられている、擬アリストテレスの『観相学』（紀元前三—四世紀）である。著者は冒頭でこのように規定している。「性向は身体的特徴に従い、身体の衝動の影響を受ける。……逆に、身体が魂の感受作用の影響を被ることは、愛や恐怖や悲しみや喜びにおいて明らかである」。一種の心身相関論の構図を呼び出すことで、顔と人の性格とあいだに対応関係を設定している。未来の予言に代わるのは、この対応関係の把握という課題なのである。彼は観相学の可能的方法あるいは領域として、(1)人種／民族と環境の関係、(2)男女の身体／性格の本質的差異、(3)情念によって生み出される表情の変化などを、いささか散漫なかたちで列挙している。このことは、顔と性格との相関という問題関心が、偏見の再生産に近い類型論的発想と、必ずしも類型に適合しない事象をそれなりに観察して記載しようという、ある種の自然学的態度との特異な混淆として現れたことを示唆している。こうした思考様式が、ポリスの連なりとして外部に対峙し、外国人や異民族と恒常的に接触する経験と関連していたことは見えやすい。たとえば雄弁＝説得《レトリケー》術における人物描写《プロソグラフィア》が、一方では人びとのもつ類型的イメージ（＝意見《オピニオー》）の利用であり、他方で、演説の主題《サブジェクト》＝主体の個体性を描き出すとき、観相学と相当程度接近してくるように（→三章三、四節、九章二節）。

ギリシャ人たちは、固定的な顔貌に関する判断を論理学の形式で表現した。顔と性格の対応関係は、省略三段論法《エンテュメーマ》による推論形式として扱われる。すなわち、「この人間がこれこれの性格である（S→P）」という結論は、何らかの媒項辞（M）を必要とする。媒項辞はいろいろなものがありえるはずだが、命題をめぐる分析的思考の中心に据えられているのは、明らかに動物である*4（→七章二節）。ある人間の勇敢さは、勇敢なライオンに類似した四肢の大きさによって示される、というように。このような動物像が、古代ギリシャにおける人間と動物の交渉のありさま（それは、使役される家畜／共存あるいは排除すべき野生動物という分節を基本として、財産や生贄、危険さといった意味論的広がりをもつ）をどこまで写像しているかについては、いろいろ考えるべきことがあるだろう*5。しかし、そこから確実に読みとれることが一つある。それは、擬アリストテレス的な心身相関の構図が——近代以降のそれとはまったく異なり——自然《フュシス》の頑丈な基盤に支えられているということだ。精神の動揺が身体上に出現するのは、魂の自然な機能に応ずるかたちで、身体の自然な形状が作られていることの表れであり、動物こそ、かかる自然性の典型なのである。「一つの動物の形態を取りながら、別の動物の性向をもつような動物はおらず、同じ［種類の］動物の身体と魂は、つねに、ある特定の性向がある特定の形態に必ず従うようになっている」という印象的な一節が、かかる発想を明瞭に指し示している(Aristotle[1936:805a])。媒項辞としての動物という論理学的表現の背後には、自然に貫かれてあることへの強固な感覚が存在しているのである。

このようにして、動物が人間を推し量る記号《セメイオーン》となる（古典論理学においては、媒項辞であるということが、記号の定義である）。これは、動物があくまでも類的存在としての一般的性質として扱われる、ということを意味している。動物は特定の人間の相貌を測る手がかりとなるだけであり、個々の動物の個体性のようなものは、定義上語られない。動物のこの記号的地位は、人間の位相を逆照するものでもある。「あの人」と「この人」との性格的差異は、古代においては動物の「一般的」特徴を介して測られる程度のものでしかなかったのだ。もっと踏み込むならば、人間と動物の共通性が、現代が想像するよりも、はるかに近しいものに見えていた。じっさい、アリストテレスも『動物誌』で、「馴致性と野性、柔和と激情、勇敢と臆病、恐怖と大胆、剛直と卑劣、および知的理解力を思わせるような諸性質が、多くの動物に認められる……すなわち、ある動物はヒトに対し、また、ヒトは多くの動物に対して程度の差で異なるにすぎないと語っている（Aristotle[1907＝1999:（下）43]、強調は原文）。しかし同時に、『分析論前書』によれば、すべての動物の一般的特徴は人間との比較において同定される。「ライオンが勇敢でありかつ寛大であるとすれば、四肢の大きさはどちらの記号なのか。勇敢ではあるが寛大ではない人物の四肢が大きいとき、ライオンにおいてもそれは勇敢さの記号である」（Aristotle[1995:70b]）。実質的に人間のみが、さまざまな動物と比較されうる多様性を有しており、そのかぎりにおいて、ある種の特権性をもっているのである。

三　動物観相学の変性と表徴の増殖

アリストテレス的観相学が西欧の意味空間に引き継がれていったとき、そこには一種のジレンマがあったと思われる。一方で、古典論理学の形式で語られている以上、そしてまた、これ以外の体系的で理論的な著作が不在であるからには、もちろん西欧は、それを無視することなどできなかった。少なくとも理論の形式的水準においては、西欧における観相学の系譜はこのテクストの決定的な影響下に置かれてきた。[*6] しかし、他方で、聖書が描くおおむね否定的な動物イメージ——荒野や砂漠で跳梁する害獣であり、悪魔の眷属ですらある（人間は「神の羊」として守られるしかない）という——が、キリスト教の受容とともに公式化される。動物をもちだして人間の性格を測る知のありようを、大っぴらに称揚するのはためらわれただろう。*7 知識層にとってのアリストテレス／論理学の権威と、人間と動物との被造物的階位を峻別するキリスト教教理という二つの建前に挟まれ、観相学はいわば抑圧されて伝承されてきた。

観相学の地位が上昇するのは、むしろ中世末期からルネサンス期にかけてである。キリスト教の公式性の束縛が弱まることで、周縁的だった観相学に新鮮な関心が向けられる。擬アリストテレスのラテン語訳が出版され（一四七〇年）、いくつかの大学では、観相学が教程に取り入れられた(Porter[2005:75-76])。それは同時に、古典論理学モデルに依拠した観相学が解体されていく過程でもあった。じっさい、人間の厚みを考えようとするとき、動物の一般的特徴という記号のみに頼った観相学的推論は、論理学的形式としていかに安定的であれ、いかにも手狭だろう。こうした意味空間が内側から破れていくようにして、個々人の内部にユニークな個性があるという近代的な前提や期待、正確には、その仮組のようなものが構成されていった。もちろんそれを、何らかの充溢した原理や能力が主体の内部に充填されていく単調増加的過程と捉えてはならない。むしろ「個性」や「人格」は、古典論理学的操作の多重的失調と、ほぼ同型的な事態として立ち上がっていったのである。

もっともわかりやすいのは、媒項辞が多様化と細分化を起こすことである。動物だけでなく、四体液や気質、星辰の進行などがもちだされる。こうした変化は、一三世紀のマイケル・スコットやアルベルトゥス・マグナスあたりから始まっているが、素材の多くは古代から引き出されている。たとえば四体液や気質の理論はヒポクラテス、とりわけガレノスの医学に由来する。人間と自然的事物との「共感」を説くストア派の宇宙論から、星辰という要素が抽出される。古代の宇宙論から滅びの必然を説くストア的宿命論を取り払い、代わりに慈愛溢れる創造主を置くことで、いわゆる大宇宙《マクロコスム》／小宇宙《ミクロコスム》概念が成立した。一五世紀のネオ・プラトニズムが、その掉尾に当たるものだ。

こうした過程から読みとれるのは、何よりもまず、中世後期から顕著になる記号理論の複雑化（→七章四節）である。古典論理学モデルの失調に対処するために、それよって周縁化されてきた古代の知を見直し（もちろんそれは、ビザンツ―イスラム圏からの再輸入を決定的な契機としていた）、そこに付加していく。当時の人びとが、明示的に「記号理論」という言葉を用いているわけではないが、このような努力の連続が、全体として、三段論法的記号《セメイオーン》の外部の探索に向かっていることはたしかだ。[*8] 観相学は基本的にはこの複雑化した記号理論に従属している。この時期の書物の多くが、観相学を集中的に扱うというよりも、自然学や身体論や象徴論の一要素として組み込むというスタイルを採っているのがその証左である。[*9]

とはいえ、顔が読解の対象として、他の事物とはどこか異なるという感覚も働いていたように見える。特定の動物の一般的特徴という単一の指標によって指し示されるどころか、複数の表徴の順列や組み合わせをもっとも要求するのが顔である。とりわけ一五世紀後半以降、読み取るべき身体表徴の細分化が進行する。額相（metoposcopy）や手相（chiromancy）など、身体のさまざまの箇所に性格の表徴（signatum）を見いだそうとする思考が表れるようになった。これは、観相学が医学的知とより強く接触していく過程とも連動している。そもそも古代のガレノスが動物観相学に体液説や気質の概念をもちこんだとき、性格が変化を伴う不透明な厚みであり、それを表現するには多義的もしくは多価的な記号が必要だという問題関心が潜在していた（Evans[1999:17-28]）。患者ごとの個体的差異や、現在の病状の未来における変化に対する医学的関心は（→七章三節）、パラケルススに至って、表徴の理論として明示的に組織される[*10]（Paracelsus[1965＝1980]）。一六世紀の半ばには、世界中でまったく同じ顔が一つとしてないことを驚異《アドミラチオ》と捉える言説が現れている（Porter[2005:33-34]）。このような語り方は古代にはありえなかっただろう。彼らが語っていることは、近代的な個性の感覚とはまだだいぶん異なるけれども、たしかにそのはるかな萌芽ではあった。

その向こうで、古典論理学を溢れ出る記号領域の全体を「観相学」として名指す試みすら現れていた。「不思議なことに、われわれの顔には、われわれの魂の題銘《モットー》をそのなかに帯びているある記号《キャラクター》がある。そこにおいて、アルファベットを読めない人でもわれわれの本性を読むことが可能になる。さらに、人間の観相学だけではなく、天体や植物の観相学もあるのであって、それらすべてのなかに、その内的形相のしるし《サイン》や看板としてぶらさがっている、何らかの外的な姿がある」(Browne[1967:69]、強調は引用者)。「天体」や「植物」の観相学が想定されていることは、私たちを驚かせる(ついでにいえば、「動物」への言及がないのは、たぶん偶然ではない)。しかし、それらが人間観相学から引き出されていることにも留意すべきだろう。自然界の事物と人間の顔とをあくまで連続的に語りながら、人間の顔がメタファーとして、――あるいはメタファーとしてのみ――特権化されつつあるといえばよいだろうか。そんな微妙な手つきのなかで、観相学は近代へと転形していこうとしている。*11

　観相学のテクストが図像を記載するようになったことも、その一つの現れだろう。とりわけ、ジャン・バティスタ・デラ・ポルタによる『人間の人相について』(一五八六)が興味深い。これはルネサンス期の自然魔術《ナチュラル・マジック》の要綱をまとめた書物として、出版当初から各国で版を重ねた。擬アリストテレスに大きく依拠しながら、星辰や鉱物、植物、体質や情念等の表徴を網羅しており、全体として、過度に秘教的になることを避けているところに特徴がある。*12しかし、その教説の内容よりも目を引くのは図像の用い方である。人間の顔の画像(とりわけ、著者自身の肖像)もしくは図解を掲載した観相学書は、これ以前にも存在しているが、動物と人間のそれとを直接並べて類比した図版を掲載したのは、彼が最初であるとされている。

　アリストテレス的伝統に照らせば、この図版は異様である。それぞれの動物の種的な一般性を介して人間の個体的特徴を読み取るという操作において、すでに知られているその一般的特徴を表象する必要はない。『動物誌』によれば、「頭蓋の下部を「顔《プロソーポン》」というのは動物中でヒトの場合だけである。魚や牛では「プロソーポン」とは呼ばない」のであり、その意味でも、人間の顔と動物の「顔」とは、そもそも同一平面上にはないのである。本人の

図1　ライオンと人間の比較（デラ・ポルタ『人間の人相について』より）

意識においては、アリストテレスに忠実であろうと努めていたが、両者を図像化して併置することで、デラ・ポルタは別のゲームの領域に足を踏み入れてしまっている。人間の個別的な性格類型が動物によって表現されるだけではない。人間の横に並べられるとき、動物の「顔」もまた、ときおり個体化される。猿やライオンなど、表情に近い何かが付与されているように見える図像がある[*13]（図1）。人間と動物との相互参照のなかで、表象はたんなる類型性や一般性の指標を越えた作用をもちはじめる。このようにして、類比的「類似」（analogy）の問題系が類似（resemblance）のそれへと移行していくのだろう。[*14]顔という主題は、この密やかな地滑りのなかに住みついている。

四　自然魔術における卜占の回帰

もう一つ留意するべきなのは、表徴や表象の多様化とともに、夢占いや占星術、観相や手相といった領域に、観相学が接続していったことだ。古代ギリシャの理論が卜占への言及を一切欠いていたことを想起すれば、その意味は小さくない。古典論理学的意味空間が忘却しようとしていたものが、その解体とともに回帰しているかのようだ。しかし、ここは慎重に読み解く必要がある。ギリシャ・ローマ世界においても、観相学に占いや予言の要素が伴うことがあった。スエトニウスは『ローマ皇帝伝』で、ある少年の運勢を見るように招かれた人相見が、たまたま横にいた子どもを見て、「ブリタニンクスはどんなことがあっても統治しない〔＝早逝する〕」が、ティトゥスはきっと統治するだろう」と「自信たっぷりに断言した」という事績を書き付けている（このティトゥス（三九―八一）はウェスパシアヌスの後を継いで皇帝となった）。二節の表現を使えば、観相学理論が一定の統一性を指向するとしても、人びとの観相学的知見が必ずそれに従っているとはかぎらないことを、こうした事例は示唆している。頑固な「偏見」や「迷信」としての観相学的知見の分散的様態を、理論はどこまで制御できていたのだろうか。

角度を変えれば、卜占的な人間判断にはそれなりの必然性があった。他者の真意や素質を確定する手段が乏しいところでは、「今ここ」での現実的選択の必要性が、まさにそれゆえに未来への跳躍へとただちに転換する。たとえば、フレデリック二世の宮廷占星術師であった一三世紀のマイケル・スコットは、観相学を遺伝や胚胎や生殖の理論と結びつけている(Porter[2005:70-71])。誕生時のホロスコープをもとに、ある人が高貴な生まれにふさわしい気質と運命にめぐまれていることを証立てる。現代人には理解しがたいこうしたふるまいの背景には、血液検査やＤＮＡ鑑定など、血統の正統性を確証する技術が存在しなかったという事情がある。そして、未確定性が人間にとって本質的事象の一つである以上、このような意味論的構造を消去しきることはできない――今もなお。「福相」や「幸せ顔」や「大物顔」に関する大衆向けの記事やマニュアル本が出されつづけるだけではない。それほど知らないが、今後関わる可能性がある他者に向き合うとき、視線はとりわけ顔という場所に引き寄せられる。そのとき、何らかの手がかりから推論するというよりも、漠然とした「感じの良さ」や「悪さ」が、謎めいた吉兆や凶兆のように映るのではないか。判断の論理としてはいかにも不十分で覚束ないことを知りつつ、呼び出してしまうこと。私たちが観相学にいかがわしさを感じるのは、こうした本源的な古代性や古層性のためだろう。[*15]

ある面で、ルネサンス期の自然魔術《ナチュラル・マジック》は、かかる古代性の理論的精緻化だった。その文体は、占いと自然学的観察とを特異なかたちで混淆させている。その典型はやはり占星術だろう。星辰が人間に作用するという発想は、人間を含めた宇宙全体が（精神的な）同一法則に従うと考えたストア派に依拠するところが大きい。キリスト教世界のなかにこれが受け入れられたのは、ある意味で不思議だが、アクィナスが示しているように、正統的な理解は、星辰は人間の運命を決定するのではなく、気質の形成等を通じて間接的に働くと捉えている。その意味で、星辰は医学や情念理論と結びついていた。「大多数の人間は、諸々の情念――それは感覚的欲求の運動であり、これに天体が協同してはたらくことが可能である――に従う」(Aquinas[1987:256])。自然魔術は、一方では、この発想上で自然学的観察を押し進め、中世よりはるかに多くの表徴の体系化を目指していたが、他方では、社会情勢をめぐる予言／個人の運勢の託宣という二つの水準で、神秘的な卜占として振る舞った。[*16]社会的不安を醸成するものとして、観相学がときに禁令の対象にもなったのも、それが理由である。[*17]

この時期の観相学、とりわけその細分化としての手相《カイロマンシー》や額相《メトポスコピー》の流行にしても、こうした流れと関わっている。「アリストテレスが書いた鋭敏で比類なき観相学の本には手相への言及がない」ことを認めつつも、トマス・ブラウン卿はこう語る。「われわれの顔に書かれた記号《キャラクター》のほかに、われわれの手のうえにはある神秘的な模様《フィギュア》があり、私はそれを単なる一筆《ダッシュ》だとか、大あわてで出鱈目に書かれた筆の勢いとは呼ばない。なぜなら、それらは決して無駄に働くことのない［神の］鉛筆で書かれているからだ。そして私はこれについて［顔の記号よりも］より強い関心をもっている。なぜなら私はその神秘的な模様を自分自身の手のうちに帯びており、私はそれを読みとることができないからだ」(Browne[1967:69])。救済／破滅の不可視の記号をめぐる二重預定説の論理を、どこか想起させる。掌の線は神が書き込んだ謎めいた記号《サイン》であって、それを読みとれるのは本質的には神だけなのだが、だからこそ魅惑されるのだ。

多くの場合、手相や額相は、占星術の応用部門でもあった。掌の線や指、あるいは額の皺を、太陽と月、五つの惑星に対応させて「解読」する。冒頭に根拠が示されない原理の宣言を置き、人体の自然的構成からは考えがたい額の皺をもった無表情の人物の図像や、さまざまな読解の「規則」の羅列が延々と続く。カッシーラーの卓抜な要約を借りれば、そこで働いているのは「占星術の形式をわれわれの自然認識に適合した形式として、ア・プリオリに演繹せんとする一つの論理学（Logik）」（Cassirer[1963=1999:158]）である。このタイプの観相学（その原型は、ジロラモ・カルダーノの『額相術』である）は、一七世紀の終盤までじつはかなり読まれていた。リチャード・サンダースの大著『観相学、手相、額相』（一六七一）が、その代表格だろう。私たちには内在的に追尾することがもはや不可能に近いその「演繹」の「論理学」を辿りながら、一つだけ分かることがある。この書物のなかでサンダースはかなり力を入れて、「黒子に関する論考」を行っている。顔面が詳細に分割され、例によって、黒子の位置が惑星や星座に対応づけられている。しかし、そもそもなぜ黒子が解読の対象になるのか。彼は「自然と精神がほぼ統合していることにより、自然から、そして自然によって精神に伝えられる、隠秘的（occult）で秘められた徳（＝力）」（Saunders[1671:284]）がそこから読み解けると主張しているが、おそらくポイントは、(1)目や鼻のような器官と異なり、黒子がはっきりした機能をもたないこと、(2)黒子の位置が人によってまったく異なっていること、という二点にある。(1)により、黒子には明白で即自的な意味を見いだせず、にもかかわらず同時に(2)から、それは共約可能な何かに還元できない各人の差異を徴づけている。つまりサンダースにとって、黒子は各人ごとに異なる特異性の記号なのである。そのかぎりにおいて、彼の考察は、卜占から近代的な個性の概念へと抜けていくような経路の所在を告げている。

もちろん、この線分を順調に伸ばしていけば、近代に行き着くというわけではない。占いめいた観相学が消えたわけではないが、あくまで伏流としてだろう。巨視的にいえば、自然魔術は、観相学に内在していた古代性を呼び出して、いわば直接的に近代の意味空間に接続しようとしている。そう考えたとき、これまで本書が注目してきた言説群が、どちらかといえばむしろ、古代性と逆立的に対峙するものであったことが確認できる。たとえば、権力者の意志の神秘をめぐる修辞学（→二章四節）は、他者の真意や未定の未来をめぐる占術的な思考形式に相当程度身を浸しつつ、それを（メタ）理論化＝理性化する試みであると解釈することができる。あるいはまた、不可視の意図が行為に現出する過程を奇蹟に近接させることで、奇蹟それ自体を記号の論理として解析したジョン・バルワー（→八章七・八節）。根拠を辿ることのできない断定的「命題」によって他者に対する判断へと跳躍するのが（場合によっては自己省察の契機にもなったが）思考の古代的身振りであるとすれば、行為者の内部と外部で生じる運動に徹底して準拠することで、彼らはそこから身を必死に引きはがし、世界内的で冷徹な人間観察の政治技術に転化しようとした。近代により切迫した意味の思考は、やはりこちらの方だろう。

しかし同時に、まさに古代性への抵抗や逆立の相において、彼らの議論は観相学的なものを呼び込んでいる。運動を眼差す視線の無人称性が、それらをその都度実体的で固定的なものに語らせてしまう。時間のなかで変化する現象としての情念が、身体上に出現する諸特徴《キャラクターズ》へとあまりにも素早く送り返される。解釈視点が分離しきれないがゆえに、（結果的に）顔面が実在すると表現すればよいだろうか。こうした様態については、ここでは繰り返さない。いずれにせよ、一七世紀までの思考は、古代性の再演と回帰の二重の相において、観相学と接触していた。[*18]

五　一八世紀——観相学への懐疑と関心

しかし、感情の体制が始まると、観相学をめぐる言説の布置はかなり変更されていく。

たとえばロックの『人間知性論』を見てみよう。「外形（shape）が不滅の要素をもっているなどとは誰も考えていないが、外形は、不滅である内部の理性的魂の記号になっていると言うかもしれない。しかし一体、誰が外形をそのような記号にしたのだろう。……私の知るいかなるかたち（figure）も、そのような言語を語りはしない」。こう語った後で、彼は取り替え子《チェンジリング》の例を挙げる。魂が外形から判断できるならば、取り替え子の醜い外見は、彼／女が理性的魂をもたない証拠となるのだろうか。

まともな姿形をした取り替え子は人間であり、そうは見えないけれども理性的な魂をもっている。それは疑いない、とあなたは言う。耳を通常より少し長くし、尖らせ、鼻も平たくしてみよう。するとあなたはためらいはじめる。顔をさらに細く、平たく、長くしてみると、あなたは行き詰まってしまうだろう。獣に似た要素をますます付け加え、頭部を完全に「人間でない」他の動物にしてしまう。そうするとすぐに怪物（monster）になる。これで、取り替え子が理性的魂をもたず、殺してしまわなくてはならないと、あなたに対して論証できることになる（Locke[1690→1961:174-175]）。

人間を動物へと連続的に変形させていくという思考実験を、ロックは呈示している。興味深いことに、一八世紀末のラファーターやペトルス・カンパーはこの構図を逆転させ、動物の顔から人間の顔へと至る観相学的「規則」を探究することになるのだが（一九世紀以降、この構図は進化論と結びつき、一種のクリーシェとなる）[*19]、ここではこの思考実験が、「外形と魂」の相関関係を解体するために用いられている。一八世紀における観相学の位置を考えるとき、目に付くのは、それに対する懐疑や不信を表明するという一種の公式的態度が成立していることなのだ。

しかし、『教育に関する考察』において、彼はこうも述べている。「人間の顔や身体の外的輪郭には、彼らの精神のつくりや気質にあるよりも多くのちがいがあるわけではない。ただ、両者のあいだには次のような差異がある。顔の顕著な特徴や身体の輪郭は時がたつにつれてますます明白に、目につくものとなるが、特定の精神の顔貌《フィジオグノミー》は子供のなかに、手管や狡知によって自分の欠点を隠し、偽りの外見によって悪しき思いを隠蔽することをまだ学ぶ前に、もっとも見出せるのである」(Locke[1693→1989:162-163])。観相学への懐疑にもかかわらず、「精神の顔」と書いてしまう。漠然と誘引される何かとしての観相学が、なぜか残りつづける。ラファターが大流行する前に広がっていたのは、そうした意味的な仕組みである。この仕組みはいかにして発生し、そしてどんな働きをもっていたのだろうか。

まず言えるのは、一八世紀においては表情(expression)への関心が圧倒的に優先するということだ。顔は感情学(pathognomy)的に扱われ、固定的な顔貌に対する言及も、基本的にはそれに従属している。同時に、にもかかわらず、表情や感情の重視が観相学的思考を消去しきれなかった。それが右に述べた仕組みの基本構造である。

その前に、一七世紀の情念論のなかで、すでに表情への注目が生じていることを見ておこう。フランス王立芸術アカデミーの初代会長として、多数の人物像の表情の描き方の規則を定める必要があったシャルル・ルブランが、デカルトの情念理論に依拠した『個別的および一般的表情をめぐる講義』(一六九八)を書いたことは、別の箇所で触れた(↓四章九節)。興味深いことに、初期のルブランはデラ・ポルタの動物観相学の図版にかなり触発され、彼よりもはるかに「リアリスティック」な画像を制作している(そこでは、動物はほとんど人間化している(図2))。しかし彼は、最終的には動物観相学を放棄し、デカルト理論に赴くことになったのである。動物の一般的特徴を介して個性化するという不自由な手つきに代わって、額に宿る理性と、情念の座である心臓の二方向からの作用が、表情を形成するという機構《マシーナリー》が据えられる。精妙な、しかし木偶人形めいたこの機構を駆使することで、彼は、眉と口元、そして目の形状と光の組み合わせによって、怒りや喜び、憎悪や悲しみ等の典型的表情や、それらのさま

図2 「鷲人間」（ルブランによる動物観相学の習作）

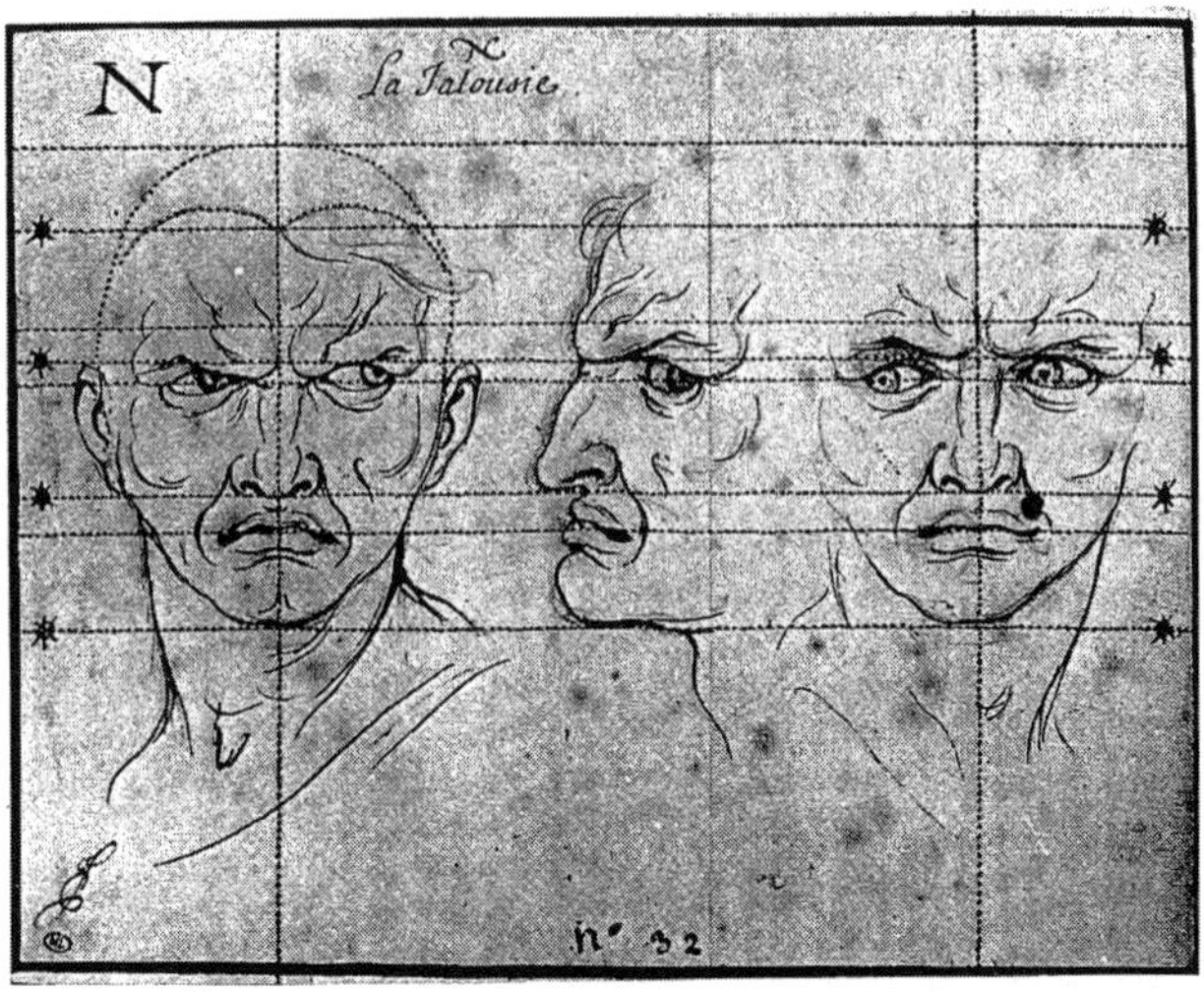

図３　「嫉妬」（ルブラン『一般的および個別的表情の講義』より）

ざまなヴァリエーションを生み出す文法を提出している[*20]（図3）。

ルブランの『講義』は、一八世紀以降もよく読まれた。その影響は、芸術愛好家の絵画マニュアルだけでなく――たとえば、ベンジャミン・ラルフ『ラファエルの学校』（一七五九）（Ralph[1782→2010]）――、ヤコブ・エンゲルの『模倣に関する意見』（一七八五）やその翻案であるヘンリー・シドンズの『修辞的身振りと演技の実践的実例』（Siddons[1807]）などの演技技法論や演説作法書といった、複数の領域に及んでいる。ラファーターが登場するまでは、彼を参照する研究が、顔をめぐる言説のなかでもっとも大きな潮流を形成しているかもしれない。感情の言説体制が、情念論のある部分を引き継いで成り立ったことが見える場所の一つである。

六　表情学《パソグノミー》の文法

とはいえ、一八世紀が表情論に付け加えたものが重要である。たとえばアーロン・ヒルは『演劇の理論に関する考察』（一七五三）で、「喜び、悲しみ、恐れ、怒り、軽蔑、憎しみ、嫉妬、驚き、愛」という一〇個の「演劇的情念」(この「情念」は、強い感情と捉えるべきだろう)を挙げ、役者がそれらをいかにして正しく演ずる(act a passion)ことができるかを問うている。この問題は、「情念の定義」、事例となる脚本の引用、そして演技方法の考察という順で論じられている。たとえば、「喜びとは、勝利感に有頂天となった自尊心である。それは心が暖かく広がることの自覚であり、現在の喜びの感覚に浸り、その喜びを過去の苦悩と引き比べるのである。それゆえ、顔つきや雰囲気や口調の快活さなしには、喜びは表現できない」(Hill[1753 → 2005:357-358])。最適の好例としてドライデンの『スペインの修道士』の一節を挙示したあとで、彼はこう語る。

もし彼[=役者]が喜びの概念を正しく思い浮かべているなら、自分の額が広がって高く上がっており、目は微笑みに輝き、まるで新たに身長が増したかのように、首筋は強ばることなく高く伸び、胸が膨れて堂々と反り返り、背骨は真っ直ぐに、腕も拳も指も腰も膝もくるぶしも、すべての関節が張りつめ、大胆にぴんとしているのを、彼は鏡のなかに見いだすだろう。そのとき、彼が喜びを口に出して語れば、その情念のあらゆる活力が、彼の発音のなかにわき上がり、彼の口調そのものが、[喜びという]その意味を有頂天で発しているように見える(Hill[1753 → 2005:360-361])。

ルブランを思わせる表情の一覧表が、ここでは実身体が全身で遂行するものになっている。しかもそれは、鏡を前にした自己意識を伴う。この描写の背後には、当時さかんに論じられていた問題がある。役者は自分の本心や心理状態とは無関係に、登場人物の情念を演じることができるのか、それとも、人物の心理状態を想像力によって内的に追尾する必要があるのだろうか。*21 一見したところテクニカルな演技論上の論戦は、そもそも表情を徹底的に気取る／偽ること（affectation）は可能なのかという問いを隠しもっていた。その意味で、とても一八世紀的な関心なのだ（→一一章一四節）。人生が芝居に等しいと考えた人もいる。「すべての人は、自分がそう受け取られたいと考えている姿になるように、己の職業にふさわしい、もっともらしい態度と外面を気取る。だから、この世界は公式の顔つき《カウンテナンス》と芝居だけでできていると言ってもよいだろう。市民のもったいぶった態度や気取りは、ときに軍隊のなかでなくなることがあるが、宮廷では決してなくならない」(Boyer[1702:205])。しかし、ヒル自身がそうであるように、人物の情念を内在的に追体験するべきとする人も多かった。こう考えたとき、演技する役者の像は人間の経験と同型になる（＝「芝居は人生そのものなのだ」）。それゆえ、ヒルが描き出した「演劇的情念」の表情は、現実的経験のモデルにもなっている。

　別の角度からいえば、これは、情念／感情を形象化《フィギュール》するという、一八世紀における強い傾向の所在を指し示している。とくにギャリックが活躍したイギリスでは、舞台俳優や女優の表情に満ちた演技を描いた絵画や版画がさかんに制作された。世紀の終わりごろには、一種のコレクターズ・アイテムとしてブロマイド写真的な版画が出回った。[*22] こうした感情の形象化の傾向は、抽象概念に人間の形姿を与えることを好む「ロココ的」態度にも及ぶ。ジョン・ドナルドソンの『美の原理』（一七八〇）の一節がとても興味深い。「情念あるいは感情《センティメント》はもともとは外部感覚の効果だから、実体に対する具象的影像《イメージ》あるいは印象が不在であるところでは存在を認識されえない。というのも、私たちは愛という情念［それ自体］を、愛しているもしくは愛しうる何らかの存在や人に属している性質以外の何かとして認識することができないからだ。また、私たちは、情念が情念を抱かせられたり（impassioned）、感情それ自体が感情作用を被る（affected）と想定することもできない。だから私たちは、私たち自身の感情の能力を拡張するために、感情それ自体を具象化し、人間化するのである」(Donaldson[1780→2010:48])。

　このようにして、感情／表情の主題化は顔の出来事性に回帰する。顔は「情念の外観もしくは記号《サイン》……心に生じる情念や感情《エモーション》をすべての観者に表現する自然言語」(Kames[1785→1993:vol.1,426])が現れる場所として、いわばそれ自身を呈示し、何か不思議な停止記号になる(→一四章五節)。観相学を消せなかったのはそのためなのである。

もちろん、顔に触発されたその判断が、必ず正しいとはかぎらない。「大部分の人間は気取りを現実と取り違える。というのも、気取りはつねにその役を演じすぎるから、途方もない大げさな顰め面で、愚鈍な観客の拍手喝采を浴びることまちがいのない舞台の喜劇役者よろしくことを運ぶ。一方、賢明で正しき俳優が再現する、もっとも迫真的で繊細な自然の筆遣いは、気づかれず、評価もされずにやりすごされる。同じように、より繊細で、それほどは目立たぬ真の［性格の］しるしは、現代の観相学者に気づかれず、より粗野な気取りの外観が、確実に彼の目を引きつけ、判断を誤らせるのである」(Fielding[1743→1979:161-162])。呈示された表情が基本的に真正だと考えたがる人は多かったが、気取りの可能性は排除できない。フィールディングのように、両者を区分できると主張したとしても。[*23] その意味では、顔の読みとりはどこか卜占的なものでありつづける。

七　社交と表情／社交としての表情

一八世紀において、この不安定さは、相互に関連する二つの操作によって意味論的に処理される。第一に、その根拠を明確には語れず、規則ははっきりしないが、人びとが現に顔の読みとりを行っているという事実性に訴えかけること。一七一一年に、アディソンは『スペクテイター』でこのように述べている。「本や体系のなかで与えられているような、文法や論理学の規則をまったく知らなくても、話をし、言葉で理屈をつける者は誰でも文法学者であり、論理学者である。それと同じように、誰もがある程度までは、一般に観相学の名で知られている技法の名手であり、見知らぬ人の顔の特徴や輪郭をもとに、その人の性格や運勢《フォーチュン》／財産を、心のなかに作り上げる」(Addison,

Steele, et. al.[1967:267])。卜占的観相学が、神秘的な断言的命題の束を天下りさせるものだったのに対し、一八世紀ではそうした命題は、人びとの「心のなか」で作られては消されるものとなっている。

第二に、このような顔への直観が生起する場所として、社交を前景化すること。宮廷社会を大きな基盤とした一七世紀の人間学的観相学においては、読解者は偽りの顔と真意とを見分けなくてはならず、なおかつ、（こちらがそれを見分けられていることも含めて）相手に自己の真意を読みとらせてはならない。錯綜した利害関係や政治関係のなかで生きる貴族たちは、複雑な悪意をもつことを強いられている。同時に、狭い圏域のなかで密接に交渉しあうことで、悪意はたやすく露見し、読解に晒される。一八世紀以降、観察され、人格《キャラクター》を付与されるべき人間の範囲が中流層へと拡大していったとき、この拡大は、人間観察の利害関心的性格という意味論を空洞化させる。見知らぬ人との遭遇可能性の増大が含意する危険は、そこまで複雑な悪意をもった人間は少ないだろうという期待によって補償される。誰かの顔を見て、それを読みとろうとすることは、自身の顔が見られ、読まれてあることとなだらかに連なっており、読みとりの行為もまた相互に見られている。偽装／気取り《アフェクテーション》の不安は消えないが、読みとりの成功や失敗が、こうした社交的連鎖のなかで検証され、フィードバックされていくことを信頼できる。「私たちは、それまで会ったことのない人に引き合わされるやいなや、高慢な、おとなしい、柔らかな、あるいはひとの良い人間の観念をもつ。そして、見知らぬ人たちの集まりにはじめて参加したとき、その人たちと言葉を交わしたり、彼らが何者であるかを知りもしないうちに、私たちの好意や嫌悪感、恐れや軽視が、特定の人びとに対して働く」(Addison, Steele, et. al.[1967:267])。人は社交関係に入る前に、見知らぬ他者の性格についての直観をもつ。しかし彼／女は、そうした「観念」を形成したあとで、いずれにせよその人と社交関係に入るのである。

ある意味で、この時期の観相学への「不信」や「懐疑」は、しばしば社交へのこの信頼の裏返しだった。たとえば、ホガースの友人であったジョン・クラブの『観相学』（一七六三）は、観相学をインチキ医者の駄法螺に等しいものと冷笑しているが、それは社交のなかでのふるまいが、それ自体で人物の人格を示してくれているからだ(Clubbe[1763])。このことは、観相学の遊戯化としても現れる。サンダース的な「個性」の感覚を引き継ぐかのように、鬘に加えて付け黒子が流行し、その位置が何らかのメッセージを伝えるものとして用いられている。ただし、それほど本気にすることなく。顔にせよ黒子にせよ、それを読む行為は、人びとの集まりを一時的に活性化するゲームとして享受された[*24]。これもまた、一八世紀観相学の一側面である。

より真面目な読解にとっても、社交は本質的な位置を占めている。ジェームズ・パーソンズが王立協会で行った特別講演を記録した、『人間観相学の解明』(一七四七)を見てみよう。上流階級と思しい女性の「落ち着いた、平静な顔」が「尊敬／尊重」、「恐怖」、「嫉妬」、「愉快」、「悲しみ」という五種類の表情に変わる図版を掲載するというスタイルは、明らかにルブランに触発されているが、デカルト的情念論や動物精気説は無視されている。それらに代わるのは、解剖学に基づいた筋肉の活動の生理学的体系である。顔の左右対称を形成することと精神の諸情念を表すことという、二つの主要な目的に奉仕する筋肉の解剖学的形状によって、情念が画定できるとする。「精神の支配的気質に慣習的に従うようになった筋肉の運動以外の何ものも、それ[=性格]を説明することはできない。この基盤なしでは、観相学の技法、とりわけ顔に関係するものを対象としたそれは、きわめてあやふやなものであるにちがいない」(Parsons[1747:47])。序文の冒頭でバルワーを否定しているのも興味深い。「さまざまな著者から集められた途方もない概念に満ちており、顔のどの筋肉の働きについてもまったく確定できていない」(Parsons[1747:ii])バルワーに比べれば、パーソンズは明瞭に機能主義的説明を指向している。もっとも、顔の左半分が嘲笑しており、右半分が嫌悪感をもって見下している「軽蔑と嘲笑」の図版など、解剖学的にありえなさそうな「表情」ではあるが(図4)(Parsons[1747:64-67])。

それはともかく、まさにこの解剖学／生理学の水準でも社交が見いだされているのが意味深い。「顔が、それ

図４　「軽蔑と嘲笑」
（パーソンズ『人間観相学の解明』より）

を身につけている者の本当の性質だと後になって分かるものを告げているのを、私たちは日々の経験から知っているにちがいない。顔がそのような働きをするようになされた点で、神のご意思は賢明である。そして、自然において、それはかなり役立っている。開けっ広げで陽気な顔が仲間うちにいることは社交仲間《ソサエティ》を陽気で喜ばしいものとしないだろうか？　悲しい顔つきは、本性的な同情心をもつ人類の心を動かさないだろうか？　恐怖を表した表情は、危険に身構えるよう他の人びとに警告しないだろうか？　ひとを嘲笑う軽蔑顔は、その顔の所有者に気をつけるよう警告していないだろうか？　不機嫌でむっつりした顔つきは人に不信感を与え、友情を禁じ、社交を不安な憂慮で満たさないだろうか？」(Parsons[1747:33])。

顔は原子論的個人たちの隠れた野心を覆う仮面でも、彼らがお互いに距離を保ちつつ密かに読み合う謎でもない。つねに社交とともにあり、社交を駆動する表情は、諸特徴《キャラクター》＝人格の一部であると同時に、それ自体が全身的で多型的な統一性として、諸特徴＝人格そのものでもある。同時に、表情は感情交流のなかで、次々と姿を変えながら人びとのあいだを伝染する。そして、かかる社交の伝染性は、表情以前の癖を生み出す筋肉の作用にまで及ぶのである。「日々起こっている出来事を観察するだけで、こうした顔つき《カウンテナンス》の習慣がすぐに獲得されるものであることは明らかとなる。学校の児童のあいだでは、誰かがしゃべるときにちょっとどもれば、他の子どもたちもたちまちこのどもり癖を身につけてしまう。……私はまた、自分が住んでいる地域によくやってくる癲癇患者を何度か見たせいで、時計の秒針よりも素早く、上目蓋で瞬きする癖がついた、ある若者を知っている。それから、卓越した法律の専門家である、ある紳士と個人的な知り合いなのだが、この人はひっきりなしに片目で瞬きする。私の好奇心に答えて、自分が子どもの頃、父親が雇っていた召使いが無意識に瞬きする癖があり、自分にもその癖がついた、その後遠くの寄宿学校にやられたのに、この癖が抜けなかったと両親は気づいたのだ、と彼は語ってくれた」(Parsons[1747:45-46])。

八　ラファーターの『観相学断片』——一九世紀への転換点

一七七五年、こうした社交の論理が臨界点を迎えつつあるころに登場したのが、ラファーターである。『人間知と人間愛を増大するための観相学断片（Physiognomische Fragmente zur Beförderung der Menschenkenntniß und Menschenliebe）』という奇妙な題名をもつ彼の著作は、一八世紀的観相学を集大成していると同時に、そこから決定的な一歩を踏み出した。

その移行は、複数的な様相において表れる。何といっても、最大の特徴は顔の固定的形状に着目したことだ。この点で、この著作は一八世紀の標準から逸脱している。社交のなかで生起する表情ではなく、表情をまとう前の静止した顔こそが本質であるかのように。明らかにそれは、各人の特異性や独個性《ユニークネス》を表示する記号の探索という、近代観相学が潜在させてきた課題が、彼においてはじめて自覚的に追求されていることの表れである。額、鼻、眼といった部位を即物的に取り出し、人格の意味単位へと分解する。しかしこれは、見ようによっては恣意的で権力的に映る身振りだ。当時の批判者たちにとっても、これは一種のスキャンダルだった。ゲオルク・リヒテンベルクの論難を参照しよう。「もしある船長が、熱心に奉公を申し出てきた男に、お前の意志は良いものだが、にもかかわらずお前は役立たない、お前の肩は狭すぎるし、全体的に痩せすぎでひょろ長いからと答えたら、もしかしたらその良い男は口に手をやって黙らなくてはならない。しかし、もし誰かが、お前は正直者のようにふるまっているが、無理にそうしているのであり、性根では悪人であることが、お前の顔から見て取れると言ったとすれば、こういうご挨拶は、勇気をもつ男からは、この世が続くかぎり、まちがいなく「殴って」横面に手のひらの痕をつけることで返礼されるだろう」(Lichtenberg[1996:27])。顔のかたちなど、殴れば変わってしまうではないか、というわけだ。

たしかに、それが良識というものだろう。ヘーゲルも『精神現象学』で同趣旨の攻撃を行っている。しかし、重要なのは、にもかかわらず、ラファーターが受け入れられたのはなぜかということだ。彼は、顔の固定的形状がただちに人格の客観的な指標となると述べているのだろうか。事態はそれほど単純ではない。下手に用いれば、観相学が単なる偏見を助長するものであることを彼は認めている。ところが、そのように警戒されているにもかかわらず、それは秘かな信頼を寄せられてもいる。「観相学について意見を述べる百人の人がいれば、九〇人以上はそれに公然と反対し、軽蔑の念をもって扱うのだが、彼らは心のうちで密かにそれを信じているのである――少なくとも、ある程度は」(Lavater[1860:19])。さらに、ラファーターはこう論じる。

> ある顔つきを見るときに生みだされる「感じ」と、そのような顔つきの、あるいはそれを描写し、もしくは描く肖像画の「特定の」状態によって生み出される、精神の質に関する推測を、観相学的感情（感覚）(Physiognomische Gefühl/physiognomical sensation) という語によって理解しておきたい (Lavater[1775-8→1984:138]=Lavater[1860:31])。

すぐ分かるように、これは、見知らぬ他者の性格に対する直観の事実性の主張という、前節で触れた言説戦略の延長線上にあるが、感情／感覚という語を用いて術語化しているのは注目に値する。たぶんこれは、彼なりの科学性への指向とか、ドイツ語文化圏に特徴的な概念愛好の表れというだけではない。術語化は、謙虚さとないまぜになった、一種独特の居直りを通用させるのであり、それは『観相学断片』という書物全体の結構とも響き合う。この表題は、一方ではたしかに、人間を正しく読みとる知としての観相学の完成が「人間愛」を増大させるという信念と、現時点での考察がこの理想状態にいまだ到達していない「断片」にすぎないという留保とを表示している。宮廷社会的性悪説の対極にあるような人間性への信頼と謙虚さは、著者が敬虔なプロテスタントであったことの現れではあるだろう。自分の観相能力は大したものではなく、これまで何度となくまちがえてきたと謙遜し、リヒテンベルグの揶揄に対してさえ「すばらしい著者のすぐれた議論」と誠実に応答する (Lavater[1860：263-292])。そういいながら、自己の「感覚」に従って誰かの顔に判断を下すことを、彼は止めようとはしない。[*25]「断片」であると断っておけば、さまざまな考察を気ままに付加していくことが許されるかのように。ラファーターは、半ば意図的に結構を逸脱するエッセイのスタイル――ロマン主義と踵を接しているような――を利用しているのだ。この書物はそのようにして増補されていったのだし、ただちに出された各ヨーロッパ語訳においても、訳者による自由な要約や書き加えが付加されている。そのようなかたちで受容されていったテクストなのである。

別の角度からいえば、科学的に測定されるような顔面の形状が、人格の客観的指標となっているのではない。本当の意味で静止した顔は、デスマスクしかないのだから。むしろ、顔に対する直観の否定しがたさが、本質的で、それゆえ静止した人格の概念を呼び出し、さらにこの呼び出しが、顔貌の指標性を要請していると表現するべきだろう。観相学的感情／感覚の固定化は、社交関係に入る／入らないから――少なくともさしあたりは――切り離されたかたちで、顔を観察することができるという方法論的前提が導入されたことと循環している。とはいえ、ラファーターにおいてより重要なのは、社交からの切断が「さしあたり」のものであるということの方なのだが。彼の言説は、ある複雑なかたちでこの切断のうえを動いていくことになる。

九　「調和」と独個性《ユニークネス》の記号

この点は、このテクストで提案されている「観相学的規則」(Lavater[1860:461-498]) が、あるべき真の規則性の「断片」にすぎないという構えと直結している。

そもそも彼は、観相学を「ある人間の外面を通して彼の内面を知る手ぎわ（die Fertigkeit durch das Auserliche eines Menschen sein Inneres zu erkennen)」であると定義している (Lavater[1775-8 → 1984:21])。ここには、神の被造物である人間において、魂と肉体とは本源的には調和していたというキリスト教の思想的伝統が響いている。裏返せば、神の似姿であり、万人において普遍的で単一的な理性に、個体的慣習がもたらすさまざまな歪みが個体化である。しかし彼は、情念論以来のこの構図をいわば逆転させて、この「歪み」自体に「調和（Harmonie)」を読もうとしているのだ。

とくに興味深いのは、ソクラテスの位置である。ソクラテスと観相学の関係については、キケロらが伝える逸話がある。ソクラテスが、観相学者ゾーピュロスにその顔をさんざんけなされる。それに対して、自分の人格は本来はゾーピュロスの言うとおり下劣であり、ただ、哲学によってそこから上昇できたのだと彼は答えたという。この逸話は昔から知られていたが、最高の哲学者が醜い外見をもっていたという「逆説」に対する興味が高まっていくのは、一八世紀以降であるようだ。おそらくそれは、「美しい精神は美しい顔に宿る」という決定論の成立可能性をめぐる問いとして、思考が方法的に整序されつつあることの現れである。

ラファーターはこの問題に対して、「これがパラドクスと感じられるほどに、観相学的前提が人びとのあいだで働いている」、「例外なき規則は存在しない」など、かなりアドホックなやり方で、いくつかの弁明を行う。なかでも注目されるのは、(1)固定的形状が醜くとも、動き＝表情が美しいことがありうる、(2)ソクラテスのように巨大な知的能力をはらんだ人格は、通常の美という基準から外れる、という議論である。(1)は、動く部位は努力によって変化しうるという論点とも結びつく。「本来的な性質は固定していて目立つ部位において見いだすことができる。そしてその発展と「その性質に基づいた」精励勤勉は、可変的な諸特徴のなかに見いだされる」。そしてそれこそが、人間の本源的向上可能性（原罪の改変可能性）の証拠でもあるのだ。(2)は、一つ一つは醜い部位が組み合わせられることで、異常な能力に対応する、いわば異常な「美」が発生することを含意している。ルーベンスの描いたソクラテスの複製版画を、彼はこのように読んでいる。「この額が愚鈍な精神の住処と考える人がいれば、それが誰であれ、額を研究したことがないのである。……額の高く豊かな張りだし、角張った眼窩、眉のあいだの筋肉の緊張、鼻梁の広さ、深遠な眼、瞳が目蓋の下から見上げている様子——これらすべてが、それぞれで、そして組み合わされることで、どれほど多くのことを語っていることか……」[*27] (Lavater[1860:118](図5))。

つまり、ソクラテスは、人格が顔面の部位＝意味単位の単なる機械的総和ではないことを象徴している。それぞれの部位が自動的に特定の意味なのではなく、それらのあいだの「調和」こそが意味を構成する。ある意味で、これは諸特徴としての人格という一八世紀的把持形式の内部にある。調和が必ずしも顔に限られず、ときに全身にわたって言及されているのはそのためだ。しかし、彼にとって決定的だったのは、やはり独個性《ユニークネス》の記号をめぐる問題系だった。そもそも、独個性が記号をもちうるというのは語義矛盾に近い発想である。特異さが真に独個的なものであるならば、定義上それは記号的に表示されないか、他者に理解可能ではない。ところが、共約可能な表示記号が存在しないところでは、「個性」のあるなしを問題にすること自体、意味をもたないだろう。しかし、表示記号

図5　レンブラントのソクラテス
（ラファーター『観相学断片』より）

の集合に分解できるとすると、独個性なるものは疑わしくなる……。彼は、記号単体から記号の布置という一種の超記号へと一段ずらすことで、こうした困難に応えようとしている。そのことでラファーター観相学は、確定的な読解コードの束であるというよりもはるかに、部位の配置をめぐる解釈学となる。

さらに、この解釈学は顔の表象を介在させている。この書物では、誰かと直接対面するよりも、シルエットや肖像画の顔を読みとる事例の方がはるかに多い。複製画像の利用によって多くの顔の観相が可能になったことが、彼の成功の鍵でもあった。しかし、表象の水準に回付されることで、解釈の営みに二重の効果が発生しているのも見逃せない。一方で、観相の実践はある限界や困難のもとに置かれる。「多くの美と欠陥の特徴は、鉛筆や銅版画家に描き写されるにはあまりにも微細である。そして、それらの特徴が紙のうえで見えるようにされるには、それらは強く、疑う余地のない、はっきりしたものでなくてはならない」(Lavater[1860:110])。画像に迂回することで、「固定的形状」の指標性はさらに間接化されるのである。形状の決定論的判断であるかのように見えながら、ある種の美学的判断への開かれへと必然的にずれこんでいくしくみがある。人格を表示する特徴的部位や、それらの特徴的な「調和」のさまはきわめて「微細」なのであり、そうであるがゆえに、個人性の特異な記号になりうるのだ。このようにして、表象／画像化の限界と特徴的「調和」の検出限界との境が区別しがたくなる。

あるいはむしろ、両者を積極的に区別しがたくするという言説戦略が作動しているというべきだろうか。[28]

他方で、表象の水準のもちこみは、分析対象の自由度を上げる。同時代の現実の人物の顔も、誰も直接的には知りえないソクラテスの容貌も、表象という身分において、同等に観相学的診断の対象となる。顔を読み取る実践が多くの図像／表象を編入するとき、観相学につきまとってきたあの古代性が、不在の原型を設定する神話学的身振りとして回帰するかのように。[29] だがそのとき、人物の人格についての予見や特定の顔のタイプのイメージがもちこまれているのではないか。固定的形状の決定論ではないからこそ、より厄介なかたちで偏見が強化される危険性があると考えることもできる。

一〇　表象読解をめぐるメタ社交

このような揺らぎや危うさを抱えながら、観相は進んでいく。すべての部位が、ある性格の所在を協同して強く指し示すような顔がある。「こうした顔つきは自然が生み出したものではない（図6）。少なくとも、こんな口はありえない――悪徳のみが［口を］かくもゆがめるのだ――深く根を下ろした際限のない貪欲さ――獣のごとき無感覚さが、神の似姿をかくもゆがめるのだ――巨大な欠陥が、あらゆる美と、神の似姿たることを［この人から］奪っている――慈愛心もあり、賢明で高徳な人間が、こんなふうな様子をして、こんなふうな歩き方をできるものだろうか！――どれほど不注意であれ、この問いにイエスと答えられるほど大胆な人が、いったいどこにいるだろうか」(Lavater[1860:110])。そうかと思えば、別の顔では、部位同士の齟齬が何かを告げている。「この顔の冷たい空虚さ、口の硬直した無感覚さは、おそらく画家によって与えられたものだろう。しかし額の、少なくとも下に下っていく勾配と、外鼻孔を除く鼻のかたちは、鋭敏で有能な精神の明確な徴である。耳の下半分は額と鼻によく

図６　「歪んだ男」
（ラファーター『観相学断片』より）

調和している、だが上半分はちがう。歪められた口元には、苦々しさと軽蔑と苦悩とが認められる」（124）。

さまざまな顔（の表象）の細部を経巡っていくラファーターの視線（ダッシュを多用する「断片」化された文体が、それをトレースしている）は、ある大きな屈折のなかにある。社交の意味論は、他者の感情に呼応して生起する感情の相互反射と、そうした相互反射の言説化の両者にまたがる共感《シンパシー》の作用を核としていた。人間愛を謳うラファーターもまた、他者への共感という文化的価値のなかにどっぷりと身を浸らせているのだが、彼がじっさいに遂行しているのは、眼前に立ち現れる具体的な他者そのものではなく、顔の各部位に「共感」していく作業である。その人と対面していようが、顔から切り離してそれらの部位を観察すること自体が、他者の顔を表象化しているということもできる。このようにして共感は、部位の配置への一方的な感情移入＝没入（empathy/Einfühlung）へと書き換えられつつある。

しかし、注目すべきは、この書物が評判となるや、多くの人がラファーターに面会を求め、あるいは肖像画やプロフィール（横顔の小型肖像画）やシルエットを送りつけて、自分の顔を彼に読んでもらうことを熱望したことだ。顔は社交から切り離されて表象へと転化し、ある意味で一方的な読みとりと感情移入の対象となったが、まさにそのことによって、あるいはそれを通して、いわばメタ化された社交が組織される。社交の意味論からの、こうした離脱と連続のさまに注意しなければならない。

　このメタ社交は二つの要素からなる。第一に、顔が社交の事実性から切断して観察しうるものとなったとき、個性や人格は他者にとってだけでなく、いや、一義的にはむしろ当人にとって、興味深い謎として立ち現れたということ。他者とのコミュニケーションの機制を、つまり他者への主体的な自己提示と、同じく主体的なその読みとりや挫折といったプロセスを先取りすれば、過度に現代の私たちが知る社会学に近づく。観相学はむしろ、自己の個性への手がかりを、自己自身が探索する快楽の形式として成立したのである。

　第二に、メタ化された社交は、さまざまな顔に「調和」を読みとり、人格の独個性《ユニークネス》を探り当てることのできる読解者ラファーターの唯一性《ユニークネス》によって吊られている。独個性の記号を記号間の「調和」へとずらすことは、読解者に大きな負荷をかけるのと同義だからである。本人すら把握していない人格の玄妙さを、彼だけが読解することができる。これは、人間的な世界認識を先験的に規定している範疇が存在するが、それを経験のなかで知ることはできないことを、自分だけが知っているとしたカントと類同的な立場取りである。ラファーターの観相能力への信頼が、顔を読まれる欲望をもった人びとの共同体を作り上げていく。キットラーをもじれば、いわば「読解者であることへの愛」が、観相学を駆動しているのだ(Kittler[1980=1993])。

　いや、最大の眼目は、たぶんこのもう少し先にあるのだろう。もし観相学的な規則が確定すれば、それを用いて誰でも読めることになる。だからこそ、現状の「規則」が断片にとどまるという構えが必要だった。それは、特異な鑑定能力を有する読解者ラファーターの特権性を担保するが、まさにそれゆえに、彼もまた本当の意味での正解に辿り着いていると主張できない。そしてそのことを、本人が認めている。この特権性の輪郭は最初から、ある種中途半端にぼやけてしまっている。その意味では、『純粋理性批判』を書くことなく『判断力批判』だけを論じてしまったカントのような存在であると表現した方がよいのかもしれない。[*30] 人格の到達のしがたさを、当人も含めたすべての人間に対して担保したからこそ、人格という深淵を読み／読まれることが快楽となりえたともいえる。

一一　一九世紀観相学(1)――特権的解読者の磨滅と確定的規則のイメージ

『観相学断片』が国境を越えて大評判を得たことで、観相学的な知や実践は全ヨーロッパ的に普及していった。ラファーター以降、それはいくつかの点で大きく転形している。自分の顔を著者に読んでもらいたい人びとの外部に、より多くの読者を生み出すことで、この書物の普及自体が、ラファーターの周辺で形成される社交共同体の枠内で動いていた観相学を変質させたのである。『観相学断片』が出版されてから、店員や召使いを雇い入れるときに、こっそり観相学の書物を脇に置いて面接する人がいた、あるいは、顔の観察があまりに流行したので、ヴェールをかぶって町を歩く必要があったという(Graham[1961:561-562])。こうした逸話ほど、社交論理の解体を雄弁に語ったものはあるまい。見られることなく見たいという人びとの欲望によって、社交の円環は引き裂かれていく。

そこでは、相互に絡みあう二つの運動が発生している。一方で、規則の「断片」性という留保が消えて、真正の規則であるかのように受け取る態度が広がった。顔を隠して表を歩いたり、雇用の面接に利用することが、じっさいにどこまで頻繁に行われたのかはわからないが、顔面／表面への繊細な美学的感受性などそっちのけで、観相学が便利なマニュアルとして観相学が受容された側面があることはたしかである。各国語の翻訳がかなり自由なかたちで付加や省略が加えていることも、ある面ではマニュアル化の関数だろう。

その関連でいえば、一八〇四年にフランツ・ガルによって開始された骨相学(phrenology)も、この流れを加速させた。観相学とよく混同されるが、この両者は知の形態としてかなり異なる。骨相学は(1)脳のさまざまな部分が独立した働きを司っているという、機能局在説を前提とし、(2)機能の発展の度合いが脳の部位の大きさに反映するとしたうえで、(3)脳の形状が頭蓋を変形させると考えた。だから、頭のかたちからその人の能力を読みとることができる。観相学よりもはるかに明確に、一連の因果論を採用しているのである。各国に骨相学協会が設立され、組織的な講演活動を通して普及していった（とくにアメリカではさかんだった）のも、観相学には見られない特徴である。つまり骨相学は、人間の能力を客観的に測定できる科学としての身分を主張することで勢力を拡大した。このようにして一九世紀後半以降、科学的な装いをもった読解規則の主張が優勢になっていき、それとともに、自己の人格の探究というよりも、むしろ他者の顔を見抜くことへと、関心が傾斜していったかのように見える。

しかし、これは逆方向にも読むことができる。骨相学的主張にしても、観相学的な解釈学の台座のうえでなされている（Spurzheim[1833]）。自己の勤勉の成果を確認する手段を得るために、人びとは骨相学協会の講演や勉強会に熱心に参加した。一八六〇年代には、自分の頭の骨相学的胸像（phrenological plaster）の注文販売が流行したが、これも手元に置いて自己観照するためのものだ。一九世紀の人びとは、能力が上昇すると頭のかたちが変わると信じていたのだ。[*31] 他者の読解というモードのうえで、「私の人格」への自己反省的探索があいかわらず重要だった。より正確には、骨相学の成立によって、自己に対しては教育＝成長可能性の確認／他者に向かっては性格や能力の決定論的診断という使い分けが、より円滑に作動するようになっている。じっさい、ラファーターやルブランのテクストを適宜編集しながら出される廉価版の「性格の読み方」マニュアルの世界では、観相学と骨相学がとくに区別されずに同居している。[*32] 言い換えれば、「科学」としての骨相学は、脳髄の形状が頭蓋を変形させないことが解剖学的に証明されたときに瓦解するが（脳膜の発見）、観相学はそういうかたちでは死なない。観相学と骨相学を混在させたテクストが、骨相学の「科学」性への信頼が消えていった時期にむしろ増えているのも、その証左になる。その意味では、「確定的な読解規則」というイメージのうえで、自他の顔の観相学的な解釈行為が編成されているというべきだろう。

一二　一九世紀観相学(2)――解読者の複数化と遊戯的随順の言説戦略

ラファーター以降に形成されるもう一つの動きは、観察の（再）遊戯化と読解者の複数化である。こちらへ向かうベクトルは、『観相学断片』の出版の直後から展開している。たとえば、八節で言及したリヒテンベルクが、「尻尾の観相学」（一七八三）という小品を書いている（Lichtenberg[1996:55-57]）。奇態な形態の尻尾を「観相」し、「法律家、医学生、神学者の尻尾はどれ？」「もっとも恋をしている尻尾はどれ？」「ゲーテが身に着けていそうな尻尾はどれ？」といった「練習問題」を末尾に付したこの小品は、いうまでもなく、ラファーター的な読解の根拠のなさを暴露する意図で書かれたものだ（図7）。だが、このパロディは、本人の意図を裏切るかたちで、妙に説得力のある美的解釈を提供してしまう（Gombrich[1963:45-55]）。この尻尾は鬘や付け髪を思わせるところがあり――「ゲーテが「身に着けていそうな」尻尾」――、鬘の選択と人の職業や身分とを関連づける社会的文法を喚起する。その意味でこれは、社交への信頼に裏打ちされた観相学への「懐疑」という、一八世紀的言説の延長線上にある。同時に、客観的形状への言及が美的イメージに対する判断へとずれこむという水準において、ラファーターとリヒテンベルクは意外と近い場所にいたともいえる。

一九世紀になると、このような語り方がある種規格化される。たとえばディケンズは『ボズのスケッチ』（一八三三―一八三六）において、屋敷の扉のノッカーの「観相学」を敢行する。「通りを歩いているとき、そこに住まう人びとの性格や目的についてあれこれ考えることを、私たちは非常に愛好している。そしてこうした思弁を行うさい、家の扉の外観ほど、私たちにとって即物的な手助けとなるものはない。人間の顔つき《カウンテナンス》に浮かぶさまざまな表

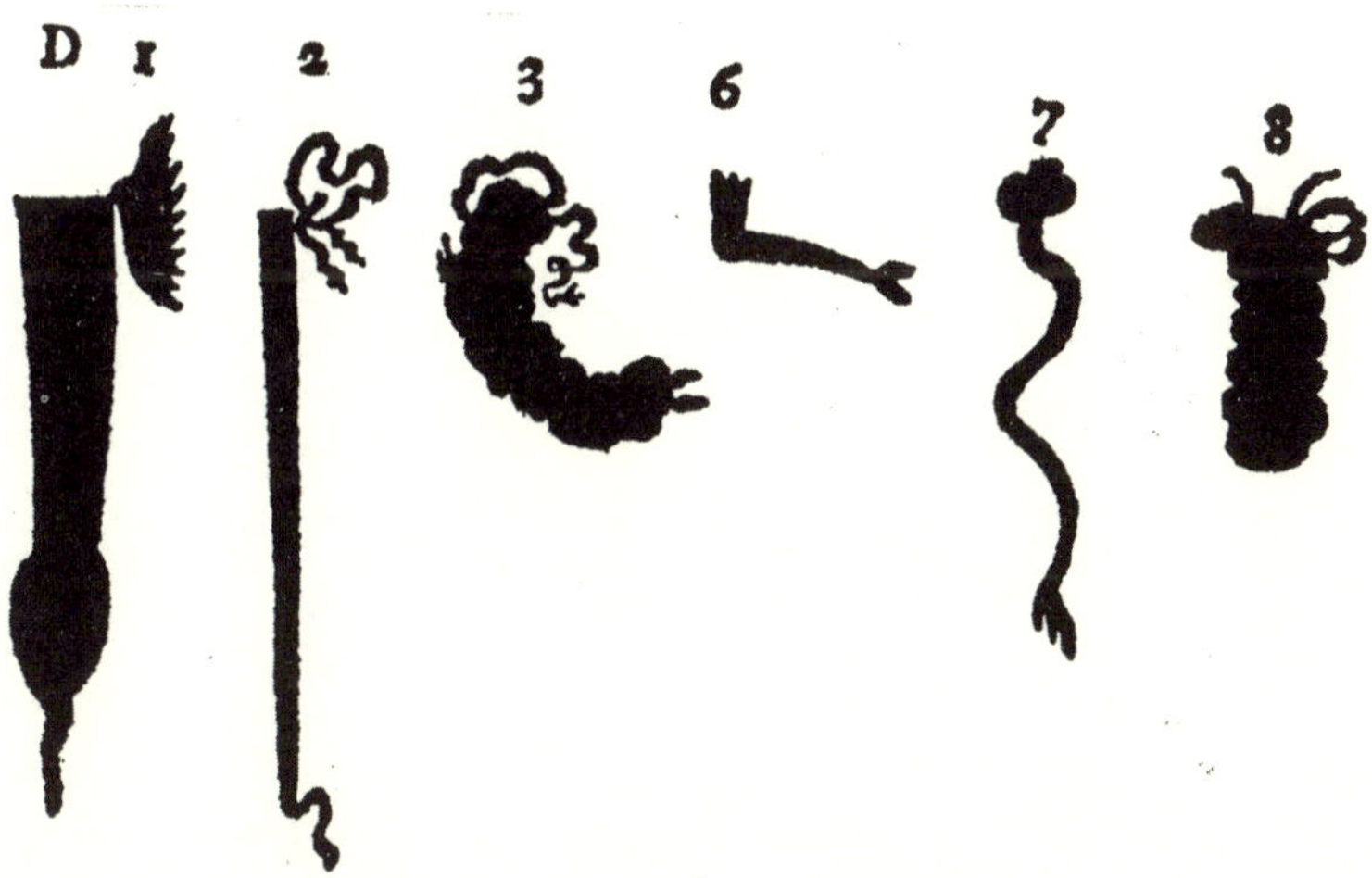

図7　リヒテンベルク「尻尾の観相学」

情は、見事で興味深い研究対象となる。しかし、通り「に面した家々」のノッカーの顔《フィジオグノミー》にも、人間のそれとほとんど同じくらい特徴的で、人間のそれと近いほど見まがいようのない要素があるのだ。誰かの家をはじめて訪ねるとき、私たちは最大限の好奇心をもって、その家のノッカーの特徴を眺める、なぜなら、主人と彼のノッカーのあいだには、多かれ少なかれ類似や感応（resemblance and sympathy）があることを、私たち皆が知っているからだ」(Dickens[1833-1836→1994:40])。

注目すべきは、人間の外面を読むように屋敷のノッカーを観相するという行為に対して、書き手が与えている両義的な位置付けである。

　何人かの骨相学者たちは、人間の脳が数々の情念によって刺激されることで、彼の頭蓋の形状に相応する発達をもたらすと論じているが、私たちの理論を極端に推し進めて、人間の性格が少し変容しただけで彼の家のノッカーの特徴に目に見える効果があらわれると主張していると考えてもらっては困る。私たちの立場は単に、こうした場合においては、人間と彼のノッカーとのあいだにあるにちがいない磁気作用（magnetism）によって、人間がノッカーを取り替え、彼の気分の変動によりふさわしいノッカーを求めるように仕向けられる、ということにすぎない。もしあなたが、いかなる合理的な理由もなく住処を替える人を見つけたとしたら、たとえ彼自身がその事実に気がついていなくとも、それはその人と彼のノッカーとが不釣り合いなためだと考えてまちがいない。これは新しい理論だが、にもかかわらず、公共の善と私的な財産づくりのために日々もちだされている学識ある数多くの思索と同じくらい真正で確実な理論として、私はあえて提唱したいのである（Dickens[1833-1836 → 1994:43]）。

「骨相学者たち」の議論の延長線上に「私たちの理論」があることをいったんは否定しながら、同じくらいあやしげな「磁気作用」をもちだす。「公共の善と私的な財産づくりのために日々もちだされている学識ある数多くの思索と同じくらい真正で確実な理論」といった大げさな口ぶりにも、演説のパロディという修辞が読みとれる。だが、具体的な記述では、性格（内心）と外観との相応関係を表す事例が列挙されている。「本気ではない」と留保しつつ、実質的には骨相学者やメスメリストと同一のプログラムを遂行している。だからこそ、ことさらに誇張した文体が用いられているともいえる。

ここに認められるのは、一種独特の遊戯的な随順のさまである。通常の観相学的読解コードの関節はずしであるような、コードの比喩的拡張でもあるような身振りとともに観察が行われる。こうした流儀が「スケッチ」や「生理学」ものの背骨をなしているとすらいえる。このような文体もまた、ラファーター以降、唯一的読解者の形象が消去されたことの効果だろう。自己の人格という謎の追究から他者の読解へと、観相学の言説的産出と享受の中心点が移行していったことはたしかだろうが、それは、客観性を装う疑似科学のたんなる権力的な押しつけの増大によってではない。むしろ、確定した読解規則が未在の意味空間のなかで、複数の観察者たちによる「読み」の諸行為が生起してしまうのであり、一九世紀の観察者たち自身が、そのことにどこかで気づいている。観相学的「真理」への遊戯的な随順、本気でないふりをした律儀な観察は、そのことによって招き寄せられる。

逆にいえば、客観的観察者としての権威をその都度一時的に担保することで、各人に恣意的な読解の権利を与えると同時に、観察者の複数性を意味論的に統御する、そんなメカニズムが生まれたと表現してもよい。たとえば、一九世紀小説における「作者」という装置の制度化——それは、一八世紀半ばから始まっている「見られずに見る」観察主体への想像力を、はるかに安定的で大規模に組織した——は、これと本質的に関わっているはずである。[*32]

一三　観相学と「社会（学）」(1)——社交からの切断

読解／観察のこのような機制のなかから、あるいはむしろ、機制として、「社会」が立ち上がっていった。巨視的に見れば、それは社交からの切断の効果としての「社会」と、一九世紀的観察形式のなかで対象化される「社会」という、二つの意味論の重合である。観相学はこの両者と、かなり深いところでつながっている。

ラファーターが社交の連続体から顔をいったん切り離したのに対し、一九世紀の観察者たちは、むしろ自発的に社交からの（一時的）隠遁を図る。『良き社会の習慣』（一八六〇）と題されたエチケットをめぐるエッセイは、病弱ゆえに「クラブの窓辺」に佇みつづけてきた語り手の姿を姿を描きだす——一八世紀末から、つまり、観相学の進行と社会観察の深化とを同時に見守るかのように。「フランス革命が勃発した翌年、私ははげしい熱病にかかり、身体が弱り、気力も衰え、社交に加わることができなくなった。病室からクラブへ通いつづけるのがせいぜいであった。読むこともできず、会話するのもうとましく、ましてやトランプ遊びやビリヤードに加わるなどもってのほかだったので、私の唯一の楽しみは観察することだった。みんなの合意によって、病気になって以来私専用に取っておかれた窓辺の席に私は座り、一年のうち三ヶ月、その季節のあいだはずっと午後三時から七時までそこに座っていた。姿勢を変えることがあるとすれば、椅子を少し動かしたり、窓枠に近づこうと立ち上がることぐらいだった」(Aster[1860:11-12])。

室内にとどまって、外部に広がる人びとの離散のさまを眺め続けること。一九世紀の観察者は、単に他者を観察するだけでなく、対象との距離と視線の非対称性とによって、自己の不可侵性を確保したうえで観察するのである。そのとき、彼が誰を(何を)眺めるのかは、「椅子を少し動かしたり、窓枠に近づこうと立ち上がる」彼の眼の遊動に任される。急激な都市化によって増大した見知らぬ他者との遭遇が、ダイレクトに不安の経験をもたらしたというよりも、むしろそこから少し離れたところで、遊戯的に他者化する態度が形成されている。観察する「私」は、いわば他者を知る他者たることへの欲望に支えられている。

さらに、室内から外を見る身振りと社交の環から退隠することとが重ねられているのが興味深い。部屋の内部/外部の切り分けによって、孤独な観察者のポジションと、観察される「社会」とが双体的なものとして析出されるが、この両者のあいだには、クラブという社交の場が介在している。不安定な健康状態という条件によって、「私」は屋外の雑踏だけではなく、室内の社交をも眺めやっている。人びととの交流から切り離されているがゆえに、非関与的で注意深い目をマナーに注げる特権的な視点が、室外に広がる雑踏をただちに「社会」に転化するというよりも、むしろ、彼が関与することのない室外の雑踏と、彼が関与できない室内での社交とを往復する視線が、そして、それによって生み出される落差こそが、「社会」を構成する。遊歩者(flâneur)の社会・文化史には、わりと単純に、都市を観察する視線が都市社会を描像として外化した(そして、それが社会科学の視点へと直結する)と考える傾向があるが、観察者の視点の限定された充実のなかから出現しつつある一九世紀の「社会」を、こうした厚みのもとで捉える必要があるだろう。

一四　観相学と「社会（学）」(2)——社会観相学の地平

観相学から「社会」観察へと至るもう一つの回路がある。行き交う他者たちの顔の気ままな研究の向こう側に、社会そのものの「顔」を覗き込もうとするかのようなやり方がある。社交からの往復的切断として「社会」を見いだすよりさらに直接的なかたちで、観察可能な事象の分類の一覧表が「社会」として提示される。観察の遊戯性が一覧表の増殖として現象するといってもよいが、いずれにせよ、一覧されうる対象としての「社会」があるとする。社会学的な「社会」把握により近いやり方である。

国ごとの民族的・エスニック的差異を実体的に捉える「国民観相学」なら、一七世紀のバルワーにも認められるけれども（→七章七節）、右のような意味での社会観相学が登場したのは、一八三〇年代である。ディケンズが観相学をノッカーの観察に転用したのと同時期に、さまざまな人間集団の類的性質を分析し、（都市）社会を記述するプログラムにも、この知は当てはめられたのである。とくにフランスでは、こうした社会観相学をいわゆる「生理学もの」として出版することが流行したが、イギリスやドイツでも、都市部の特定の生活形態や住民層を対象としたさまざまなテクスト（それらは「肖像」、「自然誌」、「動物学」などと銘打たれている）が書かれている。

このようにして観相学は、人間観察とともに社会の観察という課題を抱え込み始める。奇しくもそれは、オーギュスト・コントによって社会学（sociologie）という名称が産み落とされた時点でもある。その意味で、観相学は社会学的文体の起源とも相当程度連関している。自然誌や動物学という比喩の働きを見れば、その典型なあり方が分かる。バルザックは、動物学の延長線上で都市の「社会動物学」を構想する。「社会は人間を、彼がどのような環境下で行為するかにしたがって、動物学における多様性と同じくらい多くのことなった人間へと変容させるのではなかろうか……このようにして、動物学的種があるのと同じように社会的種というものが存在してきたのだし、これからも存在するだろう」(『人間喜劇』)。バルザックは類(genus)と種(specie)という生物学の概念を援用しつつ、種を形成する変数として、(社会)環境をもちこんでいる。彼は、類を立てることで種を実体化する。つまり、生物学を呼び出すことで、都市社会が一つの類である「以上」、種が成立していなければ「ならない」という前提をすべり込ませる。しかし、可視的な具体性をもっているのはつねに、都市に生活するさまざまな人間たちである。個々の人間は可視的かもしれないが、彼らが「種」を形成していることは可視的ではないだろう。

つまり、ここで働いている想像力は、現代社会学とも、現代社会学に離陸していく一九世紀末期の社会学ともちがっている。たとえば現代社会学からすれば、種の可算集合としての類と、種の「環境」としての——現代社会学的には、種の「生態系としての」と言った方がいいかもしれないが——類とを、同時にかつ同型的に把握すること自体が、カテゴリー・ミステークに見えるだろう。裏返せば、社会観相学に読みとれるのは、人間観察と社会の観察とを同じ深度で両立させて把握しようとする強い指向性なのだ。個々の人間しか観察できないのに、それでも社会的種(下位集団)が類(都市社会)を実体化すると考えようとする。結局のところそれは、具体的人間を観察する視線の背後に、類すなわち都市社会という全体性が実在するという、異様なまでの信頼が貼りついているからにほかならない。この信頼の強さに対応するかたちで、個々の人間観察が特異な強度を帯びると表現してもよい。そして、かかる強度の循環のなかで、都市社会が可視化される——増殖し、変形しつづける、一望できない「一覧表」のようなかたちで。類としての都市社会が、種の可算的集合であると同時に、種を変異させる環境であるとされているのは、こうした未在の「一覧表」の一つの姿なのだろう。*34

正確には、個人と社会とを同じ深度で把握しようとする一九世紀的なプログラムが存在しており(Darmon[1989=1992])、一八三〇年代の社会観相学は、それを十全に表現した最初の言説群のひとつだった。同時期に誕生した「社会学」は、もちろん社会観相学と同一ではないが、人間観察と社会観察との関係を、現代とは異なりかなり連続的にとらえていた。こうしたプログラムが最終的に挫折することで、社会学は現代社会学へと離陸した。おそらく、個人の形態について沈黙しながら社会形態学を語ったデュルケムが、そのぎりぎりの閾にいる。現代社会学も観察可能な事象の可算可能性という事態は想定するが、その向こうに、いわば地平としての社会環境を仮想化して設定したうえで、仮想化された環境と事象とのあいだに関数関係を追究する（都市化や匿名化によって観相学を解釈するという、よく見られる説明がそうであるように）。まさにそれによって、問いをやりすごしているのだが。地平として仮想化された社会環境を直接把握できない以上、現代社会学もまた、可視の事象／不可視の全体のあいだの関係をいかにして語れるのかという本質的なジレンマを抱えつづけている。

一五　一九世紀の模範的観察者バルザック、およびその後

社交からの切断と「社会」それ自体の「観相」というこれらの二つの流れは、もちろん、截然と分かたれているわけではない。とはいえ、後者を行おうとするとき、『良き社会の習慣』の病身の語り手のように、室内にとどまってばかりではすまない。「社会」を直接の観察対象にする／できるという発想は、その意味ではたしかに、積極的に町や通りを闊歩する遊歩者的観察主体の形象の成立に対応している。全体性の実在への異様な信頼のただなかで個別の対象を「強く」観察する実践が、組織されていく。都市の情景のあちこちに恣意的で熱狂的な注意を向ける観察者に、ある種の万能さが委譲されるとき、社会観察は、一方で、一九世紀リアリズム小説となだらかに順接し、他方でまた、ヘンリー・メイヒューの『ロンドンの労働と貧民』（一八六一）のように、ジャーナリズムある

いは社会学的ルポルタージュの文体をもたらす。

そうした一九世紀的観察者としてもっとも典型的なのは、やはりバルザックだろう。一九世紀人のなかでも、とりわけ彼は、都市の全体性と細部の観察とが十全に循環することを、ずばぬけた強靭さで信じていたように見える。たとえば、「歩行の理論」において彼は、この「理論」を完成させるために「二四五・五人」——片足を失っていた人が一人いたということだ——のデータを取ったと述べるが、その一々のデータが示されているわけではない。現代の社会学なら、「ここからここまでを観察対象とする」という方法論的な範囲設定を行う。裏返せば、「ここから先はデータの外部とみなす（＝解釈者の解釈である）」とあらかじめ宣言することで、データと主観的解釈の境界が担保されることにしている。それに対して、バルザック的観察においては、「データ」と主観的解釈とが区分されていない。理論的成熟度のちがいを指摘するのは簡単だが、おそらくここには、全部を観察できないという事態の処理をめぐる、異なる意味論が働いている。彼は、全部を見られないことの意味には深刻に向き合わない（より正確にはたぶん、向き合うということを知らない）が、そのかわりに、自分の時間や能力や興味関心がつづくかぎりは観察を続けようとする。データの境界を区切らない以上、観察への熱意のみが観察を実体的に境界づけるしかない。[*35] 人並み外れた欲望、情念、熱意の強度とその減衰が、彼にとって中心的な文学的モチーフだったのもうなずける（『あら皮』）。

パリの諸地区を精力的に歩き回りながら、これまで歩行の観相学は存在しなかったと彼は主張する。

> 私より先にいみじくもラヴァターが述べている。人間にあってはすべてが同質であるから、歩きかたも顔の表情と同じくらいには雄弁であるに違いない、歩きかたは身体の表情であると。いやこんな言い方をしなくても、人間にあってはすべてが一個の内的原因につながっているという最初の前提があれば後の結論は自動的にでてく

る。彼ラヴァターは、人間の思考のさまざまな現れ方を一つひとつ観察し、その観察を確固たる学にまで高めようとしたのであった。さしも宏大な学問に身を任せ没頭したラヴァターには、独自に歩行論を展開すべき余裕がなかった。……舞踏やジェスチュアというなら論文には事欠かない。ボレリの『動物の運動について』も確かに健在だし、最近になって何点か医学論文も書かれている。……しかしそれらの論文もやはりボレリの轍を踏んでおり、結果を確認するばかりで原因の追及が手薄である。……こうして見てくると、歩行の文献など皆無というわけではないか。生理学があるわけでなければ心理学もなし、超越的研究、アリストテレス哲学的研究、なにひとつ見あたらぬ！（Balzac[1982:86-88]、強調は原文）。

顔から歩き方へと観相学の対象を拡張すること、そしてそれに伴っている、ことさらに誇張された「学術的」文体。すでに論じてきた一九世紀観相学の特徴が明瞭に現れた言説である。だが、ラファーター観相学を「人間にあってはすべてが一個の内的原因につながっている」という主張だと解釈するとき、バルザックは特有のひねりを加えている。そもそも、彼が歩行の理論を思いついたのは、パリの町中を歩いているとき、自分の目の前で駅馬車から降りようとした人が「驚いて水に跳びこむカエルそっくりの恰好で」見事に転倒したのを、たまたま見かけたのがきっかけだった。つまり、彼にとっては、秩序づけられた運動としての「舞踏」や、社会的文法によって組織されている「ジェスチュア」だけでなく、転倒という不随意的な運動までもが「一個の内的原因」から派生する意味なのである。次の一節はとくに興味深い。

以来私は、「運動」には「思考」が含まれていると確信するようになった。この思考こそ人間の最も純粋な営みに他ならない。「言葉」はこの思考を表現するのであり、さらにこの「言葉」を「歩行」や「身振り」が大なり小なり動的に表現するのである。運動という生命の放出の量の相違やその方法如何によって、芸術家のあの驚異のタッチも生まれてくる。……こうして「歩行」が身体的運動によって、声が知的運動によって思考を表すのであれば、その運動を偽ることなど不可能に違いないと思われた（Balzac[1982:98-99]、強調は引用者）。

ここには、バルザック的観相学を構成している一連の軸が凝縮的に表現されている。バルザックにおいても、偽りの顔から真実の顔を見抜くことが観相学の目的なのだが、彼はこの区分を乗り越えてしまうことによって、そこに至ろうとする。その自己提示／演出の外部においてすら、人は「思考している」。意識的に統御していようがしていまいが、すべての運動が思考である。人間に内在している唯一の内的原因が「運動という生命の放出」と規定されているのは決定的だ。意思的に真意を隠そうと努めようが、それすらが生命の放出なのであり、それも含めて、生命エネルギーの発露自体は正直でしかありようがない。つまり、行為が意識的かそうでないかをめぐる伝統的区別から出発しているにもかかわらず、バルザックの描く人間には、いわば無意識が存在しない。

この運動―生命エネルギー概念は、情念の考察とも結びつく。「たとえば、指を鳴らしたり、筋肉をびくりと震わせたり、とんぼ返りをしてみたりする動作……また、沈む太陽が落ちていくような勢いで、一瞬、わっと駆け出したりする……かと思うと、なにか身体を動かしたはずみに思わず鋭い声をあげる人もある……また、ことに嬉しいときなど、いきなりそこらへんにある物を片っ端から叩いたり壊しりしたくなるものだ」。情念は理性の仮面を軽々とふっとばして、無意味でばかげた機械的・物理的運動を組織してしまうのだが、そのようにエネルギーが溢出することを肯定する。それは、溢出に対処できる能力があることを疑わないからだろう――良くも悪くも、とても男性的な論理だが。

他方でまた、身振りというよりもはるかに自然化され習慣化された身体動作が、都市のさまざまな社会・職業集団のなかで形成されている。役人には役人の歩き方というものがあり、しかも俸給や勤務地区のちがいに応じたヴァリエーションを描く。ブルデューならばハビトゥスと呼ぶ領域に、いちはやく着目しているといってもよい。突発的な機械的運動と習慣化された動作、意識の統制を受けることなく発生してしまうこれらの運動こそ、もっとも「偽ることが不可能」である。バルザックにとって、これこそが個性的性格の本質を示す、もっとも真正な特異性の記号なのだ。このようにして彼は、生命エネルギー一元論によっていったんは消去した意識的統制＝偽りとその外部という区分を、再び取り戻す。*36

　この論理を、観察行為の特質から捉え返すこともできる。人間のあらゆる運動が生命の放出なのだとしたら、それはどのような場所にでも公然と出現している。放出されつづける生命エネルギーの諸形態を受け取るかどうかは、まったくの自由である。だからこそ、観察しようという意志の強度が問題になる。都市のなかを歩き回る観察者は、他者を見るだけでなく、自らも見られ（う）るが、すべての人が見る意志をもつわけではない。観察行為と観察対象のあいだでの生命エネルギーのぶつかり合いを歓迎する、強い生命力をもった者のみが観察者たりうる。同じことは自己観察についてもいえる。自身の統御できない「思考」に気づくことができない多数の人びとと、そこから「思考」を読みとれる少数の観察者がいる。彼の人間像に無意識の占める場所がないと述べたが、正確にはむしろ、バルザック的な眼が、当事者が「意識」していない機械的運動や習慣的動作を、倦むことなく「思考」へと転化しつづけるのだ。

　他者の性格の真実を名指す他者たることへのあの欲望は、バルザックにおいては、「強く」観察する／できることへの信頼と、完璧なまでに循環している。そのような観察者たることへと読者を誘惑することで、迂回した自己観察の形式になっているともいえる。彼が一九世紀リアリズム小説の最大の立役者となったのは、あまりにも当然のことだろう。このような観察者は、すでに潜在的な「作者」であるとしかいいようがないからだ。

いうまでもなく、観相にかかわるすべての一九世紀人がバルザックのようだったわけではない。むしろ彼以降、こうした観察の強度は次第に拡散していくのであり、そのなかで、観相学的実践が輪郭をゆるめながら持続することになる。

たとえば、遊歩者の形象の変質。遊歩者とは、眼前を流動していくさまざまな事物の視覚的逸楽に受動的に身を委ねる一方で、自発的かつ積極的に特定の対象を選択的に切り取り、——ときに尾行めいた行動すら辞さずに——熱心に見つめつづける存在である。あるいは、そこにあるのは、非中枢化される眼の受動的快楽と中枢化された選択的観察との、終わりなき相互転移関係なのだが、世紀が進むにつれて、移り変わっていく対象に散漫な眼を向けることへと重点が移りつつあるように見える。

それは、他者一般という量＝群衆《マッス》の領域が構成されていくこととも連動している（一八七〇年代の群衆心理学）。流動する量としてしか把握できない人びとの群れという背景が成立したからこそ、そこから特定の誰かを、「読む」対象として恣意的に切り出すことが容易になるが、同時に、そうした読解の試みが最終的には匿名の群衆へと再び溶け込んでいくことを止められなくなる。遊戯的観察の遊戯性が前景化することで、人の顔を観察することに賭けられていたものが空洞化し、それとともに、社会観相学的な未在の一覧表への熱意が蒸発する……。たぶん、そのようなかたちで、観相学は現代の意味空間に接続していくのである。

第一六章　映像と超‐内面

一　残された問い

前章の終わりで、ラファーターの『観相学断片』から始まった一九世紀観相学と現代の意味空間とのあいだに、微妙な離接の関係があるということを示唆した。このことは、一九世紀観相学に論及するときに現代の研究が提出する標準的な描像にも影を落としている。

その描像とは、だいたい以下のようなものだ。急激な都市化の進行という社会的背景のもと、匿名の他者との遭遇という不安な経験をいかに処理するかということが課題となる。見知らぬ他者との交渉の必要性は、彼／彼女を読解するための何らかのコードへの欲求を生じさせるが、固定的身分と外形とを対応させる、安定した階層社会的識別コードは、複数の水準で急速に通用しなくなりはじめていた。とりわけ都市部においては、俸給労働者層が析出されるとともに、男性の出勤服が平準化していく。従来の社会的感受性が身分として了解していたものの外部に、さまざまな職業集団や住民層が発見され、にわかには区別がつかない彼ら彼女らとの遭遇の場として、あるいはこうした人びとの何か不思議な蝟集状態として、都市性が感覚されるようになっていった。

その一方で、身分の可視的表徴は、端的に消滅したというよりもむしろ、身分的同定を困難にするかたちで流動化していく。一九世紀中葉以降、流行とその観測が社会のなかに埋め込まれるようになる。階級的模倣の産業的・遊戯的組織化が、身分的表徴の実質を繰り返し浸食し、空洞化する過程が始まろうとしている。階層社会的な分類コードは失効しつつあるが、収入に応じて規格化された工業製品（それらは、個性やアイデンティティのイメージをお手軽に演出あるいは代替してくれる）がはばひろく流通する、産業資本主義的近代社会はいまだ十分には成立していない。要するに、独個的《ユニーク》な個性の内面が外面との相関によって読解可能になることへの不思議な信憑は、こうした過渡期的な時代的条件によって規定されていた。このような構図を用いた説明が、社会学にかぎらず、社会・文化史研究においてもよく見られる。[*1]

裏返せば、この説明は、現代では観相学が有効性を喪失していることを暗黙のうちに想定している。安全な距離を確保することで、「権力」のメカニズムを隠しもつ知／表象システムとして、観相学的なものをいわば安心して批判するようなやり方も重ねられてきた。[*2] たしかにラファーターにしても、ある民族が本質において劣っている（優れている）かのような書き方をときにしていて、思わずぎょっとすることがある。多くの観相学的表象に、隠微な政治的効果が取り憑いているのはまちがいない。しかし、現代社会における顔の表象もまた、それらを何らかの固定的な記号と化そうとする作用に奉仕しているのではないか。商品文化に媒介されたアイデンティティのイメージ・ゲーム、典型的人物像の神話学、執念深く残り続ける、肌の色やジェンダーや年齢・職業類型のステロタイプ、「劇的な」状況下での顔や表情の紋切り型的使用。加速しつづけるメディア情報環境において、何か不思議な意味の停止点になるという期待とともに顔の表象を流通させる度合いは、ある意味ではますます甚だしくなってすらいる。現代社会において生起しつづけているこれらが、観相学的営みの直接の子孫であることは否定できない。同時に、これらが観相学そのものとはちがうのもたしかである。停止点としての顔の表象は、もはや必ずしも、交換不能な人格の「深さ」に結びつけられていない。たとえば、顔の向こうにあるはずの人格との社交的交渉を欠いている（もしくは、過度の表層的情報によって、かえって遮蔽されている）ことで。あるいはまた、人格の「深さ」があると信じられるほど長く、視線が顔の表象のうえに滞留せずに、そこから逸れてしまうことによって。だから、現代の社会理論が一九世紀観相学を眺めやるとき、じつは、もう少し面倒なしくみが働いている。鷲鼻や吊り目や金髪と何らかの性格的特徴とを結びつける、奇妙な対応の一覧表を苦笑まじりに鑑賞し、ときに憤りを表明する一方で、「大衆」化されたクリーシェの水準では、それがなお生き延びていることを承認する——そう語る論者自身は、定義上、そこから醒めていることになるのだが。[*3] このようにして、「批判」と「承認」とが相互に支え合い、お互いを着地点であると同時に根拠にしている。右顧左眄的な視点の使い分けが、それなりに近似しつつも、どこかで決定的に見えなくしているものがある。そのなかには、たとえば、現代の顔の表象が、「浅い」がゆえに「批判」もたやすいこと、裏返せば、「批判」によっては停止しない何かであることを、過去の非‐真理的言説の、もしくはそうした言説を介した、「批判」という様式自体によって考えなくする、といったことも含まれる。たぶん、こうした多重的な遮蔽効果もまた、離接の系なのだろう。

似ているが同一ではない、同一ではないが非連続でもない。一九世紀と現代との離接関係を系譜の問題として捉えたとき（この本としては、やはりそうすべきだ）、観相学的な営みが人格の「深さ」という繋留点からいつのまにか遊離し、あてどなく漂流しうるということが、一九世紀の意味空間においてどの程度まで経験されていた（あるいは、いなかった）のか、そこから現在を照射したとき、何が見えてくるのか、という問いが成り立つ。言い換えれば、恣意的で暴力的な、特定の時代被拘束的な記号内容にではなく、そもそも記号をそれとして感知する形式、あるいは表層に記号を見ようとする視線のメカニズムの差異の側に、歴史を読み取ること。観相学のプログラムの射程を、最後にそうした観点から考え直してみたい。

二　一九世紀の表情論――デュシェンヌ

本章が主題とするのは、一八六二年に公刊された、ある奇妙な書物である。公刊、といっても、その書物は広く読者大衆に流通したわけではないのだが。それどころか、贅沢な写真の「アルバム」としても意図されていたこの書物は、むしろ稀覯本としての身振りをそれとなく示すことにより、一般読者から積極的に背を向けているようにさえ見える。一つの学術研究の作品として、それは生理学・生物学の学説史に、それなりの位置を占めているわけだが、科学の歴史にきれいに収まるには、それは過剰な何かを含みすぎてしまっている。生理学者デュシェンヌ・ド・ブローニュ（Guillaume-Benjamin-Amand Duchenne de Boulogne）による『人間の表情のメカニズム、あるいは情念の表出についての電気生理学的分析（Mécanisme de la physionomie humaine ou analyse électro-physiologique de l'expression des passions）』は、そんなテクストなのだ[*4]（以下、『表情論』と略称する）。

この書物の奇妙さは、その構成に端的に現れている。「電気の局部刺激」による筋肉学の一環として、顔の筋肉の生理学的規則性を発見しようという試み、つまり、顔のさまざまな筋肉がどのように正確に作動することによって、しかるべき認識可能な表情が生起するのか、という問いは、ごくまっとうに科学的なものだといえるだろう。だが、注目すべきことに、『表情論』のなかでは、この問題設定はなめらかに「美学」へと接続されている。すなわち、電気生理学が明らかにする表情の微細な法則の把握は、芸術的表象の正確な産出のために不可欠なものであり、したがって絵画や彫刻などの芸術作品の創作に寄与するところ大であるはずだ、というわけだ。このような観点から、この書物は、「第一部・科学部門」と「第二部・美学部門」の二部構成を採用するのである。

もちろんこれ自体は、ラファーター以降の観相学的営みが、表象への美的感受性をどこかで巻きこむことの一つの表れではある（→一五章九節）。こうした傾向が、美的現象や美の感知の法則を科学的に把握するという目標と結びついた例もある。たとえば、「芸術と、人間や動物の自然史科学との関係を説明し、外形の知識とその結果生じる描写の正確さが、内的構造や機能［＝情念］といかに関連しているかを示すことで、芸術を洗練させること……じつのところ、解剖学の意匠芸術に対する関係は、それらの芸術がわれわれに語りかけてくる自然言語における文法のそれである」と語るチャールズ・ベル卿の『表情の解剖：芸術と関連させて』が見せる分析的態度は、そのような性質のものだ*5 (Bell[1804→1877:2])。ベルよりもはるかに「権力」的なカンパーの顔面角の議論でさえ、芸術表象の制作規則の探究のために、現代でいう自然人類学的考察を用いるというのが趣旨だった (Camper[1794])。

科学がより制度化した時代に生きたデュシェンヌは、業績的に見ても、これらの人びとよりもさらに正統的な科学者だが、にもかかわらず、彼による「科学」と「美学」の接続は、こうした、通常の意味での美の科学的研究を明らかに踏み越えている。つまり、彼は自ら芸術家として振る舞おうとしている。後で詳しく見るように、彼は（とくに第二部の）写真それ自体を、鑑賞するに足る美的表象として提出しているのである。「科学」と「美学」のこのような結合――この書物の奇妙さの直接的な近似として、このことを指標に取ろうと思う。顔貌の真理に対する言説が、どのような同時代的な必然性をもって、顔貌の「表層」をめぐる「美的」言説を招き寄せているのか。

おそらく、ポイントは二つある。まず、顔貌の固定的形状に焦点を当てるのが一九世紀観相学の標準型だったところに、デュシェンヌが再び表情の水準をもちこんだことだ。彼は、固定的形状が個人の人格を表示していると考えるラファーター的な知の体系を「静止状態にある表情の研究、観相学それ自体」と呼び、「動いている表情」の形成とその筋肉学的規則性とを扱う自分自身の研究を、その系譜から――少なくともいったんは――切断している (Duchenne[1990:4])。動き以前の顔貌をわざわざ「静止した表情」と呼んでいるように、この移行の背後には、静止した顔そのもの、いかなる攪乱要素の介入も受けない顔の本質を捉えることができるという、多かれ少なかれ神秘主義的な傾向をもった主張に対する疑念が存在している。このように考えるとすれば、情念／感情表出をめぐる一八世紀的な自然言語論の経験科学的な検証や整備といった方向を取るのが自然だろう（じっさい、チャールズ・ベルの選んだ途はこれに近い）。ところがデュシェンヌは、動いている表情を情念／感情の自然に帰着させるかわりに、そこに「美」をもってきてしまう。いや、たしかに情念／感情の文法の科学的解析もやっているのだが、どういうわけか、それが「美」へと突き抜けると表現した方が正確かもしれない。こうした構造の所在をつかめば、デュシェンヌ的な「科学」と「美学」の関係が見えるようになるはずだ。

　第二に、これと深く関係しているが、『表情論』が写真を採用したことは、大きな意味をもっている。顔面の微細な様態の記録を可能にしてくれるこの新興テクノロジーは、彼の表情研究の鍵を握っていた。しかし、もちろん写真は、たんなる透明な媒体などではありえなかった。ラファーター的読解＝解釈ならともかく、たしかに手書きの銅版画やエッチングでは科学的正確さの証明にはなりにくいだろうが、ここでの写真は、生理学の実験の正確な再現＝記録としての機能のみを担っているわけではない。[*6] じっさい、「動いている表情」の水準の強調を、動きを機械的に停止させる写真の採用によって遂行するというのは、考えてみればかなりパラドクシカルな身振りである。おそらくそれも含めて、彼は写真という表面に取り憑かれている――「芸術家」としてふるまうほどに。

　このことは、いささか奇矯だったと思われるデュシェンヌ本人の個性を越えた、意義深い何かを示唆している。顔の微細な起伏や配置から、独個的《ユニーク》で、しばしば隠れてすらいる真の人格を読み取ろうとする観相学は、別の角度から見れば、記号ならざる厚みとしての顔面を記号に変換する操作である。この視点を取ると、人の深奥にある人格が顔の記号において読まれているというよりも、むしろ、「人格」という概念を差し込むことで、この厚みが代補されていると把握できる。まさにこれは、自体的記号《キャラクター》を相互転換する、あるいは自体的記号のうえで表示記号《サイン》を走らせようという、初期近代以来のあの壮大な思考の運動の終局的側面に位置づけられることが分かる（→七章九節、九章一節）。その意味では、一九世紀が観相学の時代であったのも当然だったのである。

写真映像は、この非‐記号的な厚みを出来事化した。ラファーターは版画の微細なニュアンスをむしろ先行させるようにして、画像と現実の顔との境界をぼやけさせていたが、デュシェンヌにおいては事態がさらに進行し、人格的記号の手前にある顔という表面＝映像が、ほとんどそのままのかたちで出現するに至っている。しかし、重要なのは、そのことによって——少なくとも、一八六〇年代のこの段階ではまだ——、観相学的な記号読解が破壊されたわけではないということの方だ。逆にいえば、顔面の非‐記号的出来事性を抱え込みつつ、それを記号の側に読み取る、もしくは回収しようとする運動が組織される。写真への彼の惑溺は、本人も十分に気づかないままに、そうした事態を指し示しているように思える。その意味で、『表情論』というテクストの過剰さは、ある時期以降の観相学的な知自体につきまとうことになった過剰さにつながっている。

三　イメージの実定性

私掠船（corsair）の艦長の息子として生まれたデュシェンヌ（一八〇六—一八七五）は、一九世紀実証主義医学の開始者であるシャルコーが「神経学における私の師匠」として深く専敬した人物である。[*7] 三六歳のときに地方の田舎医師をやめて、パリで再び医学生となった。神経学・実験生理学・筋肉学を専門とし、特定の病院に所属せず、さまざまな病院を訪れて症例を観察・収集するだけで、相当の業績をあげた。とくに、小児麻痺における筋肉組織の捻れと神経系の損傷との相関関係について重要な知見を残した（デュシェンヌ型筋ジストロフィー）。神経学においては彼は創始者として名を残している。『局部的電気刺激とその病理学及び治療への応用』（一八五五）と『運

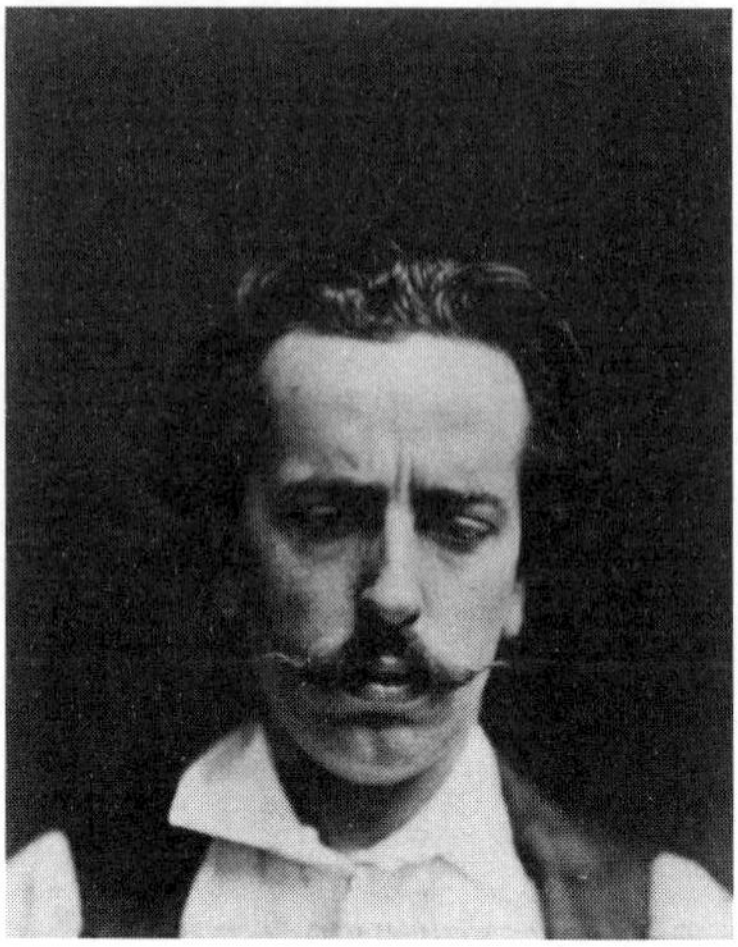

図1　沈思する青年芸術家

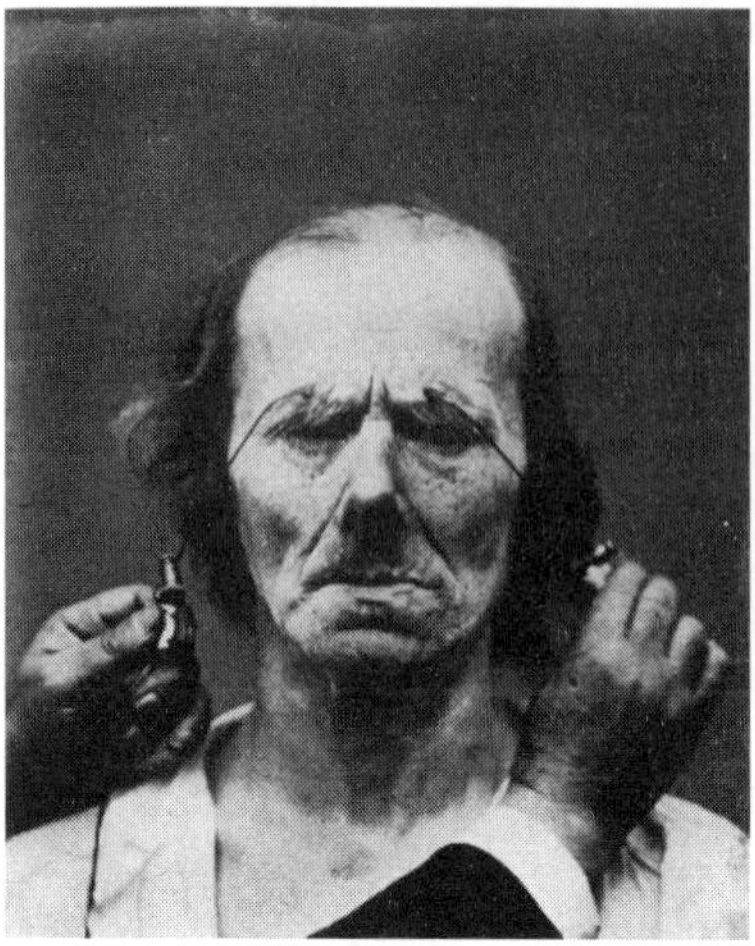

図2　電気刺激による「沈思」

動の生理学』(一八六七)の両著は、この領域における古典の位置をかちえている。[*8] 彼にとって『表情論』は、長年の研究テーマであった電気刺激による神経学・筋肉学の応用の産物なのである。

デュシェンヌの研究課題は、しかるべき表情を普遍的に生み出す筋肉の連合法則を発見することにあった。表象の真理を巡る問題は、ここでは取りあえず、ある表情が正確にはどのような筋肉の作動によって成立しているか、という客観的な問い掛けへと翻訳されている。すでに述べたように、顔貌と本質との対応を想定するラファーター的様式は廃棄されているように映る。ところが一方で、伝統的に観相学的だとしか言いようのない眼差しも保持されている。労働者階級(靴屋)の無教養な老人と、若く「美しい」インテリの青年(「芸術家」!)という、二人の被験者を比較して、彼は次のように書いている。

> こういった眉の間の縦皺は、思考に努めているときの青年の写真(図1)によく現れている。沈思と魂の高揚から産み出されるこうした表情の《エクスプレシヴ》/表出的な顔の動きは、m. orbicularis oculi の上部の電気的緊縮によって作られた最前の実験におけるそれと完全に同一である(図2)。これら二枚の写真の

ちがいは、全く二人の被験者の個人的な条件、就中彼らの年齢の違いによる。一方は年老いて醜い。……もう一人は若くて見栄えも良い。……後者の眉の部分、及び盾の間の皮膚は若さのせいで完全に滑らかである。また彼の額は高く、その湾曲は非常に突出しており垂直に近い。このことは思索の習慣を示唆するものである(Duchenne[1990:53]、強調は引用者)。

知性の徴としての額の角度の高さというのは、要するにカンパーのいう顔面角のことだ。[*9] これは、「静止した表情」関して、一九世紀がもっとも愛好している観相学的ステロタイプの一つだった。『表情論』にこのような記述が存在するということは、テクスト全体を検討すると、ますます不思議なことに思えてくる。彼の電気生理学的研究が明らかにしたことの一つは、怒りや驚きといった個々の表情を形成するのに作用している筋肉の数が驚くほど少ないということ、換言すれば、ある表情が顔貌全体の印象を変えるように見えるのは錯覚にすぎない、ということなのだ。彼はこのことをテクストの中で幾度も強調している。

私はこの実験を幾度となく優れた芸術家達の前で繰り返した……この顔の全体を見て彼らは、彼［被験者］の苦しみの表情を顔のすべての部分の全体的収縮のせいにした。「これほど明らかに苦しんでいるのに、口元には何という諦念が浮かんでいるのでしょう」と彼らは私に言ったものだ！「そしてこの鼻翼から口元にかけての線がまた何とも、苦痛で下に引っ張られているように見えますな！」わが被験者の眉を覆って、顔のそういった下半分に平静な表情を顕わにさせたときの彼らの驚きは、途方もないものだった(Duchenne[1990:67])。

だが、イメージのもつこの力はなかなか執拗なのである。デュシェンヌはこの事実を、全く偶然の契機から発見し、「芸術家達」に負けないぐらいに仰天したのだが、このことを知った後でも顔全体の変化の印象はぬぐい去れなかった。上半分を覆わないときにも、やはり顔は収縮しているように見えたのである。「この錯覚に欺かれないでいることは確かに不可能である。それは以前に述べたように、——もし直接の実験によって反証されないとするなら——眉の独立した動きの影響によって生じる一種の幻像《ミラージュ》なのであるが」(13)。

つまり、彼はここではイメージの作用の批判者として振る舞っているわけだ。デュシェンヌにおいては、イメージの影響力の自覚的主題化と、暴力的なまでに現実化した——もはや「イメージ」として感知すらされていないような——イメージそのものとが共存している。後者をたんなる「伝統」の無自覚な残存と見るべきではないだろう。むしろ、こうした共存の構造全体が、観相学という言説形式であると考えた方がよい。それは、イメージの二つの作用、あるいはイメージへの相反する二つの態度を同時に産み出す。

さらに、ここにはもう少し大きな屈折が存在している。デュシェンヌがそれによって典型的な観相学から自身を差異化する、もう一つの方法的水準がある。『表情論』においては、顔は内面との対応関係ではなく、「観察可能性」という別の秩序に従属させられているのである。個々の「表情」が何を表示しているかを問うとき、被験者の内面を推測することや、被験者本人の報告を求めることは、実験の性質上問題にならない。「表情」は、それが実験者を含めた観察者たちにどう映るかということによって判定されている。「誰が」見てもこの顔は「怒りの表情」を示しており、「誰もが」あの顔に典型的な「悲しみ」の表情を見いだす。このテクストにおける顔は、独自の経歴を背負ったある特定の個人の所有物ではなく、「誰もが」それと認めた、定冠詞のついた典型であり、イメージそのものなのである。

言い換えれば、ここで対応させられているのは、電気的に作られた顔面の特定の形状と、共同体がもつ〈内面〉のイメージである。この対応関係によって、大きな円環を描いて観相学が回帰する。観相学は「独自」の顔を「独自」の内面に向かって読み込む技術なのだが、その「独自」の内面の読解は、共同体のもつ〈内面〉の語彙を介して行われるわけだし、またそのような語彙の確認と、常にすれすれの作業になるだろうから（これが観相学が類型学《タイポロジー》を必ず招き寄せる理由である）。それにしても、これはまことに危うく、かつ怪しげな対応関係だ。ここで対応させられているのは、ある共同体のもつ〈内面〉のイメージにすぎないとも言えるからである。

まず、その形状に「誰もが」ある表情を認めたという、この種の素朴実証主義は、それを認めない「誰か」の存在によって、つまりその共同体の外部を指し示すことによって、簡単に反証されてしまうだろう。現にダーウィンは『動物と人間における情動表現』（一八七二）のなかで、デュシェンヌの表情解釈のいくつかに異議を唱えている。[*10]「幸い私は、もっとも良い何枚かの図版を、説明の語なしに、年齢、性別ともにさまざまな、二〇人を越える教育水準の高い人びとに見せ、各々の場合においてその老人がどのような感情を喚起していると考えられるかを尋ねることを思いついた……いくつかの表情は、全く同じ語によってではなかったが、ほとんど全員によって直ちに認識された……一方、あるものに関しては、考えられる限りの異なった意見が表明された。この提示実験は、われわれが自分たちの想像力によっていともたやすく誤りうることを確信させてくれた点で、別の意味でも私にとって有益だった」(Darwin[1872 : 14])。イメージの誤謬を強調したデュシェンヌがこう裁断されるのは、皮肉なことかもしれない。結局、この観察可能性は、特定の〈内面〉のイメージに寄り掛かったローカルな文化を、のうのうと「普遍」として提示している。一種の帝国主義的な「普遍」のディスクールを、私たちはここで眼にしているわけだ。[*11]

だが『表情論』という書物が読解の欲望をそそるのは、そのことによってではない。面白いのはむしろ、そのような〈内面〉のイメージへの信憑において、それをほとんど無根拠としてしまいかねないような、〈内面〉と〈外面〉との大規模な転倒が帰結してしまう、ということなのだ。

この書物の主人公と言ってもよいだろう靴屋の老人を被験者として選んだ理由として、デュシェンヌは、皺の浮き易さや顔面の無感覚と並んで、次のようなことを述べている。

私がこの粗野な顔を高貴で美しい顔よりも好んだのは、自然に忠実であるためには、人は彼女の不完全さを示さなくてはならないから、というわけではない。そうではなくて、形状の欠陥と造形的な美の欠如にもかかわらず、どのような人間の顔も、情動の適切な生成により精神的に美しいものとなりうるということを、証明したかったにすぎない（Duchenne[1990:42-43]、強調は引用者）。

現代から見れば、このような言説は、〈内面〉と〈外面〉の無相関を証明しているようにすら見えるだろう。電気的に「美しい」顔が形成されうるのならば、人は衣装のように「顔」をしつらえ、次々と着替えているだけのことではないか。その程度の〈外面〉を、人はどうして信じることなどできようか。ところが事態はむしろ逆なのである。電気刺激による筋肉の収縮が「情動」と呼ばれ、わざわざ「精神的に」美しい顔と修飾されていることに注意しよう。だから、真に解きがたい謎としてここで立ち現れてくるのは、そもそもそのような信憑が成立してしまっている、という事態そのものなのである。〈内面〉と〈外面〉とが転倒し、両者の実質はほとんど失われているに等しいのに、どうして人は〈内面〉への信憑を維持しうるのか。

そして、そのような信憑が成立する地点で、『表情論』は「深さ」を構造化しはじめる。主体の内面に審級することなく表情のメカニズムを把握できるとする「科学」の方法的「浅さ」に、どういうわけか完結できず、映像の向こう側に「精神の美」を読み込もうとする「美学」の「深さ」へとずれこんでいく。[*12] そこで想定されている美学的「深さ」なるものは、凡庸なものにすぎないかもしれない。そもそも美（学）が、本質的に何かの「深さ」を指向している、あるいは、すべきであるといえるか自体が、大いに問題含みだろう。だが、かりにそうであっても、そこには「科学」に居直れないことの無意識的不安のようなものが働いているのではないか。この時代の何かを語っているこうした不安の位相を、注意深く読みとる必要がある。

四　内面／外面の相互外在的産出

顔貌と「精神」との、ある種倒錯的な併置。これが意味していることを考えるために、もう一度、一九世紀観相学の論理を見直してみよう。

すでに見てきたように、観相学を形式的に定義すれば、外面（顔）と内面（人格）との対応関係を前提とした、内面の読解の試みであるということになる。だが、よく考えてみると、この定義は見た目ほどには単純ではない。ここで設定されている読解可能性（legibility）には、ある強い負荷がかかっている。なぜならば、観相学は、より厳密には一九世紀以降のそれは、外面の可視性と内面の不可視性とを同程度に強く設定したうえで、外面と内面との関数関係——あるいは可視性の領域への不可視性の回収——を考えているからである。[*13] 観相学を外面と内面との対応の読解コードと捉える、よくある理解の仕方は、その意味では不正確であるといわなくてはならない。関係づけられる二つの項が、存在論的に同じ水準に設定されてはいないからだ。世界の表層に曝されている外面についてはともかく、内面の領域は、他者にはそもそも感知できないからこそ読解の欲望を誘うのだから。また、このことを、近代における不可視の内面性（interiority）の誕生のみによって語るのも不十分である。その不可視性は、あくまで可視性の領域との関係によって顕在化する。だからむしろ、観相学的実践は、内面の不可視性の深度に見合う形で、外面の可視性を発見する試みとして考えられるべきなのである。これは、たんに内面の生産にしかるべく相応する形で、外面が生産された——内面の真実を語るものとしての顔が発見され、偽装と透視の二重のテーマ系を同時に包含した顔への働きかけの領域が形成された——というだけのことを意味しているのではない。不可視性の回収への欲望にもかかわらず、あるいはむしろ、その欲望のゆえに（なぜならば、この欲望の存在こそが、二つの領域を併置させているのだから）、結果として、この二つが互いに外在的な関係に置かれるようになることが重要なのである。

内面として思念される領域と、外面として発見される領域とが、たがいに対して過剰な形で、つまり相互にいわばずれあうようにして生産される。観相学の核心がここにあることが分かれば、その真の意義が、表象の内容あるいは表象の意味付けの規則のうちにはないことが、より明瞭に了解できるだろう。しかるべき形状の額や鼻の形が、その持ち主たる人物のしかるべき内面を表象していると思念されているということは、じつはそれほど本質的な問題ではないのである。注目すべきなのはむしろ、観相学的営みがたしかに生産し、維持しているだろう偏見やステレオタイプが、特異な力動のもとに置かれることの方だ。すなわち観相学は、内面と外面の二つの項の関係付けをめぐる、背反する二つのものを同時に生み出すのである——「この顔はこの人の何かを告げている」という断言と、「この顔はこの人の真実を本当に告げているのだろうか」という不安や懐疑とを。

たとえば、作者の三人称的視点を構造化する一九世紀小説が、観相学的言説をいかに用いているかということが、その証左になっている。一方には、顔や表情や生まれ育ちや立ち居振る舞いを容赦なく外から描写することで、語り手／作者が人物の性格や運命について下す宣告や予言がある。少なからぬ場合、こうした宣告や予言は人間性をめぐる理論を伴うか、もしくはそこから演繹されるが、語り手が開陳する理論が物語世界の外部にある以上、こうした観相学的命題は、否認不能なものとして上から降ってくるものだといわざるをえない。他方で、平凡な生活上の事情であれ、度はずれた野心や身の程しらずな恋心、あるいは厄介で奇妙な困難事であれ、何かの動機を抱えた登場人物たちは、信頼できる相手かどうかを他者の顔から値踏みする。あるいはまた、円滑に言葉を交わしつつ、言葉の向こうの真意の手がかりをそこに読み取ろうとする。そこでは、観相学的読解は、人物の心のなかに現在進行形で生起しつづける直観や評価や予感であるが、物語の終末に至るまでに、それが確証されるかどうかは未決である。前章の言葉を用いれば、この二つの領域が、観相学的知見と観相学理論の二重構造を引き継ぎ、複雑化したものであることがわかるだろう（→一五章四節）。小説は、物語世界の外から投げかけられる断言と、世界内を動きつづける不安な推測とに分割して観相学を導入し、両者のあいだにさまざまな交叉を描かせる。人物たちの戸惑いや推測が、語り手の託宣／予言と出会うこともあれば、すれちがいに終わることもある、というようにして。

無視できないのは、語り手の託宣的断言が、必ずしもつねに人物たちの判断の最終審級になるとはかぎらないことだ。とりわけ重要な人物をめぐっては、語り手の当初の託宣的断言がかえって修正されることすらありうる。文学形式の発展論のように表現すれば、つねに類型性の同位変換という様式のもとで考えられていた人さまざま《キャラクターズ》が、類型性だけでなく、それに還元しきれない余剰の感知を巻きこむようになったとき、より個人化された小説的登場人物《キャラクター》へと移行する。断言と推測のこうした組み合わせは、このような登場人物の意味論に呼応している。[*14]

こうした事態は、たんに「虚構作品」のテクスト効果だというにとどまらない。その向こう側で、この時代がもっていた、内面と外面の関係づけの意味的広がりが見えてくる。不可視ではあるが充実した内面の存在を前提して、人が顔の読解に向かうとき、顔は解きがたい謎として定立されることになるだろうし、同時にそれが告げているだろう内面の様相も、読解可能性を強く前提しているからこそ、かえって未決定な、開かれたものとなる。読解への欲望が読解の不可能性を招き寄せるような形で、観相学は内面を問題化する。あるいは、一九世紀的な内面とはまさにそのようなものである、つまり他者が読解すべきものとしての内面が、一九世紀のある時期に誕生したのだ、と言い換えることもできよう。

同時に、それと同じくらい、観相学は外面をも問題化した。ある意味で、前提とされている内面との対応関係なるものは、外面に注目するための一種のアリバイにすぎない。一九世紀中葉の都市の遊歩者たちは、ひたすら無償の行為として、街行く人びとの顔を、カフェに座って、あるいは自らも歩きながら、眺めつづけたのだった。その探偵行為を促したものが、人物の顔の背後にあるだろう人物の人生への想像だったとしても、想像がその人の生の実質に辿り着かないこと、見る者と見られる者との生の交錯が、都市の雑踏のなかのすれちがいに終わることが、初めから約束されている。他者の内面への関心は、彼／彼女を観察するという遊戯を誘発するのみである。

　ときに自己目的と化してしまうほどの外面へのこだわり。観相学の論理を外面から出発して配列したとき、顔は一九世紀の／一九世紀的な呪物《フェティッシュ》＝物神であるとも言えるだろう。一九世紀的な、というのは、どこかに、いわば虚焦点としての〈内面〉をおくことによって成立している呪物＝物神である、ということを意味している。このような像も、内面から出発した場合と同じく、近似にすぎないのだろうが、重要なのは、観相学的実践はこのような二方向からの近似を要求するような厚みをもっている、ということだ。内面と外面という二つの領域は、どちらかが必ず余ってしまい、決して整合した全体をなすことのないパズルのピースのような関係をもつものとして考えられねばならない。内面を内面として立てるためには外面という参照点が必要であり、一方ではまた、外面を外面として指し示すためには内面という虚焦点が必要である、とでも言うほかないような、奇妙な緊張関係――。

　つまり、観相学は一九世紀においてそれなりにイメージの学であり、観相学的実践はイメージの実践だった。そう考えたとき、顔を眼差すことは、不可視の内面を表示する似姿でありながら、決して真実そのものには辿り着かないものとしてのイメージの領域を、ただしあくまでもその真実を係留点としつつ（ここが私たちの時代とは決定的に異なっている）編成するような振る舞いとして了解されることになろう。観相学には、イメージの真実性へのあっけらかんとした信憑と、イメージの人を欺く力への警戒や不信感とが不思議な形で混在している。ある意味では、観相学とは、おのれがこだわっている表象がイメージにすぎぬことをどこかで気づきつつ、イメージの圏域に漂流しつづけるような知である、と言うこともできるかもしれない。観相学のディスクールは、その起源であると同時に他者でもあるような資格をもって、われわれの「イメージの時代」に対時している。

言い換えれば、すべての観相学的実践が解きがたいアポリアとして抱え込んでおり、同時にそれによって己れを作動させてもいるあの内面と外面との奇妙な緊張関係は、イメージと記号という相異なる存在領域の、果てしのない調整の試みでもある。一方で、顔貌の可視的な各要素は内面を表示する神秘的な記号となる。内面はいずれにしても不可視だから、可視的な表徴を通して想像《イメージ》するほかはない。だが他方で、想像されたその内面は、純粋な心像《イメージ》として成立しそこねる。この私秘的な領域には、「内面」を指し示すべく社会的に分節された、既存の語彙によって接近せざるをえない。内面の想像《イメージ》＝心像がそうした語彙に媒介されることで、今度は外面の側が、観察者の主観的な誤読を呼び込む、うつろいやすく不安定な性格によって、イメージの様相を帯びることになる——これが、デュシェンヌのいう幻像《ミラージュ》である。イメージと記号は、内面と外面という異なる位相にそれぞれ入り込みながら、あたかも糸が縒り合うように、お互いの位置を際限なく交換しようとする。

『表情論』の場合、内面という語によって通常想定されている、魂の極私的な領域は廃棄されているわけだが、むしろ注目するべきなのは、それを科学的に計量可能な「表情」に置き換えても、似たような力動が働いてしまうということなのである。ある意味で「表情」は内面の疑似餌にすぎないが、それを確定しようとする「科学」の視線が、記号とイメージの相互貫入的なダイナミズムをかえって顕わにしている。切り出される「表情」自体が内面の記号となるからだ。

その意味で、デュシェンヌが写真を導入したのは決定的だったのである。二節で示唆しておいたように、写真は〈外面〉を顔面という非‐記号的実体に還元したことで、〈内面〉は観察者によるイメージ付与のもとで報告されるものへと転換する。内面と外面の外在的連結と相互産出という様態それ自体を、出来事として露呈させたのだ。既存のステロタイプの「野蛮」なもちこみと、「精神性」の内的読解の組み合わせもまた、小説的機制から現実的経験までなだらかに広がる、あの断言と懐疑の鏡合わせをあざとくなぞり直している。顔面をめぐって生じていたことが、映像という表面上で再演されることで、ステレオスコープめいた立体化が生じると言えばよいだろうか。たぶん、この平板な立体性は、一九世紀的なイメージの機制の核心に相当近いものを表現している。[*15]

五　〈顔〉の上に書く

とはいえ、もちろん科学者デュシェンヌにとって、写し出された顔面の性質自体がまずは重要だった。彼の電気生理学は、非‐記号的実体としての顔面の筋肉が、じつはそれ自体で記号的に働いていることの解明に向けられている。『表情論』におけるイメージの位相も、この関連で考えなくてはならない。

そもそも『表情論』は、デュシェンヌの一連の研究においてどんな位置を占めているのだろうか。筋肉の電気刺激は、ルイージ・ガルヴァーニの「動物電気」をめぐる有名な研究の公刊（一七九一）をきっかけとして生理学の一部門となった。ガルヴァーニらの論点は、動物の生命エネルギーの探究であり、動物の内部で発見された電気的現象が、ライデン瓶に蓄えられる電気と同一のものかどうかが真剣に論じられていた。カエルの肢に電気を流したとき、生きているかのような痙攣が生じるという電気刺激《ガルヴァニゼイション》の発見は、生物学における機械論と生気論の闘争の要地となった。[*16] 一九世紀生理学の文脈では、このような電気の神秘化は一応は脱色され、[*17] デュシェンヌが開始したと言われる局部電気刺激（localization）は、治療実践（「電気療法」）と生体解剖によらない生きた筋肉のメカニズムの解明という、二つの目標をもっていた。[*18]

小児麻酔による四肢の筋肉の捻れの形態学的研究を行ったデュシェンヌにとって、表情の研究は筋肉学一般のなかに収まるべき刺激的な主題である。顔面筋が身体の他の筋肉とは異なる、独自の性質をもっているからだ。他の筋肉が、収縮と伸張の両者を円滑に遂行すべく、骨や関節の周りで対となっているのに対し、それはそうなっていない。顔面の筋肉組織の交錯ははるかに複雑であり、また細かい単位で分かれているので、当時の解剖技術では完全な分類が行われていなかった。局部電気刺激による細かい隆起の観察によってこそ、正しい分類が示されるであろう。筋肉学の大家にとって、顔面筋の特殊さは挑戦すべき問題だったのである。

顔面の筋肉組織には、もう一つ注目すべき特徴がある。他の身体部位の筋肉は明確な運動機能を担っているのに、顔面の筋肉には、一見したところそのような機能が認められない。したがって、何か特別な機能を、それは担っているはずである。そしてまさに、表情を形成することが、その答えとなる。機械的運動という観点から見れば構造も機能も不可解な顔面の筋肉組織は、感情の表出とその伝達という高度に人間的な機能をもっているのだ。それに較べれば、他の筋肉組織の運動機能などは動物的なものにすぎない。顔面と筋肉一般との対比は、人間的文化対動物的身体性という対立項に書き替えられる。いやむしろ、顔面は身体に書き込まれた自然言語の領域なのである。そしてこの言語は神によって与えられたものである。

> 人間の顔については、われわれの創造者は、機械的な必要性に関心をおもちにならなかった。情動の特徴的な記号が（つかのまに過ぎていくものさえ）手際よく人間の顔に書き込まれることをお望みになるとき、神は彼の叡智によって、もしくは——どうかこんな言い方をお許し頂きたい——神聖な気まぐれによって、一つ乃至いくつかの筋肉を同時に動かすようにすることがおできになったのである。いったんこの表情の言語が創造されると、同じ筋肉を収縮させることによってつねに自分たちの感情《センティメント》を表現する本能的能力を、すべての人間にお与えになるだけで充分だったのである。このことが、この言語を普遍的で不変なものにした(Duchenne[1990:19])。

表情は身体が言語に接続される領域である。それどころか、それは現実の言語よりもはるかに安定した記号体系なのである。神によって創造された表情の言語は、人間によって作られた言語のバベル状況を産み出すことなく、いかなる時代のどの地域においても変わることがないから――。「[表情を定めている] この法は大変厳密なものだから、人間はこれを変えることはおろか、修正することすらできない。そうでなければ、表情の言語は、人間によって作られた言語と同じ運命を辿っていただろう。どんな地域も、どんな地方も、顔に感情を描き出す独自のやり方をもっていただろう。おそらくこのような気まぐれな思いつきは、一つ一つの町や、一人ひとりの個人において、顔の表情を無限に変えるというところにまで行き着くだろう」(30)。デュシェンヌによる文字概念の導入は、身体と言語とをめぐる、ある種の転倒にさえ至る。ここに一九世紀特有の、アトム的な個人への精神分析的恐怖を読み取るのはたやすいことだろう。身体性と文化の対立項は、個人性と集合性のそれへと繋がっていくのである。

　表情の法則を言語に近似させて把握する態度は、『表情論』において徹底していると言ってよい。それは彼の議論に一種の構造主義的な相貌を与えている。すでに見たように、表情が普遍言語であるという発想そのものは、初期近代以来反復的に出現している。たとえば、一七世紀のミシェル・フォシューも、似たようなことを述べていた(→八章三節)。だが、一七世紀人なら一つ一つの表情を意味の自体的記号《キャラクター》として単独化して実体化し、一八世紀人が表情の自然記号への本性《ネイチュア》的な感情的呼応を見ただろうところで、彼は、表情の「文法」あるいは「正字法《オーソグラフィー》」を語るのである。たしかに個々の表情筋は文字という単位を構成しているけれども、それらが適切に組み合わされなければ、認知可能な表情は産み出せない。連結の規則を探究するというこのテーマ設定は、おそらくそれ以前には見られなかったものだ。ルブランからパーソンズに至るまで、「正字法」という発想は存在していない。ときに意味不明な、あるいはありえない顔が描かれたのもそのためだ。

デュシェンヌの場合、文字という単位への接近ははるかに厳密である。文字をでたらめに組み合わせても意味のある単語にはならないように、顔の個々の要素を恣意的に結びつけても、感知可能な表情にはならない。『表情論』では、「注意」――これはデカルト的驚異《アドミラチオ》の近代科学化された形態だろう――から始まって「恐怖・恐れ」に終わる一一の表情のカテゴリー分節と、それらに伴う筋肉の動きの電気生理学的研究が行われているのだが、これらの表情たちが表情ならざるものと二項対立の関係に置かれるのは、注目すべきことである。電流が強すぎて筋肉が不自然に痙攣してしまったとき、故意にあるいは偶然に、通常ではありえない組み合わせで筋肉を刺激したとき、そこに生まれるのは意味不明な「顰め面」であり、「チック」である。[*19] デュシェンヌはそのような顔を、カタログの中に丹念に書き込んでいく。感知可能な表情は、失敗した表情としての「顰め面」の排除によって成立している。

表情は言語である。それは感情の表出と伝達《コミュニケーション》という、記号固有の機能と目的をもち、人工言語より安定してさえいる記号体系によって成立している。そして、その記号体系には意味の生成を巡る排除と規則性とが働いている。だが、デュシェンヌ本人がどう思っていたかは分からないが、ここでの「記号」は、見掛けほどには透明ではない、つまり意味の媒体として背景に退いているようには見えない。デュシェンヌが行っていることは、表情筋の筋肉学的研究であり、表情言語の文法の深層構造にあたるのが、顔面の下に走っている幾多の筋肉である。けれども、この深層構造は可視化されえない。彼自身が最初に断っているように、顔面の筋肉は身体の他の筋肉のように、外部からその形状を観察し、その機能を推測するには、あまりにも微細なものだからだ。結局のところ、観察可能であり、したがって常に言及の対象となるのは、顔面の皮膚に浮かんでは消えていく、時には深く、時には浅く微かな皺なのである。皺、小皺、線、一次的な皺、二次的な皺、老齢によって浮き出た線……。『表情論』を読む者は、いたるところで皺の形状に対する言及を認めることになるだろう。このことを考えると、デュシェンヌの実験は、「神が人間の顔に感情を書き込んだ」という彼自身の説明を、不気味な形でなぞりなおしているように見えてくる。顔に浮かぶ皺は、まさに文字そのものなのだ。それは皮膚＝表面という紙に、太くあるいは微かに刻み込まれる象形文字なのである。そういえば、電気端子は、筆の形状をしてはいまいか。

生体解剖は、たとえ人間に適応可能であったとしても、ここで問われている問題を解決することはできないだろう。というのも、表情を表現する言語記号がその上に描かれる皮膚を犠牲にすることが必要になるからだ(Duchenne[1990:8]、強調は原著者)。

神が人間の顔に書きつけた感情を、電気の筆が再び書き込む。文字のメタファーは、ここでは表面に刻み込まれた皺としての物質的存在性を獲得しているのである。表情の規則性を探究する生理学的言説は、皺という主題系をめぐって、奇妙にも表面＝表層へのある種の感受性をあらわにすることになる。表面の物質性へのこの眼差しは、医学が準備したものではあろうが、しかしどこか「美学」へと必然的にずれこんでいくような質をもっているように見えるのである。

六　新たなる〈外面〉

文字的形象をめぐる言説の抽象的な水準に内在していた科学と美学の通底を、積極的に主題化すると同時に現実化したのだが、言説に対置されるものとしての写真群である。[*20] そのなかで、科学と美学とはあっさりと並存し、一つの大きなタブローを形づくっている。一八三九年の当初から今日に至るまで、写真は、さまざまな領域を横断する、特異なメディアでありつづけているけれども、「科学」によって代表されるような指示対象の正確な再現と、ときに指示対象如何を飛び越えて働く画面の美的感知とは、そういった横断の両極の、ひとつの典型である。すぐれて視線の領域に属している写真というテクスト群は、「科学」としての観察と「美的」な鑑賞とが、どこか区別しがたくなる瞬間をもつことを指し示す。

『表情論』においても、写真というメディアこそが、「表情」に着目することを可能にしたのだが、その写真はただちにフェティッシュな領域を形成する。この二重の役割が分節しがたく絡み合っているのである。「鏡のごとく忠実な写真」というのが彼のお気に入りのフレーズだが、この鏡は科学の真理を映し出すものでもあり、同時に映像へと人を誘惑するものでもある。

そもそも「忠実」な写実を撮影するのが困難なのだ、と彼は何度も強調する。顔の神経幹の微細な部分に正しく電気端子を当て、望むところの表情を産み出すのが難しい。次に電気刺激は、最初は筋肉に激しい痙攣を与え、その後は減衰していくものだから、正しい瞬間にシャッターを切るには、じつは大変な技量が必要である。あまり早すぎると筋肉は不自然に痙攣したままだし、かといって遅すぎれば電気の効果は消失してしまう。それからまた、顔に生起した皺の隆起にきれいに焦点を合わせ、光と影の案配によってそれを見えるようにするのも、特殊な熟練を必要とする。かといって、皺だけに焦点を当てると、顔の他の部分がぼやけてしまう。

写真においては、絵画や彫刻においてと同様、しっかりと把握したもののみを伝えることができるのである。芸術は技術・技法のみによるのではない。私の研究にとっては、光を巧みに用いることによって、各々の表情の線を浮き彫りにするすべを心得ている必要があった。もっとも器用な写真家でさえ、この技術をものにすることができなかった。彼は、私が示そうとしている生理学的事実が何であるかを分からなかったのである(Duchenne[1990:39])。

デュシェンヌ自身は電気端子を操作しなければならず、結局のところ、撮影にはあのナダールの弟であり、「その才能を誰もが認めるアドリアン・トゥルナション氏」の協力を仰いだ。そのようにして撮影された写真を、彼は芸術「作品」として語っている。「じっさいは、こういった写真の不完全さは表情を形成する顔の線の真理と明晰さを変えるものではない。それどころか、一般に、写真における光の配分が、顔の線が表象する情動とまったくよく一致していることを、これからご覧になるだろう。かくして、陰気な、あるいは悪意に満ちた情念、すなわち、攻撃性、邪悪さ、苦しみ、苦痛、恐れ、恐怖のまぎった苦悶といったものを描いている図版は、キアロスクーロの影響によって驚くほど力強くなっている。それらはレンブラントのスタイルに似ているのである」[*21](40)。

一方で、写真というメディアこそが、「表情」に対する科学的研究を可能にしている。「表情」を減衰していく持続から救出すること、いやむしろ強引に切断することで、「表情」という構造態を創出し、その単位としての皺を語ることができたのだから。[*22]前節で述べた文字のメタファーのかつてない厳密さは、そのことによって成立している。だが、そうして得られた写真が、同時に、ためらいもなく美的な画像として語られている。このようにして彼は、「科学」に「美学」をいわば寄生的なかたちで滑り込ませる。あるいは撮影行為においても寄生者であるデュシェンヌは、映像に対して寄生的に振舞うことで、そこから「美」を引き出し、享受する鑑賞者になるのだ。彼のこうした位置取りによって、『表情論』が準備した科学と美学の分節は、はじめから曖昧になっている。このことはまた、現在の眼から見て圧倒的に衝撃的なのが、第一部の科学写真のグロテスクさであることとも関連しているだろう。この点については後で触れる。さしあたり問題にしたいのは、写真という表層が科学と美の並立を可能にしているとすれば、それはいかにしてか、ということだ。

一見したところ、「科学部門」の写真と「美学部門」のそれとの間には、明確な対比が構成されている。科学部門の写真が「醜い」老人をアップで撮影したものであるのに対して、美学部門は劇的場面を「再現」する「美しい」女性の、ほぼ全身像といえる写真から成り立っている。つまりここでは、(1)被写体の美的価値（醜／美）、(2)被写体の年齢（老齢／若さ）、(3)ジェンダー（男性／女性）、(4)画面構成（アップ／全身像）、(5)撮影の動機づけ（各筋肉部位の働きの科学的提示／活人画的舞台設定）といった二項対立の重なりが、すぐさま読みとれるだろう。ここで働いているイメージのポリティクスは、ほとんど批判を必要としないほどあからさまである。[*23] けれども、子細に観察してみると、両者へのアプローチの仕方には同型性があることがわかる。

「醜い」老人の顔の大写しを提示することに対する「予想される」反発に対して、第三節でも見たように、粗野な顔も感情を正しく表すことにより精神的に美しくなるという理由を挙げるのに加えて、デュシェンヌはさらに次のように弁明している。

> 彼の顔は敏感ではない。このことによって筋肉の各々の動きを、死体で実験するのと同じくらい効果的に研究することが可能になるのだ［強い電流によって通常感じる耐え難い痛みを感じなくてすむからである――引用者］。……たしかに、この男性の代わりに死体を用いることも可能だったし、病院では、多くの見学者の前でしばしば死体で実験した。死者の顔の各筋肉に局部電気刺激を与えることもできたし、死体に生じた表情も、この生きた人間と同じぐらい真正だった。しかし、それほどぞっとする、おぞましい光景もないだろう！
>
> (Duchenne[1990:101-102])

ここまでくると、気持ち悪さを通り越して、ほとんどフランケンシュタイン的な想像力にあっぱれといいたくなる。この老人は、要するに「死体」の代理物なのである（図3）。それに対して「美しい」女性の方はどうか。じつはここにも、似たような眼差しが働いている。

「美学部門」は、「科学部門」で得られた知見をもとに、「主要な美的条件――顔の表情の適切さ、ポーズ、そして身振りと結びついた形態の美――が満たされた」写真によって「美の感覚」を有する人びとを「喜ばせると同時に［生理学的真理を］教えることを望む」ものである。そのために選ばれたモデルは、「可愛くも醜くもない、十人並みの器量の持ち主」だが、「大柄で体格がよく、身体の形を外から研究するには適している」。この女性に電気端子で「表情を与える」ことにより、彼女を「変容」させ、美しくもしよう、というわけだ。そのため彼女は、デュシェンヌが用意した演劇の書き割りに従って、各場面を演じさせられる。[*24] 注目すべきことに、彼女は「左右の視神経麻酔」のために、現在ほとんど視力を喪失している。これはデュシェンヌにとってかえって好都合なことである。自分の役柄を彼女に意識させることなく――つまり電気生理学的な表情の「再演」の真正さが、彼女の側の感情の協力を受けたものではないことを保証したうえで――思うがままにポーズをつけることができるから。

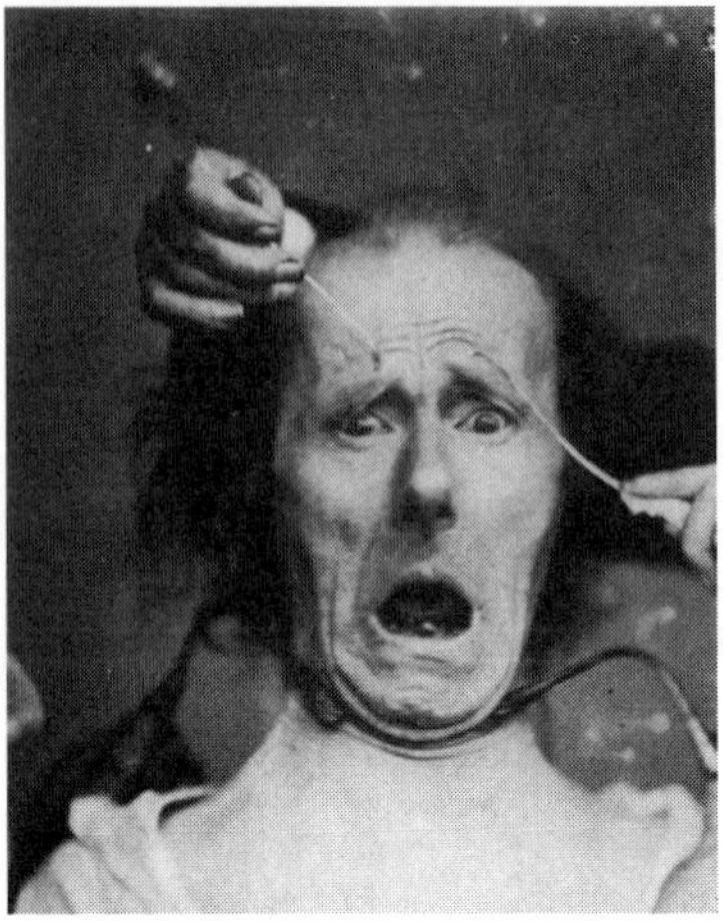

図3 「苦痛の混ざった恐怖」

「盲目ゆえに」彼女は私の示す身振りやポーズを理解することができないので、あたかも彼女がマネキンであるかのように、私が彼女の位置を定め、衣服を纏わせねばならない (Duchenne[1990:105])。

フランケンシュタインとピグマリオン、あるいは「死体」と「マネキン」——「科学」と「美学」は、人間の身体を生命をもたない《イナニメイト》物在へと抽象化する眼差しにおいて共通しているのである。この切断の視線は、たしかに一方では、人間身体を対象化し、客体化する線分によって規定されている。『表情論』全体の構成がそれを反復しているる。「科学部門」の最終章にあたる第一六章は、電気生理学が明らかにした表情筋の法則に基づいて、ラオコーンをはじめとする彫像の顔の表情の「生理学的誤り」を批判し、それらのレプリカの皺に「修正」を加える試みである（「m. corrugator supercilii および m.frontalis より見た幾つかの古代作品の批判的研究」）。「科学」と「美学」とを、像が媒介する。『表情論』には、身体を像に化す力が一貫して働いているわけだ。古典主義的な情念定型《パトスフォルメル》（ヴァールブルク）の範型だったラオコーンへの注目は、いかにもというべきだが、レプリカの皺に「修正」を施すという身振りは、過剰なまでに強調された科学写真の皺を、美学部門において目立たなくさせるための象徴的手続きにもなっている。

けれどもそのとき、皺は単純に廃棄されるのではない。微妙な表情の陰影を表すものとして、むしろ映像全体に拡散させられているのである——少なくとも、彼の意図としては。科学写真が「表情」の典型を明らかにしているとすれば、美学写真は、典型と典型の間の微妙な間隙を、無限に変化しうるニュアンスを、表象しようとする。なるほど、ある意味ではばかばかしい企てであろう。「微笑」の筋肉と「悲しみ」の筋肉にごく微細な電流を流し、しかるべきポーズをそれに組み合わせることで「複雑」で「微妙」な「表情」のニュアンスが出せると言うのだから。「表情」を典型的要素の数学的合成であるととらえるという、一般的情念／個別的情念以来のアトミズム的な構図を、無邪気に再演しているだけのようにも見える。

だが、典型からニュアンスへのデュシェンヌ的跳躍には、じつはこれまでなかった機構が挟み込まれている。それは、見る者の視線である。「地上の人間愛と神への恍惚とのなかで祈る尼」（図4）、「苦痛の混ざった母の幸福」

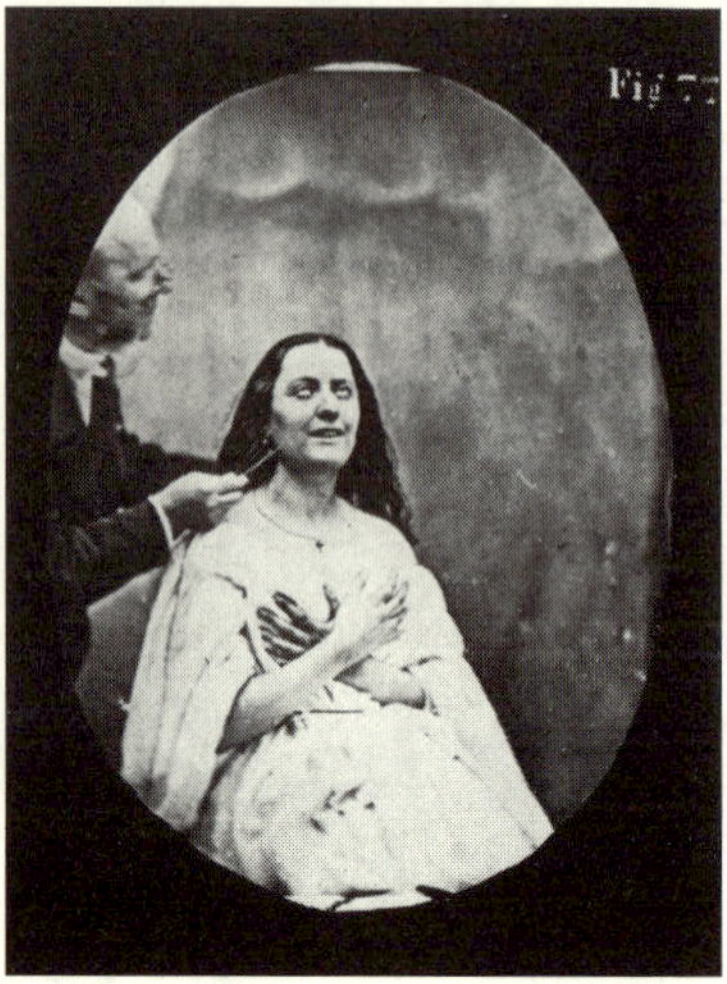

図4　「尼僧の恍惚」

図5　「病気の赤子を看病する母」

（図5）、「ダンカンを殺そうとするマクベス夫人（原作では夫に殺害を唆しただけだが……）」（図6）……。「この口元を見よ、喜びと苦痛が混じりあったこの微妙な表情を見よ。これほど美しい表情が描かれたことが今まであるだろうか」。視線はこのようにして、身体を像へと捨象する平面に成立した映像に押し広げられた、その襞＝皺を感知し、そこから美を引き出すゲームに積極的に参加する。自分が演じる情念を内的に追体験することをめぐる一八世紀的主題系（→一五章六節）は、ここでは完全に解体している。盲目の「役者」の顔面に電気端子を徽細に作用させ、基本表情を「複雑に」組み合わせたこれらの写真から、無限の「感情」のニュアンスを読み取るのは、今や見る者の方であり、そのとき、映像身体の「感情」を代補するのは、見る者の「感情」なのである。いや、もっと正確に言うならば、読者の視線がそのようなテクストの視線を半ば強制的になぞり直すようにすること、それこそが『表情論』の戦略なのだ。そして、それによって、「表情」を確定する科学的試みが、「美学」に向かって決定的に開かれてしまう。「表情」の把握は計量可能性において完結せずに、むしろイメージの領域と陸続きになるのである。[*25]

『表情論』というテクストのうえで、二つの「感情」が交叉する。「表情」と錯視された表情筋の人工的痙攣が、映像を見る者の内的な感情によって生気を与えられる。身体を客体化することで成立している平面が、内的「感情」を見る者の方に転移させること――これが写真の採用が『表情論』にとって必然的であった、最大の理由なのだと思う。写真こそがこうした共通平面を与えている。それはいわば、転移する作用としての超‐内面に対応する超‐外面なのである。〈内面〉が切断されているかのように見えるのに、なおも維持されている〈内面〉への信憑は、写真という新たなる〈外面〉によって担保されていると言えよう。

もちろん、内面性の内実をここまで空洞化したデュシェンヌは、本人も気付かぬうちに、観相学的対応関係を殺してしまっていると考えることもできる。デュシェンヌ解釈としては、おそらくその方が普通だろう。しかし、こうした超‐外面の導入により、彼はかえって観相学の運動を拡散し、延命させているとも言えるのではないか。言い換えれば、もはや具体的な人物の内面性を問題にする必要もなく、写真という表層に〈内面〉が読み込まれるという所作を可能にすることで、観相学は一段上のレヴェルで変奏されている。

図6　「ダンカン殺害に臨むマクベス夫人」

七　結語――超‐内面の意味論へ

ここまで考えたとき、『表情論』の過剰さの真の意味が分かってくるように思う。

野蛮とも凡庸とも形容できるだろう素朴《ナイーヴ》な信憑が、意外なほど錯綜した主題系の絡まりによって支えられているという意味でも、これはたしかに奇妙な書物である。しかし、物好きにもデュシェンヌが準備した視線にあえて身を置きつづけながら、筆者が感じていた居心地の悪さはそれだけでは近似できない。別種の過剰さへの直観があったからこそ、外から裁断するのではなく、内部のポジションに踏みとどまる記述の方法を強いられたのだ。

たしかに、私たちが触知してきた過剰さは、当事者の意図のなかにあった過剰さではないだろう。私たちもはや、彼（ら）と同じようにはこれらの写真の「精神の美」に心地よく身を任せることはできない。あの老人の〈顔〉の方が、私たちにとってははるかに衝撃的であるという事実が、それを証明している。定冠詞のついた表情、もはや誰のものでもなく、同時に誰のものでもあるような〈顔〉。だが、そんなものがいったいありうるのだろうか。あるいは、顔面という取り替え不可能な生体の一部が、その身体的限定性をはるかに越えた「普遍性」を担うなどということが、そもそも可能なのか。被写体となっている老人の皮膚は、今ではほとんど生体としての潤いを喪失し、崩れた壁紙のように、表層からぼろぼろはがれ落ちていくかのように見える。個々の写真は、無名の人の、量として累積した時間を残酷にも明るみに晒す。なのにその〈顔〉は、定冠詞が付された「表情」を浮かべさせられている。個体性と普遍性の、身体性と言語性の狭間に落ち込んだ写真。写真の内在的な論理によって、ある種の時間性を救い取りながら、個人の歴史を無惨にもその表面で拒む写真。それらには、「人間は美しくない」*26と呟くほかはないような酷薄さがある。

しかし、このようにして、美しさではなく醜さを、精神性ではなく無惨さを触知するとき、私たちはたぶん、彼らが行っていたことと、思いもがけずかなり近い振る舞いを演じているのだ。私たちは、精神の不在というかたちで画像の物質性を導入し、内面の不在／不在の内面になにごとかを読み込もうとしてしまうのである。『表情論』が無自覚に従っていた図式のイデオロギー性が私たちにはよく見える。だから、ここでの内面の不在をかれらより意識できる。だが、そのことによりかえって、その不在の内面をどのようなかたちにせよ代補する力が、自らの内部に働くことを、不気味なものの回帰として体験するのである。私たちはたしかに、この書物の異様さを異様なかたちで受け取るのだけれども、だがその感受の形式自体が、テクストの設定していた回路と、どこかで類同的になる……。それは、私たちもまた、〈顔〉に意味を見出し、大量に堆積していく写真の映像に、ほとんど自動的に〈内面〉を浅く張りつけては、どこかに回付していくことを、なぜかやめられないからではないか。そのことによって、私たちは『表情論』の空間から意外と逃れられていないのかもしれない。

超‐外面の導入によって成立した〈内面〉と〈外面〉の新しい力動のなかに、私たちは内包されている。[*27] 内面性の歴史を「説明」する言葉の浅さを含めて。この居心地の悪い感覚に踏みとどまって、内面性と外面性の現在的様態、あるいは、それらを賭金とした、意味をめぐる「コミュニケーション」の位相へと、思考を開いていく必要があるだろう。超‐内面／超‐外面は、本書の冒頭で述べた〈近代〉の超‐内部性という、あの透明な意味の被膜のなかで働きつづける。もちろんそれは、超‐内部性の便利な縮図などではない。しかし、この被膜を構成している基幹的部品の一つであることは、たしかであるからだ。

注

第一章

＊1　似たものとして、おそらくニーチェから始まり、フーコーやドゥルーズらに受け継がれた「力（Macht）」の語法がある。社会学においても、フーコー的権力論の普及のもと、「身体／主体を貫く力」といった表現が用いられることがある。筆者は、こうした力のメタファーが何をしていたかについては慎重であるべきだと考えている。以後の各章で具体的に論述していくように、初期近代における情念に対する徹底的な考察はむしろ、「力」をもちだすとき、「心」への言及を方法的に封印しなくてはならなくなることを示唆するように見える。

＊2　したがって、関心の中心は、特定の情念の系譜ではなく、むしろ情念を情念として把握する、散乱した（メタ）理論の変遷にある。きわめて重要な情念である愛に注目するときにも、本書がそこで目指しているのは「情念としての愛」（Luhmann[1982]）というよりは、どちらかといえば「愛という情念」を含む諸情念の言説の歴史的分析である。

＊3　Lovejoy[1941=1997]、Goldsmith(ed.)[1994]など。

＊4　この点については、馬場[2001]が丁寧に論じている。

＊5　ルーマンは、近代が環節社会→階層社会→機能分化社会（全体社会）という進化論的構図を描くという仮説のもとで、意味論と社会構造の相関関係あるいは共変異的関係を追う歴史社会学を行っている。オットー・ブルンナーの歴史意味論やラインハルト・コゼレックの概念史研究を下敷きにしているためか、ルーマンの考える意味論の外延については、「文化史的素材」、「知識ストック」などと表現されているものの、明確な規定は意外と少ない。しかし、おおよそ、一、その社会のなかで語

られていることがら（のある部分）を、当該社会が何かについて行う意味づけ／説明の形式であると見なす。二、そうした意味づけが、当該社会に特徴的な何かを語っている（意味づけている）。とする、一連の操作として理解できる。私見では、その意義は以下の二点にある。

(1) 意味論は、特定の対象や行為に対する意味づけだが、じっさいの行為の諸連関が必ずしもそれに従って生起するとはかぎらない。にもかかわらず、行為をそのようなものとして解釈あるいは説明することの実定性として作用する。意味論は「AはXである（Xという意味である）」と陳述もしくは規定しているのではなく、むしろ、「AはXであるということになっている」という、無視できないタテマエのようなものとして機能している。こうした視角によって、社会と意味づけ作用との関係が、直接的な因果連関より緩やかで、かつふくらみをもったものとして捉えられるようになる（この点については、佐藤[1993]がいち早く指摘している）。

(2) これと関連したこととして、特定の意味づけの形式は、その境界部分に、それにうまくそぐわない、違背的な一連の諸形象を生み出すことがありうる（言い換えれば、侵犯(transgression)のような、普遍的で一般的な違背という事態は存在しない）。ある面で意味論は、意味づけ自体というよりも、むしろ、こうした違背を柔軟に吸収する処理の形式である。吸収のやり方のなかには端的な無視《パッシング》もあるが、他にもさまざまなかたちがありうる。

ルーマンは、この(1)、(2)が意味論を内的に変容させ、それが社会進化と相関していると仮定している。この仮定の当否については、彼のシステム論全体を検討する必要があるので、ここでは論じないが、意味論の変容と近代社会の進化とのあいだの関係ははっきりしていない。「社会構造」と意味論とが共変関係にあるという以上、単純な因果関係で捉えられないのは当然だが。社会進化がそれ自体として指し示せれば、意味論の次元の記述はその例示にすぎないことになる。同時に、意味論の内的変容が社会進化を少なくとも方向付けると述べているようにも見える。いずれにせよ、ルーマン自身は社会進化仮説を論証するために素材を選択しているのであり、この仮説にどういう態度を取るかとは独立して（筆者にはそれは、実体として信じられているというより、どうしても近代社会の連続性を措定してしまう社会学的な記述平面（遠藤[2006]を参照）への随順もしくは居直りであるように映るのだが）、(1)、(2)という着想自体は有用である。進化という前提をはずしたとき、意味論はフーコー的な言説概念と予想外の近接性を呈するともいえる。

筆者自身の言説史の研究が、直接にルーマンに導かれたということはない。また、彼の記述モデルのある部分については、明瞭に批判的であるが（たとえば、本書一〇章＊17を参照）、意味論の微妙な屈折、情念や礼節や小説言語といった「文化史的素材」への注目など、彼の分析や注目地点の一部は本書と交叉するところがある。とりわけ(2)の側面は、この本の記述とも密接に関連してくるように思う。筆者が意味論の内的変容をどうとらえているかについては、この本を読んで判断していただくしかないけれども、たとえば本書二章の記述とLuhmann[1980=2011:65-148]とで力点の置き方がどう異なっているか、扱っている時代にずれがあることを含めて、比べてみるのも面白いかもしれない。

なお、ルーマンの意味論に関する詳細な学説的研究として、高橋[2002]。実証的な社会記述モデルに結びつける試みに、佐藤[2008]がある。

＊6　一七〇八年に連合王国として統合されたスコットランドも含む。

＊7　ポーコックはヴェーバー的な理念型の分析をやっている、という応答は可能である（田中[1998:esp:37-94]）。だがその場合、確認可能なかたちで遍在している資本主義とはちがって、「共和主義」の指示対象がはっきりしないということが、やはり大きな難点として残る。

＊8　Bryson[1998:esp. 49-51]の批判が鋭い。

＊9　この点をつきつめると、イギリス的には、本質的にはそこで歴史は終わっていることになる——近代の「終らない」地平の感覚を、いち早く表現しているかのように。なお、一八世紀における「文明化した社会」の概念については、坂本[1995]の議論が興味深い。

＊10　植村[2010]が詳細に論じている。

＊11　恋愛についてはLuhmann[1984]。犯罪については、Harris[1989]、Guillais[1990]など。

＊12　ことにドイツ語圏においては、一八世紀になって、LeidenschaftというPassionという従来語から独立させられるかたちで新しく作られており、語彙の水準で、こうした断層の存在がもともと可視化されている。とりわけカントによる区分が重要である。Leidenschaft（＝文字通りに解釈すれば「苦しみを担うこと」）が誕生することで、受苦という意味領域は、受動としてのPassionからこの語へと次第に譲り渡された。そのことによって「受苦」＝Leidenschaftはいわば心理化されると

同時に、積極的な能力として読み替えられていった。つまり、アウエルバッハらの議論は、良くも悪くもドイツ語的なのである。後半の章で見るように、英語圏や仏語圏でも似たような移行の運動が認められるけれども、このような分節を語彙の水準で刻み込ま（め）なかっただけに、それははるかに微妙な「移行」であり、かつより精妙な機構を介したものとなる。どちらかといえば、むしろこちら側の方が、西欧の言説の歴史の厚みを伝えているように見える。

＊13 感情の言説体制の分析は一〇章以降に譲るが、感情を中立的概念と捉える現代の諸理論に対する歴史的批判として、Reddy[2001]、Paster, Rowe & Floyd-Wilson(eds.)[2004]を参照。彼らによれば、現代理論における感情(emotion)概念は、認知科学生理学主義と人類学的文化相対主義との同位対立の平面上を動いている。

＊14 たとえば、Meyer[1991＝2000]、Dwyer[1998]など。

＊15 なお、侵犯については＊5を参照。

＊16 感情／情念の分節を自明視する傾向が圧倒的に強いなかで、Fisher[2002]の議論は興味深い。彼もまたこの分節を前提としているが、分析哲学的な分析＝反省によって、いわば内側からそれを解体しようとしている。

＊17 Kahn[2001]、Kahn[2004]、Kahn, Saccamano & Coli (eds.)[2006]など。

＊18 こうしたパターンを脱しようとする意図が認められる最近の研究として、Paster, Rowe & Floyd-Wilson(eds.)[2004]。

＊19 現代の思考はしばしば、「揺らぐこと」それ自体を感情の定義にするという手に出るが、それも含めて、実体や本態を直接扱うのではなく、むしろそうしたものを設定する言説戦略の分析が目指されている。たとえば、揺らぎが感情の本態に見えるのは、異様に首尾一貫した合理的理性のようなものを対立項に置いているからだろう。Brennan[2004]が、現代的思考の好例になっている。また、Rorty[1980:esp.103-126]。

＊20 心理学の（批判的）歴史については、Danziger[1990]、Graumann & Gergen[1996]、Reed[1997]など。

＊21 フランスで有名な論争が起こったのは一七世紀も押し詰まったころであるが、「旧時代」そして／あるいは「現代」という記号は、それ以前に書かれたテクストのあちこちにばらまかれている。

補論一

＊1　同じくsentiment/feeling/emotionの訳語として準備された「感情」や「情動」、「情操」にしても、とりわけ「感情」についてはそれなりに錯綜した語用の歴史がある。吉野[1975]。

＊2　SAT大正新脩大藏經テキストデータベース（http://21dzk.l.u-tokyo.ac.jp/SAT/）の検索による。

＊3　この点については、たとえば高島[2000]。ただし、このような「情」の意味論の向こうには、東アジア漢字圏（とりわけ一八世紀の戴震以降）において「情」が有していた語義の広がりがある。そこまで考慮すれば、特殊日本的と言い切れなくなってくる可能性がある。張[2008]。

＊4　七情は『礼記』にまで遡る語であり、日本でも江戸期の日常語に入っていたが、もちろん西欧に対応する概念はなかったし、情念を七つに分ける方式も存在していない。おそらく、中国在住の宣教師による中国文献の翻訳のなかで編み出された訳語を、そのまま紹介したのだろう。

＊5　和製漢語としての翻訳語がしばしば自動的に発生させるずれの諸効果を、柳父章は「カセット効果」と呼んでいる（柳父[1976][1982]など）。「情念」の作用もそれに近いが、より安定した意義をもつ（ように見える）情熱と対置されることで囲いこまれ、「概念」化した点が特徴的かもしれない。

第二章

＊1　そのなかで注目されるのは、やはりルーマンである。彼は「階層社会」というカテゴリーを実体的に措定したうえで、力動化しようとしている。Luhmann[1989:149-258]など。なお、一章＊五も参照。

＊2　この時期の「意見」概念がどのような文脈にあるかについては、七章で論及する。

＊3　名誉の記号化に関しては、Whighan[1984]の議論が優れている。

＊4　宮廷文化の「長い歴史」については、たとえばBecker[1988]を参照。

＊5　クィンティリアヌスは『弁論術教程』の第四巻の序論部で、あるべき読者＝教育対象である息子の急死を報告している。カスティリオーネがローマ修辞学におけるこの先例を形式として借りた可能性がある。

＊6　『廷臣論』の受容と宮廷論のジャンル化については、Burke[1995]など。

＊7　権力の神秘を鍵概念とした『廷臣論』の卓抜なテクスト分析として、Burke[1950→1962:221-233]。

＊8　「君主の鏡」については、甚野[1992]。

＊9　厳密には、これはあくまで礼儀の内側から見た、多分に理念的な像である。掛け値なしの恣意が働いていただけである事例も少なくはなかっただろう。事実、多くの礼儀書が、貴族／紳士（とくにその子弟）が礼儀違反の行動をしていることを嘆いている。権力は下位者の目を無視して自由気ままに振る舞う放埒さ(liberalty)によってもっともよく示されるし、上位者がそのように振る舞うことを承認せざるをえない。だが、礼儀はそれをあえて徳と読み替えることで、放埒さに対する規律のプログラムとなっている。

＊10　『少年礼儀作法書』の翻訳・普及については、Chartier[1987＝1994:48-51]。

＊11　禁止／規範の「内面化」「心理化」の過程を見いだすエリアスの古典的解釈に挑戦して、ジャック・ルヴェルは、(1)若者ではなく子供を取り上げている、(2)上流層ではなくすべての子供を対象としている、(3)万人にあてはまるマナーのコードを目指しているという三点を強調している(Chartier(ed.)[1986＝1989:168-173])。しかしこれは、個人の推論能力にマナーの基準を置くことができるというエラスムスの図式の可能的含意を、いささか実体化しすぎている。ルヴェルの議論は、ユマニスト的普遍性の頽落が階層社会的規律化をもたらしたという前提をもっているように見える。

＊12　一六世紀においては、修辞学的な配列と身分秩序とは循環的に定義されている。「すべてのものは秩序によって立ち、秩序なしには何も存在しない。なぜなら秩序によってわれわれは生まれ、秩序によって生き、秩序によって人生の終わりを迎える。頭を秩序＝命令と規則とすることで、他の部分は部位として従う……」。万物のそうした配列が、語りの配列に移し替えられる。「ものをある種のかたちで並べること、時と場所がもっともよく要求するところに従って、すべての部分に適合することがらを適切に表明すること」(Wilson[1560→1909:156-7])。修辞学については次章で論じる。

＊13　厳密には、現代のエチケットですらこういう側面はある。人は規則のすべてを知っているわけではないし、特定の状況下でどの規則を適用するのが適切か、解釈が分かれることがありうる。しかし、エチケットにおいてそれは、どこかに書かれているはずの規則に到達しそこねる、あるいは到達に遅れることへの当惑として経験されている。

＊14　西欧封建制の政治的基盤に落とせば、こうした礼儀の相互性は、王といえども比較相対的に強力な貴族にすぎないことを背景としている。

＊15　Richards[2003:13] より引用。

＊16　Greenblatt[1980＝1992:211] の紹介による。

＊17　ロメイは、勇気と正義のどちらが名誉にとって重要なのかという設問に対して、結局のところ勇気は正義の別名であり、あえていうならば正義が勇気に優先すると答えている。野卑な人びとが想像するように、戦闘の功績によって勇気の度合いが自動的に決まり、それが貴族にふさわしい名誉に転化するのではない。むしろ正義は、勇気をはじめとした「すべての徳を包含する」。このようにして、徳は静態的な文化的価値への積極的随順へと書き換えられている。対論者が疑問を呈したように、勇気は実質的に「余計な言葉」へと落としめられるのである。Romei[1598→1969:106-107]。

＊18　おそらくルーマンならば、メンバーシップの開きは、階層として閉じていること、より正確にはむしろ、閉じていることへの信頼によって、最終的に補完されると考えるだろう。本章六節の議論と重なる論点に触れつつ、彼はこう書いている。「この［＝社会が自己をヒエラルキーとして受け止める］タイプの秩序の機能は、不平等をとおしてでなく、それと対照的な平等とそれに対応する接触の容易化をとおして充足される。……［階層社会においては］平等は下位システム内の秩序原理であり、不平等は下位システム外の秩序原理である」（Luhmann[1980＝2011:68]、強調は原文）。過去の階層社会に対して現代が抱きがちな安易なイメージに対する、見事な切り返しだと思う。しかし、階層あるいはヒエラルキーという閉じ（への信頼）によっても宮廷論的不安が止まない以上（彼もこの点には留意している）、これはメンバーシップの開きを一段先にずらしていることになる。

　別の角度からいえば、近代組織はメンバーシップの同定と功績の評価の公正さによって特徴づけられるが、そこにおいても、こうしたパッチワーク性が完全に排除されているわけではない。それは、業績主義による事実的積み上げによってと同じくらい、業績主義への期待によって維持運営されている。現代の社会自体が、そうした一段先送りをやり続けているということなのだろうか。

＊19　たとえばWhigham[1984:esp.95-96]、Bryson[1998:18]など。

＊20　Bryson[1998:228] より引用。

＊21　真正なものと模倣のまがいものとを区分するために、洗練《ソフィスティケーション》の度合いがもちだされるということ自体はそれほど珍しくはない。たとえば現代のWASPにも、そうした機制が見いだせる（越智［1998］）。重要なのは、一七世紀の気取り／優美さの区分が礼儀のシステムのうえで作動するために生じた特有の困難である。

＊22　あえて巨視的な視点をとれば、礼儀のうえで優美さが礼儀の余剰として出現するこの構造によって、礼儀が行為の外的規範の遵守からずれていく契機を内包するということ自体、西欧近代特有の振る舞いである。典型的には伝統中国の礼と比較せよ。

＊23　Romei[1598→1969]。

＊24　一六世紀の礼儀書における honestas については Richards[2003]

＊25　Simon Robson, 1577, The Courte of Ciuill Courtesy, 18-20. Peltonen[2003:47] より引用。

＊26　その一つの現れは、この時代における会話教則本の不在である。書簡判例集をはじめとして、書くことについての教本は多く書かれていたが、会話における話題の選択と配列、それにともなう自由度と稀少性のアンチノミーや、表現主体への信憑と語りの定型性とのジレンマといった問題群は、もう少し後の地層に属する出来事であり、一七世紀半ばのフランスにおける「対話集(Entretien)」形式の流行あたりからだろう。スウィフトの辛辣な会話批判、『洗練《ポライト》された会話について』（一七三八）では、会話マニュアルを模倣することによって、紋切り型の愚かさが批判されている(Swift[1738→1963])。

＊27　これは、「ローマ風《ウルバニタス》」という理念のうちに追いやられた文化規範と、事実的繁栄によって測られる西欧都市とのあいだのずれの表われでもあるだろう。この点については、Riedel[1984=1984:esp.297-366]、Pagden(ed.)[1987:41-56] を参照。

＊28　正確には、憂鬱に対する対処法としてよく取り上げられたもう一つの選択肢があって、それは楽しみ／気晴らし(diversion)による対象の流動化と興味《インタレスト》＝関心の自己喚起である。Burton[1621]。

＊29　Sullivan, 〝Introduction〟 in Guazzo[1571=1586→1925:v -xvi], Lievsay[1961:6-10, 258]。

＊30　発言者が言及しているのは、ヘシオドスが『神統記』のなかで採用したヴァージョンである。それによると、ゼウスとムネーモシュネーが九夜枕を交わすことで、カリオペー、クリーオー、テルプシコラーら、学問芸術を司る九人のムーサたちが

生まれたとされる。

＊31 こうした様相は Bertelli[1985=2006] から伺える。

＊32 これが、エリアスからはじまる宮廷の歴史社会学が、フランス社会を考察の中心にしてきた理由あるいは背後条件になっている。なお、言説の系譜／継承と社会条件の両面で英仏の差異を補足すれば、フランスもイギリスも宮廷論の受容における後発社会だが、一七世紀イギリスの場合、一六世紀イタリアの言説群と同時に、同時期のフランスにおけるその変形を受容していた。同時に、宮廷や首都の力がより弱かったイギリスでは、土地貴族や郷紳層のカントリー・ハウスを小さな王政体として捉えつつ、「弁論者」の普遍的理念をもちこもうとするエリオットや、「世間＝世界」への冒険の歴程という語りの様式によって、貴族世界と社会階層とを直接対置させるクレランドのような語り方が主流になったと考えることができる。

＊33 政治＝社会体制の社会史的分析については、二宮宏之「フランス絶対王政の統治構造」（二宮 [2011] 所収）、川出 [1996] を参照。

＊34 こうした変容の過程については、Peltonen[2003]、Whigham[1984:ch.1]、Mack[2002]。

＊35 これをあえて社会学的に表現すれば、礼節のコードの遍在に対する期待が、礼節の焦点を、コードの外部で主体がもっている何らかの能力へと移行させた、ということになるだろう。なお、＊21および本文の対応箇所を参照。

＊36 Lafayette[1678=1956:22]。ただし訳文は変更した。

＊37 サロンの始まりといわれる「青い部屋」を主宰したランブイエ侯爵夫人は、駐ローマフランス大使の父とイタリア貴族層出身の母のもと、ローマで生まれ育った人である。Craveri[2001=2006:esp.27-43]。ただし、イタリアにおいては、女性は現実の宮廷社交からかなり排除されていた。だからこそ、ゲームそして／あるいはネオ・プラトニズム的な理念の空間において、「女主人」的存在の導入が構造化されたともいえる。

＊38 この時期の礼節用語の増殖とその循環の意味については、Scholar[2005] の卓抜な議論に啓発されたところが大きい。Chartier[1987=1994:41-92] は civilité を中心に整理している。

＊39 これについては、Reddy[2001:141-142]。

＊40 Revel[1986=1989:esp.190-199]、Stanton[1980]、Gordon[1994:116-126]、Arditi[1998]。

＊41　サロン的社交については、女性史の立場から書かれたCraveri[op.cit.]が興味深い。他にVidal[1992:75-98]、赤木・赤木[2003]など。

＊42　誠実な人間の内的倫理は、一七世紀末期におけるモラリストの言説に引き継がれていく。モラリストの論理については九章でも論じているが、本章の議論に引きつけて整理すれば、この段階においては、社交的行為全般が虚偽の一般性の平面上で把握される。それは超越的で不在の真理への信仰と対置されると同時に、信仰（の困難）を根拠づける。

＊43　ここには、助言それ自体の転形が介在している。この時期、宮廷的な社交様式が絶対王政的中央集権政府／官僚組織へと上書きされていく過程が進行していた。助言は実効性の平面からますます遊離し、同時に、まさにそれゆえに、いわば理念としてのみ過度に実在するようになる。賢明さを自らに公言したうえで助言を求めることと助言に名を借りた帝王教育とが、実質を欠いたまま王と臣下のあいだを乱反射する。王権神授説――それは、中央集権化のなかで王の神秘的権能が実質的に空洞化されていくことに対する理念的反動である――とも通底する、ある空虚な切実さがそこにある。

　助言のこうした非実質化の果てにホッブズが登場するという構図を考えることもできよう。主権者＝権力者への自発的服従が協同的合意であるとする彼の理論は、ある意味で、下位者による随順によって上位者の意志を変更させるという助言の文法の、グロテスクな転倒である。

第三章

＊1　カスティリオーネによるキケロの援用に関しては、Richards[2003]の分析が詳しい。

＊2　修辞学に対する本章の分析視角は、長い伝統をもったこの知の形態に対して現代が抱く（ときに批判的な）関心から――積極的な意味で――かなりずれている。現代社会が「レトリック」に対してもっているイメージは、単なる言葉の装飾技法であり、ときには虚偽や詐術の温床として警戒されるべきものといったところだろう。他方、真理／非真理の硬直した秩序原理を転倒する多義性の壊乱的運動として称揚するという思考様式も、人文学においては珍しくない。だが、そもそも修辞学的な思考様式が安定した「転倒」の位置に納まるように考えてしまうのは、特定の――おそらくニーチェ以降に成立した――思考の制度の内部にいることの証左なのである。こうした陥穽を避け、修辞学を再歴史化しようという興味深い試みもみられる。

ただ、科学的記述と修辞学的記述がかつて混淆していたことをもって、現代における「科学」と「修辞学」の分業体制を撃とうとすること自体、どこかロマン主義を再演しているところがある（Ginzburg[1999=2001] はニーチェ以降の構図を明敏に指摘しつつ、この罠に嵌っている）。壊乱《サブヴァージョン》の可能性の復興というプロジェクトのなかで、それ自体がどこか非常に静態的な秩序／壊乱の二分法が回帰してしまう。それを含めて、現代の言説の布置は興味深い検討課題だが、それは初期近代の修辞学的知とは別の問題なのである。

＊3　Vickers[1989:39] より引用。

＊4　Kennedy[1994:6]。

＊5　Kennedy[1994]、橋場 [1997] など。

＊6　キケロがアリストテレスをどの程度参照していたかについては、古典学者のあいだでも議論がある。Wisse[1989] はエトス／パトス概念を中心として詳細に検討している。

＊7　近代的な分類原理は、通常(1)各要素は相互排他的で、(2)独立的、(3)各要素の総和が分類体系の全体と過不足なく一致するという三点によって特徴づけられる。

＊8　ただし、五分法が、近代と対峙する別の「緊密な」思考様式によって支えられていたといえるかは微妙である。おそらく五分法のルースな様態は、ヘレニズムにおける弁論術の諸潮流を折衷的に整備するなかで、これが成立したことと関係している。いくつかの思潮が、ローマのレトリケーにたまたま継承されたり、あるいはなぜか消えてしまった。その背後にある偶有的な諸事情をめぐってはさまざまな議論があるが、その多くは歴史の向こう側に溶解してしまっており、もはや復元することはできない。キケロの『発想論』や『弁論術の分析』から窺えるように、五分法に認められる分類の混乱や重複は、ローマ以前にあったさまざまな弁論術の流儀や流派の主張――人格的な教育＝陶冶と関連していたこともあり、その多くが口承的だった――を反映している（Cicero[2000a]）。その曖昧さや重複にはさほどつよい意味はないのだが、「分類」の単一平面を強引に出現させたローマ以降《ポスト》の視線からは必然的なものに映る。Barthes[1970=1979]、Conley[1990]、Kennedy[1994]。

＊9　たとえば、『善と悪の究極について』におけるキケロの不徹底な「折衷的態度」と見えるものは、多分に、この区分が成立した以降の視点の効果だろう（Cicero[2000b]）。

＊10　以下の文献を参照。Curtius[1954＝1971]、Bonner[1969]、Murphy(ed.)[1974]、Murphy(ed.)[1978]、Murphy(ed.)[1983]、Murphy(ed.)[2005]、Kennedy[1994]、Wooton(ed.)[2001]。

＊11　このことは、レトリケーをテクスト化もしくは「文学」化して受容する態度を許容していくことになるだろう。というか、このような定型の模倣的生産が「文学」であったという方が正確かもしれない。ルネサンス期におけるキケロらの再発見は、まさにそれをなぞり直すようなかたちで行われた。クルティウスの古典的名著を逆手に取れば、むしろこのなぞり直しの行為によって、ラテン語世界を起源にする「文学」空間が創出されたのである。Curtius[1954＝1971]。

＊12　一六世紀における修辞学教育とディクラメーションの位置については、Mack[2002]の議論が詳細である。

＊13　デメトリオスにおいても、擬人法と頓呼法は同一ではないものの、近接してとらえられている。後者は前者のすぐあとで記述されている。

＊14　古代における擬人法については、Paxon[1994:8-34]の優れた分析を参照した。

＊15　この点についてはMurphy[1974:esp.3-43]、Murphy[2005:111-124]が詳しい。

＊16　Crane[1964:57]。

＊17　Yates[1966]、Rossi[1960＝1984]など。もっとも、フランセス・イェイツらの議論のなかで構築される「記憶術」は、文字言語／非言語的イメージという区分や、その区分が文字言語の側から把持されうることを自明視している点で、レトリケーにおける記憶とは直接関連のない、別の次元に移し替えられている。これらの優れた人文学的研究に関して不満を感じる点は、「周縁化された知の形態の復権」という観点から修辞学にアプローチする結果、思考様式の同一性がもちこまれることである。文書の体系から抑圧されたものの回帰という語り方は、一つのシステムから別のシステムへの移行を問題にしているように見えるときにも、じつは文書／身体行為の総体からなる本質的全体性を暗黙のうちに想定している。

＊18　箕輪[2006]、兼岩[1992]。三学については、岩村[2007]。

＊19　Ong[1958→1983]の古典的名著を参照されたい。他にもHowell[1971]。

＊20　Sidney[1595＝1968]、Puttenham[1589→1970]。

＊21　Crane[1964:97]。

＊22 Cox[1532]、Wilson[1553→1971]、Sherry[1550→1977]、Rainolde[1563]、Peacham[1593→1977]、Day[1586→1967]、Hoskins[1599→1935]。

＊23 じっさい、ラテン語作家たちの影響は多岐にわたり、とりわけエラスムスの修辞学の翻訳は、社交教則や教育理論にかなりの影響を与えている。Gent & Llewellyn[1990:136-153]、Bryson[1998:esp.171-175]、Mack[2002]を参照。

＊24 コモンプレイス・ブック（抜き書き帳）を作成するという実践は、修辞学の体制の終了後も、自然観察や備忘録といった用法に接続され、長くつづくことになる。学生の単語帳作成もこのはるかな末裔だろう。Havens[2001]がこの歴史の厚みを体感させてくれる。

＊25 Sweeting[1940→1964:esp.114]、Crane[1964:97-112]。

＊26 文体修辞学の隆盛は、しばしばラムス主義の直接的影響として説明されてきた。発想と配列を修辞学から切り離して弁証術（と論理学）に移し替え、修辞の領域を措辞（と講演法）の形式的技法へと縮小するラムス主義が、文体修辞学の成立の直接的な原因であったかどうかはともかく、両者が同一平面上にあったことはたしかだろう。英国においても、ラムス主義の影響を受けた修辞書が（とくに学校教育用の教本として）多く生産されている。

だが、ラムス主義が圧倒的に支配的だったという理解に対しては、現在では実証的な反論がかなり出てきている（Vickers[1989]など）。自身は修辞学に関する書物を公刊しなかったラムスの影響を過大に取ろうとする視線が、修辞学の切断と弁証術の命題化というラムス的公準のなかに、近代科学モデルの萌芽を読み込んでしまっている可能性がある。オングが描きだしたように、ラムスの言説自体は、それとは関係のない空間のなかを動いていたが（Ong[op.cit.]）。この視線自体が、修辞学の形式化と周縁化を、自明な事実であるかのように先取っている。

＊27 これらの用語の整理としては、Lanham[1991]が便利である。

＊28 エラスムスはコピア概念を再興し、定型句の蒐集を奨励したが、修辞学を学び、実地に応用しようとする学生に宛てた心得のなかで、彼自身はこのように勧めている。「手紙を書くときには、規則に頼ったり、彼らが洗練された語句や金言的表現を借り受けてくる書物にすぐに逃げ込んだりしないことである。むしろ、まず第一に、自分たちが書くことに決めた主題をきわめて注意深く考慮し、そしてその次に、手紙の宛先である人物の性質や人柄や気分、および、彼ら自身がその人に、好意を

もたれているのか、影響をもっているのか、それとも奉仕をする立場であるのかを、よく知っていなければならない。これらすべてのことがらを注意深く考察することから、彼らはいわば、その手紙の生きた模範を引き出すべきなのである。こうしたことが決定したあとで、最善の言葉や意見をたっぷり借りてくることのできる著者たちの書物のなかに、彼らが語句探しをすることを許そう」(Erasmus[De conscribendis episolis:74])。

＊29　これについては、Lawrence Green, "Grammatica Movet: Renaissance Grammar Books and Elocutio," in Oesterreich & Plett (eds.)[1999:73-115]。

＊30　本書とちがった角度から、ジョナサン・ゴールドバーグはラテン語とヴァナキュラー言語とのあいだの相互翻訳の過程に触れている。それは一六世紀の教育学的言説が、スコラ学的な文法学の外部に、いまだ不在である「国語」の文法を構築しようとするうえで、不可欠の手続きだった。Goldberg[1990]。

＊31　初版で挙げられた文彩は一九〇と、第二版より多い。その主な理由は、初版が立てていた「文法的な内容的文彩」というカテゴリーが放棄されたためである。そのかわりに「感情／情念」の項目が大量付加された。

＊32　さまざまな修辞用語の要覧としてLanham[1992]。より詳細なのはSonnino[1968]。なお、例示したaraとeucheはどちらもギリシャ語であり、Sonninoは対応するラテン語用語としてそれぞれexecratioとpromissioを挙げているが、Lanhamの挙示するものはそれと異なっている。

＊33　西欧のキケロ受容の歴史については、高田[1999]の簡潔にして要を得た記述を参照。

＊34　新旧の『アーケイディア』における愛の構造と修辞学との関係についてOlmsted[2008]、Lochman[2011]が論じている。

＊35　小説が制度化された意味空間を考えてみれば、この異様さがわかるはずだ。作者による記述と登場人物の解釈とがいつでも分離しうる（たとえば、人物の心中に生じていることのすべてが見通せるものではない）という前提が、一九世紀以降の小説の文体を構成している。

＊36　アーサー・キニーがこれに近い議論をしている。Arthur Kinny, 'Rhetoric and Fiction in Elizabethan England,' in (Murphy (ed.)[1983:388])。

＊37　オングのように文字／声の二項対立図式を無媒介にもちこむと、コミュニケーションの先取りになる。「声」がコミュニ

ケーションを代補しているから、「文字」の外部に充実した「声」の歴史普遍的な本質性を想定することができる。現代のメディア／コミュニケーション理論家たちの多くは、彼よりはるかに無自覚に、コミュニケーション的性能を投射している。

＊38　さらに時代が進めば、このような問題の圏域自体がほどけてしまう。無名氏による『芸術《ポライト・アート》論もしくは詩、絵画、音楽、建築、雄弁をめぐる考察』（一七四九）は、詩を「ありうべき(probable)自然」の模倣であり、散文を「現にそうである(true)自然」の記述であると分類することで、シドニー的な「物語《ロマンス》」を散文の規範を逸脱した畸型的存在へと押し込めてしまう。そのとき、指標のひとつとなるのが会話＝語りの位置であり、「韻文で語るというのは不自然」であるからだ(Malek[1974:50-51]を参照)。詩／散文のカテゴリー論としてみれば、この議論が一八世紀にあって標準的なものだったとはいえないが、語りの自然／不自然という基準を、語りの外からもちこむことができるようになるとき、言説体制そのものが移行しているのである。この点については、本書の一〇章以降で詳しく論じる。

第四章

＊1　自然魔術の位置に関しては、Schmitt & Copenhaver[1992＝2003:312-337]を参照。

＊2　もちろん、この前提を外せば、スコラ哲学もそれなりのやり方で自然を観察しているといえる。こうした留保も究極的には、近代が「観察」を鍵語にしたことの効果なのだろうが、まさにそのようなかたちで、「観察」という「近代」がある。Luhmann[1992＝2003]。

＊3　これは、ここでのpassionsを「受動」ととるか「情念」と解釈するかという問題でもある。これは多分に日本語の問題だが、原テクストにおいても両者の区分が不発に終わっている。

＊4　欲求（appetitus）はすべての存在者のもつ傾性（＝形相）と等値されている。したがって火のごとき自然的存在も「自然的本性的な欲求」をもつ。Aquinas[1969:193]。

＊5　可感的魂に属する記憶力と「知性的記憶」の差異は、前者が、五感を通して得た個別的な表象（phantasia）および評定力が直観的に把持した観念を保持する機能であるのに対し、後者は個別的存在者を類的存在として把握する能力を指していることに求められる。ただし、表象の位置づけは必ずしも安定していない。Aquinas[1969:137-139, 167-169]。

＊6　スーザン・ジェームズは「現代の日常用語における「怒り」の理解とは、重なりはしても完全には対応しない……アクィナスにとって ira は、ときには決意や積極性と翻訳されるような、より広い意味合いをもっている」と指摘している（James[1997:57]）。

＊7　アクィナスの行為分析論として、Gilson[1943=1975: 下 130-157]、Donagan[1982]、Gallagher[1991]、Pasneau[2002]。

＊8　一六世紀における組み替えについては、Gardiner et. al[1937]、Grange[1962]、Noreña[1989]、Maclean[2002] などを参照。

＊9　Aquinas[1995:134]。

＊10　フランシスコ・サレジオ『信仰生活の入門』(De Sales[1609→1961]) が、この時代の敬虔主義の地平をよく示している。なお Levi[1964]、Tuchle et.al.[1965=1991:52-67]。

＊11　Lovejoy[1961=1997]、Levy[op.cit.]、Hundert[1994:16-49] など。

＊12　一六世紀のネオ・プラトニスムにおける感覚秩序を、Levy[op.cit.:40-50] が詳細に論じている。

＊13　初期近代におけるストア哲学への関心の高まりに関しては、Bouwsma[1975]、Osler[1990]、Barbour[1998] など。フランス的文脈については Levi[op.cit.:7-73]。政治思想史においては、新ストア派と国家学とのつながりを分析する研究が蓄積されている。Oestriech[1969=1993:7-79] など。

＊14　嵐の船の比喩の歴史については Grange[op.cit] が興味深い。

＊15　彼自身が若い頃遊蕩と観劇に耽ったことが、この非難をほとんど魅惑と同型的にする (Augusutine[1976:（上）66-68])。その点でこれは、ヨナス・バリッシュのいう「反劇場的偏見」(Barish[1981]) の通常の水準を越えている。こうしたアウグスティヌス的身振りの分析については、何よりもケネス・バークの『宗教の修辞』を参照せよ (Burke[1961→1970])。

＊16　一七世紀神話学については、Pagden(ed.)[1987:303-324] 参照。

＊17　ラテン世界においては、キケロの時代から、アテネに直接遊学しないかぎり、アリストテレスの原典にアクセスする方途がほとんどなくなっている。アウグスティヌスのアリストテレスに対する知識は主としてキケロ経由であるが、『カテゴリー論』だけはラテン語訳で直接読んでいたらしい。Fitzgerald (ed.)[1999:57-59]。

＊18　古代の情念理論の思想史的研究としては、Gosling & Taylor[1982]、Cocking[1991]、廣川 [2000]。

*19 むろん、こうした強迫を一種の特異点として見いだせてしまうこと自体、究極的には西欧を対象としたことと共振している。いったん西欧という囲いの外部に出ることを選択したなら、そこに何らかの意味を読み込む積極的根拠は蒸発してしまうだろう。たとえば、多重的なずれの内部化とその内在的把握という形式自体が、ひどく三位一体に似てみえる瞬間がある。この問題は、本書ではあえて開いたままにしておく。

*20 フリードリッヒ・キットラーは、大著『書き込みのシステム一八〇〇／一九〇〇』の劈頭において、ゲーテの『ファウスト』の一節を分析している。それは、ファウストがヨハネ福音書の「太初に言《ことば》ありき」をギリシャ語からドイツ語へと翻訳を試みる場面である。ファウストは「言」の訳語に迷い、言に置き換わるべきいくつかの選択肢（「意志」「力」）を検討したあと、最後に「太初に行為ありき」と訳して、ほとんど満足しかける。そのとき、尨犬の姿からメフィストテレスが出現する。ファウストの表層意識における満足感にもかかわらず、この解釈は決定的に誤訳であったことになるが、しかし同時に、まさにそれゆえに、特異なかたちで生産的ではあったのである。「太初に行為ありき」という翻訳はまさに、遂行的に成立するそうした生産性を指し示している（Kittler[1985=1990:ch.1]）。ある意味では、その原型的な構造は、アウグスティヌスのなかに書き込まれていたともいえる。

*21 筆者とはちがう観点からだが、一六・一七世紀のアウグスティヌス主義を論じているものに、Tilmouth[2007:157-209]がある。

*22 三節でも示唆したが、さまざまなテクストにおけるaffectusのふるまいは、周縁化された用語であるだけにつかみにくい。たとえばアウグスティヌスはキリストが（意図的に）示した「人間的」感情をaffectusと表現しており、passionesとaffectusとの微妙な使い分けが認められる。アクィナスにはaffectusをpassionesの生じない意志的行為と定義している箇所がある。これはアウグスティヌスを主知主義的になぞり直している。一六世紀におけるaffectusの前景化のある部分は、アクィナスの主知主義がはるかに準備しており、トマス主義からの離脱／アウグスティヌスへの回帰という運動のなかで構成し直された。たとえば、affectusを穏やかなpassionesとしての（宗教的）感情であると捉えて一元化するサレジオのような試みは、そうしたものとして読むことができる。Sales[op.cit.]、Levi[op.cit.:112-126]。アウグスティヌスとアクィナスのそれぞれにおいてaffectusがどのように用いられているかについては、Dixon[2003:39-54]。

＊23　正確には、ストア哲学の用語系の紹介にあたってキケロが行った翻訳が、決定的な役割を果たした。「ギリシャ人たちが「パテー(pathē)」と呼んでいるものに対して、われわれとしては「病気(morbus)」よりは「情念＝惑乱(perturbationes)」という言葉を当てた方がよいと思われる」(Cicero[2002:4.10])。パテーに「病気」を当てるのは一種の誤訳だが、ここから、激しい心の動揺や取り乱しを意味する惑乱が、しばしばストア派あるいはストア的なもののイメージと結びつくことになった。アウグスティヌスも情念の訳語群の検討に際して、キケロのこの解釈を十全に援用している。

＊24　ストア派による情念の分析については、廣川[2000:161-231]、Brennan[2005:esp. 82-113]、Reydam-Schils[2005]。

＊25　情念を判断もしくは信念の一種とする教説が整理されたのはクリュシッポス(280-209 B.C.)の時代だが、ストア派内部においても、こうした知性主義的情念理論は、新アカデメイア派の懐疑主義との折衷を図るポシドニアス(135-51 BC)によって批判されている。ポシドニアスは魂に非理性的な部分を認め、プラトン説に戻っているところがある。

＊26　なおセネカはこの理論から、観劇や過去の歴史の読書体験、あるいは非言語的な音楽などが惹起する心の揺れ自体は情念ではないという、興味深い結論を引き出している(Seneca[1958:2.1.3-6])。カタルシス理論を提唱したアリストテレスと対比的である(もっとも、一三世紀になるまで『詩学』は紹介されなかったが)。

＊27　付言すれば、セネカはpassionesよりもはるかに多くaffectiones/affectuを用いている。情念を除去するために端緒的運動/衝動を区分する理論にとって、両者を統合的に総称する用語としては、passionesの「受動的」響きはふさわしくなかったのかもしれない。たとえば、リプシウスも一貫してアフェクタスを用いているが、一六世紀におけるアフェクタスの浮上が、セネカ/ストア派を経由して生じた側面もあろう。

＊28　ストア派の宇宙論については、Long[1986:147-160]。また Gerard Verbeke, "Ethics and Logic in Stoicism," in Osler (ed.) [1991:11-24]。＊22も参照。

＊29　アウグスティヌスがストア派の端緒的運動《プロパッション》＝衝動の理論をいかに積極的に誤解したかについて、Sorabji[1999:375-381]が説得的に記述している。

＊30　「欲望」を「希望」へと置き換えた五―六世紀のボエティウスを介して、こうした傾向は中世にも引き継がれ、最終的に欲望は、欲情的情念(concuscibilis)というもっと大きなカテゴリーへと格上げされていった(Marenbon[1988＝1992])。その

さらに先に、アクィナスの欲情的／怒情的情念の区分があるのは見えやすい。

*31　アウグスティヌス神学に関しては、Dawson[1930＝1946]、Gilson[1932＝1974-1975] など。アウグスティヌスの生涯と神学的思想の連関についての包括的な研究として、Brown[1967→2000]。

*32　このような見方がプロテスタンティズム以降のものである可能性もあるが、東方教会と比較すれば、地上／天上の二元論と終末論とを結びつけたアウグスティヌスは、やはり顕著な「西方的」性格を有している。たとえばオリゲネスは、むしろギリシャ＝ストア的な宇宙論を呼び出しつつ、終末論的発想を時間の無意味化に向かって消去する（Dawson[1930＝1946:70-72,108-111]）。原始キリスト教における禁欲の伝統を直接に継承しているのも東方教会の側である（森安［1991］、Jaeger[1961＝1964] など）。本文では直接言及していないが、〈西欧〉の「起源」としてのアウグスティヌスと表現したとき、筆者の念頭にあったのは、むしろこのようなことがらである。なお、*19も参照されたい。

*33　ストア派批判者の一人だったベーコンにしても、このように語っている。「情念《アフェクション》や情念《パータベイション》＝惑乱は……病である。……海が風に動かされ、荒らされないかぎり、それ自身では穏やかであるように、精神もまた、情念によって喧噪と混乱に置かれないかぎり、その本性においては、穏健で落ち着いている」（Bacon[1870:vol.5,23]）。

*34　もしかしたら、神学的・信仰告白的な議論のなかに、passion と同程度に、あるいはそれよりも強く affection として語る、一定の傾向があったかもしれない。そして、これが一八世紀における affection の「愛情」化を準備する土壌となった可能性がある。後代の地層に属する例だが、たとえば Edwards[1747→2007] のピューリタン的言説を参照せよ。

*35　デカルトの情念論の哲学的分析として、Brown[2006]。

*36　フランス語の emotion は「揺り動かす、扇動する」を意味する動詞 emouvoir から派生しているが、この動詞はラテン語 emovere まで辿ることができる。emotion は一方で社会秩序の壊乱状態を、他方で惑乱 (perturbatio) 系の情念の語彙をつよく想起させる語なのである。これに比すれば、フランス語の輸入語としての英語の emotion は、こうした連想を喚起する力がかなり弱い。デカルトが「内的」情動と規定したのも、おそらく騒乱 (emotion publique) などとの対比を意識したからだろう。情念／内的情動というこの区別が、ストア派における情念／端緒的運動（衝動）という区別と近似的に働くことで、情念に対する抵抗を彼に語らせている。五章二節を参照されたい。

*37 アンソニー・レヴィが、こうした過程を詳細に記述している（Levy[op.cit.:194-199]）。社会契約論の文脈における自由意志の位置については、Riley[1973]、Dummont[1983＝1992]。

*38 別の角度からいえば、この踏み越えは、この時代の観察の意味論が、すべてを見ているはずの神という、到達不可能であると同時に、もっとも確実な極点を前提としていたことの現れでもあるだろう。

*39 この指摘はルーマンによる（Luhmann[1995:55-100, esp.81-82]）。Dixon[2003]は、神学の伝統との連続性を強調する観点から、これを詳細に追っている。なお、「魂の」情念については、逆方向に強調をかけるかたちですでに触れている（→一章一節）。

*40 Heyd[1995]。

*41 Johnston[1986]など。

*42 たとえば、『リヴァイアサン』の以下の記述を参照。「ローマ教会の博士どもが申し立てる幽霊や亡霊の物語はすべて、理性でも聖書でも正当化されない地獄や煉獄の教義や悪魔払いの力やその他の教義を、もっともらしく見せるための……与太話でなくて何だろうか」(Hobbes[1651→1968:702])。

*43 彼は、ガッサンディ、デカルトらの大陸系哲学・生理学にいち早く眼をつけて紹介している一方で、『魂の不死について』では魂の精神性を擁護していたりする。チャールトンの折衷性についてはLewis[2001]。

*44 この権力批判は、事実との写像関係を参照することによって、真理／虚構の弁別が可能であるという信憑の成立を意味している、同時に、弁別可能であるからこそ虚構による欺瞞に対する警戒が繰り返し出現するという意味では、不安の表現であるともいえる。一七世紀の中葉あたりから始まっているこうした語り方は、当初の宗教／権力批判——その意味で、プロテタント系とより親和性が高い——を次第に脱色させながら、最終的には一九世紀に全面展開する科学＝娯楽＝有用性という等式へと流れ込んでいく。そのような、いわば教化の言説の系譜を想定することができる。Crary[1992＝1997:ch.4]、Stafford[1994]らの議論がこの点に触れている。

*45 別の言い方をすれば、これは、潜勢態／現実態の存在論的断層に対する、最初の明瞭な意味論的対処の試みだった（→七節）。

＊46　一七世紀における歴史画の文法に関しては、Bryson[1981]、Duro[1997]など。また、Gareau[1992=1992]

＊47　情念の座として心臓を重視したのはアリストテレスである。ここでも、デカルト松果腺説とアリストテレスとが、居心地悪いかたちで同居させられている。

＊48　先行的な事例として、一六世紀のヴィヴスを挙げることがきる（Vives[1538=1990]）。基本情念／複合情念という枠組みの提出、静止態＝気質・習慣と運動態との区分、記憶が情念を生起させる事例の指摘などを、彼の議論は先取りしている。また、ときに情念を具体的身体的変化と関連づけて分析している点も興味を引く。「直接の目撃と間接の報告とでは想像力の喚起の度合いが異なるがゆえに異なった情念が生み出される……、それゆえわれわれは、恥を感ずるとき目を伏せたりそむけたり、閉じたり覆ったりするのである」。とはいえ、彼は全体としてはアクィナスの構図を承認しており、カテゴリーの構築可能性（あるいは困難さ）をめぐるメタ理論的関心は認められない。なお、ヴィブスの情念理論に関する詳細な分析としては、Noreña[op.cit]を参照せよ。またSilborg[1941=1958:124-136]。

＊49　言い換えれば、私たちが欲望と考えるもの、つまり感情（情念）の根源で蠢く不定形の力は、まだ存在していない。この時代に「欲望」と名指されているものは、それとはちがう何かである。欠乏(privation)としての欲望を指摘したHarris[1949]の議論が興味深い。

第五章

＊1　デカルトのストア的側面に関しては、Barnouw[1992]の議論が啓発的である。他にもJames[1997:85-123]。

＊2　Sorabji[1999:346-351]を参照。

＊3　キリストが人間的感情を演じていたという発想は、カトリシズムにもあった。四章＊22を参照。

＊4　古代から中世に至る「キリストの模倣」の系譜として、Constable[1995:143-248]の議論が興味深い。

＊5　一七世紀以降の新ストア主義とその批判をめぐる思想史的概観は、Levy[1964:esp.225-233]が詳しい。

＊6　ロマネスクな恋愛については、Robert[1972=1975]を参照。

＊7　Heath, Malcolm, 'Longinus and the Ancient Sublime,' in Costelloe (ed.)[2012:11-23]。

*8 おそらく、レトリケーにおける擬ロンギヌスの位置は、多分に偶然的に突出する崇高の概念によって、エトスを極端なかたちで強調したというかたちで理解できるのだろう（→二章二節）。

*9 一七世紀の修辞学的崇高についてはMonk[1960]、Cronk[2003:esp.77-117]など。

*10 『崇高について』に対するニール・ハーツの精神分析的テクスト読解も、この周囲を旋回しているところがある。Hertz[1985:1-21]。

*11 この点については、Martan, Eva, 'The "Prehistory" of the Sublime in Early Modern France,' in Costelloe (ed.)[op.cit.:77-101]の分析が鋭い。

*12 聖霊主義の射程については、Heyd[1995:11-43]。またPinkus[1996:37-74]は独特の観点から論じており、興味深い。

*13 先の引用文がその一例だが、とりわけプロテスタント諸派による再洗礼派攻撃はすさまじいものだった。

*14 一六世紀の礼儀の意味論が、対面する君主や友人の意志を神秘化するものであったとすれば、（→二章四節）、一七世紀において、神秘はむしろ、主体の外から内へともたらされる、説明のつかない作用となる。権力関係が、主体に制御不能な外部性の直接的な源泉になっていたのに対して、その範囲が拡充した。驚異《アドミラチオ》や入神への注目は、そのような機能を担っていたと考えることができるかもしれない。

*15 Shaftesbury[1714→1968:vol.1, 15]。

*16 ここでは詳論を避けるが、本当は、入神に対するシャフツベリの関心はもっと複雑な側面をもっている。このことについては、遠藤[2007:216-218]で触れている。

*17 ホガース、『信じやすさ、迷信、狂信』（一七六二）。

*18 Didi-Huberman[1982=1990]。また、その好例であるピエール・ジャネの『症例マドレーヌ』では、そうした精神医学の視線がほとんど小説に近づいている。Janet[1926=2007]。

*19 したがって、近代的な社会秩序の意味論の外をあえて想像する本書のような試みは、その内部で秩序の「成立」や「転換」を語る社会思想史の文体からは必然的に外れることになる。秩序を語ることの言説効果については、Burke[1960]。

*20 ゴードンはこの系列にある論者として、シュヴァリエ・ラムゼーとニコラ・ドラマール（『ポリス論』）を数えている。

＊21　これについては、九章で扱う。

＊22　以下の文献を参照。Pouret[1949＝1969]、Benichou[1948＝1993]、Levi[1964:177-201]、川出 [1996]、川出 [2000]。

＊23　こうした語り方のはるかな原型として、たとえば『ニコマコス倫理学』の以下のような記述が考えられるかもしれない。「怒りは分別の命ずるところをある程度まで聞くが、聞き違えるように思われる。それは、ちょうど、せっかちな召使いのようなもので、命じられたことを全部聞かないうちに飛び出し、言い付けられたことは、何と、しそんじるのである。また、物音がしさえすれば、親しい人であるかどうか確かめもせずに、吠え立てる犬のようなものである。激情もまたこれと同じように、その熱しやすい、せっかちの本性のゆえに、聞きはしても、命令されたことは聞かず、復讐目がけて突進する」(7.6.1149a25)。しかし、アリストテレスにおいては、(1)怒り（激情）に記述が限定されており、複数の情念の連関の記述が目指されているわけではない。(2)「召使い」の形象は、ごく自然に「犬」へと流れていくことで、メタファーの水準を形成する。(3)「命令」に対するのは「聞き違え」、つまり単なる効率の悪さであって、情念の側が主体的に有する意志的反抗の契機は考慮されていない。こういった諸点に、大きな差異を読みとることができる。

第六章

＊1　Luhmann[1982＝1993：上巻，1-63]。

＊2　一八世紀初頭には、これは美の論理へと転換されていくことになるだろう。

＊3　この論理は、かなり露骨に性交を想起させる。

＊4　四体液説については、Rousseau[1990]、Mclean[2002]、McKenzie[1990]、Arikha[2007] などを参照。

＊5　この概念は、ストア哲学の生気 (pneuma) に由来する。四体液説は生物と非生物とを同一の四大元素によって把握しているが、ストア派は生物の感覚や運動を動かしているものがあると考え、それを生気と名付けた。ガレノスはこれをさらに、動脈を流れる「生命生気」と神経を流れる「精神生気」とに細分したのだが、Brown[2006:28-54] によれば、ルネサンス期以降、この精神生気がラテン語世界において spiritus animus と訳されるようになった。おそらく、こうした過程のなかで、「精神生気」は人体機構の具体的作動との関連において把握される「動物精気」へと転換していった。川喜多 [1977:260-266] も同様

の点に着目している（ただし彼は、これを「動物」精気と訳すことに疑問を呈している）。動物精気という概念の勃興もまた、ストア派の諸理論への再評価の文脈にあることは興味深い。

＊6　とはいえ、動物精気が四体液説を一方的に駆逐したのではない。動物精気の量の多寡や粒子の大きさ、動揺の激しさの程度や、粒子の均質さという「四種の創意」によって「人間の気質」が決まるとデカルトが述べるとき、彼は実質的に四体液説を焼き直しているにすぎない（Descartes[1949＝1974:106-108]、Descartes[1664＝1993:259-260]など）。むしろ両者が併存することで張られる、初期近代の言説の独特の実定性に注目しなければならない。この点については九章四節でも触れる。

＊7　付言すれば、デカルト主義の系譜で「身体の能動」が問題になりはじめるのが、一九世紀初頭のメーヌ・ド・ビランだということになろう（『人間学新論』、『人間の身体と精神の関係』）。なおCrary[1992＝2005:113-115]も参照。

＊8　本書とはちがう角度から分析しているMayr[1986＝1997]も、この点に関して同じような結論に達している。

＊9　これについては、Serjeantson[2001]。

＊10　より正確には、そのようにして受動＝情念と運動の自動性との同一視が始まっている。機械性が、いわば身体に外在する寄生的なこわばりとしての位置を占めつつある。これは、人間主体の行動／運動／受動の状態に対する見え方の書き換えの開始点でもあるのだ。マリオネットの機械的な「動作」は、まさに意識を徹底的に欠いているがゆえに、人間性を超越した美の地平を開くと論じたクライスト（Kleist[1970＝1998:472-483]）をそのはるかな末端に含み込むような、新しい行為モデルが開かれていくのである。

＊11　ウィリスについてはRousseau (ed.)[1990:107-146]。

＊12　その極限においては、身体そのものがオルガンとダイレクトに重ねられさえする。「人間が意志し心に抱くことがらについて可感的記号を与えるために利用するよう、自然は人間に声の器官を与えた。……われわれは自然のオルガンをもっており、そのうち気管動脈（aspera arteria）もしくは気管が風の通り道もしくは導管に当たる。肺は風袋同様膨張することで空気を吸い込み、収縮することで送り出す……」（Lamy[1675→1986:180]）。

＊13　ネプチューンの位置についてはKahn, Saccamano & Coli[2006:99-100]の指摘を参照した。

＊14　自動演奏楽器／自動人形《オートマトン》に初期近代が寄せた関心（国家を個人の集合からなる人工人間であると宣言するホッブ

ズの『リヴァイアサン』のあの有名な冒頭部分もそこに連なる）については、Strong[1984]、Bredekamp[1993=1996]、Yates[2003:123-133]などを参照。

＊15　人間と機械装置のあいだのヒエラルキーと、デカルトとチャールトンの両者がそれなりのかたちでしつらえた、そのヒエラルキーの壊乱は、『情念の効用』が魂の宮廷空間のなかに見いだした女王／臣下の権力関係の転倒とほぼ重なる。

＊16　一七世紀が有していた身体への唯物論的視線を、外部性＝物質性（materiality）のアレゴリーとして読み直すのが、初期近代の身体文化史研究において、近年広く認められる傾向となっている。たとえばHillman & Mazzio (eds.)[1997]、Judovitz[2001]など。このアプローチは、Kroll[1991]のような注目すべき成果を上げている。だがそこでも、現代のわれわれが想定するような内面性の「不在」をいささか安易に否定的媒介として用いることにより、現代社会の内面性の意味論に、かえって反転したかたちで繋ぎとめられてしまうきらいがなしとはしない。つまり、それらはどこかモダニズム的なのである。機械論的比喩を過度に強調することは、現在の理論の停止点と、ほどよく有和してしまう。

＊17　この点についてはKahn[2001]が興味深い。

＊18　この時代の哲学的言説における機械のメタファーの位置については、上野[1999]が関連した、興味深い議論を提出している。

＊19　この点については、ジョン・ヨルトンの古典的名著がある。Yolton[1983]、Yolton[1991]。

＊20　ついでにいえば、この外部視点の外挿には、まさにそのような外部視点が不能であることに対する疑念や不安という形式も含まれる。二〇世紀後半以降の近代社会が、繰り返し繰り返し、己に対して語りつづけているように。それは現代において、むしろかなり正統的な主体の説話なのである。たとえば、チューリングテストのパラドクス。あるいはまた、自分はよくできた人間のレプリカントではないかと疑うレプリカントの苦悩が、彼を人間的主体にする（『ブレードランナー』）というたぐいの、二〇世紀的想像力のパターンなどを考えてみればよい。

＊21　チャールトンはデカルトに対して批判一方だったわけではない。とりわけ理性的魂の不死をめぐるデカルトの見解をめぐっては、これを英国に積極的に紹介するという役割も果たしている。こうした側面に関しては、Lewis[2001]。

＊22　これは、デカルトやチャールトン自身も含めた当時の医科学的言説が、アリストテレス以来の魂の三区分モデルを廃棄し

きれなかったことの現れでもある。トマス・ウィリスにしても、『動物の魂をめぐる二つの講義』(Willis[1683→1999]) において、近代的神経学説をアリストテレス的な魂の区分のうえで展開している。

＊23 ホッブズの以下の発言を参照せよ。「生物が見ると言うときの方が、眼が見るというときより、われわれは正しく語っている。」(De Corpore Politico XXV,3)

＊24 ちなみにホメロスとイソップの対話という趣向は、フォントネルの『新編死者の対話』（一六八三）でも採用されているが、影響関係は不明である（Fontenelle[1683=2012]）。何らかの共通の元ネタがあったのかもしれない。

＊25 ダルガーノのこの説話に関しては、Kroll[1991] のきわめて興味深い一七世紀言語論も注目しているが、分析の力点が筆者とは少し異なる。

＊26 Derrida[1967=1974:esp.27-87]。付言すれば、ダルガーノのテクストにおいて「グラマトロジー」とはさまざまな代替言語の一つである。彼はセマトロジーのうち、「形象によって視覚に訴えかける恣意的記号」をシェマトロジーと呼ぶ。そのなかには「タイポロジーあるいはグラマトロジー」がある。「タイポロジーあるいはグラマトロジーとは、固く長持ちする物質上に永続する形象を押しつけることであると、私は考えている。そこには二つのやり方があり、ペンや手でそうするか、そのために作られた刻印を押すか、このちがいがグラマトロジーとタイポロジーのあいだの偶然的差異を生み出す」(Dalgarno[1680→1971:116])。「書記法」の科学という一九世紀以降の超平面が存在しない意味空間においては、〈声〉という不在の起源を呼び出すことなく、手書きと印刷とが、その他の雑多な技法＝言語とともに、平然と同居する（何といっても、イソップは「口がきけない」のである）。

＊27 ストア派の医学理論についてはMaclean[2002:159-164]、Barnouw[2002:275-326]。

＊28 ルブランによる表情分節もこれと同型の論理に従っている。

＊29 Hobbes[1651→1968:87-94]、Hobbes[1994:218] など。

＊30 ジョンソンの引用はStrong[1984:154-158] から。

＊31 精神言説論については、Dussinger[1984] が真正面から主題にしている。その他、Fraser[1977]、Cohen[1977]、Salmon[1996] などが参考になる。記号論的考察としては Krieger[1992]。また Hacking[1975=1989] は、哲学史的のなかで精神言説論を扱って

おり、非常に啓発的である。

＊32　正確には、超帰属点というべきかもしれない。システム論的な思考様式が、現象学的な記述の定位点を明示的に呼び出すわけではない。むしろ、以下のような事態に近い。任意の内／外という区分は、それ自体は機能的に設定されうるが、特定の箇所に境界線を引いたとたんに、内が内であり、外が外であることが即自的に決まるとされる。そのとき記述は、己が設定したその内を準拠点にすることをあてにしている、あるいは、あてにすることが自明であることがあてにされている。その意味で、システム論的思考は、帰属の実体的効果を隠しもっている、もしくは、そのことから逃れることができない。もっとも、ルーマンならば、同じことが「身体」の側からも記述できることを、――少なくとも可能性の水準においては――検討しようとするだろう。この点については、佐藤［2008］。

＊33　多くの文化史的研究には、現代的なメディア概念とその理論的地平を寓意画に不用意に適用する傾向が認められるが、むしろこれは、画像／韻文の並列のメディアでなさを告げているように見える。所与の複数の表現形式を通底する意味／内容を相互翻訳できるような操作平面を主体の力能として設定できることが「メディア」が語られる前提条件だからだ。

＊34　一七世紀的な情念の体系化は、こうした仕組みにも支えられている。

＊35　厳密にいえば、感情も何らかの内／外境界を前提しているが、共約不可能性の否認をかくもあっさり出現させることができなくなっている。というか、おそらく、この両者を循環関係に置くようなかたちで境界が設定されている。それがいかなる事態かについては、一〇章以降で論究されることになる。

＊36　それは、主観性なき経験の水準を、私たちが本当の意味では想像できないということでもあるだろう。

＊37　したがって、およそ世界と呼びうるものは、すべて何らかのかたちで二世界性を孕んでいる。たぶん、世界と外部とを分かつ境界が存在しないとき、そこに世界が存在するとすら言えない。なおかつ、世界の全貌が完全に見渡せるとすれば、それを観察する視点自体は世界の外の空間に帰属することになる。そのとき、観察される閉域は、それを含み込む（不可視の）世界の部分集合ということになるだろう。一方、世界が三つ以上に分割される場合、それらを比較しうる共通平面の自動的成立が、こうした操作を代行する。この点については遠藤［2002］で触れたことがある。

第七章

＊1　古代哲学諸派における記号概念については、Barnouw[2002] が詳しい。

＊2　主語項をX、述語項をYとする定言命題を〈X - Y〉とすると、定言三段論法は次の四つの格 (figure) に分類される。

第1格	第2格	第3格	第4格
M - P	P - M	M - P	P - M
S - M	S - M	M - S	M - S
∴S - P	∴S - P	∴S - P	∴S - P

S（結論の主語）を小項辞、P（結論の述語）を大項辞、Mを媒項辞と呼ぶ。つまり媒項辞は、大前提と小前提に共通して出現することで両者を繋げ、結論においては消去されているという特徴をもっている。

＊3　Aristotle[1955:75b]。

＊4　厳密には、二つ（以上）の三段論法が連結した連鎖式 (sorites) である。

＊5　蓋然性概念の展開は、Patey[1984:8-13,77-83] が見事に論じている。

＊6　『トリストラム・シャンディの生涯と意見』が書かれた一八世紀に、この両者はついに分裂する。古典への信頼による定義が廃棄され、語り手が未在でありさえする個人的見解が残された。さらには、個人的見解の集積をめぐる知が編成されるようになり、蓋然性は確率論へと変容する（とくにベイズ主義）が、この過程は本書の主題からは外れる。Hacking[1975]、Hacking[1990]。とくにPatey[1984:esp.84-166,220-251]。

＊7　「診断術的記号」や「病徴的記号」については、たとえばHoffmann[1695＝1971:83]。

＊8　表情学については一五章で扱う。なお、ガレノスはこうした記号にtekmērionという術語を与えている（↓本章二節）。Maclean[2002]、Barnouw[2002]。

＊9　中世的な記号概念の解体の過程に関しては、イアン・マクリーンの大著『ルネサンス期における論理・記号・自然』がとくに詳細に跡づけている。Maclean[2002:esp.114-127, 148-170, 276-332]。

＊10　この点についてはRossi[1960=1984]、Neubauer[1978=1999]。

＊11　一五章四節で詳説する。

＊12　Hudson[1994]。読めない文字への想像力は、二〇〇年後には、いわゆるロマン主義のなかで復興する。一六世紀から一七世紀にかけての世界象徴論が、現段階では読めない文字の最終的解読可能性を（素朴に）信頼することで成立していたとすれば、ロマン主義は、秘文字／象形文字が読めないことを、いわば最初からあてにしたうえでの想像力の飛躍や戯れとして現象する（もしくは、せざるをえない）。合理／非合理、秩序／壊乱のあいだの根深い対立の所在を指し示すものとして、あるいは後者の側からの前者への敗北を運命づけられた闘争として成立する秘文字的なものへの憧れは、あくまでロマン主義の枠組み内部でのみ成立する出来事なのである。ロマン主義的な象形文字の地平については、何よりもキットラーの『書き込みのシステム一八〇〇／一九〇〇』の分析の鋭さが他の追随を許さない（Kittler[1985=1990]）。

＊13　これについては、Brown[1966=1995:181-200]も参照。一八世紀以降、赤面（blushing）は、ブルジョア的慎み深さや内面的な恥の感覚の記号となっていく。

＊14　Daston & Park[1998:194]より引用。怪物の言説の盛期が中世よりも一六世紀だったことについては、伊藤[1998:esp.235-334]が詳細に論じている。

＊15　じっさい、彼の論理をつきつめれば、入浴も散髪も禁じなくてはならないが、それはヨーロッパ系キリスト教が明示的に捨てることで自らを形成した、隠遁主義的修行者を理想化することになってしまう。

＊16　なお、『アントロポメタモーフォシス』を論じたものとして、Burns[1999]、Wiseman[1999]、Campbell[1999:225-256]などがある。

＊17　古銭学の歴史についてはCunnaly[1999]。現代思想からの整理としてはShell[1978:63-88]が便利である。

＊18　この構造は、初期近代の修辞学におけるディクラメーションの延長線上にある、もしくはディクラメーションにリアリティを与えた風土のもとにある（→三章三節）。

＊19　たとえば直前のレノルズの引用におけるaffectionを「感情」と訳さざるをえないのも、それが「動物の運動」の「記号と印象＝刻印」ではないものとして招き入れられているという、テクストの一時的効果による。すでに論じたように、一七世

紀末まで passion と affection の用語系は相互交換的でありつづけた（→四章三～五節）。

＊20 ダニエル・ヘラー-ローゼンが、ルネサンスとデカルト主義の両者から切り離すかたちでカンパネッラの感覚理論を扱っている。Heller-Roazen[2007:esp.163-178]。

＊21 この点については、Schmitt & Copenhaver[1992=2003]。

第八章

＊1 アルファベット世界の住人のもってしまった不可能な漢字コンプレックスの系譜については、Porter[2001]が興味深い。

＊2 キルヒャー、ジョン・ディー、一七世紀に入るがロバート・フラッドといった人びとのこうした議論については、Hudson[1994]。

＊3 アダム言語論については、Fraser[1977]、Hudson[1994]、Eco[1993=1995]など。

＊4 一六世紀の言語理論の概観に関してはSalmon[1996:55-75]を参照せよ。

＊5 ベーコンに関しては、Markley[1993:63-94]、Stillman[1995:55-112]、Gaukroger[2001]を参照。

＊6 Rossi[1960=1984]、Shapiro[1969]、Knowlson[1975=1993]、Cohen[1977]、Subbiondo(ed.)[1992]、Salmon(ed.)[1996]。

＊7 一七世紀言説空間に向かって慣習概念が整備されていく過程については、Grafton & Blair (eds.)[1990:131-172]。

＊8 『実在的概念記号および哲学的言語に向けての試論 (An Eaasy towards ...)』という表題自体が、現行での彼の提案が不十分であるという自覚を刻印している。じっさい、ウィルキンズはこの試論を書きながら、どこかでこのやり方では駄目だと諦めている節が伺える。その点が意外と（ではないかもしれないが）経験論的であるのが興味深い。どこかで諦めながらも、あれほど長大なテクストを書いてしまえるということも含めて。

＊9 一言でいえば、ウィルキンズ的な概念記号はあまりにも美しくないと、当事者たちにすら感じられたのだろう。とりわけ、漢字と比べたときに。じっさい、もっと直接的に漢字をモデルにする試みを行った人びともいる。

＊10 『計算あるいは論理』（Hobbes[1981:192-195]）。

＊11 ちなみにこのテクストでは、記号 (signes) は符号—名称の系列からさらに独立しており、連続的に生起する出来事の先行

―後続関係、つまり蓋然的推論の連鎖によって定義されている(Hobbes[1650→1994:33])。「名誉の記号」を独立して取り上げる節があるのも興味深い(49-50)。

＊12 この点については、太田可夫が論じている(太田[1948:59-91])。太田はカントのカテゴリー論との異同という観点からホッブズを見ており、カント的観念論が成立して以降の認識論的地平の規範化がもたらす一定の歪みに、たぶん本人の意図に反して拘束されてしまうのだが、戦後まもなくのこの地点で、ホッブズの名称論に着目したこと自体特筆すべきである。外から見れば、文体的にも、戦後社会思想史の流れのなかでかなり孤立的な存在であるように映る。

＊13 筆者とは立場が異なるけれども、この点に関してはイザベル・ハンガーランドに対するジョージ・ロスの批判が非常に興味深い。ロスによると、ホッブズにおける名称の位相はほとんど論じられてこなかったが、これを扱ったハンガーランドの解釈(ただし筆者は未見)に反駁しつつ、ロスはホッブズの意味理論を再構成している。ホッブズにおいては名称が事物を指示し、表示記号(符号)が概念を指示しているとハンガーランドは主張しているが、名称は符号の下位集合であるのだから、このような名称/表示記号の分節は成り立たない。これはロスのいうとおりなのだが、必ずしも符号に還元できないような居心地の悪さが名称につきまとっているのもまたたしかである。Ross[1987]。

＊14 ソフィストと弁論術(/哲学)の関係を論じたものとして、Jarret[1991]。

＊15 ホッブズの記述様式については、別な角度から論じたことがある。遠藤[2000]。

＊16 現在の議論の文脈から観察しなおせば、情念の名称のもつ不思議な実体性――情念に対する中立的な記述の試みが、伝統的カテゴリーを名称の集合として承認してしまうという――もまた、こうした仕組みの効果である。

＊17 このあたりの論理的関係については、正確に見極めることはできない。おそらく、一七世紀の記述言語自身が有していた性能の限界に触れることになる。

＊18 Bacon[1605→1994:100-102]。

＊19 ベーコンの体系における修辞学の位置に関する標準的概観として、Nate, Richards, 'Rhetoric in the Early Royal Society,' in Oesterreich & Sloane[1999:215-232]。

＊20 いうまでもなくこの比喩論は、情念が、完結した文章の構造として表現されるのではなく、むしろ文をばらばらにするか

たちで機能するという考えと平行している。三章九節を参照。

＊21 言い換えれば、一八世紀の言語起源論は、情念の受動性を能動化して読み替える戦略の一環をなしている。

＊22 平明な文体に対する議論は多く、そのなかでは科学精神による修辞学の変質（最終的には敗北）という図式が繰り返し語られている。古典的なものとしては Howell[1971]、Croll[1969] など。また Shapiro[1983]、Shapin[1994]。よりわれわれの立場に近いものとしては、Graham[1994]、Goring[2005]。

＊23 Bennington[1987]、de Man[1996] など。また、Law[1993]。

＊24 Bacon[1623a=1870:421-422] も参照。

＊25 付言すれば、これは現行の自然言語の欠陥から、言語の客観的規則を引き出そうという哲学的文法と同型の論理である。ベーコン的思考様式の特徴がよく現れている。

＊26 笑いを独立した情念として認めた論者として、たとえば Chambre[1650:199-243]。

＊27 たぶんそのためにかえって、一八世紀以降、情念の一覧表から独立したかたちで笑い論が書かれることを可能にしたのだろう（たとえばシャフツベリやビーティ）。この系譜は本書では扱えない。

＊28 これに関連して、Shermann[2005] のユニークな議論がある。

＊29 原文 "In all the declarative conceits of gesture"。意味が必ずしも明瞭ではないが、かりにこのように解釈しておく。

＊30 Goring[2005:41]。

＊31 この逸話が言及されるとき、ファラオの前でも実演された、より華々しい「第一の記号」に目が行くのが普通だろう。現にその後の物語のなかでも「神の杖」が活躍している。杖に焦点が移るのが気に入らなかったのだろうか。

＊32 バルワーは『パトミオトミア』において、運動の突然性に着目することで自動性と意志とを調停しようとしていた。ここで見られるのは、その別ヴァージョンであると考えることもできる。ただし後述するように、この構図は意図の水準をより積極的なかたちで出現させることにおいて、『パトミオトミア』よりも射程が広いものとなっている。

＊33 挿絵の水準を強く取れば、寓意画におけるモットーに近いとも考えられる。

＊34 そのため、メディア史にとって一七世紀は、もっとも原基的なメディア技術が創生する画期的な時期であるとされる。

Goodman[1994:esp.183-232]、Stewart[1991],Flichy[1995]。

＊35　ベーコンが「伝達の技術」に対して communication ではなく Method of tradition or delivery という語を用いているのは、これと関連しているかもしれない。伝統的に、delivery は修辞学における講演法（actio/pronuntio）の訳語でもあった。なお、『学問の尊厳と進歩』の一九世紀における翻訳者も、「伝達の技術」に communication という語を用いるのを避け、Art of Transmission と訳している（Bacon[1623a＝1870]）。なお、一〇章＊7も参照されたい。

＊36　ついでにいえば、こうした感覚は、自動詞的なコミュニケーションの誕生をもってただちにとぎれるのではない。おそらく一七世紀から一八世紀にかけて、遊戯としての人生という感覚の世俗化＝弱毒化のなかで減衰しながら持続していくだろう。社交＝会話の意味論の組み替えの過程を考える必要がある（詳しくは一一章で論じる）。

＊37　この言説は、コミュニケーション・メディアという現代の把持形式がいかなる意味論上で作動しているかを逆照している。「感覚比率の変容」であれ「身体機能の延長」であれ、現代のメディア論的公準は、（身体感覚の壊乱にどれほど憧れていても）おそらく意図もしくは意志の帰属点として主体の身体を内界化できることを条件の一つとしている。そのことによってはじめて、身体／道具の境界が設定可能となる。さらにこの境界は、道具であることの機能等価を保証してもいる（メディアの根元的複数性）。キットラーも論じているように、感覚において出現する意味が文字という単一の平面のみを参照面とする空間においては、「メディア」など存在しえないのだ（Kittler[1985＝1990]）。そうした境界上で、意味を媒介する複数の機能平面の並立とそれらの共約可能性とが同時に出現する。

第九章

＊1　原文は"picture (reall or personall)"。不動産／動産の対比を意識していると思われる。とりあえずこう訳しておく。

＊2　正確には、活字を媒介して文字‐記号の物質性を（あるいは、活字という物質性を）発見している可能性があるが、ここでは踏み込まない。この点については、たとえば Goldberg[1990] を参照せよ。

＊3　ここでの詩学＝修辞学は、どちらかといえば現代の文学理論上の用語を借りている。たとえば Nardo[1991]。なお、「美しい顔」の古典的トポスについては Tytler[1982] が詳細である。

＊4　スミードは、人さまざまの系譜を一五世紀の「身分文学 Literature of Estate」から丹念に辿っている(Smeed[1985])。しかし、この連続性の想定は、人間類型の歴史を方法論的に設定しているためである。

＊5　Lothian[1966]を参照。

＊6　テオプラトスは中世の修辞学的伝統のなかでは失われていた。ただし、人物描写の定式化をはじめとするいくつかの水脈のなかに、間接的なかたちながら保持されてきたともいえる。こうした点についてはBoyce[1937:3-52]を参照。

＊7　これに関連して、「古代的」格言（諺）の初期近代的発見におけるエラスムスの重要さを論じたDavis [1975=1987:296-301]が興味深い。

＊8　この点については、一二章で別の角度から論じる。

＊9　献辞のテクスト戦略をMarshall[1986:13-33]が鋭く分析している。

＊10　テオプラトスの『人さまざま』には二八項目が記載されており、オーヴァーベリの初版とほぼ同一の規模である。

＊11　Paylor, W. (ed.)[(1622→)1936]、Butler[1970]、Bruyere[1688-1696=1952-1953]。

＊12　歴史社会学的に言えば、この背後には、この時期において書き手となることがもっていた意味が介在している。この点についてはFrance[1992]、Goodman[1994]。

＊13　ただし、一七世紀は一種の法的な行為責任主体としての人格(person)を語りはじめた時代でもある。これについては次章を参照。

＊14　一例を挙げると、「もし約束（約定）が道徳的責務をまったく有していないとわれわれが考えるならば、われわれはそれらを遵守しようとするいかなる傾性をも決して感じないだろう」(Hume[1740→1976:518])。ヒュームにおいてinclinationは傾向（propensity）と相互置換的に用いられてる。自然界の事物の推移の傾向（propensity）に対する蓋然的判断が、彼による傾性の定義（の一つ）である。一一章で詳しく論じる。

＊15　ヴィヴスの『情念論』がそういう議論をしている(Vives[1538=1990])。

＊16　あるいはむしろ、シャンブルはこのようなやり方で「傾性」と「本能」を区別しようとしたともいえるかもしれない――成功しているかどうかはともかくとして。一七世紀のフランスでは、傾性(penschans)と本能(instincts)はしばしば互換的

に用いられていたようだ。ドミニク・ブウールは「これらの「印象」や「傾性」や「本能」や「感情（sentiment）」や「共感（sympathie）」といった語は、自身の無知を取り繕い、自らを騙したあとで他者を騙すために、学識ある人たちによって発明された見栄えのよい言葉である」と述べている（Scholar[2005:50]より引用）。

＊17　たとえば、デカルトの以下の記述を参照。「［動物精気は］場合によって量が多かったり少なかったりするし、その粒子は大きかったり小さかったり、動揺の程度が激しかったり穏やかだったり、また互いに均質であったりなかったりする。この四種の相違によって、われわれ人間の気質すなわち自然的傾性が……［人間のモデルである］この機械のなかに表現されるのである。……たとえば、もし精気が普通より豊富であれば、この精気は、機械のなかに、われわれ人間のなかにあって《善意》、《気前よさ》、《愛》を表す運動と類似の運動をひき起こすのに適している。また、精気の粒子がより強力、より粗大であれば、……粒子が形、力、大きさにおいて均質な場合は、……粒子の動揺が一定である場合には……」（Descartes[1664=1993:259-260]）。

＊18　自体的記号の概念が抱え込んでいる、特徴と記号の切り分けという問題（↓七章九節）に関連させて表現すれば、これは特徴／記号を記号に繰り込むもう一つのやり方になっている。神の視点から見れば、さまざまな実体的特徴を有する世界内の存在者はそのまま記号となる。すべての存在者には神の神聖な文字が書き込まれており、人間の解釈行為はそれをなぞることである。だが重要なのは、唯物論的なチャールトン同様、神から出発する思考においても解釈の水準が出現するということだ。自己の真の姿に対する自己の到達しがたさが気づかれているが、それが神を前にした断念や沈黙に至るのではなく、むしろ自己の姿に対する推測を呼び込んでいく。正確には、そうした解釈が神に向かって繰り返し消去されるのだろうが。本書では扱わないが、スピノザやとりわけライプニッツのモナドロジーがはるかに精妙なかたちで行っているのも、つまりはこの解釈の出現とその連続的消去である。Serres[1968=1985]を参照。

＊19　これは、プロテスタンティズムの記号論理と一定の相同性を感じさせる。ただし推測可能性の設定地点の取り方は明らかに異なる。神によって額に記された救済／破滅の記号は、誰にも読めない。シャンブルの（カトリシズム的？）論理にとっては、個性の記号は本人には読めないが、他者には（ある程度）見てとれる。もっとも、周知のように、人間には読めないのに、そこに「記号」が存在すると考えたことで、プロテスタンティズム的な信仰告白のゲームが始まったのだから、差異は読解可能性／不能性の布置の差異にあるともいえる。

＊20　Maclean[2002]。
＊21　一章＊11を参照されたい。
＊22　この点については Harth[1983:68-128] の分析が示唆的である。また Smeed[1985: esp. 47-63, 179-189]、Goodman[1994]。
＊23　Smeed[op.cit] を参照せよ。
＊24　この点に関しては佐々木 [1999:426-428]。また、四章＊11も参照。

第一〇章

＊1　周知のように、フーコーもその危険性をずいぶん警戒していたが。これは言説分析にとって難所の一つであろう。これについては遠藤 [2006]。
＊2　Yolton[1956→1996]、Yolton[1983]。
＊3　ついでにいえば、機能主義だから唯名論に傾斜する。「把持」「比較」「意志」といった、ある意味で伝統的なカテゴリーもまた、心の働きの何らかの連関あるいはまとまりとして定義され直されている（名前を与え直されている）。これはホッブズ以来の経験論の背骨だろう。
＊4　ある意味では、デカルトも内観によってコギトを見いだしたといえなくはないが、内観というふるまいに賭けられている意味がロックとはがかなりちがう。
＊5　詳しくは Yolton[1996:esp.86-98] を参照。
＊6　なお、この一節については、「意味表示 (signification)」が何を意味しているかをめぐって古くから議論が重ねられてきたことで知られているが、ここでは踏み込まない。この点については Ott[2004]。筆者自身は、基本的にはホッブズやバルワーにおける「意味表示」の延長線上にあるとして読んでいる（→八章五、六節）。
＊7　付言すれば、自動詞的な communication がロック以前にまったく見られないわけではない――多いとはいえないが。たとえば、英訳聖書。(1)ウィクリフ訳（一三八二）では、「この奉仕を行うことでキリストの福音を認め、従順することで神を褒め称え、また、それらを自分たちやすべての人に分け与える、それだけのことで (in symplenesse of commynicacioun into

hem and into all)」という表現が出てくる（「コリント人への第二の手紙」九章一三節）。これがこの聖書で出現する唯一のcommunicationの用例であり、「物あるいはキリストの言葉を分かち与える、施す」という意味で用いられている。OEDによれば、これが英語の用法としてももっとも古い。⑵欽定訳聖書（一六一一）には、全部で八つの使用例があり、大別して三つの用法で用いられている（A）伝言や伝聞：使者による伝言（「サムエル記」三章一七節）、その場に不在の人物が語った内容（「列王記　下」九章一一節）、二人で話していた内容を第三者（復活したキリスト）が尋ねたという記述（「ルカ書」二四章一七節）。このcommunicationは、「公式の会見」やその内容という含意が強い。（B）誓いや悪口の禁止という文脈で用いられる良き／悪しき発言（「マタイ書」五章三七節、「エフェソ人への手紙」四章九節、「コロサイ人への手紙」三章八節）。（C）交際：悪しき交際（「コリント人への第一の手紙」一五章三三節）、信仰の交わり（「フィレモンへの手紙」六節）。この用法は、一六世紀的な社交＝会話《カンヴァセーション》に近いものとしてcommunicationが用いられることがあったことを示唆している。

英訳聖書におけるこれらの事例のほとんどが、自動詞的なcommunicationである。裏返せば、これまで見てきたような、日常的な局面で「考えを伝える」という意味ではまったく用いられていない。出現数の少なさからみても、聖書の特異な宗教的文脈のうえで、かなり特殊な意味を込められた用法だったと考えられる。神を中心とした共同体とそれ以外の共同体との落差として、「コミュニケーション」を語る、ウィクリフや欽定訳聖書の（B）の用法が、それをよく表している。とはいえ、欽定訳における（B）の事例の一つ、「マタイ書」五章三七節は注目に値する。そこでは、神以外の存在に誓って語ることを、邪悪な／邪神からもたらされると退けたうえで、「シンプルな」陳述が「コミュニケーション」と呼ばれており、それが神を中心とした共同体と同義なのである。もしかしたら、これが初期近代の「コミュニケーション」の淵源であるのかもしれない。「あなたの口にすることは、然り、然り、あるいは否、否、だけにしなさい。その他のものは邪悪から来るからである（But let your communication be, Yea, yea; Nay, nay: for whatsoever is more than these cometh of evil)」。なお、Riedel[1979=1990:21-23]は、政治社会／共同性(societas civilis)がまれにcommunicationes civilisと表記されることがあったと指摘している。

＊8　ロックの「記号学」については、Aarsleff[1982]を参照。

＊9　念のためいうと、スペクトルの波長や物質の化学変化等をもちだしても、ここでいう「定義」にはならない。それは色な

り匂いなりの観念の経験を生み出した（と想定される）物質のふるまいを、自然科学の平面上に写像しているだけである。

*10 周知のように、バークリーがこの矛盾を批判し、ヒュームによる因果律の破壊へと至る。この点については、鈴木[1992:47-91]の整理がよくまとまっている。また、哲学内在的な読解の試みとして、富田[1991]、富田[2005]が興味深い。

*11 複数の感覚によって生じる単純観念について論じたあと、「固さについて」という章を独立して立てているところから(2.4)、ロック自身は、触覚が基盤にあると考えたがっているところがあるけれども、記述が複層化していくなかで、その意図はあちこちで裏切られている。

*12 ロックにおけるモリヌー問題のあつかいについては、クレーリーが鋭く指摘している。彼は一七・一八世紀における触覚の優位に結びつけて論じているが、ここでも、触覚の基底性をやや先取りしすぎているように思う（↓六章六節）。クレーリーの議論は、諸感覚の積極的分断が成立した一九世紀以降と対照させるかたちで、一七・一八世紀における諸感覚の未分離を記述し、その根拠として触覚の基盤性を導出するというものだ。だが、一九世紀以降、諸感覚が分断されているとすれば、そのようにとらえても危険ではないから、つまり、そこから諸感覚の与件を調停できるような、感覚の共通平面（メタ感覚）のようなものを隠しもっているからだろう。一七・一八世紀における感覚の「未分離」は、触覚がそうした共通平面を素朴に代行していたことの現れであるとクレーリーはいうわけだが、少なくともロックの地点では、諸感覚の相互浸出が主題化されている。むしろ、にもかかわらず、それが一九世紀的なメタ感覚に帰結しなかったのはなぜかを問う方がよいだろう。一九世紀以降のメタ感覚が反省／俯瞰可能性の一形式であることを考えたとき、これ自体が、後述するロック的反省の論理系になっている。(Crary[1992=1997:92-96])。

*13 「反省する私」と「反省される私」の関係に関しては、一八世紀から二〇世紀に至る精神医学の歴史を概観した大平[1996]が興味深い。

*14 原文は"…these organs or the nerves which are conduits to convey them from without to their audience in the brain, the mind's presence-room (as I may so call it), …"。この"audience"と"presence-room"の含意は、微妙である。「居間（もしくは応接室）にいる（家族的にくつろいだ）人びと」というよりも、法廷における聴取（を行う審判者・取り調べ担当官）といったニュアンスがむしろ強いかもしれない。この時期におけるaudienceの語義は、現在よりはるかに公式性が高い方に触れて

いるようだ。

＊15　前章で論じた「キャラクター」の類型としての妥当性が特殊具体的な人物の複数性に拘束されるのに対し、「人格《パーソン》」には、はじめからある種の抽象的普遍性が与えられている。こうした人格概念（の近代的検討）の始まりをロックのさらに向こう側に求めるとすれば、例によってホッブズということになるだろう。彼は『リヴァイアサン』のある章で「人格《パーソン》、作者《オーサー》=権威者、人格化されたもの」について論じている。「人格（person）とは、舞台の上でも日常の会話のなかでも役者と同じであり、扮する（personate）ことは自分自身または他人を演ずること、つまり代表することである」。「人為的人格のなかには、自分たちの言葉や行為が、彼らが代表する者によって自己のものとして認められるものがある。そのときその人格は役者である。自分の言葉や行為をもっている人為的人格は作者=権威者（author）である。この場合、役者が権威をもって演ずる行為をするのである」（Hobbes[1651→1968:217-218]）。人格の概念的普遍性が、作劇や作者との語源的同根性から引き出されているのが興味深いが、人格の「虚構」的水準と具体的肉体を備えた人間とを近距離で衝突させるようなこの書き方は、ホッブズとロック（の立っている場所）のちがいを強調するものでもある。

＊16　人格同一性に関しては、Fox[1988]の分析が興味深い。また、一ノ瀬[1997]が鋭い。近代主義の内部でこれをあつかったものとしては、Perfit[1986=1998]が有名である。

＊17　ロックにおける反省のふるまいを「作動」と記述したことで、気づいた読者もいると思うが、理論社会学的に見れば、ルーマンのコミュニケーション・システム論との関連は興味深い。ルーマンの用語系に従って記述すれば、観念とは、外部環境からの刺激の受け取りと、それに対する観察からなる作動閉鎖性のしくみと考えることができる。感覚作用は情報（他者言及）に、反省は伝達（自己言及）に重なるだろう。ただしロックにおいては、ルーマンのいう理解の水準、つまり、情報と伝達の差異の、システム内部的な把持の水準は存在しない。言い換えれば、外部環境の再参入（re-entry）がない。

　このことは、ロックが何をやっているかと、ルーマンが何でないかを同時に指し示しているように思える。感覚作用と反省との同時随伴性と、観念としての身分の同型性は、反省の境位が感覚作用とどこまで独立しているかという問題を生じさせる。感覚作用と反省とを完全に同一平面上におけば、それを「反省」と呼ぶ意味がなくなる。それに対してロックは、両者「同一だが、異なっている」といえる瞬間を、延々と名指しつづける。個々の「反省」は特定の事物や心的状態に一時的な繋留点をもっているが、それらの「反省」の呼び出しや読み込み、あるいは書き込みの全体が帰属する単一の超越的秩序のようなものは存在しない。あるいは、そのように書き続ける文体が、「反省」の事実性をいわば裏側から浮かび上がらせる（↓本章三節）。その意味でも、感覚作用と反省が同じだがちがう地点を、延々と指し示しつづけるしかない。

こうした書き方をなぜするのかと彼に問うたとしたら、人間は現にそのように世界を経験しているではないかと答えるだろう。それが不安定もしくは不経済に見えるとき、ルーマンが再参入概念を導入したことでそうしているように、感覚作用と反省とがそこにおいて客観的に区分できるような地点を、思わず挿入してしまうことになる。一時的な繋留点をひたすら辿り続ける平板な頑強さに、どこかで耐えられなくなるのだろう。理論社会学内在的にも、再参入が成り立つかどうかは大きな問題があるが（佐藤［2008:214-271］）、観念形成の論理にしたがうかぎり、そのような地点があるということはできない。超越的な根拠ではなく、それ以上遡っても無意味なものとして召喚されるコミュニケーションを「システム」と呼び換えようとする運動も、当然ながら生じない（佐藤［2008:37-68］）。

＊18 ロック自身にとっては、医学的即物性と信仰とは相互破壊的ではなく、同一平面上で順接している。Yolton[1956→1996:148-166]参照。

＊19 Albee[1902→1990]。

＊20 ジョン・マクスウェルによる英訳版。一六七二年版はラテン語で出版された。

＊21 近代における動機の語彙としての「幸福」については、異なる観点からかつて論じたことがある。遠藤［1992］。

＊22 この点については、意志の原因が、行為の結果もたらされる善の比較考量にあるという初版の見解を大幅に修正した、二巻二一章三五節も参照。

＊23 哲学や脳科学においてクオリアが主題化されたのは二〇世紀後半になってからだが、そうした問題関心は、認識論＝感覚論の地平が登場し、私秘的に形成されつづける観念という観念が可能になったときに、すでに内包されているともいえる。さらにいえば、それを「クオリア問題」として語（れ）る現代／語らないロック的観念論それぞれの背後にある言説的条件を想像してみることができよう。

＊24 言ってみれば彼は、情念の体制においてベーコンがそうであったような位置を、感情の体制において占めているところが

ある。ロックの形象が分散しながら繰り返し現れることになるだろう。

*25 神話的要素の人間化といってもよい。これについては一四、一五章で扱う。

*26 本章九節冒頭部の引用文を参照のこと。

*27 なお、ワッツについてはSill[2001]の議論が参考になった。

第一一章

*1 Mullan[1996]を参照。

*2 シンパシーやセンシビリティについての研究は数多い。Todd[1986]、Fox(ed.)[1987]、Rousseau(ed.)[1990]、Rousseau[1991]、Barker-Benfield[1993]、Van Sant[1993]、Lamb[2009]、Gaukroger[2010]など。なお、ここでは英語圏に話を限定しているが、たとえばフランス語圏におけるsympathieは、一七世紀以前の用法をより長く引きずっており、一七世紀半ばを過ぎても、物体間の引力／斥力（とりわけ天上界の天体と地上の物体のあいだで働く不可思議な作用）を人間同士の不可思議な誘引や反発とダイレクトに結びつける指向性が強い。自然魔術の思想圏域がより強かったためかもしれない。ゲーテの『親和力』（一八〇九）も、こうした語り方のはるかな残響なのだろう。

*3 emotionが現代心理学においても通用している語であるだけに、その概念史をきちんと論じるのはかえって難しい。本文の記述はかなり単純化してある。心理学史のなかで扱うものなら、Reed[1997]を始めとして多い。Reddy[2001]の取り組みは意欲的だが、腑分けの難しさを逆照射しているところがある。管見のかぎりでは、Dixon[2003:98-251]が参考になった。

*4 https://archive.org/details/dictionaryofengl01johnuoft。またBanfield[2007]は、sentimentの辞書的定義の変遷を一九世紀まで追っている。

*5 sentimentの分析としては、Mullan[1988]の議論が決定的である。他には、Baier[1991]、Bell[2000]。同時代的整理として、Stewart[1971:vol5,415-417]が便利である。

*6 この背後には、一七世紀の内乱のあと、セクト的熱狂への警戒とともに「キリストに倣って良いことをする」実践倫理が推奨されるという宗教的文脈がある。これについてはCrane[1934→1972]が詳しい。また、Williams[1996]の議論が興味深い。

＊7　倫理思想史の立場から、児玉 [2010] も同じことを指摘している。
＊8　還元主義の言説戦略をめぐるバークの分析は、Burke[1969:96-101, 132-137]。彼自身は裏返しの還元主義について明示的には論じていないが、どれほど個物の特殊性に留意しようとしても、言語を介した分析がすべからく一般化作用を随伴する以上、「語る」という営みが還元主義から（も）逃れがたい点に着目する点で、この議論も単純な還元主義批判ではない。なお、一七世紀における還元主義の不発については、六章五節も参照されたい。
＊9　古典的な評価として、Wiley[1934＝1958]、Cassirer[1953＝1993] など。
＊10　強調は原文。たとえばこの記述を、動物における情念の単一性と人間のそれの複雑性とを対比したスノーの一節（→七章八節）と比較してみると、こうした把握形式の位置がいっそう感得できるだろう。
＊11　Ahnert & Manning[2011:2] より引用。強調は原文。なお、「支配的情念」という語はベーコンも用いている。
＊12　この点については遠藤 [2000: 下]、遠藤 [2008] も参照されたい。シャフツベリの文体の錯綜について、筆者の目を最初に開かせてくれたのは Marshall[1986] である。その他、Klein[1994]、Prince[1996] などが参考になる。
＊13　アクィナス的なカテゴリーとの比較でいえば、ここに決定的な差異がある。たとえば「欲望」や「希望」は未来への予期によって生じる現在の情念だが、それは未来においては消えてしまう（「喜び」などの別の情念に移行する）。ハチソンは、現在の快苦と未来の快苦を現在において比較できるかのような視点をもちこんでいるのである。
＊14　死後に出版された『道徳哲学体系』（一七五五）では、感覚作用／感情／情念を反省との関連で定義するやり方自体が消えている。そもそも反省はほとんど扱われていない（Hutcheson[1755→1990:vol.1, 6]）。それは、一つにはロック的な反省概念がこの段階では自明になっているためであり、もう一つには、たぶんこれと矛盾しないが、人間の精神の諸能力を道徳哲学の「体系」として描けること自体が、反省を代行している（観念とその連合を記述するというスタイルが完全に制度化している）からだろう。
＊15　ここには、理性の普遍性の偏差として情念の「個体性」を測定するという伝統的発想の残滓が認められる。
＊16　「抗しがたさ」に着目したのは Fiering[1976] である。
＊17　その意味では、感情の内部性／情念の外部性＝受動性という見え方自体が、感情の体制の内部で構成されたものである。

＊18 Hutcheson[1738 = 1983:129-137]。この箇所は初版にはなく、四版で書き加えられた議論である。この書き加えに関しては、『情念と感情の本性とふるまいに関する考察』を書いたことで、考察が深まったことがおそらく大きい。似たような記述は『情念と～』のなかで頻出している。たとえばHutcheson[1728→1990:13-26]。

＊19 このことをめぐっては、Carey[2006:161-172]の議論がある。

＊20 ここでも、ホッブズに対しては暗黙のうちに明示的な批判、ロックにはくぐもった敵意というシャフツベリの使い分けは原型的である。シャフツベリ的アレゴリーの文体（→本章四節）は、この困難に対処するための戦略でもあったが、事物の即物的観察よりはるかに深い調和的秩序を担う趣味(taste)や判断力の領域が、他ならぬ教養＝教育の産物であることを認めるとき、彼は心ならずもロックの地平に回帰してしまう。「趣味（や判断力は、すでにわれわれに備わったものとして、われわれとともにこの世に現れるものでない、と考えられている。……いかなる能力や感覚、予感する感覚の働きや想像力も、われわれの技術や促成や助けなしに、自然が育て、ひとりでに正しく生じるものであるとしても、これらすべての作用のなかで作り出される観念一般、そして、選択され評価の対象となるあらゆる主題のうち、何が好ましく、何が重要であるかに関してわれわれが手に入れる明晰な概念、これらについては、私が想像するに、生得的であると考える人はいないだろう。知性や機知がこれほどの規模で成長するには、使用、修練、涵養がまず先行しなくてはならない」(Shaftesbury[1714→1968:vol.3, 164])。

＊21 巨視的にいえば、一九世紀末から二〇世紀初頭のある時点に「メタファーはメタファーである」に転化するまで、この命題は変形を被りつつ維持されていくだろう。Didi-Huberman[1982=1990]やStarobinski[1989a]が説得的に論じている。

＊22 医学的言説については本書では踏み込まないが、一八世紀の神経概念の概形は、Yolton[1983:153-189]、Rousseau(ed.)[1990]、Rousseau[1991]、Oppenheim[1991:1-16]など。感受性《センシビリティ》の医学／文化的配置をめぐる英仏の差異を論じるVila[1998]は啓発的である。

＊23 情念の過剰が病理に至るという論理は一七世紀にも語られていたが、過剰の位相がかなり異なる。何よりも、男性身体の女性化という要素は見られない（→五章三、四節）。一八世紀の神経言説とジェンダーとの関連については、Barker-Benfield[1993]、Ruberg & Steenbergh[2010]など。

＊24 生理学概念のアナロジー性に関しては、Van Sant[1993:1-15]が筆者の見解に比較的近いが、メタファー自体の位相を捉

えきれていない結果、文学言説と科学言説を並列しているという憾みが残る。その他の部分ではきわめて優れたジョン・マランの議論にも、似たようなところがある。Mullan[1988:201-240]。

*25 一八世紀の標準的理解は、後に以下のように定式化されることになった。「アフェクションはある存在もしくは事物に対する定まった精神の傾きを意味し、傾向《ディスポジション》と情念の中間の位置を占める。……情念が対象の現前とともに消滅するのに対し、アフェクションは永続的な結びつきであり、他の結びつき同様、われわれがその人のことを考えていないときにも持続している」(Kames[1785→1993:vol.2, 526-527])。

*26 Langford[1989]、Klein[1994]、Morgan[1994]、Arditi[1998:182-228]、Davidson[2004]などを参照。

*27 Barnouw[1992]はハチソンのデカルト-マルブランシュ的側面を強調している。

*28 ちなみにアダム・スミスは、家族や縁者への愛に端を発するこうした仕組みを「慣習的共感」と呼んでいる。これが彼にとっての「自然な愛情(Natural Affection)」である(Smith[1976:220])。

*29 繊細さによって「剛毅」が失われるという構図は、古代のポリス社会を商業社会と重ねあわせることで成立している(↓二章一〇節)。『国富論』においてスミスは、古代ポリス社会を古代的な商業社会であるかのように語っている。なお、一八世紀半ばの「ストア的」については、Justman[1992:24-81]が参考になる。

*30 その実例として、たとえば、Kames[1785→1993:119]を参照。

*31 児玉[2010]がこの潮流を明快に整理している。

*32 神と慈愛心をめぐる切り返し方は、カントを先取りしているところがある。「もしわれわれが、もっとも遠い星に住む、道徳的感情をもつことのできる理性的行為者について何らかの概念をもてば、われわれの善意は彼らにさえ届き、われわれは彼らの幸福を望むだろう」(Hutcheson[1725→1990:147])。

*33 Hutcheson[1738＝1983:168-9]。この箇所も初版にはないが、次節で見るように、おそらくマンデヴィルに対する反論として書き加えられたと考えられる。

*34 ここでもシャフツベリを参照する必要がある。散乱する諸特徴の向こうに超秩序を探ろうとするなかで、彼は「システム」という用語を導入している。「どんな生物も、自分自身にとっての私的善や彼が属しているシステムにとっての善に適し

た度合いを越えて、惹かれる感情や嫌悪をもつことで、必ず何らかの度合いで具合が悪くなる」(Shaftesbury[1714→1968:vol.2, 72])。この「システム」は、ハチソンのいう公共に近いが、ただしシャフツベリは、議論のスコープを生物一般に拡張したうえで、機能主義的把握への萌芽をもぐり込ませる。シャフツベリ自身は慈愛心と自己愛の計算については語っていないものの、これがハチソンにおいて計算可能性という課題が浮上した背後条件だろう。「同様に、もしある動物の種の全体で、他の何らかの種の生存もしくは幸福に貢献するならば、一般的に、その種の全体は、自分以外の何らかのシステムの部分である」(ibid.[vol.2, 18])。

＊35　一八世紀の書簡空間については、遠藤[1994]、遠藤[1997]で論じたことがある。

＊36　Simmel[1917=1979:93-130]。

＊37　スミスによるこの四段階モデルの先行者として、アダム・ファーガソンがいる。Ferguson[1767→1995:80-105]など。

＊38　推測史についてはSkinner[1979=1981:89-133]、Pagden(ed.)[1987:253-276]、Becker[1994]などが論じている。本書としては、観念の「起源」を問うという構えの成立が、歴史的な発展過程への推測という途を開いた(＝機能等価)という点に注目しておきたい。推測史の「実証主義」的「未熟」は、このこととも関連している。

＊39　周知のように、すでに一七世紀に「政治算術(political arithmetik)」という発想が現れているが、とくに感覚与件の計算(computatio)を最初に語ったのはおそらくホッブズである(Hobbes[1655=1981])。ハチソンは政治算術ではなくこちらを念頭に置いていると思われる。あえていえば、本書はここで、政治算術→統計学→功利主義という系譜から少しずれた、もう一つの計算の歴史を示唆していることになるのかもしれない。

＊40　社会科学の系譜のなかのマンデヴィルとしては、Goldsmith[1985]、Hundert[1994]、Berry[1994:101-176]など。

＊41　たとえば一六九一年に創設され、一七三八年まで続いた「習俗改善協会(the Societies for reformation of Manners)」などが、彼の格好の攻撃対象だった。Hunt[1999:28-56]。

＊42　「哲学的虚構」については、Hume[1740→1976:493]。また、以下の記述を参照せよ。「私たちが政府のそもそもの起源を森林や砂漠のなかに辿る場合には、人民というものが一切の権力の源泉であり、彼らが、平和と秩序のためにその生得的自由を自発的に放棄し、そして彼らの対等な仲間から法律を受け取り、しかも、彼らが自ら喜んでそのような主権者に服従したさ

いの条件は、はっきりと言い表されるか、それともあまりにも明白であるので改めて言明するのを無駄であると考えるのももっともであったということ、もしもこのようなことが「原始契約」という語の意味であるならば、すべての政府が最初は契約のうえに基礎づけられ、最初の未開社会が主としてこの原理によって形成されたことを否定できない。私たちの自由に関するこうした契約が記載された記録を探しても無駄である。それは羊皮紙にも木の葉や皮にも記載されなかった。文字の発明その他の文明の生活技術は、この契約の後に生じたことだからである」(Hume[1826:vol.3, 511])。

＊43　慈愛心と自己愛の協働を「計算」するというハチソンの考えは、この不十分さに対する応答でもあった。

＊44　言説的スキャンダルについては、Felman[1987]の卓抜な分析を参照。

＊45　厳密にいえば、ヒュームは印象と観念自体を勢い／活力の度合いのちがいで定義しており、いわば最初の地点からロックの語法とずれている(Hume[1740→1976:1-2])。これは、ロックにおける内界／外界の客観的分節への要請を、ヒュームがいったん論理的に解体したこと(そのうえで、思考経済上の便法として事実的に承認する――これがヒューム的な懐疑主義である)の表れである。自我を傾性へと溶解させる身振りも、それと連続している。

＊46　なお、少し後のデイヴィッド・ハートリーが『人間の観察』(一七四九)において、観念の受け取りから始まる振動《ヴァイブレーション》の体系的構造化を行っている。このテクストでは、感覚作用と観念とがのっけから完全に切断されている。「感覚作用とは、外部の事物によってわれわれの身体のいくつかの部分にもたらされる印象から生じる精神の内的な感じ(feeling)である。その他すべての内的感触を観念と呼ぶことができる。……多くの論者は感覚作用を観念として考えているが、私はどこでもこういう意味で用いる」(Hartley[1749→1967:ii])。そのことによって、「振動と観念連合の理論」が導き出される。「振動は自らの効果として観念連合を指し示し、観念連合は己の原因としての振動を指さす」。ハートリーは振動を触感＝感情の物理的出来事の広がりとを完全に等号で結ぶのである。こうした人間科学的な思考形式も、ロックの路線から必然的に出てくるパターンであるともいえる。一八世紀半ば以降、ロックの言う意味での反省が次第に語られなくなっていったのは、むしろこのようにしてなのだろう。なお、＊14も参照されたい。

＊47　アダム・スミス問題についてはLamb[1974]など。現在この問いは、『道徳感情論』の版の異同の解釈問題に転移している。田中[1988]、田中[1997]、Raphael[2007=2008:130-142]など。行文から分かるように、この「問題」に対して学説史的にい

かなる解答を与えるかは本書の関心の外であるが、かたちをかえて反復的に提起されていること自体が興味深い。
＊48　ちなみにこれは、ヴォルテールが取り上げたいわゆるカラス事件を念頭に置いており、一七九〇年に書き加えられた箇所である。
＊49　現在からみればナイーブなところのある分析だが、この過程としてはErämestä[1951:esp.18-39]が詳細である。
＊50　崇高美学が主体の感情経験として言説化された点については、de Bolla[1989]が詳細に分析している。
＊51　涙の歴史についてはVincent-Buffault.[1990]。一七七〇年代に生じた文学言説の屈曲は、遠藤[1997]でも論じている。
＊52　Howes (ed.)[1974:253]より引用。
＊53　ウルストンクラフトの多感批判については、Warren[1990]が興味深い。またParke[1990]、Barker-Benfield[1992]。
＊54　Vincent-Buffault[1990]。
＊55　この論点はBrissenden[1974]が取り上げている。
＊56　この点については、由良[1983:9-21]。

第一二章

＊1　小田部[2001]、小田部[2006]などを参照。
＊2　本書では踏み込まないが、美的価値が芸術においてどこまで特権的であるか、検討の余地があるだろう。たとえば、何らかの驚異の感覚《センス・オブ・ワンダー》を与えるものが芸術であると考えることもできる。しかし、とりわけ芸術が構成主義化した現代においては、美的価値にせよ驚異にせよ、芸術を非芸術から区分し、統御する原理のようなものではありえない。これについてはLuhmann[1995=2004:esp. ch.7]。
＊3　美学からのアプローチとしては、たとえば木幡[1984]を参照。
＊4　社会理論的には、それでも美学が芸術学に還元されずに自己の境界を維持していることの機能を考えることができる。興味深い課題だが、ここでは論じない。
＊5　一方、一七世紀のパスカルは、詩の美しさはあるが、幾何学や医学の美しさはないと考えていた。この点は次節の議論と

直結してくる。

＊6 Eco[1987=2001]。

＊7 Castiglione[1528=1976: Book 4, esp. 329-345] も参照。

＊8 近代以前の美については、Collingwood[1958:esp.15-41]、Stolnitz[1961a]、Eco[op.cit.] など。

＊9 一七世紀までの芸術の未在については、Kristeller[1951][1952] の名論文がある。

＊10 レオナルドのパラゴーヌについて、久保 [1999:243-266] が論じている。

＊11 いうまでもなく「古典主義 (classicism)」も「新古典主義 (neo-classicism)」も、芸術様式史の視点が定着した一八三〇年代ごろに生まれた言葉であり、当時の人びとが自己の位置や立場をそのように把握していたわけではない。さらにいえば、それは、いわゆるロマン主義 (romanticism) の興隆が一段落した後の時期になる（ただし「ロマン主義」という用語の登場は「古典主義」と同時期だが）。とりわけ、一九世紀フランス絵画における「新古典主義」には、ロマン主義的様式に対する反発としての正統《オーソドクシー》の復古という意味合いが強い。つまり「(新) 古典主義」という呼称は、ロマン主義以降の意味空間において、ロマン主義の他者として事後的に構成されたカテゴリーであり、それが二〇世紀以降に方法化してもちこされた (Pariset[1965=1973])。現代の表象（理論）史／概念史においても、古典主義からロマン主義へという大きな歴史的な変換の枠組みが、たとえば、「修辞学から美学へ」、「鏡からランプへ」など、さまざまな平面に写像されるかたちで論じられる。感情を後者に配して、「情念から（ロマン主義的）感情へ」とする語り方も少なくない。あるいはむしろ、そういう語り方が因襲化しているとすらいえる（→一章三節）。『言葉と物』や『書き込みのシステム』ですら、そういうところがあるように。たぶん本書の記述も、本当の意味では、この構図を脱しきれてはいないのだろうが、感情をこの枠組みのなかになるべく安易に配分しないことで、何が見えるかを考えている。

＊12 多様性のなかの統一に関しては、佐々木 [1987] の整理が簡潔にまとまっている。ロマン主義的な「感情」を論じないことを含めて。

＊13 ドライデン自身はおそらくホッブズを念頭に置いている。

＊14 「人さまざま」の初期形態において、美徳／悪徳の理念化と、そこから切断された中間領域としての人間的情念が論じられていたが、個別的な人間観察をそのまま提示できる（物語化の要素が比較的小さい）点で、それはもともと情念の自然学に

近い文体を取っている（→九章二節）。ドライデンらはこのことを、物語的結構の構築を主目的とする文芸学に内在した視点から観察し直しているともいえる。

＊15 一七世紀的崇高の文脈でデニスを論じた議論として、Delanty[2007]。崇高美学の関連については、Barnouw[1983]など。

＊16 この点も、Morillo[2000]。

＊17 有限の世界に閉じこめられている人間が、内にいながら、あるいは内にいるというまさにその形式において、その世界を越える瞬間をもつという論理形式（それは何よりも言語の考察と根がらみになる）については、Kittler[1985=1990]を参照。

＊18 こういうときに文学史は「前ロマン主義(Preromanticism)」という便利な枠を準備しているが、（新）古典主義／前ロマン主義という区分自体が、ロマン主義が正統化された事後からの整序である。＊11を参照。とくにデニスの場合は、ワーズワースに直接的に大きな影響を与えているという文学史的事実が介在している。

＊19 この時期における批評の成立については、Crane(ed.)[1952:372-388]。またWellek[1965]も参照。

＊20 なお、彼より先にホッブズが、『人間論』（一六五八）のなかで美を論じていることが注目される。ホッブズもまた、善《ボーヌム》と美《プルクラム》の伝統的連関のもとで考えており、美を「未来の善の予兆」と定義している。それゆえ「賞賛され、愛され、重んぜられること」も「危険において大胆であること」も人格的美《プルクラム》であることになる（Hobbes[2012:680, 685-6]。また、部分訳だがHobbes[1991:52-54]）。

＊21 Mortensen[1994]の議論が、身も蓋もないが示唆に富む。通常の美学史的理解としては、Stolnitz[1961b]、Stolnitz[1961c]など。

＊22 「美学」による宗教言説の世俗化に関する巨視的概観については、Sharpe & Zwicker (eds.)[1987:35-51]。シャフツベリについては、Klein[1994]の精緻な読解を皮切りに、彼の美学の政治戦略に関する研究が近年ではむしろ中心的になっているが、これらは基本的に、美の概念や言説を特定の政治社会の形状（あるいは、もしかしたら党派や階級の人脈図）によって説明する知識社会学である。これをやりすぎると「美」や「美学」の内在的リアリティ自体が蒸発してしまう。ここでは、それとはちがう読み方を試みている。

＊23 本書と少しちがう角度から、Todorov[1977=1987:193-196]がこのことを論じている。

＊24　たとえば、模倣概念の揺れをアディソンのテクストに即して具体的に指摘すると、この段階で、自然／技芸《アート》の区分を自然のなかに折り返すような、いわゆるピクチャレスク美学の胎動が始まっていることが注目される。「これらの荒涼たる風景のいくつかのなかには、人の手になる見物《みもの》(Show)より喜ばしいものもあるが、われわれは自然の作品が技芸《アート》の作品に似ているとき、より喜ばしいと感じる」(Addison, Steele et. al.[1967:vol.3, 285])。

＊25　一八世紀の想像力の位相を、Huhn[2004]が論じている。なお、視覚の位置については一四章で再び取り上げる。

＊26　ただし、基本的には「偉大なもの、見慣れないもの、美しいもの」系列の記述の方がはるかに多い。Addison, Steel et. al.[op.cit.:vol.3, 279-282]あたりの記述を参照。

＊27　この点については、Stolnitz[1961a]の考察が非常に優れている。またKivy[2003]も参照。アディソンについては、Hipple[1957:13-24]、濱下[1993:25-42]。同様のことは、「美」を「形容詞（形而上学的）」と定義しながら、実質上名詞化された概念を論じるという『百科全書』におけるディドロにも認められる。

＊28　ここでアディソンが「崇高」ではなく「偉大さ」「偉大なもの」という語を用いているのは、ボアローの崇高な／崇高性という区分を継承している。第五章＊8参照。

＊29　こうした議論として、Paulson[1996:48-75]。

＊30　一八世紀における視覚文化や娯楽の編成については数多くの文化史・社会史的研究があるが、Boulton[1901→1969]が特に詳細である。他にも、George[1925]、Castle[1986]、Bermingham & Brewer(eds.)[1995]、Brewer[1997]、Rendell[2002]など。

＊31　Langford[1989:esp.59-121]。

＊32　チェスターフィールド伯が一七三八年から六五年にかけて書いた手紙をまとめた書簡集の公刊（一七七四年）が評判を呼んだことが、「エチケット」という語が定着した決定的な契機になっている。貴族・宮廷文化的コードが、その文化に従う気のない中流層の読者に開かれたとき、なぜそうすべきかよく分からない外在的な符牒のようなものとして定着したのである。なお、二章＊13を参照。エチケットの歴史については、Arditi[1998:182-220]、Davidson[2004:46-75]など。

＊33　たとえば、視覚の行使によって「テクスト」化する観察主体という一八世紀的論理のもっとも複雑な形態は、おそらく、「君は〜を見る」を多用しながら断片的な情景をつなげていく、ディドロの『絵画論』（一七六六—六七）のなかに見いだせる。

ときにほとんど精神分析的な部分対象に近いようなやり方で、目の前を通り過ぎる物体を断片的に切り取り、絵画をめぐるコンヴェンションを力動化しようとするこのテクストは、「自然は間違ったことを何もしでかさない」という一文から始まっている。Diderot[1980=2005]。

＊34　古典主義／新古典主義における模倣概念の概観としてはAbrams[1953]が古典だが、Todorov[1977=1987:181-229]が優れている。また、Sullivan[1989]。分析哲学的な視角をとって、歴史的遠近法を半ば意図的に切断するHuhn[2004]は、良くも悪くもないものねだりを恐れないだけに、現在的な関心のありようが分かり、興味深い。

＊35　精査すれば、英国式庭園のスタイルは意外と分散的だが。イギリス庭園思想史についてはStrong[1979=2003]、安西[2000]。

＊36　disinterestednessという語自体は一七世紀から語例があるが、人格の道徳的公平さと強く結びついており、その点で形容詞のdieinterestedlyとは明らかに異なる。たとえば『ランブラー』誌におけるサミュエル・ジョンソンの用法（一七五二）。「若者の美徳と悪徳の多くは、評判に対するこの鋭敏な感覚から生じている。精神の堅固さや一貫性、忠実さと公平(disinterestedness)をもたらすのはこれである。ほんの少しプライドを傷つけられただけで復讐心を燃え上がらせ、血にまみれた名誉のあらゆる絶対的原理を命ずるのもこれである」(Johnson et. al.[1823:vol.3, 291])。

＊37　カント以前の英語圏の文献が「無関心性」を概念化していないことは、Stolnitz[1961b]が的確に指摘している。ただし、美学史の展開を追うに急な彼は、その意義を十分にくみ取っていないと思う。

＊38　たとえば、小田部[2006:19-44]の鋭敏な論考ですら。

＊39　厳密にいえば、「抗しがたさ」も現代からみた概念化だが。幸か不幸か術語として流通していないので、「無関心性」を避けるためにこれを用いているところがある。

＊40　カント哲学についてはDeleuze[1963=1984]の整理が端正である。

＊41　たとえば哲学史というスタイルの定着を見れば、それがよく分かる。これについては、柴田[1997]の好著がある。

＊42　たとえば、Hipple[op.cit.]、Dickie[op.cit.]、小田部[2001]などを参照されたい。

＊1　付言すれば、シャフツベリは、こうしたフランス的洒脱さ《ギャラントリ》から距離をとることで、美の対象を積極的に散乱させ、体が産出しつづける／主体を取り巻く分散的な徴候の見渡せない総体という様態において、古代的な人格美の理念を復活させようとしたところがある。「君は美のすべての段階と序列を、そして特定の形態のもつあらゆる神秘的な魅惑をよく知り、経験しているから、……美人の顔の輪郭や人体の優れた均整にたぶらかされない」(Shaftesbury[1714→1968:vol.2, 211])。ギャラントリに対するシャフツベリの批判については、Shaftesbury[1714→1968:vol.2, 194-199] など。

＊2　なお、一二章二節に引用したデカルトの文章も参照されたい。

＊3　味覚＝趣味を語った最初期の一人が一六世紀末のバルタザール・グラシアンである (Minor[2006])。その意味では、趣味概念の萌芽は一六世紀のスペイン人文学に遡るというべきだが、一七世紀後半のフランスの宮廷文人たちがグラシアンに言及することで、術語として定着したようだ。

＊4　一七世紀フランスにおける趣味概念の概形については、Moriarty[1988] を参照。

＊5　リチャード・スコラーによると、言葉のまとまりとしては、一六三〇年代から出現しはじめている。Scholar[2005:21-43]。

＊6　フランスでは、礼節の社会空間を拡張し、優美さへの感受性を広めようとする動きの近傍で、優美さ《グレース》が神の恩寵《グレース》という原義の不当な拡大解釈であるとする、ジャンセニストらが関わった論争が行われていた (Scholar[2005:60-61])。優美という語を忌避するというこの特殊フランス的な文脈において、優美さ《グレース》を魅力《アグレマン》に置き換える一定の動きが生じたのだろう。対応する英語の agreement には、「魅力」という語義は乏しい。

＊7　貴族的栄光の問題系については、五章七節で触れている。

＊8　崇高な情念表象の延長線上に、一二章四節で論じたデニスが登場したと考えることもできる。このようなかたちで、「フィクション」の次元が自律しはじめているのかもしれない。これは、近代におけるフィクションの存在論につながる大きな問題だが、これ以上の論及は断念せざるをえない。

＊9　言語的・理性的分析能力としての「幾何学の心」の向こうに、感覚的に直観する「繊細な心」を対置したパスカルも、似たようなことを述べている。

＊10　ドミニク・ブウールの『アリストとユジューヌ対談集』（一六七一）が、「私はそれを知らない」の隆盛の決定的なきっかけだった。ブウールについては、Scholar[op.cit:esp.59-72, 182-224]の他に、Cronk[2003:51-76]、Craveri[2001=2005:337-351]。

＊11　情念を利害や「自己愛」に還元するかのようなモラリストの言説は、こうした事態を裏側から語っていたのかもしれない（→九章八、九節）。

＊12　ボアローの意外な複雑さについては、Moriarty[1988:171-188]、Delanty[2007:245-253]。

＊13　ブルデューに言わせれば、「私はそれを知らない」は、「時間という権力」（血統に基づく正統性）を文化資本に転化したうえで、それを隠蔽するイデオロギーである（Bourdieu[1979=1990:I, 106-117]）。彼の社会学主義からは、「私はそれを知らない」を内側から問う必要はないとされるのは方法的に必然だが、同時に、主体の内界で働く美的自由度――のようなもの――への社会的期待を徹底的に押し潰したいという、強い欲望が働いていることを感じさせられる。おそらく、それもまた、いわば裏返しのフランス性なのである。

＊14　イギリス内在的に見れば、事態ははるかに微妙だが。水谷[1987]が、通説に対する嫌味たっぷりに論じている。

＊15　論理学の拡張としての美学の批判的検討については、Bucheneau[2013]が主題的に論じている。また、Wellbery[1984]が示唆に富む。

第一三章

＊1　『道徳原理の研究』。初版刊行は一七五一年。

＊2　その意味では、一二章から一三章にかけての論考は、芸術の系譜を代行しているところがあるかもしれない。芸術の現在的構成を扱わない以上、あくまでも部分的な代行にとどまるが。

＊3　一七世紀フランスの社会美学については、スタロバンスキーの要約が見事である。「礼節の教義は「欲動の放棄」を美化する。このように「エロス」が美化される一方、礼儀にかなった人間関係は、全般的に性愛化され、精細な仕上げ作業の対象となる」。「暗黙の了解によって、だれもが快適にみえるものを受け入れるふりをするであろうが、そうした外見に惑わされているわけではない。……人間が何に値するかを真に識別する道義的責任は消えてしまう……唯一舞台に残るのは、外見から生

み出された楽しみを記憶にとどめ、各人が自己の虚構のイメージに与える愛想のいい同意に連署する美的判断——「顔つき」や「態度」に与えられた美的判断——である」。Starobinski[1989b=1994:60-68]。また、Wellbery[1984:esp.43-49]も参照。

＊4 もちろん、時間的因果としてそのような分離—結合が行われているわけではない。一八世紀の言説において具体的に観察されるのはつねに、美と道徳が強く連関しているさまである。ここで指摘しているのは論理的な因果関係である。

＊5 論理的優先性については、Burke[1945→1962:esp.21-35]。

＊6 美学・芸術学史におけるデュボスの評価としては、Lee[1967:esp.59-61]、Barasch[1990:16-36]などを参照した。

＊7 厳密には、絵画や詩についての論考を非制作者が行うというケースは一六世紀後半あたりから見られるが、それらは「哲学的」観照もしくは、光学などに特化した技術論の形式を取っていた。詩と絵画を通底させる、もしくは共約的に把握して「美」を論じるというスタイルは、やはりデュボスを嚆矢とするというべきだろう。

＊8 たとえば、鑑賞者に与える諸効果を捉えるための、作品の細部にわたる詳細な検討は、鑑賞者が制作行為を想像的に追体験することとどこか似ているが、とりわけ現代においては、このことは、権威の起源としての作者の方法的消去を前提としつつ、それを代補している、といったことなど。

＊9 Lee[1967]、Hagstum[1973]、Markiewicz[1987]、Krieger[1992]、Braider[1993]などを参照した。一七世紀から一八世紀にかけてこの思考様式に生じた変容を丁寧に論じたMalek[1974]が、とくに参考になった。

＊10 いわゆるジャンル論が、同一形式内の内部的差異（悲劇／喜劇／史劇……といった）をめぐるものであったことを考えれば、超ジャンルと言った方がよいかもしれないが。

＊11 近代的退屈については、Spacks[1996]など。

＊12 とりわけドイツの解釈学系統の議論は、仮象／真理（真実）の区分不可能性をめぐる問いが一八世紀に成立したことを正しく指摘しつつも、これをプラトン以来の連続的な流れとして遡及的に再構築することで、問題を一歩手前で回収してしまう、あるいは微妙に逸らしていく傾向がある。たとえば、Fink[1960=1983]、Blumenberrg[1957=1977]など。ルーマンの芸術論もそれに随順しているところがある。Luhmann[1995=2004:esp. 403-518]。芸術独立的なものとして美を論じてきたのは、一つにはそうした仮象による実体化を避けるためでもある。なお、美学史における仮象モデルの射程と問題については、西村

[1989]、西村 [1993]。

＊13　絵画における没入の主題系については、Fried[1980] の議論がある。

＊14　推測史については、一一章九節を参照されたい。

＊15　小説、とくに一八世紀小説は、読者を堕落させる道徳的危険への警告や非難に対する自己弁明を行うという特徴がある。この論点の検討に関してはMullan[1988] が抜群である。

＊16　高度化し恒常化するメディア環境によって現実と虚構が区別できなくなる事態が生じつつあると憂慮する人は、自分が現実の側に立っている（立てる）ことを自明視している。同一のメディア環境にさらされている複数の人間にそれが可能である以上、中毒する少数者の存在（それはメディアに限らず、何にでも生じうる）を越えて、現実と虚構の区分が社会的に揺らいでいるとはいえない。なお、これについては、遠藤 [2003] で少し論じている。

＊17　Dubos[1719→1967=1985:I, 22]。

＊18　一九世紀以降の美学の内部では、それ自体は苦痛や不快な出来事を描く悲劇が快でありうるのはいかにしてかという問いが定式化されていった。これが「デュボス問題」と呼ばれたらしい。この過程については西村 [1993:87-109] が簡明に整理してくれている。「デュボス問題」自体は、芸術という枠が成立して以降の問いである。

＊19　絵画から「劇詩」へと微妙に主題をずらしつつ、別の箇所で彼は、「情念を浄化する」という目標についても語っている。Dubos[1719→1967=1985:I, 237-241]。

＊20　同時に、徳と有用性の関連を論じたヒュームが触れてしまっているように、有用性が私益に根拠をもつか、少なくとも結果的に合致することは、反ホッブズの文体にとって難所となりうる。直観的にいえば、装飾（ornament）と実用品との区分を呼び出したうえで、単なる装飾でも純然たる実用品でも「ない」点に芸術の境界が見いだされるところに、経験論的な芸術論の手つきの特色があるのではないか。もっというと、それを装飾と見なそうとしたときに、「単なる装飾」以上の何かが発見され、一方、それを日常的な実用品のもとで見ようとすると、有用性に還元できない諸要素が浮上する。一種の相互的キャンセルのようなことが行われているように見える。ロココ主義とブルジョワ的商品性の衝突と相互消去というべきだろうか。なお、知るかぎりでは、スミスの「いわゆる模倣芸術において生じる模倣の本性について」（一七八九頃）が、有用性と芸術

の境界をもっとも追求している(Smith[1980:176-213])。

＊21　一一章七節も参照。

＊22　ライプニッツ→ブライティンガー→ヴォルフという正統派美学《エステティーク》のラインでは、別種の可能世界論が試みられている。そこでは、神によって選択された最善の世界としての現実世界において、他でもありえた別の可能的世界を人間が選択する行為が芸術的模倣であるとされている。現実世界の唯一性を画定することで人間的模倣を位置づけられることを含めて、後述する経験論系の思考様式との差異が興味深い。ドイツ美学における可能世界論については、小田部[2001:21-35]を参照。

＊23　こうした留保と関連して、過度の均一性の追求が、世界の単一原理の発見を言いたてる哲学的愚かさを生んだといった指摘も見られる(Hutcheson[1725→1990:31-32])。

＊24　Erämestä[1950]、Brissenden[1974:99]。

＊25　美的判断が美しい事物もしくは観念をめぐる一つの観念連合の様式なのか、それとも観念連合の果てにあるものであるのか。これはかなり微妙な問題だろう。後述するように、「内的感覚」としての絶対的美の感覚は、超経験的な所与であると言っているようにも見える。

＊26　なお、一八世紀の観念連合説については、Kallich[1970]が詳しい。

＊27　カントがハチソンをいかに参照していたかは、Korsmyer[1975]。

＊28　Kivy[2003]が、この観点からハチソン美学を包括的に論じている。標準的な議論のスタイルのわかるものとして、Dickie[1996]など。

＊29　論理的にいえば、必ずそうなるわけではない。ホッブズ的自然状態が成り立つためには、各人において個体的なその判断が合理的に自己利害にのみ関わり、かつ、その状態のもとで、複数の人間が(社会的)関係をもちつづける(もちつづけなくてはならない)という、かなり強い前提を置く必要がある。

＊30　なお、道徳的判断の直観性の立て方にはいくつかのやり方があり、ケンブリッジ・プラトニストとシャフツベリに由来する「自然な感情」の直観主義だけでなく、カドワースやクラーク以来の理性的直観主義の流れもあった。前の章でも少し触れたが(→一一章九節)倫理学史や哲学史では、理性と感情のいずれを直観の起源として立てるかをめぐる争いとして整理される

ことも多い。理性的直観主義は、個々の直観を基礎づける、もしくは共約可能にする背後原理という、個体性に対するあの要請が（少なくともいったんは）消したはずのものを、再びもちだしている。それに対して感情は、「原理」というよりもはるかに、個別的場面に応じて生起する性質が強い。これが、一八世紀において理性的直観主義がマイナーな位置にとどまりつづけた理由だろう。ただし、感情（sentiment）が言語を介した意見という側面をもっていたことからもわかるように（→一一章一節、一二章一四節）、一八世紀的な「感情」が認知的性質と連続的であったことにには留意しておく必要がある。

＊31　ヒュームの慣習概念が、そのもっとも洗練された事例を提供している。慣習は、相互行為の安定した契機を保証するものだが、特定の環境要因の変化などにより、ある時点で偶発的な変化が生じることがある。そして、それが後続する相互行為を拘束していく。このようにして彼は、慣習の外部に創発的行為を担保したうえで、相互行為と慣習の循環を考え、それを慣習の歴史的厚みと等値している。また、慣習の長期的な変動の原因は創発性だが、それを担った固有名は消えている。一方、短期的には個人的で恣意的な「自発的」選択をやっているようでいて、じつはそのほとんどが慣習被拘束的なものにすぎない。いうまでもなくこれは、彼の傾性理論を歴史の軸に倒したときに得られる像である（→一一章一三節）。ブルデューのハビトゥス論やギデンズの構造化理論といった、現代の社会学理論をはるかに先取りしているところもあり、興味深い。ただし、ヒューム内在的には、少なくとも観察可能な短期的期間にかぎってみれば、創発性はごく薄いものにすぎないにもかかわらず、あるいは、だからこそ、慣習の外にあるものとしての行為（や判断）の個体性が、あくまでも唯名論的に不可欠な存在とされていることがポイントだろう。ヒュームの慣習論の含意については、Deleuze[1953=1980]。

＊32　アダム・スミスは、こうした問題をより顕在的に理論化している。彼は「それ自体で不快な対象の模倣が快でありうる」という問題関心を引き継ぎつつ、これを絵画と彫刻の落差に結びつけ、「模倣しているモノ（object）と模倣されているモノとの不均衡（disparity）」として定式化する（Smith[1980:179]）。スミスは美的媒体《メディア》の理論以降の地点に立っている。これについては次章で論じる。

＊33　Davis[1983]は一七世紀の物語《ロマンス》を対象に、「見た目の本当らしさ」という基準が、既存の知のストックに依拠しながら、現代から見ればいかに「荒唐無稽」な描像を許容していたかを説得的に論じている。

＊34　このような見え方の代表として、Paulson[1975]。たとえば、リーパの『イコノロギア』（一五九三）の一八世紀中葉の版を

一瞥すれば、表象の「人間化」は明らかである（Ripa[1971]）。

＊35 感情移入の概念史についてはMoran[2004]。またLamb[2009:esp.41-76]も参照。

＊36 一八世紀小説の言説的身分については、別の箇所で論じたことがある。遠藤[1994]、遠藤[1997]、遠藤[2010]。

＊37 たとえばデイヴィッド・ハートリーにとって、「人間の美」は人体（とくに女性）の均整美の周辺で編成されるものだった(Hartley[1748→1967:vol.1, 435-437])。

＊38 道徳美概念については、一八世紀道徳哲学が行為の徳と人格とを混同してきたと批判するデュガルド・ステュアートの整理が便利である（Stewart[1971:vol.6, 301-306]）。ここでは、彼の批判をいわば裏返しにして読んでいる。

第一四章

＊1 レトリケー的な擬人法観は一八世紀にも一定程度残存している。というか、むしろそれが、ハチソンが擬人法を重視したのことの背景にある。とりわけシャフツベリの擬人法論は、レトリケーを濃厚に意識していた。これについては、遠藤[2008]を参照されたい。一八世紀詩学における擬人化／人格化（personification）も、古代修辞学的なものとの連続性として理解することができる。人格化についてはPaxon[1994]など。

＊2 一七、八世紀のフランスを対象に、この論点を追った興味深い研究として、隠岐[2011]。

＊3 これらの語句を含んだ書物や論考として、たとえば、ハチソン『道徳哲学体系』（一七五五）、デイヴィッド・フォーダイス『道徳哲学要綱』（一七四八）、ヒューム『道徳原理の研究』（一七五一）など。厳密に調べたわけではないが、こうした傾向は、一八世紀半ばごろから増大しているように見える。

＊4 大西[1949:155]より引用。ただし表記は変更した。

＊5 「心理学」を主題にした書物は、クリスチャン・ヴォルフ『経験的心理学(Psychologia empirica)』（一七三二）、『理性的心理学(Psychologia rationalis)』（一七三四）が最初であるとされる（そこで行われているのは、魂の能力をめぐる哲学的考察である）。英語圏ではデイヴィッド・ハートリーが『人間の観察』（一七四八）において「人間精神の理論および野生動物の知性の原理の理論としての心理学《サイコロジー》(Hartley[1748→1967:vol.1.354])という定義を書き記している。ただし彼はこの「心理学」を、

「自然哲学（自然史および人類史の諸現象への数学と論理学の応用）」の一部門として、「機械工学、流体静力学、気力学、光学、化学、手工業や貿易の理論、医学」とともに列挙している。その意味ではベーコン主義の系譜に属する言説である（→四章一節、六章九節）。

＊6 たとえば、「美の知覚ほど多様な知覚は……、同じくらいさまざまな感情《エモーション》を伴う。しかし、すべての美の感情（all the various emotions of beauty）はある共通した性質をもつ。……」（Kames[1785→1993:vol.1, 197]）。

＊7 もちろん、ピクチャレスク美学のもとで、この「自然」はアディソンよりもはるかに芸術的なフィルターのもとで見られていると捉えることもできる（「詩は絵のように」から「自然は「絵のように《ピクチャレスク》」へ）。しかし、人工的表象の論理が、容易に「自然」へと溶け込んでしまう程度のものだともいえる。

＊8 とりわけ、解釈学や現象学に媒介された「心理学的美学」においては、素材もしくは内容において自然感情と変わらない感情が、にもかかわらず、すぐれて芸術関与的な美的感情といいうるのはなぜかという問題構成がなされるようになる。

＊9 バークの受容については、Hipple[1957→2013:83-98]など。

＊10 なお、（漠然とした）感情《フィーリングス》の成立については、一二章一節を参照。

＊11 見方を変えれば、慣行的な情念の語彙だった恐れ《フィア》から、恐怖《テラー》が分離されている。一八世紀半ば以降、恐怖をめぐるこうした新しい語彙（terror の他にも horror がある）が導入されていく。その典型的な徴候がゴシック小説である。terror/horror については、Luyendijk-Elshout, Antonie, 'Of Mask and Mills: The Enlightened Doctor and his Frightend Patient,' in Rousseau(ed.)[1990]。

＊12 美が集中的に扱われるのは第三部である。そこでは、最初に美を「愛もしくはそれに似た何らかの情念を引き起こす、物体の性質もしくは諸性質」であると定義されるものの（91）、それ以上の分析はなされない。その代わりに挟まれるのは、均衡や調和といった古典主義的定義に対する反駁であり、その後で、小ささ、滑らかさ、繊細さ等の性質規定が導入されている。

＊13 デカルトの情念論においては、無関心は初発の驚異のあとに生じるものの一つ［=軽視］だった（→四章九節）。なお、一九世紀以降の刺激―反応図式の地平については、Crary[1990=2005:107-116,153-156]や、とりわけ Singer[1996]を参照。

＊14 ロマン主義的作者性へと至る天才概念の近代的変容は、美学史の十八番の一つである。安藤[2000]、小田部[2001]など。

＊15　理念化された自然という発想は、一八世紀に多く見いだせるが、これが「新古典主義」の特徴とされることもある（Honour[1967:esp.101-107]）。たぶんこのとき、一七世紀古典主義との連続と同時に、微妙な差異が感覚されている。

＊16　ラテン語の sigillum（複数形 sigilla）は signum（複数形が signa）と同根だが、「記号」に加えて「小さな像」「印、封」という意味がある。

＊17　この論考は『諸特徴論』に収録されているが、もともとは『第二記号論』の一部をなすものとして構想されていた。このテクストについては遠藤 [2008] で少し分析している。ソクラテスの選択というトポスの広がりについては、Paulson[1975:esp.38-43]、榎本 [2005:81-118]。また、アディソンは一七〇九年に、『タトラー』でクセノフォンの原典からこの逸話を紹介している。Addison, Steele, et. al.[1823:vol.2:310-315]。

＊18　感情と記号とのこうした循環あるいは重層的決定は、ある意味では過渡的な配置形態《コンフィギュレーション》である。完全に感情一元論になれば、感情を事象対応的な記号として押さえる態度自体が消滅する。主観性のロマン主義的称揚が、まさにそうしたように。とはいえ、主観的感情の過剰としてのロマン主義という、かつてはよく語られていた規定は、「理性偏重的」啓蒙主義像の裏返しにすぎない。ロマン主義はむしろ、はるかに滑らかに意味付与する（ように見える）主体と意味が留め置かれる空所と、両者をまたぎつつ二重化する作用としての記号とをめぐる、別種の布置として分析されるべきだろう（Kittler[1985=1990]）。

＊19　一八世紀の自然的記号については Rudowski[1974] の議論が優れている。クリスチャン・ヴォルフから始まるドイツ美学の記号論的構造を考察した Wellbery[1984:esp.9-42] も示唆に富む。

＊20　付言すれば、顔（面）をひどく即物的に語った一七世紀のマルブランシュとの連続と切断が読みとれる（→九章六節）。

＊21　本当は、言語起源論とハチソン以降の観念の「起源」の探究というスタイルとの関係を丁寧に見ていく必要があるだろう。啓蒙主義的文明論のなかである程度普遍的に出現するタイプの起源論と、経験論的な起源論の二種類が共存しているのか、それともどちらかがもう一方を論理的には包摂する関係にあるのか。この問題はにわかには見極めがつかないが、言語起源論にとって、ロック的観念の地平の成立が決定的だったことはまちがいないだろう。個人の内部に実在している（が、確認できない）観念を方法的梃子にして既存の言語体系を観察するとき、観念を表現する能力において、すべての既存言語にそれなりの欠点や長所があるという見え方が生じる。そこから、風土と言語発達、科学的思考あるいは詩的思考への適合度の差異

といった主題群が導き出されていく。モンボド卿やアダム・スミスが、こうしたタイプの議論を行っている。また、コンディヤックの言語起源論は、ロックの受容的＝受動的な主体に意欲（besoin）の次元を付け加えることで、感覚進化＝言語進化の証明を試みた点で、別種の修正ロック主義の事例である。一八世紀の言語起源論に関する言語学史あるいは哲学史的文献として、Harris & Taylor[1989=1997]、坂本［1991］など。フランス系の議論の概観では、中川［1994:33-78］がまとまっている。

＊22　なお、一〇章一一節におけるロックの感受《アフェクション》概念および、アイザック・ワッツについての記述も参照。

＊23　この論点から、記号への強調を落としたところに、バークのあの「鋭角的直線（という感情）」が現れるともいえる。

＊24　『ラオコーン』論として、Mitchel[1986:95-115]、Burwick[1999]。

＊25　一八世紀音楽論における旋律／歌詞については、Hurray[1978]、Cowart[1984]。

＊26　ヒラーの文章はCowart[1984:260-261]より引用した。

＊27　一八世紀における趣味の社会的機能に注目したものとして、Barrel[1986]、Klein[1994]、Bermingham & Brewer[1995:341-361]、Jones[1998]など。

＊28　ケイムズが脚本を重視したのも、おそらくこれと関連している。彼にとって、脚本は芸術作品である以上に、気質の異なる人間がさまざまな状況下で示す心理の雛形を提供するものなのだろう。脚本の文芸テクスト化をもたらした意見の風土の一端が伺える。

＊29　感情《センティメント》＝考えの章は、実質的にフィクション（劇）に見られる感情表現の文学言語の考察になっている（Kames[1785→1993:vol.1, 451-493]）。さらに、その次の章で論じられている「情念の言語」が、これとどう区別されるかは必ずしも明確ではないし、センティメントの定義からしても冗長《リダンダント》になるように思える。おそらく、一七世紀修辞学が情念による語り《ディスコース》の壊乱として見いだしたものが、引きのばされて扱われているが、その言説効果を正確に特定するには、言語に対する内界の運動そして／あるいは感覚的観念の先行性が実体化されすぎている。

＊30　思想史的に見れば、これは経験論哲学の変質と関連している。事物を直示するものとしての視覚へのこうした信頼は、トマス・リードを頂点とするいわゆる常識学派（Common Sense School）の思考法に近い。じっさい、「自我については、誰もが直接の知覚をもっている」（Kames[1785→1993:vol.1, 50]）と書くとき、ケイムズは明らかにヒュームを当てこすっている。

＊31　ヒュームのこの一節については、Pinch[1996]の魅惑的な考察に触発された。

＊32　この表現はTodd[1986]が用いている。

＊33　たとえば、情念の外部性にこだわったバークも、「社交的情念」とは言えず、「社交に属する情念(passions belonging to society)」というぎこちない言葉遣いをしていた（→本章二節）。

＊34　Hume[1740→1976:491]、Smith[1976:38-40]など。類似した語として、シャフツベリが同胞感情を「社会的感情(social affection)」と呼んでいる（→一一章二節）。

＊35　Williams[1996:99]より引用。

＊36　Richetti[1999:243-281]。

＊37　Bender[1987]、Van Sant[1993]、Richetti[1999]、Csengi[2012]などを参照。

＊38　たとえば、フランス革命のある側面が、濃厚に感情共同体的な要素を抱えこんでいたことを、Vincent-Buffault[1990]が論じている。

＊39　一九世紀の「不幸な人びと」概念については、Chevalier[1978＝1993]。

＊40　現代の同情の地平については、Moeller[1999]など。

第一五章

＊1　Wechsler[1982＝1987]、Tytler[1982]、Cowling[1989]、Shookman(ed.)[1993]、Hartley[2001]、Percival & Tytler(eds.)[2005]など。

＊2　ボテロの引用はBarton[1994:100]より。また、彼はメソポタミアにおける卜占の構造分析を行っており、とくに「演繹的卜占」の考察は示唆に富む。Bottéro[1998＝2001:282-334]。

＊3　古代中国の「観相」には、政治家の有能さや儒教的に有徳な人物の顕彰などに対する評価（月旦）の士大夫層ネットワーク内での流通や、それによる名声の社会的システム（清流）の形成といった、ある種の政治志向的な道徳主義（政治に背を向けるという政治的態度（隠逸）のアピールも含めて）の傾向も含まれていたが、運勢や吉凶の概念から切り離されてはいな

かった。もっとも、体系的な観相書が登場するのは宋代（一〇世紀）ごろからである。

＊4 このことは、たとえば男性的身体／性格を「ライオン」によって、女性のそれを「豹」によって象徴させるといった論点にも反映している。

＊5 この観点を追ったものとして、Gilhus[2006] が有益である。

＊6 擬アリストテレス以降のギリシャ・ラテン語圏における観相学としては、紀元二世紀のソフィスト修辞家アントニウス・ポレモンの論考が挙げられる。これは一五五二年にラテン語訳されるまで、イスラム圏で保存されたものが知られるのみだった。また四世紀からは、アダマンティウスによるポレモンの要約（一六世紀半ばにギリシャ語訳が出版）と、擬アリストテレス、ポレモンに加え、医師で観相学者のロクサスの梗概をまとめた無名氏のテクストが残されている。擬アリストテレス観相学の刊本がはじめて出版されたのは一四七〇年だが、稿本ではそれ以前から伝わっており、全体として、擬アリストテレスの作った論理の骨格が西欧に継承されていったといえる。この経緯に関しては、Evans[1969] が詳細である。また、Porter[2005:46-78]、Barton[1994:95-131]。

＊7 キリスト教的公式性の成立以降の視点から描く動物の中世史として、Salisbury[2011]。ただし、ギリシャ・ラテン世界由来の動物寓話や博物誌の形式も継承され、「フィシオログス（自然認識者）」や動物譚《ベスティアリ》へと流れ込んでいることにも注意が必要である。Robin[1932＝1993]、Seel[1967＝1994]。これらもまた、西欧の動物観相学の資源となっている。

＊8 Maclean[2002]。四体液説についてはArikha[2007]。

＊9 Magnus[1962＝1999:esp.106-124] が、その典型例を提供している。

＊10 こうした問題関心のもとで、彼は観相学にも注目していた。菊地原[2013:278-279] によれば、パラケルススの晩年の著作は表徴の領域を手相学（脈拍、手、足、筋）／観相学（顔、鼻、口、耳、顎、首、頬、額、目）／本体（頭、首、胸、陰部、背中、関節部、鼻腔、口腔）／慣習と習俗（悲哀、歓喜、幻想、力、思惟、情、天賦、高潔、相反）へと区分している。

＊11 フーコーは、事物の「類似」の反響のなかに人間の顔も織り込まれていると語る。「世界はそれ自身のまわりに巻きついていた。大地は空を写し、人の顔が星に反映し、草はその茎のなかに人間に役だつ秘密を宿していた。……星とそれが輝いている空との関係は、草と大地のあいだにも、生物とそれが住んでいる世界とのあいだにも、鉱物やダイヤモンドとそれが埋

まっている岩石とのあいだにも、感覚器官とそれが生気を与えている顔とのあいだにも、皮膚のしみとそれがひそかにしるしづけている身体のあいだにも、認められるだろう」(Foucault[1966=1974:42-46])。彼は、ルネサンスがミクロコスムとマクロコスムを区分しており、にもかかわらず両者を連続的に捉えているという事態の微妙さに留意しているが、それでもこの記述はやや博物誌に寄りすぎであるように筆者には見える。

＊12　言い換えれば、少なくとも部分的には実験科学的である。批判的にせよ、一八世紀の終わりごろまで比較的参照されていたのもそのためだろう。デラ・ポルタの位置についての概説として、Shumaker[1972=1987:170-182]。また、浜本・柏木・森（編）[2008:51-62]の整理が優れている。

＊13　筆者と見方は異なるが、この点はBaltrušaitis[1983=1991]、Magli[1989]が論じている。

＊14　大きくいえば、寓意画ジャンルをも包含するような、印刷文化におけるグラフィック性の変動を考える必要がある。これは「バロック」における画像の機能を歴史的に解析するという大規模な課題に繋がる問いなので、ここでは踏み込めない。本章の関心に比較的近い考察として、たとえばCorbett & Brown[1979]。

＊15　とはいえそれを、歴史貫通的な古層性の反復や露出と捉えるわけにもいかない。おそらく、中世末期からルネサンス期にかけて生じたのは、観相学理論／観相学的知見という二重化の形式自体がいわば出来事化していく過程でもあった。アルフレッド大王が赤毛を忌避したといったたぐいの逸話や、ビザンツ—イスラム圏から再輸入された卜占的命題、あるいはまた、人びとのそれなりの「経験」から生じた諺のようでもあり、特定の社会集団のなかで培われてきた集合的偏見の表明でもある、来歴不明のさまざまな観相学的「断言」……。こうした言述に関して残された記載が、中世以降端的に増えている。これらを資源としたことが、この時期の西欧の観相学理論の複雑化や、表徴の多様化の一因となった。

＊16　ルネサンス期の占星術と自然魔術の結びつきを論じたものとして、Shumaker[1972=1987]、Cassirer[1963=1999:148-185]、Grafton[1999=2007]。占星術全般の歴史については Tester[1987=1997]を参照。

＊17　たとえば英国では、「観相学の知識を公言する者は、血が流れるまで公開の笞刑に処す」という法律が、エリザベスⅠ世の統治の末期に制定されている(Tytler[1982:47])。

＊18　初期近代における「古代」性の位相に関してはWalker[1972=1994]の議論がある。

*19 Lavater[1860:493-496]、Camper[1794:esp.94-105]。とくにカンパーの顔面角（額頭角）の概念は悪名高い。顔面角とは、額の傾きと水平線がなす角度であり、小さいと動物に近く、九〇度に近づくほど上等になっていく。ただし、九〇度を越えると水頭症であるとされる。一九世紀観相学における進化論のクリーシェについては、Cowling[1989:54-86]が詳細に扱っている。

*20 ルブラン観相学については、Rogerson[1953]、Bryson[1981:27-57]、Ross[1984]、Montagu[1994]など。なお、デラ・ポルタからルブランにかけて進行した、動物観相学における「個性化」のもちこみとその最終的断念は、情念論において、動物が人間の性格に対応するというより、むしろ個々の情念の記号《キャラクター》に転化する（そして、それらの総和が性格となる）という事態とも雁行している（→七章八節）。

*21 Roach[1993]がこの論争の歴史を詳細に論じている。またGoring[2005]も参照。

*22 これに関しては、Burnim & Hifill[1998]が非常に興味深い。

*23 フィールディングにとって、これは（一八世紀的な）作者性の主張と等価であった。彼の小説は、作者の視点が偽装と真実とを区分する最終審級になっている（遠藤[1994]）。あるいは、そのようなファンタジーを提供する装置が小説だったと考えることもできよう。Bender[1987]、Castle[1986]。

*24 A New Academy of Compliments[1754:74-75]。一八世紀の付け黒子については、Williams[1957]、Sennet[1977]。遊戯的観相の好例として、Stevens[1765→1984]も。

*25 観相学的規則の断片性を語ったのは彼が初めてではない。たとえばシャンブルの『人間を知る術』も、彼の提案する規則が暫定的で断片的であることを認めている（Chambre[1665:292-323]）。ただしそれは、現状における規則の未完成の申告としてだった。断片性自体を言説戦略として用いたところにラファーターの独自性がある。

*26 Cicero[2002:276]。一八世紀の事例として、たとえばAddison, Steele et. al.[1967:267-269]。

*27 ラファーターにおけるソクラテスの位置づけについてはTytler[1982:67-69,181-186]。またPercival & Tytler (eds.)[2005:52-70]も参照せよ。

*28 現実の再現=表象の不安定さに依拠した美的直観は、写真的な複製技術以前の想像力の形式であると考えることもできる。この点については次章で論じる。これはまた、このテクストが、各国の翻訳でかなり自由な編集がなされたことの理由でもあ

る。翻訳版では、新たに版画を起こし直さなければならない。原著のラファーターの分析が版画の質に拘束されている度合いが高いだけに、版画の出来に応じて「翻訳」の中身も変わっていく。

＊29　一九世紀以降には、アポロンやヴィーナスの彫像を、顔の進化の頂点に据えるものもでてくる。理想的顔面角の基準もそこに求められた。＊19も参照。

＊30　『人間学』において、カントは観相学的直観を認めているが、それが客観科学になる可能性を否定している(Kant[1798=1952:284])。その点でも両者は双曲線的な関係にある。ラファーターとカントの類縁性については、以下を参照。Reuter, Martina, 'Physiognomy as Science and Art,' in Heinamaa & Reuter (eds.)[2010:159-178]。

＊31　骨相学の社会的受容についてはCooter[1985]が詳細に論じている。

＊32　たとえばWells[1866]、Wells[1870→2007]、Stanton[1881]など。

＊33　「見られずに見る」ことへの小説的欲望の一八世紀から一九世紀にかけての変容については、遠藤[1994]、遠藤[1997]、遠藤[2010:314-320]を参照されたい。

＊34　一八世紀における、社交の局域でひどく具体的に観察される人間間の感情や表情の転移可能性は、社交の全体像の見渡せなさ＝社会の未在と、にもかかわらず、社交（作用）の抽象的普遍性に対する信頼の組み合わせだった。究極的にはたぶん、具体的事象の集合と環境との重合は、この組み合わせの内部条件の変更として成立している。

＊35　言い換えれば、現代社会学にしても、特定の方法論的前提がデータの内部と外部の境界を担保すると見なすことで、全部は見られないという問題をやりすごしているだけである。このようにして観察者を蒸発させることと、「社会」環境の仮想化を先取りすることは、おそらく同型の事態である。

＊36　バルザックの運動＝思考論は、すべての運動がそのまま意味表示《シグニフィケーション》であると捉えたバルワーや、情念の偽装や隠蔽ですらその自体的記号《キャラクター》をもつと考えたシャンブルら、一七世紀の人びとの思考を意外にも反復しているところがある（→八章五節、九章五節）。もちろん、エネルギーの意志的肯定という要素は完全に一九世紀的だが。

第一六章

＊1　もっとも洗練されたやりかたでこうした構図を用いた社会学的研究として、Sennet[1977]。

＊2　たとえば、Gilman[1985] のような。

＊3　社会理論でいえば、これは管理社会論系の権力批判と同型のしくみである。遠藤 [2010]。

＊4　本文中の参照頁はカスバートンによる英訳に従っている。

＊5　ベルは表情を形成する顔面の筋肉組織の構造をそれ自体として論じており、文化的価値のもちこみに関してはむしろ慎重な姿勢を見せている。その点、一八世紀のパーソンズよりもはるかに厳密である。表情筋の科学的研究を指向した点で、デュシェンヌの直接の先駆者であるといえる。

＊6　一九世紀における写真と、それをもとに作成した銅版画との関係は単純ではない。印刷技術に直接写真を接続することができるようになる一八八〇年代まで、写真は手で彫り直されねばならず、そこには独自の「複製」の多重化による厚みがある。これについて論じたものに、たとえば Kraus[1989] がある。

＊7　デュシェンヌに対するシャルコーの傾倒ぶりは、いささか風変わりで不安定な人物との風評があり、家族に次々と先立たれて（彼の家族は「神経病の家系」だったらしい）不幸な隠遁晩年を送った彼の死を、唯一看取ったほどであった。

＊8　Poore[1883 : x-xxi]、Kaplan[1959 : ix-xxii]、および Cuthberton[1990] によった。

＊9　一五章＊19を参照。

＊10　ダーウィンはこの本の出版に際して、デュシェンヌに『表情論』の写真図版の掲載許可を求めており、それに対してデュシェンヌは何葉かの写真を直接彼に送っている。『表情論』の写真図版のいくつかは、ダーウィン経由で知られるようになっている。なお、ダーウィンのテクストにおける写真の位置については、鈴木 [2010]。

＊11　もちろんダーウィンとて、このような帝国主義的な言説の秩序の外部に立っているわけではない。確かに彼はデュシェンヌよりは手の込んだことを行っている。デュシェンヌのように表情の人類普遍性を一方的に前提とするまえに、彼はさまざまな植民地の入植者や宣教師に、原住民の感情表出に関する細かい質問表を送り、その結果を詳細に報告・分析している (Darwin[1872 : 19-26])。しかし、そのようにして得られた結果なるものも、あくまでヨーロッパ人の解釈格子を通過した「感

情」のみを、しかるべき範型に従って加工したものであるからには、両者の間にあるのは、手続きの慎重さに認められる相対的な差異にすぎない。

*12 二〇世紀の行動主義心理学者ならは、完全に浅さに居直り、内面を伴った表情と認知されているものも、筋肉の一定の形状の変化にすぎないと論じるだろう。たとえばワトソンによる「内観主義」批判を想起せよ。Watson[1930 ＝ 1968]。

*13 観相学の legibility 設定については、神話学的な身体の legibility への前提との類同性／差異を論じた Shortland[1985] の議論がある。また、Shortland[1986]。

*14 一九世紀小説における観相学的ディスクールのテクスト作用という主題は、筆者の知る限りあまり包括的な分析の対象となっていないが、Hertz[1985]、Brooks[1993] などが参考になる。筆者がもっとも評価しているのは Terdiman[1985]。登場人物《キャラクター》の文法については、Lynch[1998] が示唆に富む。

*15 一九世紀のイメージの論理と二〇世紀以降のそれとを対照させて考えたものとして、いうまでもなく Didi-Huberman[1982＝1990]。また、港 [1991] の考察も鋭い。

*16 ガルヴァーニの電気刺激《ガルヴァニゼイション》の科学史的記述としては Clark & Jacyna[1987] を参照。一種の民間療法としての「電気療法」の実践は、科学的研究とは独立した形で、一八世紀全般を通じて広く行われていた（Oppenheim[1991]）。

*17 局部電気刺激を指す用語として「ガルヴァニスム」のかわりに「ファラディスム」という語を彼は提案しているが（Duchenne[1990:47]）、その根底にあるのは、動物電気のようなあやしげな概念と混同されることに対する警戒心であろう。

*18 例の靴職人の老人の顔面に強い電流を流しつづけたことの副次的な効果として、右頭部の筋肉が時折痙攣するという彼の持病を治した、とデュシェンヌはわざわざ注記して報告している（Duchenne[1990:43]）。

*19 科学史的に評価すれば、表情筋の規則をめぐるデュシェンヌの研究は、顔面神経症のメカニズムをかなり正しく捉えたものとして、一定の意義があるらしい。Ekman[1990] を参照。

*20 写真部門は「写真図像集 Icono-photographiques」という題で別売もされていた。

*21 レンブラントという名前は、一九世紀写真の批評や写真家の宣伝文句にはしばしば登場する名前である。世界中に「レンブラント・スタジオ」「レンブラント・ハウス」と名付けられた写真館が存在した（Henisch & Henisch[1994：208]）。

＊22　ただしここで、時間の切断が減衰していく持続との関係において把握されているのに注意しよう。ここでの時間の切断は、まだスナップ写真ほどには徹底したものではない。このことは、第二部における活人画写真が、徽妙に時間性を再構成しようとしたものであることと関連しているだろう。なお、＊24を参照。

＊23　これらのうち、当時の慣習を唯一破っていると思われるのは、科学写真において、顔が真正面からアップで捉えられたという事実である。一九世紀写真においては、これはあまり他には見出されない。

＊24　デュシェンヌが『表情論』の写真を撮りためていた一八五〇年代から六〇年代にかけて、こうした活人画風の写真は「芸術写真」、「絵画写真」と呼ばれ、大変に流行した（Newhall[1982：141-166]）。オスカー・レイランダーやヘンリー・ピーチ・ロビンソンといった人びとが有名である。写真史のなかでは周縁的な扱いを受けることの多いこうした写真ジャンルは、当時の社会における、日常性と演劇性の配置やそのなかで開示される身体への想像力、静止時間と運動の連関形式などと関連させた場合、きわめて興味深いと思われるが、ここでは詳論することができない。映画との関連でこれを論じたものとしてWilliams[1986]がある。なお、デュシェンヌが用いた物語構造に対する分析として、Didi=Huberman[1982 ＝ 1990：271-311]、Amirault[1993]を参照。

＊25　ここでは包括的に論じることができなかったが、一九世紀科学写真と「美」との間には隠微な共犯関係がある。例えばゴールトンもモンタージュ写真を紹介するさいに、それがもたらす美の効果について語っている（Galton[1907：222-233]）。一九世紀科学写真については、Sekula[1986]、Tagg[1988]、Pultz[1995：13-36]、Ewing[1994：106-137]などを参照。

＊26　多木[1990:85]。

＊27　この論点は、遠藤[1998]で少し追いかけたことがある。また、現代写真史からデュシェンヌに遡行した論考として、Sobieszek[1999]を参照されたい。

あとがき

本書は書き下ろしである。ただし、最後の二章だけは、以下の既発表論文を大幅に改稿したものを収録した。一五章→「観相学と近代社会：ラファーターからバルザックへ」（二〇一〇年『日本女子大学総合研究所紀要』一三号）、一六章→「〈顔〉の上に書く：デュシェンヌ・ド・ブローニュの電気生理学」（一九九六年『思想』八六一号）。

なぜ惹かれるのか（忌避してしまうのか）分からない、情念の出来事性。「美しい！」という感嘆以上に遡れないこと、あるいはまた、他者の顔の現前にときにたじろぐこと……。ここまで延々と考えてきたことは、ある意味でそういう、絶句の経験をめぐる西欧の思考の系譜だったともいえる。同時に、この意味世界は――心のなかの諸現象の効果や差異をどう捉えるかということに、あれほどの関心を抱きつづけたにもかかわらず――、言葉及ばぬ先を「思い」でくるむ（正確には、くるめることにしてやりすごす）という、日本流の「情感」めいた様式だけは、良くも悪くもほとんど欠落している。それを考えるとむしろ、言葉にならないものの周辺を執拗《しゅうね》く旋回しつづける言葉の群れと格闘したというべきかもしれない。たぶんそれが、「「コミュニケーション」のメタヒストリー」の、もう一つの意味だったのだろう。

そうした主題系になぜ惹かれてきたのかは、うまく「言葉にならない」。受動であることを内側から触知するようなやり方が、たぶん自分にとっては本質的なことなのだろう。そういう人間が、外部視点だの「全体」だのをわりとあっさり立てる癖のある――「外部視点や全体のもちこみを反省しよう」という掛け声を、別種の外や「全体」へと横流ししてしまうということも含めて――社会学とどうして関わることになったのかも少々謎だが、こうした位置取りから見るからこそ浮かび上がってくる、近代性の位相もあると信じている。

とはいえ、絶句の歴史を書くのは、それこそ絶句の連続としかいいようがない経験だった。近代の「始まり」の凶暴さと根源性に満ちた一六・一七世紀の言説群は、しかし同時に、おそらく本質的に単調にしか、自己を表現できない。荒涼たる枯野の蜿蜒とした広がりを、何度も迷いながら下草を踏みわけ、道をつけつつ進んでいくのに似ていた。彼らにとっての「古代」に気ままに飛躍しては、別の場所から舞い戻ることを繰り返す意味の空間は、遠近法がひどく立ちにくい。まさにそれこそが重要なのだということは分かるだけに、いちどきに複数のことは言えないという、言語の線条性と衝突するところがある。章立ての仕方すらなかなか見えてこず、いくつファイルを作ったかわからない。書くことはいつも苦しいけれども、味わったことのない体験だった。しかし、初期近代と対峙したことで、「これが一八世紀以降のこれにこうつながっているのか!」と、自分なりに得心できたことも少なくない。

前の時代に比べれば、一八世紀以降は知っていることが多いから、もう少し楽になるかと思ったら、まったくそうはならなかった。自分にとって既知のことがらを反復することにどうも気が進まず、筆が避けていくというのも、たぶんあるのだろう。目的地はだいたい分かっているはずなのに、なかなか前に進まない。何というか、視野には入っている『城』を目差しつつ、沼地に足を取られ、喘ぎながら漕いでいく思いがした。

時代の移行を文体の変化によって遂行的に示したいなどと、当初は大それた野望を抱いていた。それがどれだけ実現できたかは覚束ない。ともあれ、ようやく長年の重い責務が果たせて、ほっとしている。ここまで多くの諸先生方や研究者仲間にご指導や刺激を受けてきた。一々のお名前を挙示するのは控えさせていただくけれども、大学院時代の指導教員だった山本泰先生のご退職に間に合ったのは、やはり幸いなことだったと思う。社会解釈学研究会のメンバーには、折りに触れてコメントを頂き、感謝している。とりわけ、佐藤俊樹さん（東京大学）には、草稿が出来上がってはメールで飛ばし、しょっちゅう議論につき合っていただいた。また、もう一人、よく議論を聞いてくれた、畏友中谷一君（立教大学（当時））を喪ったのは、痛恨の極みとしかいいようがない。

最後に、以文社の方々に感謝申しあげる。面倒な原稿の校正作業等では、大野真氏にご苦労をおかけした。そして、長年辛抱してくださった、以文社社長の勝股光政氏。筆者自身も何度か顎が上がりかけたが、待つ側の顎は上がるだけでなくて、外れっぱなしだったと思う。氏は儀礼的な謝辞などいらぬという美学をおもちの方であるが、この本だけは「感謝されるのもしょうがないでしょう」と苦笑されるほどに。

二〇一六年一月

著者　識

The Classics of Medicine Library.
——— 1683 → 1999, *Two Discourses concerning the Soul of Brutes, Which Is Also That of the Vital and Sensitive Part of Man,* Scholar Reprint.
Wilson, Thomas, 1560 → 1940, *The Arte of Rhetorique*, Oxford Univ. Pr.
Wiseman, Susan, 1999, 'Monstrous Perfectibility: Ape-Human Transformations in Hobbes, Bulwer, Tyson,' in Fudge & Wiseman (eds.),
Worringer, Wilhelm, 1921, *Abstraktion und Einfühlung,* München. = 1953、草薙正夫訳『抽象と感情移入』岩波文庫。
Wright, Thomas, 1604 → 1971, Sloan, Thomas O. (ed.), *The Passions of the Minde in Generall,* Univ. of Illinois Pr.
柳父章、1976、『翻訳とはなにか：日本語と翻訳文化』法政大学出版局。
——— 1982、『翻訳語成立事情』岩波新書。
Yates, Frances, 1966, *The Art of Memory*, Univ. of Chicago Pr.
Yates, Julian, 2003, *Error, Misuse, Failure: Object Lessons From The English Renaissance*, Univ. of Minnesota Pr.
Yolton, John, 1956 → 1996, *Locke and the Way of Ideas*, Thoemmes Pr.
——— 1983, *Thinking Matter: Materialism in Eighteenth-Century Britain,* Univ. of Minnesota Pr.
——— 1991, *Locke and French Materialism*, Oxford Univ. Pr.
吉村忠典、2003、『古代ローマ帝国の研究』岩波書店。
吉野寛治、1975、「ことばとしての感情」、金子武蔵編『感情』理想社。
由良君美、1983、『椿説泰西浪漫派文学談義』青土社。

Century Paris, Univ. of Chicago Pr. = 1987、高山宏訳『人間喜劇：一九世紀パリの観相術とカリカチュア』ありな書房。

Weimann, Robert, Hillman, David (ed.), 1996, *Authority and Representation in Early Modern Discourse*, Johns Hopkins Univ. Pr.

Wellbery, David, 1984, *Lessing's Laocoon: Semiotics and Aesthetics in the Age of Reason*, Cambridge Univ. Pr.

Wellek, Rene, 1965, *A History of Modern Criticism 1750-1950 Vol.1, The Later Eighteenth Century*, Yale Univ. Pr.

Wells, Samuel R, 1866, *A New System of Physiognomy: Or the Signs of Character*, Fowler & Wells.

——— 1870 → 2007, *How to Read Character: A New Illustrated Handbook of Phrenology and Physiognomy,* Kessinger Publishing.

West, Shearer, 1991, *The Image of the Actor: Verbal and Visual Representation in the Age of Garrick and Kemble*, St. Martin's Pr.

Westerhoff, Jan C., 2001, 'A World of Signs: Baroque Pansemiotism, the Polyhistor and the Early Modern Wunderkammer,' *Journal of the History of Ideas, 62-4.*

Whigham, Frank, 1984, *Ambition and Privilege: The Social Trope of Elizabethan Courtesy Theory*, Univ. of California Pr.

White, Eugene E., 1972, *Puritan Rhetoric: The Issue of Emotion in Religion*, Southern Illinois Univ. Pr.

Wiley, Basil, 1934, *The Seventeenth Century Background*, Chatto & Windus. = 1958、深瀬基寛訳『十七世紀の思想風土』創文社。

Wilkins, John, 1638 → 1981, *The Discovery of a World in the Moone: or a Discourse Tending to Prove , That 'tis Probable There May Be Another Habitable World in That Plane*t, Georg Olms.

——— 1641 → 1984, *Mercury: or the Secret and Swift Messenger,* John Benjamins.

——— 1668 → 1968, *An Essay towards a Real Character, and a Philosophical Language*, Scholar Pr.

Williams, Carolyn, 1996, '" The Luxury of Doing Good" ; Benevolence, Sensibility and the Royal Humane Society,' in Porter, Roy & Rpberts, Marie (eds.), *Pleasures in the Eighteenth Century*, Macmillan Pr.

Williams,Linda,1986, 'Film Body: An Implantation of Perversions,' in Rosen, Phillip (ed.), *Narrative, Apparatus, Ideology*, Columbia Univ. Pr.

Williams, Neville, 1957, *Powder and Paint: A History of Englishwoman's Toilet Elizabeth I – Elizabeth II,* Longmans.

Willis, Thomas, Pordage, S. (trans.), 1681 → 1991, *The London Practice of Physick*,

Concept of Aesthetic Experience," *Journal of the History of Ideas, 48*.

Tuchle, Hermann, et. al. 1965, *Geschichte der Kirche, band.3*, Zürich. ＝1991、上智大学中世思想研究所・編訳／監修、『キリスト教史６：バロック時代のキリスト教』講談社。

Tuve, Rosemond, 1947, *Elizabethan and Metaphysical Imagery: Renaissance Poetic and Twentieth-Century Critics*, Univ. of Chicago Pr.

Tytler, Graeme, 1982, *Physiognomy in the European Novel: Faces and Fortunes*, Princeton Univ. Pr.

植村邦彦、2010、『市民社会とは何か：基本概念の系譜』平凡社新書。

上野修、1999、『精神の眼は論証そのもの：デカルト、ホッブズ、スピノザ』学樹書院。

Van Sant, Ann Jessie, 1993, *Eighteenth-Century Sensibility and the Novel: The Senses in Social Context*, Cambridge Univ. Pr.

Vickers, Brian, 1989, *Classical Rhetoric in English Poetry (New Edition)*, Southern Illinois Univ. Pr.

Vidal, Mary, 1992, *Watteau's Painted Conversations: Art, Literature, and Talk in Seventeenth- and Eighteenth-Century France*, Yale Univ. Pr.

Vila, Anne, 1998, *Enlightenment and Pathology: Sensibility in the Literature and Medicine of Eighteenth-Century France*, Johns Hopkins Univ.Pr.

Vincent-Buffault, Anne,1990, *The History of Tears: Sensibility and Sentimentality in France*, St. Martin's Press.

Vives, Ludovicus (Huan), 1538, *De anima et vita, Book3*. ＝1990, Noreña, Carlos G. (trans.), *The Passions of the Soul: The Third Book of De Anima et Vita*, The Edwin Mellen Pr.

Walker, Daniel, 1972, *The Ancient Theology: Studies in Christian Platonism from the Fifteenth to the Eighteenth Century*, Gerald Duckworth. ＝1994、榎本武文訳『古代神学：十五―十八世紀のキリスト教プラトン主義研究』平凡社。

Warren, Leland, 1990, "The Conscious Speakers: Sensibility and the Art of Conversation Reconsidered," in Conger(ed.)

Watson, John B., 1930, *Behaviorism*, Norton & Company. ＝1968 安田一郎訳『行動主義の心理学』河出書房。

Watts, Isaac, 1732 → 2006, *The Doctrine of the Passions Explain'd and Improv'd*, Kessinger Pub. Co.

Webb, Daniel, 1769, *Observations on the Correspondence between Poetry and Music*, J. Dodsley.

Wechsler, Judith, 1982, *A Human Comedy: Physiognomy and Caricature in Nineteenth-*

Temper,' *Rhetoric Review 8-1*.

鈴木恒平、2010、「チャールズ・ダーウィンの写真術：『人及び動物の情動表現』(1872) の写真史的考察」『美学』61-1 号。

鈴木信雄、1992、『アダム・スミスの知識 = 社会哲学：感情の理論を視軸にして』名古屋大学出版会。

Sweeting, Elizabeth, 1940 → 1964, *Early Tudor Criticism: Linguistic and Literary*, Russel & Russel.

Sypher, Wylie, 1968, *Literature and Technology: The Alien Vision*, Random House. = 1972、野島秀勝訳、『文学とテクノロジー』研究社。

Tagg, John, 1988, *The Burden of Representation: Essays on Photographies and Histories*, Palgrave Macmillan.

高田康成、1999、『キケロ：ヨーロッパの知的伝統』岩波新書。

高橋徹、2002、『意味の歴史社会学』世界思想社。

高島元洋、2000、『日本人の感情』ぺりかん社。

多木浩二、1990、『写真の誘惑』岩波書店。

田中秀夫、1998、『共和主義と啓蒙：思想史の視野から』ミネルヴァ書房。

田中正司、1988、『アダム・スミスの自然法学：スコットランド啓蒙と経済学の生誕』御茶の水書房。

　　　　　1997、『アダム・スミスの倫理学：『道徳感情論』と『国富論』』（上）（下）御茶の水書房。

谷川渥（編）、1988、『記号の劇場』昭和堂。

手嶋兼輔、2000、『海の文明ギリシア：「知」の交差点としてのエーゲ海』講談社選書メチエ。

Terdiman, Richard, 1985, *Discourse/Counter-Discourse: The Theory and Practice of Symbolic Resistance in Nineteenth-Century France*, Cornell Univ. Pr.

Tester, Jim, 1987, *A History of Western Astrology*, Woodbridge. = 1997、山本啓二訳『西洋占星術の歴史』恒星社厚生閣。

Tilmouth, Christopher, 2007, *Passion's Triumph over Reason: A History of Moral Imagination from Spencer to Rochester*, Oxford Univ. Pr.

Todd, Janet, 1986, *Sensibility: An Introduction*, Methuen.

Todorov, Tzvetan, 1977, *Théories du symbole*, Seuil. = 1987、及川馥・一之瀬正興訳、『象徴の理論』法政大学出版局。

富田恭彦、1991、『ロック哲学の隠された論理』勁草書房。

—— 2005、『観念説の謎解き：ロックとバークリをめぐる誤読の論理』世界思想社。

Townsend, Dabney, 1987, "From Shaftesbury to Kant: The Development of the

Stanton, Donna C., 1980, *The Aristocrat as Art: A Study of the Honnête Homme and the Dandy in Seventeenth- and Nineteenth-Century French Literature*, Columbia Univ. Pr.

Stanton, Mary, 1881, *Physiognomy: A Practical and Scientific Treatise*, San Fransisco News Company.

Starobinski, Jean, 1989a, "A Short History of Bodily Sensation," in Fehler, Michael (ed.), *Fragments for a History of the Human Body, vol.2*, Zone Books.

——1989b, *Le Reméde dans le mal: Critique et légitimation de l'artifice a l'âge des Lumiéres*, Gallimard = 1994、小池健男・川那部保明訳『病のうちなる治療薬：啓蒙の時代の人為に対する批判と正当化』法政大学出版局

Sterne, Laurence, 1768 → 1960, *A Sentimental Journey through France and Italy*, Everyman's Library.

Stevens, George Alexander, 1765 → 1984, *The Lecture on Heads*, the Univ. of Georgia Pr.

Stewart, Dugald, 1971, *The Collected Works of Dugald Stewart, vol.5., Philosophical Essays*, Gregg.

—— *The Collected Works of Dugald Stewart, vol.6, The Philosophy of the Active and Moral Power of Man*, Gregg.

Stewart, Keith, 1958, 'Poetry as History in the 18th Century,' *Journal of the History of Ideas 19-3*.

Stillman, Robert E., 1995, *The New Philosophy and Universal Languages in Seventeenth-Century England: Bacon, Hobbes, and Wilkins*, Bucknell Univ. Pr.

Stolnitz, Jerome, 1961a, '"Beauty": Some Stages in the History of an Idea,' *Journal of the History of Ideas, 22-2*.

—— 1961b, 'On the Origins of "Aesthetic Disinterestedness,"' *Journal of Aesthetics and Art Criticism, 20-2*.

—— 1961c 'On the Significance of Lord Shaftesbury in Modern Aesthetic Theory,' *Philological Quarterly 11-43*.

Strong, Roy, 1979, *The Renaissance Garden in England*, Thames & Hudson. = 2003、圓月 勝博・桑木野 幸司訳、『イングランドのルネサンス庭園』ありな書房。

—— 1984, *Art and Power: Renaissance Festivals 1450-1650*, The Boydell Pr.

Subbiondo, Joseph L. (ed.), 1992, *John Wilkins and 17th-Century British Linguistics*, John Benjamins Pub. Co.

末廣幹（責任編集）、2001、『国家身体はアンドロイドの夢を見るか：初期近代イギリス表象文化アーカイヴ１』ありな書房。

Sullivan, Dale, 1989, 'Attitudes toward Imitation: Classical Culture and Modern

Siddons, Henry, 1807, *Practical Illustrations of Rhetorical Gesture and Action*, Richard Phillips.
Sidney, Sir Philip, 1590 → 1994, *The Old Arcadia*, Oxford World 's Classics.
——1595, *The Defense of Poesy*. =1968、富原芳彰訳注『詩の弁護』研究社。
Silborg, Gregory, 1941, *A History of Medical Psychology*, W. W. Norton. = 1958、神谷恵美子訳『医学的心理学史』みすず書房。
Sills, Geoffrey, 2001, *The Cure of the Passions and the Origins of the English Novel,* Cambridge Univ. Pr.
Simmel, Georg, 1917, *Grundfragen der Soziologie*, Walter de Gruyter. = 1979、清水幾太郎訳『社会学の根本問題』岩波文庫。
Singer, Ben, 1996, 'Modernity, Hyperstimulus, and the Rise of Popular Sensationalism,' in Charney, Leo & Schwartz, Vanessa (ed.), *Cinema and the Invention of Modern Life*, Univ. of California Pr.
Skinner, Andrew, 1979, *A System of Social Science: Papers Relating to Adam Smith*, Oxford Univ. Pr. = 1981、田中敏弘・橋本比登志・篠原久・井上琢智訳『アダム・スミスの社会科学体系』未来社。
Sloan, Thomas O., 1971, 'Introduction' in Wright[1604 → 1971].
Smeed, J. W., 1985, *The Theophrastan 'Character'*, Oxford Univ. Pr.
Smith, Adam, 1976, *The Theory of Moral Sentiments*, Liberty Fund.
—— 1980, *Essays on Philosophical Subjects*, Liberty Fund.
—— 1985, *Lectures on Rhetoric and Belle Lettres,* Liberty Fund.
Smith, John, 1859, *Select Discourses,* Cambridge Univ. Pr.
Sobieszek, Robert, 1999, *Ghost in the Shell: Photography and the Human Soul, 1850-2000*, Los Angels Country Museum of Art.
Sonnino, Lee, 1968, *A Handbook of Sixteenth-Century Rhetoric*, Routledge & Kegan Paul.
Sorabji, Richard, 2000, *Emotion and Peace of Mind: From Stoic Agitation to Christian Temptation*, Oxford Univ. Pr.
Spacks, Patricia, 1996, *Boredom: The Literary History of a State of Mind,* Univ. of Chicago Pr.
Spurzheim, J. G., 1833, *Phrenology in Connexion with the Study of Physiognomy*, Marsh, Capen & Lyon.
Stafford, Barbara, 1991, *Body Criticism: Imaging the Unseen in Enlightenment in Art and Medicine*, The MIT Pr.
—— 1994, *Artful Science: Enlightenment, Entertainment and the Eclipse of Visual Education*, the MIT Pr.

of the History of Ideas, 62-3.

Serres, Michel, 1968a, *Système de Leibnitz et ses modèles mathématique,* PUF. = 1985、竹内信夫・芳川泰久・水林章訳『ライプニッツのシステム』朝日出版社。

——1968b, *Hermes I. La communication,* Minuit. = 1985、豊田彰・青木研二訳『コミュニケーション：〈ヘルメス　I〉』法政大学出版局。

Shaftesbury, Anthony Ashley Cooper, Third Earl of, 1714 → 1968, *Characteristics of Men, Manners, Opinions and Times, 3 vols.*, Thoemmes Pr.

—— 1995, *Second Characters, or the Language of Forms*, Thoemmes Pr.

Shapin, Steven, 1994, *A Social History of Truth: Civility and Science in Seventeenth-Century England,* The Univ. of Chicago Pr.

Shapiro, Barbara, 1969, *John Wilkins 1614-1672: An Intellectual Biography,* Univ. of California Pr.

—— 1983, *Probability and Certainty in Seventeenth-Century England*, Princeton Univ. Pr.

Sharpe, Kevin & Zwicker, Steven (eds.), 1987, *Politics of Discourse: The Literature and History of Seventeenth-Century England,* Univ. of California Pr.

Shell, Marc, 1978, *The Economy of Literature*, Johns Hpkins Univ. Pr.

Sherry, Richard, 1550 → 1977, *A Treatise of Schemes and Tropes*, Scholar Reprints.

Shermann, William, 2005, 'Toward a History of the Manicule,' (http://www.livesandletters.ac.uk/papers/FOR_2005_04_002.html.)

柴田隆行、1997、『哲学史成立の現場』弘文堂。

塩川徹也、1986、「一七、一八世紀までの身心相関論」『新岩波講座 9　身体　感覚　精神』所収岩波書店。

Shookman, Ellis (ed.), 1993, *The Faces of Physiognomy: Interdiciplinary Approaches to Johann Casper Lavater*, Camden House.

Shortland, Michael, 1985, 'Skin Deep: Barthes, Lavater and the Legible Body,' *Economy and Society 14*.

—— 1986, 'The Power of Thousand Eyes: Johann Casper Lavater's Science of Physiognomical Perception,' *Criticism 28*.

—— 1987a, 'Unnatural Acts: Art and Passion on the Mid-Eighteenth Stage,' *Theater Research International 12-2*.

——1987b, 'Moving Speeches: Language and Elocution in Eighteenth-Century Britain," *History of European Ideas 8-6*.

Shumaker, Wayne, 1972, *The Occult Science in the Renaissance: A Study in Intellectual Patterns*, univ. of California Pr. = 1987、田口清一訳『ルネサンスのオカルト学』平凡社。

坂本百大、1991、『言語起源論の新展開』大修館書店。
坂本達哉、1995、『ヒュームの文明社会：勤労・知識・自由』創文社。
Sales, Francis, 1609, *Introduction à la vie dèvote*. = 1961, Day, Michael (trans.), *Introduction to the Devout Life*, Everyman's Library.
Salgado, Gamini, 1977, *The Elizabethan Underground*, Rowman & Littlefield.
Salisbury, Joyce, 2011, *The Beast Within: Animals in the Middle Ages, Second Edition*, Routledge.
Salmon, Vivian, 1996, *Language and Society in Early Modern England: Selected Essays 1981-1994*, John Benjamins Publishing Co.
佐々木健一、1984、「近世美学への展望」、今道友信編『講座美学１』東京大学出版会。
―― 1999、『フランスを中心とする一八世紀美学史の研究：ウァトーからモーツァルトへ』岩波書店。
佐藤俊樹、1993、『近代・組織・資本主義：西欧と日本における近代の地平』ミネルヴァ書房。
――1998、「近代を語る視線と文体」、高坂健次・厚東洋輔編『講座社会学１　理論と方法』東京大学出版会。
――2008、『意味とシステム：ルーマンをめぐる理論社会学的探究』勁草書房。
Saunders, Richard, 1671, *Physiognomie, and Chiromancie, Metoposcopie*, Nathaniel Brook.
Schmitt, Jean-Claude, 1990, *La Raison des gestes dans l'Occident médiéval*, Gallimard. = 1996、松村剛訳『中世の身ぶり』みすず書房。
Schmitt, Cherles B. & Copenhaver, Brian P., 1992, *Renaissance Philosophy*, Oxford Univ. Pr. = 2003、榎本武文訳『ルネサンス哲学』平凡社。
Schoene, Albrecht, 1964, *Emblematik und Drama im Zeitalter des Barock*, C. H. Beck. = 2002、岡部仁・小野真紀子訳『エンブレムとバロック演劇』ありな書房。
Scholar, Richard, 2005, *The Je-Ne-Sais-Quoi in Early Modern Europe*, Oxford Univ. Pr.
Seel, Otto, 1967, *Der Physiologus: Tiere und ihre Symbolik*, Artemis Verlags-AG. = 1994、梶田昭訳『フィシオログス』博品社。
Sekula,Alan,1986, ‘The Body and the Archive,’ *October 39*.
Senault, Jean Francois, Henry Earl of Monmouth (trans.), 1671, *The Use of Passions*, John Sims.
Seneca, *De Ira*. = 1958, Barose, John W. (trans.), On Anger, in *Seneca Moral Essays I*, Loeb Classics.
Sennett, Richard, 1977, *The Fall of Public Man: On the Social Psychology of Capitalism*, Vintage Books.
Serjeantson, R. W., 2001, 'The Passions and Animal Language, 1500-1700,' *Journal*

Marivaux, Lavater, Balsac, Gautier, and Zola, Univ. of Wisconsin Pr.

Roach, Joseph R., 1993, *The Player's Passion: Studies in the Science of Acting,* The Univ. of Michigan Pr.

Robert, Marthe, 1992, *Roman des origines et origines du Roman,* Bernard Grasset,＝1975、岩崎力・西永良成訳『起源の小説と小説の起源』河出書房新社。

Robin, P. Ansel, *Animal Lore in English Literature,* John Murray. ＝ 1993、関本榮一・松田英一訳『中世動物譚』博品社。

Rogerson, Brewster, 1953, 'The Art of Painting the Passions,' *Journal of the History of Ideas,14-1*.

Romei, Count Annibal, 1598 → 1969, *The Courtiers Academie*, Da Capo Pr.

Rony, Jérôme-Antoine, *Les Passions,* Collection QUE SAIS-JE? No.943. ＝ 1962、菅野昭正訳『情念とはなにか』文庫クセジュ、白水社

Rorty, Amelie (ed.), 1980, *Explaining Emotions,* Univ. of California Pr.

Ross, George, 1987, "Hobbes's two theory of meaning," in Benjamin, Cantor,& Christie (eds.)

Ross, Stephaine, 1984, 'Painting the Passions: Charles LeBrun's Conference sur l'expression,' *Journal of the History of Ideas,45-1*.

Rossi, Paolo, 1976, *I filosofi e le machine 1400-1700, seconda edizione*, Giangiacomo Feltrinell Editore. ＝ 1989、伊藤和行訳『哲学者と機械：近代初期における科学・技術・哲学』学術書房。

——— 1960, *Clavis Universalis:Arti mnemoniche e logica combinatoria de Lullo a Leibniz,* Riccardo Ricciadi. ＝ 1984、清瀬卓訳『普遍の鍵』国書刊行会。

Rousseau, G. S., 1991, 'Towards a Semiotics of the Nerve: The Social History of Language in a New Key,' in Burke, Peter & Porter, Roy (eds.), *Language, Self and Society: A Social History of Language*, Polity.

Rousseau, G. S. (ed.), 1990, *The Language of Psyche: Mind and Body in Enlightenment Thought*, Univ. of California Pr.

Rousseau, Jean-Jacques, 1755, *Discours sur l'origine de l'inégalité parmi les hommes*. ＝ 1972、本田喜代治・平岡昇訳、『人間不平等起源論』岩波文庫。

———1781, *Essai sur l'origine des langues, où il est parlé de la mélodie et de l'imitaition musicale*. ＝ 1970、小林喜彦訳『言語起源論』現代思潮社。

Ruberg, Willemijn & Steenbergh, Kristine (eds.), 2010, *Sexed Sentiments: Interdisciplinary Perspectives on Gender and Emotion,* Rodopi.

Rudowski, Victor, 1974, 'The Theory of Signs in the Eighteenth Century,' *Journal of the History of Ideas 35-4*.

vols., Dewick and Clark.

——— 1922, Butler, E. H. (trans.), I*nstitutio Oratoria*, Loeb.

Rainolde, Richard, 1563, *A Book Called the Foundacion of Rhetorike*, Ihon Kingston.

Ralph, Benjamin, 1782 → 2010, Richardson, Tom (ed.), *The School of Raphael: Or the Student's Guide to Expression in Historical Painting*, published by Tom Richardson.

Raphael, D. D., 2007, *The Impartial Spectator: Adam Smith's Moral Philosophy*, Oxford Univ. Pr. ＝ 2009、生越利昭・松本哲人訳『アダム・スミスの道徳哲学：公平な観察者』昭和堂。

Raphael, D. D. (ed.), 1969, *British moralists 1650-1800, 2 vols.*, Oxford Univ. Pr.

Reddy, William, 2001, *The Navigation of Feeling: A Framework for the History of Emotions*, Cambridge Univ. Pr.

Reed, Edward, 1997, *From Soul to Mind: The Emergence of Psychology from Erasmus Darwin to William James*, Yale Univ. Pr.

Reid, Thomas, 1785 → 2002, *Essays on the Intellectual Powers of Man*, Edinburgh Univ. Pr.

Rendell, Jane, 2002, *The Pursuit of Pleasure: Gender, Space and Architecture in Regency London*, Athlone Pr.

Reydam-Schils, Gretchen, 2005, *The Roman Stoics: Self, Responsibility, and Affection*, Univ. of Chicago Pr.

Reynolds, Edward, 1647 → 1996, *A Treatise on the Passions and Faculty of the Soul* , Soli Deo Gloria Publications.

Rhetorica ad Herrenium, 1954, Loeb Classical Library.

Richards, Jennifer, 2003, *Rhetoric and Courtliness in Early Modern Literature*, Cambridge Univ. Pr.

Richetti, John, 1999, *The English Novel in History 1700-1780*, Routledge.

Riedel, Manfried (R.Kawakami, T. Aoki & M. Hubricht (hrsg.)), 1984, *Hermeneutik und praktische Philosophie*. ＝ 1984、川上倫逸・青木隆嘉・M・フーブリヒト編訳『解釈学と実践哲学』以文社。

——— 1979, *Begriffe und Geschichte aus dem Historische Lexikon "Geschichitliche Grundbegriffe,"* Ernst Klett. ＝ 1990、河上倫逸・常俊宗三郎編訳『市民社会の概念史』以文社。

Riley, Patrick, 1973, 'How Coherent Is the Social Contract Tradition?", *Journal of the History of Ideas, Vol. 34*.

Ripa, Cezare, Maser, Edward (ed.), 1971, *Baroque and Rococo Pictorial Imagery: The 1758-60 Hertel Editions of Ripa's Iconologia with 200 Engraved Illustrations,* Dover.

Rivers, Christophe, 1994, *Face Value: Physiognomical Thought and the Legible Body in*

Honour, Cambridge Univ. Pr.
Percival, Mellisa & Tytler, Graeme (eds.), 2005, *Physiognomy in Profile: Lavater's Impact on European Culture*, Univ. of Delaware Pr.
Philostratus and Eunapius, 1921 → 1998, Wright, Wilmer C (trans.), *Lives of the Sophists, and Lives of Philosophers*, Loeb Classical Library.
Pick, Daniel, 1993, *Faces of Degeneration*, Cambridge Univ. Pr.
Pinch, Adela, 1996, *Strange Fits of Passion: From Hume to Jane Austen*, Stanford Univ. Pr.
Pinkus, Karen, 1996, *Picturing Silence: Emblem, Language, Counter-Reformation Materiality*, Univ. of Michigan Pr.
Platt, Peter G. (ed.), 1999, *Wonders, Marvels, and Monsters in Early Modern Culture*, Univ. of Delaware Pr.
Pocock, J. G. A., 1975, *The Machiavellian Moment: Florentine Political Thought and the Atlantic Republican Tradition*, Princeton Univ. Pr.
——— 1985, *Virtue, Commerce and History, Cambridge Univ. Pr.*
Porta, Giovanni Battista della , 1586, *De humana physiognomica*. = 1996、澤井繁男訳『自然魔術　人体編』青土社。
Porter, David, 2001, *Ideographia: The Chinese Cipher in Early Modern Europe*, Stanford Univ. Pr.
Porter, Martin, 2005, *Windows of the Soul: The Art of Physiognomy in European Culture 1470-1780*, Oxford Univ. Pr.
Porter, Roy, 1985, 'Making Faces: Physiognomy and Fashion in Eighteenth-Century England,' *Etude Anglaises, vol. 4*.
Potkay, Adam, 1994, *The Fate of Eloquence in the Age of Hume*, Cornell Univ. Pr.
Potts, Alex, 1994, *Flesh and the Ideal: Winkelmann and the Origin of Art History,* Yale Univ. Pr.
Poulet, Georges, 1949, *d'Etudes sur le temps humain*, Plon. = 1969、井上究一郎他訳『人間的時間の研究』筑摩書房。
Praz, Mario, 1964, *Studies in Seventeenth-Century Imagery*, Edizioni di Storia e Letteratura.
Prince, Michael, 1996, *Philosophical Dialogue in the British Enlightenment,* Cambridge Univ. Pr.
Pultz, John, 1995, *Photography and the Body*, Everyman Art Library.
Puttenham, George, 1589 → 1970, *The Arte of English Poesie*, The Kent State Univ. Pr.
Quintilian, 1755 → 1805, Guthrie, W. (trans.), *Quintilian's Institute of Eloquence, 2*

History, A Clarion Book.

—— 1982, *Orality and Literacy: The Technologizing of the Word,* Routledge.

大平健、1996、『拒食の喜び、媚態の憂うつ：イメージ崇拝時代の食と性』岩波書店。

大西克禮、1949、『美意識論史』角川書店。

太田可夫、1948、『イギリス社會哲學の成立』弘文堂。

Oppenheim, Janet, *"Shattered Nerves":Doctors, Patients and Depression in Victorian England*, Oxford Univ. Pr.

Osler, Margaret J. (ed.), 1991, *Atoms, Pneuma, and Tranquility: Epicurean and Stoic Themes in European Thought,* Cambridge Univ. Pr.

Ott, Walter, 2004, *Locke's Philosophy of Language*, Cambridge Univ. Pr.

Pagden, Anthony (ed.), 1987, *The Language of Political Theory in Early-Modern Europe*, Cambridge Univ. Pr.

Paracelsus, Theophrastus, 1965, *Von den fünf Entien gennnant Volumen mediciae paramirium*, Schwabe. = 1980、大槻真一郎訳『奇蹟の医書・五つの病因について』工作舎。

Pariset, François-Georges,1965, *L'art classique, Presses Universitaires de France*. = 1972、田中英道訳『古典主義美術』岩崎美術社。

Parke, Catherine, 1990, "What Kind of Heroine is Mary Wollstonecraft?" in Conger(ed.)

Parsons, James, 1747, *Human Physiognomy Explain'd: in the Crounean Lectures on Muscular Motion, Read before the Royal Society in the Year MDCCXLVI, Supplement to Philosophical Transactions of the Royal Society of London of 1747*.

Paster, Gail, Rowe, Katherine & Floyd-Wilson, Mary (eds.), 2004, *Reading the Early Modern Passions: Essays in the Cultural History of Emotion,* Univ. of Pennsylvania Pr.

Patey, Douglas Lane, 1984, *Probability and Literary Form: Philosophic Theory and Literary Practice in the Augustan Age*, Cambridge Univ. Pr.

Paulson, Ronald, 1975, *Emblem and Expression: Meaning in English Art of the Eighteenth Century*, Thames and Hudson.

—— 1996, *The Beautiful, the Strange, and the Novel: Aesthetics and Heterodoxy,* Yale Univ. Pr.

Paxon, James, 1994, *The Poetics of Personification*, Cambridge Univ. Pr.

Paylor, W. (ed.), (1622 →)1936, *The Overburian Characters*, Basil Blackwell.

Peacham, Henry, 1634 → 1906, *Peacham's Compleat Gentleman*, the Clarendon Pr.

Peacham, Henry (Sr.), 1593 → 1977, *The Garden of Eloquence,* Scholar Pr.

Peltonen, Marrku, 2003, *The Duel in Early Modern England: Civility, Politeness and*

Murphy, James S. (ed.), 1978, *Medieval Eloquence: Studies in the Theory and Practice of Medieval Rhetoric*, Univ. of California Pr.
——— 1983, *Renaissance Eloquence: Studies in the Theory and Practice of Renaissance Rhetoric*, Univ. of California Pr.
長島伸一、1987、『世紀末までの大英帝国』法政大学出版局
中川久定、1994、『啓蒙の光のもとで：ディドロと『百科全書』』岩波書店。
成瀬治、1988、『絶対主義国家と身分制社会』山川出版社。
Nederman, Cary J., 1996, 'The Meaning of "Aristotelianism" in Mediaval Moral and Political Thought,' *Journal of the History of Ideas 57-4*.
Newhall, Beaumont, 1982,*The History of Photography*, The Museum of Modern Art.
Nicolas, Sir Harris, 1847, *Memoirs of the Life and Times of Sir Christopher Hatton*, Richard Bentley.
Nicole, Pierre, 1676-84, *Moral Essays, Contained in Several Treatises on Many Important Duties*, 3 vols.
二宮宏之、2011、『ソシアビリテと権力の社会史（二宮宏之著作集第3巻）』岩波書店。
西村清和、1989、『遊びの現象学』勁草書房。
——— 1993、『フィクションの美学』勁草書房。
Noreña, Carlos, 1989, *Juan Luis Vives and the Emotions*, Southern Illinois Univ. Pr.
越智道雄、1998、『ワスプ（WASP）：アメリカン・エリートはどう作られるか』中公新書。
隠岐さや香、2011、『科学アカデミーと「有用な科学」：フォントネルの夢からコンドルセのユートピアへ』名古屋大学出版会。
小田部胤久、1995、『象徴の美学』東京大学出版会。
——— 2001、『芸術の逆説：近代美学の成立』東京大学出版会。
——— 2006、『芸術の条件：近代美学の境界』東京大学出版会。
Oestreich, Gerhard, 1969, *Geist und Gestalt des frühmodernen Staates,* Duncker & Humblot. = 1993、坂口修平・千葉徳夫・山内進編訳『近代国家の覚醒：新ストア主義・身分制・ポリツァイ』創文社。
Oesterreich, Peter L. & Sloane, Thomas O. (eds.), 1999, *Rhetorica Movet: Studies in Historical and Modern Rhetoric in Honour of Heinrich F. Plett,* Brill.
Olmsted, Wendy, 2008, *The Imperfect Friend: Emotion and Rhetoric in Sidney, Milton, and Their Contexts*, Univ. of Toronto Pr.
Ong, Walter J., 1958 → 1983, *Ramus, Method, and the Decay of Dialogue*, Harvard Univ. Pr.
——— 1967, *The Presence of the Word: Some Prolegomena for Cultural and Religious*

Meyer, Michael, 1991, *Le Philosophe et les passions: Equisse d'une histoire de la nature humaine*, Hachette. = 2000, Barsky, Robert F. (trans.), *Philosophy and the Passions: Toward a History of Human Nature*, The Pennsylvania State Univ. Pr.

港千尋、1991、『群衆論：20世紀ピクチャー・セオリー』リブロポート。

Minor, Hyde, 2006, *The Death of the Baroque and the Rhetoric of Good Taste*, Cambridge Univ. Pr.

箕輪成男、2006、『中世ヨーロッパの書物：修道院出版の九〇〇年』出版ニュース社。

Mitchell, W. J. T., 1986, *Iconology: Image, Text, Ideology*, Univ. of Chicago Pr.

水谷三公、1987、『英国貴族と近代：持続する統治 1640—1880』ミネルヴァ書房。

Moeller, Dusan, 1999, *Compassion Fatigue: How the Media Sell Disease, Famine, War and Death*, Routledge.

Monk, Samuel, 1960, *The Sublime: A Study of Critical Theories in XVIII-Century England*, Univ. of Michigan Pr.

Montagu, Jennifer, 1994, *The Expression of the Passions: The Origin and Influence of Charles Le Brun's Conference sur l'expression générale et particulière*, Yale Univ. Pr.

Moran, Dermot, 2004, "The Problem of Empathy: Lipps, Scheler, Husserl and Stein," in *Recherche de Théologie et Philosophie médiévales Bibliotheca 6*.

Morgan, Marjorie, 1994, *Manners, Morals and Class in England, 1774-1858*, St. Martin's Pr.

Moriarty, Michael, 1988, *Taste & Ideology in Seventeenth-Century France*, Cambridge Univ. Pr.

Morillo, John, 2000, 'John Dennis: Enthusiastic Passions, Cultural Memory, and Literary Theory,' *Eighteenth-Century Studies 34-1*.

森安達也、1991、『東方キリスト教の世界』山川出版社。

Moseley, Charles, 1989, *A Cenrury of Emblems: An Introductory Anthology*, Scholar. Pr.

Mortensen, Preben, 1994, "Shaftesbury and the Morality of Art Appreciation," *Journal of the History of Ideas 55-4*.

Mullan, John, 1988, *Sentiment and Sociability: The Language of Feeling in the Eighteenth Century*, Oxford Univ. Pr.

——1997, 'Feelings and Novels,' in Porter, Roy (ed.), *Rewriting the Self: Histories from the Renaissance to the Present*, Routledge.

Murphy, James S., 1974, *Rhetoric in the Middle Ages: A History of Rhetorical Theory from St. Augustine to the Renaissance*, Univ. of California Pr.

& Tazi, Nadia (eds.), *Fragments for a History of the Human Body, Part Two*, the MIT Pr.

Magnus, Albertus, 1962, *Les admirables secrets d'Albert le Grand*, La Diffusion Scientifique. = 1999、立木鷹志編訳『大アルベルトゥスの秘法』河出書房新社。

Malebrabche, Nicholas, 1674-75 → 1715, *Recherche de la Vérité*. = 1997, Lennon, Thomas & Olscamp, Paul (eds. & trans.), *The Search after Truth*, Canbridge Univ. Pr.

Malek, James, 1974, *The Arts Compared: An Aspect of Eighteenth-Century British Aesthetics*, Wayne State Univ. Pr.

Mandeville, Bernard, 1723 → 2001, *The Fable of Bees, 2 vols.*, Oxford Univ. Pr.

——1732 → 2003, *An Enquiry into the Origin of Honour and the Usefulness of Christianity in War*, Kessinger Publishing.

1720 → 1987, *Free Thoughts on Religion, the Church, and National Happiness*, the Collected Works of Bernard Mandeville, Vol. V, Georg Olms.

Marin, Louis, 1995, *Sublime Poussin*, Seuil. = 2000、矢橋透訳『崇高なるプッサン』みすず書房。

Markierwicz, Henryk, 1987, "Ut Pictura Poesis... A History of the Topos and the Problem," *New Literary History 18-3*.

Marshall, David, 1986, *The Figure of Theater: Shaftesbury, Defoe, Adam Smith, and George Eliot,* Columbia Univ. Pr.

—— 1988, *The Surprising Effects of Sympathy: Marivaux, Diderot, Rousseau, and Mary Shelly*, Univ. of Chicago Pr.

Mason, Philip, 1982, *The English Gentleman: The Rise and Fall of the Ideal*. = 1991、金谷展雄訳『英国の紳士』晶文社。

松本宣郎、1994、『ガリラヤからローマへ：地中海世界をかえたキリスト教徒』山川出版社。

Mattick Jr., Paul (ed.), 1993, *Eighteenth-Century Aesthetics and the Reconstruction of Art*, Cambridge Univ. Pr.

Mayr, Otto, 1986, *Authority, Liberty and Automatic Machinery in Early Modern Europe*, Johns Hopkins Univ. Pr. = 1997、忠平美幸訳『時計じかけのヨーロッパ：近代初期の技術と社会』平凡社。

McKenzie, Alan T., 1987, 'The Systematic Scrutiny of Passion in Johnson's Rambler,' *Eighteenth-Century Studies 20-2*.

——1990, *Certain, Lively Episodes: The Articulation of Passion in Eighteenth-Century Prose,* Univ of Georgia Pr.

McMaster, Juliet, 2004, *Reading the Body in the Eighteenth-Century Novel*, Palgrave.

Locke, John, 1690 → 1961, *Essay Concerning Human Understanding*, Everyman's Library.
―― 1693 → 1989, *Some Thoughts Concerning Education*, Oxford Univ. Pr.
Long, A. A., 1986, *Hellenistic Philosophy: Stoics, Epicureans, Sceptics, Second Edition*, Univ. of California Pr.
Lothian, John M., 1966, *Shakespeare's Charactery: A Book of 'Characters' from Shakespeare*, Basil Blackwell.
Lovejoy, Arthur O., 1936 → 1964, *The Great Chain of Being*, Harvard Univ. Pr.
―― 1961, *Reflections on Human Nature*, Johns Hopkins Univ. Pr. = 1998、鈴木信雄・市岡義章・佐々木光俊訳『人間本性考』名古屋大学出版会。
Luhmann, Niklas, 1980, *Gesellschaftsstruktur und Semantik,: Studien zur Wissensoziologie der modernen Gesellschaft, Band 1*, Surkamp. = 2011、徳安彰訳『社会構造とゼマンティク１』法政大学出版局。
―― 1982, *Liebe als Passion: Zur Kodierung von Intimität*, Suhrkamp.
――1984, *Soziale Systeme: Grundriß einer allgemeinen Theorie*, Suhrkamp. = 1993、佐藤勉監訳『社会システム理論』（上）（下）、恒星社厚生閣。
―― 1989, *Gesellschaftsstruktur und Semantik: Studien zur Wissensoziologie der modernen Gesellschaft, Band 3*, Suhrkamp.
―― 1992, *Beobachtungen der Moderne, Westdeutscher Verlag*. = 2003、馬場靖雄訳『近代の観察』法政大学出版局。
―― 1995, *Gesellschaftsstruktur und Semantik: Studien zur Wissensoziologie der modernen Gesellschaft, Band 4*, Suhrkamp.
―― 1995, *Die Kunst der Gesellsgaft*, Suhrkamp. = 2004、馬場靖雄訳『社会の芸術』法政大学出版局。
―― 1997, *Die Gesellschaft der Gesellschaft*, Suhrkamp. =馬場靖雄・赤堀三郎・菅原謙・高橋徹訳『社会の社会　１、２』法政大学出版局。
Lynch, Deidre Shauna, 1998, *The Economy of Character: Novels, Market Culture, and the Business of Inner Meaning*, Univ. of Chicago Pr.
MacIntyre, Alasdair, 1984, *After Virtue: A Study in Moral Theory*, Second Edition, Univ. of Notre Dame Pr. = 1993、篠崎榮訳『美徳なき時代』みすず書房。
MacIntyre, Jane, 1989, 'Personal Identity and the Passions,' *Journal of the History of Philosophy, 27-4*.
Mack, Peter, 2002, E*lizabethan Rhetoric: Theory and Practice*, Cambridge Univ. Pr.
Mackenzie, Henry, 1771 → 1958, *The Man of Feeling*, Norton.
Maclean, Ian, 2002, *Logic, Sign and Nature in the Renaissance*, Cambridge Univ. Pr.
Magli, Patricia, 1989, "The Face and the Soul," in Feher, Michael, Naddaff, Ramona

California Pr.

Lancelot, Claude & Arnauld, Antoine, 1660, *Grammaire général et raisonnée*, Pierre le Petit. = 1972、南館英孝訳『ポール・ロワイヤル文法』大修館。

Langford, Paul, 1989, *A Polite and Commercial People: England 1727-1783*, Oxford Univ. Pr.

la Rochefoucaud, 1665, *Réflections ou sentences et maxims morals*. = 1962、市原豊太・平岡昇訳『箴言と省察』、『世界教養全集２』、平凡社。

Lavater, Johan Casper, 1775-8 → 1984, *Physiognomische Fragmente zur Beförderung der Menchenkenntniß und Menschenliebe*, Reclam.

——— Holcroft, Thomas (trans.),1860, *Essay on Physiognomy: For the Promotion of the Knowledge and Love of Humanity, 11th ed.*, William Tegg & Co.

Law, Jules, 1993, *The Rhetoric of Empiricism: Language and Perception from Locke to I. A. Richards*, Cornell Univ. Pr.

LeBrun, Charles, 1688 → 1698, *Conférence sur L'expression Générale et Particulière*. = in Montagu[1994].

Lee, Rensselaer, 1967, *Ut Pictura Poesis: The Humanistic Theory of Painting,* Norton.

Leibniz, Gottfried, 1966, *Nouveau essais sur l'entendement humain*, Garnier-Flammarion. = 1987、米山優訳『人間知性新論』みすず書房。

Leo, Russ, 2013, "Affective Physics: Affectus in Spinoza's Ethica," in Cummings, Brian & Sierius, Freya (eds.), *Passions and Subjectivity in Early Modern Culture*, Ashgate.

Lessing Gotthold, 1766, *Laokoon, oder über die Grenzen der Malerai und Poesie*. = 1942、高橋義孝・呉茂一訳『ラオコオン』筑摩書房。

Levi, Anthony, 1964, *French Moralists: The Theory of Passions 1585-1649*, Oxford Univ. Pr.

Lewis, Eric, 2001, 'Walter Charleton and Early Modern Eclecticism,' *Journal of the History of Ideas*, 62-4.

Lichtenberg, Georg, 1996, *Über Physiognomik wider die Physiognomen*, Aerni Verlag.

Lievsay, John, 1961, *Steffano Guazzo and the English Renaissance 1575-1675*, The Univ. of North Carolina Pr.

Lipsius, Justus, 1584, *De Constantia*. = 1594 → 1939, Stradling, John (trans.), Tvvo *Books of Constancie,* Rutger's Univ. Pr.

Lochman, Daniel, 2011, "Friendship's Passion: Love-Fellowship in Sidney's New Arcadia" in Lochman, Daniel, Lopez, Maritere & Hutson, Lorna (eds.), *Discourses and Representaions of Friendship in Early Modern Europe, 1500-1700*, Ashgate.

Klein, Lawrence, 1994, *Shaftesbury and the Culture of Politeness*, Cambridge Univ. Pr.
Kleist, Heinrich von, 1970, *H. v. Kleists Samtliche Werke und Briefe*, Carl Hanser Verlag. = 1998、佐藤恵三訳『クライスト全集　第一巻』沖積舎。
Knowlson, James, 1975, *Universal Language Schemes in England and France*, Univ. of Tronto Pr. = 1993、浜口稔訳『英仏普遍言語計画：デカルト、ライプニッツにはじまる』工作舎。
Knox, Vicesimus, 1823, *Knox's Winter Evenings, 3 vols*, Ferguson, James (ed.), *British Essayists, vol38-40*, J. Richardson & co.
児玉聡、2010、『功利と直観：英米倫理思想史入門』勁草書房。
Korsmeyer, Carolyn, 1975, 'Relativism in Hutcheson's Aesthetic Theory,' *Journal of the History of Ideas 36-2*.
香内三郎、2004、『「読者」の誕生：活字文化はどのようにして定着したか』晶文社。
Kraus,Rosalind.1986, 'Photography's Discursive Spaces,' in *The Originality of theAvant-Garde and Other Modernist Myths*, The MIT Pr.
Krieger, Murray, 1992, *Ekphrasis: The Illusion of the Natural Sign*, Johns Hopkins Univ. Pr.
Kristeller, Paul, 1951, 'The Modern System of the Arts: A Study in the History of Aesthetics (I),' *Journal of the History of Ideas 12-4*.
——— 1952, 'The Modern System of the Arts: A Study in the History of Aesthetics (II),' *Journal of the History of Ideas 13-1*.
Kroll, Richard W., 1991, *The Material World: Literate Culture in the Restoration and Early Eighteenth Century*, Johns Hopkins Univ. Pr.
久保尋二、1999、『宮廷人レオナルド・ダ・ヴィンチ』平凡社。
Lafayette, Madame Marie-Madeleine, 1678, *La Princesse de Cleves*. = 1956、青柳瑞穂訳『クレーヴの奥方』新潮文庫。
Lamb, Johnathan, 2009, *The Evolution of Sympathy in the Long Eighteenth Century,* Pickering & Chatto.
Lamb, Robert, 1974, "Adam Smith's System: Sympathy not Self-Interest," *Journal of the History of Ideas, 35-4*.
Lamy, Bernard, 1675 → 1986, *The Art of Speaking*, in Harwood, John T. (ed.), *The Rhetorics of Thomas Hobbes and Bernard Lamy*, Southern Illinois Univ. Pr.
Land, Stephen K., 1974, *From Signs to Propositions: The Concept of Form in Eighteenth-Century Semantic Theory*, Longman.
Langer, Ullrich, 1994, *Perfect Friendship: Studies in Literature and Moral Philosophy from Boccacio to Corneille*, Librarie Droz.
Lanham, Richard A., 1991, *A Handlist of Rhetorical Terms, Second Edition*, Univ. of

甚野尚志、1992、『隠喩のなかの中世：西洋中世における政治表象の研究』弘文堂。
Johnson, Samuel et. al, 1823, *The Rambler, 3 vols.*, Ferguson, James (ed.), *The British Essayists. vol.16-18*, J. Richardson & co., and others.
Jones, Robert, 1998, *Gender and the Formation of Taste in Eighteenth-Century Britain: The Analysis of Beauty*, Cambridge Univ. Pr.
Judovitz, Dalia, 2001, *The Culture of the Body: Genealogies of Modernity,* The Univ. of Michigan Pr.
Justman, Stewart, 1993, *The Autonomous Male of Adam Smith*, Univ. of Oklahoma Pr.
Kahn, Victoria, 2001, "'The Duty to Love': Passion and Obligation in Early Modern Political Theory," in Kahn and Hutson(eds.), 2001, *Rhetoric and Law in Early Modern Europe,* Yale Univ. Pr.
——— 2004, *Wayward Contracts: The Crisis of Political Obligation in England, 1640-1674*, Princeton Univ. Pr.
Kahn, Victoria, Saccamano, Neil & Coli, Daniela, 2006, *Politics of the Passions 1500-1850*, Princeton Univ. Pr.
Kallich, Martin, 1970, *The Association of Ideas and Critical Theory in Eighteenth-Century England*, Mouton.
兼岩正夫、1992、『ルネサンスとしての中世：ラテン中世の歴史と言語』筑摩書房。
Kames, Henry Home, Lord, 1785 → 1993, *Elements of Criticism, 6th Edition, 2 vols.*, Thoemmes Pr.
Kant, Immanuel, 1798, *Anthropologie in pragmatischer Hinsicht*. ＝ 1952、坂田徳男訳『人間学』岩波文庫。
川出良枝、1996、『貴族の徳、商業の精神：モンテスキューと専制批判の系譜』、東京大学出版会。
——— 2000、「名誉と徳：フランス近代政治思想史の一断面」『思想』913。
川喜多愛郎、1977、『近代医学の史的基盤（上）』岩波書店。
Kennedy, George A., 1994, *A New History of Classical Rhetoric*, Princeton Univ. Pr.
木幡順三、1984、『美意識の現象学』慶應通信。
菊地原洋平、2013、『パラケルススと魔術的ルネサンス』勁草書房。.
Kittler, Friedrich, 1980, *Autorschaft und Liebe, in Austreibung des Geistes aus den Geisteswissenschaften*, Paderborn. ＝ 1993、石光泰夫訳「作者であることと愛」『現代思想』vol. 21-11。
——— 1985, *Aufschreibesysteme 1800/1900*, Wilhelm Fink. ＝ 1990, Mitter, Michael (trans.), *Discourse Network 1800/1900*, Stanford Univ. Pr.
Kivy, Peter, 2003, *The Seventh Sense: Francis Hutcheson and Eighteenth-Century British Aesthetics*, Oxford Univ. Pr

Hundert, E. G., 1994, *The Enlightenment's Fable: Bernard Mandeville and the Discovery of Society*, Cambridge Univ. Pr.

Hunt, Alan, 1999, *Governing Morals: A Social History of Moral Imagination*, Cambridge Univ. Pr.

Hurray, Peter, 1978, 'The Role of Music in Eighteenth- and Early Nineteenth-Century Aesthetics,' *Proceedings of the Royal Musical Association 105*.

Hurd, Richard, 1766 → 1811, *The Works of Richard Hurd. D. D., Lord Bishop of Worcester, Vol.2*, T. Cadell and W. Davis.

——— 1911 → 1976, *Hurd's Letters on Chivalry and Romance*, AMS Pr.

Hutcheson, Francis, 1725 → 1990, *An Inquiry into the Original of Our Ideas of Beauty and Virtue*, Georg Olms.

——— 1738 = 1983 山田英彦訳『美と道徳の観念の起源』(第四版) 玉川大学出版部。

——— 1728 → 1990, *An Essay on the Nature and Conducts of the Passsions and Affections*, Georg Olms.

——— 1729 → 1990, *Reflections upon Laughter and Remarks upon the Fable of Bees*, Georg Olms.

——— 1755 → 1990, *A System of Moral Philosophy, 2 vols*. Georg Olms.

一ノ瀬正樹、1997、『人格知識論の形成：ジョン・ロックの瞬間』東京大学出版会。

飯塚勝久、1984、『フランス・ジャンセニスムの精神史的研究』未来社。

池上俊一、2008、『儀礼と象徴の中世』岩波書店。

石塚正英・柴田隆行監修、2003、『哲学・思想翻訳語事典』論創社。

伊藤貞夫、1982、『古典期アテネの政治と社会』岩波書店。

伊藤進、1999、『怪物のルネサンス』河出書房新社。

岩村清太、2007、『ヨーロッパ中世の自由学芸と教育』知泉書館。

Jaeger, Werner, 1961, *Early Christianity and Greek Paideia*, Harvard Univ. Pr. = 1964、野町啓訳、『初期キリスト教とパイデイア』筑摩書房。

James, Susan, 1997, *Passion and Action: The Emotions in Seventeenth-Century Philosophy*, Oxford Univ. Pr.

——— 1998, 'Explaining the passions: passions, desires, and the explanation of action,' in Gaukroger (ed.)

Janet, Pierre, 1926, *Un délire religieax chez une extatique*, Félix Alcan. = 2007、松本雅彦訳『症例マドレーヌ：苦悶から恍惚へ』みすず書房。

Jardine, N., Secord, J., & Spary, E. (eds.), 1996, *Cultures of Natural History*, Cambridge Univ. Pr.

Jarratt, Susan C., 1991, *Rereading the Sophists: Classical Rhetoric Refigured*, Southern Illinois Univ. Pr.

廣川洋一、1984、『イソクラテスの修辞学校：西欧的教養の源泉』岩波書店。
——— 1985、「〈自由三学科〉の成立」、『新岩波講座哲学 14　哲学の原型と発展』岩波書店。
——— 2000、『古代感情論：プラトンからストア派まで』岩波書店。
Hirschman, Albert O., 1977, *The Passions and the Interests*, Princeton Univ. Pr. ＝ 1985、佐々木毅・旦祐介訳『情念の政治経済学』法政大学出版局。
Hobbes, Thomas, 1640 → 1994, *The Elements of Law Natural and Politic*, Oxford Classics.
——— 1651 → 1968, *Leviathan,* Pelican Classics.
———1655, *Computatio sive logica,* ＝ 1981, Martinich, Alonysius (trans.), *Logic,* Abaris Books.
——— 1656 → 1839, *The English Works of Thomas Hobbes*, Vol.1, John Bohn.
———1991, Gert, Bernard (ed.), *Man and Citizen (De Homine and De Cive)*, Hackett Pub. Co.
——— 1994, *Human Nature and De Corpore Politico*, Oxford Univ Pr.
——— 2012, 伊藤宏之・渡辺秀和訳『哲学原論／自然法および国家法の原理』柏書房。
Hobbs, Catherine L., 2002, *Rhetoric on the Margin of Modernity: Vico, Condillac, Monbodo*, Southern Illinois Univ. Pr.
Hoffmann, Friedrich, 1695, *Fundamenta Medicinae*. ＝ 1971, King, Lester S. (ed. & intro.), *Fundamenta Medicinae*, Science History Publications.
Honour, Hugh, 1967, *Neo-Classicism*, Penguin Books.
Hoskins, John,1935, Hudson, Hoyt H. (ed.), *Directions for Speech and Style*, Princeton Univ. Pr.
Howell, Wilbur, 1971, *Eighteenth-Century British Logic and Rhetoric*, Princeton Univ. Pr.
Howes, Alan, 1958 → 1971, *Yorick and the Critics: Sterne's Reputation in England, 1760-1868*, Archon Books.
Howes, Alan (ed.), 1874, *Sterne: The Critical Heritage*, Routledge & Kegan Paul.
Hudson, Nicholas, 1994, *Writing and European Thought 1600-1830*, Cambridge Univ. Pr.
Huet, Marie-Helene, 1993, *Monstrous Imagination*, Harvard Univ. Pr.
Huhn, Tom, 2004, *Imitation and Society: The Persistence of Mimesis in the Aesthetics of Burke, Hogarth, and Kant*, the Pennsylvania State Univ. Pr.
Hume, David, 1740 → 1976, *A Treatise on Human Nature, 2nd. ed.*, Oxford Univ. Pr.
——— 1826, *Hume's Philosophical Works, 4 vols*, Adam Black & William Tait.

Oxford Univ. Pr.
Harris, Victor, 1949, *All Coherence Gone: A Study of the Seventeenth Century Controversy over Disorder and Decay in the Universe*, Univ. of Chicago Pr.
Harrison, Peter, 1998, 'Reading the passions: the Fall, the passions, and dominion over nature,' in Gaukroger (ed.)
Harter, Deborah, 1996, *Bodies in Pieces: Fantastic Narrative and the Poetics of the Fragment*, Stanford Univ. Pr.
Harth, Erica, 1983, *Ideology and Culture in Seventeenth-Century France*, Cornell Univ. Pr.
Hartley, David, 1748 → 1967, *Observation on Man, His Frame, His Duty and His Expectations*, Georg Olms.
Hartley, Lucy, 2001, *Physiognomy and the Meaning of Expression in Nineteenth-Century Culture*, Cambridge Univ. Pr.
橋場弦、1997、『丘のうえの民主政：古代アテネの実験』東京大学出版会。
Havens, Earle, 2001, *Commonplace Books: A History of Manuscripts and Printed Books from Antiquity to the Twentieth Century*, Beinike Rare Books.
Heinamaa, Sara & Reuter, Martina (eds.), 2010, *Psychology and Philosophy: Inquiries into the Soul from Late Scholasticism to Contemporary Thought*, Springer.
Heller-Roazen, Daniel, 2007, *The Inner Touch: Archeology of a Sensation*, the MIT Pr.
Henisch, Heinz and Henisch, Bridget A., 1993, *The Photographic Experience 1839-1914: Images and Attitudes*, Penn-State Univ. Pr.
Herder, J. G., 1772, *Abhandlung über den Ursprung der Sprache*. = 1972、木村直司訳『言語起源論』、大修館。
Hertz, Neil, 1985, *The End of the Line: Essays on Psychoanalysis and the Sublime*, Columbia Univ. Pr.
Heyd, Michael, 1981, "The Reaction to Enthusiasm in the Seventeenth Century: Towards an Integrative Approach," *Journal of Modern History 53, 258-280.*
——— 1995, *"Be Sober and Reasonable": The Critique of Enthusiasm in the Seventeenth and Early Eighteenth Centuries*, E. J. Brill.
樋口桂子、2005、『メトニミーの近代』三元社。
Hill, Aaron, 1753, → 2005, *An Essay on the Theory of Acting, in The Collected Works of Aaron Hill, vol. 4*, Thoemmes Pr.
Hillman, David & Mazzio, Carla (eds.), 1997, *The Body in Parts: Fantasy of Corporeality in Early Modern Europe*, Routledge.
Hipple, Walter, 1957 → 2013, *The Beautiful, the Sublime, & the Picturesuque in Eighteenth-Century British Aesthetic Theory*, Isha Books.

のコスモス：ルネサンスの占星術師』勁草書房。
Grafton, Anthony & Blair, Ann (eds.), 1990, *The Transmission of Culture in Early Modern Europe*, Univ. of Pennsylvania Pr.
Graham, John, 1961, 'Lavater's Physiognomy in England,' *Journal of the History of Ideas*, 22.
Graham, Kenneth, 1994, *The Performance of Conviction: Plainness and Rhetoric in the Early English Renaissance*, Cornell Univ. Pr.
Grange, Kathleen M., 1961, "Pinel and Eighteenth-Century Psychiatry," *Bulletin of the History of Medicine No.35*.
——— 1962, "The Ship Symbol as a Key to Former Theories of the Emotions," *Bulletin of the History of Medicine No.36*.
Graumann, Carl & Gergen, Kenneth, 1996, *The Historical Dimensions of Psychological Discourse*, Cambridge Univ. Pr.
Greenblatt, Stephen, 1980, *Renaissance Self-Fashioning: From More to Shakespeare*, Univ. of Chicago Pr. = 1999、高田茂樹訳『ルネサンスの自己成型：モアからシェイクスピアまで』みすず書房。
Guazzo, Stefano, 1574, *La Civile conversatione*, Tomaso Bozzola. = 1581 → 1925, Pettie, George &Young Barth (trans.), *The Civile Conversation, 2vols.*,The Tudor Translations.
Guillais, Joelle, 1990, *Crimes of Passion*, Polity.
Hacking, Ian, 1975, *The Emergence of Probability*, Cambridge Univ. Pr.
——— 1990, *The Taming of Chance*, Cambridge Univ. Pr.
——— 1975, *Why Does Language Matter to Philosophy?*, Cambridge Univ. Pr. = 1989、伊藤邦武訳『言語はなぜ哲学の問題になるのか』勁草書房。
Hagstrum, Jean H., 1973, *The Sister Arts: The Tradition of Literary Pictorialism and English Poetry from Dryden to Gray*, Univ. of Chicago Pr.
浜本隆志・柏木治・森貴史編、2008、『ヨーロッパ人相学：顔が語る西洋文化史』、白水社。
濱下昌宏、1993、『一八世紀イギリス美学史研究』多賀出版。
Harries, Elizabeth Wanning, 1994, *The Unfinished Manner: Essays on the Fragment in the Later Eighteenth Century*, Univ. Pr. of Virginia.
Harris, James, 1801 → 2003, *The Works of James Harris, 2 vols.*, Thoemmes Pr.
Harris, Roy & Taylor, Talbot, 1989, *Landmarks in Linguistic Thought: The Western Tradition from Socrates to Saussure*, Routledge. = 1997、斉藤伸治・滝沢直宏訳『言語論のランドマーク』、大修館書店。
Harris, Ruth, 1989, *Murders and Madness: Medicine, Law and Society in the fin de siècle*,

Philosophy, Cambridge Univ. Pr.

—— 2010, *The Collapse of Mechanism and the Rise of Sensibility*, Oxford Univ. Pr.

Gaukroger, Stephen (ed.), 1998, *The Soft Underbelly of Reason: The Passions in the Seventeenth Century*, Routledge.

Gellius, Alius, *Noctes Atticae*. = 1927, John Rolfe (trans.), *Attic Nights*, 3 vols., Loeb.

Gent, Lucy & Llewellyn, Nigel (eds.), 1990, *Renaissance Bodies: The Human Figure in English Culture c. 1540-1660*, Reaktion Books.

George, Dorothy, 1925, *London Life in the XVIIIth Century*, Kegan Paul, Trench, Trubner & Co.

Gerard, Alexander, 1759, *An Essay on Taste*, A. Millar, A. Kincaid and J. Bell.

Gilhus, Invlid, 2006, *Animals, Gods and Humans: Changing Attitudes to Animals in Greek, Roman and Early Christian Ideas*, Routledge.

Gilman, Sander, 1985, *Difference and Pathology: Stereotypes of Sexuality, Race, and Madness*, Cornell Univ. Pr.

Gilson, Etienne, 1932, *L'esprit de la philosophie médiévale,* Vrin. = 1974-1975、服部英次郎訳『中世哲学の精神』(上)(下)、筑摩書房。

—— 1937, *The Unity of Philosophical Experience,* Scribner's. = 1975、三嶋唯義訳『理性の思想史：哲学的経験の一体性』行路社。

Ginzburg, Carlo, 1999, *History, Rhetoric, and Proof. The Menachem Stern Jerusalem Lectures,* Univ. Pr. of New England. = 2001、上村忠男訳『歴史・レトリック・立証』みすず書房。

Goldberg, Johnathan, 1990, *Writing Matter: From the Hands of the English Renaissance*, Stanford Univ. Pr.

Goldsmith, M. M., 1985, *Private Vices, Public Benefits: Bernard Mandeville's Social and Political Thought*, Cambridge Univ. Pr.

Gombrich, E. H., 1963, *Meditations on a Hobby Horse: And Other Essays on the Theory of Art*, Phaidon.

Goodman, Dena, 1994, *The Republic of Letters: A Cultural History of the French Enlightenment*, Cornell Univ. Pr.

Gordon, Daniel, 1994, *Citizens without Sovereignty: Equality and Sociability in French Thought, 1670-1789*, Princeton Univ. Pr.

Goring, Paul, 2005, *The Rhetoric of Sensibility in Eighteenth-Century Culture*, Cambridge Univ. Pr.

Gosling, J. C. B. and Taylor, C. C. W., 1982, *The Greeks on Pleasure*, Oxford Univ. Pr.

Grafton, Anthony, 1999, *Cardano's Cosmos: The Worlds and Works of a Renaissance Astrologer*, Harvard Univ. Pr. = 2007、榎本恵美子・山本啓二訳『カルダーノ

Eerdmans.
Flichy, Patrice, 1995, *Dynamics of Modern Communication: The Shaping and Impact of New Communication Technologies*, Sage.
Fontenelle, Bernard, 1683, *Nouveaux dialogues des morts*. = 2012, Hughes, John (trans.), *Dialogues of the Dead*, in Three parts, Gale.
——— 1742, *Entretiens sur la pluratité des mondes*. = 1992、赤木昭三訳『世界の複数性についての対話』、工作舎。
Foote, Samuel, 1747 → 1976, *A Treatise on the Passions*, AMS Pr.
[Forrester, James], 1734, *The Polite Philosopher: Or an Essay on That Art Which Makes a Man Happy in Himself, and Agreeable to Others*, Robert Freebairn.
Foucault, Michael, 1963, *Naissance de la clinique*, Presses Universitaires de France. = 1969、神谷美恵子訳『臨床医学の誕生』、みすず書房。
——— 1966, *Les mot et les choses*, Gallimard. = 1974、渡辺一民・佐々木明訳『言葉と物：人文科学の考古学』新潮社。
Fox, Christopher, 1988, *Locke and the Scriblerians: Identity and Consciousness in Early Eighteenth-Century Britain*, Univ. of California Pr.
Fox, Christopher (ed.), 1987, *Psychology and Literature in the Eighteenth Century*, AMS Pr.
France, Peter, 1992, *Politeness and Its Discontents: Problems in French Classical Culture*, Cambridge Univ. Pr.
Frazer, Russel, 1977, *The Language of Adam: On the Limits and Systems of Discourse*, Columbia Univ. Pr.
Fried, Michael, 1980, *Absorption and Theatricality: Painting and Beholder in the Age of Diderot*, Univ. of California Pr.
Fudge, Gilbert, & Wiseman, Susan (eds.), 1999, *At the Borders of the Human: Beasts, Bodies and Natural Philosophy in the Early Modern Period*, Macmillan..
Gallagher, David, 1991, 'Thomas Aquinas on the Will as Rational Appetites,' *Journal of the History of Philosophy, Vol.29-4*.
Galton,Francis,1907, *Inquiries into Human Faculty and Its Development*, J.M. Dent & Sons.
Gardiner, H. M., Metcalf, R. F. & Beebe-Center, J. G., 1937, *Feeling and Emotion: A History of Theories*, American Book Company.
Gareau, Michel, 1992, *Charles LE BRUN: Premier peintre du Roi Louis XIV*, N.A.F.C. = 1992, Sermat, Katrin (trans.), *Charles Le Brun: First Painter to King Louis XIV*, Harry N. Abrams.
Gaukroger, Stephen, 2001, *Francis Bacon and the Transformation of Early-Modern*

――― 2010、「文学／批評と社会学：境界の変遷を追う」、東浩紀・北田暁大編『思想地図 vol.5、特集社会の批評』ＮＨＫ出版。

―――2015、「言語の何が問題なのか？」内田隆三編『現代社会と人間への問い：いかにして現在を流動化するのか？』せりか書房。

遠藤知巳（編)、2010、『フラット・カルチャー：現代日本の社会学』せりか書房。

榎本太、2005、『十八世紀イギリス小説とその周辺』日本図書刊行会。

Erämestä, Eric, 1951, *A Study of the Word 'Sentimental' And of Other Linguistic Characteristics of Eighteenth Century Sentimentalism in England*, Helsingin Liikekirjapaino Oy.

Erasmus, Desiderius,1514, *De duplici copia verborum ac rerum commentarii duo*. = 1978, Knott, Betty (trans.), *Copia: Foundations of the Abundant Style*, Collected Works of Erasmus, vol.24, Toronto Univ. Pr.

Erickson, Robert, 1997, *The Language of the Heart, 1600-1750*, Univ. of Pennsylvania Pr.

Evans, Elizabeth, 1969, 'Physiognomics in the Ancient World,' *Transactions of the American Philosophical Society*, vol. 59-5.

Evelyn, John, 1697, *Numismata: A Discourse of Medals, Antient and Modern*, Benj. Tooke.

Ewing,William A.,1994,*The Body: Photographs of the Human Form*, Chronicle book.

Faucheur, Michael le, 1657=1727, *The Art of Speaking in Public: Or an Essay on the Action of an Orator*, N. Cox.

Felman, Shoshana 1987, *Jacques Lacan and the Adventure of Insight : Psychoanalysis in Contemporary Culture*, Harvard Univ. Pr.

Fenner, William, 1657, *A Treatise of the Affections*, EEBO Editions.

Ferguson, Adam, 1767 → 1995, *An Essay on the History of Civil Society*, Cambridge Univ. Pr.

Fielding, Henry, 1743 → 1979,'An Essay on the Knowledge of the Characters of Men,' in *Miscellanies vol.1*, Oxford Univ. Pr.

Fiering, Norman, 1976, 'Irresistble Compassion: An Aspect of Eighteenth-Century Sympathy and Humanitarianism,' *Journal of the History of Ideas 37*.

Firenzuola, Agnolo, 1548, *Dialogo delle Bellezze delle donne*, Bernardo di Giunta. = 2000、岡田温司・多賀健太郎訳『女性の美しさについて』、ありな書房。

Fink, Eugen, 1960, *Spiel als Weltsymbol, Kohlhammer Verlag*. = 1983、千田義光訳『遊び―世界の象徴として』、せりか書房。

Fisher, Philip, 2002, *The Vehement Passions*, Princeton Univ. Pr.

Fitzgerald, Allan D. (ed.), 1999, *Augustine through the Ages: An Encyclopedia*,

Essays and Characters, J. M. Dent & Sons.

Eco, Umberto, 1987, *Arte e bellezza nell'estetica mediavale, Bompiani*. = 2001、谷口伊兵衛訳『中世美学史』而立書房。

—— 1993, *La ricera della lingua perfetta nella cultura europa*, Laterza. = 1995、上村忠男・廣石正和訳『完全言語の探求』平凡社。

Edwards, Johnathan, 1747 → 2007, *A Treatise Concerning Religious Affections*, Cosimo Classics.

Ekman, Paul, 1990, 'Duchenne and Facial Expression of Emotion,' in Duchenne[1990].

Elias, Norbert, 1939 → 1969, *Über den Prozeß der Zivillization: Soziogenetische und psychogenetische Untersuchungen*, Franke Verlag. = 1977、赤井慧爾・中村元保・吉田正勝訳『文明化の過程』(上)、1978、波田節夫・溝辺敬一・羽田洋・藤平浩之訳『文明化の過程』(下)、法政大学出版局。

—— 1975, *Die Höfische Gesellschaft: Untersuchungen zur Soziologie des Königtums und der höfischen Aristokratie mit einer Einleitung: Soziologie und Geschichtwissenschaft*, Hermann Luchterhand Verlag. = 1981、波田節夫・中埜芳之・吉田正勝訳『宮廷社会』法政大学出版局。

Elyot, Sir Thomas, 1531 → 1962, *The Book Named the Governor*, Everyman's Library
遠藤知巳、1992、「ディスクールとしての〈幸福〉: 近代の記号空間の社会学」、『ソシオロゴス』16 号。

——1994、「小説形式の系譜学・1」『ソシオロゴス』18 号。

—— 1997、「手紙の変容・＜声＞の誕生 : 書簡体空間と『フランケンシュタイン』」、『ミハイル・バフチンの時空』せりか書房。

—— 1998、「顔の写真／写真の顔 :〈無表情〉の系譜」、内田隆三編『イメージのなかの社会』東京大学出版会。

—— 2000a、「文芸テクストは社会学に何をもたらすか？」、大澤真幸編『社会学の知 33』新書館。

——2000b、「『言説』の経験論的起源」『思想』912-913。

——2002、「言語・複数性・境界 : バフチンの世界記述をめぐって」『思想』940。

—— 2003、「メディアそして／あるいはリアリティ : 多重メビウスの循環構造」『思想』956。

—— 2006、「言説分析とその困難 (改訂版)」、佐藤俊樹・友枝敏雄編『言説分析の可能性』所収、東信堂。

—— 2008、「意味＝形態の開いた連鎖 : シャフツベリにおける美と公共性の連鎖をめぐる一考察」、山田忠彰・小田部胤久編『デザインのオントロギー』ナカニシヤ出版。

川多佳子・和田ゆりえ（訳）『アウラ・ヒステリカ：パリ精神病院の写真図像集』リブロポート。

Dilthey, Wilhelm, 1892, *Die Drei Epochen der modernen Ästhetik und ihre heutige Aufgabe*. = 1934、徳永郁介訳『近世美学史』、第一書房。

Diogenis Laertii, *Vitae Philosophorum*. = 1984、加来彰俊訳『ギリシア哲学者列伝』、全三巻、岩波文庫。

Dixon, Thomas, 2003, *From Passions to Emotions: The Creation of a Secular Psychological Category*, Cambridge Univ. Pr.

Dodds, E. R., 1963, *The Greeks and the Irrational*, Univ. of California Pr.

Donagan, Alan, 1982, 'Thomas Aquinas on human action,' in Kretzmann, Kenny and Pinborg (eds.)

Donaldson, John, 1780 → 2010, *The Elements of Beauty: Also, Reflections on the Harmony of Sensibility and Reason*, Gale.

Dryden, John, 1962, *Of Dramatic Poesy and Other Critical Essays, 2 vols.*, Everyman's Library.

Dubos, Jean-Baptiste, 1719 → 1967, *Réflexions critiques sur la poësie et sur la peinture*, Slatkine Reprint. = 1985、木幡瑞枝訳『詩画論Ⅰ、Ⅱ』玉川大学出版部。

Duchenne de Boulogne, G. B. A., 1862 → 1876, *Mécanisme de la physionomie humaine ou analyse électro-physiologique de l'expression des passions,* Libraire J.-B. Bailliere et Files.

—— 1990, Cuthberton,(ed.and trans.),*The Mechanism of Human Facial Expression*, Cambridge Univ.Pr.

—— 1883,Poore,G.V. (ed.and trans.), *Selections from the Clinical Works of Dr. Duchenne*, The New Sydenham Society.

—— 1959,Kaplan,Emanuel B.,trans., *Physiology of Motion*, W.B.Saunders Company.

Dumont, Louis, 1983, *Essais sur l'individualisme : Une perspective anthropologique sur l'idéologie moderne*, Seuil. = 1992, *Essays on Individualism: Modern Ideology in Anthropological Perspective*, Univ. of Chicago Pr.

Duro, Paul, 1997, *The Academy and the Limits of Painting in Seventeenth-Century France*, Cambridge Univ. Pr.

Dussinger, John, 1984, *The Discourse of the Mind in the Eighteenth Century*, Mouton.

Dwyer, John, 1998, *The Age of the Passions*, Tuckwell Pr.

Eagleton, Terry, 1990, *The Ideology of the Aesthetic*, Basil Blackwell. = 1996、鈴木聡・藤巻明・新井潤美・後藤和彦訳『美のイデオロギー』紀伊国屋書店。

Earle, John, 1628 → 1899, *Microcosmographie: or a Piece of the World Discovered in*

Dawson, Christopher, 1930, *St. Augustine and His Age*, Sheet & Ward. = 1946、服部英次郎訳『聖アウグスティヌスとその時代』増進堂。

Day, Angel, 1586 → 1967, *The English Secretorie*, Scolar Pr.

de Bolla, Peter, 1989, *The Discourse of the Sublime: History, Aesthetics & the Subject*, Basil Blackwell.

Delanty, Ann, 2007, ' Mapping the Aesthetic Mind: John Dennis and Nicolas Boileau,' *Journal of the History of Ideas 68-2*.

Deleuze, Gilles, 1953, *Empirisme et subjectivité. Essai sur la nature humaine selon Hume*, P.U.F. = 1980、木田元・財津理訳『ヒュームあるいは人間的自然：経験論と主体性』朝日出版社。

——— 1963, *La Philosophie critique de Kant*, Presse universitaire de France. = 1984、中島盛夫訳『カントの批判哲学：諸能力の理説』法政大学出版局。

Della Casa, Giovanni, 1558 → 1559, *Galateo*. = 1958, Pine-Coffin, R. S. (trans.), *Galateo or the Book of Manners*, Penguin Classics.

de Man, Paul, 1996, *Aesthetic Ideology*, Univ. of Minnesota Pr.

Demetrius, 1927, *On Style, Loeb Classical Library*. = 2004、渡辺浩司訳『文体論』木曽明子・戸高和弘、渡辺浩司訳、『ディオニュシオス／デメトリオス　修辞学論集』所収、京都大学学術出版会。

Dennis, John, 1704 → 1971, *The Ground of Criticism in Poetry*, Scholar Pr.

——— Hooker, Edward (ed.), 1939, *The Critical Works of John Dennis, vol.1*, Johns Hopkins Univ. Pr.

Derrida, Jacques, 1967, *De la grammatologie, Minuit*. = 1974, Spivak, Gayatri (trans.), *Of Grammatology*, Johns Hopkins Univ. Pr.

Descartes, Rene, 1644, *Principorum Philosophiae*. = 1993、三輪正・本田英太郎訳「哲学原理」、『デカルト著作集　3』白水社。

——— 1649, *Traité des passions de l'âme*, = 1974、野田又夫訳『情念論』中公文庫。

——— 1664, *Traité de l'homme*. = 1993、伊東俊太郎・塩川徹也訳『人間論』、『デカルト著作集　4』白水社。

Dickens, Charles, 1833-1836 → 1994, *Sketches by Boz, and Other Early Papers 1833-39*, J. M. Dent.

Diderot, Denis, 1980, *Essais sur la peinture, Hermann*. = 2005、佐々木健一訳『絵画について』岩波文庫。

———2013、鷲見洋一・井田尚監修『ディドロ著作集　第4巻　美学・美術』法政大学出版局。

Didi-Huberman, Georges, 1982, *Invention de l'hystérie: Charcot et l'Iconographie photographique de la Salpêtrière, sur l'École de la Salpêtrière*, Macula. = 1990、谷

Nineteenth Century, the MIT Pr. ＝ 2005、遠藤知巳訳『観察者の系譜：視覚空間の変容とモダニティ』以文社。

Craveri, Benedetta, 2001, *La civiltà della conversazione,* Adelphi. ＝ Waugh, Teresa (trans.), *The Age of Conversation*, New York Review Books.

Croll, Morris, 1969, *"Attic" and the Baroque Prose Style*, Princeton Univ. Pr.

Cronk, Nicholas, 2003, *The Classical Sublime: French Neoclassicism and the Language of Literature*, Rookwood Pr.

Cross, John, 1817, *An Attempt to Establish Physiognomy upon Scientific Principles*, Univ. Pr. of Glasgow.

Cumberlarnd, Richard, 1727 → 2005, *A Treatise of the Law of Nature*, Liberty Fund.

Cunnaly, John, 1999, *Images of the Illustrous: The Numismatic Presence in the Renaissance*, Princeton Univ.Pr.

Curtius, Ernst Robert, 1954, *Europäische Literatur und latenische Mittelalter,* Eranke Verlag. ＝ 1971、南大路振一・岸本通夫・中村善也訳『ヨーロッパ文学とラテン中世』みすず書房。

Cuthbarton, Andrew R.,1990, 'The Highly Original Dr. Duchenne,'in Duchenne[1990].

Dalgarno, George, 1680 → 1971, *Didascalocophus: Or the Deaf and Dumb Mans Tutor*, in The Works of George Dalgarno, AMS Pr.

Daly, Peter M., and Silcox, Mary V., 1991, *The Modern Critical Reception of the English Emblem*, K. G. Sauer.

Danziger, Kurt, 1990, *Constructing the Subject: Historical Origins of Psychological Research*, Cambridge Univ. Pr.

Darmon, Pierre, 1989, *Médecins et assassins à la Belle époque : La médicalisation du crime*, Seuil. ＝ 1992、鈴木秀治訳『医者と殺人者：ロンブローゾと生来性犯罪者伝説』新評論。

Darwin, Charles, 1872, *The Expression of the Emotions in Man and Animals*, John Murray.

Daston, Lorraine and Park, Katharine, 2001, *Wonders and the Order of Nature 1150-1750*, the MIT Pr.

Davidson, Jenny, 2004, *Hypocrisy and the Politics of Politeness: Manners and Morals from Locke to Austen*, Cambridge Univ. Pr.

Davis, Lennard, 1983, *Factual Fictions: The Origins of the English Novel*, Columbia Univ. Pr.

Davis, Natalie, 1975, *Society and Culture in Early Modern France: Eight Essays by Natalie Zemon Davis*, Stanford Univ. Pr. ＝ 1987、成瀬駒男・宮下志朗・高橋由美子訳『愚者の王国　異端の都市』平凡社。

Cohen, Murray, 1977, *Sensible Words: Linguistic Practice in England 1640-1785,* Johns Hopkins Univ. Pr.

Collingwood, R. G., 1958, *The Principles of Art*, Oxford Univ. Pr.

Colman, George et. al., *The Connoisseur,* Ferguson, James (ed.), *The British Essayists, vol.26-27*, J. Richardson & Co.

Condillac, Etienne Bonnot de, 1746, *Essai sur l'origine des connaissances humaines*. = 1994、古茂田宏訳『人間認識起源論』(上)(下)岩波文庫。

———1754, *Traité des sensations*. = 1960, Carr, Geraldine(trans.), *Condillac's Treatise on the Sensations,* Univ. of Southern California Pr.

Conger, Sydney (ed.), 1990, *Sensibility in Transformation: Creative Resistance to Sentiment from Augustans to Romantics*, Associated Univ. Pr.

Conley, Thomas, 1990, *Rhetoric in the European Tradition*, Univ. of Chicago Pr.

Constable, Giles, 1995, *Three Studies in Medieval Religious and Social Thought*, Cambridge Univ. Pr.

Cooter, Roger, 1985, *The Cultural Meaning of Popular Science: Phrenology and the Organization of Consent in Nineteenth-Century Britain*, Cambridge Univ. Pr.

Corbett, Margery & Lightbown, R. W., 1979, *The Comely Frontispiece: The Emblematic Title-page in England 1550-1660*, Routledge & Kegan Paul.

Cornford, Francis M., 1912, *From Religion to Philosophy: A Study in the Origins of Western Speculations*, Cambridge Univ. Pr. = 1966、廣川洋一訳『宗教から哲学へ:西欧的思索の起源の研究』東海大学出版会。

Costelloe, Timothy (ed.), 2012, *The Sublime: From Antiquity to the Present*, Cambridge Univ. Pr.

Cowart, Georgia, 1984, 'Sense and Sensibility in Eighteenth-Century Musical Thought,' *Acta Musicologica 56-2*.

Cowling, Mary, 1989, *The Artists as Anthropologists: The Representation of Type and Character in Victorian Art*, Cambridge Univ. Pr.

Cox, Leonard, 1532, *The Art and Crafte of Rhetoryke*, Robert Redman.

Crane, R. S., 1934 → 1972, 'Suggestions toward a Genealogy of the "Man of Feeling",' in Iser, Wolfgang (ed.), *Henry Fielding und der Englische Roman des 18. Jahrhunderts*, Wissenchaftliche Buchgesellschaft.

Crane, R. S. (ed.), 1952, *Critics and Criticism: Ancient and Modern*, Univ. of Chicago Pr.

Crane, William G., 1964, *Wit and Rhetoric in the Renaissance: The Formal Basis of Elizabethan Prose Style*, Peter Smith.

Crary, Jonathan, 1992, *Techniques of the Observer: On Vision and Modernity in the*

Chambre, Marin Cureau de la, 1650, *The Characters of the Passions*, John Holden.
——— 1665, *The Art How to Know Men*, Thomas Dring.
Charleton, Walter, 1654 → 1966, *Physiologia Epicuro-Gassendo-Charltoniana: Or a Fabrick of Science Natural upon the Hypothesis of Atoms*, Johnson Reprint Corporation.
——— 1657 → 1985, *The Immortality of the Human Soul,* AMS Pr.
——— 1668 → 1975, *The Ephesian Matron*, William Andrews Clark Memorial Library.
——— 1674, *Natural History of the Passions*, James Magnes.
Chartier, Roger (ed.), 1986, *Histoire de la vie Privée, vol.3: De la Renaissance aux Lumières*, Seuil. = 1989, Goldhammer, Arthur (trans.), *A History of Private Life: Passions of the Renaissance*, Harvard Univ. Pr.
Chartier, Roger, 1987, *Lectures et lecteurs dans la France d'ancien régime,* Seuil. = 1994、長谷川輝夫・宮下志朗訳『読書と読者：アンシャン・レジーム期フランスにおける』みすず書房。
Chevalier, Louis, 1978, *Classes laborieuses et classes dangereuses*, Plon. = 1993、喜安 朗・木下賢一・相良匡俊訳『労働階級と危険な階級：一九世紀前半のパリ』みすず書房。
Cheyne, George, 1733 → 1991, *The English Malady; Or, a Treatise of Nervous Diseases of All Kinds, as Spleen, Vapours, Lowness of Spirits, Hypochondriacal and Hysterical Distempers*, Routledge.
張競、2008、『「情」の文化史：中国人のメンタリティー』角川選書。
Cicero, Marcus Tullius, *De Oratore*. = 1999、大西英文訳『修辞学Ⅱ、弁論家について』キケロー選集 7 、岩波書店。
——— *De Inventione et Partitiones Oratoriae*. = 2000a、片山英男訳『修辞学Ⅰ、発想論、弁論術の分析』キケロー選集 6 、岩波書店。
——— *De Finibus Bonorum et Malorum*. = 2000b、永田康昭・兼利琢也・岩崎務訳『哲学Ⅲ、善と悪の究極について』キケロー選集 10、岩波書店。
——— *Tusculanae Disputationes*. = 2002、木村健治・岩谷智訳『哲学Ⅴ、トゥスクルム荘対談集』キケロー選集 12、岩波書店
Clarke,Edwin and Jacyna,L.S.,1987, *Nineteenth-Century Origins of Neuroscientific Concepts*, Univ.of California Pr
Cleland, James, 1612, *The Instruction of a Young Noble-man*, Joseph Barns.
Clubbe, John, 1763, *Physiognomy: Being a Sketch Only of a Larger Work upon the Same Plan*, J. Dodsley.
Cogan, Thomas,1802 → 2003, *A Philosophical Treatise on the Passions*, Second Edition, Elibron Classics.

Burke, Kenneth, 1945 → 1962, *A Grammar of Motives*, Univ. of California Pr.
——— 1950 → 1962, *A Rhetoric of Motives*, Univ. of California Pr.
——— 1966, *Language as Symbolic Action*, Univ. of California Pr.
———1961 → 1970, *The Rhetoric of Religion*, Univ. of California Pr.
Burke, Peter, 1993, *The Art of Conversation*, Polity Pr.
——— 1995, *The Fortunes of the Courtier: The European Reception of Castiglione's Cortegiano*, Polity Pr.
Burnim, Kalman A. & Hifill, Philip H., 1998, John Bell, *Patron of British Theatrical Portraiture: A Catalogue of the Theatrical Portraits in His Editions of Bell's Shakespeare and Bell's British Theatre*, Southern Illinois Univ. Pr.
Burns, William, 1999, 'The King's Two Monstrous Bodies: John Bulwer and the English Revolution,' in Platt, Peter (ed.), 1999, *Wonders, Marvels and Monsters in Early Modern Culture*, Univ. of Delaware Pr.
Burwick, Frederick, 1999, ' Lessing's "Laokoon" and the Rise of Visual Hermeneutics,' *Poetics Today, 20-2*.
Butler, Samuel, Davis Charles (ed. & intro.), 1667-9 → 1970, *Characters*, The Pr. of Case Western Reserve Univ.
Campbell, Mary, 1999, *Wonder & Science: Imagining Worlds in Early Modern Europe*, Cornell Univ. Pr.
Camper, Petrus, Cogan, T, (trans.), 1794, *The Works of Late Professor Camper on the Connection between the Science of Anatomy and the Arts of Drawing, Painting, Statuary, &c. &c.*, C. Dilly.
Carey, Daniel, 2006, *Locke, Shaftesbury, and Hutcheson: Contesting Diversity in the Enlightenment and Beyond*, Cambridge Univ. Pr.
Casaubon, Méric, 1656 → 1970, *A Treatise concerning Enthusiasme*, Scholar Reprint.
Cassirer, Ernst, 1932, *Die Philosophie der Aufklärung*, Verlag von J. C. B. mohr. = 1962、中野好之訳『啓蒙主義の哲学』紀伊國屋書店。
——— 1953, *The Platonic Renaissance in England*, Univ. of Texas pr. = 1993、三井礼子訳『英国のプラトン・ルネサンス』工作舎。
———1963, *Individuum und Kosmos in der Philosophie der Renaissance*, Wissenschaftliche Buchgesellschaft Darmstadt. = 1999、末吉孝州訳『ルネサンス哲学における個と自由』太陽出版。
Castiglione, Baldesar, 1528, *Il Cortegiano*. = 1976, Bull, George (trans. & intro.), *The Book of the Courtier*, Penguin Classics.
Castle, Terry, 1986, *Masquerade and Civilization: The Carnivalesque in Eighteenth-Century English Culture and Fiction*, Stanford Univ. Pr.

Univ. Pr.

Bredekamp, Horst, 1993, *Antikensehensucht und Machinenglauben: Die Geschichte der Kunstkammer und die Zukunft der Kunstgeschichte*, Verlag Klaus Wagenbach. ＝ 1996、藤代幸一・津山拓也訳『古代憧憬と機械信仰：コレクションの宇宙』法政大学出版局。

Brennan, Ted, 2005, *The Stoic Life: Emotions, Duties & Fate*, Oxford Univ. Pr.

Brennan, Teresa, 2004, *The Transmission of Affect*, Cornell Univ. Pr.

Brewer, John, 1997, *The Pleasures of the Imagination: English Culture in the Eighteenth Century*, Univ. of Chicago Pr.

Brissenden, R. F., 1974, *Virtue in Distress: Studies in the Novel of Sentiment from Richardson to Sade*, Barnes and Noble.

Brooks, Peter, 1993, *Body Work: Object of Desire in Modern Narrative*, Harvard Univ. Pr.

Brown, Deborah J., 2006, *Descartes and the Passionate Mind,* Cambridge Univ. Pr.

Brown, Norman O., 1966, *Love's Body*, Univ. of California Pr. ＝ 1995、宮武昭・佐々木俊三訳『ラヴズ・ボディ』みすず書房。

Brown, Peter, 1967 → 2000, *Augustine of Hippo*, Univ. of California Pr.

——— 1971, *The World of Late Antiquity AD150-750*, Thames & Hudson. ＝ 2002、宮島直機訳『古代末期の世界：ローマ帝国はなぜキリスト教化したか』刀水書房。

Browne, Sir Thomas, Endicot, Norman (ed.), 1967, *The Prose of Sir Thomas Browne*, Anchor Books.

Bryson, Anna, 1998, *From Civility to Courtesy: Changing Codes of Conduct in Early Modern England*, Oxford Univ. Pr.

Bryson, Norman, 1981, *Word and Image: French Painting of the Ancien Regime*, Cambridge Univ. Pr.

Bruyere, Jean de la, 1688-1696, *Les Charactères*. ＝ 1952-1953、関根秀雄訳『カラクテール』、全三巻、岩波文庫。

Bucheneau, Stefanie, 2013, *The Founding of Aesthetics in the German Enlightenment: The Art of Invention and the Invention of Art,* Cambridge Univ. Pr.

Bulwer, John, 1644 → 1974, *Chirologia/Chironomia*, Southern Illinois Univ. Pr.

——— 1648, *Philocophus: or, the Deaf and Dumb Mans Friend*, Humphrey Moseley.

——— 1649, *Pathomyotomia: Or a Dissection of the Significative Muscles of the Affections of the Minde*, Humphrey Moseley.

——— 1653, *Anthropometamorphosis: Or the Artificial Changling*, William Hunt.

Burke, Edmund, 1759 → 1987, *A Philosophical Enquiry into the Origin of Our Ideas of the Sublime and Beautiful*, Basil Blackwell.

Pr.
——— 1994, *The Emergence of Civil Society in the Eighteenth Century*, Indiana Univ. Pr.
Bell, Sir Charles, 1804 → 1877, *The Anatomy and Philosophy of Expression, 3rd ed.*, George Bell and Sons.
Bender, John, 1987, *Imagining the Penitentiary: Fiction and the Architecture of Mind in Eighteenth-Century England*, Univ. of Chicago Pr.
Benichou, Paul, 1948, *Morals du grand siècle*, Gallimard. = 1993、朝倉剛・羽賀賢二訳『偉大な世紀のモラル：フランス古典主義文学における英雄的世界像とその解体』法政大学出版局。
Benjamin, Andrew, Cantor, Geoffrey & Christie, John (eds.), 1987, *The Figural and the Literal: Problems of Language in the History of Science and Philosophy 1630-1800*, Manchester Univ. Pr.
Bennington, George, 1987, "The perfect cheat: Locke and empiricism's rhetoric," in Benjamin, Cantor,& Christie (eds.)[1987].
Berkeley, George, 1709, *An Essay towards a New Theory of Vision*. = 1990、下條信輔・植村恒一郎・一ノ瀬正樹訳『視覚新論　付：視覚論弁明』勁草書房。
Bermingham, Ann & Brewer, John (ed.), 1995, *The Consumption of Culture 1600-1800*, Routledge.
Berry, Christopher, 1994, *The Idea of Luxury: A Conceptual and Historical Investigation*, Cambridge Univ. Pr.
Bertelli, Sergio, 1985, *Le corti Italiane del Renascimento*, Arnord Mondadori Editore. = 2006、川野美也子訳『ルネサンス宮廷大全』東洋書林。
Blumenberg, Hans, 1957, *Licht als Metapher der Wahrheit in Vorfeld der philosophischen Begriffsbildung*, Studium Generale 7.10. = 1977、生松敬三・熊田洋一郎訳『光の形而上学：真理のメタファーとしての光』朝日出版社。
Bottéro, Jean, 1998, *La plus vieille religion en Mésopotamie*, Gallimard. = 2001、松島英子訳『最古の宗教：古代メソポタミア』法政大学出版局。
Boileau, Nicolas, 1674, *Art poétique* = 1934、丸山和馬訳『詩学』岩波文庫。
Boulton, William, 1901 → 1969, *The Amusement of Old London*, Bemjamin Blom.
Bourdieu, Pierre, 1979, *La distinction: Critique sociale du jugement*, Minuit. = 1990、石井洋二郎訳『ディスタンクシオンⅠ、Ⅱ』、藤原書店。
Bouwsma, William, 1990, *A Usable Past: Essays in European Cultural History*, Univ. of California Pr.
[Boyer, Abel], 1702, *The English Theophrastus: Or the Manners of the Age*, W. Turner, et. al.
Boyce, Benjamin, 1947, *The Theophrastan Character: In England to 1642*, Harvard

Baltrušaitis, Jurgis, 1983, *Abberations: Essai sur la légende des formes*, Flammarion. = 1991、種村季弘・巖谷國士訳『アベラシオン：形態の伝説をめぐる4つのエッセー』国書刊行会。

Balzac, Honore de, 1981, *Pathologie de la vie sociale, La comedie humaine, tome XII*, Gallimard. = 1982、山田登世子訳『風俗のパトロジー』新評論。

Banfield, Marie, 2007, 'From Sentiment to Sentimentality: A Nineteenth-Century Lexicographical Search,' *19: Interdisciplinary Studies in the Long Nineteenth Century, 4*, www.19.bbk.ac.uk.

Barasch, Moshe, 1990, *Modern Theories of Art, 1: From Winckelmann to Baudelaire*, New York Univ. Pr.

Barbour, Reid, 1998, *English Epicures and Stoics: Ancinet Legacies in Early Stuart Culture*, Univ. of Massachusetts Pr.

Barish, Jonas, 1981, *The Anti-theatrical Prejudice*, Univ. of California Pr.

Barker-Benfield, G. J., 1992, *The Culture of Sensibility: Sex and Society in Eighteenth-Century Britain*, Univ. of Chicago Pr.

Barney, Richard A., 1999, *Plots of Enlightenment: Education and the Novel in Eighteenth-Century England*, Stanford Univ. Pr.

Barnouw, Jeffrey, 1983, 'The Morality of the Sublime: To John Dennis,' *Comparative Literature 35-1*.

—— 1992, 'Passion as "Confused" Perception in Descartes, Malebranche, and Hutcheson,' *Journal of the History of Ideas*, 53-3.

—— 2002, *Propositional Perception: Phantasia, Predication and Sign in Plato, Aristotle, and the Stoics*, Univ. Pr. of America.

Barker-Benfield, G. J., 1992, *The Culture of Sensibility,* Univ. of Chicago Pr.

Barrel, John, 1986, *The Political Theory of Painting from Reynolds to Hazlitt: 'The Body of the Public*,' Yale Univ. Pr.

Barthes, Roland, 1970, *L'ancienne rhétorique—Aide-memoire*, Seuil. = 1979、沢崎浩平訳『旧修辞学　便覧』みすず書房。

Barton, Robert, 1628 → 1977, *The Anatomy of Melancholy*, Vintage Books.

Barton, Tamsyn S., 1994, *Power and Knowledge: Astrology, Physiognomics, and Medicine under the Roman Empire*, Univ. of Michigan Pr.

Bath, Michel, 1994, *Speaking Pictures: English Emblem Books and Renaissance Culture*, Longman.

Batteux, Charles, 1747 → 1773, *Les Beaux Arts réduits à un méme principe*. = 1984、山縣熙訳『芸術論』玉川大学出版部。

Becker, Marvin, 1988, *Civility and Society in Western Europe, 1300-1600,* Indiana Univ.

= 1987、稲垣良典訳『神学大全　11巻　第II－1部　第49～70問題』日本教文社。
Arditi, Jorge, 1998, *A Genealogy of Manners: Transformations of Social Relations in France and England from the Fourteenth to the Eighteenth Century*, Univ. of Chicago Pr.
Arikha, Noga, 2007, *Passions and Tempers: A History of the Humours*, Harper Perennial.
Aristotle, 1995, J. A. Smith & W. D. Ross (trans.), *The Works of Aristotle, Vol.1*, Oxford Univ. Pr.
——— *Aristoteloys Ta Meta Ta Physika*. = 1959、出隆訳『形而上学』上下、岩波文庫。
——— *Ethica Nicomachea*. = 1973、高田三郎訳『ニコマコス倫理学』上下、岩波文庫。
——— *Ars Rhetorica*. = 1992、戸塚七郎訳『弁論術』岩波文庫。
———1907, *De Animalibus Historia*, Teubner. = 1999、島崎三郎訳『動物誌（上）（下）』、岩波文庫。
Aristotle (peudo), *Physiognomica*. = 1936, *Physiognomics*, in Hett, W. (trans.), Aristotle XIV, Minor Works, Loeb Classics.
Armstrong, A. H., 1965, *An Introduction to Ancient Philosophy: From the Beginning of Greek Philosophy to St. Augustine*, Methuen. = 1987、岡野昌雄・川端親之訳『古代哲学史：タレスからアウグスティヌスまで』みすず書房。
Aster, Jane, 1860, *The Habits of Good Society: A Handbook of Etiquettes for Ladies and Gentlemen,* James Hogg & Sons.
Auerbach, Erich, 1967, *Gesammelte Aufsatze zur Romanischen Philologie*, Francke Verlag. = 1998、高木昌史・岡部仁・松田治訳『世界文学の文献学』みすず書房。
Augustine, St., *Confessiones*. = 1976、服部英次郎訳『告白』（上）（下）、岩波文庫。
——— *De Civitate Dei*. = 1982-1991 服部英次郎訳、『神の国』全五巻、岩波文庫。
——— *De Doctrina Christiana*. = 1988、加藤武訳『キリスト教の教え』アウグスティヌス著作集6、教文館
馬場靖雄、2001、『ルーマンの社会理論』勁草書房。
Babcock, R. W., 1947, 'Benevolence, Sensibility and Sentiment in Some Eighteenth-Century Periodicals,' *Modern Language Notes, Vol. 62, No. 6*.
Bacon, Francis, 1605 → 1994, *The Advancement of Learning*, Kessinger Pr.
——— 1623a=1870, *The Works of Francis Bacon, Vol.4,* Longman.
——— 1623b=1870, *The Works of Francis Bacon, Vol.5*, Longman.
——— 1625 → 1985, *The Essays*, Penguin Books.

文 献

Abrams, M. H., 1953, *The Mirror and the Lamp: Romantic Theory and the Critical Tradition*, Oxford Univ. Pr.

Addison, Joseph, Steel, Richard et. al., 1967, *The Spectator, 4 vols*, Everyman's Library.

———1823, *The Tatler,* Ferguson, James (ed.), *The British Essayists, vol.1-4*, J. Richardson & Co.

Agnew, Jean-Christophe, 1988, *Worlds Apart: The Market and the Theater in Anglo-American Thought, 1550–1750*, Cambridge Univ. Pr. = 1995、中里寿明訳『市場と劇場：資本主義・文化・表象の危機 1550–1750 年』平凡社。

Ahnert, Thomas & Manning, Susan, 2011, *Character, Self and Sociability in the Scottish Enlightenment*, Palgrave.

Albee, Earnest, 1902 → 1990, *A History of English Utilitarianism*, Thoemmes Pr.

Alison, Archibald, 1790 → 1811, *Essays on the Nature and Principles of Taste*, Bell & Bradfute, and Archd. Constable and Co.

Althoff, Gerd, 1998, *Die Bösen schrecken, die Guten belohben: Bedingungen, Praxis und Legitimatition mittelalterlicher Herrschaft*, in Althoff, Gerd, Goetz, Hans-Werner und Schubert, Ernst, Menschen im Schatten der Kathedrale, Wissenschaftliche Buchgesellschaft. = 2004、柳井尚子訳『中世人と権力：「国家なき時代」のルールと駆引』八坂書房。

Amirault,Chris,1993, 'Posing the Subject of Early Medical Photography,' *Discourse 16-2*.

安藤隆穂、1989、『フランス啓蒙思想の展開』、名古屋大学出版会。

A New Academy of Compliments: Or the Lover's Secretary, 14th Edition, C. Hitch et. al.1754,

安西信一、2000、『イギリス風景式庭園の美学：「開かれた庭」のパラドックス 』東京大学出版会

Aquinas, St., *Summa Theologiae*. = 1969、高田三郎・大鹿一正訳『神学大全　6 巻　第 I 部　第 75 ～ 89 問題』日本教文社。

= 1987、横山哲夫訳『神学大全　8 巻　第 I 部 第 103 ～ 119 問題』日本教文社。

= 1996、村上武子訳『神学大全　9 巻　第II－1 部　第 1 ～ 21 問題』日本教文社。

= 1995、森啓訳『神学大全　10 巻　第II－1 部　第 22 ～ 48 問題』日本教文社。

わ

ま

ら

な

は

さ

た

人名索引

宮廷式礼儀 (courtesy) 56-57
洒脱さ (gallanterie) 83-84, 476, 700
ポライトネス（丁寧さ）(politeness/politesse) 57, 82-83, 403, 460, 466, 468
ユルバニテ (urbanité) 84
ロマン主義 (Romanticism) 7-9, 27, 42, 189, 324, 433, 436, 453, 566, 595, 659, 677, 696-697, 708

わ

私はそれを知らない (je-ne-sais-quoi) 479-486, 491, 509, 701

ホッブズ問題 (Hobbesian problem) 21, 514
ポール・ロワイヤル文法、論理学 (Port-Royal grammar/logic) 18, 187, 258
本物らしさ (vraisemblance/verisimilitude) 519

ま

身振り（手振りを含む）(gesture) 49, 56, 61, 82, 87, 98, 119, 178, 214, 253, 258, 267-268, 273, 274, 277, 278-287, 289-291, 293-295, 309, 457, 546, 586, 599, 613-614, 642-643
無関心 (lack of interest) 324, 493, 538, 556, 707
無関心性 (disinterestedness/Interesselosigkeit) 469, 470-471, 486, 699
名称 (name/appellation) 156, 158-161, 197-198, 200, 215, 217-218, 221, 261-268, 275, 291, 298, 349-354, 364-369, 371-376, 380, 400, 402, 437, 466, 484, 497, 532, 539, 556, 609, 678-679
名誉 (honor) 20, 46-50, 55, 58-59, 61-69, 74, 81, 84, 186-191, 232, 264, 285, 387-388, 399, 405, 414-417, 428, 442, 519, 653, 655, 679, 699
目利き (connoisseur) 458-460, 474, 494
メディア, 媒体 (media) 61, 210-211, 213, 215, 225, 228, 257, 290, 292, 294-295, 322, 436, 482, 496, 500, 543, 546-549, 551-552, 554, 559, 568, 618, 622, 637-640, 663, 675, 680-681, 703, 705
模倣 (imitation) 445, 462, 467, 481, 496, 499, 500-502, 506-508, 512, 516-521, 526, 531, 533, 535, 541-545, 547-552, 586, 663, 669, 697, 699, 704, 705
　模倣理論 (imitation theory) 462, 498, 501, 503, 551

や

唯物論 (materialism) 198-199, 215-216, 240, 250, 443, 447-448, 501, 673, 683
憂鬱 (melancholy) 20, 74, 76, 79, 141, 170, 201, 294, 321, 324, 425-426, 428, 497, 656
勇気, 勇敢 (courage) 47, 62, 151, 153, 155, 157, 170, 187, 231, 414, 425, 442, 561, 562, 573-574, 594, 655
優美 (grace) 60, 65-66, 70, 82, 84, 108, 186, 240, 267, 269, 290, 311-312, 325, 442-443, 457-458, 477-479, 656, 700
遊歩者 (flâneur) 7, 608, 611, 616, 632
有用性 (utility) 355, 396, 416, 504, 506, 563, 668, 703-704
欲望 (desire) 30, 130, 149, 151, 334, 339, 368-370, 376, 396-397, 404-405, 412, 454, 522, 554, 556-557, 563

ら

ラオコーン (Laocoön) 549, 646, 711
リアリズム (realism) 502, 520, 611, 615
理性 (ratio/reason) 27-28, 130, 142-143, 203, 207-208, 331, 389, 408, 426, 431, 437-438, 443, 445, 471, 478, 486, 583, 596, 694, 707
リベルタン (libertine) 153, 198, 443, 447
類似 (resemblance) 216, 247, 267, 350, 512, 515-521, 529, 530-531, 545, 605, 711
類比 (analogia/analogy) 219, 578
霊感 (inspiration) 139, 171, 173-176, 180
礼儀 (civility) 36, 56-61, 63-66, 69-71, 73-86, 89-90, 103, 111, 169, 186-189, 191, 232, 264, 307, 311, 319, 329, 352, 388, 403, 418-419, 466, 654-656, 670, 701

297-301, 304, 315, 317-318, 322, 325, 328-329, 389, 543, 635, 683
→記号も参照
諸特徴 (characteristics) 246, 314, 330, 389-390, 406, 457-458, 460-461, 466, 506, 544, 582, 592, 597, 692, 708
努力 (conatus/endeavor) 365, 368-369, 428,

な

内的運動 (inner motion) 9-12, 199, 201, 211, 215, 217, 276-277, 334, 365, 377, 464, 498
内面性 (interiority) 6, 9, 12-13, 128, 187, 629, 645, 647, 673
二世界性 (dual-worldness) 195, 223-228, 235, 237, 268, 286, 297, 334-336, 373, 395, 467, 520, 675
ネオ・プラトニズム (Neo-Platonism) 67, 135, 173, 216, 236, 442, 457, 575, 657, 767
熱狂 , 入神 (enthusiasm) 16,20, 30, 172-182, 191, 451-455, 480, 570, 611,670, 689

は

パトス (pathos) 43, 93-94, 115-116, 120, 129, 380, 659
反省 (reflexion) 4, 29-32, 63, 149, 300, 316-317, 325-326, 328-329, 333, 343-345, 355, 358-368, 376-377, 379, 383, 391397, 404-405, 408, 413, 421-422, 425, 432-433, 454, 459, 484, 510, 531, 559-561, 603, 652, 686-688, 690, 694, 720
反ホッブズ (Anti-Hobbesianism) 386, 491-492, 531, 703
美学（ドイツ美学）(Äesthetik) 435, 437-438, 465, 474, 475, 477, 507, 555, 704, 708
批評 (criticism) 447, 449, 455, 493-494, 552, 699
哲学的批評 (philosophical criticism) 506-507, 516
表象 (representation) 73, 130-131, 140, 155, 158, 196, 202, 215-216, 245-247, 253, 255, 311, 313-316, 322-323, 339, 343,345-346, 353,395, 446, 462-463, 467, 485-486, 498-503, 516, 518, 520, 531, 537, 559, 562-563, 577-578, 598-600, 618-621, 624,630, 632, 640, 643, 663, 696, 700, 706, 707, 713
心的表象→心像へ
表情 , 表出 (expression) 12, 57,155-156, 177, 228, 238-239, 274-275, 277, 294, 313, 318-319, 326, 404, 475, 492, 530, 543, 546, 572, 578, 584,586-589, 591-592, 597,604, 612, 620, 621-622, 624-628, 630,633-6347, 676, 714-716
表情学 (pathognomy) 234, 586, 676
表徴 (signatum) 12, 88, 118-121, 211, 236, 238, 242-243, 253-255, 489, 541, 570, 574, 576-578, 580, 618, 633, 711-712
不活性 (inertia) 20, 74, 324, 497, 556
符号 (mark/note) 231, 258, 263-266, 286, 347, 351, 543, 678-679
普遍言語〔運動〕(universal language (project)) 252, 257-258, 260-262, 266, 275, 278, 346, 352, 354, 636
富裕 (opulence, riches) 442, 456, 459, 479, 505, 553
プロテスタンティズム (Protestantism) 141, 667, 683
文明 (civilization) 73, 269, 410-411, 466, 500 694
文明化 (civilization) 8, 50, 405, 500, 514
文明化された社会 (civilized society) 24, 651
→市民社会も参照

装飾 (ornament, decorum) 65, 107, 109, 111, 187, 269-270, 442, 459, 477, 658, 703
想像力 (imagination) 101, 130, 143,166, 173, 181, 192, 199, 215, 276, 317, 399, 460-466, 537, 546, 552, 587, 669, 691, 698,
想像力の喜び (pleasures of imagination) 461, 463-465, 468, 470,485, 494,505, 533
ソフィスト (sophist) 265, 304, 679, 711

た

多感（感受性）(sensibility) 322, 380, 395, 401, 403, 427-432, 458, 489, 502, 506-507, 564, 566, 602, 617, 621, 638, 691, 695, 700
脱構築 (deconstruction) 143, 208, 213, 270, 342, 358, 462, 500
多様性のなかの統一／均一性 (uniformity admist variety) 446, 461, 507-508, 512, 516, 696
端緒的情念 (propassion) 144,166, 337, 405
談話 , 会話 (conversationi/conversation) 51-52, 63, 71-72, 74, 75-76, 78, 80,82-85, 89, 102-103, 118-120, 135, 170, 190, 237, 294, 311, 313, 371, 401-402, 425-426, 428, 431-432, 454, 468, 479, 481-482, 607, 656, 663, 681, 685, 687, 771, 768
秩序 (order) 20, 31, 182-184, 186, 383-384, 387, 389, 399, 410, 417, 446, 514-515, 560-561, 695
知性 (understanding) 90, 130, 134-135,140, 192, 240, 263, 339-344, 346, 348, 352-353, 361-362, 370, 382-383, 408, 463, 486, 501, 505, 548, 558, 559, 583, 625, 663, 666, 691, 706
徴候 (symptōma/symptom) 31-33, 37, 87, 105, 180, 229, 231-235, 237, 240, 248-249, 255, 267, 278, 300, 323, 326, 335, 390, 429, 436, 474, 525, 527, 700, 707, 768
調和 (harmony) 76, 78, 201, 384, 388-390, 398, 400, 446 447,449-450, 456, 464-465,497, 506-508,513,516-517, 533, 596-598, 600-601, 691, 707
デカルト主義 (Cartesianism) 18, 255, 672, 678
統一性 (Einheit/unity) 150, 218, 225, 336, 406, 486, 579, 592
同情 (compassion) 94, 112, 117, 320, 379, 380-381, 384, 397, 414, 431, 449, 499, 523-524, 562, 567, 592, 710
登場人物 (character) 64, 152, 250-251, 520,522, 524-527, 564, 587, 630-631, 662, 716
→人格も参照
道徳感覚 (moral sense) 390, 398-400, 402, 413, 506, 522-524, 531-532
道徳感情 (moral sentiment) 381, 410, 427-429, 440, 490, 528, 532-533, 540, 554, 562, 694
道徳的教訓 (moral instruction) 446
道徳美 (moral beauty) 490, 525, 527, 544, 706
動物 (animal, beast) 73, 103, 165, 204-205, 210, 231, 245-247, 414, 415, 507-508, 549, 573-574, 577-578, 584, 713
動物精気 (animal spirit) 86, 156, 166, 181, 199, 201-202, 207, 283, 315-316, 318, 320-323, 339, 401, 591, 671-672, 683
同胞感情 (fellow feeling) 380-381, 428, 710
徳 (virtu/virtue) 22-23, 30, 47-49, 53, 55-56, 60, 67, 114, 126, 304, 306-307, 433, 519,522, 544, 655, 704
独個性 , 唯一性 (uniqueness) 593, 596-598, 601, 704
特徴 (character) 122, 241-242, 249, 251, 254,

337-338, 394, 405, 667
情熱（激情）(passion/Leidenschaft) 22, 25-27, 32, 42-44, 108, 118, 168, 175, 189, 212-213, 324, 382, 401, 452, 549, 569, 574. 653, 671
→端緒的情念も参照
情念の効用 (the use of the passions) 150, 165-166, 192, 245, 361, 673
触覚 (touch) 213-214, 356, 380, 461-462, 535, 554, 686
叙事詩 (epic) 446, 449, 453-454, 519, 522-523
人為 (art) 211, 243, 273, 279, 441, 467, 481, 489, 495, 541, 687
人格 (character) 13 , 36, 255, 297, 300-302, 307, 309-312, 324, 326, 405-406, 422, 442, 444, 447, 456-459, 476, 505-506, 520, 522, 524-528, 544-545, 562, 565, 575, 599, 601-603, 606, 619, 621-623, 629, 659, 687, 699-700, 706
人格 (person) 359, 544, 682, 687, 706
人格の同一性 (personal identity) 359
人さまざま (characters) 301, 303-305, 308, 310-312, 319, 324-326, 329-330, 389, 406, 419, 521, 631, 682, 696
新奇さ (novelty) 90, 324, 465, 467-468, 533-536, 538
神経 (nerve)
381, 425, 430, 432, 625-626, 641, 645, 693, 717
心像 (phantasia, mental image) 27, 33, 46, 73, 104, 154, 166, 169, 177, 195, 205, 210, 215-216, 224, 258, 261, 313, 316, 320, 336, 343, 345, 350, 425, 436, 457, 503, 514, 519, 521, 539, 573-574, 627, 632-634, 655, 658, 660, 702, 716,
振動 (vibration) 425, 430, 551, 696
人物描写 (prosographia) 98, 99, 102,103, 303, 304, 307, 328, 521, 573, 682
心理（学）(psyche, psychology) 8, 13,16, 21, 32, 38, 40, 51, 169, 195, 224, 381, 431, 532, 545,587, 613, 616, 651-652, 654, 689, 706-707, 709, 716
推測 , 推測史 (conjecture/conjectural history) 148, 237, 239, 250-251, 313, 317, 340, 360, 386,407, 409-411, 416, 499-500, 522, 544, 594, 626, 631, 637, 683, 693, 703
崇高 (sublime) 11, 155, 173-177, 246, 391, 418, 429, 437, 450-451, 455, 465, 480, 482, 521, 527, 533-540, 551, 553, 670, 698, 700
スコラ哲学 (scholastic philosophy) 31, 34,127, 129, 131, 133, 137, 139, 151, 203, 215, 314, 343, 663
ストア派 (stoicism) 113, 136, 138-142, 156, 165-166, 168, 197, 214,229, 232, 337,338, 373, 575, 580, 666-667, 671-672, 674
新ストア派 (neostoicism) 67, 85, 135, 167, 193, 304, 327, 664
スペクタクル (spectacle) 469, 529, 559, 562, 564-565
誠実 (honestas/honêteté) 66-67, 69, 81-82, 85, 187, 193, 255, 306, 319, 430-431, 456, 595, 658, 769
聖書 (the Bible) 166, 184, 186, 281-282, 574, 668, 684-685
精神の言説 , 精神言説論 (Discourse of the Mind) 217, 221, 261-264, 269, 343, 345-346, 349-351, 355, 674
精神分析 (psychoanalysis) 9, 50, 200, 414, 561, 636, 670, 698
絶対王政 (absolute monarchism) 50, 81, 85, 177-178, 184-185, 193, 480, 657-658
絶対的美／相対的美 (absolute/relative beauty) 507-509, 514-517, 520-521,529, 531, 550, 557, 558, 704
センチメンタル (sentimental) 429-431,551, 564
感傷 (sentimentalism) 431, 433

自生的秩序 (spontaneous order)　364, 513
自然学 (physics)　33, 127, 137, 140, 176, 197, 203, 217, 22, 227, 268, 272-274, 278, 291, 352-353, 391, 442, 444, 448, 515, 548, 572, 576, 580, 696
自然魔術 (natural magic)　126, 236, 577-578, 580, 582, 663, 689, 712
四体液（説）(humors/humoral theory)　201, 202, 235, 315-316, 322, 575, 671-672, 711
「詩は絵のように」(ut pictura poesis)　494-495, 549, 707
市民 (citizen)　27, 57, 73, 87, 95, 140, 192, 330-331, 362, 403, 469, 487, 567, 588
市民社会 (civil society)　17, 24, 30, 330, 454, 484
社会的情念 (social passions)　564-565
社会的徳 (social virtue)　408
社交＝会話（civil conversation)　71-72, 76-80, 118-120, 311, 425, 431-432, 482
修辞学 (rhetoric)
　講演法 (actio, pronuntio)　66, 93, 104, 123, 175, 273, 278, 289, 661, 681
　措辞 (elocutio/elocution)　93, 96, 104-105, 107, 109, 113, 115-116, 121-122, 220, 268, 272-273, 286, 291, 295, 661
　排列 (disposition)　58, 93, 96, 10, 105
　発想 (invention)　93, 96, 103, 105-107, 175, 268-269, 271, 307, 659
　敷衍，拡張 (amplification)　100, 108, 160, 171-172, 285, 263-308
　文彩 (trope, figure)　96, 100-102, 104-105, 107-109, 111-115, 269, 295, 530, 662
　弁論（者）(oratory, orator)　49, 54-55, 74, 82-83, 90-99, 101-103, 106, 111-112, 115-116, 118-121, 123, 175, 231, 265, 268, 272-273, 278, 287, 289-291, 295, 303, 653, 657, 659, 679
　レトリケー（古代修辞学／弁論術）(rhetorike)　49, 92-95, 97-99, 104, 107, 115, 120, 175-176, 231, 290-291, 442, 659-660, 670, 706
　レトリケーの五分法 (the quintuplets in rhetorike)　96-98, 103, 107, 120, 175, 269, 273, 659
習俗 (manners)　57, 72, 243-244, 309, 330, 389-390, 417, 419-420, 466, 546, 572, 693, 711
主観性 (subjectivity)　6, 9, 11, 74-75, 128, 149, 154, 168, 191, 224-226, 324, 336, 436, 442, 444, 459, 468, 475-478, 478-479, 491, 503-504, 507, 675, 708
趣味 (taste/bon goût)　51,330, 400, 431, 437, 439, 453, 458-461, 468, 474-475, 478-479, 481-484, 506, 511-512,533-534, 553, 562, 691, 700-701
情意＝情念 (affectus, affectiones)　126, 132-133, 137, 139-140, 142, 375-376, 667-668
商業社会 (commercial society)　22-24, 553. 692
省察 (reflexion)　324-325, 328-330, 358, 421, 476, 477, 582
→「反省」も参照
小説 (novel/roman) 38, 43, 251, 326, 342, 387, 419, 431, 433, 465, 499-500, 526, 607, 611, 615, 630-631, 634, 651, 662, 703, 706-707, 713-714, 716
衝動 (impulse)　25, 50, 137, 140, 165, 199, 337-338, 414, 501-502, 533, 564, 572, 666, 667
情動 (emotion)　11, 26, 41,146, 199, 269,336, 338-339, 380-381, 405, 423, 481, 528, 551, 627, 628 ,635, 640, 653, 667
　内的――(emotion intérieures)　146,

61,64, 67-68, 70, 74-75, 78-81, 84-85, 190,421, 425, 654, 655, 657
驚異 (admiratio/admiration) 154, 156-157, 176, 195, 240, 371-372, 449-450, 453, 535-536, 538, 550, 576, 614, 637, 670, 695, 707
虚栄心 (vainglory) 20, 65, 187-188, 416, 423
共感 (sympathy) 125-128, 342, 380-382, 388, 399, 405, 410, 416, 424-426, 428, 431, 464, 501, 503, 514, 521, 536, 528-529, 535-536, 546, 559, 561-564, 567, 575, 600, 683, 692
虚構 (fiction, fable) 112, 120, 246, 250, 291-292, 321-322, 416, 423, 451, 456, 500, 522-523, 525-526, 528, 631, 668, 687, 693, 702-703
寓意画 (emblem) 220-222, 232, 267, 306, 675, 680, 712
群衆 (crowd, mass) 287, 290-291, 426, 491, 616
敬虔主義 (pietism) 134, 174, 176, 664
傾性 (inclination, propensity) 87, 237-238, 312-315, 320, 323-325, 370,377, 392, 403-404, 406, 410, 422-424, 426, 458, 519, 663, 682-683, 694, 705
決闘 (duel) 68-70, 111, 117, 187-189, 319, 416
言語起源論 (the origin of language) 270, 455, 500, 546, 680, 708-709
公共 , 公共的 (public) 22, 24, 127, 355, 399, 405-406, 409, 417, 422, 459-460, 479, 483-484, 522-523, 565, 606, 693
　公共善 (public good) 409, 567, 606
　公共的欲望 (public desire) 404-406, 417, 522, 564
　公衆 (public) 460, 466, 474, 482-483
　シヴィック (civic) 23-24, 406
抗しがたさ (irresistibleness) 394, 396,404, 422, 466, 470,474, 482, 491, 502, 514, 557, 690, 699
功利主義 (utilitarianism) 364, 393, 407-408, 411, 693
国民国家 (nation state) 24, 567-568
個体性 (individuality) 129, 131, 217,232, 234, 297, 301, 310-311, 316, 322, 325-326, 383, 412, 475, 509, 514, 536, 573, 646, 690, 705
骨相学 (phrenology) 602-603, 605-606, 714
コミュニケーション (communication) 12-14, 36, 40, 88, 119, 121, 123, 143, 211-213, 255, 257, 259, 269-270, 277, 282, 290, 292-295, 305, 348-349, 353, 421, 425, 427, 455,489, 507, 510-513, 515, 521, 529, 563-565, 601, 635, 637, 647, 662-663, 681, 685, 687-688, 719

さ

三学 (trivium) 104-105, 441, 660
三段論法 (syllogism) 229, 576, 676
　省略三段論法 (enthymeme) 230, 573
慈愛心 (benevolence) 379, 385, 396, 404, 406-417, 419-422,424, 427, 432, 435, 492, 503, 508, 552, 561, 569, 599, 692-694
視覚 (sight, vision) 135, 214-215, 282, 294, 356, 399, 443, 460-464, 466-469, 494, 545, 547-548, 551-552, 554, 558-564, 616, 674, 698, 709
詩学 (poetics) 105, 302, 307, 444, 451, 519, 666, 681, 706
自己愛 (selflove/ amour propre) 20, 134, 146, 326-331, 338, 379, 382-383, 386, 388, 397-398, 404-409, 411 413, 415, 417, 420-422, 424,427, 432, 435, 519, 561, 693, 694, 701
自己利害 (self-interest) 20, 329, 384-387, 399, 403, 405, 409, 413-415, 417,421, 432, 561, 564, 704

仮象 (Schein/semblance) 464, 497-498, 501, 702-703
カトリシズム (Catholicism) 671, 685
感覚 (sense) 37, 130, 135, 143, 144-145, 150, 163-165, 192-193, 198-199, 202, 225-226, 287, 282, 290, 336, 339, 340, 343-345, 351, 354-359, 363-368, 375, 381, 391, 393-400, 426, 428-430, 437-438, 448, 461-465, 470, 486, 499, 504-516, 533-534, 538-539, 543, 546-548, 552, 554-558, 587, 594-595, 686, 691, 700, 709
感覚器官 (sense organs) 173, 206, 213-214,292, 320, 336, 339, 356, 360, 400, 505, 547, 554-555, 712
感覚作用 (sensation) 339, 343-345, 354-369, 371, 374, 376, 379, 383-384, 388, 390-399, 401,403, 411, 422,464, 466, 484, 531, 548, 552, 554, 556, 687-688, 690, 694
観客 (spectator, audience) 491, 493, 519-520, 525, 528, 561-564, 589
還元主義 (reductionism) 153, 206,208-210, 218, 387-388, 412, 414, 432, 690
観察者 (observer) 33, 37, 123, 237, 271, 283, 325, 407-408, 410-411, 462-463, 465, 479, 489, 494-495, 504, 515, 522, 524-528,540, 550, 561564, 606-608, 611-612, 615, 626, 633, 714
公平な観察者 (impartial spectator) 410, 527-528, 562
慣習 (convention, custom) 48, 97, 122, 190, 243, 261-262, 265-266, 268, 279, 322-323, 345, 402, 512-514, 521, 545, 591, 597, 678, 692, 705, 711,717
感情移入 (empathy) 526, 540, 600, 706
観相学 (physiognomy) 7, 37, 231,234,240-251, 267, 275, 317-318, 509, 570-591, 593-599, 601-614,616, 711, 714, 716, 719
観念 (idea) 343-362, 391, 400, 485-486, 504-505, 510, 539, 554, 688-690, 695, 710-711
観念連合 (association of ideas) 400, 504, 509-510, 514-515, 529, 554, 558, 560, 565, 694, 704
機会原因論 (epiphenomenalism) 283
機械論 (mechanism) 37, 152, 169, 200-210, 216-221, 226, 237, 315-316, 634, 673
記号 (sign, character)
蓋然性の記号 (sign of probability) 230, 232, 237, 239, 546
自然的記号 (natural sign) 211, 221, 277-280, 283-284, 290, 294, 322, 708
自体的記号 (character) 227, 239-255, 258-259, 261-262, 266, 268, 273-275, 277-278, 282, 284, 290, 297, 299, 300, 316, 319, 334, 352,390, 544, 622, 636, 683, 714
実在的概念記号 (real character) 257-262, 267, 299, 346, 352, 678
表示記号 (signum/sign) 235, 240-241, 248-252, 254-256, 266, 276-277, 284, 297, 299, 316, 352-353, 390, 545, 597, 622, 679
本質性の記号 (sign of essentia) 50
気質 (disposition, temper) 17, 87, 113, 157, 163, 172, 201, 233, 235, 240, 248, 302, 305-307, 309, 311-315, 321, 323-324, 366, 389, 404, 425, 507, 523, 575-576, 579, 580,584, 591, 669, 672, 683, 709
擬人法 , 活喩 (prosopopeia/personification) 99, 100-103, 115, 519, 530-531, 545, 660, 706
気取り (affectation) 65, 84, 430-431, 588-590, 656
宮廷論 (books on court) 50-53, 55, 57-59,

事項索引

あ

アウグスティヌス主義 (Augustinianism) 134-136, 141, 185, 326-327, 409, 665
アリストテレス主義 (Aristotelianism) 33, 232, 254
意見 (opinio/opinion) 47-49, 116, 151, 188, 190, 230-232, 283, 303, 330, 382, 389, 390, 392,425, 429, 460, 573, 594, 653, 662, 676, 691, 707, 711-712
意見＝感情 (sentiment) 381-382, 425, 427, 429, 507, 511, 556
意志 (voluntas/will) 21, 27, 70, 87, 122, 130, 135-136, 139, 141, 144-149, 160, 166-167, 192, 199,226, 238, 267, 275-278, 283-284, 290, 336,360,365, 368-369, 376-377,394, 412, 470, 480, 548, 551, 556, 582, 594, 615, 668, 680-681, 684, 688
――作用 (volition) 143-146. 275, 337, 376
一次性質／二次性質 (primary/secondary quality) 356, 462
意図 (intention) 111, 115, 147-148, 191, 241, 280, 283-284, 286-287, 290, 293-295, 318,367-368, 397, 409, 453, 523-525, 527, 582, 680, 681
意味表示 (signification) 122, 252, 273-275, 277, 280-281, 346-347, 354, 543, 546, 684, 714
意味論 (Semantik) 21, 25, 27, 30, 31, 36-37, 40, 45,53, 56-58, 65,68, 82, 86,89,111, 182-185, 188-189, 191, 223, 225,-229, 264, 277, 286,290, 294, 310, 312, 329, 336, 382, 395, 403, 440, 442-443, 473, 479, 511, 520, 540-541, 570, 579, 589-590, 600, 607, 645-647, 649-651, 668, 670, 673, 681,
印象 (impression) 181, 214-215, 248, 267, 303, 318, 320-321, 323, 334, 336, 339, 342-343, 356, 360, 391, 406, 422-423, 426, 485-486, 554, 557-558, 573, 588, 625-626, 677, 683, 694
栄光 (glory) 20, 48, 188-189, 480
エチケット (etiquette) 58, 171, 329, 466, 607, 654, 698
エトス（人格）(ethos) 93-94, 97, 99, 101, 115-116, 120, 231, 420, 659, 670

か

絵画表象（pictorial representation) 155, 246, 502, 517, 544, 549, 563-564, 584, 586, 601, 705
快、快楽 (pleasure) 113, 131, 133, 214, 304, 362-364,366, 368, 370, 371-372, 377, 379, 382, 391-392, 394, 396-400,405, 407, 412, 413-414, 423,430, 437 443-333, 446-449, 453-454, 461, 463, 465-468, 475, 493, 496-497, 499, 505, 535-538, 541, 550, 552-553, 555, 557, 559, 562-564, 690, 703, 705
顔 (face) 70, 85-89, 117-119, 22-123, 156, 177-178, 243, 246-248, 250, 267, 274-276, 318-320, 323, 456, 545-546, 555, 569-573, 681, 700, 708, →観相学も参照
顔つき (countenance) 86-87, 117, 119, 152, 247, 309,319-321, 571, 587-588, 592, 594, 599, 604, 702

著者紹介

遠藤知巳（えんどう　ともみ）
1965年大阪生まれ、1987年東京大学文学部社会学科卒業、東京大学大学院博士課程（社会学）単位取得退学。現在、日本女子大学人間社会学部教授。社会学（近代社会論、言説分析、メディア論、社会理論）。編著に『フラット・カルチャー』（せりか書房、2010年）、共著に『ミハイル・バフチンの時空』（せりか書房、1997年）、『イメージのなかの社会』（東京大学出版会、1998年）『言説分析の可能性』（東信堂、2006年）など。訳書にクレーリー『観察者の系譜』（以文社、2005年）。

情念・感情・顔 ——「コミュニケーション」のメタヒストリー

2016年2月15日　初版第1刷発行

著　者　遠藤知巳
発行者　勝股光政
発行所　以　文　社

〒101-0051 東京都千代田区神田神保町2-12
TEL 03-6272-6536　FAX 03-6272-6538
http://www.ibunsha.co.jp/
印刷・製本：シナノ書籍印刷

ISBN978-4-7531-0330-0